新政策下财会操作实务丛书

企业投资财会管理

操作实务大全

QIYE TOUZI CAIKUAI GUANLI
CAOZUO SHIWU DAQUAN

贺志东　　梁桂臣　　主编

企业管理出版社
EMPH
ENTERPRISE MANAGEMENT PUBLISHING HOUSE

图书在版编目（CIP）数据

企业投资财会管理操作实务大全 / 贺志东，梁桂臣
主编 . —北京：企业管理出版社，2018.8
（新政策下财会操作实务丛书）
ISBN 978-7-5164-1755-3

Ⅰ . ①企…　Ⅱ . ①贺…　②梁…　Ⅲ . ①企业融资 – 财
务管理　Ⅳ . ① F275.1

中国版本图书馆 CIP 数据核字（2018）第 158901 号

书　　名：	企业投资财会管理操作实务大全	
作　　者：	贺志东　梁桂臣	
责任编辑：	陈　静	
书　　号：	ISBN 978-7-5164-1755-3	
出版发行：	企业管理出版社	
地　　址：	北京市海淀区紫竹院南路 17 号	邮编：100048
网　　址：	http://www.emph.cn	
电　　话：	编辑部（010）68701661　发行部（010）68701816	
电子信箱：	78982468@qq.com	
印　　刷：	北京宝昌彩色印刷有限公司	
经　　销：	新华书店	
规　　格：	185 毫米 ×260 毫米　16 开本　34.25 印张　914 千字	
版　　次：	2018 年 8 月第 1 版　2018 年 8 月第 1 次印刷	
定　　价：	118.00 元	

前言

投资是指特定经济主体为了在未来可预见的时期内获得收益或使资金增值，在一定时期向一定领域的标的物投放足够数额的资金或实物等货币等价物的经济行为。从特定企业角度看，投资就是企业为获取收益而向一定对象投放资金的经济行为。

《企业财务通则》第二十七条规定："企业对外投资应当遵守法律、行政法规和国家有关政策的规定，符合企业发展战略的要求，进行可行性研究，按照内部审批制度履行批准程序，落实决策和执行的责任。企业对外投资应当签订书面合同，明确企业投资权益，实施财务监管。依据合同支付投资款项，应当按照企业内部审批制度执行。企业向境外投资的，还应当经投资者审议批准，并遵守国家境外投资项目核准和外汇管理等相关规定。"

本书系统、深入地传授企业投资技术与管理方面的实际操作知识和技巧。全书共十三章，内容涉及：投资者的财务管理职责，投资战略、战略投资管理，投资决策管理，投资规划管理，投资预算管理，投资评析管理，投资风险管理，涉外、国际投资管理，投资会计管理，投资内控管理，投资审计管理，投资评估管理和风险投资管理。读者细读本书，可以从中获益，"少走弯路"，深入了解财税问题，大幅提升财税技能和竞争力。

本书适合全国广大企业的投资工作人员、企业负责人和其他经营管理人员、财会人员、内部审计人员，企业管理、税务、国家审计、银行业监管部门相关人员，以及会计师事务所等专业化的企业服务机构从业人士、会计理论和教育工作者等阅读。

本书具有以下特色：

（1）系统、深入，注重细节，力戒原理性空洞说教；

（2）具有极强的操作性、实用性；

（3）依据最新有效的企业会计准则、企业财务通则、审计准则、内控规范、税法等编写；

　　（4）通俗易懂，逐一介绍各知识点；

　　（5）条理清晰，查检便捷；

　　（6）案例丰富；

　　（7）具有专业性、权威性、创造性。

　　在本书的编写过程中，作者参考和借鉴了国内外一些相关文献资料，在此向相关作者表示感谢。本书的出版得到了企业管理出版社及智董集团旗下中华第一财税网（又名"智董网"，www.tax.org.cn）的大力支持和帮助，在此深表谢意！

　　囿于学识、科研经费，且编写时间有限，书中难免有不足之处，敬请读者批评指正，以便今后再版时进行修订（E-mail:jianyi@tax.org.cn）。

　　有兴趣的读者可以扫描二维码加入中华第一财税网官方公众号，获取每日财税资讯汇总快递或赠阅资料、课程优惠券等。

　　　微信服务号　　　　　微信订阅号　　　　　新浪微博号

目录

第一章

投资者的财务管理职责

投资者凭借对企业资本的所有权，对企业进行财务管理，主要手段是利用对若干重大事项的控制权，约束经营者财务行为，以确保企业资本的安全和增值，最终实现投资者自身的利益。

《企业财务通则》第十二条规定："投资者的财务管理职责主要包括：

（一）审议批准企业内部财务管理制度、企业财务战略、财务规划和财务预算。

（二）决定企业的筹资、投资、担保、捐赠、重组、经营者报酬、利润分配等重大财务事项。

（三）决定企业聘请或者解聘会计师事务所、资产评估机构等中介机构事项。

（四）对经营者实施财务监督和财务考核。

（五）按照规定向全资或者控股企业委派或者推荐财务总监。

投资者应当通过股东（大）会、董事会或者其他形式的内部机构履行财务管理职责，可以通过企业章程、内部制度、合同约定等方式将部分财务管理职责授予经营者。"

一、基本管理事项决策权

投资者的基本管理事项，主要包括审议批准企业内部财务管理制度、企业财务战略、财务规划和财务预算。企业内部财务管理制度规定企业内部不同管理层次、不同部门的财务管理权限及责任，明确互相配合、互相制衡的管理关系，其实质是将法人治理结构要求以企业内部契约的形式固定下来，为企业日后的财务行为提供支持和约束。企业财务战略、财务规划和财务预算，是保证企业总体战略和财务目标在长期和短期内都能得到贯彻实现的基本手段。这四个事项都是投资者掌握财务控制权的基本体现，因此，其最终决定权必须由投资者行使。

二、重大财务事项决策权

这些重大事项包括筹资、投资、担保、捐赠、重组、经营者报酬、利润分配等。

判断一个财务事项是否"重大"，除了看涉及金额相对于企业资产的比例高低之外，更重要的是看它是否容易导致投资者权益受损。企业法人财产权决定了企业拥有自主经营权，投资者不能直接干预企业的经营。自主经营权的行使主体是经营者，理论上，当经营者与投资者制订的财务战略和目标保持一致，勤勉尽责时，投资者与经营者的利益是一致的。但是由于逆向选择、道德风险、内部人控制等诸多问题，经营者的决策往往不利于企业长远发展，损害投资者利益。尽管如此，无论是从企业法人治理结构，还是从成本效益原则看，投资者不可能因为两者之间可能的利益冲突，而取代经营者做出每一项决策。因此，投资者只能对一些重大财务事项，掌握最终决策权。

三、财务监督

财务监督，就是根据法律、法规和国家财经纪律以及企业内部财务管理制度，对企业生产经营活动和财务收支的合理性、合法性、有效性进行调节和检查，以确保企业遵纪守法地实现发展战略和财务目标。

财务监督是企业财务管理的一项保障性手段。投资者一方面可通过监事会、内部审计部门等机构，对经营者实施内部财务监督，另一方面可通过社会中介机构的审计和评估对经营者实施外部财务监督。在实施财务监督时，由投资者聘请或者解聘会计师事务所、资产评估事务所等中介机构，对保护投资者利益有重要意义。因为投资者主要依赖财务会计报告来了解经营者的工作成果，独立第三方即社会中介机构实施的报表审计和资产评估等活动，是保证和增强财务会计报告真实性的主要途径，如果由经营者聘用中介机构，就有可能影响中介机构的独立性，从而削弱相关财务信息的可信度。新《公司法》第一百七十条规定，"公司聘用、解聘承办公司审计业务的会计师事务所，依照公司章程的规定，由股东会、股东大会或者董事会决定"，也体现了保护投资者利益的立法精神。

四、财务考核

投资者通过一定的考核制度和办法，对经营者财务业绩做出客观、正确的评价，为经营者的任免、职务调整和薪酬激励等提供依据。

五、财务总监的委派或者推荐

财务总监制度是在企业所有权与经营权相分离、组织规模和生产经营规模扩大化和复杂化、财务管理体制级次增多的情况下，投资者为了保障自身利益，按照一定程序向其全资或者控股的企业派出特定人员或机构，代表投资者进行财务监督而形成的制度，是企业法人治理结构的有机组成部分。

（一）我国财务总监制度的演变与发展

20 世纪 90 年代，深圳、武汉等地的政府在改进我国原有的总会计师制度基础上，引进了西方国家的财务总监制度，开始在国有企业推行。目前，财务总监制度在上海、山西、浙江、江苏、广东、湖北等地已推广实行，各地实行的财务总监制度虽有不同，但基本内容都包括：各级政府财政部门或者国有资产经营公司按投资关系，在管辖的国有及国有控股企业、国有资产授权经营公司设置财务总监，并按照一定条件聘任或委派财务总监；财务总监根据授权，对所在企业进行专业、专职的财务监督，并作为企业董事会成员，参与企业财务预算的制订；参与财务预算的执行，并对重大财务事项建立总经理与财务总监联签制度，等等。

虽然我国的财务总监制度是作为会计委派制的一种形式，从国有企业开始推行的，但这种在西方现代企业中广为采用、行之有效的财务监督手段，同样适用于其他类型的企业。在企业财务管理实践中，我国相当一部分企业（其中也有许多非国有企业），建立财务总监制度的直接动机并非国家或上级部门的指令，而是来自企业规模日益扩大、财务监管却相对滞后所带来的压力和考虑。许多企业家从企业管理的亲身经历中，从与同行管理经验的交流中，从对西方现代企业制度的学习中，主动或被动地考虑更新和完善财务监管措施，逐渐开始接纳和实践财务总监制度。

（二）财务总监的主要职责

建立财务总监制度的根本目标是保障投资者的利益。从财务总监制度的本质来看，财务总监履行部分投资者财务管理职责，具体包括：

- 督促、指导、协助企业建立健全内部财务监督制度；
- 督促企业按照国家规定和投资者战略要求从事财务活动；
- 及时发现和制止企业违反国家规定和可能造成投资者损失的行为；
- 审核企业重要财务报表；
- 参与拟定涉及企业财务方面的重大计划、预算和方案；
- 参与企业重大投资项目的可行性研究；
- 参与企业重大财务决策活动；
- 监督、检查企业重要的财务运作和资金收支情况；
- 对经营者的选拔、任用和考核提出意见，等等。

将代表投资者权益的财务总监的职责与经营者的财务管理职责进行对照，可以看出，财务总监履行职责时，必将对经营者形成一定的制衡。实际上，这也正是财务总监制度为什么能够在一定程度上有效解决"道德风险""逆向选择"及"内部人控制"等问题的原因。

（三）财务总监的委派和管理

就国有企业而言，目前财务总监委派制主要有政府委派模式和董事会委派模式，前者主要适用于股权较为集中的大型国有及国有控股企业，后者则常见于股权较为分散的国有控股企业，主要区别在于委派或者推荐财务总监的机构不同。即使如此，政府委派的财务总监也必须履行董事会任命程序。一般的做法是：投资者（通常为政府财政部门）对拟委派的财务总监进行严格的任职资格考核；财务总监对委派其履行职责的投资者负责，其薪酬由投资者支付，定期向投资者报告企业的资产营运和财务情况，对特殊、重大的财务事项要及时报告；财务总监应当避免任何可能损害其独立性的活动，不得超出投资者授权的范围履行职责，过多干预企业的经营活动。

我国的财务总监制度是从国有企业中萌芽和发展的，它对于保障国家所有者权益发挥了重要作用。由于是在企业法人治理结构下设计的，非国有企业也可以借鉴其经验。

（四）财务总监与总会计师的区别

有不少人认为，如果一个企业已经设置了总会计师职位，那么就没有必要再委派财务总监了。这种认识的根源在于没有了解财务总监与总会计师的区别。这两者之间的不同可以用表 1-1 简单表示。

表 1-1　财务总监与总会计师的区别

比较项目	财务总监	总会计师
来源	西方国家公司制模式	苏联计划经济模式
适用范围	治理结构健全的公司制企业	国有独资或国资占控股或主导地位的大中型企业
公司治理地位	对董事会负责，一般属于董事会成员	对经营者/总经理负责
产生方式	股东会/董事会委派或董事会聘任	政府主管部门任命或聘任
工作报告关系	委派股东或董事会	厂长或总经理
职责	兼具所有者监督职责和企业价值管理职责	履行经营者的企业内部财务监督管理职责
工作层面	协调企业内部及企业外部各利益相关者关系	协调企业内部各利益相关者关系及直接影响会计工作的外部利益相关者关系
组织结构定位	是企业财务资源的第一把关人，与总经理一起对企业的财务安全运行负责	协助厂长或总经理管理企业财务工作、调配企业财务资源
工作侧重点	侧重于价值管理、财务监督和财务审计	侧重于财务管理和会计核算

由表 1-1 可见，财务总监与总会计师在所代表的利益主体、具体职责、工作侧重点等各方面都有着本质区别，并不存在谁替代谁的问题。

六、履行职责方式

按照企业法人治理结构要求，投资者履行财务职责，应当按照法律法规、企业章程等，通过一定的企业内部机构进行，如通过股东（大）会、董事会进行表决，或通过厂长（经理）办公会、职工代表大会、联合管理委员会做出决议。

（1）根据《公司法》第三十八条规定，股东（大）会行使的职权包括审议批准企业财务战略、财务规划和财务预算，决定筹资、投资、担保、捐赠、重组、利润分配等重大财务事项，决定聘请或者解聘中介机构，委托或者委派财务总监等。根据《公司法》第四十七条规定，董事会行使的职权包括审议批准企业内部财务管理制度，决定筹资、投资、担保、捐赠、经营者报酬等重大财务事项，决定聘请或者解聘中介机构，对经营者实施财务监督和考核，委托或者委派财务总监等。

（2）根据《全民所有制工业企业法》以及《全民所有制工业企业转换经营机制条例》，企业实行厂长（经理）负责制，厂长（经理）通过办公会履行大部分投资者财务管理职责。国家作为投资者，一般只在企业设立、合并、分立、任命厂长（经理）等极少数情况下，履行审批职责，直接涉足企业财务管理。职工代表大会享有厂长（经理）的选举和罢免权，审查同意或者否决企业的工资调整方案、奖金分配方案、劳动保护措施、奖惩办法以及其他重要规章制度的权利，评议、监督企业领导干部并提出奖惩和任免建议的权利等。

（3）按照《中外合资经营企业法》及其实施条例，合营企业虽然均采取有限责任公司的形式，但其董事会是合营企业的最高权力机构，决定合营企业的一切重大问题。因此，合营企业中投资者的财务管理职责和部分经营者的财务管理职责都由董事会履行。董事会有权聘任总经理、副总经理（厂长），负责企业的日常经营管理工作，但要求正副总经理（或正副厂长）由合营各方分别担任。因此，合营企业的投资者对财务活动的参与度非常高。按照《中外合作经营企业法》及其实施细则，有法人资格的合作企业均采取有限责任公司的形式，应设立董事会或者联合管理委员会作为企业的权力机构，决定企业的重大问题，并可以任命或者聘请总经理负责合作企业的日常经营管理工作。按照《外资企业法》及其实施细则，有法人资格的外资企业可以采取有限责任公司的形式或者经批准的其他形式，但对其公司治理结构没有特殊要求。

七、投资者的管理授权

在一定条件下，投资者可以通过一定方式将某些财务管理职责授权给经营者。《企业财务通则》的规定，包含以下三层意思。

（1）《企业财务通则》以保护投资者利益为出发点，规定对投资者权益有重大影响的财务决策权归投资者行使，但在现实情况中，由于企业规模大、业务复杂、所有权结构分散、投资者管理能力和精力不允许等多种因素，投资者往往无法履行《企业财务通则》赋予的全部财务管理职责。在这种情况下，投资者可以授权经营者行使部分财务管理职责，从而形成一种委托代理关系。

（2）经济学上的委托代理关系不限于法律所说的契约关系，还应从经济利益的角度，将风险的承担与决策权的使用等问题包含在内。投资者对经营者的授权，除了采取合同约定的方式以外，还可以通过企业章程、企业内部财务制度等有效方式进行。但是，这种职责履行权的转移不会导致风险的转移，即原来由投资者承担的风险责任在授权后仍应由投资者承担，如经营者在授权范围内做出了错误的对外投资决策，导致的损失不应由经营者承担，而应进入企业的利润表，即最终由投资者来承担，这也是委托代理关系的一个重要特征。

（3）投资者对经营者的授权应该是有限的，不可能也不应该将所有的财务管理职责委托经营者行使，否则就失去了对企业的实际控制权。例如财务监督和财务考核，以及重大财务决策中的经营者报酬、利润分配等事项，应当由投资者做出决定。

第二章

投资战略、战略投资管理

第一节　投资战略

企业投资战略就是为使企业在长时期内的生存和发展，在充分估计影响企业长期发展的内外环境中各种因素的基础上，对企业长期投资所做出的总体筹划和部署。

一、投资战略的目标

企业投资战略的主要目的在于：有效地利用人力、物力、财力，合理地、科学地组织配置企业生产力，使企业在急剧变化的环境中保持旺盛的生机与活力。

从投资战略与公司整体发展战略的相互关系来看，一个公司所要实现的战略目标，在很大程度上依赖于其投资战略的实现。因为投资战略的实现直接关系到公司的整个发展布局、走向、速度和增长潜力，而且也会直接影响公司今后的经营行为、资产运作、管理政策等重大方面。一般而言，公司投资战略的制订，必须满足以下三个目标。

（1）投资战略要有利于确保公司的持续发展。

（2）投资战略要有利于公司在经营项目和投资领域上形成多元化的格局。

（3）投资战略要有利于公司在经营的空间上实现广泛化，最好能把国内外资源结合起来。

二、投资战略的原则

一项切实可行的投资战略的确立通常需要遵守以下原则。

1. 确定投资战略的原则

一项投资决策的实施，需要考虑本项投资的期望值是什么，即投资结果所具有的意义。不同的投资战略宗旨将直接影响公司制订战略的价值取向和行为规范，进而影响公司未来的基本走向和框架。

2. 正确认识投资战略实施的环境条件

投资环境条件可以划分为内部条件和外部条件两个部分。内部条件主要包括公司的资金、人才等资源的获得和储备，公司的管理、研究开发能力和建立起来的利益和监督机制等；外部条件则主要是指国家的宏观经济政策、市场的容量、消费者的结构和倾向、融资条件和成本、竞争对手和信息传输方式等。公司在做出战略选择前必须对其所拥有的内部条件和外部条件进行认真研究。因为，不同的条件最终将对一项投资战略的选择、推行和结果产生直接的影响。

3. 制订多个投资战略方案，经过比较做出恰当的选择

对一个公司来说，在确定一项投资战略之前，需要将前述的各项条件，结合投资的目的进行认真、深入而又科学的分析和研究。通常需要将不同的投资方案进行定量和定性的研究，在可比的基础上建立起投资模型，通过权益性、持续性和效益性比较，最后选定一个投资战略方案加以实施。

小知识

确定最优方案的一般标准

在存在着很多互相排斥的投资方案时，公司最高决策层必须在众多的备选方案中选出一个最优方案；即使面临的是单一投资方案，也要做出"采用"或"不采用"的选择。显然，公司在选择"最优"方案时应有一个客观标准，否则公司的选优工作就难以进行。对一个公司来说，为进行投资决策所制订的经济标准可能是多种多样的，一般来说有以下几种：①收益最大；②成本最小；③收益与成本之比最大；④承担可能遭受损失的风险最小；⑤资金周转速度最快；⑥公司发展速度最快；⑦公司的市场占有率最大；⑧公司的信誉最好。

总之，构成公司投资战略的原则和标准就是那些最有利于公司发展、经济效益最大而成本最小的要素，这也正是公司战略投资的内涵所在。

三、投资战略的分类

投资战略按其性质的不同可划分为扩张型投资战略、紧缩型投资战略、稳定型投资战略和混合型投资战略。

1. 扩张型投资战略

扩张型投资战略指企业扩大生产规模，增加新的产品生产和经营项目，其核心是发展和壮大。具体包括市场开发战略、产品开发战略和多样化成长战略（即经营新的产品或服务项目）。

2. 紧缩型投资战略

紧缩型投资战略是从进取竞争中退下来，从现有经营领域抽出投资，缩小经营范围，休养生息。这种战略可分为两种：完全紧缩型投资战略和部分紧缩型投资战略。

（1）完全紧缩型投资战略，即企业受到全面威胁时，将全部资产清算以收回资金、偿还债务。

（2）部分紧缩型投资战略是将企业部分非关键产品或技术出卖，紧缩经营规模。

企业在经营决策严重失误，经营优势丧失，或者在取得竞争胜利后，放慢竞争节奏时，宜采用紧缩型投资战略。

3. 稳定型投资战略

稳定型投资战略是一种维持现状的战略，即在外部环境短期内无重大变化的情况下，将现有战略继续进行下去，最有效地利用现有的资金和条件，继续保持现有市场，维持现有投资水平，降低成本和改善企业现金流量，以尽可能多地获取现有产品的利润，积聚资金为将来发展做准备。这种战略实际上是产品转向的一个过渡阶段。其过渡时间的长短，取决于现有产品的生命周期和转入新产品的难易程度。

4. 混合型投资战略

混合型投资战略是指企业在一个战略时期内同时采取稳定、扩张、紧缩等几种战略，多管齐下，全面出击。其战略核心是在不同阶段或不同经营领域，采用不同的投资战略。

四、投资战略的制订

投资战略制订的基本方法和步骤如下。

1. 确定企业投资战略目标

企业投资战略目标包括：企业投资方向、产品发展方向、利润、销售额、开发能力增长、企业改进项目、组织调整和发展等。企业制订的战略目标应满足以下要求。

（1）既切实可行，又具挑战性。目标的确定要经过机会分析和资源分析，扬长避短，给企业提出较高的期望值，以赢得竞争的主动权。

（2）多样性。战略目标应该由多个目标构成，并区分主要目标和次要目标，形成一个综合平衡、协调一致的战略目标体系。

（3）具有弹性。制订战略目标时毕竟对未来各因素难以准确预料，为应付各种突发情况，目标应具有灵活性。

2. 分析企业投资战略环境

战略环境分析是指对制订投资战略时面临的外部环境和内部条件进行分析，从而知内知外，寻求机会，明确风险，找出优势和劣势。这是制订投资战略的基础和前提。环境分析的对象首先包括与企业相关的外部环境，如党和政府制定的政策、法令规定，国内外政治形势，尤其是与经济有关的政治形势、社会的价值、风俗习惯、宗教信仰、地理条件、人口结构、劳动素质等，当然还有经济形势和科学技术因素。

进行战略环境分析，就是要摸清企业内部资源，进行内部条件分析。内部环境因素主要包括：企业发展的最大能力与潜力、生产设备状况及其适用性、资金规模及其配置情况、经济效益以及人员素质和组织结构的状况。

战略环境分析可以使企业清楚地知道：环境制约的风险与机会、企业的优势与劣势、资金筹措能力以及企业规模扩大和扩散联合的可能性和必要性。

3. 可行性论证

要组织各方面的专家对诸方案进行论证，比较分析各方案的可行程度、风险大小、效益的高低等，从中选择最佳方案。

4. 拍板定案

经过反复论证，股东大会审议，最后由决策者拍板决策。

五、投资的可行性分析

一个公司在制订投资战略的时候，除要充分估计投资风险之外，还要能准确地判断公司对风险的承受能力，只有这样，才能确保投资战略的实施。因此，在制订战略决策时，对宏观政策、市场前景、技术水平、风险预测和经济效益等进行可行性分析研究，就很有必要。

1. 科学预测市场前景

公司要充分考虑市场范围、空间、近期与远期时效，潜量预测和发展趋势预测。

（1）在经济活动范围上要进行宏观预测和微观预测。宏观上要从全国、大区域的市场进行预测。对出口产品来说，重点是国际范围内同类产品的市场预测；微观上主要是在投资项目所在地区范围内进行市场预测。

（2）从空间层次上进行预测，主要是在国际市场和国内市场进行预测。

（3）从产品时效上预测，即近期（1年以内）、短期（1～2年）、中期（2～5年）、长期（5年以上）预测。

（4）使用市场定性与定量分析的方法进行预测，定性市场预测主要是对市场性质、属性等方面进行预测，定量市场预测主要是对市场的发展状况、程度、范围等方面进行预测。

（5）将综合性预测与专项预测密切结合。综合性预测是从整个地区市场的发展趋势中，预测出市场购买力和商品可供量的差距量，从而提出促进生产、指导消费的举措和办法；专项预测是对某一个专项（如吃、穿、用）的市场变化或耐用消费品的需求趋势和变化进行预测。

2. 技术水平的分析

在投资项目可靠性研究中，在技术的选择和采用上要避免落后的或即将被淘汰的技术。

（1）技术的先进性。无论是引进的技术投资项目还是国内的投资项目，都不应该低于国内现有的已成熟的先进技术。

（2）技术的适应性。在考虑采用先进技术时，要从有利于取得最佳经济效果的目的出发，必须充分考虑与公司生产能力原有的配套、消化能力相适应，处理好技术的先进性与适用性的关系。

（3）技术的可行性。投资项目所用的技术，如采用国内的科研成果，必须是经过工业试验和技术鉴定的，如引进国外工艺、技术、设备，必须是符合国情的，必须是成熟的。

（4）技术的经济性。投入与产出的关系合理，生产成本低，能获得较好的经济效益。

（5）遵守国家技术政策、法令、标准和规范。它关系到投资项目是否安全、可靠和能否为市场接受。

3. 风险性预测分析

风险性预测是对投资项目可能发生或产生的不良后果进行预测，并制订防范和化解的对策，达到投资的预期目的。

4. 经济效益预测分析

投资项目可行性研究的经济效益预测要从两个方面分析。

（1）投资项目的财务分析。它是从项目本身运转的财务角度研究项目赢利状况、借款偿还能力，根据项目建设中及建成后将直接发生的财务收支来计算项目的费用和效益。

（2）投资项目经济效益分析。投资项目的经济效益分析采用行业基准收益率和官方汇率，根据项目直接发生的财务收支确定并考察项目的直接费用和直接效益，并用现行市场价格计量该费用和效益。经济效益分析运用了产值、生产成本、税负、利润及利润率等指标来反映公司的经营成果。

5. 准确掌握国家宏观政策，把宏观必要性和微观可能性密切结合起来

（1）投资项目是否符合国家一定时期的政策、规划。

（2）投资项目是否符合国家的产业政策，是否符合本地区和部门的行业规划。

（3）投资项目资源配置是否合理，是否能促进公司经营结构的优化。

（4）投资项目是否能把科研成果，特别是高科技成果转化为生产力。

（5）投资项目是否能取得良好的环境效益、经济效益和社会效益。

面对当今日新月异的社会经济发展形势，对任何形式的投资项目，公司都必须进行客观谨慎的可行性研究，"以市场为前提，以技术为手段，以效益为核心"做出科学的评价，才能顺利实施投资战略，并取得相应的经济效益和社会效益。

六、投资的收益和风险分析

投资战略可从追逐收益和控制风险两个方面来考察。

1.追逐收益

从公司经营的角度看，追逐收益是投资最基本的目的。为了获取高额投资回报，公司在决定投资策略、选取投资项目时，要尽可能选择可以为公司带来最大投资收益率的项目，并将资金投放于未来可以带来最大收益的项目上。同时，公司还要敢于进行创新性的投资，即敢于先于其他公司将资金投放于一些有成长性的、具有潜在回报的新兴产品或项目上，通过时间的领先而保持或增强公司的创新力，以此来获取最大收益。

2.控制风险

控制风险是确保公司投资收益实现的必不可缺的手段。投资收益的不确定性就是投资风险。任何投资在预期收益的同时也必然伴随着不同程度的风险，收益在一定意义上是和风险的概率成正比的。一个公司采取上述投资方法之后，有可能为其带来最大的投资收益。

但是，一旦失误，则会给其带来巨大的投资损失。在现实中不乏因忽略控制投资风险而导致公司倒闭的案例。从控制风险的角度看，可取的投资策略应是相对保守的策略。该策略要求公司不可贸然地向新兴产品、项目或行业投资，也不可将资金过多地投放于长期资产之上；而是要求公司多向成熟行业投资，并使资产保持足够的流动性，以应付万一出现的投资失误。

第二节 战略投资

一般认为，战略投资指依附于某个行业，以提升某个产业、培育产业的领头企业为目的；或者以进军某个产业，在产业中占据重要地位等为目的的投资。

对于战略投资，并没有统一的官方概念，法律法规中也很少出现"战略投资"或"战略投资者"字眼。最早出现该词的法律文件是1999年7月中国证券监督管理委员会（以下简称证监会）发布的《关于进一步完善股票发行方式的通知》。《通知》明确规定："与发行公司业务联系紧密且欲长期持有发行公司股票的法人，称为战略投资者。"在特殊目的的公司境外上市之前，实际控制人往往需要通过私募融资筹集前期所需资金。提供资金的机构则被称为战略投资者（亦称风险投资者）。

一、战略投资的本质

1.从投资分类看战略投资本质

任何一种投资，从投资性质上不外乎为股权投资，或者债权投资，或者介于股权投资和债权投资之间的衍生工具投资。股权投资是指投资者投资之后，拥有的是被投资公司或者目标公司的股权，即投资者成为目标公司的股东，其对于目标公司的影响通过行使股东权利实现。由于其作为公司股东，可以参与公司的经营管理，并且享有公司经营成果；当然，在公司经营状况不好时，其要承担公司经营不佳带来的影响，例如股权相对应公司净资产的缩水，特别是上市公司更明显，直接面对的是股价的下跌。而在公司清算时，投资者作为公司股东，不能优先于劳动者工资、国家税收、公司债权人等优先清偿，而是必须在上述债权得到清偿后，在公司有剩余财产的前提下，投资人才能作为股东对剩余财产参与分配。所以，股权投资相对债权投资而言风险较高。

而债权投资是指投资者投资之后拥有的是目标企业的债权，其一般不介入公司经营管理，目标公司到期后将投资者的投资按照投资价值以及约定的利息或其他补偿予以偿还。债权投资对于目标公司的介入影响明显要小于股权投资，而且由于债权投资在法律上并没有太多介入公司经营管理的途径，所以，债权投资一般不能影响和决定公司的经营管理。并且其对于公司经营成果也没有太多分享的权利，只能按照预先约定好的利息或补偿得到收益。当然，债权投资的回报顺序，要优先于股权投资，因此其风险要低于股权投资。

至于介于股权投资和债权投资之间的衍生工具投资，则指投资者并不是直接投资于公司股权或债券，而是投资于一些金融衍生工具，诸如对于公司股权期权的投资，或者对于公司次级债的投资。投资公司股权期权，并不能直接成为公司股东，只是在未来可能成为股东；而投资公司次级债，则并不是公司直接的债权人，其效力要低于债权。当然限于中国法律的规定，一些衍生工具并不允许出现，或者不能完全实现。

以上述投资的分类而言，一般来讲，战略投资属于股权投资，其投资目标公司形成的是公司的股权，其通过拥有公司的股权对公司进行影响，介入公司的经营管理，实现投资目的。

2. 与私募股权投资比较看战略投资本质

从狭义的战略投资而言，其股权投资相对于私募投资、风险投资等更注重自身与被投资公司的行业相关性，更注重对被投资企业的经营管理的介入和参与；更注重利用自身营销网络和其他资源提升被投资公司的价值，从而实现投资的目的，因此更多是一种行业性投资。而私募投资和风险投资则更多的是一种财务翼投资，即其投资出发点更多地从财务上考虑，考虑被投资企业的财务状况是否值得投资，考虑投资以后能够得到多少倍率的回报，而不是该公司与自身有多少行业相关性，自身是否可以参与经营管理。

但是随着私募投资和风险投资的发展，上述界限已经不是那么清晰，私募投资和风险投资也会像战略投资一样介入公司经营管理，并且其对于被投资行业也比较熟悉，甚至是固定于某个行业的投资。所以，上述的区分只是一种理想的划分，在实践中有时并不是完全一致。

二、战略投资的分类

（一）私募股权投资基金

1. 专门的独立投资基金

这类基金拥有多元化的资金来源，并且主要采用有限合伙的形式，不隶属于其他任何机构。其主要投资来源于有限合伙人，由普通合伙人进行经营管理，相互之间形成一种有效的激励约束机制。基金发展得越好，有限合伙人越愿意投资，以获取更多的回报，而普通合伙人也会因此获得更多的回报。在中国投资的很多国外私募股权投资基金均属于这一类型，并且具有很好的声誉。

2. 大型的多元化金融机构下设的投资基金

这种基金具有信托性质，它们的投资者包括券商、信托公司、商业银行等。一般来说，银行不能直接进行证券和股权投资，保险公司在这方面也受到很大的限制。信托公司虽然没有明确的限制，但是必须依照单个信托计划的投资方向进行投资。但是银行一般推出理财计划，成立直接投资部，券商设立私募股权投资基金。这类私募股权基金公司的优势在于有比较便捷的融资渠道，易于快捷、稳定地获得资金来源。同时这类资金与企业有比较密切的联系，比较容易获取有价值的投资企业信息。

3. 大型企业的投资基金

这种基金的投资服务于其集团的发展战略和投资组合，资金来源于集团内部。资金来源的不同会影响投资基金的结构和管理风格，这是因为不同的资金要求不同的投资目的和战略，对风险的承受能力也不同。这种基金主要投资于自己所在的行业，通过收购行业里规模较小、遇到发展瓶颈，但是具有良好发展潜力的企业，收购后形成更大的产业规模，以达到维护自己产业地位的目的。也有投资产业上下游企业的案例，通过产业前项一体化和后项一体化投资，完善工业公司的产业链条，增强自己的竞争能力。

4. 独立小企业投资公司设立的基金

这种公司没有明确定义和类型，其一般资金规模很小，也不一定专注于战略投资，还广泛参与其他投资，但是由于其资本有限，很难进行大资本投资，投资周期也比较短，希望尽快见效。但是有时企业会联合大的投资机构进行大项目投资。

（二）行业内相关大中型企业

在任何一行业内或相关行业产业链上下游的大中型企业，由于其在行业内的规模和地位，决定了其在相关行业内具有重大影响作用，或者具有比较重要的行业地位。这类企业通常为了继续通过向相关行业企业投资，进行入股、收购、重组等形式，不断巩固其行业地位扩大其产业链。这类企业采取战略投资方式进行投资，成为战略投资者。诸如中粮集团、阿里巴巴等即属于这类战略投资者。

（三）其他非单纯财务性投资机构

除了以上私募股权投资和行业内相关大中型企业外，战略投资还包括其他非单纯性财务投资者，这类投资比较繁杂，在此不一一赘述。

三、我国法律对战略投资的制约因素

目前，我国现行公司法律制度中的单一股权模式、禁止公司回购股份、过高的公司上市标准等法律因素，不仅制约了筹资公司对战略投资的引入，也制约了战略投资者对退出方式的选择，使战略投资这一对企业发展具有巨大推动作用的投融资方式在我国受到很大的制约。

（一）股权类型单一

我们看到，战略投资者投资行为的目的，在于通过短期持有公司股份或可转换债券以及恰当的退出方式获得投资收益，他们对于收益兴趣盎然，对投资对象公司的管理权则没有多大兴趣，即使涉及公司的管理运营，也是前面所提及的与投资安全、投资收益相关的管理事务。相反，境外上市融资的企业控制人，更在意公司的长期控制权，难以容忍公司控制权的旁落，即使是短期合作的战略投资者。由于兴趣与关注点的不同，投融资双方极易在公司股权分配与管理权分配方面达成协议：战略投资者持有可转换优先股或可转换债券，不具有或拥有少数的表决权；控制人则持有普通股份，拥有全部或多数的公司表决权。

优先股，是相对于普通股而言的一种股份。其优先性主要体现在利润分红及剩余财产分配权利方面，可分为可转换优先股和不可转换优先股，实践中，战略投资者一般接受可转换优先股，即持有人在特定条件下把优先股转换成为一定数额的普通股。通过可转换优先股融资安排，融资企业可以得到股权资本，战略投资者的利益又可以得到类似于债权

（指比普通股权具有优先受偿性方面）的保护。优先股通过其灵活的股性债性组合，使得投融资双方的利益得到优化。可转换优先股安排，大大降低了战略投资者因信息不对称产生的投资风险。同时，还可以保障在投资期间内对企业经营、财务状况的控制与掌握。融资企业经营不良时，可以通过企业回购和优先股清算来保障收益，融资企业在经营出色时，基金可以转换成普通股并上市以获得较好的投资回报。

为了达到投融资双方的这种要求，公司法律必须提供相应的法律制度环境，以便于交易双方根据交易需求做出选择与安排。国际上，绝大多数市场化国家的公司法律，均允许公司可以发行包括普通股、优先股、可转换证券等不同类型的证券，以便于公司投资者们通过私人契约做出灵活的安排。

为了深化金融体制改革，支持实体经济发展，依照《公司法》《证券法》相关规定，国务院 2013 年 11 月 30 日决定开展优先股试点，发布了《国务院关于发展优先股试点的指导意见》（国发〔2013〕46 号）。为规范优先股发行和交易行为，保护投资者合法权益，根据《公司法》《证券法》《国务院关于开展优先股试点的指导意见》及相关法律法规，证监会于2014 年 3 月 21 日公布了《优先股试点管理办法》（中国证券监督管理委员会令第 97 号）。

（二）股权回购限制

公司回购股份也是国际上战略投资者退出的一种有效方式。根据战略投资者与公司之间签订的强制赎回协议，如果融资企业经营没有达到预期目标，企业也无法上市，私募投资者也无法实现股权转让，战略投资者可以要求融资企业按照约定的价格与条件，将其股份全部由公司赎回。此条款是私募投资者入股融资企业后的风险控制手段之一。

国际上，关于公司回购股份主要存在两种立法模式。一种是以美国、英国为代表的"原则允许，例外禁止"模式。

美国各州均允许公司在符合一定条件与程序基础上回购本公司的股份，对回购事宜未做限定。美国《标准商事公司法》第 6.31 节也规定，公司可以取得自己的股票，所获取的上述股票应被视为授权但未发行的股票。因此，只要法律或章程无明文禁止，在不侵害公司债权人、不违反股东平等原则的情况下，公司可以回购本公司的股份。但是，根据美国各州判例法要求，公司回购自己的股份必须基于公司经营需要这一善意、正当目的。英国1985 年《公司法》第 162 节规定，如果章程允许，公司可部分回购自己的股票，包括可赎回股和普通股。该法第 160 节对股份回购的资金来源做出限制性规定，公司用于赎回股份的资金只能源于可分配利润和股票发行的溢价金。该法第 171 节允许私人公司可以用公司资本赎回或回购公司的股份，但程序较为复杂，公司董事应保证回购股份不影响公司的偿债能力。英国 1985 年《公司法》禁止某些情况下的股份回购。如该法第 151 节规定，禁止公司资助他人购买本公司的股票，禁止接受本公司的股票作为他人对本公司债务的担保。此外，该法第 76 节还规定，公司以资本金回购股票，如其后 1 年内公司破产，则公司董事及受领价款的股东对公司债务在该范围内承担个人责任。如前面提到的 2004 年 BVI《商事公司法》第 36 条第 1 款规定，除非公司章程有明确限制，公司的股票可以被（公司）赎回。

另一种模式是以德国等欧洲国家为代表的"原则禁止、例外允许"的股份回购立法模式，采用这一模式的多为大陆法系国家。

德国公司法律一般禁止公司回购自己的股份，但德国 1965 年的《股份公司法》第 71 条第 1 款规定，准许公司在特定情况下回购本公司股份，这些特定情况包括：为避免重大或迫在眉睫的损失；向公司职工或关联企业的职工提供股票以实现激励机制；公司为保护少数股东的利益购买异议股东的股票；无偿获得；继承获得；基于减资决议注销股票等。该条第 2款规定，公司回购股份不得减少基本资本，即要求回购资金只能来源于公司的可分配利润，且数额不得超过其基本资本的 10%。

不难看出，英美法系国家的公司回购制度更为灵活，更便于公司进行资本运作。作为大陆法系国家，我国法律对公司回购股份采取了较为严格的限制，使得公司回购股份这种战略投资退出的有效方式没有适用的法律环境。我国《公司法》第 74 条规定，"有下列情形之一的，对股东会该项决议投反对票的股东可以请求公司按照合理的价格收购其股权：（一）公司连续五年不向股东分配利润，而公司该五年连续盈利，并且符合本法规定的分配利润条件的；（二）公司合并、分立、转让主要财产的；（三）公司章程规定的营业期限届满或者章程规定的其他解散事由出现，股东会会议通过决议修改章程使公司存续的。自股东会会议决议通过之日起六十日内，股东与公司不能达成股权收购协议的，股东可以自股东会会议决议通过之日起九十日内向人民法院提起诉讼。"关于股份有限责任公司，《公司法》第 142 条规定，"公司不得收购本公司股份。但是，有下列情形之一的除外：（一）减少公司注册资本；（二）与持有本公司股份的其他公司合并；（三）将股份奖励给本公司职工；（四）股东因对股东大会做出的公司合并、分立决议持异议，要求公司收购其股份的。公司因前款第（一）项至第（三）项的原因收购本公司股份的，应当经股东大会决议。公司依照前款规定收购本公司股份后，属于第（一）项情形的，应当自收购之日起十日内注销；属于第（二）项、第（四）项情形的，应当在六个月内转让或者注销。公司依照第一款第（三）项规定收购的本公司股份，不得超过本公司已发行股份总额的百分之五；用于收购的资金应当从公司的税后利润中支出；所收购的股份应当在一年内转让给职工。公司不得接受本公司的股票作为质押权的标的。"

（三）上市条件过高

境内资本市场上市标准过高也抑制了战略投资者对上市退出方式的利用。在境内资本市场上市标准方面，我国《证券法》第 50 条规定，公司申请股票上市，应当符合以下条件。

（1）股票经国务院证券监督管理机构核准已公开发行。

（2）公司股本总额不少于人民币 3000 万元。

（3）公开发行的股份达到公司股份总数的 25% 以上；公司股本总额超过人民币 4 亿元的，公开发行股份的比例为 10% 以上。

（4）公司最近 3 年无重大违法行为，财务会计报告无虚假记载。证券交易所可以规定高于前款规定的上市条件，并报国务院证券监督管理机构批准。显然，对于急需资金的中小型高科技企业与民营企业来说，这些条件过高。目前，深圳证券交易所颁布的《创业板股票上市规则》，虽然是针对中小型企业的创业板上市条件，但仍然未能突破《证券法》设定的最低上市条件。相反，在国外一些证券市场，对于成长型或科技型的中小企业，交易所往往设定了相对于主板市场更为宽松的上市条件，如伦敦证券交易所 AIM 市场除要求公司聘请一个在伦敦交易所注册合格的保荐商外，在企业规模、资金、业绩、资产等方面均无要求。新加坡证券交易所凯利板对上市申请人的财务指标没有要求，只要公司证明有足够营运资金、能够满足上市以及上市之后 12 个月的营运需求即可。多伦多证券交易市场的创业板市场，对公众股东持有股设定了非常低的要求（50 ～ 100 万加元），并未对申请人的股本与资产提出最低要求。所以，即使在我国创业板资本市场推出后，由于其上市条件基本上仍未放宽，对于战略投资通过境内上市方式退出来说，并不会带来实质性的改观。因此，目前的法律制度环境，仍会在很大程度上限制战略投资者在境内证券市场上市后的退出。

（四）其他制约因素

此外，在股权转让及并购方面，战略投资者通过产权交易市场回购投资也是相当困难的。一方面，我国产权交易成本过高。目前，在产权交易市场进行产权交易的成本远远高于股票市场的成本，过高的税费成本，使战略资本的退出较为困难。另一方面，尽管国内产权交易形式开始趋于多样化，但是非证券化的实物型产权交易仍占主导地位。此外，由于产权交易监管滞后，统一的产权交易市场尚未形成，使得跨行业跨地区产权交易有很大的操作困难。

正是考虑到我国当前法律环境中的这些因素，不便于战略投资者选择合适的退出方式，因此，在面对有上市融资需要的境内公司时，战略投资者们从自身利益出发，会倾向于鼓励这些企业到境外间接上市融资，从而可以利用境外更为宽松的法律环境实现投资的顺利退出。实践中，对国内有融资需要的企业客观上产生了一种强烈的"拉伸效应"。这也正是多数引入战略投资者的内地企业选择境外间接上市的原因之一。在我国境外间接上市实践发展过程中，战略投资者的引领作用发挥了非常重要的影响。

四、对战略投资的运用

企业的不同发展时期对资金的需求不同，企业在花费不菲的成本、经过艰难的投资谈判后，对于融资所得的资金的运用方式和投向，一定要根据企业的长期发展战略进行详细的研究，合理组织资金运用，提高资金使用效率，力求使有限的资金得到最高效的利用。合理运用战略投资，对企业总体发展战略的实施与实现具有重要的价值。

根据企业生命周期理论，企业在不同的发展阶段对资金有不同的需求，因此在企业发展的不同阶段引入的战略投资，依据企业的内外环境状况及其变化趋势，其资金运用、投向及配置比例就存在着较大的差异。

在企业成立初期，通常资金短缺，资本实力较弱，尚未形成核心竞争力，并且生产规模小，产品品种少，盈利水平低，企业形象尚未树立。这一阶段的战略资金投向主要用于新产品的研制、固定资产的投资，产品的试产和试销，较少在市场、宣传、渠道等方面投入过多的资金。在企业进入快速发展期后，在市场开拓方面的投资比例将会明显增加，同时为进一步获得产品上的竞争优势，企业在新产品、新技术的研发方面的支出也将进一步增加。

企业进入稳定、成熟期后，资金相对充裕，并已拥有核心竞争力和相当的规模，此时，企业为了在衰退来临之前实现新的发展，突破固有经营模式限制，通常会利用战略投资资金在扩大经营规模及投资规模的同时，通过兼并、收购等方式实现企业的外部拓展，进一步增强本企业的竞争力。当然，这一时期由于作为企业核心能力的协调整合能力、学习能力及重构能力都在减弱，企业可能沉溺于曾获得成功的核心能力中，容易掉入低成本扩张的误区，从而为企业带来沉重负担。

综上所述，企业在不同的阶段对战略投资有不同的运用方式和投入的侧重点。但是综合来说，企业运用战略投资的主要投向为固定资产、市场开拓、技术研发和并购重组。下面，我们就对上述四个方面的资金运用方式和运用要点做一个详细的分析。

（一）加大市场开拓投入

市场开发就是发展和拓展现有产品的新顾客群，开发新产品，利用综合营销手段拓展新市场从而扩大产品销售量的经营活动。对市场的开拓是企业获得盈利收入，最终实现企业发展的必要的也是最为关键的环节，因为不管是企业的准确市场定位、好的产品还是优秀的经营管理，其最后的落脚点都是为了企业能够获得并保持相当的盈利能力。市场作为商品和服务的终端，是检验企业一切工作成功的最终标准。产品与市场的有机结合是企业经营的基础，是企业利润和流动现金的主要来源，企业的一切活动都依赖其提供资金支持。因此，充分开发产品市场，加大市场开拓投入是企业生存和发展的基本保障。加大市场开拓方面的投入，拓展企业产品或服务的消费群体，提高企业营业收入和利润率，是贯穿企业发展始终的重要经营活动。

市场开拓包括三个方面的内容。

（1）通过市场渗透，立足于现有产品，采取更积极的措施进行开拓，例如在维持现有客户的基础上通过各种营销手段如价格策略、促销方式、渠道的变更等，在现有的市场上扩大现有产品的销售；

（2）市场开发，即采取各种措施，开辟新的市场，进入新的领域来扩大现有产品的销售；

（3）进行新产品的开发，为现有市场提供新产品或改进产品，在规格、花色、品种、型号等方面满足消费者需求，增加现有产品的吸引力，达到企业销售增长的目的。

1. 利用战略投资进行市场开拓的优势

实施市场开拓的各种具体方法和营销手段，不管是广告的投放、渠道的拓展、终端的扩大、产品的改进还是促销活动的组织，都需要大量的资金支持。利用战略投资进行市场开拓，有其自身的诸多优势。

（1）渠道广。战略投资者，有的本身就是行业内或相关领域的优势企业，有的则是相关行业领域的投资专家，对于行业有着深入的了解，能够为企业提供良好的业内资源，帮助企业拓展市场渠道，无论是在终端市场的销售渠道方面，还是在广告等营销手段的实施渠道方面，都可以为企业提供巨大的帮助。借助战略投资者的渠道资源，企业就有了能突破一些单凭自己的力量难以企及或难以实现的市场渠道的可能性，从而大大拓宽企业在市场中的覆盖面，为新市场的开拓和原有市场的再开发奠定良好的基础。

（2）定位准。俗话说"当局者迷，旁观者清"，企业由于自身发展阶段和行业内所处位置的限制，不免会在自身的市场定位方面出现一些偏差。但是，战略投资者作为企业之外的对本行业有着较深了解的第三方，其通常能够站在企业旁观者的角度对企业的市场定位有一个清醒、客观的认识，从而为企业的市场定位的调整提供有较高参考价值的建议，为企业调整自身市场战略，进行精准的市场定位提供有效的帮助。

（3）成本低。前面说过，战略投资者作为业内机构、企业，或对行业有着较深了解的投资主体，其通常在行业相关市场内具有广告媒体、市场渠道等相当的市场资源，并且具有丰富的市场运作及拓展经验，利用战略投资并借助战略投资者的相关经验、资源，能够大大降低企业在开拓市场方面的成本。

（4）效果好。市场是企业的生命，能够占有市场的企业才是有生命力的企业。战略投资者利益的实现，也要借助企业在市场中的成功，因此，任何一个战略投资者都愿意帮助企业在市场方面进行开拓，以期打开局面，使效益得到增长，并提高自己的利益回报。在这种意愿的推动下，双方的合作通常会处于一种融洽的状态，再借助战略投资者的专业知识、渠道、资源和经验，更容易产生良好的效果。

2. 利用战略投资进行市场开拓的基本程序

（1）对市场的分析与评估。

1）确定企业的市场目标。在确定目标市场方面，主要应从三个角度考虑。

（a）企业的发展目标，表现为资产数量的增加，人员素质的提高，生产能力的扩大，技术与管理水平的提高，专业化协作、经济联合的发展等；

（b）利益目标，主要表现为实现和增加销售利润、投资利润，任何企业作为一个经济实体，都必须考虑其自身的利益，而利润和投资收益就是企业最重要的核心目标；

（c）企业的市场占有率目标，指一定时期内本企业某种产品的销售量或销售额在行业市场总销量中所占的比重，又称市场份额，市场占有率通常反映了本企业在同行业中所处的市场地位，并与企业获利水平密切相关，同时，市场占有率的高低也关系到企业的知名度，从而影响企业的形象。

2）分析与评估目标市场。分析与评估市场环境，是企业制订营销战略，进行市场开拓的主要依据，对企业市场开拓的实施效果非常重要，因此，市场环境的分析必须是科学的、客观的，必须建立在周密的调查研究和准确的情报信息收集的基础上，主要包括以下几方面的内容：①顾客需求情况；②市场竞争情况；③供销渠道情况；④政府有关方针政策，包括现行政策对市场发展的影响，政策连续性及变化趋势的分析，等等，这些一定时期的方针政策，反映了国家的战略规划、战略重点和投资导向，是企业制订自身发展战略，进行市场定位的必不可少的参照依据。

（2）拓展方案的拟订与决策。

1）方案的拟订。这是企业制订发展战略的一个关键性的步骤。根据企业的宏观发展战略以及对市场环境和企业情况的全面分析，结合战略投资者的建议及其市场资源平台，从不同的策略和角度出发，有针对性地拟订至少两个市场拓展备选方案。每一个备选的方案均应有详尽的信息、科学的分析，还要有优劣比较，对所实现的目标，一定要有量化分析，对不能量化的，也应清楚地加以说明。

2）预算与成本控制。在对预选方案综合评价的过程中，财务可行性分析论证是非常重要的，只有在财务上是可行的，方案才有意义。因此在拟订的过程中，要重视对财务可行性的论证，要保证所拟定的方案，不仅在技术上是先进的，而且在经济上是合理的，才能有较强的竞争力，保证企业以收抵支后有较大的盈利，或者达到企业预期的利润目标。如果经过财务可行性分析后，市场拓展的成本过高，或效果不能达到企业预期的利润目标，应当拟订新的发展战略方案。

3）综合评价、最终决策。企业应该参照各方面的意见，尤其是战略投资者的意见，对各种预选方案进行经济与技术的全面评价，分析论证其技术可行性与财务效果，从中选出一个既符合国家方针政策，又能满足目标市场需求，并能为企业带来较大经济效益的最优方案。

（3）方案的实施与控制。方案选定以后，要注意严格执行和正确实施，注重在实施过程中对资金具体投向的控制和效果的评估，根据市场的反馈及时调整资金的投入规模和渠道。在执行中，发现问题应及时反馈给决策机构，以便及时采取措施，加以必要的补充或作较大的调整，使发展战略在市场营销实践中不断发展、不断完善。

（二）加强技术研发建设

在知识经济时代，技术是第一生产力。企业的市场竞争力、持续发展能力都来自对技术、产品以及经营管理模式的不断创新，而其中技术的研发与创新，是一切创新活动的基础，是真正推动企业的长远发展和争夺行业内领先地位的推动力量。

据有关资料显示，目前我国具有自主知识产权的关键性技术的供给和储备严重不足，导致产业结构调整和产业升级举步维艰，研发力量不足已经成为制约我国企业发展的最严重的瓶颈之一。由于缺乏技术供给和技术储备的支撑，很多企业的业务及产品结构受到严重制约，在产业市场分工中只能处于中低档产品生产以及加工制造业的中低端生产环节，不得不参与大量的中低档产品的严酷的市场竞争，进行惨烈的价格战，这严重影响了企业的经济效益，制约了企业的发展空间。

造成这种状况的原因不是单一的。一方面，在企业层面普遍存在经营行为短期化的缺点，很多企业受到发展阶段的制约，缺乏长期的战略眼光，满足于眼前利益，对技术创新的重视程度不足；另一方面，技术研发往往需要大量的资金，并且有较长的周期性，从大规模的资金投入，到技术形成，再到真正实现产出，投放市场并产生经济效益，往往需要数年的时间，对于很多处在成长和发展阶段的企业，仅靠自身累积，难以支撑大量的科研资金需求；通过信贷资本，又存在回报周期过长，成本过高的问题。

这种技术创新的不足，使得企业不能建立起具有自主知识产权的品牌优势。而现实是，只要是核心技术、品牌产品，以及销售和服务这几个环节中的任何一个掌握在别人手里，企业就注定无法摆脱受制于人的境地，始终只能处于行业分工的低端，处于产品和服务价值增长链的低端，无法在更高的层次上建立起持续的核心能力，也无法实现企业长远发展的目标。

1. 利用战略投资加强技术研发的优势

在进行技术研发方面，利用战略投资的优势有以下几点。

（1）与信贷资本相比。战略投资的投资周期较长，对短期内的投资收益与回报没有强行要求，符合技术研发投资的长期性要求；股权融资不需要固定资产作为抵押，也没有固定利息回报要求，投资成本相对较低；技术优势是企业未来行业内领先优势的基础，符合融资方和投资方双方的利益，任何一个着眼于企业长期的发展和因此带来的高额回报的战略投资者，都会支持企业将战略资金投入科研和技术开发项目方面，并不会因技术研发的回报周期长和较高的风险性而对企业课以过于严厉的融资条件。

（2）与政府资金相比。

1）资金规模大。政府资金通常看起来总量可观，但为了兼顾各行各业的研发资金需求，政府研发投入在细分之后，真正能为企业个体所用的资金量实际上非常小，常常是杯水车薪。而战略投资是针对其认为有成长空间和发展前途的企业的，其投资规模小到数百万，大到数千万，无疑能为企业研发提供强大的资金后备支持。

2）自由度高。在政府资金的引入方面，企业需要经过申报备案、指标考核等复杂的过程，在资金的使用方面，也受制于政府的各种政策导向的约束。但是，如果利用战略投资进行企业技术研发，企业可以在最大程度上按照自身的发展状况、步伐和战略目标，来决定自己的科研领域、方向和重点技术的攻关。

（3）可借助战略投资者自身技术及研发优势。

1）技术优势。行业内的战略投资者，不但在管理、经验和资源方面能够为企业提供帮助，其中有相当一部分还能为企业提供技术、团队和设备方面的支持，使企业能够借助战略投资者的技术优势，加快企业科研步伐，同时为企业的研发工作节省成本。

2）资源优势。企业毕竟不是科研机构，在新技术的研究方面，单靠企业自身的力量是有限的，与专门的科研团体、各大院校进行合作，是一个极好的选择。而战略投资在与研发机构合作方面的资源、渠道及合作经验，都可以为企业的合作研发工作起到很强的推动作用。

2. 利用战略投资进行技术研发的程序及要点

（1）决策。在利用战略投资进行技术研发的决策中，要注意听取战略投资者的意见，借助其经验，并进行认真的调研和评估，及时调整研发的方案、重点领域和重点产品，使研发的方向更加符合企业发展的宏观战略。

（2）研发项目小组构成。项目小组的构成应该是跨部门的，项目小组的职责和权限以及项目小组领导者的角色和责任必须要有明确的界定，因为如果项目小组和职能部门的责权不明确，将使沟通不畅、协调和决策效率低下，从而大大影响公司研发的效率。

（3）成本控制。企业新技术和新产品的研发通常都需要大量的资金投入，但是，在确保研发成果的基础上，还应保持研发活动在经济上的合理性，控制企业的研发成本，争取以较小的研发投入取得更大的成果，使企业具备较强的竞争力，达到企业预期的利润目标。

（4）研发的实施。在研发过程中，最需要注意的是人员的配合。由于利用战略投资进行产品和技术的研发通常涉及若干主体，代表着不同的主体及其利益，如果不注意人员的配合与协调，就很容易在技术的研发过程中产生争议和摩擦，影响各主体之间的合作关系，拖住整个研发项目的进展脚步。

（5）明确研发技术权利归属。技术作为无形资产，因其与物权相比具有"无形"这一独有特征，给此类产权的界定与评估带来了较大难度，再加上利用战略投资进行研发所涉及的主体的多样性，在企业，战略投资者和合作研发者之间的权利分配及归属的确定就成为一个极为重要的问题。对于技术使用权、专利申请权及其他附属权利的分配，一定要明确、具体，防止因此产生重大纠纷和争议，导致公司技术资产有不确定性，从而在上市运作的过程中出现问题。此外，由于专利技术的时效性较强，对于权属明确的具体技术，一定要及时申请专利权，以便与企业相关业务对接。

（6）重视非专利技术的保护。非专利技术是企业为了保守一定的商业秘密而选择不公开申请专利的技术，这种非专利技术的价值较高，但由于没有专利权的保护，其泄露对于企业的伤害更为严重。因此，企业一定要重视对非专利技术和相关商业秘密的保护。

（三）在增加固定资产投入方面

固定资产投入是指企业出资获得生产经营性或服务性固定资产的过程，包括改造原有固定资产以及构建新增固定资产的投资。固定资产投资，包括固定资产的更新、改建、扩建、新建等活动是贯穿于整个企业成长发展始终的，是企业实现生产经营的现实基础。在企业成立初期，无论是建设厂房、购置设备还是添加人员，都需要投入大量资金；在企业稳定经营过程中则需要不断地对生产经营中已经老化的物质资源和人力资源进行更新；在企业为实现一定的战略目标而进行扩大再生产时，更需要在固定资产方面投入大量资金，扩大企业现有的生产经营规模，降低经营成本。因此，固定资产的投入是企业生产经营过程中必不可少的资金投入项目。

但是，由于固定资产投入的回收时间长、变现能力差且通常所需投入的资金规模巨大，因此企业进行固定资产投资，扩大再生产的过程，一方面具有相当大的风险，因为一旦决策失误，就会严重影响企业的财务状况和现金流量，甚至会使企业走向破产；另一方面极易受到资金短缺问题的困扰，也通常是企业发展过程中最容易产生资金缺口的环节。

1. 利用战略投资增加固定资产投入的优势

利用战略投资进行固定资产投入，进行扩大再生产，有其自身的若干优势。

（1）决策易。固定资产投资是企业扩大再生产的基础，扩大再生产是实现企业的成长和发展，最终实现战略投资者利益的必要途径。因此，在引入战略投资时，如果将战略投资投入固定资产更新、增加方面，引进新的生产线及必要设施，改进和更新现有产品，加大产品的生产规模，投融资双方比较容易达成一致，可以减少不必要的争议和摩擦。

（2）效率高。战略投资者对于企业来说，其最大的价值不仅在于它能为企业带来多少资金，更在于它通常都对企业所在的产业领域有着丰富的经验和独到的见解。因此，在利用战略投资的同时，还可以借助战略投资者在该领域内的丰富经验帮助企业把握投资的方向，提高投资决策的效率和正确性，降低执行中出现问题的概率，从而大大提高固定资产投资的效率。

（3）成本低。相比较其他资金来说，战略投资作为一种股权投资，既不要求固定的利息回报，也不要求固定期限内偿还，投资的成本相对较低，可以降低企业在固定资产投资过程中的资金压力。

2. 利用战略投资增加固定资产投入的决策程序

利用战略投资增加固定资产投入，也是一个固定资产投资决策的过程，而这个决策的过程是存在较大风险的：一方面，大规模的固定资产投资会对企业的财务状况和现金流量产生重大影响；另一方面，在过程中还要注意与战略投资者的关系的处理，以免双方在资金使用的战略决策方面出现重大分歧。具体来说，决策的过程通常如下。

（1）固定资产投资项目的提出。固定资产投资项目的提出应根据企业宏观的发展战略，从企业当前经营和发展过程中最急需的生产资料到对企业的长远发展和利益所必要的投资项目，都应该全面、综合进行考虑，提出最符合企业当前状况的固定资产投资项目和计划。

（2）固定资产投资项目的评估。在固定资产投资项目提出后，需要对项目的必要性、成本、投资中有可能产生的问题进行充分的评估和预测。这主要涉及以下几项工作。

- 对提出的投资项目进行合理分类，既要符合会计制度，又要符合企业现实的经营状况和行业特点，为后边的评估工作做好准备；
- 评估该项目对企业现有经营战略和对企业宏观战略、市场及行业定位的影响，即要评估该项目投资的必要性；要计算有关项目投资所需要支出的成本和未来若干时间内预计能为企业带来的收入或其他利益，预测投资项目的现金流量；
- 运用各种投资评价指标，把各项投资按可行性的顺序进行排队，最后完成评估报告。

（3）固定资产投资项目的决策。投资项目评估后，企业管理层要做最后决策，对于能为企业带来较高收益，对于企业行业战略地位的提升有较高价值，对企业有较高投资价值的固定资产投资项目，成本又在企业的可控和可接受的范围内的，应做出可以进行投资的决策；对于必要性不强、效益不高的投资项目，应做出不能进行投资的决策；对于那些对企业发展有重要意义，但成本过高超出企业可能承受范围的，应做出将该投资延后的决定；对于论证不充分，无法做出决定的项目，应发还给项目的提出部门，重新调查后，再作处理。

3. 利用战略投资增加固定资产投入的注意事项

（1）在战略投资的谈判阶段，应对引入资金中用于固定资产投资的比例、项目做出一定程度的明确，并将战略投资者在固定资产投资中应提供的增值服务和应承担的责任做出明确的约定，以减少注资后因此类事项发生争议和纠纷的概率。

（2）重视战略投资者的建议，对投资计划做相应调整。战略投资者通常都对企业所在的产业领域有着丰富的经验和独到的见解，其丰富的经验对企业产生的有利影响甚至超过其为企业带来的资金的作用。企业一定要在进行固定资产投资时，重视战略投资者带来的相关经验，相应地调整自己的投资方案和计划，提高固定资产投资效率。

（3）注重与战略投资者关系的协调，避免决策方面的重大分歧。虽然战略投资者的经验对企业的决策及实施非常重要，但是企业应把握一个原则，那就是企业经营管理要有独立性，要在与投资者的关系上保持适度的距离，既不能不理不睬，也不能完全依靠。企业的管理层应该始终明确自身作为投资决策者的定位，注重与战略投资者辅助关系的协调，在确保决策的效率和独立性的同时，避免产生重大分歧，影响合作关系。

（4）在固定资产投资过程中，要严格保证投资计划的执行。决定对某项目进行投资后，要积极筹措资金，实施投资。在投资项目的执行过程中，要对工程进度、工程质量、施工成本进行控制，力求使投资按预算规定保质如期完成。

（5）在固定资产投资项目完成后，要重视对投资项目的再评价。在投资项目的执行过程中，应注意评估所做出的决策是否合理、正确，为今后的固定资产投资决策提供宝贵的参考经验。

（四）在资产重组并购交易方面

资产重组是指企业改组为上市公司时将原企业的资产和负债进行合理划分和结构调整，经过合并、分立等方式，将企业资产和组织重新组合和设置。

并购的内涵非常广泛，一般是指兼并和收购。兼并，又称吸收合并，指两家或者更多的独立企业、公司合并组成一家企业，通常由一家占优势的公司吸收一家或者多家公司；收购，指一家企业用现金或者有价证券购买另一家企业的股票或者资产，以获得对该企业的全部资产或者某项资产的所有权，或对该企业的控制权。

并购的实质是企业控制权变动的一个过程，是各权利主体因特定目的而进行的一种权利让渡行为。并购活动是在一定的财产权利制度和企业制度条件下进行的，在并购过程中，某一个或某一部分权利主体通过出让所拥有的对企业的控制权而获得相应的收益，另一个或另一部分权利主体则通过付出一定代价而获取这部分控制权。企业并购的过程就是企业权利主体不断变换的过程。

资产重组与并购交易共同的本质就是对企业的规模边界进行调整。从理论上说，企业存在着一个最优规模问题。当企业规模太大，容易导致效率不高、效益不佳的情况发生，在这种情况下企业就应当剥离出部分亏损或成本、效益不匹配的业务；当企业规模太小、业务较单一，导致风险较大，此时就应当通过收购、兼并适时进入新的业务领域，开展多种经营，以降低整体风险。

企业进行资产重组有利于调整产品结构，强化优势产品，淘汰劣势产品，突出主营业务竞争力；而与企业自身积累相比，企业通过并购与资产重组，可以减少资本支出，壮大自身实力，在短期内迅速实现生产集中化和经营规模化，实现社会资源优化配置，提高经济运行效率，并且有利于减少同一产品的行业内过度竞争，提高产业发展效率。

1.利用战略投资进行资产重组并购交易的优势

并购与改制重组是企业发展到一定阶段的必然要求，更是拟上市企业进行上市运作时不可或缺的环节和手段，具体说来，利用战略投资进行并购及重组交易有以下优势。

（1）低成本。并购资金最快捷的来源，除自有资金外就属利用授信或担保额度进行贷款了。不过，这种方法虽然能完成并购资金的筹集，达到快速融资的目的，但是企业要为此付出高额银行贷款利息，相应的成本也会变得较高，再加上收购的企业短期内将很难带来大规模的收益，从而会造成企业短期偿债压力过大。

利用战略投资进行并购交易，不存在短时期内偿债和支付利息的压力。并且，通过战略投资者的资源整合，能够在并购中大大降低费用支出，在扩大生产经营规模的同时，降低企业并购成本。因此运用战略投资进行并购与重组，可以有效扩大企业规模，形成有效的规模效应。这种规模效应又能够反过来促进资源的充分利用、充分整合，降低管理、原料、生产等各个环节的成本，从而进一步降低总成本。

（2）高效率。通过战略投资者对行业内资源与渠道的整合，借助战略投资者业内的经验，能够大大提高并购与重组的效率，有效扩充企业的经营范围，获取更广泛的市场和利润，分散因本行业竞争带来的风险。此外，由于并购活动收购的不仅是企业的资产，而且获得了被收购企业的人力资源、管理资源、技术资源、销售资源等，利用战略投资进行收购，并借助战略投资者的经验对这些资源进行整合后，将有助于企业整体竞争力的根本提高，大大促进公司整体发展战略的实现。

（3）少竞争。通过战略投资进行并购与重组，借助战略投资者的渠道资源和谈判经验，有利于并购过程中与各方主体的沟通与交流，增强企业的谈判能力，减少并购交易过程中的竞争，从而为企业以合理的甚至较低的价格实现并购与重组、优化产业结构提供可能。同时，战略投资者高效的经营管理经验、人事管理经验和行业内的知名度，都有助于企业降低收购中的成本，从而提高企业的整体竞争力。

总之，通过利用战略投资进行并购与资产重组，可以扩大企业规模，提高企业生产能力，完善企业的销售网络，提高企业的市场份额，从而有利于确立企业在行业中的领导地位。

2.利用战略投资进行并购重组的程序

（1）前期准备阶段。企业根据发展战略的要求制订并购策略，初步勾画出拟并购企业的轮廓，如所属行业、资产规模、生产能力、技术水平、市场占有率等，据此进行目标企业的搜寻，捕捉并购对象，并对可供选择的目标企业进行初步的比较。

（2）方案设计阶段。方案设计阶段就是根据评价结果、设定条件及目标企业意向，对各种资料进行深入分析，统筹考虑，设计出数种并购方案，包括并购范围、并购程序、支付成本、支付方式、融资方式、税务安排、会计处理等。

（3）谈判签约阶段。通过分析、甄选、修改并购方案，最后确定具体可行的并购方案。并购方案确定后，以此为核心内容拟定收购建议书或意向书，作为与对方谈判的基础；若并购方案设计将买卖双方利益拉得很近，则双方可能进入谈判签约阶段；反之，若并购方案设计远离对方要求，则会被拒绝，并购活动又将重新回到起点。

（4）接管与整合阶段。双方签约后，进行接管并在业务、人员、技术等方面对目标企业进行整合。并购后的整合是并购程序的最后环节，也是决定并购是否成功的重要环节。

五、战略投资中的 PE

（一）PE 的特点

PE（Private Equity），即私募股权投资，其主要特点如下。

（1）在资金募集上，主要通过非公开方式面向少数机构投资者或个人募集，它的销售和赎回都是基金管理人通过私下与投资者协商进行的。另外，在投资方式上，也是以私募形式进行，绝少涉及公开市场的操作，一般无须披露交易细节。

（2）多采取权益型投资方式，绝少涉及债权投资。PE 投资机构也因此对被投资企业的决策管理享有一定的表决权。反映在投资工具上，多采用普通股或者可转让优先股，以及可转债的工具形式。

（3）一般投资于私有公司即非上市企业，绝少投资已公开发行公司，不会涉及要约收购义务。

（4）比较偏向于已形成一定规模和产生稳定现金流的成形企业，这一点与 VC 有明显区别。

（5）投资期限较长，一般可达 3～5 年或更长，属于中长期投资。

（6）流动性差，没有现成的市场供非上市公司的股权出让方与购买方直接达成交易。

（7）资金来源广泛，如富有的个人、风险基金、杠杆并购基金、战略投资者等。

（8）PE 投资机构在国外多采取有限合伙制，这种企业组织形式有很好的投资管理效率，并避免了双重征税的弊端。但是在中国，PE 投资机构多为有限责任公司制，采取有限合伙比例很小。

（9）投资退出渠道多样化，有 IPO 售出（TRADE SALE）兼并收购（M&A）标的公司管理层回购等。

（二）PE 的分类

从投资方式角度看，PE 是指通过私募形式对私有企业，即非上市企业进行的权益性投资，在交易实施过程中附带考虑了将来的推出机制，即通过上市、并购或管理层回购等方式，出售持股获利。

广义的 PE 为涵盖企业首次公开发行前各阶段的权益投资，即对处于种子期、初创期、发展期、扩展期、成熟期和 Pre-IPO 各个时期企业所进行的投资，相关资本按照投资阶段可划分为创业投资（Venture Capital）、发展资本（Development Capital）、并购基金（Buyout/Buyin Fund）、夹层资本（Mezzanine Capital）、重振资本（Turnaround）、Pre-IPO 资本（如Bridge Finance），以及其他如上市后私募股权投资（Private Investment In Public Equity，即PIPE）、不良债权（Distressed Debt）和不动产投资（Real Estate）等。

1. 创业风险投资

创业风险投资主要投资于企业的创业阶段或产业化早期阶段，为其提供研发资金和营运资金。其特点为，投资处于创业期的中小型企业，而且多为高新技术企业；投资期限一般较短，一般为股权投资，不要求控股，但是投资人要积极参与被投资企业的经营管理，提供增值服务；投资风险比较高，具有高风险性。

2. 增长基金

增长基金投资于产业化成功后的扩张阶段的企业，为企业提供所需的固定资产投资和流动资金，来扩大生产规模和提高产能。处于增长期的企业往往会面临多元化、规模化、产品升级、技术更新换代、扩大市场占有率等问题，解决这些问题需要投入大量的资金，这为私募股权投资提供了良好的机会。

3. 收购兼并基金

收购兼并基金通过收购控股成熟且稳定增长的企业，实施内部重组、行业整合等来帮助企业确立市场地位，提升其内在价值，待增值后出售获利。

4. 夹层资本或过桥融资

夹层资本或过桥融资通常以可转换债券的形式投资处于稳定增长期的上市之前的企业，Pre-IPO PE（准上市私募，上市前最后一次私募）就属这一类型，其主要出于降低负债比例、改善股东结构，获取有助于上市和未来发展的战略资源。

5. 其他类型

诸如一些具有专业机构、专门用途的私募股权基金，例如专注于解决企业财务危机的基金，称之为重振基金。

狭义的 PE 主要指对已经形成一定规模的，并产生稳定现金流的成熟企业的私募股权投资，主要是指创业投资后期的私募股权投资。在中国，PE 主要是指这一类投资。

（三）战略投资与私募投资的区别

战略投资和私募股权投资的相同点都是股权性投资，战略投资和私募股权投资在投资范围、投资形式、投资作用和投资期限等方面存在着众多重复交叉的地方，如战略投资中很多投资是以私募股权投资形式进行的，而私募股权投资有时也具有很强的战略性和长期性，很多私募股权投资都参与了公司的经营管理，甚至很多企业在选择私募股权投资者时，最侧重考虑的就是私募股权投资会给企业带来哪些附加值。因此在实践中，企业甚至学术界均有将两者混为一体的趋势，但是从理论上来说两者还是存在一些显著的区别的。

（1）在投资目的上。私募股权投资一般不以控制企业、在某个产业里面占据一席之地为目的，其目的是通过购买企业的股权，实现股权增值，然后售出股权，取得高额回报。而战略投资的目的比较复杂，狭义的战略投资主要是以提升某个行业、培育产业的领头企业为目的，或者进军某个产业，在产业中占据重要地位为目的等。

（2）对目标公司控制程度上。狭义的战略投资可能会尽可能多占一些被投资企业的股份，并且力求控股。而私募股权投资在股权交易后并不参与目标公司的日常运营管理，私募股权投资仍希望原有目标公司的经营者和拥有者继续经营公司。

（3）在投资周期上。狭义的战略投资在进入公司之前没有明确的退出期限，行业景气则长期驻扎，行业不景气则可能会临时撤出资本。而私募股权投资在进入之前就有了资本退出的规划，所以有比较明显的投资周期，少则二三年，多则五六年。

（4）资本取得方式上。狭义的战略投资除了依靠私募方式取得外，还可通过原始积累、银行贷款、政府扶持等方式取得。

（5）在回报方式上。私募股权投资主要依靠出售被投资企业的股权获取回报，对于被投资企业的分红虽然关注，但是从有利于企业的长期发展的角度考虑，不分红或者少分红也不会很在意。而狭义的战略投资其主要盈利模式就是接受投资企业的分红，虽然也会考虑到企业长期发展的问题，但是分红才是他们投资的主要动力。假设一个企业永远不分红，对私募股权投资者来说，只要有较好的退出通道，它一样会投资，而狭义的战略投资者则绝对不会投资。

六、战略投资者

对于"战略投资者"，目前尚无统一、权威的定义，存在着"风险投资者""机构投资者"等说法，通常来讲战略投资者就是指具有资金、技术、管理、市场、人才优势，能够促进产业结构升级，增强企业核心竞争力和创新能力，拓展企业产品市场占有率，致力于长期投资合作，谋求获得长期利益回报和企业可持续发展的境内外大企业、大集团；也可以理解为符合国家法律、法规和规定要求，与发行人具有合作关系或合作意向和潜力并愿意按照发行人配售要求与发行人签署战略投资配售协议的法人，是与发行公司业务联系紧密且欲长期持有发行公司股票的法人。

相对于公募而言，引进战略投资者的行为也可以叫作私募或者私募融资。私募融资虽不如公募要求严格，但充分的私募会大大提升股权价值。"私募"（Private Placement 或 Private Offering）是与向社会公众募集资金的"公募"（Public Offering）相对应的一种资金募集方式，一般是指无须经政府监管部门审核或注册的、向特定投资者而非向社会公开募集资金的方式，具体而言是指不采用公开方式，而通过私下与特定的投资人或债务人商谈，以招标等方式筹集资金，形式多样，取决于当事人之间的约定，如向银行贷款，获得风险投资等。私募融资分为私募股权融资和私募债务融资。私募股权融资是指融资人通过协商、招标等非社会公开方式，向特定投资人出售股权进行的融资，包括股票发行以外的各种组建企业时股权筹资和随后的增资扩股。私募债务融资是指融资人通过协商、招标等非社会公开方式，向特定投资人出售债权进行的融资，包括债券发行以外的各种借款。

由于我国不允许一般企业之间拆借资金，而且债券的发行有严格的审批程序，因而我国基本上不存在私募债券，而私募股权则广泛存在于大多数企业之中。在我国改革开放之后至 1994 年《公司法》生效前的一段时间里，依据国家经济体制改革委员会的《股份有限公司规范意见》等规范性文件采用定向募集方式设立的股份公司（即定向募集公司）是一种典型的私募形式（私募股权）。由于政策的引导，作为向企业的内部职工和一些特定机构（法人）募集资金以设立股份公司的方式曾经盛行一时，并在全国创立了近 6000 家定向募集公司。但随着《公司法》的出台，依据《股份有限公司规范意见》设立定向募集公司已经成了历史。但从广义上来说，依照《公司法》以发起方式设立股份公司的方式本身就是私募的一种形式。2006 年之前，由于券商的通道制的限制，加上股市低迷，公募发行速度减缓，以及部分企业有好的项目急需融资等原因，非上市的股份公司和有限责任公司通过私募增资的业务有了较大的发展，私募的规模逐步超过了公募。私募主要发行对象也从个人投资者转移到机构投资者。而近年来，由于网络行业、IT 行业的再次兴起，私募投资显著增长。同时随着国家相关法律法规的完善，内资的私募投资机构越来越多的设立，投资活动也越来越活跃。

"私募"在我国并非新兴事物。从广义上来讲，有限责任公司设立及其增资、有限合伙在设立时股东和有限合伙人的出资以及增资和新合伙人加入等都可视为私募融资，而对投资者而言就是进行私募投资，具体到公司就是私募股权投资。同样采取发起式设立的股份有限公司及其不通过股市的增资扩股，也是种私募方式发行。即使上市公司，其向特定的投资者增发股票也属于私募，如我国证券市场中的人民币外资股（B 股）在海外的募集大多采用私募的方式。针对上述行为的投资都可以看作是私募股权投资；拟上市公司在上市之前进行的资产重组过程中引进战略投资者的行为亦是如此。

在国外，私募股权市场是资本市场的重要组成部分。从事私募股权投资的机构或个人主要包括天使投资人（Angel）风险投资基金（VC）和私募股权基金（PE）。他们掌握的资本能达到一国 GDP 的 4%～5%。我国私募股权市场的发展要相对滞后，但随着国家法律法规的完善和相关政策的鼓励，国内有很多企业和从事资本融资的中介机构已经开始盯住了私募市场，越来越多的本土专业从事私募股权投资的创业投资基金（同风险投资基金）和产业投资基金（同私募股权基金）在设立和成长。尤其在新《合伙企业法》颁布实施以来，以有限合伙（IP）方式设立的专业从事私募股权投资的基金越来越多。同时，国际市场上有影响力的私募投资者都先后在我国开展了私募股权投资业务，有的甚至募集了专门针对我国市场的私募股权基金。我国持续、快速发展的宏观经济环境必将使我国的私募股权市场成为极富吸引力的市场。

（一）引进战略投资者的意义

被引进的战略投资者一般具备以下几项标准：首先，战略投资者必须具有较好的资质条件，拥有比较雄厚的资金、核心的技术、先进的管理等，有较好的实业基础和较强的投融资能力；其次，战略投资者不仅要能带来大量资金，更要能带来先进技术和管理，能促进产品结构、产业结构的调整升级，并致力于长期投资合作，谋求长远利益回报；最后，只要是有资金、有技术、有市场，能够增强企业竞争力和创新能力、形成产业集群的，都是战略投资者。

引进具备上述标准的战略投资者，有利于企业的完善法人治理结构，实现股权多元化并优化股权结构，提高经营管理水平；引进海外战略投资者，特别是引进公司治理结构完善、管理经验丰富、经营业绩良好的战略投资者，可以帮助企业更快地获得进步。

对很多企业来说，的确有些事情是"当局者迷，旁观者清"，对有些带有共性的问题，大家也许都习以为常了，而且不排除决策更多的是从政策层面或政治层面考虑，而非单纯从经济层面考虑，但作为一个外来者，他们就更容易看清楚。境外战略投资者能够促使加强管理，加快改进不足之处；有利于业务创新，增强竞争实力；有利于扩大知名度，提升对外形象；引进境外战略投资者，对创业公司在创业板上市而言，也是为发行股票上市的成功增加了一个重要的筹码。由于境外战略投资者的加盟，直接加快了企业发展的步伐，同时也有利于提升公司上市后的投资价值。

（二）战略投资者与其他合作者的关系

1. 战略投资者与财务投资者的关系

战略投资者（这里指狭义的战略投资者，以下同）与财务投资者是两种投资态度完全不同的投资者，一个更侧重于行业性投资，出于长期合作目的，而一个更侧重于纯财务性考虑，一般希望短期套利。因此，两者之间投资理念和态度存在着诸多不同，这也决定了两者不同的投资方式，不同的合作方式，以及不同的盈利获利方式。它们之间的具体区别如下。

（1）战略投资者倾向于长期的持股投资，时间都在 5～7 年以上，在投资时一般不会将退出问题作为考虑重点；而财务投资者为短期投资，希望短期投资见效，在投资时一般就开始考虑退出问题。

（2）战略投资者会参与公司经营管理，一般会在公司董事会中要求实质权力，在一些重大事项上要求一票否决权；而财务投资者不参与公司经营管理，一般不具体过问公司事务，只是对公司财务状况比较感兴趣。

（3）战略投资者会给被投资公司带来投资附加值，这也是被投资公司比较青睐战略投资的重要原因，战略投资者一般会在公司经营管理、品牌推广、营销网络、行业地位提升、上市资源整合等方面给被投资公司带来很多有价值的促进作用，会提升被投资公司价值和行业地位；而单纯的财务投资者一般仅在公司资金上给以支持和帮助，其他方面支持甚少。

（4）战略投资者一般与被投资公司处于相同行业或者行业产业链的上下游，具有一定相关性，而财务投资者并不在这些方面具有必然性和相关性。

但是，战略投资者与财务投资者并不是截然分开的，有时战略投资者在投资企业后会根据企业实际情况主动或者应被投资企业要求，通过逐渐减持公司股份等方式逐渐退出公司管理经营，向财务投资者转变，这种转变一般基于其与被投资企业的投资协议的约定。相反，财务投资者有时也会通过增持公司股份来控制公司经营管理，特别在被投资企业经营发展严重偏离投资者预想方向和目的时，有些财务投资者会选择跳出来参与到公司经营管理中，以求公司继续遵循着预定的方向发展，实现其投资目的。所以，对于战略投资者和财务投资者的划分，更多的是基于理想状态的一种界定，两者并不是泾渭分明的。

创业板拟上市公司大都是经历了种子期和初创期，刚刚进入发展期的公司，更希望在这一阶段得到战略投资者全方位的支持，因为这不仅能使公司的股本结构趋向合理，而且可以全面提升公司价值，特别是在公司上市方面实现突破。

2. 战略投资者与业务合作伙伴的关系

战略投资者和业务合作伙伴都与被投资企业都存在着合作关系，并且在企业发展过程中都会对企业发展产生积极促进作用，但是两者存在着比较明显的区别。

战略投资者作为股权投资者，会对被投资企业实际注资，并持有被投资企业股权，而且战略投资者一般都会参与公司经营管理，并且会为被投资企业带来经营管理、治理结构、销售渠道等各种投资附加值。而业务合作伙伴与被投资企业只是业务合作关系，相互之间并没有互相投资关系，更多是一种合作合同关系，双方之间通过合同约定各自权利义务，更多时候是一种松散型的合作关系。两者的类似之处在于都是属于同一行业或同一行业产业链的上下游，或者相关联行业，相互之间彼此对于行业有共识，存在合作的行业基础。

当然两者并非完全隔离，有时也会相互转换，业务合作伙伴在经过一段时间合作后，有时会参股投资，转变为战略投资者，在双方之间形成更为紧密的合作关系。

需要注意的是，公司有时存在战略合作伙伴，这与战略投资者也是不一样的。战略合作伙伴比业务合作伙伴含义要广泛，除了在业务上进行合作以外，双方可能还在其他方面进行长久合作，如人才支持、技术支持、销售渠道支持等，除了没有直接投资形成投资关系以外，在其他的作用方面与战略投资者类似，但是其在合作深度上要浅于战略投资者，仍属于松散型的伙伴式合作。

作为拟上市公司，跟业务合作伙伴之间的关系主要影响其主营业务，影响公司上市前的业绩表现。拟上市公司只要不对业务合作伙伴形成依赖，一般不会实际影响公司上市进程。

3. 战略投资者与关联企业的关系

战略投资者与被投资企业的关联企业之间的区分应是比较明显的。战略投资者与被投资企业之间是因为股权投资而形成的合作关系，战略投资者持有被投资企业的股权；而关联企业与被投资企业之间则是因被投资企业对外投资而形成的控股关系。

一般而言，战略投资者与关联企业之间并没有直接联系，相互之间通过被投资企业形成间接持股关系，即战略投资者通过持有被投资公司股份而间接持有关联企业的股份。如果战略投资者持股比例过高，会形成对关联企业一定的控制或影响关系。

对于战略投资者而言，其对被投资企业的关联企业一般不太关注。但是如果关联企业与被投资企业在业务上不存在关联性，在上市过程中，为了保证主营业务，战略投资者一般会要求被投资企业将关联企业剥离出去，使主营业务更加集中，以形成有效竞争力。

对于拟上市公司而言，法律规定在创业板上市的公司主营业务必须单一，所以如果拟上市公司存在主营业务之外的其他业务，或者存在与主营业务无关的关联公司，应当予以适时剥离，使主营业务符合创业板上市要求。战略投资者的进入，会稀释原有股权，对于剥离关联企业将产生一定的影响。当然，如果关联企业业务与拟上市公司主营业务相关，战略投资者就可以利用其自身资源推动包含关联企业在内的拟上市公司整体快速发展。

4. 战略投资者与上市外部资源的关系

上市外部资源指有助于公司上市或者参与公司上市进程的各类外部机构，如作为保荐人的券商，作为财务顾问的财务公司和会计师事务所，作为资产评估机构的资产评估事务所，以及作为上市法律顾问的律师事务所，等等。

拟上市公司引入战略投资者的目的是希望战略投资者可以充分整合上市的外部资源，加速企业的上市进程。因为一般来说，如果战略投资者投资参股的公司有很多都成功实现了上市，通常会拥有比较丰富的上市外部资源，其与上市中介机构及与上市相关的其他投资机构，如私募股权基金、产业基金等，都会建立良好的合作关系。这些上市外部资源会在公司上市过程中提供各种支持和配合，对于公司上市起到积极的作用。

一般来说，在战略投资者与上市外部资源之间拥有良好关系的基础上，由战略投资者牵头进行合作，会为上市外部资源与拟上市公司形成良好合作打下坚实基础。战略投资者可以协调各方关系，减少各方在合作中的摩擦，使合作更融洽，更有利于公司的上市运作。上市公司外部资源基于对战略投资者的信誉和行业影响的信任，会比较容易通过战略投资者建立与拟上市公司的互信的合作关系，也比较容易树立起对拟上市公司的信心。

（三）引入战略投资者的方式及特点

1. 增资扩股方式及其特点

对于有限责任公司来说，增资扩股一般指企业增加注册资本，增加的部分由新股东认购或新股东与老股东共同认购，企业的经济实力增强，并可以用增加的注册资本投资于必要的项目。对于股份有限公司来说，增资扩股指企业向社会募集股份、发行股票、新股东投资入股或原股东增加投资扩大股权，从而增加企业的资本金。增资扩股一般不须经清算程序，其债权、债务关系，在股权重组后继续有效。战略投资本身就是股权投资，因此增资扩股是战略投资的常用手段之一。

（1）增资扩股一般按照以下程序进行。

1）达成初步合作意向。企业与战略投资者通过沟通和谈判，达成初步合作意向，一般通过签署一个合作备忘录予以确认，就目标企业的增资扩股、引进新的投资人等事项，以及各方的权利义务进行初步的约定，为双方进行深入谈判奠定基础。

2）通过股东会或股东大会决议。根据《公司法》规定，有限责任公司股东会对增加公司注册资本作出决议，必须经代表 2/3 以上有表决权的股东通过。股份有限公司的注册资本的决议，必须经出席股东大会的股东所持表决权的 2/3 以上通过。所以，企业在决定对战略投资者进行增资扩股时，应按照法律规定通过股东会或股东大会做出有关决议，只有在股东会或股东大会增资扩股决议的基础上，有战略投资者的投资行为，才会得到法律的确认和保护。

3）开展清产核资、审计和资产评估工作。一般情况下，引入战略投资时，企业会进行清产核资、审计和资产评估，这些程序应当委托具有相关资质的资产评估机构按照国家相关规定进行。战略投资者评审后，作为确定增资扩股时企业现有资产作价的参考依据。但是如果企业与战略投资者协商一致确定企业净资产价值的，可以不用进行清产核资、审计和资产评估工作。

4）合作各方签订增资扩股协议。各方在资产评估基础上拟定、协商并签署增资扩股协议，协议应该界定公司增资前后的注册资本、增资资本类型、股本总额、增资后股份比例或股份数额等，另外还应当对权利义务、保密条款、违约责任、争议的解决等进行约定。协议还应当载明目标公司原有股东放弃优先购买权，同意战略投资者作为新股东对公司以现金方式增资扩股等声明条款。

5）缴纳增资并验资。战略投资者按照增资扩股协议向目标公司注入增资，并且依法进行验资手续。

6）变更公司章程，履行相应的变更登记手续。增资验资完毕，须按照法律规定要求提交相关资料进行有关变更登记手续，在法律上予以公示和保障。

（2）增资扩股的办法。

1）增加股份数额。也称增发股份，即在原定公司股份总数之外发行新的股份，由战略投资者予以购入，实现引入战略投资的目的。发行新股不受公司原有资本总额所限，但法律对于上市的股份有限公司增发股份有严格限定，须按照法律规定发行。

2）增加股份金额。也称扩大股份金额，即在不改变公司原定股份总数的前提下增加每个股份的金额，实质上是要求原有股东增加自己的股份出资，但是需要将股份转让给战略投资者，才能实现引入战略投资者的目的。单纯的增加股份金额无法实现引入战略投资。

3）既增发新股，又扩大股本。即对前种方式的并行使用，战略投资者通过增发股份投资，而原有股东通过扩大股本追加投资。

2. 股权转让方式及其特点

股权转让是公司股东依法将自己的股份让渡于他人，使他人成为公司股东的民事法律行为。股权转让股东有权通过法定方式转让其全部出资或者部分出资，企业可以通过股权转让，达到引入战略投资的目的。

（1）股权转让程序。

1）可行性研究。召开公司股东大会，分析出售和收购股权的目的是否符合公司的战略发展，并对收购方的经济实力、经营能力、附加要求等进行限定。对于有限责任公司，需要考虑公司股东是否行使优先购买权，只有内部股东放弃优先购买权才能向外寻找受让人。

2）尽职调查。公司应聘请律师对公司相关情况及公司转让股权相关情况进行尽职调查，以确定其中是否存在法律风险，有哪些法律风险。

3）双方协商和谈判。出让方和受让方进行实质性的协商和谈判，并对公司原有债权债务的继承或剥离进行约定。

4）批准。股权出让方为国有或集体企业的，应向上级主管部门提出股权转让申请，并经上级主管部门批准。

5）评估与验资。出让股权属于国家出资企业的，需要到国有资产管理部门立项和确认，然后再到资产评估事务所进行评估，其他类型企业可直接到会计师事务所对变更后的资本验资。

6）召开职工大会或股东会。集体性质的企业须召开职工大会或职工代表大会，按《工会法》形成职代大会决议，而有限责任公司则应召开股东会并形成股东会决议，允许股权转让。

7）国有股权转让的公示。按照法律规定，转让方应当将股权转让公告委托国家法定的产权交易机构进行为期20个工作日的挂牌交易，广泛征集受让方。

8）签署股权转让合同。出让方和受让方签订股权转让合同，国有股转让的，由产权交易中心审理股权转让合同，并办理交割手续。

9）变更登记。到工商局等有关部门办理变更、登记手续，至少包括两个方面：股权过户和公司变更登记。股权过户是指股权在投资者之间转移，从而引起的股权登记变更。公司变更登记包括注销和签发出资证明书、变更股东名册、修改公司章程、进行工商登记变更。

（2）股权转让的法律风险。

1）转让方授权瑕疵的法律风险。

①法律限制的风险。对于有限责任公司的内部转让，法律并无强制性要求，符合公司章程程序即可，法律并不强制要求召开股东会，只要股东之间达成转让协议，并履行了相应变更手续，股权转让即可实现，是合法有效的。对外部转让而言，法律规定必须经其他股东过半数同意，这是法定必备条件。

从具体程序上来说，股东应当就股权转让事项书面通知其他股东征求同意，其他股东自接到书面通知之日起 30 日未答复的，视为同意转让。

对于股份有限公司而言，由于股份有限公司股份流动性较强，法律上主要从转让时间、场所、方式等进行限制，其中规定，在股份有限公司成立前不得向股东交付股票，更不得转让股票；还规定，必须在依法设立的证券交易所或按照国务院规定的方式进行，这里的交易场所不限于证券交易；非上市股份流通在依法设立的其他交易所进行，但禁止场外交易。另外还规定，上市公司收购行为应遵循法定形式，包括符合要约收购和协议收购的条件和程序限制要求等。

②公司章程限制中的法律风险。法律规定有限责任公司可以对股权转让程序做出规定或限制。因此，在公司章程中可以就股权的内外部转让是否经得其他股东同意做出规定。不符合规定的股权转让行为不产生法律效力，由转让双方承担相应的法律责任。

2）受让方授权瑕疵的法律风险。

①法律限制的风险。对于受让方的企业而言，购买股权属于重大的投资行为。应根据公司章程的规定，由董事会或股东会（大会）授权，才能保障转让的生效。如果未经内部合法授权，属于违反公司章程的行为，将导致转让对内无效。如果相应决议的内容违反公司章程关于股权转让的限制规定，受让方股东可以自做出决议之日起 60 日，请求法院撤销此决议，同样也会导致转让无效。

②公司章程限制的风险。法律赋予公司章程可以对于公司购买股权的条件做出相应的限制，不具备相应条件，未经公司授权，相应的股权转让行为不对公司发生法律效力。

综上所述，股权转让首先应考虑是否符合上述实体性和程序性的要求。为避免来自效力上的风险，可考虑先行签订股权转让草案，对股权转让相关事宜进行约定，并约定违约责任及缔约过失责任的承担，待不存在影响效力的瑕疵后，再签订正式股权转让协议，这样才能充分保证股权转让的效力，有效降低法律风险。

3. 增资扩股加股权转让方式

增资扩股和股权转让结合一般来说是购买企业原有股东的股份，形成新的股东构成，再按照新的股东构成进行增资扩股，增加企业的股本，改变企业股东持股比例，形成新的股权结构，相当于让渡一些股权，然后再由新老股东追加投资，改变并形成新的股东结构和股权结构。增资扩股和股权转让结合的操作比较复杂，究竟是先增资扩股，还是先股权转让也没有必然的顺序，关键的结果是形成了新的股东和股权结构。

战略投资者参与增资扩股和股权转让结合的投资并不少见，而且有利于新公司符合未来首次公开发行股票时适当的注册资本要求、合理的股权结构要求等，可谓一步到位。尽管增资扩股和股权转让结合的操作复杂，但是仍然可以把它分为增资扩股和股权转让两个事情来做，各自的方法和流程按照前面所述处理即可。

4. 股权投资与债权组合方式

以上所讲的方式都是股权投资方式，这与战略投资的本质是相同的。但是在实际引入战略投资的操作中，会存在股权投资和债权投资共同存在的情形，即股权投资与债权组合的方式。具体操作方式为：战略投资者除了通过增资扩股或者股权转让或者两者结合的方式进行股权投资外，还会通过向企业直接投资或购买企业债券等方式来实现对企业的投资。战略投资者需要在一定时间内视企业经营情况，决定是否要求企业按照约定方式和数额予以返还，或者不予返还，将债权转变为公司股权。这样的做法在私募股权投资中比较常见，属于"可转换债券"操作方式。

但是需要注意：企业发行可转换债券，在法律上存在一定的障碍，因为我国法律对于公司发行债券有着明确的要求。因此，在公司无法发行债券的情况下，公司之间的投资很可能被认定为借贷，而企业间借贷是被法律严格禁止的。在通过股权投资和债权投资组合方式引入战略投资时，需要注意法律有关规定，并尽可能避免有关法律风险。

（四）战略投资者引入流程及操作要点

1. 商业计划书与战略投资者引入方案设计

（1）关于商业计划书。一项完整的商业计划应提出一个具有市场前景的产品或服务，并围绕该产品或服务，完成一份完整、具体、深入的商业计划，以描述公司的创业机会，并提出行动建议。一般而言，商业计划应聚焦于特定的策略、目标、计划和行动，应清晰易读，即使对于一个非专业人士，只要他有兴趣，也应该可以很容易地理解计划书的内容。针对战略投资者的商业计划书更是如此。

1）完整的商业计划一般包括以下内容。

执行总结（也称计划摘要）。这部分是对整个商业计划的简单描述、公司概述、主要管理者情况、目标市场的描述和预测、产品和服务、竞争优势与竞争策略、盈利能力预测、团队概述、管理、融资说明、财务预测等。通过看执行总结，投资者应该能够了解整个计划的大体情况，以便决定是否要阅读计划的完整内容。没有兴趣的投资者看完执行总结以后就可以放弃进一步的接触。因此，执行总结是整个商业计划非常关键的部分，除了简洁地描述整个计划之外，应该尽量突出商业计划中最吸引人的卖点，尽可能引起投资者的兴趣。执行总结一般不应该超过两页，以免引起阅读者的反感。

公司概况。这部分要介绍公司的主营产业、产品和服务、公司的竞争优势、成立地点和时间、所处阶段等基本情况，对公司经营历史业绩进行总结。除此之外，还可以进一步阐述公司的经营宗旨、经营目标、价值观和远景规划等公司的基本问题，让投资者清楚公司的经营理念。一个好的经营价值观可以提升商业计划的价值，因为企业的长期成功归根到底是一种文化和理念的成功。

产品或服务。这部分介绍公司的产品或服务，描述产品和服务的用途及优点，有关的专利和著作权，政府批文等。本部分应该着重分析本公司的产品或服务所具有的与众不同的特点和市场定位，让投资者确信公司所提供的产品或服务具有很强的吸引力，在投放市场以后可以迅速占领市场份额。另外，对于技术性公司而言，最好把公司的研发能力做一较具体的描述，证明公司具有持续发展的能力，因为投资者投资的期限可能比较长，他必须相信公司具有持续的发展和变革的能力来应付市场的变化，才会做出长期投资的决定。

行业及市场。清晰地描述行业市场的状况是成功的商业计划的关键要素之一。因为战略投资者通常在寻觅的是一些市场前景广阔、难以复制的商业计划。本部分必须对公司的市场定位、市场容量、市场竞争和各自的竞争优势、预计的市场份额和销售额、市场发展的走势进行清晰的描述，尽可能引用行业的数据进行表述。必须对市场进行细分，因为随着分工的深入，单一的产品不可能占领一个完全的市场，因此在撰写商业计划的时候不可以笼统地描述公司的市场定位。

竞争情况及市场营销。分析现有和将来竞争对手的优势和劣势，以及本公司相应的优势和战胜竞争对手的方法，对目标市场做出营销计划，包括产品或服务的定价，分销，广告，开发的计划、状态、目标、困难和风险等。竞争对手的状况对于新进企业在行业竞争中的成败是至关重要的，对手在规模、技术领先性和研发、管理能力上的优势可能成为后来者进入的强大障碍，勉强进入也可能会以失败告终。因此，在本部分，要尽可能分析竞争对手的实力，确信本公司在未来的竞争中可以找到立足之地。

管理团队。这部分应对公司的重要人物进行介绍，包括他们的职务、工作经验、受教育程度；应对公司的全职员工、兼职员工人数、哪些职务空缺等进行说明。优秀的管理团队通常也是战略投资者评估项目的关键因素，因为一个一流的商业创意没有一流的团队进行运作也不会取得成功，而且团队往往比创意更加重要。对于团队的介绍重点在于通过人员以往的成功经历突出他们的企业家精神和出色的管理能力，注意团队成员之间的分工和互补。一个有人格魅力的管理团队更容易获得投资者的青睐。

财务预测。商业计划书应包括公司目前的财务报表和今后几年的财务报表预测，对财务的预测主要是在盈利和现金流量方面，以及投资的退出方式方面的预测。财务预测还应包括对公司的盈亏平衡年度的预测，使投资者知道公司大概的盈利时间。财务预测要尽可能地以现实为依据，主要应集中在对最近两年的预测。

资本结构。这部分包括公司目前及未来资金筹集计划和使用情况，公司融资方式，融资前后的资本结构表，投资方收回投资的方式、时间和投资方的权利。

风险控制。在公司项目实施过程中可能会遇到的各种风险（技术风险、市场风险、生产风险、财务风险、管理风险、政策风险）及相应的对策。

附录。支持上述信息的资料：管理层简历、技术资料、销售手册、产品图纸、媒体对本公司的报道等，以及其他需要介绍说明的内容。

2）商业计划的写作程序。一份良好的商业计划书包括附录在内一般应在 20 ~ 40 页之间。商业计划书过短，不宜说清楚情况；但过长，又会让人失去阅读的耐心。整个商业计划的写作是一个循序渐进的过程，可以分成 5 个阶段完成。

第 1 阶段：商业计划构想、细化并初步提出。

第 2 阶段：市场调查。与行业内的企业和专业人士进行接触，了解整个行业的市场状况，如产品价格、销售渠道、客户分布及市场发展变化的趋势等因素。可以自行进行一些问卷调查，必要时也可以求助于市场调查公司。

第 3 阶段：竞争者调查。确定你的潜在竞争对手并分析本行业的竞争方向。分销问题如何？形成战略伙伴的可能性？谁是你的潜在盟友？准备一份 1 ~ 2 页竞争者调查小结。

第 4 阶段：财务分析，包括对公司的价值评估，必须保证所有的可能性都考虑到了。通过财务分析量化本公司的收入目标和公司战略。在这一阶段要详细而精确地考虑实现该项目所需的资金。

第 5 阶段：商业计划的撰写与修改。用所收集到的信息制订公司未来的发展战略，把相关的信息按照上面的结构进行调整，完成整个商业计划书的写作。在计划完成以后仍然可以进一步论证计划的可行性，并根据信息的积累和市场的变化不断完善整个计划。

3）常见的五大弊病。一份成功的商业计划书应该具有结构清晰、风格一致、通俗易懂、避免使用含糊的用语、注重页面的艺术性等特点。另外，在写作的过程中还要避免一些常见的弊病。

弊病一：以自我为中心，无的放矢，对行业的市场状况缺乏分析。

很多人在做商业计划的过程中往往是从自身的角度出发，长篇大论地说明自己要做什么，偏偏对自己的产品和服务有没有市场，产品的销售渠道如何缺乏必要的分析。要知道，顾客才是上帝，只有以客户为中心的产品和服务才会获得人们的认可。同时，不分析行业环境和市场，会给人"计划者本身对行业的了解有限"的感觉，会使投资者的信心大打折扣。

弊病二：对市场过分乐观，或者进入一个拥塞的市场。

有些计划者会拿出一些与产业标准相去甚远的数据来预测公司未来的市场份额，得出过分乐观的结果；有的则选择进入一个拥塞的、没有发展空间的市场，使其创业计划看起来很不专业。

弊病三：不分析竞争对手的情况。

商业计划书应该分析竞争对手的情况，包括行业内的现有企业、本公司的一些替代产品以及新技术的更新换代等。在现今的市场中，竞争是永远存在的，不分析竞争对手的情况，会使投资者感觉计划者本身对公司未来面临的危机缺乏认识。

弊病四：缺乏可行的盈利模式。

很多商业计划对公司未来运行收入来源的描述非常模糊，像 2000 年年初互联网行情高涨的时候那样靠讲故事的办法获得投资者认可的机会不多，稳健的投资者最关心的终究是公司未来的盈利前景。

弊病五：财务预测没有盈亏平衡年份。

尽管对未来财务状况的预测主观性很强，但是进行足够的预测告诉投资者可能的盈利时间仍然是十分必要的。在很多商业计划中，有的财务计划只告诉投资者未来 12 个月中资金的使用，这显然是不够的，给人的印象是公司的前景难以预料，现金总是处在流出阶段。

一份好的商业计划书是吸引战略投资的前提。因此，公司要想吸引战略投资，必须在商业计划书上下功夫。

（2）引入战略投资的方案设计。引入战略投资的第一步是设计战略投资引入方案，该方案是指根据公司具体情况和市场发展等对战略投资的寻找渠道、引入规模、选择标准等做出具体的分析、建议和计划，为战略投资的引入起到指引作用。设计战略投资引入方案的过程，是公司内部对引入战略投资意见进行协调和汇总的过程，也是公司统一意见和行动的过程。

1）参考因素。方案是根据公司自身情况和市场发展状况等制订的，因此需要切实参考以下因素。

①公司的发展阶段及自我认识。这是公司做出引入战略投资决策的基础。公司需要对于自我发展阶段做出清醒的判断，公司处于不同的发展阶段有着不同的融资需求，对于是否引入战略投资也有着不同的意见。处于种子期的公司，更多地希望引入风险投资，而处于发展期的公司，则更希望引入战略投资。

②公司内部治理结构。公司内部治理结构是严格按照公司制度建立的三会治理结构，还是家族管理式的治理结构？引入战略投资应通过哪些机构进行决策？决策的影响因素是什么？各股东对于战略投资的引入持有怎样的态度？如何协调各股东之间的分歧？

③公司财务状况。公司财务是一种什么状况，是优质的，还是不良的？具体原因是什么？这对于引入战略投资融资数额和方式有着直接影响。

④公司主要产品及市场占有情况。公司主要产品及市场占有情况如何？是否具有或保持着绝对的市场竞争力，还是只有相对的市场竞争力？潜在竞争对手如何？产品的销售渠道如何？营销手段如何？产品后续发展如何？这些对于战略投资的具体要求会产生影响。

⑤公司的研究和开发能力。公司是否有核心技术？该技术是否具有市场竞争力？后续研发能力如何？

⑥公司发展的前景和远景。公司希望未来发展到什么程度？其近期目标和中长期目标是什么？

2）设计要点。根据以上参考要点，在设计引入战略投资者方案时，应侧重以下要点。

①对公司发展情况的真实客观的描述，并且基于客观情况进行理性分析，给投资者以明确清晰的印象。

②对公司核心业务或产品进行清晰的描述，尤其是对其市场地位、份额等内容，以及对其具有的市场竞争力进行充分的阐述。

③对公司管理团队及其背景进行重点描述，使投资者形成该团队具有强大战斗力的印象。

④对公司发展远景和发展理念做出有吸引力的描述，使得公司经营管理者对引入投资有清晰的认识，也使得投资者对投资更具有信心。

⑤对引入战略投资的具体要求和希望，希望战略投资具有如何的投资背景或者哪些成功经验，融资具体用途、数额和期限，价格范围，等等。

⑥市场风险的分析，对引入战略投资的风险利弊进行分析，做出理性客观评价。

⑦引入战略投资的时间表，具体设计有关工作进展的计划目标等。

2. 战略投资者寻找、评估与选择

（1）战略投资者寻找。有了引入战略投资者方案后，开始进入寻找战略投资者阶段，一般可以通过不同的发布渠道将项目信息发布出去，以吸引投资者的注意，进而建立初步联系。以下是一些发布渠道的总结。

1）通过项目中介发布项目信息。为战略投资提供项目信息的人或公司被称为项目中介，项目中介包括那些拥有大量客户关系的律师（或律师事务所）、会计师（或会计师事务所）、评估师（或资产评估事务所）、咨询公司、投资公司、行业协会，也包括那些拥有广泛人际关系的个人。在某些情况下，同行也会成为发布项目信息的渠道。

2）各类展览会、专题洽谈会/论坛、投资者见面会等有组织活动。在有关投融资的各类展览会、各种形式的投融资专题洽谈会/论坛，可以集中将项目信息统一发布，努力将希望投资的各类投资机构，包括私募股权基金、风险投资机构，以及战略投资机构吸引过来。因此，通过这类方式发布信息，可以有效地将信息与投资者直接对接。

3）经纪人网络。随着私募股权投资、风险投资的兴起，出现了许多的专业经纪人网络，也就是私募股权投资或风险投资的中介机构，它们会广泛地收集投资项目的信息，与各个私募股权基金、风险投资以及战略投资机构保持密切的关系，为投资家与企业家之间牵线搭桥，并从中收取一定的咨询顾问费用。

4）专业权威投资网站。通过一些私募股权基金、产权交易所、投资网站将项目信息发布也是不错的途径，可以更大范围地接触战略投资者，投资的机会和可能更多。

5）通过有关政府搭建的平台。政府对于吸引投资一般来说比较重视，每个政府内部都会成立有关的招商引资部门，例如各级别政府下设的金融服务办公室，该办公室会对各类投资机构有比较详细的信息，企业通过这样的部门可以比较快捷地找到投资人，而且投资人对于政府的介绍一般会抱有较强的信心。

当然，有时不妨直接与有关的私募投资者、战略投资者联系，但联系时需要注意，在直接跟私募投资者和战略投资者洽谈之前，最好给他们寄送有关投资的方案或商业计划书，以吸引他们的注意力和关注，让他们对企业情况有个初步的认识和了解，为下一步洽谈打好基础。

（2）战略投资者评估。在正式与战略投资者进行洽谈，确定具体战略投资者的过程中，需要对战略投资者进行全面综合的评估。一般而言，对于战略投资者的评估应从以下几方面进行。

1）战略投资者在投资业内的业绩和口碑。战略投资者的实力和水平，与其在投资业内的业绩和口碑是相辅相成的，投资业内会对每个战略投资者有一比较公允的评价和认识。因此，根据战略投资者的业绩和口碑，企业可以对战略投资者形成一个初步的评估。

2）战略投资者的主要投资方向。战略投资者一般只在自己熟悉的行业内投资，对特定行业有着比较清醒和深刻的认识。企业在评估战略投资者时，应尽可能对在相同或相关行业有丰富投资经验的战略投资者给以更高的评价。

3）战略投资者的投资附加值。评估战略投资者不仅要看其是否可以提供充沛的资金，还需要看其能在哪些方面给企业带来附加值，诸如在企业经营管理、销售渠道、品牌推广、企业形象等方面是否可以进一步提升和增加企业自身价值。

4）企业上市外部资源整合方面。对于拟上市企业而言，应对战略投资者所拥有的外部上市资源及其整合能力进行评估，如战略投资者在上市外部资源整合方面有比较成功的经验，能为企业提供更多的支持和帮助，这都可以为战略投资加分。

5）战略投资者持股年限和退出方针。企业在引入战略投资时，应根据自身情况确定所需战略投资者的持股年限和退出方针，是持股时间越长越符合企业自身利益，还是在企业上市前退出更符合企业利益，均需要根据企业自身情况予以具体评估。

6）战略投资者投资价值实现及其方式。战略投资者实现投资价值的具体要求和方式也是企业进行评估的重要依据，企业应根据该要求和方式，结合企业自身情况进行具体评估，与自身期望值越契合的应评价越高。在企业与战略投资者之间寻找到双方合作的平衡点，有利双方更深层次的和长久的合作。

（3）战略投资者的选择。经过初步接触和评估后，可以从有投资意向的战略投资者中选择几个（最好不少于 3 个）进行进一步洽谈，但这只是一个初步选择，最终的选择需要在与战略投资者进行反复多次洽商后予以确定。在具体洽商谈判过程中，双方会对彼此产生更加深刻和清醒的认识，并且有可能会对彼此进行全新的评估和定位，这是一个烦琐而复杂的过程。但是，对企业而言，需要时刻保持清醒，知道自己渴望达到的目的和要求，并据此寻找最合适的战略投资者。因此应记住，企业需要的并不一定是最优异的战略投资者，因为各方面实力都很突出的战略投资者并不一定适合您的企业，最适合的才是最好的。

3. 尽职调查与可行性分析

（1）什么是尽职调查。尽职调查是投资者对目标公司的经营状况进行现场调查与资料分析，以帮助投资者进行投资分析与决策的过程。

尽职调查的目的是使投资方尽可能地发现与他们要购买的股份或资产相关的全部情况。从投资方的角度来说，尽职调查就是风险管理。对投资方及其出资者来说，投资本身存在着各种各样的风险，诸如目标公司财务账册记载是否准确，并购以后目标公司的主要员工、供应商和顾客是否会继续留下来，是否存在任何可能导致目标公司运营或财务运作崩溃的或有负债等。因此，投资方有必要通过实施尽职调查来补救投资方与被投资方在信息获知上的不平衡。一旦通过尽职调查，明确了存在哪些风险和法律问题，双方便可以就相关风险和义务应由哪方承担进行谈判，同时投资方可以决定在何种条件下继续进行投资活动。

一般而言，尽职调查通常需经历以下程序。

1）由投资方指定一个由专家组成的尽职调查小组（通常包括律师、会计师和财务分析师）。

2）由投资方和其聘请的专家顾问与目标公司签署"保密协议"；有时，投资方与其聘请的专家顾问也需要签订"保密协议"。

3）由投资方准备一份尽职调查清单。

4）目标公司按照尽职调查清单准备资料。

5）指定一间用来放置相关资料的房间（又称为"数据室"或"尽职调查室"）。

6）建立一套程序，让投资方能够有机会提出有关目标公司的其他问题，并能获得数据室中可以披露之文件的复印件。

7）由投资方聘请的顾问（包括律师、会计师和财务分析师）出具尽职调查报告，简要介绍对确定目标公司价值有重要意义的事项。尽职调查报告除反映尽职调查中发现的实质性的法律事项外，通常还包括根据调查中获得的信息对交易框架提出的建议，以及对影响购买价格的诸项因素进行的分析。

8）由投资方与目标公司就投资事宜进行谈判并起草、修改相关协议。

（2）尽职调查内容。

1）财务尽职调查内容。

①目标公司概况，包括：营业执照、验资报告、章程、组织架构图；公司全称、成立时间、注册资本、股东、投入资本的形式、企业性质、主要业务等；公司历史沿革（大事记）；公司总部及下属局控制权的公司，并对关联方做适当了解；对目标公司的组织、分工及管理制度进行了解，对内部控制初步评价。

②目标公司的会计政策，包括：公司现行政策，例如收入确认政策、截止性政策；现行会计报表的合并原则及范围。

③利润表分析，包括：产品结构；销售收入及成本、毛利、净利的变化趋势；公司的主要客户；期间费用，如人工成本、折旧等，及其变化情况；非经常损益，例如企业投资收益及投资项目情况；对未来损益影响因素的判断。

④资产负债表分析，包括：货币资金分析；应收账款分析；存货分析；在建工程分析；无形资产等其他项目的分析。

⑤现金流量表分析。

⑥其他表外项目分析，如对外担保、资产抵押、诉讼等。

2）税务尽职调查内容。

①目标公司税务概况，包括：目标公司的集团结构、运作结构等；目标公司的国家及地方税务证、税务账目的明细账、税务机关的税务审查报告、税收减免极优惠的相关证明。

②各项税收的具体情况，即企业所得税、增值税、个人所得税、关税、印花税、房地产税、契税、城建税、教育附加税等各项税收的申报及缴纳情况。

③与关联企业业务往来的文件，主要包括与关联企业的业务往来情况、协议、所得税申报表、转让定价的方法与政策等。

3）法律尽职调查内容。

①对目标公司合法性进行调查，即对企业设立、存续的合法性做出判断。

②对目标公司发展过程和历史沿革进行调查，包括对企业的背景和企业所处行业的背景的调查。

③对目标公司主要财产和财产权利的情况进行调查，包括对企业的财产及财产权利的合法性、有效性及是否存在权力限制、法律纠纷或潜在纠纷做出判断，主要体现在以下方面：目标公司拥有或租赁的土地使用权、房产的权属凭证、相关合同、支付凭证等资料；目标公司的商标、专利、版权、特许经营权等无形资产的权属凭证、相关合同等资料；目标公司主要生产经营设备等主要财产的权属凭证、相关合同等资料。

④对目标公司是否承担或有负债进行调查，包括对目标公司未列或列示不足的负债予以核实，并分析各种潜在的或有负债及其风险的规避方式。

⑤对目标公司的规章制度进行调查，包括有关公司业务办理程序的信息、章程的修订程序、公司股东与董事的权力、公司重大事项的表决/通过程序等相关信息，以确信对本次收购交易而言，不存在程序上的障碍，或可通过一定的方式消除程序上的障碍。

⑥对目标公司人员状况的调查，包括目标公司与员工签订的劳动合同是否存在法律问题。

⑦对目标公司重大合同履行情况及重大债权、债务情况进行调查。需查阅目标公司将要履行、正在履行，以及虽已履行完毕但可能存在潜在纠纷的重大合同，并对其合法性、有效性及是否存在潜在风险做出判断；目标公司金额较大的其他应收款、其他应付款是否因

正常的生产经营活动发生，是否合法。

⑧对目标公司的诉讼、仲裁或行政处罚情况进行调查，同时，还应调查目标公司是否有因环境保护、知识产权、产品质量、劳动安全、人身权等原因产生的侵权之债。

⑨对目标公司相关行业的外资准入政策进行调查，包括调查目标公司或其下属子公司所在行业是否鼓励／限制／禁止外商投资、外资收购是否需要政府部门的批准及是否满足特定的条件等。

当然还有其他的尽职调查，如商业尽职调查、环境尽职调查，等等，在此不一一阐述。

（3）如何配合投资者的尽职调查。对于投资者的尽职调查，作为被投资公司，应当从以下几个方面配合。

1）应当保持一种良好的、开放的和信任的心态，并予以积极配合。因为，投资者的尽职调查是双方友好合作的基础。经过细致详尽的调查，可以让投资者更好、更充分地了解被投资公司，在这样基础上的合作，才能更长久、更稳固。如果投资者在没有充分了解被投资公司的情况下仓促投资，待以后了解相关情况后，会对之前的投资产生疑问，对被投资公司在某种程度上失去信任，从而动摇双方合作的基础，倒不如双方彻底敞开心扉，知根知底地投资，这样才有可能保持持久、稳定的合作关系。

2）应当要求投资者对尽职调查中获取的信息履行必要的保密义务。因为投资者在尽职调查中会对公司的状况进行比较深入的了解，为了避免投资者在投资不成后将其所了解的公司情况用于他途，损害公司的利益，被投资者应当在尽职调查前与投资者签订有关的保密协议，约定投资者承担相关的保密义务，在一定程度上限制投资者的不正当行为。在投资成功之前，双方均应注意将投资相关信息限制在一定范围之内，不宜扩散，以免带来一些不利的影响和不必要的麻烦。

3）因为投资者的尽职调查涉及公司的方方面面，包括公司的财务、会计、法律、商业等，因此在尽职调查之前企业应当充分了解投资者关注的问题，并根据投资者的关注点进行积极的准备，安排专门人员就具体问题予以配合和解答，以解决一些材料无法反映或回答的问题。

4）企业应在尽职调查中注重细节问题的处理，如在接待、配合调查、资料提供等方面的细节的处理，以体现公司的面貌，同时也可以展现公司的整体形象和工作效率，这些小细节，对于坚定投资者的投资信心往往会起到意想不到的效果。

（4）可行性分析。可行性分析又称投资建议，是指经过尽职调查后，财务、会计、法律等各专业人员会从各自专业角度出具相关尽职调查报告，对于本次投资风险和可行性进行分析。其对投资者的投资决策起着十分重要的作用，也是企业与战略投资者进行谈判磋商的基础。

一般而言，可行性分析有以下要求。

1）可行性分析报告从目的上讲是写给战略投资者看的，是在研究和分析企业现状、问题的基础上对投资风险、投资方式等进行分析，从而对投资可行性得出的客观结论。

2）可行性分析报告要以尽职调查的资料和数据为依据，以国家法律法规或者财务会计规范等为标准，结合战略投资者的投资要求和目的进行分析，分析投资者的要求和目的在实现上存在哪些问题或障碍，整个分析过程要客观公正，不能带有主观意向性。

3）可行性分析报告在分析投资存在的问题、风险、障碍后，应在此基础上，分析是否存在可行的应对方法和规避途径，这需要结合被投资企业的客观情况和融资需求进行客观的分析，从而在报告中提出实现战略投资目的的具有可操作性的建议、方案，或者无法实现的风险提示。

4）可行性分析报告在设计方案和路径时，可就相关问题和辅助要求进行说明和提示，以保证投资者更有效地进行运作和实施。

4. 战略投资协议谈判及签署

（1）战略投资协议商谈的要点。商谈的要点主要是对投资条款清单的洽商和确定。投资条款清单是指投资公司与创业企业就未来的投资交易所达成的原则性约定。投资条款清单中不但包括投资者对被投资企业的估值和计划投资的金额，还包括被投资企业应负的主要义务和投资者要求得到的主要权利，以及投资交易达成的前提条件等内容。

1）投资条款清单的重要性。投资者与被投资企业之间未来签订的正式投资协议中将包含投资条款清单中所有的主要条款。因此，企业必须重视这个条款清单。

一般投资公司在递交条款清单之前已经与企业进行了一些磋商，对企业的作价和投资方式有了基本的共识。条款清单的谈判是在这一基础上对投资细节的谈判，企业在签署了条款清单后，就意味着双方就投资合同的主要条款已经达成一致意见。虽然这并不代表双方最后一定能成功签署协议，但只有对条款清单中约定的条件达成一致意向，投资交易才有可能继续进行并最终完成。当然，目前也有很多国内的投资公司不签署投资条款清单，而直接开始尽职调查和合同谈判，这属于中国的特殊国情，但是在这种情况下直接展开对合同条款的谈判时，其谈判原则和方式与对条款清单的谈判是基本相同的。

只有投资公司对尽职调查的结果满意，同时被投资企业自签署条款清单之日至投资交易正式执行日期间未发生保证条款中规定的重大变化，战略投资者才会与企业签订正式的投资协议并投入资金。

从理论上讲，条款清单并没有法律约束力，但一般双方从信誉角度上考虑都要遵守诺言。因此，虽然正式签订的投资协议中将就这些条款清单做进一步的细化，但不要指望有些条款可以在稍后的合同谈判中重新议定。

2）投资条款清单的内容。投资条款清单里最主要的三个方面的内容是：①投资额、作价和投资工具；②公司治理结构；③清算和退出方法。

一份典型的投资条款清单的内容包括：①投资金额、（充分稀释后的）股份作价、股权形式。②达到一定目标后（如IPO）投资公司的增持购股权。③投资的前提条件。④预计尽职调查和财务审计所需的时间。⑤优先股的分红比例。⑥要与业绩挂钩的奖励或惩罚条款。⑦清算优先办法。⑧优先股转换为普通股的办法和转换比率。⑨反稀释条款和棘轮条款。⑩优先认股、受让（或出让）权。⑪回购保证及作价。⑫被投资公司对投资公司的赔偿保证。⑬董事会席位和投票权。⑭保护性条款或一票否决权，范围包括：改变优先股的权益；优先股股数的增减；新一轮融资增发股票；公司回购普通股；公司章程修改；公司债务的增加；分红计划；公司并购重组、出让控股权和出售公司全部或大部分资产；董事会席位变化；增发普通股。⑮期权计划。⑯知情权，主要是经营报告和预算报告。⑰公司股票上市后以上条款的适用性。⑱律师和审计费用的分担办法。⑲保密责任。⑳适用法律。

由于每个投资者的要求不同，每个被投资对象的具体情况不同，条款清单也千差万别。

（2）投资意向书的修改与签订。签署投资意向书是投融资过程中至关重要的一个环节。在投资方真正有了一个比较正式的意向或者承诺的时候，就会把投资意向书签订下来，从而获得独家锁定期。一般一个典型的风险投资交易会有60天的锁定独家期，而其他类型的战略投资，像收购型的，如凯雷对徐工的投资，长达一年、两年都有可能。这段时间内，投资方会将被投资公司完全锁定，如果不是双方同时终止，锁定是不能结束的。

在投资条款清单基础上，投资者和项目公司会进行相应的磋商，对一些重要条款站在各自立场上进行反复磋商和修改，最终形成投资意向书最终版本。双方对投资意向书予以签订，确定双方投资意向合作关系。但是投资意向书也仅是表示投资者与项目公司达成了投资意向，距离真正的合作还有一段路需要走。

（3）正式签约。在签署投资意向书后，被投资企业和战略投资者会在投资意向书基础上就投资协议的签订进行讨论和磋商，原则是不能违背投资意向书的约定，除非双方同意。因此，投资协议是对投资意向书的细化、延续和最终确认。一般而言，双方会继续就投资协议草案进行反复的磋商，特别是一些核心条款，通常都是经多次磋商之后才敲定的。因此，这是一个比较艰巨的任务，是投融资双方对相关利益进行权衡、考量和妥协的艰难过程，对被投资企业和战略投资者都是一种考验。

投资协议草案与最终签订的投资协议内容基本一致，一般包括两方面的条款：交易约定和保护性条款。

交易条款包括股份交易的每股单价、出让数量、股份比例、资金使用安排、投资阶段分期、激励计划、入资方式等主要内容和其他一些细节，对交易方式进行约定。

保护性条款主要是为保护战略投资者而设置的有关条款，作为新进的股东和信息不对称的交易，有时战略投资者显得较为弱势，通过与接受投资企业的谈判，增加对投资方的保护性条款是十分必要的，企业应对此有一个合理的认识。

经过投资者与项目公司的反复磋商，将投资协议最终敲定后，双方才进入正式签约阶段。双方会将已经达成的一致意见通过投资协议体现出来，并制订一系列文件辅助执行。

一般而言，投资协议会以增资协议的形式体现，协议的具体内容会因项目的不同情况而具有较大差别。投资协议的签订，预示着目标公司与投资者双方在经过漫长的接触、谈判后，最终确定了彼此的正式合作关系，双方正式开始投资合作的蜜月之旅。

5. 战略投资注入及相关手续办理

（1）出资的落实与检验。在投资协议签订后，随之进行的便是投资者的出资与企业的验资，也就是投资者严格按照投资协议履行出资义务并接受企业检验的过程。

如果投资者为内资企业或个人，出资相对简单，因为不涉及目标公司企业性质的变化，仅仅是将出资汇入公司账户，由会计师事务所进行验资并出示验资报告，然后履行有关工商变更手续即可完成。

如果投资者为外国公司或外国人，因涉及外资出资，目标公司企业性质会由内资企业转变为中外合资或合作企业，这就需要履行有关的商务审批手续，同时外资的注入也需要按照外汇管制要求，履行有关的外汇汇入程序，由银行出具有关凭证，并由会计师事务所出具有关验资报告，才能完成出资程序。这一程序与设立中外合资或合作企业是一样的。

（2）过渡阶段与风险防范。过渡阶段指目标公司与投资者签订投资协议后，至股权变更完成的这一阶段。在这一阶段，投资者已开始进入，但是目标公司股权却还未变更。在这一阶段，双方的正式实质合作刚刚开始，正处于一个尝试和磨合时期，比较容易出现问题和摩擦。这一阶段比较容易出现的问题如下。

1）投资的正式进入需要目标公司与投资者严格按照投资协议予以安排，并按照国家法律要求予以操作。如涉及外资的，需要履行有关审批手续。

2）公司相关的人事安排，括有关高管的调整，这时已经开始，投资者开始正式介入目标公司的管理。在这一时期，所涉及的各方的具体人事调整均需要谨慎进行，要合理交接相关职责，并妥善处理有关人员岗位问题，创造有利于合作发展的气氛。在投资者纯粹财务投资的情况下，由于投资者不实质介入企业的经营管理，因此不存在本条所述情况。

3）资料的清点管理问题。随着投资者的到来，企业通常需要对一些公司内部重要的财务、管理资料及文件进行整理、清点和档案管理，避免由于资料文件不清、缺失，导致目标公司承担不必要的责任和风险。

4）合作和实质工作的融合。投资者与目标公司出于共同合作的目的走到一起，双方的长远利益是一致的，但是在一些细节问题方面双方可能还存在一些分歧。因此，投融资双方应秉承合作精神，严格遵守契约约定，保持信任和理解，使双方建立起真正长久、稳固的合作关系。

（3）股权变更登记。股权变更登记对于投资者十分重要，这意味其投资在法律上得到正式认可，具有法律约束力，这是投资者履行投资协议的一个必然的，也是必需的结果。这意味着投资者通过出资，或者进行增资扩股，或者进行股权转让，或者两者皆有，正式实现了其在目标公司的股权投资，从而为其投资增值的漫长旅程迈开了坚实的一步。

当然，投资者在进行投资之前，需要对股权投资的可行性、合法性进行切实的、详尽的研究。特别在涉及国家出资企业、集体企业等特殊性质的企业时，股权投资需要履行相关的国资委审批、国有资产评估，或者职工代表大会等手续；而外资性质的股权投资，根据 2006 年商务部《关于外国投资者并购境内企业的规定》的规定，也需要经过商务部的严格审核。《中华人民共和国反垄断法》实施后，对于外资并购境内企业可能产生垄断、影响行业发展等情况时，均需要通过相关的反垄断审核才能进行。

在进行股权变更登记后，战略投资者正式进入公司，双方合作进入另一阶段，即投资项目管理阶段。

（五）企业如何吸引战略投资者

1. 战略投资者对企业的选择标准

战略投资者在对一个企业投资之前，会对企业进行多方面的考量，并在综合考量之后决定是否进行投资。一般而言，战略投资者对企业的选择标准主要有以下方面。

（1）技术和产品的先进性。战略投资者在考虑是否投资一个项目时，会对项目进行深入和多方面的考察。项目在技术和产品上的市场先进性，无疑会让战略投资者产生极大的信心。原因如下。

1）项目拥有较高的技术含量，意味着具备更多的无形资产，这种无形资产会使项目的经济价值得到较大的提升。

2）项目技术在市场上具有先进性，会使该项目对其他企图进入该领域的企业形成一定技术壁垒，并且会在一定时间内形成技术产品景气期间，在这期间，只要不断加强技术研发和市场研究，就会在技术上不断领先于他人，继续保持强大的竞争力。

3）技术和产品相结合，说明技术已通过市场形成了有效竞争力，已转化为生产力，可以直接形成回报，有效缩短了投资的回报周期。

所以，如果可以将项目的技术和产品的先进性充分展现给战略投资者，将有利于吸引投资。

（2）技术和产品的创新性。一个具有创新性技术和产品的项目，无疑在市场上具有不可替代性，只要进行有效的市场运作，必将迅速成为市场上的抢手货，占领市场指日可待。百度、腾讯 QQ、分众传媒的迅速发展即说明了这一问题。

（3）技术和产品的发展空间。项目的技术和产品具备足够大的发展空间，意味着项目在产业中具有长远发展的能力，也就意味着投资将会带来长期的回报；而且，足够的发展空间也说明该项目在产业链中具有足够的发展潜力，有向产业链的上下游延展的空间，这样足够的空间和可能，将会极大刺激战略投资者的热情。

（4）广阔的市场前景及利润预期。战略投资者进行投资时，归结到底关注的是回报或者利润预期。所以，如果一个项目不仅具有广阔的市场前景，而且具有很可观的利润预期，投资者就将十分关注，也愿意进行大方的投资。为了展现项目广阔的市场前景及利润预期，企业应当将之前运作的情况有效地展现给战略投资者，并且在此基础上进行科学的有理有据的预测；即使没有运作情况，也要通过考察市场上同类项目的运作情况，进行合理比较，推断出项目的前景和预期。

（5）完善的治理结构和先进的管理制度。项目的技术含量、先进性和发展空间，无疑对战略投资具有最为直接的吸引力；但这些并不是最终的决定性因素。一个理性的战略投资者在考察一个项目时，会重点考察其运行主体的治理结构和管理制度。实践中有很多不错的项目，有很好的技术和发展前景，但是最终并没有发展起来，一个重要原因就是，项目运行主体在公司治理结构或者在管理制度上存在比较大的问题和很大的风险隐患。所以，一个项目如果在一家治理结构很完善，并且管理制度很先进的公司运营下，将更有可能吸引战略投资者，有效地减少战略投资进入带来的麻烦，降低风险，使合作各方的权利义务更加清晰。因此，项目公司在吸引战略投资时，应对公司治理结构进行有效的梳理，按照现代法人治理结构进行治理，完善各方面管理制度。

（6）稳定、富有执行力的核心团队。一个稳定和富有执行力的核心团队，也是保障项目有效运作的条件之一。因为项目再好，也需要切实的执行力去推动。这个团队应当与项目相匹配，具有与项目相适应的专业的技术人才和专业的管理人员、市场人员，有良好的工作气氛和业绩，有良好的内部管理机制和分配机制，具备强大的战斗力。这样的团队将使战略投资者相信，他们可以有效地推动项目的计划和预想，实现项目预期。因此，项目负责人应当向战略投资者展现其稳定而富有战斗力的核心团队的人员组成、专业背景、工作业绩等，这些都是吸引战略投资的因素。

（7）市场、行业地位及产业链中的位置。项目在市场、行业地位及产业链中的位置也是战略投资比较关注的。项目在市场上竞争力如何？是否可以成为市场现有同类产品的强有力竞争者？是否可以超越甚至取代他们？项目的行业地位如何？在行业中是否处于领先地位？同行业中是否存在其他类型产品？相互之间竞争状况如何？行业内对于该项目的认可程度和评价如何？项目在产业链中处于何种位置？这些都是战略投资者需要认真考虑的。项目在产业链中的位置决定了与其他产业的联系状况，也在一定程度上决定了发展空间。如果处于一个有利的产业链位置，则不易受到产业链中其他产品的约束和限制，处于比较主动的地位，使自己在与产业链上下游企业谈判时获得较大空间，这样，战略投资者在投资时就不会有太多的顾虑。

2. 企业如何打造富于吸引力的投资概念

对项目公司而言，除了其产品良好的市场占有份额，技术的市场竞争力，财务状况的优异，管理团队的精干和专业之外，一个很好的融资主题或概念，也对战略投资者有着强烈的吸引力。

例如，一家没有太多技术含量但服务网络遍及全国的通信服务公司，在吸引战略投资时，将公司定位为"通信行业的沃尔玛"，来表明其具有强大的复制能力，并且是低成本，很快可以覆盖全国市场，甚至可以拓展海外市场。这一融资概念的推出，使得原先没有太多技术含量，更多是人力成本的公司一下子提升了自己对外融资的底气，在与战略投资者谈判中就显得十分主动。

又如主要经营楼宇间广告的分众传媒，之所以迅速崛起，就是由于推出了"广告可以无孔不入"的概念，可以在楼宇间广告，可以充分利用上班族间隙时间进行广告等。仅仅是这一创意，即为其吸引了大量投资。

因此，一个好的融资主题和概念对于吸引战略投资至关重要。那么，如何利用公司优势打造富于吸引力的融资主题和概念呢？

（1）应当立足于公司自身情况，结合公司发展远景进行融资主题和概念的构造。融资主题和概念，虽然很多时候被称为"画饼"，但对于私募和战略投资而言，即使是"画饼"，也不应是毫无根据的，而是应该在一个坚实的事实基础上逐步实现。所以，公司要切合自身实际提出发展远景，让投资者看到公司已经切切实实在这么操作，并取得了一定的成绩，而不是海市蜃楼。

（2）应当结合市场发展趋势或者技术发展潮流进行融资主题和概念的构造。很多主题和概念的提出，并不是空穴来风，而是建立在深刻理解市场发展趋势，把握科技发展潮流的基础上。如，比尔·盖茨在20世纪五六十年代就提出，每人拥有一台个人电脑，他已经深刻意识到个人电脑必然要随着科技发展深入千家万户。所以，公司构造融资主题和概念必须与市场发展趋势和技术发展潮流紧密结合起来。

（3）应当充分利用公司优势和特点进行融资主题和概念的构造。公司的优势和特点，包括了公司的产品特色、技术专长、营销方式、经营模式、企业文化等，这些都是公司的独特之处，也是公司在市场上得以生存和发展的根基，因此公司要充分利用自身上述特色打造不同于其他公司的融资主题和概念，使得投资者可以从这个概念和主题中深刻体会到企业的独特内涵，从而对投资充满信心。

（4）应当充分利用企业优势特点与行业契合点打造融资主题和概念。企业自身优势和特点与行业的契合是企业最具有生命力的地方，也是投资者最为看重的地方，因此，应当充分将企业放在行业环境中，以融资主题和概念突出企业在行业中的优势和特点。

当然，所谓的主题和概念，更多的是公司向投资者展现企业深刻内涵的途径，是公司经营者强烈对外宣传推广的信号，也是企业经营的一种核心内涵，但是无论如何，打造企业的融资主题和概念都不能偏离企业所在行业的本质，否则可能会适得其反。

3.企业如何与战略投资者沟通

引资谈判是项目公司与投资者在前期接触和尽职调查后的洽谈，此时，双方对彼此的情况和需求已经比较熟悉，双方的投资博弈将要得出一个结果，决定着双方是否可以进一步合作。引资谈判将会对切关双方投资利益的各种条件进行洽商，是确定双方关于投资权利义务的重要一步。

在引入战略投资的过程中，最重要的部分是投资条款清单（Term Sheet）的谈判。虽然只有2～3页的篇幅，但投资条款清单中囊括了融资相关的所有关键内容，一旦签署，接下来的融资过程就会非常程序化。企业在与战略投资者沟通的过程中，要注意以下问题。

（1）请一位在战略投资或者风险投资、私募投资领域经验丰富的律师。整个洽商和谈判应在律师的指导下进行。选择的律师最好为战略投资者工作过，或者为创业者工作过，对于战略投资融资具有丰富的实践经验，对于投融资的风险利弊了如指掌。这样可以有效回避企业融资过程中的风险，并且可以有效地与战略投资者进行沟通。

（2）要把主要精力放在关键条款上。典型的条款清单至少有20条以上详细条款，最终只有少数条款是关键。在确认其他条款的合理性或者标准化之外，应把时间花在公司估值、证券类型、期权比例、董事会构成及企业原始股东的报酬和权力等关键条款上。

（3）获得清晰的资本结构（即使在估值上让步）。很多人认为投资交易中最重要的是谋求价格/公司估值的最大化，事实上，从长远来讲，资本结构更为重要。战略投资者占公司多大比例的股份并不重要，重要的是资本结构对后续投资者（如投资银行或和后期投资VC）是否易于理解，使其有投资意愿。

（4）在谈判中准备最佳替代方案。这是比较重要的一条建议，不仅针对条款清单，而是对所有的谈判。如果有2～3个投资者有意向投资，只要谈判得当，企业将会从最好的投资者那儿得到更好的投资条款。如果企业只有一份条款清单，就没有谈判的筹码。所以即使花2～3倍的时间，也是完全值得的。

（5）一定要选择好的投资者。好的投资者与差的投资者有天壤之别（不管是合伙人还是投资公司），他们将对企业能取得多大的成功产生非常重大的影响。好的投资者不仅能给企业带来大量资金，而且可以对企业的经营管理、品牌推广和销售等起到积极促进作用。所以，需要特别强调，企业应该给予好的投资者以稍微优惠的条件（不管在公司估值或证券类型方面），这就是所谓的准备最佳替代方案。

（6）要求投资者提供参考信息。有意向的投资者会对企业进行调查，企业也有同样的权力，可以要求投资者提供他们所投资公司的CEO的联系方式。好的投资者对自己的投资经历有充分的自信，愿意向企业提供他们所投资的公司管理者的联系方式，并告诉企业可以给任何人打电话。而差的投资者通常只愿意提供几个名字，并且会要求你给予他们时间进行准备。

（7）不要让投资者在谈判中以"我们都是这么操作的"蒙过去。虽然投资者对交易方式或某些条款的处理上也许有某些偏好，但每一个投资项目都不同，应当有所区别。所以，如果因为一些有说服力的原因使他们在某个条款上坚持，企业有权知道详情，特别是在这个条款对企业很重要的情况下。

（8）为下一轮融资做准备。当投资者多轮投资后，下一轮是否投资视企业经营情况而定时，企业就需要为下一轮融资做准备。企业应和律师坚持一些保护性条款，以应对本轮投资者在下轮融资中不追加投资的情况。

（9）审慎对待条款清单的谈判。不管是首轮还是后续几轮，企业在谈判中的表现将为今后企业与投资者的关系定下基调。融资是企业与投资商博弈的分界线，随后战略投资者将进入企业的董事会并确实地成为决定和影响企业事务的重要一员。

（10）在整个谈判过程中注意礼节。无论在谈判过程中还是谈判结束后，都应注意谈判的礼节，包括但不限于谈判过程的座次安排、会谈发言举止、餐桌礼节等方面，适度的礼节会让投资者觉得企业是一个正规并有涵养的融资者，即使这回无法投资，仍然希望下一回成为合作伙伴。

（六）战略投资者的选择及出让股权比例

1. 基本情况

目前我国设立的许多高科技企业，普遍存在这样一个问题：一股独大。公司往往是由在某个领域具有一定成就的科学家或者科学工作者投资设立。注册资本通常偏小，而且以技术投资入股的居多。这样，在改制上市之前就会遇到注册资本金偏小、公司治理结构不完善的问题。

因此，高科技企业在改制上市时首先要解决的问题是引进新股东。引进怎样的股东、出让多少比例的股权，这一方面涉及企业的形象及企业控股权，另一方面也涉及企业的稳定等问题。一般来说，拟在国内创业板上市企业的控股股东为引进战略投资者所出让的股权比例不能太低也不能太高，太低了股权过于集中不利于保持企业公众公司的形象，太高了股权分散上市后经首发增发等稀释股权的行为后不利于保持控股权，因此，拟上市企业一般在首次公开发行前向战略投资者出让20%～40%的股权。

高科技企业在选择战略投资者时一般考虑三类资本，一是与高科技企业主营业务有上下游关系的企业，对高科技企业的业务有一定的帮助；二是与高科技企业有某种联系的主板上市公司，有利于提高高科技企业的行业地位、知名度，并在资金、资本运作等方面给高科技企业一定的帮助；三是风险资本，尤其是某些著名的风险投资机构，也有利于提高高科技企业在公众中的知名度和信任感。

某些高科技企业在选择战略投资者时，全部选择了类似的风险投资机构，这种选择浪费了资源，并且在某种程度上没有很好地保持公司的稳定性，风险投资毕竟是以变现盈利为第一目的，这种股权结构安排会让公众感觉公司股东甚至管理层不稳定，影响对公司的投资决策。再有，高科技企业要注意出让给风险投资机构的股权比例要适当，一般国际通行的比例为 15%～ 20%。另外，境外有名的风险机构有可能备受高科技企业的青睐，但有三个问题要注意：一是注意外资比例的问题，如果是中外合资企业，在对外资公司上市的政策未明朗之前，外资比例不要在原基础上增加太多，最好不超过 50%，如果是内资企业，外资比例合计不得超过 25%；二是境外风险机构对企业的法人治理结构、财务控制等要求比较高，并且本身的决策机制比较严格，有可能投资决策时间较长；三是对境外风险资本变现后兑换成外币汇出境外的具体规定还没有出台，存在一定的政策风险。

另外，还要考虑战略投资者进入拟上市公司可能存在的政策和法律的限制，如合伙性质的投资机构是不可以作为拟上市公司的战略投资者的。

2. 拟上市企业在引进战略投资者过程中需要注意的特殊问题

在创业板上市的创业公司要求在最近两年内主营业务没有发生重大变化，发行人报告期内存在对同一公司控制权人下相同、类似或相关业务进行重组的，应关注重组对发行人资产总额、营业收入或利润总额的影响情况。发行人应根据影响情况按照以下要求执行。

（1）被重组方重组前一个会计年度末的资产总额或前一个会计年度的营业收入或利润总额达到或超过重组前发行人相应项目 100% 的，为便于投资者了解重组后的整体运营情况，发行人重组后运行一个会计年度后方可申请发行。

（2）被重组方重组前一个会计年度末的资产总额或前一个会计年度的营业收入或利润总额达到或超过重组前发行人相应项目 50%，但不超过 100% 的，保荐机构和发行人律师应按照相关法律法规对首次公开发行主体的要求，将被重组方纳入尽职调查范围并发表相关意见。

发行申请文件还应按照《公开发行证券的公司信息披露内容与格式准则第 9 号——首次公开发行股票并上市申请文件》（证监发行字〔2006〕6 号）附录第四章和第八章的要求，提交会计师关于被重组方的有关文件以及与财务会计资料相关的其他文件。

（3）被重组方重组前一个会计年度末的资产总额或前一个会计年度的营业收入或利润总额达到或超过重组前发行人相应项目 20% 的，申报财务报表至少须包含重组完成后的最近一期资产负债表。

（4）被重组方重组前一会计年度与重组前发行人存在关联交易的，资产总额、营业收入或利润总额按照扣除该等交易后的口径计算。

（5）发行人提交首发申请文件前一个会计年度或一期内发生多次重组行为的，重组对发行人资产总额、营业收入或利润总额的影响应累计计算。

这里涉及的是引进战略投资者所能投入的资本，或者股权比例的问题。该条规定的内容是在同一实际控制人下，被重组方重组前一会计年度末的资产总额或前一个会计年度的营业收入或利润总额超过拟发行主体相应项目 50%，但不超过 100% 的，保荐机构、律师应将被重组方纳入尽职调查范围并发表相关意见。若上述时段相应项目占比超过 100%，则应运行一个会计年度后才可申请发行。即如果战略投资者属于拟上市企业的同一控制人之下，则按照上述规定执行。

但所谓战略投资者，往往与拟上市公司不是同一控制人，否则，很难达到避免同业竞争、减少关联交易、优化公司治理、确保规范运作，提高上市公司质量，发挥资本市场优化资源配置功能的作用。

因此最新的首发企业重组审核的意见稿针对非同一实际控制人下重组行为有了新的要求，征求意见稿提出，被重组方重组前一会计年度末的资产总额或前一个会计年度的营业收入或利润总额超过拟发行主体相应项目 20% 的，需运行一个会计年度后才可申请发行。此前，该项比例规定为 30%。可见，对非同一实际控制人下资产重组规定比例进一步收窄，审核趋紧。

拟上市公司在上市前的资产重组过程中要关注该点要求，引进战略投资者的时候，在股权比例方面要综合考虑拟上市公司上一年度的资产总额、营业收入、利润总额三项指标，如超过了相应项目的 20%，则可能导致拟上市公司推迟一年才能申请发行。

（七）战略投资者的追加投资与企业的后续融资

分阶段投资是战略投资的独特机制，是指投资者并不将投资资金一次性地投入企业，而是分阶段进行的投资，每一阶段只提供确保企业发展到下一阶段的资金，并且严格进行预算管理。由于战略投资的高风险性，没有任何投资者会在刚开始时就把今后五年企业的开销全包了的，这样风险太大。因此，战略投资通常是渐进式的，投资者会详细评估企业所处的发展阶段，并评估企业在该阶段所需要投入的资金。如果在第一次投资后达到了预期的目标和效果，或者看到了更加可观的未来发展前景，投资人会在企业的发展过程中追加投资。这种做法对投资者和创业者都有好处，对投资者来讲，可以规避一次性投资带来的过大风险，对创业者来讲，过早地大量融资会造成股权的严重稀释，不但在经济上不划算，而且还容易失去对公司的控制。

那么，战略投资者在什么样的情况下会做出追加投资的决定呢？

1. 战略投资者的追加投资

（1）追加投资的条件。

1）完成上一阶段投资预期目标。战略投资的风险相较于其他投资形式来说是较高的。因此，战略投资者为规避风险，对于企业的投资，特别是针对创立早期的企业，通常都是分阶段的，而非在决定投资的初期进行的一次性投资。战略投资者在投资不同企业的每个阶段，对于投资后企业在一定时间内需要达到一个什么样的增长和发展目标，都是有一个较为明确的标准的。而在进行第一次投资后，做出追加投资的决策一定是基于上一阶段的投资后，企业基本达到了预期的发展目标。如果企业的发展远远落后于战略投资者的预计，那么可想而知，面对这种风险，战略投资者是不会再次向企业投放大量资金的。

2）风险在可控范围内存在。这里所说的风险，既包括企业没能完成上一阶段投资预期目标，自身发展状况较差所产生的风险，也包括社会环境、法律政策和市场需求的变化所带来的风险。战略投资者对风险的规避决定了其后续追加投资的必要条件就是：企业经营发展的风险是在可接受和可控制的范围内的。如果一个企业因某种原因而在经营方面发生了重大的风险，而这种风险又对战略投资者的利益造成了极大的威胁，即使企业的发展状况是极为良好的，也很少会有战略投资者敢于对其追加投资，即使有个别投资者愿意追加投资，其投资的条件也必然是非常苛刻的。没有投资者愿意白白冒风险，他们会尽可能利用对赌协议等各种手段保护自己，确保其利益的实现。

3）企业发展预期良好，具有较高的成长空间。战略投资者的投资目的，也许略有不同，但不管是希望通过企业的业绩增长实现自己的战略，还是希望通过上市等运作实现自己的利益，其最终都要通过企业自身的发展和上升来实现。一个未来已没有增长空间的企业，即使其现在经营状况再好，也不会获得战略投资者的青睐，战略投资者不会对一个没有前途的企业投资，相反，它很可能会认为企业之前的高速增长已经到达顶端，而选择退出。

（2）追加投资的目的。

1）新业务。一个企业，要想实现长远的发展，必须在产品和业务方面不断创新，只有在对核心业务进行不断的创新和发展的同时，关注和开拓有增长潜力和市场竞争力的新业务，才能实现企业的上升与发展。特别是在现代社会，经济发展日新月异，市场需求不断转换，一成不变的旧有业务和产品随时有可能遭到市场的抛弃，只有保持在业务领域内的不断创新，坚持对新业务的发掘和培养，才能真正实现企业的持续增长和长久发展。此外，市场定位准确的新业务往往代表着市场的新需求和建立市场优势的新机遇，通常具有较高的利润率和广阔的市场空间，可以为企业带来巨大的经济效益。

但是，对市场的调查和研究，对新产品的设计与开发，对新业务的发掘和培养，这些都是需要大量的资金和较长的时间周期的，并且在培养市场和争夺市场份额的过程中，往往需要不断地追加投资。在这种情况下，如果战略投资者认为这种新业务的培养与开发具有广阔的发展前景，符合其对企业的发展规划及预期，能为其带来较高的价值回报，就有可能决定对企业追加投资。

2）新战略。企业在面对市场的激烈变化和严峻挑战时，为求得长期生存和不断发展，通常会进行经营战略的调整，或者制订新的经营战略。这种经营战略的调整与更新，是企业适应市场及经济环境变化，充分利用各种机遇，保持企业稳定发展和利润增长的必要手段。从企业经营战略调整的内容来看，既包括企业的战略定位的调整，也包括企业业务领域和资源配置的调整。

企业调整经营战略或制订新的经营战略，通常基于两种原因，一种是内部原因，如自身发展状况及资源变化，另一种是外部原因，如社会环境变化和市场需求变化等。当然，更多的时候是两种原因结合在一起，也就是企业既面临内部的发展变化和结构调整需要，又面临着市场环境的转变。不管其战略调整的原因是什么，是企业的主动迎击还是被动接受，都会对企业的经营和发展产生重大影响。

企业的调整是需要大量资金的，而且通常需要经过较长的时期才能见到效果，因此，与信贷资本相比，战略投资才是更为适合的资金来源。但是企业经营战略关乎企业生存的根本，其调整的风险是很大的。以华伦天奴为例，这个欧美市场的老牌奢侈品，为在中国打开局面而选择了冒险的战略调整，将品牌的市场定位从高端降到中低端，企业品牌形象严重受损，直接导致了其在中国市场的全面崩溃。因此只有当这种战略的调整被认为有利于企业长期发展，当战略投资者认为这种调整可以为企业带来较高的增长预期时，他们才愿意对企业的战略调整追加投资。

3）其他目的。除以上两个目的外，战略投资者追加投资通常还基于以下原因。

①战略投资者会因为企业的高成长前景而追加投资。当企业在高速成长阶段，面临资金短缺威胁时，基于对企业的高成长性所带来的高回报的预期，战略投资者通常都愿意在此时向企业追加投资。有时甚至在企业的发展遭遇一定的瓶颈的情况下，如果企业家能够说服战略投资者，或战略投资者以自己独到的眼光相信企业未来会具有很高的成长性，并为其带来较高的回报，战略投资者也会对企业增加投资，但这种情况下，投资条件通常会较为苛刻。

②战略投资者会因为希望增加对企业的控制权而追加投资。部分战略投资者，尤其是行业内的战略投资者，他们对于企业控股权的要求比较高，希望能够在某些方面增加对企业经营及决策的影响。在这种情况下，战略投资者有可能通过追加投资，增加持股比例，从而实现对企业控制权的增长，甚至实现控股。

③战略投资者会为了实现企业上市目标而追加投资。在企业进行上市运作的过程中，出于通过进行并购增加公司业绩、增资扩股增加公司股本及规模等种种考虑，战略投资者为了实现企业上市的目标，也可能会对企业追加投资。

2. 追加投资与企业后续融资的关系

战略投资者为了规避风险，通常会分阶段向企业投资；而企业在生命周期的不同阶段对于战略投资的规模、要求和投向也各有不同。因此，战略融资不是一次性的活动，几乎每个企业都会面临后续融资的问题，如何处理后续融资与前次融资的关系，在融资时需要考虑哪些因素以避免对后续融资的不利影响，这都是企业在进行战略融资时必须要考虑到的因素。

企业后续融资的方式及优劣比较如下。

（1）由战略投资者单独追加投资。在由战略投资者单独追加投资的情形下，由于企业与投资方经过一段时期的合作，对彼此的需求和合作模式比较了解，在尽职调查和企业评估方面与寻找新的战略投资者相比，程序更简单，花费的时间也相对较短；此外，双方就融资规模、资金使用等内容比较容易达成一致，因此，企业从已有的战略投资者处进行后续融资，当然是一种节省成本、提高效率的捷径。

但是，原有战略投资者追加投资也有其不足之处。

1）这种追加投资往往需要先前的比较良好的合作关系作铺垫，如果双方在合作理念、合作方式方面存在较大分歧，即使企业发展状况再好，很可能也无法成功获得追加投资，也就是说，这种后续融资的方式受人的因素影响较大。

2）同一家战略投资机构，其所能承受的投资规模有限，而企业在发展过程中的融资需求可能是非常庞大的，因此，企业在后续融资时能够从同一家投资者手中融到的资金规模是有限的，往往无法满足企业现实的资金需求。

3）原有战略投资者对企业的情况更加了解，对于企业存在的问题和瓶颈非常清楚，因此在进行企业评估和投资谈判时，一般来说投资者开出的条件会比较难以讨价还价。

（2）向原有投资者之外的战略投资者融资。向原有投资者之外的战略投资者融资，从其优势来讲，企业可以获得除资金以外的全新的附加服务，建立起全新的合作关系，在与新的战略投资者谈判时，对于投资协议的各项条款的谈判空间也比较大；就其劣势来讲，在与新的战略投资者谈判时，会在很大程度上受到原有投资者和投资协议的牵制。一方面，原有投资协议中都会对企业后续融资设置诸多限制条款，企业不得不考虑原有投资者的追加投资的优先权，以及防稀释保护的价格调整权等，尤其是在原投资协议中设置了反摊薄条款，而企业又不得不在降价融资的情况下，这种影响就更为重大、更为明显；另一方面，企业也需要综合考虑如何处理原有投资者和新的战略投资者的关系，在董事会人员的设置、议事规则的调整等方面需要更加谨慎。

（3）原有投资者与其他投资者共同投资。原有投资者与其他战略投资者联合投资，对于企业来说是一个比较好的后续融资方式。

1）不同的战略投资者有不同的优势，联合投资可以综合各个战略投资者的优势，满足企业在管理、资源和运作经验等各方面的需求。

2）同一家战略投资者能对同一个企业付出的投资成本是有限的，而企业的资金等需求却是不断增长变化的，联合投资可以在延续已有合作的基础上，满足企业成长和发展过程中不同阶段的资金需求和多元化的附加值需要。

3）原有投资者与其他新投资者联合投资，可以较好地降低原有投资者对新一轮融资的戒备甚至抵触心理，有利于对原有协议相关条款的谈判和处理。

但是，这种联合投资的方式，也有其明显的缺陷。一方面，多家机构联合投资在主体上的复杂性，容易导致投资机构之间以及投资机构和企业之间的矛盾，尤其在企业的决策控制权方面，一旦处理不好，很容易失去控制，从而影响企业的正常经营；另一方面，在进行投资谈判时，如果多家机构在投资条件上形成了某种默契，企业就很难再进行有针对性的谈判了。

综上所述，企业在进行后续融资时，一定要结合自身发展状况、需求，原有投资协议的相关约定，原有战略投资者的意向和条件，以及其他战略投资者的投资意向和实力，综合考虑决定最适合自己的后续融资方式。

3. 战略投资者追加投资与企业后续融资的注意事项

（1）原有投资协议中相关条款的处理。在战略投资协议中，涉及后续融资的通常有以下条款，包括优先购买权、共同出售权、强制卖出权、购买参与权、反摊薄条款、按比例参与未来融资权等。对于此类条款，如果其履行会对企业的后续融资产生重大不利影响，或者其会在企业后续融资后对企业本身产生不利后果，那么在后续融资时，企业应首先审查该条款的激活条件是否满足，以及该条款一旦激活执行会对企业造成怎样及何种程度的影响；在此基础上企业应立足于沟通，向原有投资者阐明利弊，主动提出保护其利益的新方案，争取与其达成补充协议，将后续融资对企业的负面影响降到最低；如果不能通过补充协议解决问题，企业则应当根据原协议约定综合考虑后续融资的不同规模、不同的优先权设定和不同的董事会构成等会对企业造成的实际影响，从而确定一个最适合自身的融资方案。

（2）增强企业的后续融资能力，防止降价融资。公司在其成长过程中，往往需要多次融资，谁也无法保证每次融资时发行股份的价格都是上涨的，但是企业还是应当尽量避免降价融资，因为降价融资确实会对企业造成比较大的负面影响。一方面，如果企业接受了降价融资，在某种程度上就意味着企业承认其在一定时期之内的发展是失败的，这会对企业今后发展过程中的再融资产生不利影响；另一方面，企业一旦降价融资，必然对前次融资的战略投资者造成伤害，很可能会激活防稀释保护条款等，从而导致企业管理层股份比例的稀释，甚至会影响企业的控股权和控制权，乃至影响企业的正常经营。因此，企业应当采取必要的措施增强企业的后续融资能力，防止降价融资。

（3）处理好不同投资者之间及投资者与企业之间的关系。在对外战略融资和多家机构联合投资的情况下，如何处理好投资方之间，以及投资方与企业之间的关系，是一个重要的问题，这主要包括三个方面的内容。

1）在股份比例和股权结构上，要充分考虑各投资人的实力、作用及企业目前的股权结构，合理设计融资规模和股份认购比例，在保证企业管理层的一定比例的股份及控制权的基础上，合理确定各投资机构的投资额度，使其股权比例与其对企业的作用和影响保持一致。

2）在董事会席位设置和议事规则方面，要注意防止董事会席位设置过于臃肿或各方股东比例失调，防止创始人失去对企业运营的控制，防止在各投资方之间产生不可协调的矛盾。企业在设置董事会席位，推选董事和制订议事规则时应根据公司的所有权来决定，与公司的股权结构保持一致，但同时又必须注意，保持各投资方、企业管理层以及外部独立董事之间合适的制衡，使企业为所有的股东创造财富。

3）在各投资方关系的协调方面，企业要保持一种中立态度，不使不同的投资方感受到厚此薄彼。在企业的经营和决策过程中，企业应当与各投资方保持积极的沟通，全面掌握各投资方对企业的看法和建议，及时处理合作过程中出现的各种问题，使得企业内部始终处于一种积极而融洽的合作气氛之中。

（八）战略投资者的退出机制

与其他投资工具不同，战略投资者的投资目的，不是为了通过控制企业或参与公司经营与管理从而获得长期收益，而是期望通过资金快进快出的方式获得高额投资回报，因此，这种类型的投资普遍具有短期性、高回报的特征。战略投资者获取的收益，一般是通过所投资企业上市后的股权转让、并购、公司回购等方式获益，这些方式，均以战略投资者不再继续持有公司股份为特征，因此，这些股权的转让方式被称为战略投资的退出方式或退出机制。战略投资者的顺利退出，对补偿战略投资者承担的风险、准确评价创业资产和战略投资活动的价值、吸引社会资本加入战略投资行列均具有重要的意义，因此，合理、可行的退出机制的设计，是战略投资活动中至关重要的环节。

战略投资者退出机制的种类：根据投资对象企业经营状况和外部环境的不同，战略投资者的退出机制有以下主要方式。

（1）首次公开发行股份（IPO）。首次公开发行是指投资对象企业在公开资本市场成功发行上市。这是战略投资者最佳的退出途径，也是战略投资者的首选方式。

当投资对象企业接受战略投资，并在战略投资者的帮助下发展到一定程度、达到发行上市的条件后，开始选择并申请在相关证券市场发行上市。实现 IPO 的战略投资在经过一定期限的禁售期（如 NASDAQ 为 6 个月）后，有权将其持有的公司股份在二级市场转让，从而最终获得投资收益。由于股票二级市场一般均存在较高的市盈率，如香港交易所一般为 13 倍市盈率，内地 A 股市场平均也有 20 ～ 30 倍的市盈率，因此战略投资者通过这种退出方式往往可以获得很高的投资回报。

但是，对于战略投资者而言，IPO 固然是最佳的退出方式，可以获得较高的投资收益，但在实践中，就数量而言，IPO 并非是采用最多的退出方式，这是因为上市发行存在着较大的不确定性。在美国，大约只有 10% ～ 20% 左右的投资对象企业能够最终实现 IPO，而在超过 60% 甚至更多的未上市发行企业，战略投资者多采取并购等其他方式退出。

（2）企业并购（M&A）。企业并购是公司控制权转移的一种方式，它可以分为股权并购与资产并购等不同形式。境外间接上市中，战略投资者往往采用股权并购的方式，即将所持公司股份转让给其他投资者。在企业并购的情况下，投资对象企业一般均达不到上市要求，无法公开出售其股权。但如果企业具有独特的技术、具备良好的发展前景，也可能会有其他企业或投资者感兴趣，愿意把它买下来，战略投资者就可以借机退出并取得一定收益。但是，当投资对象企业在经营中陷入困境，被其他企业兼并或收购，这时企业的价值往往会被低估，战略投资者可能很难收回投资收益。

（3）股权回购。股权回购也是战略投资者的一种主要的退出机制，在公开发行上市难以实现，也无法找到合适的企业并购交易对手时，战略投资者可以按照与公司原股东或公司之间签订的股权回购协议或"卖出选择权安排"，要求被投资企业在未能按约定时间发行上市时，必须以约定价格回购战略投资者所持的全部股权。股权回购的另一种原因，是投资对象企业原股东在公司发展到一定阶段时，如资金规模、市场前景很好，通过股份回购方式达到对公司控制的目的的。

（4）破产清算。投资对象企业因经营不善等原因宣布破产清算，是战略投资者和被投资企业最不愿意看到的结果。但高风险的特点决定了每一个投资者都要面对失败的可能，由此造成的损失只能由成功的投资项目来弥补。据统计，美国战略投资的失败率高达 20% ～ 30%。清算方式的退出是痛苦的，但在很多情况下是一种必须采取的断然措施。如果企业失去了发展可能性或者成长太慢，不能给予预期的高回报，就应果断地撤出风险资本，将能收回的资金用于下一投资循环。

（九）战略投资者的增值服务

战略投资者最大的价值不仅仅在于它能为企业提供多少资金，更在于在提供资金的同时，能够为企业提供多少附加值，这种增值的服务是否是企业发展所急需的和必要的，换句话说战略投资的价值更多的应该是在企业欠缺领域的"雪中送炭"，而不是在优势领域的"锦上添花"。一个合格的战略投资者，应该可以在企业成长的不同阶段，提供高附加值的战略管理和资本运作精准筹划服务，以帮助企业完善公司治理结构，建立激励机制，拓展潜在业务，增加股东价值，吸引优秀人才，完善管理团队，提高企业在市场上的知名度与公信力，整合资源实现上市，为最终实现股东价值创造条件。可以说，企业在获得了战略投资者投入的资金后，万里长征才走完了第一步，在获得资金后，如何利用资金和战略投资者的优势实现企业效益的增长才是重点。战略投资者对项目企业的管理参与、咨询和监控，是减少投资风险、确保预期的投资收益率的重要方式，也是战略投资区别于银行贷款等投资方式的最重要的特点。

因此，企业在选择战略投资者时，要考虑对方的所长能否弥补自身所短，是否可利用其优势资源帮助企业拓展自身的市场，是否可以达到双赢或多赢。

具体地说，要引进真正的战略投资者，除了要看能获得的资金规模外：①看其能否带来一个很好的合作效益和合力效益，这个合力效益应该能够更好地推动企业的改革，提升企业的核心竞争力；②看其能否有助于改善公司治理结构，引进治理结构完善、管理经验丰富、经营业绩良好的战略投资者，可以帮助企业加强和完善自身的决策及管理制度，从而提高企业的经营管理效率；③看其能否提供产品和技术方面的有效帮助；④看其能否对企业IPO的成功增加重要砝码，提升资本市场对企业上市的信心。这些都是战略投资者能为企业带来的出资之外的增值服务。

战略投资者在企业发展的不同阶段能为企业提供不同的增值服务：在企业成立和发展的初始阶段，除了投入战略资金外，战略投资者还可以协助企业发现行业的发展机会，识别企业关键的成长驱动因素；引入公司治理，规范公司财务管理等相关制度；利用自身的资源优势，协助企业制订融资计划，帮助企业完成并购、重组、战略联盟等一系列关键运作，使得企业的价值与资本市场的趋势相匹配；协助企业引入关键人才；在企业国际化扩张策略中，在市场、政府关系以及资本等多方面提供帮助，使企业得到快速的成长。

在企业进入快速成长阶段后，战略投资者可以在资本上继续支持企业；可以根据企业的发展战略，协助企业进一步寻求或保持行业领先地位；战略投资者还可以面向未来的资本市场，对公司的融资、公司的治理、公司的合法经营和公司的财税制度等提出合理建议；战略投资者可以协助企业，根据企业发展战略和市场定位，发现企业的核心价值，并制订围绕核心价值的实施计划；对于拟上市企业，战略投资者还可以协助设计和实施改制方案，协助选择中介机构并完成上市前的辅导工作；在企业的国际化方面，战略投资者可以从市场、政府关系、资本等多方面提供进一步的帮助，协助企业树立起良好的国际化的品牌形象。

在企业上市运作的过程中，战略投资者可以协助企业构建上市结构，决定上市时间、地点和关键风险因素；协助企业选择并引入上市前的其他的战略投资者；协助企业选定的主承销商发现企业的亮点，制订发行结构、促销计划、稳定股价策略等；协助企业选定的主承销商控制上市时间表，并实现以最大的杠杆效益撬动公司的价值。

企业上市后，战略投资者可以帮助企业规范管理，引进人才；协助企业完成上市后并购、重组、战略联盟等关键运作，并制订后续的资本运作计划；等等。

企业在充分利用战略投资的增值服务的同时，也要注意战略投资者作为企业经营管理的辅助者与企业实际的所有者以及经营管理者之间的关系，防止增值服务转变为对公司的控制与实际管理。

作为战略投资者，积极参加公司的经营治理与规范，是由其战略定位和利益回报的方式决定的。但战略投资者的本位是投资者，而不是经营者，一个优秀的战略投资者应该知道这两者之间的界限在什么地方，企业家自身也应该把握与战略投资者的关系，既要充分听取和接受战略投资者的有效建议和帮助，也要充分保留自己对企业的实际经营和控制权。

总体来说，战略投资者作为企业的投资者，是通过积极支持现有的管理团队，领导企业做大做强的，其介入更多的是董事会决策层面。一个好的战略投资者，不会试图去干预，甚至取代管理层在实际中的正常经营管理。通常投资方参与被投资企业管理最多的工作是组建董事会，策划追加投资，监控财务业绩，制订企业发展策略和营销计划，挑选和更换管理层，而很少参与到被投资企业的具体日常工作中，尤其是需要花大量时间的细致工作，如项目审批、产品开发、寻找新建客户和分销商以及员工管理等。

可以说，如何把握在企业经营管理中的参与"度"，体现了投资方的管理、沟通能力和经验。投资方的优势在于资金和战略视野，而被投资方的长处在于其对项目的理解。一旦战略投资者草率、仓促参与到具体项目的经营和管理过程中，必然会与原有项目的管理方式、思维理念发生矛盾，在项目投资实践中，不乏投资方过多干涉发起人团队的工作而导致双方发生对抗，最终导致投资失败的例子。在这种关系的处理方面，企业家和投资者首先应该认识到双方之间并不是对立面的关系，而是长期的伙伴关系。战略投资者做出投资一个企业的决定，除了看这家企业是不是能够使其获得满意的投资回报外，更多的是对这个企业的商业模式和长期发展的认可。双方在长期合作伙伴这种定位的基础上，才有可能建立起一种牢固的互信关系。在信任的基础上，投资者才可能有的放矢地为企业量体裁衣，制订出符合企业具体情况的发展规划。同时有了信任关系，投资者提出的方案才能够更容易地为企业所接受，使这些方案能够发挥最大的作用。

综上所述，选择战略投资者，就是要看他有没有资源帮助企业在更广阔的范围内进行资源的对接与整合，有没有能力帮助企业解决发展过程中的各种疑难杂症，进一步说就是要看他能不能帮助企业增加核心竞争力，提高企业的持续盈利能力，提升企业的品牌，帮助企业改善经营环境和公共关系。

企业在选择战略投资者时，应该非常注意其以往的投资案例，因为其以往的投资案例往往综合反映了其整体实力、专业化水平，体现了它的价值取向以及服务能力。同时要把增值服务作为选择战略投资者的重点，作为其核心能力进行考察。好的战略投资者对企业的价值主要体现在战略层面上和运营层面上，在规范公司管理的同时，可以充分利用其资源为企业服务。此外还应该注意的是，优秀的战略投资者，它应当已经形成一定的产业链和价值链，可以成为企业依托的资源和渠道，这需要战略投资者具有相关领域的专业化水平，并对行业有深刻理解，才能利用行业资源积淀人脉关系，帮助企业走专业化发展道路。

（十）创业板拟上市企业对战略投资者的特别要求

1. 对战略投资者项目选择方向的要求

创业板拟上市企业一般为成长型或创新型企业，即典型的"两新六高"，具体而言指成长性高、科技含量高，新经济、新服务、新农业、新材料、新能源和新商业模式。创业板拟上市企业一般会在专门的行业领域内有着突出表现，但是这些行业领域区别其他传统行业，并没有太多成熟的发展经验。因此，在引入战略投资时，拟上市公司对投资者的选择不应只集中在资金支持方面，而且是要关注战略投资是否在相关行业有着比较成功的投资经验，是否可以在这些新兴行业内为企业提供管理、营销及资本运作资源和支持，这样才能够在拟上市公司和战略投资者相互之间产生正面的"协同效应"，促进企业更好更快地发展。

大多数战略投资者都有着比较固定的投资领域，因为他们对于这些行业领域或者有着相应的经营管理经验，或者曾经投资这些行业，因此对于该行业的发展有着比较深刻的认识和理解，他们可以清楚地知道被投资企业的需求和问题所在，这可以确保他们的投资更加有针对性。因此，创业板拟上市企业在选择战略投资时应多考虑有相应项目投资经验或者项目选择方向与本企业业务方向相一致的战略投资者，这样相互之间会有更多"共同语言"，会产生更多的共识和理解，有利于拟上市企业更好地利用战略投资者优势，而战略投资者也更容易实现投资目标。

2. 对战略投资者资源整合能力的要求

创业板拟上市企业一般属于新兴企业，无论在经营规模、销售渠道，或者品牌影响上，都相对比较薄弱。虽然创业板拟上市企业未来发展前景或许比较远大，但是在其发展初期，缺乏充分展现自我的实力，甚至其技术优势及经营模式优势也缺乏展现舞台。如果不借助外部力量，此类企业很有可能被埋没，或者至少也需要经历一段比较长的发展时期，需要经历一段艰苦卓绝的奋斗，才可以崭露头角。因此，创业板拟上市企业最急需的是一个强有力的支持者，一个可以发现其价值和远大发展前景的"伯乐"。所以，创业板拟上市企业在寻找战略投资者时，应重点关注战略投资者的资源整合能力，看其是否能够在以下方面为企业进行资源整合。

（1）在协助拟上市企业扩大销售范围方面，可以利用其自有销售渠道或者营销经验，整合原有资源，实现企业销售业绩的突破。

（2）在促进拟上市企业品牌推广方面，可以整合其已有推广渠道和资源，推动企业品牌和企业形象的树立。

（3）在吸引投资方面，可以利用其自身资源吸引其他投资者的投资，帮助企业扩大融资规模、经营规模，从而进一步改善企业股本结构。

（4）在上市方面，可以利用其上市资源，在上市经验、上市中介机构、上市机构关系协调等方面为企业上市提供更多支持和帮助，帮助其更快更顺利地实现上市融资。

很多战略投资者都会在某些方面具有很强的资源整合能力，例如美国高盛集团（Goldman Sachs），其内部聚集了很多政界高层人物，包括不少美国前总统、各国政要，这些人脉关系为高盛在各国的投资占有了比较大的优势，因为这本身就意味着很强的资源整合能力，被投资企业十分希望具有这样良好背景的投资公司进入。

一般而言，拟上市企业应在寻找战略投资者时比较明确地提出希望战略投资者进行哪些方面的资源整合，而战略投资者应将其相关资源及成功案例、业绩展示给企业，双方在此基础上再就具体的合作进行洽商，以确定双方的合作意向和具体内容。

3. 对战略投资者投资退出方针的要求

创业板拟上市企业在引入战略投资者时一般都会对战略投资的退出问题进行预设，如战略投资者在成功上市后退出，还是在上市前、上市后分段退出，或者在上市前全部退出。拟上市企业应根据企业自身发展目标及利益需求做出具体要求，并以此作为与战略投资者谈判洽商的基础和条件。双方会就此进行多轮次的谈判，讨价还价，争取一个有利于自己且双方都可以接受的条件。

一般而言，如果设定战略投资者在成功上市之后退出，拟上市企业可要求战略投资者在上市过程中承担更多的投资义务。例如，投资金额要满足企业扩大经营规模的要求，要承担更多销售渠道和上市资源整合的义务，或者要在企业融资方面提供必需的支持或者担保等，而战略投资一般也会愿意接受这样的义务，以实现其在成功上市之后退出的投资目的。因为，在企业成功上市后退出，战略投资者的投资回报将大大超过其原始投资，这对战略投资者是最具有诱惑力的。与此类似，如果战略投资者预计在成功上市之前退出或部分退出的，其通常会要求一个有助于实现其投资价值的退出价格，或者要求一定的股权比例，或者要求原始股东承担一定的回购义务等，以确保其投资的价值回报。当然，对于拟上市企业而言，在对战略投资做出更多承诺的同时，也应要求战略投资在投资及退出前，履行相应的义务，实现企业的增值发展。

4. 对战略投资者增值服务质量的要求

战略投资之所以受到被投资企业的欢迎，或者说战略投资之所以能够在投资市场上成为越来越强大的力量，不但是因为战略投资可以缓解企业资金缺乏状况，解决企业融资难问题（其实很多企业在发展到一定阶段，已经度过了初创期进入平稳发展期后，资金相对来说还是较为充沛的）；而且，通过引入合适的战略投资，可以使企业实现腾飞式发展，这主要就借助于战略投资者所提供的附加值。

（1）战略投资者可以提供具有现代企业管理经营经验的人才，通过引入战略投资，可以改善企业管理，完善企业治理机制。

（2）战略投资者会有比较长远的战略发展眼光，长年的战略投资经验也使其具有比较先进的战略投资理念,这些对于企业把握自身发展方向,及时调整自身发展战略具有十分重大的意义。

(3)战略投资者通常在产品创新、技术改造等方面有着一定的优势,其在技术及创新层面会为企业注入更多的新鲜血液,加速产品更新换代,不断创新经营模式。

(4)由于战略投资者多年的投资经验,其一般都与资本运作市场相关部门及有关中介机构有着紧密合作关系,并且有着比较成熟的资本运作经验,这对希望通过资本市场运作迅速发展的企业而言,无疑是最具诱惑力的。

(5)战略投资一般会有比较好的市场敏感度、比较有效的市场营销策略和比较丰富的市场营销渠道。在引入战略投资后,企业可以充分利用战略投资的原有销售网络及渠道,对原有的营销策略进行优化,以实现企业经营的迅速扩张。以上只是列举了战略投资的一些附加值,其实战略投资还有其他的附加值,诸如人才优势、国际视野、更加独立的经营管理,等等。了解战略投资者所能提供的附加值,对企业选择战略投资者十分重要,我们将会在后面用一定的篇幅对战略投资者的增值服务进行专门阐述。

第三章

投资决策管理

第一节　财务决策综述

决策就是人们为了达到一定的目标，在掌握必要的信息和对有关情况全面分析的基础上，用科学的方法拟定和评估相关行动方案，最终选定合理方案的过程。

狭义的决策认为，决策就是做出决定，是人们从不同的行动方案中做出最佳选择，是一种权衡选择的行为。广义的决策认为，决策是一个过程，是人们为了实现某一特定目标，在占有一定信息和经验的基础上，提出各种可行方案，采用一定的科学方法和手段，进行比较、分析和评价，按照一定的决策准则选择最优方案，并根据方案实施的反馈情况对方案进行修整控制，直至目标实现的整个系统过程。

企业财务决策是企业对其合法拥有或依法控制的钱和物资及与其有关的经济活动制订行事的方针、策略或方法，同时对该过程中发生的经济关系进行妥善沟通与协调的一系列活动的总和，是企业按照财务管理目标的要求，在财务预测的基础上，制订和评价财务活动方案，并从若干个可以选择的财务活动方案中选择最满意方案的过程。

一、财务决策的特点

1. 目标性

任何决策必须首先确定要达到的目标，目标是在未来特定时限内完成任务程度的标志。

财务决策是具有明确目标的活动，即为实现企业财务管理总体目标而进行的活动。企业财务管理的目标包括：利润最大化、每股收益最大化、股东财富最大化、企业价值最大化、利益相关者利益最大化等。不同类型的企业，其财务管理的目标可能各不相同，但无论企业财务管理的目标是什么，财务决策都应该以财务管理的目标为出发点。财务管理的目标是企业制订、评价和比较未来活动方案的标准，也是检查未来活动效果的依据。

2. 可行性

决策是事情发生之前或人们采取行动之前的一种预先分析和选择。财务决策的目的是为了指导企业未来的经济活动。企业的任何经济活动都需要利用一定资源，如果缺乏必要的人力、财力、物力和技术条件，理论上非常完善的方案只能是空中楼阁。因此，财务决策方案的拟定和选择，不仅要考虑采取某种方案的目标，还要注意其实施条件的限制。具体而言，就是财务决策要根据企业的实际需要与可能量力而行，要冷静地、全面地分析和考察企业的实际情况及外部市场条件，做出符合企业实际需要的结论。例如，筹资决策是对今后偿还能力的考虑，投资决策是对市场需求和投资效益的估计和评价等，都是决策可行性要求在具体决策活动中的体现。

3. 选择性

财务决策的实质是在分析、比较诸多财务方案的基础上择优选用。没有选择就没有决策，要有所选择，就必须提供可以相互替代的多种方案。实际上，为实现同样的财务目标，企业可以有多种不同的方案，而这些方案在资源的要求、可能出现的结果以及风险程度等方面均有所不同。企业所要做的就是如何根据企业事先确定的目标，经过系统的分析和综合，提出种种不同的方案、途径和方法，然后进行比较、选择。有时很难找到一个统一的标准，有的这方面优于对方，另一方面劣于对方，反之亦然。这就需要决策者多动脑筋，寻找优势，以实现综合评估，在综合评估的基础上再选择最佳方案。选择不仅是必须的，也是必要的。

4. 相对最优性

财务决策选择方案的原则是最优原则。根据理性经济人的假设，决策就是在一定条件下寻找并确定优化目标和优化方案，不追求优化的决策毫无意义。因此，财务决策总是在若干个有价值的方案中做出最优选择。当然最优原则是指相对最优而不是绝对最优。绝对最优的决策往往只是理论上的方案，因为它要求决策者了解与企业活动有关的全部信息；能够正确地辨识全部信息的有用性，了解其价值，能够据此制订出没有疏漏的行动方案，并能够准确地计算出每个方案在未来的执行结果。显然一个企业难以具备以上所有的条件，因此，根据目前的认识确定未来的行动总有一定的风险，也就是说，各行动方案的实施结果通常是不确定的。在方案的数量有限，执行结果不可确定的条件下，决策者难以做出最优选择，只能根据已知的全部条件，加上自身的认识进行主观判断，做出相对最优的选择。

5. 过程性

财务决策是一个过程，而非瞬间的行动。财务决策的过程性可以从两方面去理解。

（1）每一项财务决策本身是一个过程，具体而言，是指从决策目标的确定，到决策方案的拟定、评价和选择，财务决策本身就包含了许多工作，由众多人员参与。例如，对于企业的固定资产投资决策，不能简单地把它看成对备选方案的选择。要想获得相对最优的选择，必须事先拟定出多个备选方案，只有在分析、评价、比较各备选方案优劣的基础上，才可能得出最满意的选择；而要拟定备选方案，首先确认要达到的目标，并在目标的指引下，收集资料，做出各种可行性预测等，这一系列的活动构成一个过程。

（2）企业的财务决策不是一项单独决策，而是一系列决策的有机组合。通过决策，企业不仅要选择业务活动的内容和方向，还要决定如何组织业务活动的展开，同时还要决定资源如何筹措，结构如何调整，人事如何安排等。以固定资产投资决策为例，企业对其固定资产的投资决策往往是一系列财务决策的组合：如是否投资该固定资产；如何筹集投资该固定资产的资金；用什么样的方式筹集资金；固定资产投资对企业流动资产的占用和产品生产有何影响；如何安排生产人员；等等。只有当这一系列的具体决策已经制订，并与企业财务管理的目标相一致时，才能认为相关的财务决策已经形成。

6. 动态性

财务决策的动态性是与过程性相联系的。财务决策不仅是一个过程，而且是一个不断循环的过程，作为过程，财务决策是动态的。一项财务决策，只有在满足一定条件下，在一定时间范围内做出并得到执行才是有效的，情况的变化通常会使财务决策失效。而财务决策所面临的各种情况通常又是不断变化的，因此，决策者必须监视和研究这些变化，随时调整并修正决策的方案，实现动态决策。例如，对于企业的最佳现金持有量决策，在初始确定最佳现金持有量后，该持有量并非一直保持不变，企业应当根据不断变化的现金需求量、现金转换成本和持有现金的机会成本定期对最佳现金持有量进行调整。

二、财务决策的内容

1. 经营决策

经营决策是指日常经营活动的决策，主要包括存量资产决策和利益分配决策。企业存量资产包括货币资金、债权资产、存货资产、固定资产、无形资产等，每项资产都具有不同的特征和运行方式，对企业利润和财务风险、经营风险的影响不完全相同。企业对存量资产进行管理是为了保证企业生产经营活动能够正常的开展。企业对存量资产进行决策主要是确定各种存量资产的经济规模，其决策内容包括采购决策、生产决策、销售决策、现金及有价证券决策、资产结构决策、分配决策等。

分配有广义和狭义两种。广义的分配是指对所有利益相关者的分配，包括对投资人、经营者、员工、债权人、上下游客户、政府、社会公众等的分配，因此，从广义上说，分配决策包括利润分配决策、薪酬分配决策、偿债决策、售后服务决策、纳税决策和环境保护决策等。而狭义的分配仅仅是指对投资人的分配，即利润分配，因此，从狭义的角度看，分配决策就是利润分配决策。

2. 投资决策

投资是指将筹集的资金投入生产经营的过程。企业生存和发展的前景如何，很大程度上取决于投资管理的水平。投资决策的内容包括两个方面，首先需要考虑的问题是对收益的估计，即对投资预计现金流量估计。企业的投资，是用于新建生产经营项目或对原有项目的更新改造等内部投资，还是通过购买其他企业的股票、债券或采用与其他企业联营等形式进行对外投资，其产生现金流量的方式和大小是不同的，对企业收益的影响也是不同的。其次，投资决策需要对投资风险进行分析。不同的投资方案预期的投资收益水平和投资风险程度各不相同。一般地，两者之间呈正比例变动关系，预期收益较高的方案往往蕴含着较大的投资风险，反之则较小。企业总是希望在风险最小的前提下收益最高，因此，企业投资决策需要准确计量预期收益和风险，在企业经营战略的指导下，根据企业内外环境，选择收益较高、风险较小的投资方案。

3. 筹资决策

企业是以盈利为目的的经济组织，企业为了实现其目的，需要进行生产经营，而实现生产经营的前提条件是具有一定数量的资金。因此，筹集资金是组建企业和开展生产经营活动的前提。企业筹集资金的渠道，一是吸收企业所有者的投资，形成企业的资本金，也叫作权益资金；二是向外举债，形成企业的负债，也叫作债务资金。企业筹资决策的主要内容是关于企业筹资方式的选择以及最佳资本结构的确定，即了解可能的筹资渠道和筹资方式，准确计量相应的资本成本和财务风险，在满足企业资金需要的前提下，在资本成本与财务风险之间进行权衡，实现财务风险可控前提下的资本成本最低。

三、财务决策的分类

财务决策的通常分类如下。

1. 按决策结果的确定程度来分

（1）确定型决策。确定型决策是指未来的财务活动和财务关系状态在已完全确定的情况下的决策。这种决策的任务是计算分析各种方案得到的明确结果，从中选择一个最佳方案。确定型决策所处理的未来事件有一个最基本的特征，就是时间的各种自然状态是完全稳定且明确的。由于不同方案的财务活动和财务关系及其结果可以确定的进行计算，因此确定型决策一般采用定量分析方法进行决策。

（2）风险型决策。风险型决策所处理的未来财务活动和财务关系具有两个最基本特征：一是未来财务活动和财务关系的各种自然状态的发生完全具有随机性质，可能发生也可能不发生，从而需要制订针对各种自然状况可能发生的多种方案；二是未来财务活动和财务关系的各种自然状态的概率可以从以往的统计资料中获得，即已知其概率的经验分布。风险型财务决策主要通过对风险报酬的计算和分析来制订和选择最优方案。

（3）非确定型决策。非确定型决策的特点是，不仅不知道所处理的未来财务活动和财务关系在多种特定条件下的明确结果，甚至可能的结果及各种结果发生的概率都不知道。如某个项目是否应该投资、某种设备和技术是否应当购买等，由于尚未获得必要的统计资料，因而无法确定这些事件未来各种自然状态发生的概率。在这种情况下，由于信息不全，往往给财务决策带来很大的主观随意性，但也有一些公认的决策准则可供选择方案时参考。

2. 按决策影响的时间来分

（1）长期决策。长期决策是指影响所及时间超过一年的决策，关系到企业今后发展的长远性和全局性，因此又称为战略决策，如资本结构决策、项目投资决策等。

（2）短期决策。短期决策是指影响所及不超过一年的决策，是实现长期决策目标所采取的短期策略手段，如短期资金筹集决策、闲置资金利用决策等。

3. 按决策的问题是否重复出现来分

（1）程序化决策。程序化决策是指针对不断重复出现的例行性经济活动，根据经验和习惯确立一定的程序、处理方法和标准，经济业务实际发生时，依据既定程序、方法和标准做出决定的决策。如企业存货采购和销售、应收款项信用的确定、现金与有价证券转换等。程序化决策所涉及的业务经常重复出现，并有一定规律，通常可以通过形成企业内部财务制度的形式确定下来。例如，企业可以通过制订存货的采购和销售政策、信用政策、现金管理政策等，对程序化决策所涉及的业务进行规范，并据此做出决策。

（2）非程序化决策。非程序化决策是指针对特殊的非例行性业务，专门进行的决策。在企业的财务决策活动中，有些决策活动具有独特性，不会重复出现，它们具有创新的性质，每个问题都与以前的问题不同，这类活动称为非例行活动。例如，新产品开发、多种经营的决策、工厂的扩建、对外投资活动等。这类财务决策活动的特点是非重复性和创新性，没有统一的模式可以借鉴。由于每次决策都与以前不同，不能程序化，只能针对具体问题，按照收集情报、设计方案、抉择和实施的过程来解决。

4. 按决策方法与程序的不同来分

（1）定性决策。定性决策是指根据决策者的知识和经验所做出的决策。它是决策者在掌握预测信息的前提下，通过判断事物所特有的各种因素、属性，通过经验判断、逻辑思维和逻辑推理等过程进行决策的方法。其主要特点是依靠个人经验进行综合分析对比后做出的主观判断，因而往往不需要利用特定数学模型进行定量分析。定性决策主要用于影响因素过多或目标与影响因素之间难以量化的决策。

（2）定量决策。定量决策是指通过分析事物各项属性的数量关系进行的决策，其主要特点是在决策的变量与目标之间建立数学模型，利用数学模型对备选方案进行数量分析，根据分析结果判断备选方案是否可行以及选择最优方案。定量决策主要用于决策目标和影响目标实现的因素之间可以用数量来表示的决策。

5. 按决策是否考虑资金时间价值因素来分

（1）静态决策。静态决策是指不考虑资金时间价值因素的决策。资金时间价值与时间跨度的大小成正比，当决策方案影响的时间期间较短时，资金时间价值比较小，甚至可以忽略不计，因此，短期决策一般使用静态决策法。此外，静态决策具有计算简单、便于理解的优点，有时也作为长期决策的补充方法。

（2）动态决策。动态决策是指考虑资金时间价值的决策。由于动态决策考虑了资金的时间价值，同时，在对未来的现金流量进行折现的过程中，考虑了风险因素，因此动态决策主要用于长期决策。

四、财务决策的基本方法

根据决策结果的确定程度，可以把决策方法分为：确定型决策方法、风险型决策方法及非确定型决策方法。

（一）确定型决策方法

确定型决策方法一般与决策问题的专业领域相关。由于确定型决策方法面对的决策结果是确定的，决策问题的结构也往往比较清楚，因此可以利用决策因素和决策结果之间的数量关系建立数学模型，并运用数学模型进行决策。得益于近几十年来学者们的不懈努力，各种与财务决策有关的财务理论和决策理论不断完善，使得确定型决策方法可以借助现有的比较成熟的理论模型进行决策。一般而言，确定型决策方法包括优选对比法、数学微分法、线性规划法等。

1. 优选对比法

即把各种不同方案按一定的标准排列在一起，按经济效益的好坏进行优选对比，进而做出决策的方法。优选对比法是财务决策的基本方法，又可分为总量分析法、差量分析法、指标对比分析法等。

（1）总量分析法是指将不同方案的总收入、总成本或总利润进行对比，以确定最佳方案的一种方法。

（2）差量分析法是指将不同方案的预期收入之间的差额和预期成本之间的差额进行比较，求出差额利润，进而做出决策的方法。

（3）指标对比法是指把反映不同方案经济效益的指标进行对比，以确定最优方案的方法。例如，在进行长期投资决策时，可以把不同投资方案的净现值、内含报酬率、现值指数等指标进行对比，从而选出最优方案。

2. 数学微分法

数学微分法是根据边际分析原理，运用数学上的微分方法，对具有曲线联系的极值问题进行求解，进而确定最优方案的一种决策方法。在用数学微分法进行决策时，凡以成本为判别标准，一般是求最小值；凡以收入或利润为判别标准，一般是求最大值。在财务决策中，最佳资本结构、现金最佳余额决策和存货的经济批量决策都要用到数学微分法。

3. 线性规划方法

线性规划法是根据运筹学原理，用来对具有线性关系的极值问题进行求解，进而确定最优方案的一种方法。管理上的很多问题可以看成是在一定限制条件下，寻求总体目标最优。如企业的资金供应、原材料供应、人工工时数、厂房、设备、产品销售数量等在一定时间限度内都是有限的，如何安排生产计划，使企业收入最大，就是一个规划问题。在实际应用中，规划问题的难点在于把现实问题抽象为数学模型，即建模。规划问题的建模依实际问题的复杂程度而难易不同，大量的线性规划问题已经模型化、标准化，但还有很多不断出现的新问题需要不断地研究和解决。线性规划的方法包括图解法和单纯形法，求解一般采用计算机应用软件来进行。

【例 3-1】智董公司一月份计划生产 A、B 两种产品，已知生产单位产品所需的甲、乙两种原材料、设备台时以及资源限制如表 3-1 所列。

表 3-1　智董公司产品资源耗费表

	A 产品	B 产品	资源限制
设备（台时）	1	1	300
甲材料（千克）	2	1	400
乙材料（千克）	0	1	250

假设该企业每生产一单位 A 产品可获利 50 元，每生产一单位 B 产品可获利 100 元，则该企业应该怎样安排生产才能获利最大？

分析：假设该企业生产 A 产品和 B 产品的数量分别为 x_1、x_2，获利金额为 z。显然，该求获利最大的问题可以用数学模型表示为 $\max z = 50x_1 + 100x_2$，其约束条件为

$x_1 + x_2 \leq 300$（设备台时因素约束）

$2x_1 + x_2 \leq 400$（甲材料库存约束）

$x_2 \leq 250$（乙材料库存约束）

$x_1 \geq 0$

$x_2 \geq 0$

以 x_1 为纵坐标，x_2 为横坐标，画出直角坐标系，同时分别描出直线 $x_1 + x_2 = 300, 2x_1 + x_2 = 400, x_2 = 250$，得到该问题的可行域集合如图 3-1 阴影部分所示。

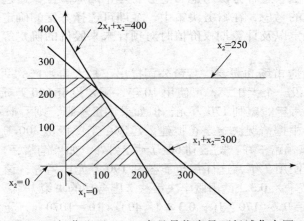

图 3-1　智董公司 A、B 产品最优产量可行域集合图

由于 $z = 50x_1 + 100x_2$ 在笛卡尔坐标系里是斜率已经确定的具有平行关系的直线集合，z 的取值取决于其在可行域的范围内与 x_1 轴的截距。而可行域各顶点的坐标分别为：A（0，250），B（50，250），C（100，200），D（200，0），O（0，0）（如图 3-2 所示）。显然，只有当直线 $z = 50x_1 + 100x_2$ 经过 B 点时，其在可行域的范围内与 x_1 轴的截距最大，z 取得最大值。将 B 点的坐标代入目标函数，得：

$$\text{max}_z = 50 \times 50 + 100 \times 250 = 27500 \text{（元）}$$

因此，该安排生产问题的最优解为生产 A 产品 50 件和 B 产品 250 件，可获得最大利润 27500 元。

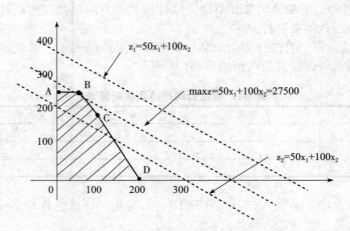

图 3-2　智董公司 A、B 产品最优产量可行域各顶点坐标图

（二）风险型决策方法

风险型决策也称随机决策，是指未来情况虽不十分明了，但各有关因素的未来情况及其概率可以预知的决策。由于决策者所采取的任何一种行为方案都会遇到一个以上的自然状态而引起不同的结果。这些结果出现的机会是用各自自然状态出现的概率表示的。因此，对于风险型决策一般采用概率决策的方法。

所谓概率决策法，就是在各种方案可能的结果及其出现的概率已知的情况下，用概率法来计算各个方案的期望值和标准差系数，并将它们结合起来分析评价方案的可行性，进而做出决策的一种方法。这种方法考虑了财务管理中的风险性，通过概率的形式，体现了对各种可能出现情况的考虑，在财务决策中，多期可选择方案的确定，计算净现值时对预计未来现金流量的确定以及计算期权价值时对预计未来股价的确定等，都可以用到概率决策法。

【例 3-2】 为了适应市场的需要，智董公司提出了扩大再生产的两个方案。A 方案是采用一次到位方式，建设一个大工厂，可使用 10 年，需要投资 600 万元，该企业预计，如果销量好，采用该方案每年能赢利 170 万元，但如果销量不好，则亏损 40 万元；B 方案是先建设小工厂，然后再根据情况决定是否扩建。建设小工厂投资 300 万元，如销路好，每年能盈利 80 万元，如果销路不好，则盈利 60 万元。另外，如果销路好，3 年后扩建，扩建需要投资 400 万元，可使用 7 年，这样每年能盈利 190 万元。另外，该企业预计销路好的概率为 0.7，销路差的概率为 0.3。试用概率决策法选出合理的决策方案。

A 方案的净利润 $= 0.7 \times 170 \times 10 + 0.3 \times (-40) \times 10 = 1070$（万元）

B 方案不扩建净利润 $= 0.7 \times 80 \times 10 + 0.3 \times 60 \times 10 = 740$（万元）

B 方案扩建的利润总额期望值 $= (0.7 \times 80 \times 3 + 0.3 \times 60 \times 3) + 0.7 \times 190 \times 7 = 1153$（万元）

由以上计算可知，在不考虑扩建的情况下，A 方案的利润总期望值为 1070 万元，大于 B 方案不扩建的利润总额期望值，所以应该选择 A 方案。但在考虑了扩建方案后，B 方案扩建的利润总额期望值为 1153 万元，大于 A 方案的利润总额期望值，所以应该选择 B 方案下的扩建方案，即先建设小厂，如果销路好，3 年后再对小厂进行扩建。

以上的决策方法也可以用决策树的形式来表示，如图 3-3 所示。

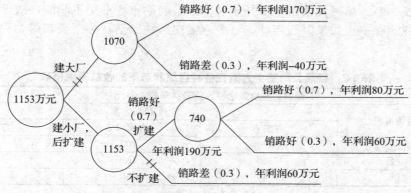

图 3-3 智董公司扩建方案决策树图

（三）不确定型决策方法

在企业的财务决策中，常常会遇到一些极少发生或应急的事件，在这种情况下，未来将会出现什么样的情况，在决策的时候是无法具体预测的。具体而言，就是只能了解事物可能出现哪几种状态，但对这几种状态出现的可能性有多大无法确切知道。这就是不确定型情况。例如，某种新产品是否应当投产、某种新设备是否应该购买等。由于企业环境的复杂和企业内部人力、财力、物力和时间的限制，有时不能进行起码的市场调查和预测，因此也将无法确定这些事件的哪一种自然状态将会发生以及各种自然状态发生的概率，可见，对这类事件的决策只能在不确定的情况下做出，即在知道可能出现的各种自然状态，但是又无法确定各种自然状态发生概率的情况下做出，这类决策问题就是不确定型决策。不确定型决策方法一般包括乐观决策法、悲观决策法、折中决策法和后悔值决策法等。

1. 乐观决策法

所谓乐观决策法，是指在各种方案出现的结果不明确的条件下，采取好中取好的乐观态度，选择最乐观的决策方案的决策方法。这种方法的基本思想是决策者对客观自然状态总是抱乐观态度，对于以收益最大为目标的决策来说，首先找出各种方案的最大收益值，然后选择这些最大收益值中的最大者所在的方案作为最优方案。这种情况的乐观决策法又称最大最大收益值法；对于损失而言，则应从各个方案的最小损失值中选择最小损失的方案，这种情况的乐观决策法有称为最小最小损失值法。由此可见，乐观决策是把各方案的最大收益或最小损失作为必然出现的状态来看待，从而把不确定型问题简化为确定型问题处理。这种决策方法具有一定的冒险性质，一切从最好的情况考虑，难免冒较大的风险。此种方法一般适用于经济实力较强的企业或风险投资企业。当决策者拥有强大经济实力时，采用最大最大的决策方法，所选的最优方案即使失败了，对企业的影响也不大。一旦成功了，可获得巨大收益。

【例 3-3】采用乐观决策法进行决策。智董公司要对现有生产设备如何进行改造做出决策，据现有获得的市场资料分析，拟定可以采用的初步方案有三个。

方案 A：采购最新型设备，该方案投资大，但由于技术先进，单位产品的产出成本较低，因而总的收益较大。

方案 B：按现有生产设备的技术标准进行设备更新，该方案投资较少，收益也较相对少。

方案 C：不更新设备，只是在原有基础上对旧设备进行改造，这种方案投资最少，收益也最少。

三个方案的收益大小与销售量直接相关。在决策前，该企业对未来的销售量进行了预测，预测显示，未来五年预计的销售量的增长将有三种情况：第一种情况是增长迅速，第二种情况是增长一般，第三种情况是增长缓慢。由于前期市场形势不明朗，故无法预测上述三种情况出现的概率。如果以五年计，每个方案在各种自然状态下所获得的收益净现值见表 3-2。

表 3-2　智董公司三个方案在各种自然状态下的收益净现值表

设备更新决策比较收益表（单位：万元）			
预计的销售情况	行动方案		
	方案 A	方案 B	方案 C
增长迅速	400	200	− 120
增长一般	300	160	− 40
增长缓慢	− 40	80	100

采用乐观决策法对该企业生产设备改造方案进行决策，首先要找出各种方案对应的最大收益值，由表 3-2 中可以容易地看出，A、B、C 这三种方案对应的最大收益值分别为 400 万、200 万、100 万，根据乐观决策法的原理，确定收益值为 400 万的方案 A 为决策方案。

2. 悲观决策法

悲观决策法的思想基础与乐观决策法完全相反，对客观情况总持悲观态度，往往是决策者认为形势比较严峻，在未来发生的各种自然状态中，最坏状态出现的可能性很大，即假设采取任何方案，都是收益最小的状态发生。因此，所谓悲观决策法，是指在各种方案出现的结果不明确的条件下，采取谨慎的态度，选择最悲观或是最保守决策方案的决策方法。对于以收益最大为目标的决策来说，必须从最坏处着眼，采取较为稳妥的决策准则，即从行动方案的最小收益中选择收益值最大的方案为决策方案，这种方法也叫最小最大收益值法。而对于以损失最小为目标的决策来说，则从最大损失的行动方案中选择损失最小的方案为决策方案，这种方法也叫作最大最小损失值法。悲观决策法一般适用于风险厌恶型的企业，如果一个企业抗风险能力比较弱，或者即使采用保守的决策方法企业也能获利生存，则该类型的企业一般倾向于在选择决策方案时采用悲观决策法。

【例 3-4】 承例 3-3，采用悲观决策法进行决策。采用悲观决策法对该企业生产设备改造方案进行决策，首先要找出各种方案对应的最小收益值，从表 3-2 中可以看出，A、B、C 这三种方案对应的最小收益值分别为 − 40 万、80 万、− 120 万元，根据悲观决策法的原理，在三种方案的最小收益值中，最大的收益值为 80 万元，其对应的 B 方案即为决策方案。

3. 折中决策法

乐观决策法和悲观决策法是按照最好或最坏的可能性进行决策的，两者都属于走极端的情况，前者过于盲目乐观而后者过于保守。而折中决策法的提出，主要是为了弥补乐观和悲观决策法走极端情况的缺陷。所谓折中决策法，就是通过计算"乐观系数"，对最大收益（损失）和最小收益（损失）值进行调整，计算出一个折中的收益值，然后根据比较各方案折中收益值的大小，确定最大折中收益值所对应的方案为决策方案。其计算公式为

$$\overline{M} = \alpha \times M_{max} + (1 - \alpha) \times M_{min}$$

式中，α 为乐观系数；$\overline{M}$ 为折中的收益值；M_{max} 为最大收益值；M_{min} 为最小收益值。

由以上公式可知，乐观系数实际上是对企业风险偏好的一种量化，是一个介于 0 ~ 1 之间的系数。乐观系数可以反映一个企业保守和乐观的不同水平。当乐观系数 $\alpha = 0$ 时表示毫不乐观，说明该企业属于纯风险厌恶型企业；当风险系数 $\alpha = 1$ 时表示极端乐观，说明该企业是纯风险偏好型企业。可见，折中决策法实际上是一种指数平均法。它的评价标准介于最小收益值和最大收益值之间，乐观系数在其中起到了一个权重指数的作用。折中决策法的难点在于乐观系数的确定，由于乐观系数的确定与企业的风险偏好有关，因此通过对

该企业以往的决策情况进行统计分析，可以对该企业的乐观系数进行一个大概的估算。

【例 3-5】 承例 3-3，假设该企业通过以往资料统计确定的该企业的乐观系数为 0.4，并采用折中决策法进行决策。

方案 A：$\overline{M_A} = 0.4 \times 400 + (1 - 0.4) \times (-40) = 136$（万元）

方案 B：$\overline{M_B} = 0.4 \times 200 + (1 - 0.4) \times 80 = 128$（万元）

方案 C：$\overline{M_C} = 0.4 \times 100 + (1 - 0.4) \times (-120) = -32$（万元）

通过对折中收益值的计算，确定最大折中收益值为 136 万元，因此$\overline{M_A} = 136$万元所对应的方案 A 即为决策方案。

4. 后悔值决策法

后悔值决策法是指决策者制订决策之后，如果情况未能符合理想，必将产生一种后悔的感觉；为了避免出现最大后悔的情况，决策者以后悔值作为依据进行决策的方法。所谓后悔值，就是将各种自然状态的最优值定为该状态的理想目标，并将该状态中的其他值与最高值相减所得之差。后悔值决策法的步骤一般是先确定各种自然状态的最优值，然后计算出各方案不同情况下的后悔值，最后将各方案的最大后悔值进行比较，后悔值最小的方案为最优方案。

【例 3-6】 承例 3-3，采用后悔值决策法进行决策。确定各种预计销售情况所对应的最优值，增长迅速 400 万元，增长一般 300 万元，增长缓慢 100 万元。各种方案下后悔值的计算及其最大后悔值的确定如表 3-3 所列。

表 3-3　智董公司各种方案下后悔值的计算及其最大后悔值表

预计的销售情况	各方案后悔值		
	方案 A	方案 B	方案 C
增长迅速	400 − 400 = 0	400 − 200 = 200	400 − (−120) = 520
增长一般	300 − 300 = 0	300 − 160 = 140	300 − (−40) = 340
增长缓慢	100 − (−40) = 140	100 − 80 = 20	100 − 100 = 0
最大后悔值	140	200	520

从表 3-3 中可以看出，A、B、C 这三种方案对应的最大后悔值分别为 140 万元、200 万元、520 万元，根据后悔值决策法的原理，在三种方案的最大后悔值中，最小的后悔值为 140 万元，其所对应的 A 方案即为决策方案。

小知识

财务决策常用方法

财务决策常用方法可以分为定性和定量两大类。

1. 定性财务决策方法

定性财务决策方法建立在经验判断、逻辑思维和逻辑推理之上，主要特点是依靠个人经验和综合分析对比进行决策。定性决策的方法有个人判断法、专家会议法、德尔菲法、销售人员意见综合法、管理人员意见法、群众意见法等。

2. 定量财务决策方法

定量财务决策方法是通过分析待决策事项各项因素或属性的数量关系进行决策的方法，主要特点是建立数学模型，对各种方案将产生的财务结果进行定量计算，比较结果后做出决策。定量决策的方法既有适用于确定型决策的本量利分析法、边际贡献分析法、线性规划法、差量分析决策法、回归分析法、培欣决策法、马尔可夫法等，也有适用于非确定型决策的决策树法、等可能性法、小中取大法等。

人们对财务决策方法的认识经常存在误区，以为定量决策一定比定性决策科学，但实际上两种方法各有优劣。例如信息量不足时，只能依靠定性决策；要求快速决策时，往往需倚重有关专家的个人判断。因此，采取哪种决策方法，应当视决策事项、决策时间、可得信息、决策成本、决策者能力等具体情况而定，并尽可能进行集体决策，才可能做出相对科学、合理的决策。

五、财务决策的一般程序

1. 提出财务决策需求

财务决策类型可以分为经营决策分析（主要确定企业产品、生产结构等重大经营战略）、信用决策分析（主要确定企业投资对象、客户的偿债能力、支付能力、投资资金的安全性和获利性）、筹资决策分析（主要确定筹资方式、筹资规模、筹资成本）、投资决策分析（主要确定投资项目、投资方案、投资回报）和税务决策分析（主要确定企业的收入与支出情况对企业税负的影响）等。相应地，企业战略、生产、销售、财务等职能部门应当提出相关的财务决策需求。

2. 确定牵头部门

企业应有一套内部授权、审批制度，明确决策部门和权限。从归口管理和控制财务风险考虑，财务决策一般应由财务部门牵头或者参与进行。

3. 论证分析

牵头部门应会同有关部门，为制订决策寻找尽可能充分的信息作为参考。收集的信息可能包括宏观经济形势信息、产业或者行业情况、企业本身财务信息等，信息来源可能包括公开的经济数据、咨询机构提供的专业调研、企业各部门提供的数据等。根据决策类型和收集的信息，再设计各种备选方案，并对每一个方案的得失与利弊进行定性或者定量的分析和评价。

4. 方案抉择

按审批权限，将备选方案提交最终决策者，由其根据企业财务目标，选出一个方案，并落实执行的部门和责任。

六、财务决策的一般要求

通常，一项合理的财务决策必须满足以下几个方面的要求。

- 对于所要解决的问题来说，决策要能够抓住问题的根本与关键。要想抓住要害，"诊断"是第一步，只有正确"诊断"，查明病因，才能对症下药，药到病除。
- 决策必须是经济上合理，技术上可行，社会、政治、道德等各方面因素允许的。可行性研究是决策的重要环节。
- 决策必须量力而行，要有资源作保证。决策时，要充分考虑人力、信息、设备、动力、原材料、技术、时间、市场、管理能力等各方面的条件，并使这些条件得到满足和充分利用。
- 决策的基本原则是以最小的耗费和占用，取得最大的经济效果。
- 决策必须有切实的、便于运行、便于管理的行动规划来保证执行。通过制订策略、确定职能、配备人员、安排作业日程等具体行动规划，保证各个方面组成一个有效的统一体，以便付诸实施。
- 决策要有弹性，有应变能力。由于决策面对的环境存在着多样变化的可能性，尤其是随着社会化生产的发展，企业生产的分工越来越细，协作越来越紧密，商品流通的渠道越来越多，影响企业生存发展的外部条件也越来越重要。因此，在决策中要考虑一些事先应变的措施，使其具有一定的弹性。

● 决策要考虑风险，要留有余地。决策总是面对未来，而未来总是带有不确定性，因此，决策总得要冒一定的风险。决策者要清醒地估计到各种方案的风险程度以及可允许的风险限度（如规定上限和下限），这些界限应能反映出不确定性的范围，并为决策人承担风险提供依据，本着稳健的原则，使风险损失不致引起灾难性的后果。

为了达到上述要求，在决策前应当做好以下准备工作。

1. 掌握决策对象行为的规律性

合理的决策必须建立在对决策对象的有关因素的客观必然联系的认识上。不了解客观事物的规律，把决策建立在想当然的基础上，其风险是相当大的。

正确进行决策，必须掌握市场动态、需求变异、价格变化、金融信贷、最佳投资等方面的变化规律及内部条件，并且注意运用统筹原则，全面考虑所有因素及其相互关系，按照它们之间的内在联系，统筹兼顾；运用连锁原则，考虑各因素内部与外部的连锁性；运用发展原则，放远眼光，使决策走在"现在"前面，及时掌握新动向，随时修订，"滚动"前进。

2. 改进管理信息组织

认识来源于实践，通过实践所获得的信息是决策者认识事物的源泉。因此，要收集整理与决策有关的丰富资料，获得必要的信息，并对信息需要、信息源、信息渠道、信息加工处理等方面的问题做通盘研究和处理，尽量使信息做到正确、及时和全面。

3. 学会掌握决策的各种方法

由于决策是按照客观事物的运动情况，借助于先进的计算工具，进行定量化、模型化的分析后，选择最优方案的行为，所以，采用什么样的决策方法十分重要。决策的方法主要有对比优选法、线性规划法、概率决策法、损益决策法、数学微分法等。当今世界，影响决策的"软""硬"方法都在迅速发展，并相互配合、使用灵活。决策的"硬件"是指在决策中应用数学模型和电子计算机技术等先进技术。决策的"软件"是指发挥心理学、行为科学和专家集体智慧等高智商水平。只有熟练地运用各种决策方法，"软硬兼施"，才能迅速做出合理有效的决策。

七、财务决策制度

财务决策，就是企业按照既定的财务目标，通过对财务管理环境的分析，利用定性与定量的决策方法，从若干可行的备选方案中选择最优方案的过程。

财务决策与财务预测、财务预算、财务控制、财务分析、财务监督、财务考核等，一同构成财务管理的基本方法体系。财务决策属于事前管理，事关企业财务活动的成败甚至企业的兴衰，是财务预测的延续，也是编制财务预算的依据，处于承上启下的重要地位，贯穿财务管理的始终。

1. 财务决策制度的重要性

财务决策制度是为了保证企业在拟开展某项财务活动时，决策者能够依据尽可能正确、完备的信息，采用尽可能科学、合理的决策方法进行决策，且所涉及的利益相关者能够在决策过程中充分、真实地表达其意志而做出的制度安排，主要内容包括决策规则、程序、权限和责任等。财务决策制度是财务运行机制的核心组成部分，设计合理的财务决策制度能够增加企业经营活动的预见性、计划性，减少盲目性，合理、优化配置企业有限的资源，均衡各方利益，避免摩擦和争执等。近年暴露的一些公司高管经济犯罪大案，肇端便是企业在委托理财这类牵涉大额资金的重大财务事项上，授权随意性很大，财务决策制度形同虚设，公司的独立董事、执行董事和其他高管甚至对相关决策一无所知，更说不上参与决策或者监督了。

2. 财务决策回避制度

投资者、经营者在财务决策过程中，对个人利益与企业利益有冲突的关联交易事项，应当予以回避。这体现了《公司法》的精神。《公司法》第二十条规定，"公司股东不得滥用股东权利损害公司或者其他股东的利益"，第二十一条规定"公司的控股股东、实际控制人、董事、监事、高级管理人员不得利用其关联关系损害公司利益"。建立财务决策回避制度，是有效贯彻实施《公司法》的要求。

关联交易问题在上市公司中较为突出。目前关联交易的表决回避制度主要在上市公司的公司章程及有关部门监管要求中体现。实际上，除上市公司以外，其他企业也存在同样问题。为了有效保护企业利益，同时兼顾非上市企业的治理结构和监督管理与上市公司的区别，《企业财务通则》只是要求在投资者、经营者个人利益与企业利益有冲突时，相关投资者或经营者在关联交易事项的决策时方需回避，避免个人利益与企业利益并无冲突时，投资者或经营者仍无法行使决策权，从而影响企业正常运营的问题。

第二节　投资决策专题

一、投资决策理论的发展

（一）早期投资决策理论的研究

19 世纪末到 20 世纪 40 年代，西方经济较发达的国家金融市场的发展已经初具规模，商银银行、投资银行、保险公司和信托与贷款公司等已成为企业外部经营环境的重要因素，为企业和社会公众通过资本市场进行投资提供了条件。这一时期的投资活动主要表现为投资者通过资本市场，以购买股票的方式参与投资，因此股票的价格成了投资者和财务学者关注的焦点。如何对股票进行估值，成为这一时期投资理论研究的主要内容。

对股票价格的研究是从对股票价格的分析并进行预测开始的。道式理论是著名的股票价格分析理论，由查里斯·道（Charles Daw）创立。从 1884 年起，道在担任《华尔街日报》总编的 13 年间，发表了一系列文章，阐述了他对股市行为的研究心得。而纳尔逊（Nelson）和汉密尔顿（William P. Hamilton）分别在 1903 年和 1922 年，对道提出的理论加以完善并结集出版，发展了所谓"道式理论"（Dow Theory）。道式理论的主要内容是根据股价变动情况来判断股票价格上涨或下跌的持续发展趋势以及上涨和下跌之间相互转化的转折点。从本质上讲，道式理论只是一种基于统计分析基础上的经验判断方法，对于决定股票价格的因素是什么，它们怎样影响股票价格，尚未开始涉足。

1934 年，本杰明·格雷厄姆（Benjamin Graham）与戴维·多德（David Dodd）出版了《证券分析》一书。该书的核心理论是公司的真实价值取决于公司的增长率、现金流和风险等财务指标，股票的内在价值决定其价格，价格围绕价值上下波动。该书第一次尝试性地探讨了股票价格的影响因素，因此被看作是价值投资理论的奠基之作，被誉为价值投资学派的"圣经"。1938 年，美国著名投资理论家威廉斯（John B. Williams）在《投资价值理论》一书中，提出了贴现现金流（DCF）估值模型。威廉斯认为，投资者投资股票的目的是为了获得对未来股利的索取权，对于投资者来说未来现金流就是自己未来获得的股利，企业的内在价值应该是投资者所能获得的所有股利的现值。威廉斯第一次用简单、科学、严密的模型，描述股票价值与其影响因素之间的关系，因此，该模型在后来的几十年里一直被人们奉为股票估值的经典模型。

（二）现代投资决策理论的兴起阶段

第二次世界大战之后，科学技术迅速发展，劳动生产率进一步提高，产品更新换代周期缩短，市场竞争日益激烈，使投资风险不断加大，投资管理受到空前重视。因此，在这一阶段，公司的投资管理主要研究投资组合理论及其对公司财务决策的影响，探讨投资者应该如何制订投资政策，才能形成一个在风险既定的情况下，可使投资报酬率达到最大的投资组合。

1951 年，迪安（Joel Dean）出版了《资本预算》一书，该书的一个主要内容就是研究应用贴现现金流量来确定长期资产的购置决策的问题。在该书中，迪安拓展了威廉斯提出的贴现现金流估值模型，将该股票估值模型成功地运用到了长期资产的决策中。自此以后，采用净现值法对各种长期资产进行决策得到了广泛的运用。

1952 年，马科维茨（Harry Markowitz）发表了《投资组合选择》一文，马科维茨认为在若干合理的假设条件下，投资收益率的方差是衡量投资风险的有效方法。在该文中，马科维茨提出了投资组合理论的基本原则，即通过组合投资而不是投资个别资产，投资者可以在不减少收益的情况下降低投资的总风险。从这一基本观点出发，1959 年，马科维茨出版了专著《组合选择：有效的分散化》，从收益与风险的计量入手，进一步研究了各种资产之间的组合问题，从而奠定了资产组合理论的基础。马科维茨被公认为资产组合理论流派的创始人，被誉为"现代投资组合理论"之父。

1964 年，夏普（William F. Sharpe）、林特纳（John Lintner）等在马克维茨理论的基础上，提出了著名的资本资产定价模型（CAPM），创立了资本资产定价理论。其中，夏普在其 1964 年出版的《资本资产定价：一个风险条件下的市场均衡理论》一书中，系统阐述了资产组合中风险与收益的关系，区分了系统性风险和非系统性风险，明确提出了非系统性风险可以通过分散投资而减少等观点。资本资产定价模型使资产组合理论发生了革命性变革，这一模型巨大的历史性意义在于它迈出了现代财务管理从定性描述到定量分析的重要一步，建立了第一个在不确定性条件下关于资本资产定价的均衡模型，因而成为金融经济和公司财务投资决策管理中的一个主要的模型，被认为是现代金融市场价格理论的"脊梁骨"，被广泛应用于测定投资组合绩效、证券估价、决定资本预算以及公共事业股票管理中。

投资组合理论和资本资产定价模型揭示了资产的风险与其预期报酬率之间的关系，受到投资界的欢迎。它不仅将证券定价建立在风险与报酬的相互作用基础上，而且大大改变了公司的资产选择策略和投资策略，被广泛应用于公司的投资决策。其结果，导致财务学中原来比较独立的两个领域（投资学和公司财务管理）相互组合，使公司财务管理理论跨入了投资管理的新时期。

（三）现代投资决策理论的发展和完善阶段

20 世纪 70 年代以后，金融市场的繁荣、金融工具的推陈出新使企业与资本市场的关系更加密切，认股权证、金融期货等广泛应用于企业的对外投资活动。资本市场的发展和投资风险的日益加大，使人们开始寻求资产组合、避险和控制的工具，因而对财务投资的管理提出了更高要求。在这一阶段，关于投资决策的理论又有了新的发展。

首先是对于投资所处市场的一个重新认识：1970 年，珐玛（Fama）发表了经济学史上极为重要的一篇论文《有效资本市场：实践对理论的检验》。在文章中，珐玛从统计上和概率上定义了有效资本市场，提出了有效资本市场理论。该理论改变了人们对资本市场运作的看法，因为通过证券交易者之间的竞争，证券价格确实能反映所有相关信息，所以市场价格值得人们信赖。因此，投资者应当信任，无须担心他人因掌握更多信息而获得超额收益；上市公司在其计划发行新股时，也无须担心其股票价格会因新股发行而被错误地估计。

1973 年，布莱克（F. Black）和斯科尔斯（Myron Scholes）发表了他们合著的经典论文

《期权定价与公司债务》，提出了股票期权的定价模型（Option Pricing Model，OPM），即布莱克——斯科尔斯期权定价模型。芝加哥期权交易委员会成立后，这一模型立即被投入使用，经历了严格的市场检验。期权定价理论在公司财务管理中的应用极为广阔，只要公司认为标的物的价格将会发生有利的变动，为确保不出现价格发生相反变动的风险，同时又不放弃获利机会时，都可以运用该理论。

20 世纪 80 年代，罗斯（Ross）提出了套利定价理论（Arbitrage Pricing Theory），该理论能有效地解释现实中的证券收益问题。该理论认为，某项资产的期望收益源于该资产对一项或多项系统因素的敏感性，而不是像资本资产定价模型中所描述的那样，只源于资产对平均投资组合收益的期望这一个因素。但是，套利定价理论无法预先详细说明各因素到底代表什么经济变量，这是该理论至今仍未解决的主要问题，也是现代财务管理理论需要完善和成熟的一方面。

二、进行投资决策必须遵循的原则

（一）科学性原则

投资决策作为实施投资活动的纲领和依据，其质量高低直接关系到企业投资活动的成败与效益高低，甚至决定着企业的存亡。因此，必须强调其科学性。所谓科学性是指企业 CFO 必须掌握投资活动的规律性，采用科学的决策程序和方法。

投资活动和其他经济活动一样，具有一定的规律性。例如，企业资本投资目标效益要与动态市场需求相适应和平衡；与企业的财力、物力、人力相适应和平衡；要掌握和运用大量相关可靠的信息；在空间部署上慎重考虑未来市场的走向与容量；要确保达到投资的预期效益目标，必须合理确定主体项目与配套项目；以及技术工艺，产供销各环节之间的协调性，做到同步建设，等等。总之，投资决策必须按规律办事，这是正确决策的前提。如果投资的科学性把握得不好，就会造成决策失误，严重的甚至会造成公司倒闭。

（二）完整性原则

投资决策要解决的问题十分繁杂，不仅要考虑各种目标和战略问题，也要考虑一系列战术问题，确定处理各种关系、矛盾的准则与措施，即必须全面考虑各种经济、技术、社会、自然因素，注意其内部的完整性。缺乏系统、不完整的投资决策，不仅会使未来的投资实施过程在面临某些矛盾时缺乏处理依据，无所适从，而且还会动摇投资决策总体方案的可靠性。例如，投资项目规模的确定，除了应考虑市场需求外，还要考虑企业的筹资能力、原材料供应、厂址、交通运输条件以及其他相关外部因素，假定对项目所在地紧张的交通运输能力未做充分考虑，则所确定的项目规模就会偏大，由此又会导致相应的设备购置规模和劳动定员编制偏大，造成整个决策方案不可靠。项目投产后，便会出现生产能力闲置、产品积压或停工待料现象，从而成为导致企业今后生产经营过程不畅的隐患，预期的决策目标将无法实现。由此可见，决策中遵循完整性原则十分重要。当然，对不同的问题，在决策的深度上可以有所不同。

（三）政策性原则

企业作为微观经济组织，在做投资决策时，一方面应当考虑本身的经济利益，另一方面也应当自觉地使自身的投资行为与宏观经济政策的要求尽可能保持一致。例如，当宏观投资政策带有明显的产业倾向性时，企业在选择投资领域时应当自觉排除国家限制发展的那些产业领域。这并不是说，企业投资可以不考虑自身的微观利益，事实上，在符合宏观投资政策要求的范围内，仍然存在着可以实现企业利益的大量投资机会。违背宏观投资政策要求的企业投资活动存在着较大的风险，因为这种投资在实施过程中不可能得到政府的支持，在全社会投资规模受国家计划控制的背景下，甚至可能根本无法立项实施，或在实施过程中被强制缓建。此外，宏观投资政策限制的产业往往也是市场前景、社会经济效益不佳的产业，政府通过投资政策明确限制某些产业的发展，本身也是政府对微观投资主体提供的一种投资信息指导。因而假定其他条件不变，逆宏观投资政策要求而行的企业投资决策，实施中通常也会面对较强的经济风险，至少从总体和长远的角度看将是如此。

（四）严肃性原则

企业的投资决策必须保持其严肃性。

这种严肃性是指决策态度和决策程序的严肃性。无论是总体决策、战略决策，还是局部决策、战术决策，都不能草率马虎。对战略性的重大决策尤其要谨慎、认真地进行，要有严格的程序规定和监督约束，不能随意应付，轻易拍板。实践中，投资决策非程序化、随意性的现象并不鲜见。企业投资决策者仅凭自己的意愿和经验，主观臆断，草率决策，匆匆上项目，是导致许多企业投资失败的重要原因。

这种严肃性要求还体现为决策方案必须得到严格的贯彻执行，即决策要有高度的权威性，一旦定下来，就应当具有强制力，执行时不得随意背离。事实上，不被恪守、缺乏强制力的决策等于一纸空文。当然，这并不否认根据变化了的情况适时对决策方案加以修正、完善。

三、投资决策分析

（一）投资决策分析的影响因素

1. 资金成本率

资金成本率是取得和使用资金所花费的年复利率。具体体现就是，如果资金是借来的，资金成本率就是借款的年复利率；如果资金是自有的，资金成本率就是投资者的预期投资内部收益率。

企业长期投资过程中，需要投入大量的资金。一般来说，借来的资金需要偿本还息，所以借款的年复利率作为资金成本率，就成为投资方案能否接受的最低报酬率，亦称"极限利率"。任何投资项目，如果它的预期报酬率不能达到借款利率水平时，就意味着投资收益还没有达到偿还利息的能力，那么这个投资方案是决不能采纳的；相反，如果投资项目的预期报酬率高于借款利率，就能保证投资收益达到还本付息的能力，这个方案就是可以采纳的。可见资金成本率在投资决策分析中有着非常重要的作用，是确定投资项目取舍的重要标准。所以资金成本率又称作投资方案评价的起码"取舍率"。

资金成本率还应该考虑机会成本率，是任何投资方案必须要考虑的相关成本率。它是指企业或个人在相应投资环境中，根据已有投资水平进行优化投资时，可以取得的期望内部收益率。由于不同的企业或个人有不同的投资水平，所以机会成本率不仅因投资环境而异，而且还因人而异。

2. 现金流量

（1）现金流量表的构成内容。现金流量表，是指一个投资项目所包含的在不同时间发生的所有现金流出量和现金流入量。任何一个投资项目，总会发生现金流出和现金流入，它们各由不同的内容构成，现分述如下。

现金流出量通常包括：①在固定资产上的投资（包括购入成本、建造成本、运输成本、安装成本等）；②在流动资产上的投资（包括需要增加的在产品、产成品、货币资金、原材料等流动资产，以上统称营运资金）；③对固定资产修理及维护所发生的费用；④使用固定资产所需增加的变动成本。

以上①②两项合并称为投资；③④两项合并称为付现的营运成本。

现金流入量通常包括：①投资项目完成投产后每年可产生的经营收入（或降低的成本）金额；②固定资产报废时的残值收入或中途的变价收入；③固定资产使用期满后，收回原来投放在流动资产上的营运资金。

其中的②③两项合并称为"回收"。

（2）现金净流量（NCF）。一个投资项目在时刻 t 的现金净流量（NCF_t）是指该项目在时刻 t 现金流入量超过其现金流出量的净额，也即：

$$NCF_t = 在时刻 t 的现金流入量 - 在时刻 t 的现金流出量$$

这里的"时刻 t"，往往是指项目开始后的第 t 年。

在现金流量构成内容中，现金流出量中的投资部分①②两项大多是在投资项目开始之初发生的，现金流入量中的回收部分②③两项一般是在使用寿命结束时发生的，因此，除了投资项目头与尾的年份，每年的现金流入量和现金流出量不包括这两部分。这些年份，第 t 年现金净流量公式的第一种表述为

$$第 t 年的 NCF_t = 第 t 年的现金流入量① - 第 t 年的现金流出量③④$$
$$= 第 t 年的营业现金收入 - 第 t 年付现的营运成本$$

在上述公式中，由于：

第 t 年的营业现金收入 = 第 t 年所获现金净利 + 第 t 年应计提的固定资产折旧 + 第 t 年付现的营运成本，所以，第 t 年现金净流量公式的第二种表述为

$$第 t 年的 NCF_t = 第 t 年所获现金净利 + 第 t 年计提折旧$$

（3）现金流量在投资决策分析中运用的意义。管理会计学在投资方案评价时，用现金实际收支流量作为衡量投资项目经济效益的基础，而不用"净利"，是考虑到以下原因。

1）在衡量投资方案优劣时，要把各期的收入与投资成本比较，但由于投资收益与投资资金不在同一个时点上发生，但可以对预期各年的现金净流量，按资金成本（考虑了货币的时间价值）予以折现，与投资成本比较，可以确定投资方案的可行性。但是净利的计算，并不考虑现金收付的实际时间，没有考虑货币的时间价值，难以同投资成本直接对比。

2）投资项目完工后，使用期限较长，若以未实际收到现金的收入作为收益，核算利润，这就忽略了资金的时间价值，它是过高估计了投资项目的实际效益。而现金净流量则以现金实际发生数计算，这就考虑了资金的时间价值。

3）对投资项目未来各期的净利预测，存在折旧计提、存货估价、费用摊配等不同计算方法的影响，缺少统一标准，有较大的主观随意性。因此，作为决策方案的依据不太可靠。而现金流量计算，则没有不同方法的影响，比较客观公正。

（4）现金流量图。为了便于在分析评价投资决策方案时能够比较在投资项目全部寿命周期内现金流出与现金流入发生的数量，弄清不同时点现金数量水平，通常用直观的现金流量图来反映。

现金流量图以横坐标表示时间尺度（年、季、月期末），零点表示第一年开始时间，各年末的时点也是下一年年初的时点。以时间坐标轴分别向上向下做垂直线，在横轴上方垂直线为现金流入量，在横轴下方垂直线为现金流出量，线段长短则表示现金数量大小，如下例所示。

【例 3-7】智董公司投资拟建设一条生产线，年初一次性投资为 500 万元，第一年年末追加投资 100 万元，两年完工。项目完工后可使用 4 年，每年现金净流入量为 250 万元，期末固定资产残值 50 万元，该投资项目的现金流量图如图 3-4 所示。

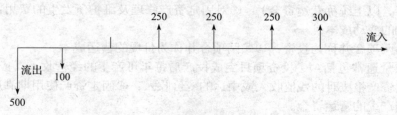

图 3-4　现金流量图

可见，用现金流量图表示投资项目现金收益和支出状况，比较直观、明确、简洁。

（5）现金净流量计算举例。

【例3-8】智董公司拟投资一个项目，有关可行性分析的资料如下。

①该项目共需固定资产投资450000元，于第1年年初全部投入，且第1年年末全部竣工并投入生产。

②该项目投产时需垫支相应流动资金320000元，用于购买材料、支付工资等。

③该项目经营期预计为5年，固定资产按直线法计提折旧。A项目正常终结处理时预计净残值9000元。

④根据市场预测，该项目投产后第1年销售收入为320000元，以后4年每年销售收入均为450000元。第1年的付现成本150000元，以后4年每年的付现成本均为210000元。

⑤该企业适用所得税率为33%。

试计算该项目预计5年的现金流量。

首先，计算A项目的每年折旧额：

$$固定资产年折旧额 = （450000 - 9000）\div 5 = 88200（元）$$

项目各年净现金流量的计算如表3-4所示。

表3-4　营业现金流量计算表　　　　　　　　　　　　　　　单位：元

项目	第1年	第2年	第3年	第4年	第5年
销售收入	320000	450000	450000	450000	450000
减：付现成本	150000	210000	210000	210000	210000
减：折旧	88200	88200	88200	88200	88200
税前利润	81800	151800	151800	151800	151800
减：所得税	26994	50094	50094	50094	50094
税后净利	54806	101706	101706	101706	101706
加：折旧	88200	88200	88200	88200	88200
营业现金流量	143006	189906	189906	189906	189906

3.项目计算期

项目计算期是指投资项目投资建设开始，到最终清理结束，整个过程的全部时间，即该项目的有效持续期间。完整的项目计算期，包括建设期和生产经营期。其中，建设期的第1年（记作第1年）年初称为建设起点，建设期的最后一年（记作第s年）末称为投产日；项目计算期的最后一年（记作第n年）末称为终结点。从投产日到终结点之间的时间间隔，称为生产经营周期，其长度记作p。项目计算期n、建设期s和生产经营期p之间有：

$$n = s + p$$

这可以用图3-5表示。

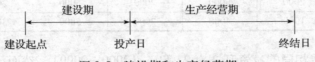

图3-5　建设期和生产经营期

（二）投资决策分析的指标和方法

投资决策分析指标如下。

1.投资决策分析的静态指标

投资决策分析指标按其计算过程是否考虑资金时间价值来分，可以分为静态分析指标（计算过程不考虑资金时间价值）和动态分析指标（计算过程考虑资金时间价值）两大类。

其中，静态分析指标主要有投资利润率、投资回收期和会计收益率。

（1）投资利润率（ROI）。投资利润率又称投资报酬率，是指年平均税后利润与项目总投资的比率。这个比率越高，说明获利能力越强。投资利润率法，就是根据投资方案的高低进行投资决策的一种方法。其计算公式为

$$投资利润率 = \frac{年平均利润额}{投资总额} \times 100\%$$

或

$$ROI = \frac{P(P')}{I'} \times 100\%$$

式中，P 为一个正常达产年份的利润总额；P′ 为经营期内全部利润除以经营年数的平均数；I′ 为投资总额。

如果该方案是一个增加投资的方案，那么公式中的分子应该是平均每年增加的净利润，分母应该是增加的投资额。

进行投资决策时，应该将投资方案的投资利润率同投资者主观上预定的期望投资利润率相比。

投资方案投资利润率 > 期望投资利润率，接受投资方案；

投资方案投资利润率 < 期望投资利润率，拒绝投资方案；

如果有若干个投资方案可供选择，应该选择投资利润率最高的投资方案。

【例3-9】已知智董公司拟购买一批机器，5 年期间的年平均账面利润为 2000 元，对该项目的初始投资为 20000 元。

分析：投资利润率（ROI）= P ÷ I × 100% = 2000 ÷ 20000 × 100% = 10%

如果这 5 年内的收入是变动的，则应算出其平均值用作分子。求出项目的平均投资利润率，就可以把它与要求的投资利润率相比，以确定是接受还是拒绝该项目。

投资利润率的主要优点是简单，它利用了现成的会计信息。算出某一项目的投资利润率，就可以把它与要求的投资利润率，或截止（Cut Off）投资利润率相比，以确定是接受还是拒绝该项目。这种方法的主要缺点是采用的是会计收入而不是现金流量，它没有考虑现金流入及流出的时间性。资金时间价值被忽略了，因为在这种方法中最后一年的收益与第一年的收益相等。

假设有 3 个投资项目，每个项目的投资成本均为 9000 元，且每个项目都有 3 年的折旧期。假设这 3 个项目在未来 3 年内预期提供如表 3-5 所列的账面利润及现金流量。

表 3-5　项目预期账面利润及现金流量表　　　　　　　　　单位：元

年份	项目 A		项目 B		项目 C	
	账面利润	现金净流量	账面利润	现金净流量	账面利润	现金净流量
1	3000	6000	2000	5000	1000	4000
2	2000	5000	2000	5000	2000	5000
3	1000	4000	2000	5000	3000	6000

每个项目都有着相同的投资利润率 22.22%（2000 ÷ 9000）。然而，几乎没有哪个公司会觉得这 3 个项目是同样的。大多数人喜欢项目 A，因为它在第一年就提供了账面总利润的一半。因此，投资利润率作为一种选择项目的方法还存在着许多不足。主要表现有：第一，没有考虑资金时间价值因素，不能正确反映建设期长短及投资方式对不同项目的影响；第二，该指标的分子分母时间特征不一致（分子是时期指标，分母是时点指标），因而在计算口径上可比性基础较差；第三，该指标的计算无法直接利用现金净流量信息。

（2）投资回收期（PB）。投资回收期简称回收期，是指以投资项目经营净现金抵偿原

始总投资所需要的全部时间。该指标以年为单位。公司的资金是有限的，充分利用现有的资金，加速资金周转，是公司多获利、快速增长的一个途径，所以资金的有限性通过缩短获利周期的方式得以扩展。因此，投资者总希望尽快地收回投资，回收期越短越好。

然而，回收期只是一个投资项目回收投资的时间标准，并没有表明投资项目是否能使企业获利，所以回收期标准并不是一个百试皆爽的灵验方法，只是一个众多基本决策指标中起到辅助作用、提示投资风险的标准，回收越快的投资项目，风险越小，公司由此把握新机会获取更多利益的可能也就越大。

运用此指标进行投资决策时，首先要将投资方案的回收期同投资者主观上既定的期望回收期相比。

投资方案回收期＜期望回收期，则接受投资方案；

投资方案回收期＞期望回收期，则拒绝投资方案；

如果同时存在几个投资方案可供选择，应该比较各个方案的回收期，择其短者。

下面是回收期指标的计算公式：

$$PB = 回收期 = n = \frac{净投资额}{年净现金流量}$$

若现金流量不表明为等额年金时，就以累积各年的现金流入量等于或超过净投资额的年限为准，或用下面的公式：

n＝（全部收回年份的上一年限）＋（未回收投资余额）/（全部回收年份时的现金流量）

【例3-10】智董公司买进一台20000元的新机器，以代替原有旧机器，则每年可节省除折旧费以外的其他费用7600元；同时，出售旧机器可得2000元；假定所得税率为50%；新旧机器均可使用5年，折旧费用按直线法计算。

分析：首先，需分析该方案对现金净流量和税后净利润的影响（其估算结果如表3-6所列）。

表3-6 智董公司以旧换新方案的现金流量分析表 单位：元

项目	损益	现金流量	项目	损益	现金流量
每年节省其他费用	7600		增加毛利润	4000	
新机器折旧费	4000		减：增缴所得税	(2000)	2000
减：旧机器折旧费	(400)		增加税后净利润	2000	
增加折旧费	3600	3600	增加现金净流量	2000	5600

其次，计算出本投资方案的回收期。

本方案基年增加投资额＝新机器买价（20000）－旧机器卖价（2000）＝18000（元）

本方案投资回收期＝18000÷5600＝3.2（年）

最后，根据投资者的期望回收期进行判断。如果投资者的期望回收期为4年或5年这个方案就可以接受；如果期望回收期是2年或3年，则这个方案就应该拒绝。

以上均假定投资方案每年现金净流量都一样，但事实上，投资方案每年的现金净流量往往不相等，这时就需要运用累计现金净流量的办法来计算其回收期。

【例3-11】智董公司有两个投资项目A和B，现金流量如表3-7所列。

表3-7 项目A和B的现金流量表 单位：万元

项目	0	1	2	3	4	5
项目A	(2000)	1000	1000	1000	1000	1000
项目B	(2000)	1500	500	2800	—	—

分析：回收期实际考察投资项目在何时能用流入的现金量抵销净流出的现金量。可以

看到，项目 A 和 B 在年初有现金净流出 2000 万元，随后是各年现金净流入量，但现金流入模式不同，项目 A 各年流入的现金是均等的，而项目 B 是不均匀的。因此，投资项目 A 的回收期应该为：PB = n = 净投资额 / 年现金净流量 = 2000/1000 = 2（年）。

公司的决策者在判定投资项目是否可行时，事先会为执行投资项目设定一个最长的回收期 N，若 N > n，则投资项目可行；若 N < n，则投资项目不可行。

当选择的项目是独立项目时，只要投资项目回收期短于设定的回收期，则项目可取；若选取的项目是互斥项目时，首先应考虑其回收期短于设定的期限，然后才能比较优劣。回收期标准应考虑公司自身因素和投资项目行业因素加以确定。如果公司的回收期标准是 3 年，项目 A 和项目 B 都是可行的；如果项目 A 和项目 B 是互斥项目，从回收期角度考虑，公司可以任选一个项目实施。是否项目 A 和项目 B 具有相同的投资价值呢？不一定。上面只是通过回收期标准做出简单的判断。回收期法仍存在一些缺陷，主要有以下几种情况。

①回收期忽略了整个项目期间的现金流量，即只是考虑回收期中的现金流量，忽略了回收期后投资项目给公司带来的现金流量。如项目 A 在达到回收期后的 3 年中每年分别为公司带来 1000 万元的流入量，而项目 B 只是在达到回收期后的一年中为公司带来 2800 万元，公司会利用获取的现金流量怎样投资，带来多少利益呢？这个问题没有得到回答。

②回收期的长短不能代表投资项目的获利程度，只是投资项目保本指标。在互斥项目的决策中，很难让决策者分辨孰优孰劣，如例 3-11。

③没有考虑资金时间价值。

如果通过公司的资金成本进行贴现，计算项目各年的现金净流量的现值，再计算回收期，这样的回收期指标更为精确。假设公司的资金成本为 10%，见表 3-8。

表 3-8　项目 A 和项目 B 的累计现金净流量表　　　　　单位：万元

项目 A	0	1	2	3	4	5
净流量	(2000)	1000	1000	1000	1000	1000
贴现系数	1.000	0.909	0.826	0.751	0.683	0.621
现金流量现值	(2000)	909	826	751	683	621
累计净流量	(2000)	(1091)	(265)	486	1169	1790
项目 B	0	1	2	3		
净流量	(2000)	1500	500	2800		
贴现系数	1.000	0.909	0.826	0.751		
现金流量现值	(2000)	1364	413	2103		
累计净流量	(2000)	(636)	(223)	1880		

由此可见，通过考虑资金时间价值，项目 B 的回收期略短于项目 A。

项目 A 的回收期 = 2 + 265 ÷ 751 = 2.35（年）

项目 B 的回收期 = 2 + 223 ÷ 2103 = 2.11（年）

尽管回收期法存在一些缺点，但其能够直观地反映原始总投资的返还期限，便于理解，计算也不难，是应用较为广泛的传统评价指标，适用于以下几种情况。

1）由于在未来较远的时期发生的现金流量比近期的现金流量风险大，回收期可作为衡量项目变现能力和风险的一个粗略指标。对风险大的项目评估时可采用这一决策标准，这样，在不确定的投资环境下，投资的尽早收回可避免政治、经济等不利因素的影响。

2）回收期法对那些缺乏短期资产、没有能力外筹资金的企业最适用。尽快回收投资成本可帮助企业解决面临的流动资金的困难。

3）回收期法还适用于只注重短期经营成果的企业。

（3）会计收益率（ARR）。会计收益率是指扣除所得税和折旧之后的项目平均收益除以整个项目期限内的平均投资额的比率。

$$会计收益率＝年平均会计收益率 ÷ 年平均投资额$$

会计收益率越高，投资项目的投资价值越大。假设公司采用直线法全额折旧，不考虑所得税的影响，会计收益等于现金净流量扣除折旧费用。

【例 3-12】仍以例 3-11 来计算会计收益率，表 3-9 为项目 A 各年会计收益，表 3-10 为项目 B 各年会计收益，分析如下。

表 3-9 项目 A 各年会计收益表 单位：万元

项目 A	0	1	2	3	4	5
净流量	（2000）	1000	1000	1000	1000	1000
折旧费用		（400）	（400）	（400）	（400）	（400）
会计收益		600	600	600	600	600
投资额	（2000）	（1600）	（1200）	（800）	（400）	0

表 3-10 项目 B 各年会计收益表 单位：万元

项目 B	0	1	2	3
净流量	（2000）	1500	500	2800
折旧费用		（667）	（667）	（667）
会计收益		883	（167）	2133
投资额	（2000）	（1333）	（666）	1

项目 A 的折旧费用为 400 万元（2000÷5），项目 B 的折旧费用为 667 万元（2000÷3）

项目 A 的年平均收益为 600 万元

项目 A 的年平均投资额为（2000＋0）÷2＝1000（万元）

项目 A 的会计收益率为 600÷1000＝60%

项目 B 的年平均收益为（833－167＋2133）÷3＝933（万元）

项目 B 的年平均投资额为（2000＋0）÷2＝1000（万元）

项目 B 的会计收益率为 933÷1000＝93.3%

这个指标最大的缺陷在于抛开客观且合理的数据，使用会计账面上的净收益和账面投资净值来决定是否投资，其他的缺陷与投资回收期类似。

2. 投资决策分析的动态指标

投资决策分析的动态指标在计算时考虑资金的时间价值。这类指标主要有净现值、净现值率、现值指数、内部收益率等。此外，上节所讨论的用现金流量现值来计算的投资回收期，也属于动态分析指标。

（1）净现值（NPV）。净现值是指在项目计算期内，按行业基准收益率或其他设定折现率计算的各年现金净流量（包括流入量和流出量，流入为正值，流出为负值）的现值总和。或者说，净现值是指投资项目各年现金流入量的现值之和扣除建设期投资额的现值之和后的余值。投资项目的净现值是一个绝对值指标，它的计算考虑了投资项目每一年发生的现金净流量及其时间价值，弥补了投资回收期的不足。

净现值法的决策程序如下。

1）找出投资方案的现金流量，方案的原始投资额也包括在内，再用适当的报酬率或资金成本率将这些现金流量折算成现值。

2）将所有的现金流量的现值加起来（其中现金流入现值为正，现金流出现值为负），所得到的总和，就是投资方案的净现值。

3）若净现值为正，则表明该方案的投资利润率高于预期的投资利润率，故应接受该投资方案；若净现值为负，则表明该投资方案的投资报酬率低于预期的投资报酬率，故应拒绝该投资方案；若决策者需从一些互斥项目方案中进行选择，则应选取净现值最高者。

净现值的基本公式是

$$NPV = \sum_{t=0}^{n} NCF_t \cdot (P/F, i_c, t)$$

式中，i_c 为该项目的行业基准折现率；$(P/F, i_c, t)$ 为第 t 年、折现率为 i_c 的复利现值系数。

或

$$NPV = \sum_{t=1}^{n} \frac{CF_t}{(1+K)^t} - CF_0$$

式中，CF_t 为第 t 年现金流入量；CF_0 为建设期投资额的现值（净投资额）；K 为资金成本（最低报酬率）；NPV 为净现值。

【例 3-13】以例 3-11 现金流量数据为例，计算项目 A、B 的净现值。

项目 A 的净现值 $= -2000 + 1000 \times [1 - (1 + 10\%)^{-5}] \div 10\% = 1791$（万元）

项目 B 的净现值 $= -2000 + 1500/(1 + 10\%) + 500 \div (1 + 10\%)^2 + 2800 \div (1 + 10\%)^3$
$$= -2000 + 1364 + 413 + 2103 = 1880 （万元）$$

对于独立项目，当净现值大于零时，项目是可行的，反之项目是不可行；当从互斥项目中择优时，应该接受净现值较高的项目。在此例中项目 A 和项目 B 都有正的净现值，所以都是可行的。但项目 B 的净现值高于项目 A 的净现值，采用净现值指标评价，则项目 B 优于项目 A。

项目是否可行，即净现值是否为正，常取决于资金成本即最低报酬率的设定值，资金成本与净现值有着相反的关系。资金成本越高，即获取资金的代价越大，净现值越小；反之亦然。图 3-6 是项目 A 和项目 B 的净现值曲线图。横轴为资金成本，纵轴为净现值。当资金成本为 0 时，项目 A 和项目 B 的净现值为纵轴上 NA、NB 点的 y 值为 3000 万元和 2800 万元，这是不考虑资金时间价值时的净现值，即各年现金流量的代数和；当资金成本为 IA、IB 时，项目 A 和项目 B 的净现值为 0；当资金成本为 10% 时，项目 A 和项目 B 的净现值分别为 1791 万元和 1880 万元。

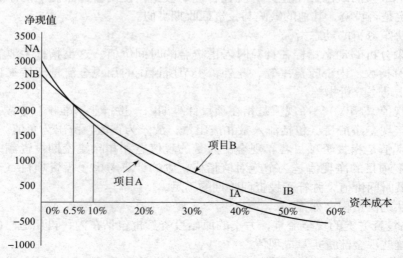

图 3-6　净现值曲线图

互斥项目决策中，可以计算互斥项目间现金流量差的净现值判定最佳的投资项目。仍以图3-6为例说明，如表3-11所列。

表3-11 互斥项目A和B的净现值计算表 单位：万元

	0	1	2	3	4	5
项目A	(2000)	1000	1000	1000	1000	1000
项目B	(2000)	1500	500	2800	—	—
现金流量差量	0	(500)	500	(1800)	1000	1000
贴现系数	1.000	0.909	0.826	0.751	0.683	0.621
现金流量差值现值	0	(455)	413	(1352)	683	621
净现值	(90)					

可以看出，同等的投资规模下（初等现金流量差量为零），项目A比项目B少流入的现金流量现值为90万元。从净现值指标分析，项目B优于项目A。

但是，净现值标准在互斥项目决策中的运用还有一定的局限性，没有考虑互斥项目的投资期限差异。较短期限的项目结束后，公司能够利用所得现金再投资，这一点在例中没有考虑，没有考虑互斥项目的投资规模差异。

此例中项目投资规模一致，都是2000万元。当互斥项目的投资规模不同时，仅仅比较互斥项目各自的净现值是不合理的。极端的例子可以更有力地说明这个问题。例如，公司是愿意选择"投入1元可以一年获取100元"的项目呢？还是选择"投入10万元可以一年后获取12万元"的项目呢？显然，从投资效率角度看，前者的效率高，但从带来的净现值总量看，后者对公司更有利。这个问题中重要的不是两个项目各自的现金流量，而是规模差量99999元的投资机会及其投资效益。只有比较同等投资规模下的各投资项目的净现值，即对投资项目的净现值的评价，对公司才是有用的。上述问题可以转化为"1元的投资和99999元的投资组合"同"10万元的投资项目"的比较。

图3-6的例3-11中假设项目B投资不是2000万元，而是2050万元，其他条件不变，则初始的现金流量为50万元，现金流量差量的净现值为－40万元。即项目B比项目A追加了50万元的投资，同时比项目A多获取现金流量现值为40万元，但这并不是最后的结论，从公司的角度看，项目B投资2050万元，在同等的规模下，公司不仅可以投资项目A，而且还有50万元可以投资他处或闲置。公司的决策者应比较的是同等资金条件下，公司不同投资组合获取净现值的能力，而不是单独比较两个互斥项目的净现值。

（2）净现值率（NPVR）。净现值法的另一个指标为净现值率，是指投资项目的净现值占原始投资现值总和的百分比。计算公式为

$$净现值率 = 投资项目净现值 / 原始投资现值 \times 100\%$$
$$NPVR = NPV / |\sum NCF_t \cdot (1 + ic)^{-t}| \times 100\%$$

式中，$|\sum NCF_t \cdot (1 + ic)^{-t}|$为原始投资现值合计。

【例3-14】 假设有关资料与例3-11相似，但建设期为一年，建设资金分别于年初、年末各投入1000万元，期末无残值，则项目A的净现值率计算如下：

NVP = 1791（万元）

原始投资额现值 = 1000 + 1000 × （P/F，10%，1）= 1909.1（万元）

净现值率 NPVR = 1791 ÷ 1909.1 × 100% = 93.81%

净现值率是折现的相对量评价指标，其优点在于可以从动态的角度反映项目投资的资金投入与净产出之间的关系，比其他动态相对数指标更容易计算；其缺点与净现值指标相似，同样无法直接反映投资项目的实际收益率。

（3）现值指数（PI）。现值指数又叫获利指数，是指投资项目的现金净流入量现值与现金净流出量现值之间的比值，它反映了项目的投资效率，即投入 1 元资金能够取得的现金流入量现值，因此，该值越大越好。其计算公式为

$$PI = \frac{\sum\limits_{t=0}^{n} \dfrac{CFI_t}{(1+K)^t}}{\sum\limits_{t=0}^{n} \dfrac{CFO_t}{(1+K)^t}}$$

式中，PI 为现值指数；CFI_t 为第 t 年的现金净流入量；CFO_t 为第 t 年的现金流出量。

现值指数大于 1，意味着收回投资成本以外，还可获利；现值指数小于 1，意味着连投资成本也收不回来，应该拒绝投资方案。

【例 3-15】仍以例 3-11 资料为例，计算 A、B 两个项目的现值指数如下：

项目 A 的现值指数 PI = 1000 × [1 − (1 + 10%)] ÷ 10% ÷ 2000 = 3791 ÷ 2000 = 1.8955

项目 B 的现值指数 PI = [1500 ÷ (1 + 5%) + 500 ÷ (1 + 5%)^2 + 2800 ÷ (1 + 5%)^3] ÷ 2000

= 3881 ÷ 2000 = 1.9405

现值指数也是一个折现的相对量评价指标，利用这一指标进行投资项目决策的标准是：评价独立项目时，现值指数大于 1，表明现金净流入量现值超过现金净流出量现值，项目可行，此时项目的净现值为正，得到的评价结果与净现值法一致；评价互斥项目时，同等投资规模下，现值指数越大，净现值就越大，项目对公司越有利。

例 3-15 中，项目 A 和项目 B 的现值指数都大于 1，都是可行的。它们的投资规模相同，项目 B 的现值指数较高，公司应选择项目 B。

当互斥项目的投资规模不同时，使用现值指数评价会存在局限性。其缺点是除了无法直接反映投资项目的实际收益率外，计算起来比净现值率指标复杂，计算口径也不一样。因此，在实务中通常并不要求直接计算现值指数，如果需要考核这个指标，可在求得净现值率的基础上推算出来。当原始投资在建设期内全部投入时，现值指数与净现值率的关系为

现值指数（PI）= 1 + 净现值率（NPVR）

如果几个方案的现值指数均大于 1，那么现值指数越大，投资方案越好。

（4）内部收益率（IRR）。内部收益率又叫内含报酬率，是指能使投资项目的净现值等于零的折现率。显然，内含报酬率 IRR 满足以下等式：

$$\sum_{t=0}^{n} NCF_t \cdot (P/F, IRR, t) = 0$$

或

$$NPV = 0 = \sum_{t=1}^{n} \frac{CF_t}{(1 + IRR)^t} - CF_0$$

式中，CF_t、CF_0 定义与前相同；IRR 为内含报酬率。

1）采用简便算法计算内部收益率。当项目满足以下特殊条件时，可按简便算法求得内部收益率。

①全部投资项目均于建设起点一次投入，建设期为零，即建设起点第 0 年现金净流量等于原始投资的负值（$NCF_0 = -I$）。

②投产后每年现金净流量相等，即第 1 年至第 n 年每年现金净流量均为普通年金的形式（$NCF_1 = NCF_2 = NCF_3 = \cdots = NCF_n$）。

在以上两个条件均能满足的情况下，内部收益率 IRR 可按下式确定：

（P/A，IRR，n）= I/NCF

式中，I 为在建设起点一次投入的原始投资；（P/A，IRR，n）为以 IRR 为设定折现率所得到的 n 年的年金现值系数；NCF 为投产后每年相等的现金净流量。

具体计算程序如下。

①计算年金现值系数。

年金现值系数 C = 原始投资额 ÷ 投产后每年相等的现金净流量，即（P/A，IRR，n）= I/NCF。

②根据计算出来的年金现值系数 C，查 n 年的年金现值系数表。

③若在 n 年系数表上恰好能找到等于上述数值 C 的年金现值系数（P/A，IRR，n），则该系数对应的折现率 r_m 即为所求的内部收益率 IRR。

④若在系数表上找不到事先计算出来的系数值 C，则可利用系数表上同期略大及略小于该数据的两个临界值 C_m 和 C_{m+1} 及相应的两个折现率 r_m 和 r_{m+1}，应用内插法计算近似的内部收益率 IRR。若以下关系成立：

$$(P/A，r_m，n) = C_m > C$$
$$(P/A，C_{m+1}，n) = C_{m+1} < C$$

就可按下列具体公式计算内部收益率：

$$IRR = r_m + (C_m - C) \cdot (r_{m+1} - r_m) / (r_{m+1} - r_m)$$

为缩小误差，规定 r_{m+1} 与 r_m 之间的差不得大于 5%。

【例 3-16】某投资项目在建设起点一次性投资 254580 元，当年完工并投产，经营期为 15 年，每年可获得现金净流量 50000 元。按简单方法计算该项目的内部收益率如下：

$$NCF_0 = -I，NCF_{1-15} = 50000 （元）$$
$$(P/A，IRR，15) = 254580 \div 50000 = 5.0916$$

查 15 年的年金现值系数表，因为（P/A，18%，15）= 5.0916，所以 IRR = 18%。

【例 3-17】假定（P/A，IRR，10）= 100 ÷ 20 = 5.0000，查 10 年的年金现值系数表得：

$$(P/A，14\%，10) = 5.2161 > 5.0000$$
$$(P/A，16\%，10) = 4.8332 < 5.0000$$

说明 14% < IRR < 16%，这时，用内插法求得内部收益率如下：

$$IRR = 14\% + (5.2161 - 5.0000) \div (5.2161 - 4.8332) \times (16\% - 14\%) = 15.13\%$$

2）采用逐次测试逼近法计算内部收益率。若项目的现金净流量不属于上述特殊情况，无法应用简便算法，必须按定义采用逐次测试逼近法，计算能使净现值等于零的折现率，即内部收益率 IRR，具体步骤如下。

①自己先行设定一个折现率 n，代入有关计算净现值的公式，求出按 r_1 为折现值 NPV_1，并进行下面的判断。

②若净现值 $NPV_1 = 0$，则内部收益率 IRR = r_1，计算结束；若净现值 $NPV_1 > 0$，则内部收益率 IRR > r_1，应重新设定 $r_2 > r_1$，再将 r_2 代入有关计算净现值的公式，求出净现值 NPV_2，继续进行下一轮的判断；若净现值 $NPV_1 < 0$，则内部收益率 IRR < r_1，应重新设定 $r_2 < r_1$，再将 r_2 代入有关的计算净现值的公式，求出 r_2 为折现率的净现值 NPV_2，继续进行下一轮的判断。

③经过逐次测试判断，有可能找到内部收益率 IRR。

当 $NPV_j > 0$，IRR > r_j，继续测试；

当 $NPV_j < 0$，IRR < r_j，继续测试；

当 $NPV_j = 0$，IRR = r_j，测试完成。

④若经过有限次测试，已无法继续利用有关资金时间价值系数值，仍未求得内部收益率，可把最接近零的净现值所对应的折现率 r 作为内部收益率或者应用内插法计算近似的内部收益率。

【例 3-18】假设鑫裕公司有一个投资机会，其资金成本为 12%，项目的期望未来现金净流量见表 3-12，试计算该项目的内部收益率。

表 3-12 鑫裕公司项目的期望未来现金净流量表　　　　单位：万元

年	0	1	2	3	4
现金流量	− 800	300	300	300	150

从 10%开始逐次测试，计算过程如下。

当折现率为 10%时，

项目的 $NPV_{10}\% = -800 + 300 \div (1.10)^1 + 300 \div (1.10)^2 + 300 \div (1.10)^3 + 150 \div (1.10)^4 = 48.51$

因为 $NPV_{10}\%$ 为正数，所以必须用一个更大的折现率来测试，现在用 12%来测试。

项目的 $NPV_{12}\% = -800 + 300 \div (1.12)^1 + 300 \div (1.12)^2 + 300 \div (1.12)^3 + 150 \div (1.12)^4 = 15.88$

项目的 $NPV_{20}\%$ 依然为正数，表明 12%太低，再用 14%来测试。

项目的 $NPV_{24}\% = -800 + 300 \div (1.14)^1 + 300 \div (1.14)^2 + 300 \div (1.14)^3 + 150 \div (1.14)^4 = -14.70$

此时，$NPV_{14}\%$ 为一个相对较大的负数，表明折现率太高了，再 13%来测试。

项目的 $NPV_{13}\% = -800 + 300 \div (1.13)^1 + 300 \div (1.13)^2 + 300 \div (1.13)^3 + 150 \div (1.13)^4 = -0.34$

此时，项目的净现值为一个接近零的负值，表明内部收益率很接近 13%，再用内插法就可求出该项目比较精确的内部收益率。

$$IRR = 12\% + (0 - 15.58) \div (-0.34 - 15.88) \times (13\% - 12\%) = 12.98\%$$

本例中，由于资金成本为 12%，按内部收益率的决策规则，鑫裕公司可以接受这个方案。

在独立方案决策中，只要内部收益率大于资金成本时，投资项目是可行的，评价结果始终与净现值的结果相同。这是因为假如为获得投资项目所需资金向银行申请贷款利率为 r，若内部收益率等于 r 时，企业就能投资于该项目并用项目所产生的现金流量偿还贷款本金和利息，恰好完成这笔交易；若内部收益率超过筹资成本（贷款利率），那么偿还贷款后的余额对于企业本身来讲无异于利息的自然增长；若内部收益率小于其资金成本，则企业为实施这一投资项目将要付出高于贷款利率 r 的代价。

在互斥项目决策中，应选择内部收益率较高的项目。例如，项目 A 和项目 B 的内部收益率大于资金成本 10%，都是可行的；项目 B 的内部收益率高于项目 A 的内部收益率，从内部收益率指标分析，项目 B 优于项目 A。

内部收益率用百分比表示，容易与资金成本比较，内部收益率运用了折现法，即考虑了资金时间价值及所有的现金流量，因此包含了所有与决策相关的资料。有关内部收益率的计算可采用插值法，计算起来比较复杂，但是，使用计算机可解决这一问题，在这里就不再介绍。

（5）动态指标之间的关系。净现值 NVP、净现值率 NVPR、获利指数 PI 和内部收益率 IRR 指标之间存在以下数量关系：

当 $NPV > 0$ 时，$NPVR > 0$，$PI > 1$，$IRR > I_c$；

当 $NPV = 0$ 时，$NPVR = 0$，$PI = 1$，$IRR = I_c$；

当 $NPV < 0$ 时，$NPVR < 0$，$PI < 1$，$IRR < I_c$。

此外，净现值率 NPVR 的计算需要在已知净现值 NPV 的基础上进行，内部收益率 IRR 在计算时也需要利用净现值 NPV 的计算技巧或形式。这些指标都会受到建设期的长短、投资方式，以及各年现金净流量的数量特征的影响。所不同的是 NPV 为绝对量指标，其余为相对数指标，计算净现值 NPV、净现值率 NPVR、获利指数 PI 所依据的折现率都是事先已知的 i_c，而内部收益率 IRR 的计算本身与 i_c 的高低无关。

3. 投资决策分析指标的比较

前面介绍了两种常用的投资决策方法及其指标，这些指标在实际工作中有不同的应用。但是，使用这些指标进行分析可能导致不尽相同的投资决策结果。到底哪种最佳？应从三方面考虑：①必须考虑项目整个寿命期内的现金流量；②必须考虑资金时间价值；③在选择互斥项目时，必须选择企业效益最大的项目。

显然，静态分析方法不满足上述条件，它们没有考虑资金时间价值，把不同时点上的现金收入和支出进行等值比较，并不能反映实际的回收时期和利润水平但计算简便，反映直观，可以作为参考依据。比较科学的方法是动态分析法。下面主要对投资回收期、净现值、内部收益率和现值指数等分析方法进行比较。

（1）净现值法、内部收益率之比较。

1）对于独立的常规项目：内部收益率法与净现值法结论一致。一般情况下，净现值法与内部收益率法将导致相同的接受或拒绝决策。在图 3-7 中，用图示的方法说明了这种方法是如何应用于典型投资项目中的。图中指明了项目的净现值与所用的的折现率之间的曲线关系。当折现率为 0 时，净现值只是该项目的总现金流入与总现金流出的差。假设总流入超出总流出且流入发生于流出之后，则当折现率为 0 时，此典型项目会有最高的净现值。当折现率增加时，未来现金流入的现值相对于流出的现值来说降低了。因此，净现值将下降。净现值线与 0 线的交点为该项目的内部收益率点。

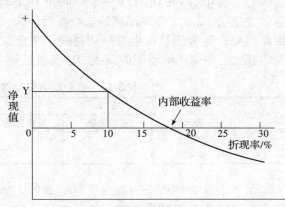

图 3-7　折现率与净现值之间的关系图

如果要求的回报率小于内部收益率，那么无论使用内部收益率还是净现值，都会接受项目。假设要求的回报率为 10%，如图 3-7 所示，该项目的净现值为 Y。当使用净现值法时，因为 Y 大于 0，将接受这个项目。类似地，当使用内部收益率法时，因为内部收益率超过要求的回报率，也将采纳该项目。当要求的回报率大于内部收益率时，无论使用哪种方法都会拒绝该项目。因此可以发现，内部收益率与净现值法在接受还是拒绝某个投资项目的问题上给了相同的答案。

2）互斥项目：内部收益率法与净现值法的结论可能不同。前面讨论的是某个独立的项目，实际上，人们经常不得不在一组互斥项目中进行选择，如果接受了某一项目，就不能接受其他的项目了。

例如，一个企业正计划新建一个装配厂，它有 3 个可能的厂址方案和 4 个可能的工厂构造方案。但是企业只需要一个工厂，因此它只能选择一种构造和一个厂址，这样的选择就是互斥的，此时，内部收益率法与净现值法就可能产生矛盾的结论。

上述两种方法之所以会产生矛盾的结论是因为：①项目的规模不同；②现金流量发生的时间不同，如某项目的现金流量主要发生在项目的初期，而另一项目的现金流量主要发生在项目的后期；③现金流量之和不同。

下面通过理解互斥项目净现值曲线交叉的主要原因可以知道这两种方法的矛盾之处。

①规模不同。当一个项目的规模大于另一项目时，较小的项目的内部收益率可能较大但净现值可能较小。例如，假设项目 A 的内部收益率为 30%，净现值为 \$100；项目 B 的内部收益率为 20%，净现值为 \$200。在这两个项目之间进行选择，对这个矛盾进行解决是相当简单的，只需确定是要更多的财富还是更高的内部收益率，显然将选择财富。所以，当互斥项目规模不同时，净现值决策规则是较好的规则。

②现金流量发生时间不同。之所以会产生现金流量发生时间的问题是因为再投资率假设。涉及的问题是：当从项目中获得的现金流入再投资于其他项目时将获得多大的报酬？内部收益率法假设：未来现金流入获得的报酬为项目的内部收益率。净现值法假设：再投资获

得的报酬为资金成本。

具有相同期限的互斥项目，有的项目的现金流量在较早的年份发生，有的在较晚的年份发生；具有不同期限的互斥项目，现金流量发生的时间差异会更加明确，当较短期限的项目结束时，较长期限的项目仍然产生着现金流量。例如，项目 A 的期限较长，而且均匀发生现金流量；项目 B 的期限较短，现金流量的发生不均匀。项目 B 的现金流量发生时间总体上早于项目 A。

较晚流入的现金流量现值对资金成本变动比较早流入的现金流量现值更为敏感。见表 3-13，表中分别列出了 1 元 3 年期和 10 年期的现值系数。当贴现率由 1% 提高一个百分点，变动到 2% 时，3 年期现值系数变动率为 −2.91%，10 年期现值系数变动率为 −9.38%。由此可见，现金流量发生的时间越晚，现金流量现值对贴现率的变化越敏感，变动幅度越大，在坐标中画出的净现值曲线的坡度就越陡。

表 3-13　资金成本变动对现金流量现值的影响表

	3 年			10 年		
	贴现系数	系数差额	系数变动率	贴现系数	系数差额	系数变动率
1%	0.9706	−0.0283	−2.92%	0.9053	−0.085	−9.39%
2%	0.9423			0.8203		

由于项目 B 的现金流量发生时间总体上早于项目 A，项目 B 的净现值对资金成本的变化没有项目 A 的净现值敏感，从图中可以看出项目 B 的净现值曲线较缓，而项目 A 的净现值曲线较陡。

正是由于互斥项目的现金流量的发生时间不同，并且不同时间发生的现金流量现值对资金成本变动的敏感程度不同，导致互斥项目的净现值曲线斜率不同，产生了互斥项目净现值曲线交叉的可能性。

③现金流量之和不同。净现值对资金成本变动敏感程度高，其项目的净现值曲线较陡，同时它的现金流量之和较大时，净现值曲线间的交叉就必然产生了。例中项目 A 的曲线较陡，在资金成本为 0 时，现金流量之和为 3000 万元，高于项目 B 的现金流量之和 2800 万元，使得两个项目的净现值曲线交叉。

假如将项目 A 的投资规模多增加 500 万元，其他条件不变，则现金流量之和为 2500 万元，少于项目 B 的现金流量之和。它们的净现值曲线如图 3-8 所示，没有产生交叉。

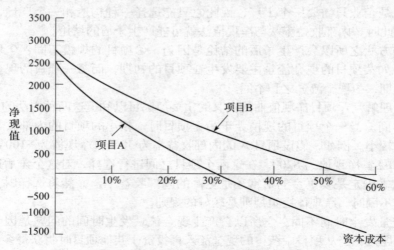

图 3-8　投资规模不同的净现值曲线图

由于现金流量发生时间不同所引起的再投资假设的冲突，导致净现值曲线在一个交叉点发生分离，在这一点所表示的资金成本下，两个项目的净现值相等。大部分互斥项目的净现值曲线不是平行的，在正常的资金成本范围内可能处于交叉状态。所以，采用净现值法评价互斥项目时，资金成本的取值决定了最佳项目的选择结果。

图 3-7 表明项目 A 和项目 B 的净现值曲线在交叉点上的资金成本就是使项目 A 和项目 B 的净现值相等时的贴现率，也是两个项目现金流量差量的内部收益率。通过 Excel 求得，交叉贴现率为 6.05%。当资金成本高于 6.05% 时，采用净现值法和内部收益率法可得出相同的结论，选择项目 B；当资金成本低于 6.05% 时，采用两种方法得出不同的结论。

由此可见，互斥项目净现值曲线的交叉导致净现值与内部收益率的矛盾。矛盾的根本原因是两种方法对现金流量的再投资报酬率的假定不同。

净现值法下的再投资报酬率是资金成本。将净现值的公式变形如下：

$$NPV = \sum_{t=0}^{n} \frac{CF_t}{(1+K)^t} = \sum_{t=0}^{n} \frac{CF_t(1+K)^{n-t}}{(1+K)^n}$$

式中，$CF_t(1+K)^{n-t}$ 表示再投资报酬率为资金成本时第 t 年的现金流量再投资持续到项目期末时的终值。

内部收益率法下的再投资报酬率为项目的内部收益率。将内部收益率的公式变形如下：

$$NPV = 0 = \sum_{t=0}^{n} \frac{CF_t}{(1+IRR)^t} = \sum_{t=0}^{n} \frac{CF_t(1+IRR)^{n-t}}{(1+IRR)^n}$$

式中，$CF_t(1+IRR)^{n-t}$ 表示再投资报酬率为内部收益率时第 t 年的现金流量再投资持续到项目期末时的终值。

那么，哪一种再投资报酬率的假定更合理？假定资本市场中资金充裕，投资者对资金成本的预期、对未来投资项目风险的预期与现在相同，那么从项目获取的现金可以返还给投资者，投资者要求的报酬率是资金成本；或者留在公司再投资，它的机会成本就是投资者自己投资要求的报酬率，即资金成本。无论哪种方式，再投资报酬率使用资金成本替代最合理。即使再投资报酬率在未来有可能高出资金成本很多，但是在资金充足的市场中，这只是暂时的，为了达到市场均衡，再投资报酬率会向资金成本回归。所以，当净现值法和内部收益率法产生矛盾时，人们更愿意采用净现值指标的评价结果。

（2）投资项目净现值与现值指数的比较。净现值法和现值指数法在评价独立项目时得到的结论是一致的；在评价同等规模下互斥项目时得到的结论也是一致的。

但是，在评价规模不同的互斥项目时得到的结论可能不同。因为净现值是一个绝对值指标，现值指数是一个相对指标。例如，投资项目是正常项目，投资规模即期初现金流量为 CF_0，净现值和现值指数的关系用公式表示如下：

$$NPV = CF_0 \times (PI - 1)$$

从公式中可以看出，一个投资项目的净现值大小取决于投资规模和现值指数。所以，两个互斥项目即使投资效率相同，现值指数相同，但是投资规模不同，规模较大的投资项目会带来较大的净现值。因此，在项目评估中，净现值法较之现值指数法更能做出较优的决策。

无论使用净现值还是现值指数，评价投资规模不同的项目最好建立在同等规模之上。这个问题实际是公司在有限的资本条件下确定最佳投资组合的问题。

4.投资决策分析指标的具体运用

（1）独立项目的决策分析。独立项目和互斥项目是两种最常见的项目类型。独立项目是指经济上互不相关的项目，即接受或拒绝某一项目并不影响其他项目的取舍。如企业准备建造仓库、投资新的生产流水线、修建行政办公楼等，各个项目是相互独立的。如果资金不受限制，所有满足企业最低投资标准的独立项目，都可以采纳。针对独立项目所做的决策又称采纳与否决策。这种投资决策可以不考虑其他投资项目是否得到采纳和实施。这种投资的收益和成本也不会因其他项目的采纳与否而受影响。从财务的角度看，两种独立性投资所引起的现金流量是不相关的。

对于独立项目的决策分析，可运用净现值、现值指数、内部收益率、投资回收期、会计收益率等任何一个合理的标准进行分析，决定项目的取舍，只要运用得当，一般能做出正确的决策。

【例 3-19】智董投资（集团）有限公司是一家控股型的集团公司。现以 100 万元购得一项专利技术的产权，该项专利技术的法定有效年限为 6 年，购入时剩余的有限年限为 5 年。该公司欲以该项专利技术投资设立一家生产型全资子公司。该项投资需购入一块土地的使用权，购入成本为 1000 万元，使用年限 50 年，在此土地上建造厂房需投资 700 万元，厂房建设期 2 年，第一年初投入工程款 500 万元，第二年初又投入工程款 200 万元，投产前还需投入设备价款 900 万元，运输及安装费 40 万元，投入营运资金 200 万元。该项目寿命期为 5 年，5 年后厂房的税前净残值为 1600 万元（含土地使用权转让价值 1200 万元），设备的税前净残值为 100 万元，营运资金（含初始投入的 200 万元和营业后追加的金额）悉数收回。

该项目投产后，第一年实现营业收入 2000 万元，第二年、第三年、第四年实现的营业收入分别比上一年增长 10%、10% 和 5%，第五年实现的营业收入与第四年持平。项目的变动成本率为 40%，不合折旧和无形资产摊销额的固定成本每年均为 600 万元，厂房按直线法在 20 年内全额折旧，机器设备按双倍余额递减法在 5 年内全额折旧，无形资产按直线法在有效年限内推销。项目的资金成本为 10%，所得税率为 33%，各年营运资金占用额为当年营业收入的 10%。

试根据上述资料分析该项目投资的可行性。

分析：①测算该项目的现金流量。

A. 初始现金净流量测算见表 3-14。

表 3-14　智董公司投资项目初始现金净流量测算表　　　　　单位：万元

项目 \ 年份	-2	-1	0
购入专利技术（5 年）	-100		
购入土地使用权（50 年）	-1000		
建造厂房（20 年）	-500	-200	
购买设备（5 年）			-940
投入营运资金			-200
合计	-1600	-200	-1140

B. 测算营业现金净流量。

厂房造价 = 工程投资十地价转入 = 700 + 1000 ÷ 50 × 20 - 1100（万元）

厂房每年折旧 = 1100 ÷ 20 = 55（万元）

设备各年折旧

第 1 年：$940 \times \dfrac{2}{5} = 376$（万元）

第 2 年：$(940 - 376) \times \dfrac{2}{5} = 226$（万元）

第 3 年：$(940 - 376 - 226) \times \dfrac{2}{5} = 135$（万元）

第 4 年：$(940 - 376 - 226 - 135) \div 2 = 102$（万元）

第 5 年：$(940 - 376 - 226 - 135) \div 2 = 101$（万元）

土地使用权账面剩余价值 $= 1000 - 1000 \div 50 \times 20 = 600$（万元），这部分价值是厂房寿命期终了后 30 年应摊销的价值，在项目营业期间不能摊销。

专利技术每年应摊销的价值 $= 100 \div 5 = 20$（万元）

各年营业现金净流量测算结果见表 3-15。

表 3-15　智董公司投资项目营业现金净流量测算表　　　　单位：万元

项目 ＼ 年份	1	2	3	4	5
①营业收入	2000	2200	2420	2541	2541
减：变动成本（①×40%）	800	880	968	1016	1016
固定成本	600	600	600	600	600
厂房折旧	55	55	55	55	55
设备折旧	376	226	135	102	101
专利技术摊销	20	20	20	20	20
②税前利润	149	419	642	748	747
减：所得税（②×33%）	49	138	212	247	247
③税后利润	100	281	430	501	500
加：厂房折旧	55	55	55	55	55
设备折旧	376	226	135	102	101
专利技术摊销	20	20	20	20	20
减：营运资金增加额	0	20	22	12	0
④营业现金净流量	551	562	618	666	676

C. 测算终结现金净流量。

营运资金收回 $= 200 + 20 + 22 + 12 = 254$（万元）

厂房（含土地使用权）出售税后净收入 $= 1600 - (1600 - 55 \times 15 - 600) \times 33\% = 1542$（万元）

设备出售税后净收入 $= 100 \times (1 - 33\%) = 67$（万元）

合计 $= 254 + 1542 + 67 = 1863$（万元）

②计算该项目的投资回收期。

投资净额 $= 1600 + 200 + 1140 = 2940$（万元）

投产后各年营业现金净流量累计：第 1 年 551 万元，第 2 年 1113 万元，第 3 年 1731 万元，第 4 年 2397 万元，第 5 年 3073 万元。

投资回收期 $= 4 + (2940 - 2397) \div 676 = 4.8$（年）

③计算该项目的会计收益率。

年均会计利润 $= (100 + 281 + 430 + 501 + 500) \div 5 = 362$（万元）

会计收益率 $= 362 \div 2940 = 12.33\%$

④计算该项目的净现值。

初始现金净流量的现值 $= 1600 + 200 \times (1 + 10\%)^{-1} + 1140 \times (1 + 10\%)^{-2}$

$\qquad\qquad = 1600 + 200 \times 0.9091 + 1140 \times 0.8264 = 1600 + 182 + 942 = 2724$（万元）

营业现金净流量的现值 $= 551 \times (1 + 10\%)^{-3} + 562 \times (1 + 10\%)^{-4} + 618 \times (1 + 10\%)^{-5}$

$\qquad\qquad + 666 \times (1 + 1006)^{-6} + 676 \times (1 + 10\%)^{-7}$

$\qquad\qquad = 551 \times 0.7513 + 562 \times 0.6830 + 618 \times 0.6209 + 666 \times 0.5645 + 676$

$\qquad\qquad \times 0.5132 - 414 + 384 + 384 + 376 + 347 = 1905$（万元）

终结现金净流量的现值 = 1863 × （1 + 10%） - 7 = 1863 × 0.5132 = 956 （万元）

净现值 = 1905 + 956 - 2724 = 137 （万元）

⑤计算该项目的现值指数。

$$现值指数 = \frac{1905 + 956}{2724} = 1.05$$

⑥计算该项目的内含报酬率。

试算一，当折现率为 11% 时：

净现值 = 551 × 0.7312 + 562 × 0.6587 + 618 × 0.5935 + 666 × 0.5346 + 676 × 0.4817 + 1863

× 0.4817 - 1600 - 200 × 0.9009 - 1140 × 0.8116

= 403 + 370 + 367 + 356 + 326 + 897 - 1600 - 180 - 925 = 14 （万元） > 0

试算二，当折现率为 12% 时：

净现值 = 551 × 0.7118 + 562 × 0.6355 + 618 × 0.5674 + 666 × 0.5066 + 676 × 0.4523 + 1863

× 0.4523 - 1600 - 200 × 0.8929 - 1140 × 0.7972

= 392 + 357 + 351 + 337 + 306 + 843 - 1600 - 179 - 909 = - 102 （万元） < 0

内含报酬率 IRR 可由下式求得：

$$\frac{IRR - 11\%}{1 - 14} = \frac{12\% - 11\%}{-102 - 14}$$

$$IRR = 11\% + \frac{0 - 14}{-102 - 14} × (12\% - 11\%) = 11.12\%$$

⑦计算该项目的净现值的等年值。

UAV = 137 ÷ （P/A，10%，7） = 137 ÷ 4.8684 = 28.14 （万元）

根据上述分析计算得知，该项目的投资回收期为 4.8 年，短于项目寿命期；会计收益率为 12.33%，大于资金成本率；净现值为 137 万元，大于 0；现值指数为 1.05，大于 1；内含报酬率为 11.12%，大于资金成本率。各项指标均达到投资的最低要求，从经济的角度看，项目是可行的。净现值的等年值这个指标在本例中只是一个参考值，对决策不构成影响。

（2）互斥项目的决策分析。互斥项目是指存在互不相容、相互间构成竞争的项目。当两个或多个投资项目是相互排斥的，以致只能选择其中之一时，按内部收益率、净现值或现值指数给这些项目排队可能得出矛盾的结论。造成排列不同的原因，可能是下面三种项目差别中的一种或多种。

①投资规模：各个项目的投资额大小不同。

②现金流量：各个项目现金流量的时间分布不同。如某个项目的现金流量随着时间推移而递增，其他项目的现金流量则随着时间的推移而递减。

③项目寿命：各个项目的寿命期不同。

当然，这些项目差别只是出现项目等级排列冲突的必要条件，而非充分条件。因此，有可能存在某些互斥项目在上述三个方面都不相同，但在按内部收益率、净现值和现值指数进行排序却不出现任何冲突的情况。下面将结合固定资产是否更新、更新还是大修、如何确定最佳经济寿命的具体案例来进行说明。

1）固定资产更新决策。在固定资产更新决策评价中，无论现有固定资产还是取代它的新的固定资产，都要着重考察其未来的有关数据，过去发生的"沉没成本"与更新改造决策无关，可以不予考虑。现有固定资产的价值应以其"现时价值"而不是按"原始成本"进行计量。

【例 3-20】智董公司计划更新一台旧设备以提高生产效率。旧设备的未计提折旧额（账面价值）为 40 万元，还可以使用 4 年。如果更新这台设备，可以将它出售给租赁公司，售价为 15 万元。这台设备采用直线法全额折旧。

市场上，具有同类功能的新设备的售价为 300 万元，运输及安装费 50 万元，经济使用寿命年限为 5 年，采用双倍余额递减法全额折旧。由于新设备提高了生产效率，在使用初期需追加营运资金 5 万元。同时，为满足新设备生产场地的需要，停止了一间厂房的出租，这间厂房若继续出租，每年租金为 4 万元，一般在年末收取租金。公司使用新设备后每年可以节约成本 60 万元。预计 5 年后，这台新设备的处理收入为 40 万元。公司的资金成本为 10%，所得税率为 33%。

试分析智董公司更新这台旧设备的可行性。

分析：①测算该项目的现金流量。

A. 测算初始现金净流量增量

购买新设备的现金流出 = − 3500000（元）

追加营运资金的现金流出 = − 50000（元）

出售旧设备的现金流入 = 150000（元）

旧设备处理损失的纳税节约 =（400000 − 150000）× 33% = 82500（元）

合计 = − 3500000 − 50000 + 150000 + 82500 = − 3317500（元）

B. 测算营业现金净流量增量，见表 3-16。

C. 测算终结现金净流量增量。

新设备处理的税后净收入 − 400000 ×（1 − 33%）= 268000（元）

追加的营运资金收回 = 50000（元）

合计 = 268000 + 50000 = 318000（元）

表 3-16　智董公司更新旧设备营业现金净流量增量测算表　　　　单位：元

项目 ＼ 年份	1	2	3	4	5
A. 成本节约额	600000	60000	600000	600000	600000
减：失去的厂房租金	40000	40000	40000	40000	40000
新设备折旧增量	1300000	740000	404000	278000	378000
B. 税前利润增量	− 740000	− 180000	156000	282000	182000
减：所得税增量	− 244200	− 59400	51480	93060	60060
C. 税后利润增量	− 495800	− 120600	104520	188940	121940
加：新设备折旧增量	1300000	740000	404000	278000	378000
D. 营业现金净流量增量	804200	619400	508520	466940	499940

②计算该项目的投资回收期。

投资净额 = 3317500 元

投产后各年现金净流量累计：第 1 年 804200 元，第 2 年 1423600 元，第 3 年 1932120 元，第 4 年 2399060 元，第 5 年 3217000 元。

投产后 5 年内的现金净流量累计数小于投资净额，说明投资回收期超过新设备的寿命年限。

③计算该项目的会计收益率。

会计收益率 =（− 495800 − 120600 + 104520 + 188940 + 121940）÷ 5 ÷ 3317500 = − 1.21%

④计算该项目的净现值。

净现值 = 804200 × 0.9091 + 619400 × 0.8264 + 508520 × 0.7513 + 466940 × 0.6830
　　　　+（499940 + 318000）× 0.6209 − 3317500 = 731098 + 511872 + 382051
　　　　+ 318920 + 507859 − 3317500 = − 865700（元）

⑤计算该项目的现值指数。

$$现值指数 = \frac{2451800}{3317500} = 0.74$$

⑥计算该项目的内含报酬率。

因投产后 5 年内的现金净流量累计数小于投资净额，所以内含报酬率必为负数，采用常规的查表试算法不能求出内含报酬率，这时可根据下式利用计算机求出内含报酬率。

$$804200 \times (1 + IRR)^{-1} + 619400 \times (1 + IRR)^{-2} + 508520 \times (1 + IRR)^{-3} + 466940 \times (1 + IRR)^{-4} + (499940 + 318000) \times (1 + IRR)^{-5} - 317500 = 0$$

计算结果必为负数，这里已没有计算的必要。

⑦计算该项目的净现值的等年值。

$$UAV = -865700 \div (P/A, 10\%, 5) = -865700 \div 3.7908 = -228369 （元）$$

从以上分析计算可知，智董公司更新这台旧设备的投资回收期小于新设备的寿命期；会计收益率、净现值、内含报酬率和净现值的等年值均为负数；现值指数小于 1。各项指标均表明，智董公司更新这台旧设备是不可行的，即没有必要更新这台旧设备。

本例亦可按以下方法进行投资决策分析。

①继续使用旧设备的现金流量，见表 3-17。

表 3-17　智董公司继续使用旧设备的现金流量测算表　　　　　　单位：元

年份 项目	0	1	2	3	4	5
机会成本 A	−150000	0	0	0	0	0
机会成本 A 的纳税增加	−82500	0	0	0	0	0
机会成本 B	0	−600000	−600000	−600000	−600000	−600000
机会成本 B 的纳税节约	0	198000	198000	198000	198000	198000
失去的折旧抵税	0	−429000	−244200	−133320	−91740	−124740
厂房租金收入（税后）	0	26800	26800	26800	26800	26800
节约的新设备投资	3550000	0	0	0	0	0
失去的新设备残值税后收入	0	0	0	0	0	−268000
失去的新设备营运资金收回额	0	0	0	0	0	−50000
现金净流量	3317500	−804200	−619400	−508520	−466940	−817940

$$\begin{aligned}现金净流量现值的等年值 &= (3317500 - 804200 \times 0.9091 - 619400 \times 0.8264 - 508520 \times 0.7513 \\ &\quad - 466940 \times 0.683 - 817940 \times 0.6209) \div (P/A, 10\%, 5) \\ &= (3317500 - 731098 - 511872 - 382051 - 318920 - 507859) \\ &\quad \div 3.7908 = 228369 （元）\end{aligned}$$

②使用新设备的现金流量（详见上述第一种方法的测算结果，重点关注净现值，即 −865700 元）。

$$现金净流量现值的等年值 -865700 \div (P/A, 10\%, 5) = -865700 \div 3.7908 = -228369 （元）$$

由以上计算得知，继续使用旧设备的现金净流量现值的等年值为正的 228369 元，而使用新设备的现金净流量现值的等年值则为负的 228369 元，显然，不应该更新这台旧设备。

【例 3-21】智董公司希望有一台技术性能更好的设备，现有设备及预计购置的新设备的有关资料如表 3-18 所列。

假定企业所得税税率为 40%，资金成本为 10%，新旧设备均系用直线法计提折旧。

分析：因资料中继续使用旧设备与更新设备两个方案的寿命期相同，可采用"差量分析法"。首先计算差量方案的现金流量，再根据差量方案的有关指标进行判断。

表 3-18　智董公司新旧设备有关指标对照表

项目 \ 设备	旧设备	新设备
原值（元）	400000	600000
预计使用年限（年）	10	5
已使用年限（年）	5	0
最终残值（元）	0	100000
变现价值（元）	100000	600000
使用设备每年可获收入（元）	500000	800000
年付现成本（元）	300000	400000

继续使用旧设备方案。

每年计提折旧 =（400000 - 0）÷ 10 = 40000（元）

净利 =（500000 - 300000 - 40000）×（1 - 40%）= 96000（元）

营业现金净流量 = 96000 + 40000 = 136000（元）

初始投资应是旧设备的"现时价值"，即 100000 元。

更新设备方案。

每年应计提折旧 =（600000 - 100000）÷ 5 = 100000（元）

净利 =（800000 - 400000 - 100000）×（1 - 40%）= 180000（元）

营业现金净流量 = 180000 + 100000 = 280000（元）

初始投资为 600000 元，期末收回残值 100000 元。

更新设备方案比继续使用旧设备方案增减的现金流量的计算如表 3-19 所列。

表 3-19　更新设备方案比继续使用旧设备方案增减的现金流量的计算表　　　　单位：元

项目（新 - 旧）	0	1	2	3	4	5
营业现金净流量		144000	144000	144000	144000	144000
初始投资及收回残值	- 500000					100000
现金净流量	- 500000	144000	144000	144000	144000	244000

差量方案的净现值 = 144000 ×（P/A，10%，4）+ 244000（P/F，10%，5）- 500000 = 108000（元）

可见，设备更新后，能比继续使用旧设备多获得 108000 元的净现值，故应进行更新。

2）设备是大修理还是更新的决策。设备磨损到一定程度需要进行大修理。大修理的特点是支付费用多，间隔时间长，但大修理只是局部的，不可能把设备的精度、性能、效率和寿命完全恢复如新。购置新设备的投资一般高于旧设备的大修理费用，但新设备比旧设备寿命长，在精度、性能、效率和消耗等方面也往往优于旧设备。因此，企业决策者常常面临大修还是更新的决策。在大修与更新之间需要比较的只是两者不同收入和成本，即相关成本和相关收入。如果两者的销售收入相同，则只需比较两者的相关成本。一般地，新旧设备寿命不同，应采用"年值比较法"，即计算大修和更新方案的相关年平均现金流量一年均成本，并且该指标越低越好。

【例 3-22】智董公司有一台旧设备，花 10000 元大修一次尚可使用 4 年，期满无残值。如花 16000 元买一台与旧设备性能相同的新设备，可用 8 年，期间不必大修，期满也无残值。使用新、旧设备的产量、消耗和产品售价相同，企业资金成本为 12%，试问该如何决策？

分析：采用年值法进行比较。

大修年均成本 = 10000 × （A/P，12%，4）= 3292（元）

更新年均成本 = 16000 × （A/P，12%，8）= 3221（元）

通过对比可知，更新方案比大修方案每年可节约成本 3292 − 3221 = 71 元，故应采用更新方案。

3）固定资产经济寿命不同时的决策。

【例 3-23】 智董公司目前使用的旧设备，原始购价 20000 元，使用年限 10 年，已使用 4 年，预计还可使用 6 年，每年付现成本 4800 元，期末残值 800 元。现市场上有一种较为先进的新设备，价值 25000 元，预计使用 10 年，年付现成本 3200 元，期末无残值。此时如以旧换新，可作价 8000 元，公司要求的最低投资收益率为 14%，该公司该如何决策？

分析：因使用年限不同，故应采用年均成本现值比较。

旧设备年均成本 = [12000 + 4800 × （P/A，14%，6）− 800 × （P/F，14%，6）] ÷ （P/A，14%，6）= 7792（元）

新设备年均成本 = [25000 + 3200 × （P/A，14%，10）] ÷ （P/A，14%，10）= 7993（元）

年均成本还可用来判断何时进行固定资产更新的决策。

4）固定资产经济寿命的决策。固定资产的经济寿命也称为固定资产的最优更新期，即按照这一时间间隔进行更新，可使固定资产的平均年成本达到最低水平。

【例 3-24】 企业欲购置一台设备，价值 5000 元，预计使用 9 年，期满有残值 500 元，采用直线法折旧，每年运行成本 1400 元，请计算这台设备 9 年中的年均成本。（假设资金成本为 10%）

分析：考虑时间价值，有三种计算方法。

①计算现金流出量的总现值，然后分摊给每一年。

年均成本 = [5000 + 1400 × （P/A，10%，9）− 500 × （P/F，10%，9）] ÷ （P/A，10%，9）
　　　　　= 2231.4（元）

②由于各年运行成本相等，故只将原始投资和残值摊销到每年，然后求和。

年均成本 = 投资摊销 + 运行成本 − 残值摊销
　　　　　= 5000 ÷ （P/A，10%，9）+ 1400 − 500 ÷ （P/F，10%，9）= 2231.4（元）

③将残值在原始投资中扣除后求年值，视同原始投资中应计入成本部分的年摊销额，然后与占用在机器残值上的资金的应计利息及年运行成本加以总计，求出每年平均成本。

年均成本 = 净投资摊销 + 残值利息 + 运行成本
　　　　　= （5000 − 500）÷ （P/A，10%，9）+ 500 × 10% + 1400 = 2231.4（元）

从固定资产的平均年成本概念中，容易发现：固定资产使用初期运行费用较低，以后随着设备逐渐陈旧、性能变差、维护、修理、能源消耗会逐步增加，运行费用逐年增加。与此同时，固定资产价值逐渐减少，其占用资金的利息会逐年减少。随着运行成本和持有成本呈反方向变化，两者呈马鞍形，必然存在一个最经济的使用寿命，如图 3-9 所示。

【例 3-25】 续例 3-22，假定该企业采用年限总和法计提折旧，设备第一年运行成本为 1400 元，以后每年递增 10%，考虑资金时间价值，可算出该设备的最佳更新期。计算过程如表 3-20 所列。

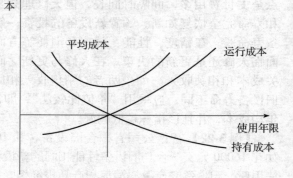

图 3-9　设备运行成本与持有成本关系图

表 3-20　固定资产的经济寿命计算表　　　　　　　单位：元

更新年限	年折旧额 (1)	累计折旧	折余价值 (2) = 50	复利现值系数 (3)	余值现值 (4) = (2)×(3)	运行成本 (5)	运行成本现值 (6) = 5)×(3)	更新时运行成本现值 (7) = ∑(6)	现值总成本 (8) = 5000 -(4)+(7)	年金现值系数 (9)	平均年成本 (10) = (8)/(9)
1	900	900	4100	0.909	3726.9	1400	1272.6	1272.6	2545.7	0.909	2800.55
2	800	1700	3300	0.826	2725.8	1540	1272.04	2544.64	4818.84	1.736	2775.83
3	700	2400	2600	0.751	1952.6	1694	1272.19	3816.83	6864.23	2.487	2760.04
4	600	3000	2000	0.683	1366	1863	1272.43	5089.26	8723.26	3.170	2751.82
5	500	3500	1500	0.621	931.5	2050	1273.05	6362.31	10430.81	3.791	2751.47
6	400	3900	1100	0.564	620.4	2255	1271.82	7634.13	12013.73	4.355	2758.61
7	300	4200	800	0.513	410.4	2480	1272.24	8906.37	13495.97	4.868	2772.38
8	200	4400	600	0.467	280.2	2728	1273.98	10180.35	14900.15	5.335	2792.91
9	100	4500	500	0.424	212	3001	1272.42	11452.77	16420.77	5.759	2820.07

从表中的计算结果可知，其中平均年成本最低水平是 2751.47 元，因此该设备的最佳更新期为 5 年，即其经济寿命为 5 年。

（3）资金限量决策。企业在某个特定的时期内所能投入的资本有一个预算上限或约束时，资金限量的问题就会发生。这种约束在企业中很普遍，特别是那些规定只能通过内部融资解决所有资本来源的企业。另一个发生资金限量的情况是一些大公司的分公司只能在某个特定的预算上限之内作资本投资，超过该上限的资本支出分公司没有控制权。有了资金限量的约束，公司会在不超过预算上限的情况下，尽量选择能最大限度地增加公司价值的投资项目组合。

当在多期内限制资本使用时，资金限量问题需要运用若干其他更复杂的解决约束条件下的最大化问题的方法。这些方法需要利用运筹学中关于线性规划、整数规划和目标规划的知识。

但如果只是考虑当前时期资金限量的使用，问题就转化为在不超过预算上限的情况下选择那些能使每单位资本的投资带来最大价值增量的项目。

【例 3-26】智董置业投资有限公司可用于下年度投资的资金总额为 600 万元，公司计划用这批资金进行组合投资，以分散投资风险。为做好下年度的投资决策，公司有关人员对下年度的投资机会做了较为充分的调查分析，得出了如表 3-21 所列的调查分析结果。

表 3-21　智董公司投资机会及其相关信息表

主要指标 \ 备选项目	1	2	3	4	5	6	7	8
投资额（元）	4500000	3000000	1200000	800000	1000000	500000	3200000	2500000
投资期限（年）	15	10	7	8	6		12	6
年现金净流量（元）	586000	550000	500000	240000	350000	140000	710000	870000
净现值（元）	-42825	379530	1234200	480376	524355	30712	1637727	1289111
现值指数	0.99	1.13	2.03	1.60	1.52	1.06	1.51	1.52

上述项目均为独立项目，资金成本为 10%。在此基础上，如何做出投资组合决策？

分析：

①按现值指数的大小顺序重新排列投资项目如表 3-22 所列。现值指数意味着 1 元的投

资额能带来的净现值，反映了项目的投资效率。在资金有限的情况下，投资效率越高，净现值就可能越大，所以应按现值指数的大小顺序作为项目选择的先后顺序。

表 3-22　智董公司投资机会按现值指数大小排序表

主要指标　备选项目	3	4	8	5	7	2	6	1
投资额（元）	1200000	800000	2500000	1000000	3200000	3000000	500000	4500000
净现值（元）	1234200	480376	1289111	524355	1637727	379530	30712	-42825
现值指数	2.03	1.60	1.52	1.52	1.51	1.13	1.06	0.99

②选取现值指数大过 1 的项目进行组合，要求先从现值指数较大的项目开始选取，并且组合后的投资总额不超过但尽可能接近 600 万元，并同时计算各个组合的净现值总额如表 3-23 所列。

表 3-23　智董公司投资组合及其相关信息表

项目组合　主要指标	组合一 34，85，6	组合二 34，52	组合三 34，76	组合四 87	组合五 82，6
投资总额（元）	6000000	6000000	5700000	5700000	6000000
资金剩余（元）	0	0	300000	300000	0
净现值总额（元）	3558754	2618461	3383015	2926838	1699353

③确定最佳投资组合。由表 3-23 可知，组合一的净现值总额最大，且投资总额恰好是 600 万元，因此，可以认为组合一为最佳投资组合。组合三的净现值总额比组合一的净现值总额少 175739 元，并且组合三有 30 万元的资金剩余，是否认为组合三比组合一更理想？此外，组合一中各项目的投资期限都较短，这一因素是否影响最后的决策？请读者一并讨论。

【例 3-27】智董公司面临的投资机会如表 3-24 所列。

表 3-24　智董公司投资机会表

项目	初始现金流出量（元）	内部收益率（％）	净现值（元）	现值指数
A	50000	15	12000	1.24
B	35000	19	15000	1.43
C	30000	28	42000	2.40
D	25000	26	1000	1.04
E	15000	20	10000	1.67
F	10000	37	11000	2.10
G	10000	25	13000	2.30
H	1000	18	100	1.10

以上项目相互独立，当期的资金限量为 6.5 万元，那么该如何选择投资项目组合，使这 6.5 万元能给公司带来最大的价值增加量？

分析：首先分别按内部收益率、净现值、现值指数的高低来对这 8 个项目进行排序，再根据资金限量和排列在前面的投资项目的投资额进行挑选，形成不同的投资组合方案（以 6.5 万元为限），最后再比较各个组合的净现值之和，选最大者。组合方案见表 3-25。

表 3-25 智董公司投资组合方案表

优劣顺序	按净现值	按现值指数	按内部收益率
1	42000	2.40	37%
2	15000	2.30	28
3	13000	2.10	26
4	12000	1.67	25
5	11000	1.43	20
6	10000	1.24	19
7	1000	1.10	18
8	100	1.04	15
中选项目	CB	CGFE	FCD
净现值合计	57000	76000	54000
初始现金流出量合计	65000	65000	65000

根据表 3-25，应选择 C、E、F、G 的组合，因为它提供的总净现值最大，为 76000 万元。通常，在资金限量下，按现值指数递减的顺序选择项目，能选出最大限度增加公司价值的项目组合，因为它能使"每一元钱都发挥最大作用"。

上述举例是假设资金限量只在单一的时间周期，若在实施资金限量时，限量持续若干年，并且今后几年可获得的资金取决于前些年投资的现金流入状况。如第二年资金限量取决于第一年投资的现金流入，以此类推。要解决此类多种时间问题，需要掌握投资机会和以后若干年可获得的资金两方面的资料，而不仅仅限于当年的信息。

【例 3-28】假设智董公司第 1 年年初和第 1 年年末可动用的投资额分别为 3000 万元和 4000 万元。现有 A、B、C、D 四个投资方案，其中，A、B、C 方案需要在第 1 年年初投资，D 方案则在第 1 年年末投资。四个投资方案的资金成本均为 12%，投资的相关现金流量见表 3-26。请分析该公司应该如何选择投资方案组合？

表 3-26 智董公司投资方案表
单位：万元

方案	NCF_0	NCF_1	NCF_2	NCF_3	NPV（12%）
A	− 3000	9000	1500	1000	6944
B	− 1500	1500	7000	4000	8268
C	− 1500	1500	4500	3000	5562
D	0	− 13000	18000	12000	11284

分析：如果只有第 1 年年初存在资金限量，那么应选择 B + C + D 这种方案组合，其净现值之和为 25114 万元（8268 + 5562 + 11284）。但考虑到第 1 年年末的资金限量为 4000 万元，这时，要想进行 D 方案投资，必须从第 1 年的投资项目所产生的现金净流量中补充 9000 万元的资金。如果第 1 年年初选择了 B + C 方案组合，那么，该方案组合第 1 年产生的现金净流量合计仅为 3000 万元，加上第 1 年年末的资金限量 4000 万元，总共才 7000 万元，不能满足 D 方案的投资需要，这时就要放弃 D 方案，公司就只能获得 13830 万元的净现值。而如果第 1 年年初选择 A 方案，那么，A 方案第 1 年产生的现金净流量 9000 万元加上第 1 年年末的资金限量 4000 万元，正好可以满足 D 方案的投资需要，这时，公司可以获得的现金净流量总额为 18228 万元，比第 1 年年初选择 B + C 方案组合最终所获得的现金净流量 13830 万元多出了 4398 万元。因此，在本例中，该公司应该选择 A + D 这种方案组合。

（4）投资时间的决策。在进行投资时间决策时，其基本原理是寻求净现值最大化，但由于不同方案的投资时间不同，不能将净现值简单对比，而应将各个方案的净现值换算到同一时点进行比对。

【例 3-29】智董公司有一稀有矿藏，经预测，5 年后价格将上涨 40%，因此公司面临的问题是现在投资开发还是 5 年后再投资开发。假设不论何时开发，初始投资相同，建设期为 1 年，第 2 年开始投产，投产 4 年后该矿藏全部开发完毕，有关资料见表 3-27。

表 3-27 智董公司投资开发矿藏的有关资料表

投资与回收		收入与成本	
固定资产投资	200000 元	年产销量	1000 吨
流动资本垫支	30000 元	售价（现在）	300 元
固定资产残值	0 元	5 年后售价	420 元
资金成本	12%	每吨变动成本	60 元
		固定成本（不含折旧）	40000 元
		所得税税率	33%

分析：①计算两个方案的年营业现金净流量。

A. 现在开发。

年销售收入 $= 1000 \times 300 = 300000$（元）

年折旧额 $= 200000 \div 4 = 50000$（元）

年付现成本 $= 1000 \times 60 + 40000 = 100000$（元）

年营业现金净流量 $NCF = (300000 - 100000 - 50000) \times (1 - 33\%) + 50000 = 150500$（元）

B. 5 年后开发。

年销售收入 $= 1000 \times 420 = 420000$（元）

年折旧额 $= 200000 \div 4 = 50000$（元）

年付现成本 $= 1000 \times 60 + 40000 = 100000$（元）

年营业现金净流量 $NCF = (420000 - 100000 - 50000) \times (1 - 33\%) + 50000 = 230900$（元）

②计算两个方案在 $t = 0$ 时的净现值。

现在开发的 $NPV = -200000 - 30000 \times (P/F, 12\%, 1) + 150500 \times (P/A, 12\%, 3) \times (P/F, 12\%, 1) + (150500 + 30000) \times (P/F, 12\%, 5) = 198373.89$（元）

5 年后开发的 $NPV = -200000 \times (P/F, 12\%, 5) - 30000 \times (P/F, 12\%, 6) + 230900 \times (P/A, 12\%, 3) \times (P/F, 12\%, 6) + 260900 \times (P/F, 12\%, 10) = 236593.05$（元）

结论：通过对比两方案的净现值可知，5 年后开发更为有利。

（5）通货膨胀下的投资决策分析。

1）通货膨胀和投资决策。

一般而言，存在通货膨胀的经济环境会使投资决策的决定产生偏差。如折旧费是以历史成本而不是以重置成本为基础的。由于收入随通货膨胀而提高，纳税也增加，真正的净现金流的增加往往赶不上通货膨胀的速度。因此，在估算现金流时，考虑预期通货膨胀十分重要。关键的一点是，用以判断项目能否接受的标准，即投资回报率，包括预期通货膨胀溢价，估算的现金流应反映通货膨胀的影响。如果现金流入来自以高价出售产品，则流入会增加，而流出也会应工资和原材料成本的增加而增加，但是未来的通胀不影响现有资产的折旧费用。预期通胀对现金流入和流出的影响因项目的性质不同而不同。在有的情况下，现金流入随价格上涨的增长速度比现金流出的增长速度快，而在其他一些情况下则恰恰相反。但无论是哪种情况，这种关系必须体现在现金流的估算中，以避免产生偏差。

考虑了通货膨胀影响的现金流量叫名义现金流量，它与实际现金流量的关系如下：

$$NCF = RCF \times (i + f)^n$$

式中，NCF 表示名义现金流量；RCF 表示实际现金流量；f 通货膨胀率；n 表示相对于基期的期数。

若公司的资金成本是考虑了通货膨胀的影响的，它就是一种名义资金成本，它与实际资金成本的关系是：

$$(1 + K_n)^n = (1 + K_r)^n \times (1 + f)^n$$

由此可推导出：

$$K_n = K_r + f + K_r \times f$$

式中，K_n 为名义资金成本；K_r 为实际资金成本。

2）消除通货膨胀影响的方法。

①调整贴现率（即将实际资金成本调整为名义资金成本）。

【例 3-30】智董公司有一投资项目，总投资额为 200000 元，寿命期 10 年，预计每年可有 50000 元的现金净流量，实际资金成本为 12%，假设 10 年中通货膨胀率稳定在 6%，那么通胀影响会给决策有什么影响？

分析：若不考虑通胀影响，则项目的 $NPV_1 = 50000 \times (P/A，12\%，10) - 200000 = 82500$（元）；若考虑通胀影响，则 $K_n = 12\% + 6\% + 12\% \times 6\% = 18.72\%$，项目的 $NPV_2 = 50000 \times (P/A，K_n，10) - 200000 = 50000 \times 4.3815 - 200000 = 19075$（元）。

由于通货膨胀的影响，使这个投资项目的净现值虚增了 63425（82500 - 19075）元，数额之大足以影响决策和判断。

②调整现金流量法（即将名义现金流量调整为实际现金流量）。

【例 3-31】智董公司有一投资项目，总投资额为 100000 元，寿命期为 5 年，预计每年有 35000 元的现金净流量。资金时间价值为 10%，连续 5 年的通胀率为 5%，6%，7%，8%，9%，那么通胀影响对投资决策有何影响？

分析：若不考虑通胀影响，则 $NPV = 35000 \times (P/A，10\%，5) - 100000 = 32685$（元）；若考虑通胀影响，则项目的净现值计算如表 3-28 所列。

表 3-28 智董公司考虑通货膨胀下的项目净现值计算表

时间 t / 项目	0	1	2	3	4	5
消除通胀影响的 NCF（元）	-100000	33333[a]	31447	29389	27212	24965[b]
折现系数	1	0.9091	0.8264	0.7513	0.6830	0.6209
现值	-100000	30303[c]	25988	22080	18586	15501
考虑通胀的 NPV（元）	12458					

注：[a] $33333 = 35000/(1 + 5\%)$；
[b] $24965 = 35000/(1 + 5\%) \times (1 + 6\%) \times (1 + 7\%) \times (1 + 8\%) \times (1 + 9\%)$；
[c] $30303 = 33333 \times 0.9091$

考虑通胀影响后，项目的净现值减少了 20227（32685 - 12458）元。

通货膨胀和资金时间价值都随时间的推移而显示其影响，前者使资金贬值，后者则相反。考虑通胀的影响，会使投资项目的年现金流量减少，项目的净现值、内含报酬率等也会减少，通胀率越高，对投资决策分析的影响也越大，也就越不能忽视。

四、投资决策的程序

（1）测算投资方案的预期现金流量，包括初始现金流量、营业现金流量、终结现金流量，进而确定出各期净现金流量（即现金流入与现金流出的差额）。

（2）根据所归集预期现金流量的概率分布，估计预期现金流量的风险。

（3）采用各种投资决策方法，计算投资项目或方案的评价指标。

（4）利用计算出的评价指标，分析投资的经济效益，进而做出决策。

五、固定资产投资决策专题

固定资产投资就是房地产开发企业将资金用于购建房屋、机器设备等固定资产的经济活动，其目的在于提高企业技术装备水平，增强企业竞争能力，以获取更大的经济效益。

固定资产投资包括基本建设投资和更新改造投资两大部分。基本建设投资主要指为增建生产场所、新添固定资产、扩大产品生产能力而发生的投资；更新改造投资是指对现有企业的生产设施进行更新和技术改造而发生的投资。由于固定资产投资大都具有投资数额大、建设周期长、回收期长等特点，而且一经建成，其使用功能和工作地点不易改变或不能改变，因此，固定资产投资决策的成败不仅会对企业近期生产发展方向、生产能力、经济效益等方面产生重大影响，而且会对企业今后的生存和发展以及财务状况带来长期而深远的影响。由此可见，企业在做出固定资产投资决策之前，进行固定资产投资决策分析是十分必要的。

固定资产投资决策分析是在固定资产投资项目落实之前，分析投资项目技术上的可行性和经济上的效益性，进行方案的比较，选择最佳投资方案。决策分析的目的是为固定资产投资决策提供依据。

固定资产投资决策分析从经济上进行分析，就是要测算同一项目不同方案的经济效益。固定资产投资效益好坏的衡量标准，一般来说有两个：一是投入的资金能否较早地收回，二是投入较少的资金能否取得较多的收益。

企业固定资产投资额为现金流出量（资金流出量），企业投资收回的利润额和折旧额为现金流入量（资金流入量），二者统称为现金流量（资金流量）。现金流量的计算方法有两种：非贴现法和贴现法。

（1）非贴现现金流量分析法。非贴现现金流量分析法不考虑时间价值，把不同时间的货币收支看成是等效的，它主要包括投资回收期法和投资报酬率法。

1）投资回收期法。投资回收期是指收回全部固定资产投资所需的时间。投资回收期法的基本原理是通过对各投资方案投资总额和预计现金流入量之间相互关系的计算，确定需要多长时间（如几年）可以将原投入的全部资金如数收回，然后再比较各投资方案回收时间的长短，以择定最佳投资方案。投资回收期越短，投资效益越好，方案为佳；反之，投资方案为差。投资回收期通常以年表示，其计算公式为

$$投资回收期 = \frac{投资总额}{年平均利润额 + 年折旧额}$$

【例 3-32】 智董房地产公司拟增加某设备一台，有甲、乙两种方案，生产能力基本相同，每年平均利润预计都是 2.5 万元，甲方案投资 10 万元，使用 5 年，乙方案投资 12 万元，使用 8 年，假设该设备报废时无残值。则：

$$甲方案投资回收期 = \frac{10}{2.5 + \frac{10}{5}} = 2.22（年）$$

$$乙方案投资回收期 = \frac{12}{2.5 + \frac{12}{8}} = 3（年）$$

从以上计算结果可以看出，甲方案的回收期较乙方案短，因而甲方案比乙方案优。

在计算投资回收期时，若每年的现金净流量不相等，则不能直接用上述公式计算投资回收期，而应按每年年末的累计现金净流量计算。在这种方法下，累计现金净流量与原始

投资额达到相等所需要的时间，即为投资回收期。

投资回收期法计算简便，并且容易为决策人所正确理解，但它忽视了货币的时间价值，而且没有考虑回收期以后的收益，从而有可能放弃早期收益较低、中后期收益较高的长期方案。

2）投资报酬率法。投资报酬率是投资方案的未来期间的年平均净收益与年平均投资额的比率。投资报酬率法的基本原理是按有关投资方案的有效期限，分别计算它们的平均净收益和平均投资额以及二者的比值，确定各方案在未来期限内的年平均投资报酬水平，然后再在有关投资方案之间进行比较。投资的年平均报酬越高，说明投资的经济效果越好。投资报酬率的计算公式为

$$投资报酬率 = \frac{年平均净收益}{年平均投资额} \times 100\%$$

$$年平均净收益 = \frac{有效期间内各年净收益总额}{有效期间}$$

$$年平均投资额 = \frac{有效期内各年平均投资余额之和}{有效期间}$$

【例 3-33】智董公司拟进行某项投资，现有甲、乙两方案，甲方案需要设备投资 50000 元，乙方案需要设备投资 45000 元。有关资料如表 3-29 所示。

表 3-29 甲、乙方案 单位：元

年次	甲方案			乙方案		
	净收益	年折旧额	投资余额	净收益	年折旧额	投资余额
0	—	—	50000	—	—	45000
1	2500	10000	40000	8000	15000	30000
2	5000	10000	30000	8500	15000	15000
3	7500	10000	20000	9000	15000	0
4	10000	10000	10000	—	—	—
5	12500	10000	0	—	—	—

根据上述资料，有关计算如下：

甲方案年平均净收益 =（2500 + 5000 + 7500 + 10000 + 12500）÷5 = 7500（元）

乙方案年平均净收益 =（8000 + 8500 + 9000）÷3 = 8500（元）

甲方案年平均投资额 = [（50000 + 40000）/2 +（40000 + 30000）/2 +（30000 + 20000）/2 +（20000 + 10000）/2 + 10000/2]÷5 = 25000（元）

乙方案年平均投资额 = [（45000 + 30000）/2 +（30000 + 15000）/2 + 15000/2]÷3 = 22500（元）

$$甲方案投资收益率 = \frac{7500}{25000} \times 100\% = 30\%$$

$$乙方案投资收益率 = \frac{8500}{22500} \times 100\% = 37.8\%$$

计算结果表明，乙方案投资报酬率高于甲方案，故乙方案投资效果较甲方案优。

此种方法简明，易于计算和理解，但它没有考虑货币的时间价值，因而不能正确地反映各投资方案的真实效益。

（2）贴现现金流量分析法。用贴现法计算现金流量，就是把不同时期的现金流出量和流入量按统一的贴现率折算成一定时日的现值，再进行分析比较，以考察固定资产投资的经济效益。

1）净现值法。净现值是指某一种投资方案未来现金流入量的现值同其现金流出量的现

值之差。净现值法的基本原理是：将某投资项目投产后的现金流量按照预定的投资报酬率折算到该项目开始建设的当年，以确定折现后的现金流入和现金流出的数量，然后相减。若现金流入现值大于现金流出现值，净现值为正值表明投资不仅获得符合预定报酬的期望利益，而且还可以得到以正值差额表示的期望利益，这在经济上是可行的；若净现值小于或等于零，则表明投资回收水平低于预定报酬率，投资人将无利可图。净现值的计算公式为

$$NPV(净现值) = \sum_{k=1}^{n} \frac{I_k}{(1+i)^k} - \sum_{k=1}^{n} \frac{O_k}{(1+i)^k}$$

式中，n 为投资涉及的年限；I_k 为第 k 年的现金流入量；O_k 为第 k 年的现金流出量；i 为预定的贴现率。

【例 3-34】智董公司投资某项固定资产，有 A、B 两种投资方案可供选择，投资总额为 110000 元，预计投资报酬率为 10%。有关资料及计算如表 3-30 所示。

表 3-30　A、B 两种投资方案　　　　　　　　　　　　　单位：元

年次	现值系数 (I = 10%)	A 方案		B 方案	
		现金流入量	现值	现金流入量	现值
1	0.909	50000	45450	10000	9090
2	0.826	40000	33040	20000	16520
3	0.751	30000	22530	30000	22530
4	0.683	20000	13660	40000	27320
5	0.621	10000	6210	60000	37260
合计		150000	120890	160000	112720
现金流出量			110000		110000
净现值			10890		2720

计算结果表明，A、B 方案的净现值都是正值，说明二者皆可被接受，不过二者相比，A 方案的净现值大于 B 方案，采用 A 方案更为有利。然而，净现值反映的只是一个绝对数值，如果对两个不同投资额的方案进行分析，这种方法就很难比较出它们的优劣。因此，要做出投资获利水平高低的正确评价，还必须结合其他基本方法进行分析。

2）现值指数法。现值指数是某一投资方案未来现金流入量的现值同其现金流出量的现值之比。现值指数法的基本原理是：把某投资方案投资后的现金流量，按照预定的投资报酬率折算到该项目开始建设的当年，以确定折现后的现金流入和流出的数值，然后相除。若现金流入的现值对现金流出的现值之比大于 1，现值指数大于 1，表明投资在取得预定报酬率所要求的期望利益之外，还可获得超额的现值利益；若现值指数小于 1，则意味着投资水平低于预定报酬率，投资方案不可行。现值指数的计算公式为

$$PVI = \frac{\displaystyle\sum_{k=1}^{n} \frac{I_k}{(1+i)^k}}{\displaystyle\sum_{k=1}^{n} \frac{O_k}{(1+i)^k}}$$

根据例 3-34 的资料可知：

$$PVI_A = 120890/110000 = 1.099$$
$$PVI_B = 112720/110000 = 1.025$$

计算结果表明，A、B 方案的现值指数均大于 1，且 A 方案现值指数大于 B 方案，故选择 A 方案在经济上更为有利。

3）内部报酬率法。内部报酬率是指对投资项目未来每年的净现金流量进行折现，使未来净现金流量的总现值正好等于投资总额的折现率，即使投资项目的净现值等于零时的利

率。内部报酬率法是将投资项目的内部报酬率与投资的资本成本进行比较，以确定投资项目是否可行的一种方法。

内部报酬率的计算，通常采用"逐步测试法"。首先估计一个贴现率，用它来计算投资方案的净现值。如果净现值为正数，说明方案本身的报酬率超过估计的贴现率，应提高贴现率后进一步测试；如果净现值为负数，说明方案本身的报酬率低于估计的贴现率，应降低贴现率后进一步测试。经过多次测试，寻找出使净现值接近零的贴现率，即为投资方案的内部报酬率。只有当内部报酬率大于投资的资本成本时，该投资方案才可以采用。

根据例 3-34 的资料，当折现率为 10% 时，A 方案的净现值大于零，说明它的投资报酬率大于 10%，则应进一步提高贴现率。

当 r = 15% 时，按照例 3-34 的方法，计算出它的净现值为

$$NPV(净现值) = \sum_{k=1}^{n} \frac{I_k}{(1+i)^k} - \sum_{k=1}^{n} \frac{O^k}{(1+i)^k}$$

$$= 43500 + 30240 + 19740 + 10540 + 4970 - 110000$$

$$= -1010 < 0$$

净现值小于零，表明它的投资报酬率小于 15%。

当 r = 14% 时，净现值为

$$NPV(净现值) = \sum_{k=1}^{n} \frac{I_k}{(1+i)^k} - \sum_{k=1}^{n} \frac{O^k}{(1+i)^k}$$

$$= 43850 + 30760 + 20250 + 11840 + 5190 - 110000$$

$$= 1890 > 0$$

净现值大于零，表明它的投资报酬率大于 14%，则该方案的投资报酬率在 14% 和 15% 之间，再进一步试算，直至使 NPV 接近于零，再将投资报酬率与资金成本率相比较。若资金成本率小于等于 14%，则此方案可行；若资金成本率大于等于 15%，则此方案不可行。

内部报酬率法考虑了资金的时间价值，比较准确。同时，考虑了投资方案的内部报酬率，便于与资金成本比较，更能确保投资的效率。但是，这种方法计算十分复杂，而且，内部报酬率包含一个不现实的假定，即假设投资项目每期收到的报酬都可以用来再投资，并且收到的收益率和内部报酬率都一样，这在实际中是很难实现的。

六、长期股权投资决策专题

企业进行股权投资，必须对股票的价格估算有所了解。而股票的投资价值又取决于得到它、保存它和处理它的各个过程的现金收支额。在取得（购买）时，投资者要支付买主开出的（市场）价格以及经纪人的佣金及有关税费；在保存期间，获得股利和支付有关税款；在处理（出售）时，可获得股票出售价格（卖出价格）和支付经纪人佣金及有关税费。由此观之，对整个过程进行精确的估价是非常复杂的。

许多学者就试图探索股票价值与公司的收益水平、股利风险和增长等因素的函数关系，这就形成了几种股票股价模型。

股票股价最基础的模型是贴现现金流量模型，该模型基于这样的理论：股票价值应等于股票投资者与其能得到的未来现金流量的现值。股票投资的未来现金流量主要是股票持有期间的鼓励和将来出售股票的价款收入。所以，可以用以下公式来表示股票价值：

$$v = \sum_{t=1}^{n} \frac{d_1}{(1+k)^t} + \frac{v_n}{(1+k)^n}$$

式中，v 表示股票价值；v_n 表示未来出手时预计的股票价格；k 表示投资者要求的必要报酬条件；d_t 表示第 t 期的预计股利；n 表示预计股票持有的期间。

该模型是股票股价的基本模型，还可以根据股利的变动情况对该模型进行变换。

如果投资者准备长期持有，可近似认为永不出售，则股票的价值取决于被投资公司分配的股利的多少。

再假设公司未来每年提供的股利是固定不变的，即 d_1 是个常数，其支付过程就是一个永续年金，此时股票价值的股价模型为

$$V_0 = D/K \quad （D 为每年固定的股利额）$$

有时公司的股利会是不断固定增长的。股利的固定增长是指发行公司每年分配的股利以固定的增长率长期增长，在这种情况下，公司未来每年提供的股利是呈等比级数增长的，这种股票的股价模型为

$$v_0 = \frac{D_0 \times (1 + g)}{K - g} = \frac{D_1}{K - g}$$

式中，D_0 为上年的股利；D_1 为第一年的股利；g 为股利增长率。

当然，一般情况下公司的股利是不断变化的，在一段时间里高速增长，在另一段时间里正常固定增长，在这种情况下，就要分段计算才能确定股票价值。

值得注意的是，我们在这里讨论股票估价模型时，其前提条件是把税款和佣金等都予以省略了，因此所用的未来出售时股票的价格和投资者必要的报酬率，往往与后来的实际发展有很大的差别。因为我们使用的数据都是预计的，不可能十分准确。不仅如此，影响股市价格的某些因素，如未来的利率变化、整个股市的兴衰等，在计算时都忽略了。但是，并不能因此而否定预测和分析的必要性和有用性。我们是根据股票价格的差别来进行决策的，预测的误差影响是绝对值，往往不影响其优先顺序。被忽略的不可预见的因素通常影响所有股票，而不是个别股票，对决策的正确性往往影响很小。

第四章

投资规划管理

第一节　计划综合知识

　　计划，从广义来理解，就是对未来所要从事的事业的谋划、规划或打算。这是一种静态的理解。若从动态的角度来理解，则计划可以理解为：准备在未来从事某项工作，预先确定行动的时间、方法、步骤、手段等的过程。从企业角度看，这一过程包括：确定总任务，鉴定生产主要成果的领域，并规定具体目标以及制订为达到目标所需的政策、策略、规则、程序和预算。它常常以叙述的方式出现，简明地列出目标（或指标）和达到目标的手段。有时它用预算、图表或网络的方式来表达单位计划的财务内容。

　　总之，计划是对未来的预测和安排，是为了完成某项工作而预先确定的行动方案，是需要、欲望、动机等心理因素与行动之间的过渡阶段，是"实践理性"。它把现实的心理因素与预期要实现的行动连接起来，是通向未来的桥梁。

一、计划的特性

1. 目的性

　　各种有组织的活动，如果要使它有意义的话，就应该具有目的或使命。计划作为组织管理的一种基础活动，主要是通过为组织确立目标，将组织的目标层层分解落实到组织内的各个部门、各个单位，并对实施目标进行具体指导与监督，以促使组织目标的实现，谋求组织的生存和发展。哈罗德·孔茨说："虽然计划不能完全准确地预测将来，但如果没有计划，组织的工作往往会陷于盲目，或者碰运气"。显然，计划具有较强的目的性。

2. 普遍性

在任何组织中，计划是全体主管人员的一项职能。如果不给予主管人员一定程度的自主权和制订计划的责任，他们就不是名副其实的真正主管人员了。尽管这些人员有职位高低、职权大小之分，但是他们的工作都离不开对自身行为的选择。即使一位修路队队长，或者一个工厂的班组长，按照相当严格的规定和手续，在有限的范围内也要做计划工作。他们从事计划工作的能力大小常常成为影响他们工作成绩的一个主要因素。因此，计划是各级主管人员的一个基本职能，具有普遍性。

3. 主导性

由于计划处于为其他各项管理工作确立目标、指明方向、提供依据，对组织的经营管理活动起着直接的指导作用的特殊地位，决定了计划职能是管理的首要职能。管理中的组织、人事、领导和控制等方面的活动是为了支持实现企业的目标，计划的科学与否，直接关系到其他各项管理职能能否发挥效用。因此，科学而周密的计划是主管人员合理地、有效地进行组织工作、人员配备、指导与领导工作以及控制工作的前提和保证。其主导性是显而易见的。

4. 效益性

计划的目的就是要通过综合考虑组织内外的各种客观条件变化和要求以及主观可能，寻求人、财、物诸要素的最佳结合，进行系统优化，使资源得到合理配置，从而促使组织的活动获得良好的经济效益和社会效益。这里所指的"效益"，就是指计划对我们所要达到的目的和目标的贡献。它不仅用时间、金钱或者生产来衡量，而且还要用个人或集体的满意程度来衡量。

5. 创新性

计划总是针对需要解决的新问题和可能发生的新变化、新机会而做出决定的，是一种创新性的管理活动。它有点类似于一项产品或一项工程的设计，不过其设计对象是管理活动而已。正如一种新产品能否成功占领市场，关键在于创新一样，成功的管理也依赖于计划的创新。

二、计划需要回答的问题

计划就是根据实际情况，通过科学地预测，权衡客观的需要和主观的可能，为组织中其他各项管理工作确立目标，以及实现目标的途径。它是使组织中各种管理活动有条不紊地进行的保证。

通俗地说，计划必须回答如下 6 个方面的问题，即做什么（What to do it）？何时做（When to do it）？何地做（Where to do it where to do it）？谁去做（Who to do it）？怎么做（How to do it）？简称为 5W1H。

其具体含义如下。

1. 做什么

是指计划要明确其具体任务和要求，明确每一个时期的中心任务和工作重点。例如，企业生产计划的任务主要是确定生产哪些产品，生产多少，合理安排产品投入和产出的数量与进度，在保证按期、按质、按量完成订货合同的前提下，使得生产能力得到尽可能充分的利用。

2. 为什么做

是指计划要明确组织的宗旨、目标和战略，并论证其可行性。这是影响组织成员主动性和创造性的重要问题。因为"要我做"和"我要做"的结果是大不一样的。实践证明，组织成员对组织的宗旨、目标和战略了解得越清楚，认识得越深刻，就越有助于他们在工作中发挥主动性和创造性，越有利于提高工作效率。

3. 何时做

是指计划必须回答计划方案中各项工作的开始时间和完成的进度，以便进行有效的控制和对能力及资源进行平衡。

4. 何地做

是指计划必须规定各项计划的实施地点和场所，了解计划实施的环境和限制条件，以便合理安排计划实施的空间布局和组织。

5. 谁去做

是指计划应明确规定由哪个主管部门负责。例如，开发一种新产品，要经过产品设计、样机试制、小批试制和正式投产几个阶段。在计划中要明确规定每个阶段由哪个部门负主要责任，哪些部门协助，各阶段交接时，由哪些部门和哪些人员参加鉴定和审核等。

6. 怎么做

是指计划必须回答如何实施计划方案，制订实现计划的措施，以及相应的政策和规则，对组织资源进行合理配置，以保证组织目标的实现。

实际上，一个完整的计划还应包括计划实施部门应该把工作"做成什么样""达到什么标准"，即制订控制指标和考核指标等。

三、计划的重点

计划要根据组织自身以及环境的特点来制订，因此，依据组织自身及其所处环境特点的不同，计划内容的重点也不相同。影响计划内容重点的主要有以下几方面的因素。

1. 组织的层次

图 4-1 表明了组织的管理层次与计划内容重点之间的关系。在大多数情况下，基层的管理者主要制订活动的具体计划，重点在可操作性上。高层管理者主要制订具有方向性的计划，其重点在计划的战略内容上。

中层管理者制订的计划内容介于高层与基层管理者制订的计划之间。

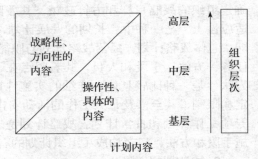

图 4-1　组织层次与计划内容

2. 组织的生命周期

每个组织都经历一定的生命周期：起初是形成期，然后是成长期，接着进入成熟期，最后是衰退期。组织处于生命周期的不同阶段，如图 4-2 所示，其计划内容的重点也不一样。组织处于形成期时，各项目标具有一定的尝试性，各类不确定因素很多，所以，计划的重点应放在其方向性、指导性上；当组织进入成长期时，此时组织的目标一般已经比较清晰，资源的取得也比较稳定，因此，计划的重点可放在具体的操作性上，但为了保持灵活性，仍应侧重于短期的计划；当组织进入成熟期时，这时组织面临的不确定性和波动性最少，计划的重点可放在长期的、具体的操作性计划上；当组织进入衰退期时，此时组织面临的变化和波动又将增多，计划的重点又重新放在短期的、指导性的内容上。

3. 组织文化

在强文化的背景下，组织成员所共有的价值体系也会对计划内容的重点产生影响。在手段倾向型的组织文化中，组织的计划更侧重于具体的操作性内容；而在结果倾向型的组织文化中，组织的计划则会侧重于目标性和指导性内容。

4. 环境的波动性

如图 4-3 所示，若环境波动的频率高，即变化较多，则组织的计划重点应放在短期内容上，反之计划的重点则可偏向于长远的规划上；另一方面，若环境变化的幅度大，计划的内容重点则应放在指导性的内容上，反之组织的计划则可侧重于操作性的具体内容方面。

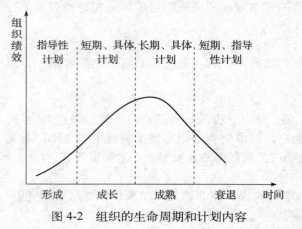

图 4-2　组织的生命周期和计划内容

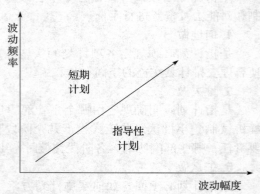

图 4-3　环境的波动性与计划内容

四、计划的类型

计划的种类很多，但为了管理的方便，我们可以根据不同的分类标志，将各行各业各不相同的计划分成不同的类别，最常见的分类方法包括以下几种。

1. 按计划的影响面分

依据计划的影响面的不同，组织的计划可分为战略计划和战术计划。战略计划主要是确定组织的战略目标和方针政策，其着眼点在于组织目标与外部环境的动态平衡、协调和适应性上，是一种中、长期的发展计划，它影响组织全局。战略性计划一般分为三种形式，即：总体战略计划、经营战略计划与职能战略计划。而战术计划则主要涉及目标完成的具体任务、方法、手段和人员，其着眼点在于特定组织结构条件下完成特定战略目标的手段和方法，是一种比较具体和详细的实施性计划。它一般都对资源、时间和方法做出具体的规定和限制，甚至涉及每天工作的活动安排。战术计划通常有三种形式，即：战略实施计划、专项工作计划和日常计划。战略计划是战术计划的目标和基础，战术计划是战略计划的实施手段和方法，二者构成了组织计划的有机整体。

2. 按计划的期限分

依据计划时间跨度的大小，我们可以将计划分为长期计划、中期计划和短期计划。

长期计划是一种"目标"。一般组织在发展过程中制订的五年或十年以上的计划称之为长期计划。长期计划对组织来说，具有战略性、纲领性的指导意义。第二次世界大战以来，由于生产的迅猛发展，消费者需求的不断更新以及市场竞争的日益激烈，西方企业越来越注重在一个较长的时间内维持增长和强化竞争实力的有效经营战略，而在市场调查和预测基础上制订企业发展的长远发展计划，无疑是其中最重要的组成部分。在我国，一般组织从前很少注意长远计划，但从趋势看，计划期已经开始拉长，有的企业已经在制订长远规划了。企业制订了正确的长远规划，可以保证企业生产经营目标的实现，对于动员企业职工的积极性，合理有效地利用企业资源并进行企业改造具有重要意义。长期计划在西方一般是指以投资计划为中心，包括经营方针、发展规模、发展速度等在内的组织长远发展战略计划。从企业来说，长期计划一般可以包括：①经营方针、政策；②企业产品发展方向和生产规模；③主要技术经济指标的发展水平，如利润、成本、劳动生产率等；④企业生产技术发展规划，如新工艺、新设备、新材料等的开发和运用；⑤基本建设和技术改造规划；⑥职工培训和发展规划；⑦职工生活福利提高规划；⑧安全生产、环境保护等生产条件的改进规划。

中期计划是一种"发展"计划。一般一年以上五年以下（含五年）的计划，称之为中期计划。它是长期计划的具体化。例如，长期计划可能规定在六年内，某种产品销售要达到同行业第一的领先地位，而与此有关的中期计划就可能规定每年销售量要递增4%。

短期计划是一种"运营"计划。一般时间跨度在一年以内的组织计划，都称之为短期计划。短期计划是中期计划的具体化，也是组织日常各项活动进行的依据和基础。与长期和中期计划相比，短期计划一般内容更为明确、具体和稳定。在企业里，短期计划不仅仅指年度计划，也包括半年、季度、月度甚至每周的计划。年度计划是指导企业在计划年度内生产经营活动的最主要、最全面的计划。它是由生产经营指标和各种专业计划构成的综合性计划，规定着企业在计划年度内应当实现的经营目标和生产经营活动应当达到的水平。季度计划是年度生产经营计划在一个季度内的具体要求的计划安排，但不是年度计划指标的简单平分，它要根据当时的具体情况进行切合实际的安排，或进行必要的调整。实质上起到上承年度、下接月度的"中间性"计划的作用。月度计划和每周计划是具体执行性的作业计划。它主要解决生产经营活动各环节在"期"和"量"上的协调与衔接，保证生产经营活动全过程的顺利进行和生产经营目标的最终实现。

长期、中期和短期计划的有机协调和相互配套，是每一个组织生存和发展的有效保证。

3. 按计划的明确性程度分

依据计划的明确性程度，可以将组织计划分为指导性计划和具体计划。指导性计划是指为组织指明方向，统一认识，但并不提供实际操作指南的计划。它只规定一些重大方针，而不局限于明确的、特定的目标，或特定的活动方案上。具体计划是指组织制订的具体明确的可衡量目标以及一套可操作的行为方案。组织通常根据面临的环境的不确定性和可预见性程度的不同，选择制订这两种不同类型的计划。

4. 按计划的组织层次分

依据计划的组织层次不同，可以将计划分成高层管理计划、中层管理计划和基层管理计划。高层管理计划是以整个组织为单位，着眼于组织整体的、长远的安排的一种计划，一般属于战略计划。中层计划是指着眼于组织内部各个组成部分的定位及相互关系的确定的计划。它既可能包含部门的分目标等战略性质的内容，也可能有各部门的工作方案等作业性的内容。基层管理计划是指着眼于每个岗位、每个员工、每个工作时间单位的工作安排和协调的计划。其内容基本是作业性的。

5. 按组织的职能分

从横向层面看，组织内部存在着不同的职能分工，包括生产经营、财务、人事等方面。每一种职能都需要形成特定的计划。因此，依据组织的不同职能可以将计划分为生产计划、营销计划、人力资源计划、财务计划等。这些计划都是处理关键性业务活动的，它是长期计划或短期计划在不同职能部门的横向细化。

五、现代计划方法

计划的方法很多，计划工作效率的高低和质量的好坏很大程度上取决于采用的计划方法。下面简要介绍三种常用的现代计划方法。

（一）滚动计划法

滚动计划法是一种定期修改未来计划的方法。管理者在制订计划时，计划活动越远，前提条件越难确定。为提高计划的有效性，可以采用滚动计划法。在滚动计划中，采用远粗近细的方法，即把近期的详细计划和远期的粗略计划结合在一起，在近期计划完成后，再根据执行结果和新的环境变化逐步细化并修正远期的计划。其具体做法如图 4-4 所示。

可以看出，近期详细计划执行完毕后，根据执行情况和内外部因素的变动情况对原计划进行修正细化，此后便根据同样的原则逐期滚动，每次修正都向前滚动一个时段，这就是滚动计划方法。

这种方法的缺点在于加大了计划的工作量，但其优点也是很明显的。这种计划方法推迟了对远期计划的决策，增加了计划的准确性，提高了计划工作的质量；同时这种计划方法使长、中、短期计划能够相互衔接，即保证了长期计划的指导作用，使得各期计划能够基本保持一致；也保证了计划应具有的基本弹性，特别是在环境剧烈变化的今天，有助于提高组织的应变能力。

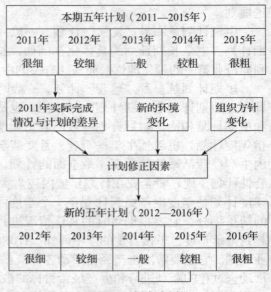

图 4-4 滚动计划法

（二）运筹学法

运筹学法也是一种有效的计划方法。这种方法的核心是运用数学模型，力求将相关因素都转化为变量形式反映在模型中，然后通过数学和统计学的方法在一定的范围内解决问题。使用这种方法的具体步骤如下。

（1）根据问题的性质建立数学模型，同时界定主要变量和问题的范围。为了简化问题和突出重点影响因素，还需要做出各种假定。

（2）根据模型中变量和结果之间的关系，建立目标函数作为比较结果的工具。

（3）确定目标函数中各参数的具体数值。

（4）求解，即找出目标函数的最大或最小值，以此得到模型的最优解，即问题的最佳解决方法。

运筹学法被广泛运用于如何合理利用有限资源实现既定目标的问题，收到了很好的效果。但也有一批管理学家对运筹学法提出了怀疑，主要集中在两点：一是针对模型的假设条件。为了建立模型的方便或降低模型的复杂程度，运筹学方法往往需要对原始问题进行若干的假设和抽象，以适合数理计算，这样的做法可能会导致"削足适履"之嫌，过多的假设可能会使结果高度失真而失去解决实际问题的意义。二是关于目标函数的结果问题。运筹学法最终要得到问题的最优解，而在管理实践中，决策目标往往有多个，最终方案可能是多个目标的折中。管理者追求的往往是从多个角度来看均为"满意的解"，而非附着各种条件的"最优的解"。

目前，随着计算技术的不断发展，数学模型允许的复杂程度不断提高，以上的疑虑已有部分得到了解决。虽然运筹学法远远不是一种完美的方法，但这无疑要比简单地依靠经验推断和定性方法来做出计划要科学得多。在某些领域中，运筹学法还是一种不可替代的有效的计划方法。

（三）PERT 网络分析法

当计划中的项目个数很多时，需要协调成百上千个活动，而且活动之间存在着紧密的时间序列关系时，PERT（Program Evaluation and Review Technology）网络分析法就成了一种十分有效的计划方法。PERT 网络是一种类似流程图的网络图，它标出了各项活动间的先后次序和完成时间，从而可使管理者借助 PERT 网络图找出完成计划目标活动的关键路径，以便比较各种不同行动方案在进度和成本方面的效果。我们试以房屋的施工过程为例，简单介绍一个 PERT 网络分析法的工作步骤。

（1）确定达到目标所需进行的活动。

（2）确定这些活动的先后顺序以及各自耗费的时间，如表 4-1 所示。

表 4-1 建筑房屋事件描述

事件描述	期望时间（周）	紧前事件
A. 审查设计和批准动工	10	—
B. 挖地基	6	A
C. 立屋架和砌墙	14	B
D. 建造楼板	6	C
E. 安装窗户	3	C
F. 搭屋顶	3	C
G. 室内布线	5	D、E、F
H. 安装电梯	5	G
1. 铺地板和嵌墙板	4	D
J. 安装门和内部装饰	3	F、H
K. 验收和交接	1	J

（3）以箭头代表一次活动的完成过程，上标的数字为该项活动所耗费的时间（周），以圆圈代表某项活动的完成，从开始到结束绘制 PRET 网络图（如图 4-5 所示）。

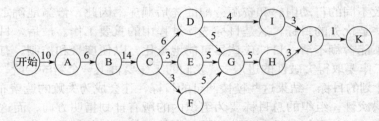

图 4-5 PERT 网络图

（4）找出其关键路径，即完成该项活动所需时间最短的那条路径。

显然，图 4-5 中的关键路径是 A－B－C－D－G－H－J－K，所需的时间是 10 + 6 + 14 + 6 + 5 + 5 + 3 + 1 = 50 周，这是完成目标的最短路径，任何其中一次活动的延迟都将导致整个活动项目完成时间的延迟。标识出项目的关键路径的最大好处就是明确了项目活动的重点，便于优化对项目活动的资源分配；当管理者想计划缩短项目完成时间，节省成本时，就要把考虑的重点放在关键路径上；在资源分配发生矛盾时，可适当调动非关键路径上活动的资源去支持关键路径上的活动，以最有效地保证项目的完成进度。

采用 PERT 网络分析法所获结果的质量很大程度上取决于事先对活动事件的预测，若能对各项活动的先后次序和完成时间都能有较为准确的预测，则通过 PERT 网络分析法可大大缩短项目完成的时间。

六、计划流程

虽然计划的类型和表现形式各种各样，但科学地编制计划所遵循的步骤具有普遍性。管理者在编制各类计划时，都可遵循如图 4-6 所示的步骤。即使在编制一些简单计划的时候，也应按照如下完整的思路去构想整个计划过程。

图 4-6　计划流程图

1. 估量机会

首先管理者应该对环境中的机会做一个扫描，确定能够取得成功的机会。管理者应该考虑的内容包括：组织期望的结果，存在的问题，成功的机会，把握这些机会所需的资源和能力，自己的长处、短处和所处的地位。例如某家公司的经营业绩出现了滑坡，主要原因是市场竞争过于激烈，供大于求；而该公司的优势是在技术和生产管理方面均领先于竞争对手。因此，该公司的机会可以是通过继续压缩成本、降低售价来扩大销售，取得竞争优势。估量机会的工作就是要根据现实的情况对可能存在的机会做出现实主义的判断。确切地说，这项工作并非计划的正式过程，它应该在计划过程开始之前就已完成，但它是整个计划工作的真正起点。

2. 确定目标

人们在旅行之前都必须明确自己的目的地，同样计划工作的第一个步骤就是为整个计划确立目标，也即是计划预期的成果。除此之外，还要确定为达到这一成果，需要做哪些工作，重点在哪里，如何运用战略、程序、规章、预算等完成计划工作的任务等。

目标的选择是计划工作极为关键的内容，很难想象一份成功的计划会在选定的目标上存在偏差。在目标的制订上，首先要注意目标的价值。计划设立的目标应对组织的总目标有明确的价值并与之相一致，这是对计划目标的基本要求。其次要注意目标的内容及其优先顺序。在一定的时间和条件下，几个共存的目标各自的重要性可能是不同的；不同目标的优先顺序将导致不同的行动内容和资源分配的先后顺序。因此，恰当地确定哪些成果应首先取得，即哪些是优先的目标，这是目标选择过程中的重要工作。最后，目标应有其明确的衡量指标，不能含糊不清。目标应该尽可能地量化，以便度量和控制。有些工商企业把诸如"我们的工作要取得突破性的进展""我们的工作要再上一个新的台阶"这样一些口号性的话语作为计划的目标，结果这些模棱两可的目标往往会成为失败的遮羞布。

目标有其层次性，组织的总目标要为组织内的所有计划指明方向，而这些计划又要规定一些部门目标，部门目标又控制着其下属部门的目标，如此等等，从而使得整个组织的全部计划内容都控制在企业的总目标体系之内。

3. 确定前提条件

这是计划工作的一个重要内容。选定目标即是确定计划的预期成果，而确定前提条件则是要确定整个计划活动所处的未来环境。计划是对未来条件的一种"情景模拟"，计划的这个工作步骤就是要确定这种情景所处的状态和环境。这种"情景模拟"能够在多大程度上贴近现实，取决于对它将要处在的环境和状态的预测能够多大程度地贴近未来的现实，也就是取决于计划的这一步骤的工作质量。

人们从来都不可能百分之百地预见未来的环境，而只能通过对现有事实的理性分析来预测计划涉及的未来环境。未来环境的内容多种多样，错综复杂，管理者不可能也没必要对它的每个方面、每个环节都做出预测。组织通常只要对其中对计划内容有重大影响的主要因素做出预测便可满足需要了。一般来说，对以下几个方面的环境因素的预测是必不可少的。

（1）宏观的社会经济环境，包括总体环境以及与计划内容密切相关的那部分环境因素。

（2）政府政策，包括政府的税收、价格、信贷、能源、进出口、技术、教育等与计划的内容密切相关的政策。

（3）组织面临的市场，包括市场环境的变化、供货商、批发商、零售商及消费者的变化。

（4）组织的竞争者，包括国内外的竞争者以及潜在的竞争者等。

（5）组织的资源，包括未来为完成计划目标而向外部获取所需的各项资源，如资金、原料、设备、人员、技术、管理等。

上述这些环境因素，有的可控，有的不可控。一般来说，不可控的因素越多，预测工作的难度也就越大。同时，对以上各环境因素的预测，同样应遵循"重要性"原则，即与计划工作关系最为密切的那些因素应给予最高度的重视。

4. 确定备择方案

几乎每次活动都有"异途"存在。所谓异途，就是不同的途径、不同的解决方式和方法。因此，计划的下一步工作就是要找出一种解决方案，要发掘出多种高质量的方案必须集思广益、开拓思路、大胆创新，但同样重要的是要进行初步筛选，减少备择方案的数量，以便集中对一些最有希望的方案进行仔细的分析比较。

5. 评价备择方案

确定了备择方案后就要根据计划的目标和前提条件，通过考察、分析来对各种备择方案进行评价。评价备择方案的尺度有两个方面：一是评价的标准；二是各个标准的相对重要性，即其权数。显然，计划前期工作的质量直接影响到方案评估的质量。

6. 选择方案

这无疑是整个计划流程中的关键一步。这一步的工作完全建立在前几步的工作基础之上。为了保持计划的灵活性，选择的结果往往可能会选择两个甚至两个以上的方案，并且决定首先采取哪个方案，并将其余的方案也进行细化和完善，作为后备方案。

7. 拟订派生计划

完成选择之后，计划工作并没有结束，还必须帮助涉及计划内容的各个下属部门制订支持总计划的派生计划。几乎所有的总计划都需要派生计划的支持和保证，完成派生计划是实施总计划的基础。

8. 编制预算

计划的最后一步工作就是将计划转变为预算，使之数字化。这主要有两个目的：第一，计划必然要涉及资源的分配，只有将其数量化后才能汇总和平衡各类计划，分配好资源；第二，预算可以成为衡量计划是否完成的标准。

七、计划的时间和跨度

无论是哪种类型的计划，也无论是计划的哪个方面的内容，都是针对未来事件的，因此计划和时间概念总是紧密结合在一起的。我们在讨论计划与时间问题时主要涉及两个方面：一是计划内容的时间安排问题，即计划中的时机问题；二是计划本身的期限问题，即计划的时间跨度问题。

（一）计划中的时机问题

在计划工作中，时机问题应特别受到重视。众多的事实表明，许多计划在其他各个方面都是完善的，仅仅由于安排行动的时机有问题，结果在应用中遭到了挫折。例如我国前些年部分大中城市的高档娱乐场所建造过多，就是忽视了人民的实际生活水平。又例如，许多企业推出的新产品遭到失败，就是因为研究开发生产的周期过长，等到产品到达市场时，需要已经衰退，错过了市场时机。这些问题都牵涉计划的时机问题。

1. 计划时机问题的基本状况

根据计划内容的复杂性的不同，可分为三种情况。

（1）计划中包含的行动不与其他活动在时间上相连。在这种情况下，管理人员只需谨慎地去为单独的每一次活动决策选择实施的适宜时机，因此决策人员能够有快速或慢速行动的自由，而不必顾及其他活动的进行情况。

（2）计划中的各项活动内容在时间上有联系，但联系并不十分紧密。在这种情况下，只需对行动的时间设立一个上限或下限，而不需制订一套周密的时间表。例如，百货店的建设计划中可能要求在下一个旺季来临之前，必须要完成内部的装饰工程；一个急需人员的公司，其总经理指示人事部招聘大学毕业生，然而这个工作至少要在 7 月份高校毕业生就业工作完成之后才能结束。

（3）计划中的各项活动在时间上有着紧密联系，各项活动的发生、发展和完成相互都有着重要的联系，彼此制约。在这种情况下，人们很难孤立地去探讨某项活动的时机问题，而只能将它和其他所有的相关活动放在一起通盘考虑，因此需要对每项活动在特定时间里采取各项步骤产生的影响做出评价，从而找出最佳的完成该项计划的时间方案。例如一项新产品的推出计划，对其时机的安排，不仅要考虑到市场需求的因素，还要考虑研究开发、试制、生产、营销等活动的时间安排，此外，还要考虑到现金流量、资金周转、人员的培训等活动的安排，因此在计划中应包含一套紧凑周密的时间安排方案。

管理者在做计划的时候，首先需要判别计划时机问题的属性，以便对计划中的时机问题有个全局的认识，从而能在计划过程中把握好时间方案的决策问题。

2. 提高计划时机方案选择质量的方法

既然时机方案的选择对计划是如此重要，管理者应设法提高计划时机选择的质量。一般可采用以下两种方法来提高计划时机选择的质量。

（1）改进预测。计划是对未来事件的一种"情景模拟"，显然这种模拟越接近即将发生的现实，管理者就越能选择合适的时间计划，成功的可能性就越大。而如何提高这种模拟的真实性又取决于管理者对未来事物的外部和内部条件的预测情况，因此改进预测就成为管理者提高时机方案决策质量的最基本的也是最有效的方法。

人类预测未来的能力可以说是有限的，也可以说是无限的。说有限是因为我们不可能百分之百地精确预见未来，说无限是指我们的预测可以无限地接近未来的现实。在预测经济发展趋势方面，人们已经设计出了一些专用的方法，但随着商情变化节奏和工艺技术革新速度的不断加快，对预测工作的要求还是远远超过了人们的预测能力。

改进预测最有效的原则简单地说就是"实事求是"，就是要克服对预测事物可能产生的偶然的偏见。例如企业在经过艰苦劳动推出一项新产品的时候，总觉得这种产品一定会比老产品好，会有很大的需求，事实上可能并非如此。我们必须克服这种"思维"的偏见，坚持让事实来说话。此外，我们在预测时还要尽可能多地收集资料，即使是在时间和资金不允许收集大量资料的情况下，也不应匆忙下结论，而应先找出关键因素，然后考虑如何获得与这一关键因素有关的资料。

（2）保持灵活性。即使在预测比较充分可靠的情况下，管理者在制订计划的时候也应尽量留有一定的余地，保持一定的灵活性，因为预测不可能是完全精确的。当误差出现的时候，如果计划保持一定的弹性，就可避免重大损失。

为了保持计划灵活性，常可采用以下方法。

1）串行方法。如果计划的活动可以在时间序列上分隔成一个个的步骤，而且步骤之间的间隔也足以用来做出决策时，管理者可以将每个步骤的全部或部分计划内容推迟至其前一步骤完成后再做出。这样在前序步骤的实际情况都已知晓或原计划内容都已得到验证的情况下，就能够最大限度地避免因计划内容与事实之间的误差所带来的损失。

2）并行方法。如果计划的内容在时间上是连续不断、难以分割的，管理者就根据最可能出现的几种情况制订出几个时机备择方案。一旦情况发生变化，可做到有所准备，使得变化的情况仍然在计划方案中，从而就不会延误计划时机。当然采用这种方法需要付出一定的成本，就是需要制订多套计划，但在很多情况下，这种成本与因计划灵活性所带来的收益相比，还是十分值得的。

（二）计划的跨度

管理者在制订计划的时候，常常会遇到决定计划跨度的问题：是编制一个长期计划，还是短期计划？两者之间应该如何协调？这些都是非常重要但又很难回答的问题。

1. 长期、中期和短期计划

长、中、短期三种类型的计划，其差别绝不仅仅在于时间方面，它们在目标和内容上的差别要比单纯时间绝对值上的差别更为重要。

（1）长期计划。长期计划的内容主要包括组织的长远目标以及如何去达到组织的长远目标。对一个工商企业来说，长期计划往往要包括其经营目标、战略、方针、远期的产品发展计划、规模等。总的来说，长期计划只规定组织的目标和达到目标的总的方法，而一般不规定具体做法。目前已有越来越多的工商企业为自己编制了长期计划，例如日本松下公司甚至已经制订了公司250年的发展计划。

（2）中期计划。中期计划来自组织的长期计划，并按照长期计划的内容和预测到的具体条件变化进行编制。中期计划主要起衔接长期计划和短期计划的作用。长期计划以问题为中心，而中期计划以时间为中心来将长期计划的内容细化为每个时段的目标。因此可以说，中期计划既赋予了长期计划的具体内容，又为短期计划指明了方向。

（3）短期计划。短期计划通常比中期计划更为详细具体，更具可操作性。短期计划对一般环境因素都做了各种假定，对各种活动有着较为详细的说明和规定。一般来说，短期计划在执行的过程中灵活选择的范围较小，有效的执行是其最基本也是最重要的要求。而且短期计划涉及的环境因素虽然也是变化的，但由于时间跨度较短，各类因素相对较为确定，也较容易预测和评价。

2. 长、中、短期计划的协调

长期计划为组织指明方向，中期计划则为组织指明路径，而短期计划则为组织规定行进的步伐。因此将长、中、短期计划结合起来有着极为重要的意义，可以说短期计划一旦脱离了中、长期计划，那么三者就都失去了存在的意义。

在短期计划与中、长期计划脱节的情况下，短期计划不仅无助于实现中、长期计划，而且反而会阻碍中、长期计划的实现。例如，一家小企业为了一张临时得到的大额订单而改变了资金和人力物力的投向，结果是，订单完成了，却使真正符合公司发展战略的项目得不到正常的人、财、物供给。这样的短期计划不仅无助于中、长期计划的实现，而且阻碍了中、长期计划的实现。因此，工商企业的管理者是否完全知晓企业的中、长期计划，他们做出的短期计划是否有助于中、长期计划的实现，是非常重要的。管理者只有牢记企业的中、长期计划，才能在制订和实施短期计划时，注意长、中、短期计划的一致性。

八、计划的表现形式

计划的不同表现形式是计划多样性的重要方面，确定计划形式对于发挥计划职能有着重大意义。不同形式的计划可组成一个如图4-6所示的层次体系。

1. 组织的宗旨

一个组织的宗旨可以看作是一个组织的最基

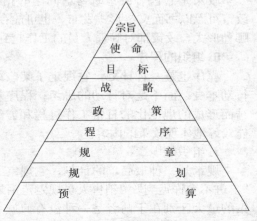

图4-6　计划的层次体系

本的目标，也即是一个组织何以存在的基本理由。一个组织的宗旨无非有两类：要么是寻求贡献于组织以外的自然、社会；要么是寻求贡献于组织内部的成员的生存和发展。这两类宗旨是彼此相连、相辅相成的。组织是为其宗旨而存在，而不是相反。

2. 组织的使命

确立了组织的宗旨以后，为了实现它，组织就可以为自己选择一项使命。这项使命的内容就是组织选择的服务领域或事业。例如一家旅行社和一家化工厂，同样为了创造利润，一个选择了提供旅游服务，一个选择了提供化工产品；一所学校和一家医院，同样服务于社会，前者的使命是教书育人，后者的使命是救死扶伤。这里应该强调的是，使命只是组织实现宗旨的手段，而不是组织存在的理由。组织为了自己的宗旨，可以选择这种事业，也可以选择那种事业。

3. 组织的目标

组织的使命说明了组织要从事的事业，而组织的目标则更加具体地说明了组织从事这项事业的预期结果。组织的目标包括了组织在一定时期内的目标以及组织各个部门的具体目标等两个方面的内容。对一家工商企业来说，在一定时期的目标通常表现在两个方面，即企业对社会做出贡献的目标和自身价值实现的目标。在通常情况下，人们可以把组织目标进一步细化，从而得出多方面的目标，形成一个互相联系的目标体系。美国学者对 80 家美国最大的公司的一次研究结果表明，每家公司设立的目标的数量从 1～18 个不等，平均是 5～6 个。

4. 组织的战略

清楚了组织的宗旨、使命和目标之后，人们还是不能清晰地描绘出一个组织的形象。一个组织应该是非常实际和具体的，而上述内容都非常抽象；因此，还要为实现组织的目标去选择一个发展方向、行动方针以及各类资源分配方案的总纲。只有在战略制订和实施之后，组织才能由一个抽象的概念变成具体的形态。当然，战略还不是具体说明企业如何去实现目标的，它的重点是要指明方向和资源配置的优先次序。战略一词来自军事用语，因而引用到管理学中来，它仍然含有对抗的含义。所以组织在制订战略时不可能是"闭门造车"，而要仔细研究其他相关组织，特别是竞争对手的情况，以取得优势地位、获得竞争胜利为目标，制订自身的战略。例如"百年竞争"中的两个主角——可口可乐公司和百事可乐公司，它们在制订各自的战略时必定要研究对方的战略，而柯达公司在制订自身的战略时也一定少不了对老对手——富士公司的研究。

5. 组织的政策

政策是管理者决策时考虑问题的指南，政策的制订是为了规定组织行为的指导方针。政策可以以书面文字形式发布，也可能存在于管理人员管理行为的"暗示"之中，但无论是哪种形式，政策都对管理人员的工作起到重要作用。

6. 组织的程序

程序也是一种计划，它规定了某些经常发生的问题的解决方法和步骤。程序直接指导行动本身，而不是对行动的思考。程序是一种经过优化的计划，是通过大量经验事实的总结而形成的规范化的日常工作过程和方法，并以此来提高工作的效果和效率。程序往往还能较好地体现政策的内容。

7. 组织的规章

规章是一种最简单的计划，它规定了某种情况下采取或不能采取某种具体行动。例如"上班不允许迟到""销售人员规定范围外的费用开支需由副总经理核准"，等等。规章和政策的最大区别在于前者是一种没有回旋余地的规定，不允许有斟酌的自由，不再需要进行任何决策，而后者却正好相反。人们常把规章和程序相混淆，因为两者都是直接指导行动本身，都要抑制思考，限制自由处理的权利；但规章只是对具体情况下的单个行动的。规定不涉及程序所包含的时间序列，甚至可以说程序实际上就是多个规章按照一定的时间序列的组合。

8. 组织的规划

组织规划的作用是根据组织总目标或各部门目标来确定组织分阶段目标或组织各部门的分阶段目标，其重点在于划分总目标实现的进度。规划有大有小：为实现我国社会经济发展的大目标，国家制定了一个个五年规划；而一个大学校园里的小零售店为实现向小型超市发展的目标也可以制订一个改变货架的规划。组织的规划不仅仅包含组织的分阶段目标，其内容还包括实现该目标所需的政策、程序、规则、任务委派、所采取的步骤、涉及的资源等。组织的规划是一份综合性的，但也是粗线条的、纲要性的计划。

9. 组织的预算

预算是一种"数字化"的计划，把预期的结果用数字化的方式表示出来就形成了预算。一般来说，财务预算是组织最重要的预算，因为组织的各项经营活动几乎都可以用数字化、货币化的方式在财务预算表上体现出来。预算作为一种计划，勾勒出未来一段时期的现金流量、费用收入、资本支出等的具体安排。预算还是一种主要的控制手段，是计划和控制工作的连接点——计划的数字化产生预算，而预算又将作为控制的衡量基准。

九、计划制订的基本要求

制订计划是一项科学性很强的工作。要想制订一个切实可行的、有效的计划，就必须遵循一些基本要求。

（一）抓住"限定因素"

所谓限定因素是指对组织目标的实现起主要限制作用的因素。一般来讲，在其他因素不变的情况下，仅仅改变这些限定因素就可以影响组织目标的实现程度。管理者在制订计划时，越是能够抓住限定因素，就越能够有针对性地、有效地拟订各种计划方案。管理者在制订计划时，必须全力找出影响计划目标实现的主要限定因素或战略因素，以便采取有针对性的行动措施。

（二）遵循"许诺原理"

许诺原理是指在制订计划时要根据完成一定的计划目标和计划任务所需耗费的时间来确定合理的计划期限。

任何一项计划都是对完成各项工作所做出的许诺，许诺越大，实现许诺的时间就越长，实现许诺的可能性就越小。由于计划制订和它所依据的预测工作常常要支付成本，如果从效益的角度分析，就必须考虑合理的计划期限，以降低风险。遵循许诺原理，可以使人们通过考虑"实现决策中所许诺的任务必须花费的时间"来确定合理的计划期限。一般地，计划期限的长短取决于实现决策中所许诺的任务的必需时间。例如，由于原材料的大幅度涨价，影响了某企业的年度生产经营计划利润目标的实现，该企业为了保证利润目标的实现，需要补充制订一个增加销售收入的计划。这个计划的期限如何确定呢？如果遵循许诺原理，则该计划的期限主要取决于从增加订货到最后实现销售收入的最短周期。

事实上，对于大多数企业来说，计划期限往往是对计划的最严厉的要求。必须注意，每项计划的许诺不能太多，因为许诺越多，计划期限越长。如果主管人员实现计划中的许诺所需的时间长度比他可能正确预见的未来期限还要长，同时又能获得足够的资源使计划具有足够的灵活性，那么就应当果断地减少许诺，或是将他所许诺的期限缩短。

（三）重视协调性

要使组织的计划真正能够对组织的生产经营活动起到指导作用，就需要管理者在计划制订过程中高度重视计划的协调性。这是因为：一方面，组织的活动涉及人员、物资、资金、信息、技术、质量等各个方面，这不仅与组织内部的各个要素有关，而且与组织外部的各种条件都有密切的关系。这样，组织的计划既必须注意其内部各要素、各部门之间的相互协调，又必须注意组织与外部环境条件之间的充分协调，才能使组织的计划真正发挥指导作用。另一方面，由于组织各项计划的基础是决策，而决策通常只确定组织各项经营活动的总方向，对各项经营活动的数量和进度没有什么明确的规定，即使有这种数量进度的规定也是粗线条的。当组织的各个职能部门在制订各自的计划时，由于各个职能部门都有自己特定的目标（来自组织决策）、特定的工作条件（组织内部的条件和外部的条件），以及与各职能部门的特定目标和特定工作条件相联系的特定利益，就很容易形成各项计划之间的冲突，这种冲突的存在，也要求制订计划时重视协调性；否则，会严重影响组织各项活动的展开。可见，协调计划是计划管理的必需环节，是组织计划得以贯彻实施的保证。组织计划协调工作搞得不好，可能造成组织内部各部门之间的摩擦，使组织各部门离心离德，成为一盘散沙，形成彼此推卸责任的拉锯战，从而贻误了经营活动的有利时机，给整个企业的经营效果带来不可估量的损失。

那么，怎样来协调计划呢？在寻求协调计划的方案时，管理者应注意以下原则。

（1）目的性原则。组织制订的各项计划，都是组织经营决策的具体化，都是实现组织目标的手段。因此，协调计划的根本目的是使组织的目标得以实现，这是协调计划的根本着眼点。无论组织各项计划发生何种冲突，无论协调计划时对哪项计划做出修正，最终都应符合组织的宗旨，都应使组织所制订的经营决策能够更好地实现。

（2）可接受原则。在制订计划时，每种计划的指标都存在一个可以接受的范围。换言之，每一种计划的制订都具有一定的灵活性。管理者在协调计划时，应该根据必要性和可能性，根据各个计划的可变区间或灵活范围来协调计划，使组织的各项活动都能令人满意。

（3）效益原则。组织协调计划，应能提高经济效益，而不是相反。作为相对独立的经济实体，企业的经济效益不能提高就是最大的失败。协调计划的最终结果应能使企业获得最大限度的利润。

（四）加强灵活性

计划是预先确定的行动方案，实行中情况发生变化是常见的事情，即使最权威的预测，也可能出现错误，因而理想的计划是具有弹性的。管理者在制订计划时应加强计划的灵活性，这包含两方面的要求。

1. 制订计划时要留有余地

在计划制订过程中，各项要求和指标的提出一要积极，二要可靠。所谓"积极"，就是凡经过努力可以办到的事，要尽量安排，努力争取办到。所谓"可靠"，就是计划必须落到实处，确定计划的要求或指标，必须要以资源条件做保证，不能留有缺口，这也就是我们常说的，"把尽力而为和量力而行结合起来"，使计划既具有先进性，又具有科学性。同时，计划还要留有一定的余地，也就是计划中的要求或指标不能订得过高，要给执行者留有超额完成计划的可能，这样做能够激发执行者的热情和积极性，有利于更好地实现所确定的目标和计划方案。如果要求或指标都定得过高，到头来完不成，就会对执行者的积极性有所挫伤。计划要留有余地的另一层意思是在资源（如资金、原材料等）的安排和使用上，要留有一定的后备力量。资源分配不能"吃光分净"，在今后的管理过程中，难免出现预计不到的情况，如市场的变化、自然灾害等。只有留有一定的余地，才能应付这些不测事件，掌握实现计划的主动权。

2. 加强计划的灵活性，还要求计划富于较大的弹性，应随着情况变化而不断修订

在制订计划时，要使其具有较大的弹性，除了前面提到的计划指标的制订要留有若干可变动的余地外，还要求计划中应包括几套替换方案，以及对某些可能出现的紧急情况的处理计划。例如，美国的米德公司有三套（A、B、C）短期计划。A计划是"激进的"，B计划是"基本的"，C计划是"保守的"。美国的塞罗克公司以往只有一套长远发展计划，现在该公司制订了五套这样的计划，以便在未来的环境中采取相应的计划方案。由于计划往往面对未来十分复杂的情况，所以，在执行过程中有时需要进行修正或调整。尤其对中、长期计划，更要时常检查和修订。例如，美国、日本和西欧的一些企业对中、长期计划每季度或半年就修订一次，有的企业甚至每个月都要检查一次。现在许多国家和企业都喜欢采用"滚动式五年计划"的方式，也就是每年都要根据变化了的情况，对原定五年计划中今后五年的计划进行修订，加上四年后的一年，制订出今后五年的新计划。这种计划方式更能增加国家或企业等的应变能力，从而也能增强计划本身的灵活性。

（五）消除"计划隔阂"

"计划隔阂"是一种存在于组织内部各单位和个人之间的有关期望、前提、目标和基本观念的分歧。在组织内，计划是直线管理者的主要职能之一。但是随着调查、分析和评价的需要日益增加，计划已经变成一种专门的活动，由专门的计划参谋机构来进行。如果计划专家强调一般化的方法或技术，就有可能认识不到组织的特殊性（甚至可能是独特的情况）。管理者应直接参与，以便保证把他们关于环境和组织在环境中的特殊位置的前提包括在计划之中。事实上，计划专家会认为他们的任务是编制计划，而不是协助经营管理部门的计划活动。他们会依照自己的判断，自己的想法和前提，制订目标、编制计划。与此同时，经营管理者又会根据自己所设想的情况来制订他们自己的计划前提。除非计划专家与各经营管理人员之间有相当多的对话和相互了解，否则，可能产生一种能引起组织职能失调的计划隔阂。由于没有任何两个组织或两个管理者能够用完全同样的方法来处理计划过程，因素被重视的程度不一致，对环境条件的看法不同，其结果的重要性在主要管理者头脑中的反映也是各不相同的。从他们的观点来看，计划需要强调情况分析，这时，计划专家的活动就必须依照经营管理部门所分析的情况来进行，以便尽可能地消除可能产生的计划隔阂。当然，消除计划隔阂的办法还可以高明的方法和精密的信息投入，使组织中管理者对组织及其在环境中的作用的看法发生改变，同时使计划专家提出有洞察力的问题，推动相互之间的适应与协调一致。

必须指出，在具有许多部门层次，不同分目标以及人为限制的大规模组织中，要完全消除计划隔阂是不大可能的。要做到这一点，就要具有完整的知识、绝对的预见性、完善的沟通和整个组织的完全一致。这样的设想是高不可攀的。但是，如果计划专家的工作被认为是管理者计划职能的延伸，则隔阂可能缩小到最低限度。

（六）填补"计划空隙"

"计划空隙"是指在组织内部，由于缺乏充分的信息沟通而造成的某些管理层次对组织的总目标、计划的前提、策略和主要政策以及对必然会影响下级计划工作各个方面的上级计划不了解。在一个组织里，最高主管部门的管理者知道组织的目标、策略和政策，车间的工人也知道要求他们当天完成的工作是什么，而在最高层和基层之间存在一个空隙，处于这个空隙之中的一些管理者则不懂得他们那个部门的目标和政策怎样跟企业的总体目标和政策结成一体，从而出现了所谓的"计划空隙"。在各级管理者中，有人经常在计划工作方面招致失败，其原因往往不是因为他们不会或不愿计划，而是由于这种"计划空隙"所致。

每个人只有在得到与他所负责的计划工作有关方面的全部信息时，才能把计划工作做好，可见，消除"计划空隙"关键在于加强信息沟通。

第二节　投资计划综述

一、投资方向的选择

投资方向选择是公司投资决策者为实现既定投资目标，例如利润，而对直接影响公司经营范围的投资的性质、投资的产业、产品流向和空间流向进行取舍的行为。投资方向选择的功能直接表现为解决公司在何地进行哪种性质的投资以及以什么为投资标的，最根本的是解决在哪里生产什么的问题。

从公司的社会立场出发，投资方向的选择直接决定其现实生产经营范围的大小和参与社会分工的状态。从投资运动方面讲，公司投资方向的选择决定其投资性质是新建还是更新改造，决定公司投资的产品流向和空间流向。不仅如此，公司投资方向的选择是否正确，直接关系到公司的生死存亡。从市场角度看，公司投资方向的选择意味着公司能否存在和发展，关键要看其是否严格遵循优胜劣汰的竞争规律。公司要在竞争中获胜，在其他条件相同的前提下，公司投资方向的选择至关重要。如果公司投资决策者选择了正确的投资地点和投资对象，公司就占了先机；反之，则公司就会付出巨大的代价甚至遭受灭顶之灾。

（一）选择投资方向时应考虑的影响因素

1. 信息对公司投资方向选择的影响

公司自身内部因素、公司外部因素对公司投资方向选择的影响，归根到底是信息对公司投资方向选择的影响。投资决策者之所以对公司投资方向做出正确选择，是因为信息的收集是完整的，对信息的理解和运用是正确的。反之，则是没有完整地收集信息，对已有的信息进行了不准确的理解或错误运用。

公司投资方向的选择可能会遇到三大类信息。

（1）干扰信息，即与公司投资不相关的信息。

（2）公司投资活动中自身产生的信息，这一过程产生的信息又将成为下一过程的输入信息。

（3）公司投资运行系统外生产出来的信息，并不能直接反映公司投资活动的效果，相应地也就不能直接用于生产经营而产生出经济效益。它必须经过一定的转化和过渡才能产生效益。

公司要做出正确的判断，就必须排除一切干扰信息，完整准确地理解和把握公司投资活动中产生的信息及与公司投资活动相关的信息。

2. 公司内部约束因素

（1）公司投资决策者的偏好。例如，如果公司投资决策者偏爱新建项目，则公司投资的性质便不大可能是更新改造；如果公司投资决策者看好进入新的行业，则公司投资便难以进入原来所在的产业领域。公司投资决策者的偏好对公司投资方向的选择有着巨大的影响。

（2）公司的性质。如公司专业化方向极强，例如说这个公司只生产某种机器的某一零部件，那么，公司专业化生产方向就是公司投资方向；若公司是集团性质的，它们的经营方向不是某一专业方向，而是多元化的，那么，协作生产、多元化经营就是公司投资方向。

（3）公司投资能力。公司投资方向的选择在一定程度上会受到投资能力的牵制，即使某一投资方向未来收益非常可观，但如果公司投资能力有限，就不得不放弃或者难以独立进行该方向的投资。

（4）公司技术水平。公司技术水平与其他公司的差异会使公司投资决策者在确定投资方向时犹豫不决。在每一个时代，技术变革的进度都不是一条线看齐的，故存在不同代技术水平同时共存的现象。究竟选择更先进的还是继续使用现有的技术设备，涉及成本效益的对比及产品淘汰、市场开发等问题。

3. 公司外部约束因素

（1）法律。有些生产领域的进入受到严格的法律控制。不管这些领域的投资回报多高，也不可以随便进入，一般公司甚至不能进入。

（2）产业政策。产业政策是市场经济条件下政府调控市场的重要手段之一。它是政府以发展为目标，对国民经济产业结构的变化进行干预并协调价格、税收、金融、财政、外贸、外汇以及计划等调控手段构成的综合体系。在一定时期内，从市场调控的角度，根据国民经济发展需要及对未来市场的分析和预测，产业政策会表现出强烈的国家宏观调控意愿，即鼓励什么，限制什么，这正是公司投资决策者选择投资方向时必须关注和深入研究的内容。

（3）市场需求结构。公司投资决策者在做投资方向选择时，必须注意需求对价格的影响过程和价格对需求的影响过程。投资决策者不应将投资的产业（产品）流向需求正趋近于零的生产领域，也应尽可能地避免向产品价格趋于下降的生产领域投资。

（4）资源供给。公司的存在和发展在很大程度上取决于公司在其所在领域对资源的占有和支配能力及获取这一能力的成本的大小。如果公司进入资源稀缺（或短缺）的生产领域进行投资，其结果可能是难以获得充分的资源保证生产的进行，使投资目标难以实现；或者付出巨大代价获得资源，导致生产成本上升，也使投资目标难以实现；或者根本就无法获得资源，使投资目标不能实现。

（5）拟投资地区的环境因素。它对投资方向选择的影响表现在两个方面：一是决定投资是否流向本地区，二是决定流向本地区的投资具体流向哪种产业（产品）。

（二）投资方向选择的一般原则

如果从公司的资源优势角度来看，投资方向的选择一般遵从以下原则。

（1）当公司资金雄厚时，才可以选择资金密集型的投资战略。

（2）当公司技术力量和研究开发条件雄厚时，才可以选择技术密集型投资战略。

（3）当劳动成本低，公司资金不足、技术条件不充分时，应选择劳动密集型投资战略。

一般而言，随着社会生产力的发展和公司的不断壮大，投资战略通常要经历由劳动密集型到资金密集型，再到技术密集型的转移。对于改变产品整体功能的投资战略，公司应特别注意权衡其失败风险与成功后所产生的垄断收益之间的关系，力争将投资风险降至最低。

二、投资运营程序的规划

对公司投资战略理论及技术方法的理解最终是为了将投资这一行为应用到实践中，并产生预期的投资收益。这就要求公司决策者及管理层通过一定的规范性程序将投资构想变为具体的投资方案，将投资方案变为实际的资源投入，直至投资成功。

下面仅以固定资产投资为例，原则性地讨论公司投资程序的主要内容。

1. 发现生产经营问题，确定投资目标

运用定性、定量的分析方法，找出影响公司进一步发展壮大的资源制约性因素，确定投资的方向和重点以及预期的投资收益。

2. 进行调查研究

调查研究工作即对市场需求、原料燃料动力供应、资金筹措等一系列问题进行全面的调查了解。

3. 提出项目建议书

项目建议书是管理者基于对国家和社会生产发展水平、行业、地区、市场、资源、科技发展趋势、政府政策等情况的判断，向公司最高决策者提出的有关投资项目的建设性文件，是公司最高决策者选择投资项目的依据。

根据我国目前的规定，项目建议书的主要内容应包括：投资项目的必要性和主要依据；市场预测；拟议的投资规模和投资方向；投资地点的选择；主要技术工艺设想；投资测算与筹资方案；投资周期预计；投资效益估计等。

4. 编制可行性研究报告

可行性研究是依据公司最高决策者同意的项目建议书，在投资调查和预测的基础上，对拟议项目从经济和技术方面进行的分析论证。把项目建议书或者说投资构想变为具体的投资方案，必须进行投资项目的可行性研究。公司投资的成败，除了不可抗拒的因素外，从某种意义上讲，全在于能否慎重地进行可行性研究。

5. 编制设计任务书

设计任务书是计划投资项目的大纲文件，是确定投资项目与投资方案的基本范本，以此为主要依据，公司委托编制设计文件。当可行性研究报告经论证、批准后，再以被推荐的投资方案为对象，编制设计任务书，其内容大体上与可行性研究报告相同。设计任务书在投资实施前起到定项目、定方案的作用，它是编制设计文件的依据。

6. 编制设计文件

在可行性研究报告或设计任务书经公司最高决策者批准后，公司应委托设计单位依据设计任务书编制设计文件。设计文件包括初步设计、总概算和技术设计。初步设计或扩大初步设计是根据业已批准的可行性研究报告或设计任务书，结合必要的、准确的设计基础资料，对设计任务书规定的内容进行深化，进行通盘研究和总体安排及概略计算，进一步在指定地点、时间、工艺流程、预算内，对项目在技术上、经济上的可靠性、合理性进行综合性的设计规定。编制项目总概算，即大致确定能核算的投资成本。

7. 施工准备

施工准备主要工作内容有：征地拆迁；七通一平（即通路、供水、排水、供气、供电、供暖、通信及场地平整）；修建临时设施；组织设计图纸和技术资料供应；建立必要的建筑材料、专用设备、大型设备的储备等。

8. 施工

申请开工报告，获得开工许可证，按部就班地开始施工。

9. 生产经营准备

在公司投资项目进行施工的同时，投资者应积极地进行生产经营的各项准备工作。这主要包括：组建生产经营领导班子和管理机构；招募、培训生产经营人员；落实生产经营条件；制订生产经营管理制度；其他开工生产前的准备事项。

10. 竣工验收，投入使用

竣工验收、投入使用使用的程序有以下几个：办理竣工结算等手续；交接各种资料；正式投入使用。

由此可见，从提出项目建议书，直到竣工验收、投入使用，投资程序是一个完整的体系，具有不可分割性。正是通过严密的投资程序掌控，公司决策者可以在每一个环节随时发现问题、通报问题、解决问题，以确保项目的实施达到预定的目的，实现投入、产出、效益的及时转换。

小知识

制订投资计划时要了解哪些情况

在制订投资计划之前，总经理不仅要明确投资的指导方针，而且应对投资所涉及的一些具体情况做深入的调查了解，这样才能使计划具有可实施性。具体而言，在制订计划中，总经理应特别对下列的一些情况进行全面分析了解。

（1）投资的宏观环境。宏观环境是商业投资者本身无法控制的外部因素，它包括的内容很广，主要是经济环境、政治与法律环境、科技环境、文化环境等。

（2）调查货源情况。货源情况对于商业投资者来说，是必须了解和考虑的重要因素。只有具备充足的资源，商业投资项目竣工并投入使用后，才能正常运转，获取合理收益。

（3）调查需求状况。消费者的需求状况如何，直接决定着商业经营的好坏。没有需求的商业，不过是"无源之水""无本之木"，是无法做到买卖兴隆的。

（4）调查竞争状况。一般来说，需要了解的情况包括：①竞争对手的数量；②竞争对手的经营状况；③竞争对手的劳动效率；④竞争对手的优势和弱点；⑤竞争策略以及潜在竞争对手。

（5）商品销路的预测。对于私营公司的经营者来说，预测商品销路是非常关键的一环，是投资前一项必不可少的准备工作。因为商业总是先买后卖，为卖而买。产品销路如何，直接关系到公司的经济效益，如果公司经营的产品销路不好甚至没有销路，则投入的资金要想收回甚至增值，其困难程度也是可想而知的。

第五章

投资预算管理

　　投资活动预算又称特种决策预算，是指对企业在预算期内从事的各种投资活动所编制的预算，它主要包括短期投资（交易性金融资产）预算和长期投资预算。

　　投资活动预算应根据预算期内的投资计划编制。投资活动预算应该在划分短期投资预算和长期投资预算的基础上，按照对内投资预算和对外投资预算、股权投资预算和债权投资预算来编制。

　　理论上说投资预算的具体编制应当包括项目的投资支出预算和项目收入预算。但由于项目建设完成后的运营期一般都很长，编制项目的收入预算不切合实际，所以一般只编制项目的投资支出预算。

第一节　交易性金融资产预算

　　交易性金融资产是指能够随时变现并且持有时间不准备超过 1 年（含 1 年）的投资，包括股票、债券、基金等。交易性金融资产一般都属于对外的投资，通过用现金购买股票、债券、基金等来实现投资的目的。交易性金融资产一般都引起现金流量的变动，需要纳入现金流量预算的范畴。

　　交易性金融资产预算应该根据投资计划按照投资类别或项目来编制，并同时编制投资所引起的现金流量预算。

　　交易性金融资产预算的编制可按以下思路来进行（表 5-1）。

表 5-1　×× 公司 ×××× 年交易性金融资产预算表　　　　单位：元

项目	第一季度	第二季度	第三季度	第四季度	全年合计
股票投资增加 股票投资减少 其中：现金流出 现金流入 现金净流量					
债券投资增加 债券投资减少 其中：现金流出 现金流入 现金净流量					
基金投资增加 基金投资减少 其中：现金流出 现金流入 现金净流量					
投资增加合计 投资减少合计 其中：现金流出合计 现金流入合计 现金净流量合计					

第二节　长期投资预算

　　会计上的长期投资实际上只是指对外长期投资，并没有包括对内长期投资。财务管理中的长期投资所包括的范围要比会计的宽，它除了包括对外长期投资外，还包括对内长期投资，例如，企业购买或新建、扩建、改建固定资产的投资就属于对内长期投资，购买无形资产的投资也属于对内长期投资等。

　　长期投资预算应该根据投资计划区分对内投资和对外投资，按照投资类别或项目来编制并同时编制投资所引起的现金流量预算。

　　长期投资预算的编制可按以下提供的参考思路来进行（表 5-2）。

表 5-2　×× 公司 ×××× 年长期投资预算表　　　　单位：元

项目		第一季度	第二季度	第三季度	第四季度	全年合计
对外投资	股票投资增加 股票投资减少 其中：现金流出 现金流入 现金净流量					

项目		第一季度	第二季度	第三季度	第四季度	全年合计
对外投资	债券投资增加 债券投资减少 其中：现金流出 现金流入 现金净流量					
	基金投资增加 基金投资减少 其中：现金流出 现金流入 现金净流量					
对内投资	固定资产投资增加 营运资金垫支增加 固定资产投资减少 其中：现金流出 现金流入 现金净流量					
	无形资产投资增加 无形资产投资减少 其中：现金流出 现金流入 现金净流量					
投资合计	投资增加合计 投资减少合计 其中：现金流出合计 现金流入合计 现金净流量合计，					

如果将上述交易性金融资产预算和长期投资预算合编在一个预算编制表里，则可根据表 5-3 的格式来编制。

表 5-3　××公司××××年投资预算表　　　　　　　单位：元

项目		第一季度	第二季度	第三季度	第四季度	全年合计
短期投资	股票投资增加 股票投资减少 其中：现金流出 现金流入 现金净流量					
	债券投资增加 债券投资减少 其中：现金流出 现金流入 现金净流量					
	基金投资增加 基金投资减少 其中：现金流出 现金流入 现金净流量					

		项目	第一季度	第二季度	第三季度	第四季度	全年合计
短期投资		短期投资增加合计 短期投资减少合计 其中：现金流出合计 现金流入合计 现金净流量合计					
长期投资	对外投资	股票投资增加 股票投资减少 其中：现金流出 现金流入 现金净流量					
		债券投资增加 债券投资减少 其中：现金流出 现金流入 现金净流量					
		基金投资增加 基金投资减少 其中：现金流出 现金流入 现金净流量					
	对内投资	固定资产投资增加 营运资金垫支增加 固定资产投资减少 其中：现金流出 现金流入 现金净流量					
		无形资产投资增加 无形资产投资减少 其中：现金流出 现金流入 现金净流量					
		长期投资增加合计 长期投资减少合计 其中：现金流出合计 现金流入合计 现金净流量合计					
总计		投资增加合计 投资减少合计 其中：现金流出总计 现金流入总计 现金净流量总计					

小知识

长期股权投资预算

　　长期股权投资预算是企业在预算期内为了获得其他企业单位的股权及收益分配权而进行的资本投资的预算，应当根据企业有关长期股权投资决策资料和年度长期股权投资计划编制。企业转让股权资本投资或者收取被投资单位分配的利润（股利）所引起的现金流入，也应列入资本预算。

长期股权投资预算表如表5-4所示。

表5-4 长期股权投资预算表

类别：长期股权投资　　　　201×年度　　　　编制单位：　　　　金额单位：万元

项目名称				备注
预计投资额				
所占股份		是否控股		
预计投资时间				
预算年度内盈利情况				
项目基本评价		指标内容	指标值	
	财务指标	内部报酬率		
		投资收益率		
	财务影响	预计给公司带来的每年盈利/亏损		
		预计给公司带来资产质量影响——资产负债率		
		预计对公司现金流量影响——年现金净流量		
	非财务影响	公司整体形象（促进/负面）		社会评论，股价走势
		对公司主业的影响（促进/负面）		
	其他	需引进专业人才（是/否）		
		需公告（是/否）		

第三节　投资性房地产预算

投资性房地产是指为赚取租金或资本增值，或两者兼而有之所持有的房地产，包括已出租的土地使用权、持有并准备增值以后转让的土地使用权和已经出租的建筑物。已出租的土地使用权和已出租的建筑物，是指以经营租赁方式出租的土地使用权和建筑物。其中，用于出租的土地使用权是指企业通过出让或转让方式取得的土地使用权；用于出租的建筑物是指企业拥有产权的建筑物；持有并准备增值后转让的土地使用权，是指企业取得的、准备增值后转让的土地使用权。

如果某项房地产，部分用于赚取租金或资本增值，部分用于生产商品、提供劳务或经营管理，能够单独计量和出售的、用于赚取租金或资本增值的部分为投资性房地产。企业将建筑物出租，按租赁协议向承租人提供的相关辅助服务在整个协议中不重大的，如企业将办公楼出租并向承租人提供保安、维修等辅助服务，该建筑物为投资性房地产。投资性房地产预算表如表5-5所示。

表 5-5 投资性房地产预算表

编制单位：　　　　　　　　　　201× 年度　　　　　　　　　金额单位：万元

项目名称			备注
投资额			
已出租的土地使用权 持有准备增值转让的土地使用权 已经出租的建筑物			
收益额			
未来年平均净收益情况	第一年		
	第二年		
	第三年		
	……		
资金成本			

第四节　项目投资预算

项目投资预算的步骤是：将投资项目分解成各个具体工作项目，明确工作项目之间的关系，确定工作项目的时间进度与责任人；然后确定完成投资工作项目所需要的人力物力财力资源，并在此基础上编制详细的投资预算。

具体来说，投资预算的编制包括以下几个步骤。

（1）投资的分解。投资的分解就是根据项目投资本身的技术特征、管理要求等将投资项目分解为具体的工作事项。如长江三峡工程的投资，可分解为前期论证、工程设计、搬迁移民、截流、建坝等具体工作事项。

只有将投资项目的具体内容一步步细分出来，才能发现投资在技术以及经济上存在的各种问题，促使企业寻找解决问题的办法，保证投资目标的实现。投资项目的分解需要遵循以下规则：工作项目要有独立性、责任可以确认、费用开支可以明确划分。投资项目的划分主要由企业的技术人员进行。

（2）明确工作事项的任务、要求以及责任人，并明确各工作事项的相互关系。分解为具体的工作事项后，需要明确各工作事项的任务要求以及该工作事项的责任人，更为重要的事情是明确各工作事项之间的关系。各个工作事项之间是有明确的逻辑关系的，如三峡工程的投资，前期论证是最基础的工作，必须在所有工作事项以前进行，该项工作为基础事项。而工程设计和搬迁移民工作常常是同步进行的，这两个工作事项可以并行进行。

（3）明确工作事项的进度安排和关键事项。要求明确工作事项在时间上的进度安排，并明确该工作事项最重要的事项是什么，明确今后工作的重点。

（4）规划各工作事项的资源配置需要确定各工作项目需要的人力资源、材料物资、资金数量等，并尽量使资源得到最优配置，保证工作的有效开展。

（5）确定各工作事项的支出预算。在确定各个工作事项需要的资源数量后，结合资源价格等因素，进行各个工作事项的支出预算。

（6）编制工作项目表，汇总编制项目投资总预算。根据各个工作事项的相互关系，编制出各个工作项目的时间安排、费用支出预算和各个关键事项备注，汇总编制项目的投资总预算。

资本支出的预算内容和格式的繁简，各个企业不尽相同，可以根据需要进行自行设计。

【例 5-1】某小型房地产商准备投资建筑一幢住宅楼，其编制的投资活动工作项目表如表 5-6 所示。

表 5-6　投资活动工作项目表

序号	工作项目	起止时间	延续时间（月）	费用预算（万元）	备注
1	报批立项				
2	可行性研究				
3	审批				
4	项目具体设计				
5	土地征用				
6	三通一平				
7	建筑招标				
8	发包工程				
9	监督建设				
10	楼盘预售				
11	项目竣工				
12	工程结算				
13	销售人员培训				
14	广告发布				
15	销售				
	合计				

第六章
投资评析管理

第一节　投资分析概述

一、投资环境的分析
（一）投资环境的基本内容
1.投资的一般环境

投资的一般环境主要包括政治形势、经济形势和文化状况。

（1）政治形势主要包括政局是否稳定，有没有战争或发生战争的风险，有没有国家政权和社会制度变革的风险，有没有重大政策的变化。要预测好政治形势，必须认真学习和了解国家的有关政策、方针、法律、规定、规划等。

（2）经济形势主要包括经济发展状况、经济发展水平、经济增长的稳定性、劳动生产率、国民经济结构和国家产业政策等。经济形势常常决定着企业投资的类型和规模。

（3）文化状况主要指不同地区居民的教育程度、文化水平、宗教、风俗习惯等，这些因素也会对投资产生重大影响。

2.投资的相关环境

投资的相关环境是指与特定投资项目有关的一系列因素。

（1）相关市场。市场是一切商品买卖行为或商品交换关系的总和，各种商品的供求状况和发展趋势，都会在市场上得到反映。企业在进行某项投资之前，必须对该项投资所生产的产品在市场上的供求状况进行预测。只有市场上有容量，产品能顺利售出，才能进行投资。

（2）相关资源。原材料、燃料等各种资源对企业来说，如同食物对人的生存一样重要。企业投资是否能取得良好经济效益，与原材料等各种资源的供应状况关系甚大。因此，企业在投资之前，必须对所需各种资源的供应状况、供应价格做出准确预测。

（3）相关科学技术。这主要指与特定投资项目有关的产品、材料、制造工艺、技术装备等相关的科学技术水平、发展趋势和发展速度等。做好这方面预测对降低产品成本，提高技术水平具有重要意义。

（4）相关地理环境。指与特定投资项目有关的地理位置、气候条件、自然特色等。

（5）相关基础设施。指与特定投资项目有关的交通运输、通信设备、生活条件等。

（6）相关政策优惠。指与特定投资项目有关的税收、进出口许可、市场购销等方面的优惠。

（二）投资环境分析的常用方法

分析投资环境的方法很多，各种行业、各个企业的分析方法也不相同。国际上常用的评价投资环境的方法主要有：投资环境等级评分法、国别冷热比较法、动态分析法。现结合我国具体情况，介绍最常见的几种方法。

1. 加权评分法

加权评分法是先对影响投资环境的一系列因素进行评分，然后进行加权平均，得出综合分数的一种预测方法。其基本计算公式如下：

$$y = w_1x_1 + w_2x_2 + \cdots + w_nx_n = \sum_{i=1}^{n} w_ix_i$$

式中，y 为投资环境评分；w_i 为事先拟定的对第 i 种因素进行加权的权数（$\sum_{i=1}^{n} w_i = 1$）；x_i 为第 i 种因素的评分。

【例 6-1】现以鑫裕计算机公司进行某项投资为例来说明加权评分法，如表 6-1 所示。

表 6-1 投资环境的加权评分法

有关因素 （1）	有关因素状况 （2）	分数（x_i）0～100 （3）	预计权数（w_i） （4）	加权平均分数（w_ix_i） （5）=（3）×（4）
一般环境	良好	90	0.20	18.0
相关市场	畅销	90	0.25	22.5
资源供应	充足	90	0.25	22.5
地理环境	较差	50	0.20	10.0
基础设施	一般	70	0.10	7.0
合计	—	—	1.00	80.0

在表 6-1 中，第一栏是与投资环境有关的各项因素，在实际预测时，还应列出更多的因素；第二栏是对搜集到的资料的分析评定；第三栏是由预测人员根据第二栏确定的；第四栏是由预测人员根据各因素的重要程度事先规定的。

在采用加权评分法进行分析时，加权平均分数在 80 分以上的，说明投资环境良好；加权平均分数在 60～80 分的，说明投资环境一般；加权平均分数在 60 分以下的，说明投资环境较差。

2. 汇总评分法

这种方法先根据各因素的重要程度确定每个因素的满分分数，然后再按每个因素的具体情况进行评分，最后把各因素的分数汇总，作为对投资环境的总体评价分数。在采用此法时，总分越高，表示投资环境越好。下面根据国外资料举例说明评分标准的制订方法，见表 6-2。

表 6-2 投资环境汇总评分法

投资环境因素	评分
一、政治稳定性	0～10 分
长期稳定	10
稳定但因人而易	8
存在一些不稳定因素	6
国内外有强大的反对力量	4
可能发生动乱	2
极有可能发生动乱	0
二、经济发展状况	0～10 分
长期稳定发展	10
发展较快但不稳定	8
发展速度不快且不稳定	6
经济处于停滞状况	4
经济出现负增长	2
存在严重的经验危机	0
三、产品销售状况	0～20 分
产品十分畅销且有广阔市场	20
产品销售一般但潜力很大	16
产品畅销但市场容量有限	12
产品销售状况一般且无潜力	8
产品销售量开始下降	4
产品滞销，属于淘汰产品	0
四、资源供应情况	0～20 分
有充分的廉价资源	20
资源充分价格一般	16
资源充分但价格较贵	12
资源供应不太充分	8
资源供应有限	4
资源供应十分有限	0
五、基础设施	0～16 分
基础设施很好	16
基础设施较好	12
基础设施一般	8
基础设施较差	4
基础设施很差	0
六、近 5 年的通货膨胀率	0～8 分
小于 1%	8
1%～5%	6
5%～10%	4
10%～20%	2
20% 以上	0
七、政策优惠	0～8 分
国家非常支持发展的产业	8
国家支持发展的产业	6
国家不支持也不限制的产业	4
国家限制发展的产业	2
国家不准发展的产业	0

投资环境因素	评分
八、其他因素	0~8分
其他因素很好	8
其他因素较好	6
其他因素一般	4
其他因素较差	2
其他因素很差	0
总　计	0~100分

3. 调查判断法

调查判断法是一种定性分析法，它主要是借助有关专业人员的知识技能、实践经验和综合分析能力，在调查研究的基础上，对投资环境的好坏做出评价。这种方法主要有以下几个步骤。

（1）调查。为正确预测有关投资环境，必须认真进行调查，搜集有关信息资料。调查可分直接调查和间接调查。直接调查是指调查人员直接与被调查单位接触，由调查人员通过当面采访、询问、观看、记录等方式获取有关资料的一种方法。直接调查又分全面调查、重点调查、典型调查和抽样调查四种。直接调查能保证搜集资料的准确性和及时性，但若得不到被调查单位的合作，则会使调查资料不完整。间接调查是以有关单位保存的各种数据资料为基础，通过加工整理获得投资信息的一种方法。间接调查的资料来源主要包括：①各种书籍、杂志、报纸；②各种统计报告；③各种财务报表；④各类银行、投资公司的调查报告；⑤其他，如财税部门、工商管理部门、消费者协会等掌握的各种资料。

（2）汇总。通过各种调查得到的信息是大量的、杂乱无章的，还不能直接为投资决策所利用，必须对这些信息进行加工、整理和汇总。在进行整理、汇总时，要注意剔除其中的虚假成分和偶然性因素，进行由此及彼、由表及里、去粗取精、去伪存真的分析，以便提高信息质量，抓住事物本质。

（3）判断。判断是根据调查和汇总后的信息，对投资环境的好坏做出判断。从事判断的人员主要有工业经济专家、市场分析专家、精通与投资项目有关的技术专家、财务管理专家、生产管理专家、机械设备专家，以及建筑工程技术专家。除以上人员外，还可根据需要，邀请其他部分专家协助工作。在判断时，一般先对构成投资环境的每个因素都评出好、中、差三种情况，然后综合判断投资环境的好坏。

二、投资风险的分析

在创办公司时，存在着大量的不确定因素，这些不确定因素就给投资活动带来了投资风险。

经营管理也是生产力，经营管理因素对投资效益的形成与大小影响很大。投资者即使拥有稳定的资金来源和足够的投资对象，也未必就能保证一定能够实现期望值，因为在周期很长的投资过程中，投资经营与管理是否得力，将在很大程度上决定着投资的收益。

此外，公司在经营决策中，特别是投资决策中往往通过预测投资效益再进行决策。但投资预测是立足于已知的数据和信息做出判断的，而未来的情况则是多变的，投资周期长更使这种变化与人们主观上的预测产生更大的差距。

另外，投资者本身的主观预测水平和预测决策本身又难免会有技术上的偏差和失误，这更增加了经营决策管理的不确定性，而这些不确定性直接关系到投资效益大小。

第二节 公司分析

一、公司基本分析

（一）公司产品竞争能力分析

1.成本优势

成本优势是指公司的产品依靠低成本获得高于同行业其他企业的盈利能力。在很多行业中，成本优势是决定竞争优势的关键因素，理想的成本优势往往成为同行业价格竞争的抑制力。如果公司能够创造和维持成本领先地位，并创造出与竞争对手价值相等或近似的产品，那么它只要将价格控制在行业平均或接近平均的水平，就能获取优于平均水平的经营业绩。成本优势的来源各不相同，并取决于行业结构。一般来讲，产品的成本优势可以通过规模经济、专有技术、优惠的原材料、低廉的劳动力、科学的管理、发达的营销网络等实现。其中，由资本的集中程度决定的规模效益是决定产品生产成本的基本因素。当公司达到一定的资本投入或生产能力时，根据规模经济的理论，生产成本和管理费用将会得到有效降低。

2.技术优势

技术优势是指公司拥有的比同行业其他竞争对手更强的技术实力及其研究与开发新产品的能力。这种能力主要体现在生产的技术水平和产品的技术含量上。在现代经济中，公司新产品的研究与开发能力是决定公司竞争成败的关键因素，因此，公司一般都确定了占销售额一定比例的研究开发费用。这个比例的高低往往能决定公司的新产品开发能力。产品的创新包括以下方面。

（1）通过新核心技术的研制，开发出一种新产品或提高产品的质量。

（2）通过新工艺的研究，降低现有的生产成本，开发出一种新的生产方式。

（3）根据细分市场进行产品细分，实行产品差别化生产。

（4）通过研究产品组成要素的新组合，获得一种原料或半成品的新的供给来源等。而技术创新则不仅包括产品技术，而且包括人才创新。

3.质量优势

质量优势是指公司的产品以高于其他公司同类产品的质量赢得市场，从而取得竞争优势。由于公司技术能力及管理等诸多因素的差别，不同公司间相同产品的质量是有差别的。消费者在进行购买选择时，产品的质量始终是影响他们购买倾向的一个重要因素。当一个公司的产品价格溢价超过了其为追求产品的质量优势而附加的额外成本时，该公司就能获得高于其所属行业平均水平的盈利。换句话说，在与竞争对手成本相等或成本近似的情况下，具有质量优势的公司往往在该行业中占据领先地位。

4.产品的市场占有情况

产品的市场占有情况在衡量公司产品竞争力方面占有重要地位。通常可以从两个方面进行考察。其一，公司产品销售市场的地域分布情况。从这一角度可将公司的销售市场划分为地区型、全国型和世界范围型。从市场地域的范围能大致地估计一家公司的经营能力和实力。其二，公司产品在同类产品市场上的占有率。市场占有率是对公司实力和经营能力较精确的估计。市场占有率是指公司某产品销售量占该类产品整个市场销售总量的比例。市场占有率越高，表示公司经营能力和竞争力越强，公司销售和利润水平越好、越稳定。

5.产品的品牌战略

品牌是一个商品名称和商标的总称，可以用来辨别一个卖者或卖者集团的货物或劳务，以便同竞争者的产品相区别。一个品牌不仅是一种产品的标识，而且是产品质量、性能、满足消费者效用可靠程度的综合体现。品牌竞争是产品竞争的深化和延伸，当产业发展进入成熟阶段，产业竞争充分展开时，品牌就成为产品及企业竞争力的一个越来越重要的因素。品牌具有产品所不具有的开拓市场的多种功能：一是品牌具有创造市场的功能，二是品牌具有联合市场的功能，三是品牌具有巩固市场的功能。

（二）公司经营能力分析

1.公司法人治理结构

公司法人治理结构有狭义和广义两种定义。狭义的公司法人治理结构是指有关公司董事会的功能、结构和股东的权利等方面的制度安排；广义的法人治理结构是指有关企业控制权和剩余索取权分配的一整套法律、文化和制度安排，包括人力资源管理、收益分配和激励机制、财务制度、内部制度和管理等。健全的公司法人治理机制至少体现在以下七个方面。

（1）规范的股权结构。股权结构是公司法人治理结构的基础，许多上市公司的治理结构出现问题都与不规范的股权结构有关。规范的股权结构包括三层含义：一是降低股权集中度，改变"一股独大"局面；二是流通股股权适度集中，发展机构投资者、战略投资者，发挥他们在公司治理中的积极作用；三是股权的流通性。

（2）有效的股东大会制度。股东大会制度是确保股东充分行使权力的最基础的制度安排，能否建立有效的股东大会制度是上市公司建立健全公司法人治理机制的关键。根据2002年1月7日证监会与国家经济贸易委员会联合颁布的《上市公司治理准则》，有效的股东大会制度应包括：具备规范的召开与表决程序，股东大会应给予每个提案合理的讨论时间，对董事会的授权原则、授权内容应明确具体，股东大会会议时间、地点的选择应有利于让尽可能多的股东参加会议，充分运用现代信息技术手段扩大股东参与股东大会的比例等。

（3）董事会权力的合理界定与约束。董事会作为公司的决策机构，对于公司法人治理机制的完善具有重要作用。股东大会应赋予董事会合理充分的权力，但也要建立对董事会权力的约束机制。根据《上市公司治理准则》，合理的董事会制度应制订规范、透明的董事选聘程序；在董事的选举过程中，应充分反映中小股东的意见，并积极推进累积投票制度；董事应根据公司和全体股东的最大利益，忠实、诚信、勤勉地履行职责；上市公司治理结构应确保董事会能够按照法律法规和公司章程的规定行使职权，公平对待所有股东，并关注公司其他利益相关者的利益；董事会授权董事长在董事会闭会期间行使董事会部分职权的，上市公司应在公司章程中明确规定授权原则和授权内容，凡涉及公司重大利益的事项应由董事会集体决策等。

（4）完善的独立董事制度。在董事会中引入独立董事制度，可以加强公司董事会的独立性，有利于董事会对公司的经营决策做出独立判断。2001年8月，证监会发布了《关于在上市公司建立独立董事制度的指导意见》，要求上市公司在2002年6月30日之前建立独立董事制度。这对于我国上市公司独立董事制度的建立无疑具有重大的指导意义。

（5）监事会的独立性和监督责任。一方面，应该加强监事会的地位和作用，增强监事会的独立性和加强监督的力度，限制大股东提名监事候选人和作为监事会召集人；另一方面，应该加大监事会的监督责任，对公司的经营管理进行全面的监督，包括调查和审查公司的业务状况，检查各种财务情况，并向股东大会或董事会提供报告，对公司高管的行为实行监督，并对高管的任免提出建议，对公司的计划、决策及其实施进行监督等。

（6）优秀的职业经理层。优秀的职业经理层是保证公司治理结构规范化、高效化的人才基础。形成高效运作的职业经理层的前提条件是上市公司必须建立和形成一套科学化、市场化、制度化的选聘制度和激励制度。

（7）相关利益者的共同治理。相关利益者包括员工、债权人、供应商和客户等主要利益相关者。相关利益者共同参与的共同治理机制可以有效建立公司外部治理机制，弥补公司内部治理机制的不足。

2. 公司经理层的素质

所谓素质，是指一个人的品质、性格、学识、能力、体质等方面特性的总和。在现代企业里，经理人员不仅担负着企业生产经营活动等各项管理职能，而且还要负责或参与对各类非经理人员的选择、使用与培训工作。因此，经理人员的素质是决定企业能否取得成功的一个重要因素。在一定意义上，是否有卓越的企业经理人员和经理层，直接决定着企业的经营成果。对经理人员的素质分析是公司分析的重要组成部分。一般而言，企业的经理人员应该具备如下素质：一是从事管理工作的愿望，二是专业技术能力，三是良好的道德品质修养，四是人际关系协调能力。

3. 公司从业人员素质和创新能力

公司业务人员的素质也会对公司的发展起到很重要的作用。公司的业务人员应该具有如下素质：专业技术能力、对企业的忠诚度、责任感、团队合作精神和创新能力等。对员工的素质进行分析，可以判断该公司发展的持久力和创新能力。

（三）公司盈利能力和公司成长性分析

1. 公司盈利预测

对公司盈利进行预测，是判断公司估值水平及投资价值的重要基础。盈利预测是建立在对公司深入了解和判断之上的，通过对公司基本面进行分析，进而对公司的预测做出假设。所作假设应该与公司、行业和宏观经济环境相符，且与以往年度各项经济指标比率的变化相符。盈利预测的假设主要包括以下内容。

（1）销售收入预测，包括销售收入的历史数据和发展趋势、公司产品的需求变化、市场占有率和销售网络、主要产品的存货情况、销售收入的明细等方面。销售收入预测的准确性也是公司盈利预测中最为关键的因素。

（2）生产成本预测，包括生产成本的结构、主要原材料的价格走势和每年所需原材料的总量、成本变动和销售情况变动、能否将上涨的成本转嫁给下游、毛利率的变化情况等。

（3）管理和销售费用预测，包括销售费用和销售费用占销售收入的比例、管理费用的变化、新市场的拓展、每年的研究和开发费用占销售收入的比例等。

（4）财务费用预测，包括新增长期贷款和短期贷款等。

（5）其他，包括主营业务利润占税前利润的百分比、非经常项目及其他利润占税前利润的比例、到目前为止利润的完成情况等。

2. 公司经营战略分析

经营战略是企业面对激烈的市场变化与严峻挑战，为求得长期生存和不断发展而进行的总体性谋划。它是企业战略思想的集中体现，是企业经营范围的科学规定，也是制订规划的基础。经营战略是在符合和保证实现企业使命的条件下，在充分利用环境中存在的各种机会和创造新机会的基础上，确定企业同环境的关系，规定企业从事的经营范围、成长方向和竞争对策，合理地调整企业结构和分配企业的资源。经营战略具有全局性、长远性和纲领性的特征，它从宏观上规定了公司的成长方向、成长速度及其实现方式。由于经营战略决策直接关系到企业的未来发展，其决策对象是复杂的，所面对的问题常常是突发性的、难以预料的，因此，对公司经营战略的评价比较困难，难以标准化。

3. 公司规模变动特征及扩张潜力分析

公司规模变动特征和扩张潜力一般与其所处的行业发展阶段、市场结构、经营战略密切相关，它是从微观方面具体考察公司的成长性，可以从以下几个方面进行分析。

（1）公司规模的扩张是由供给推动还是由市场需求拉动引致，是通过公司的产品创造市场需求还是生产产品去满足市场需求，是依靠技术进步还是依靠其他生产要素等，以此找出企业发展的内在规律。

（2）纵向比较公司历年的销售、利润、资产规模等数据，把握公司的发展趋势是加速发展、稳步扩张，还是停滞不前。

（3）将公司销售、利润、资产规模等数据及其增长率与行业平均水平及主要竞争对手的数据进行比较，了解其行业地位的变化。

（4）分析预测公司主要产品的市场前景及公司未来的市场份额，分析公司的投资项目，预计其销售和利润水平。

（5）分析公司的财务状况以及公司的投资和筹资潜力。

（四）公司偿债能力分析

对公司安全运营威胁最大的是无力偿还到期债务导致诉讼或破产。公司的安全性应包括两个方面的内容：一是安排好到期财务负担，二是有相对稳定的现金流入，二者不可偏废。如果仅仅满足于能偿还到期债务，公司还算不上安全，真正安全应是在安排好到期财务负担的同时，有相对稳定的现金流入和盈利。因此，公司偿债能力分析通常包括短期偿债能力分析和长期偿债能力分析。

短期偿债能力是企业偿还流动负债的能力，短期偿债能力的强弱取决于流动资产的流动性，即资产转换成现金的速度。企业流动资产的流动性强，相应的短期偿债能力也强。因此，通常使用营运资本、流动比率、速动比率和现金比率等衡量短期偿债能力。短期偿债能力受多种因素的影响，包括行业特点、经营环境、生产周期、资产结构、流动资产运用效率等。仅凭某一期的单项指标，很难对企业短期偿债能力做出客观评价。因此，在分析短期偿债能力时，一方面应结合指标的变动趋势，动态地加以评价；另一方面，要结合同行业平均水平，进行横向比较分析。长期偿债能力是指公司偿还 1 年以上债务的能力。长期负债因为数额较大，其本金的偿还必须有一种积累的过程。从长期来看，所有真实的报告收益应最终反映为公司的现金净流入，所以长期偿债能力与公司的获利能力是密切相关的。另外，公司的长期负债数额大小关系到公司资本结构的合理性，所以对长期债务不仅要从偿债的角度考虑，还要从保持资本结构合理性的角度来考虑。总之，影响公司长期偿债能力的是盈利能力、投资效果、权益资金的增长与稳定程度和企业经营现金流量，分析公司的长期偿债能力应当充分考虑到这些因素。

（五）公司行业地位分析

行业地位分析的目的是判断公司在所处行业中的竞争地位，如是否为领导企业，在价格上是否具有影响力，是否有竞争优势等。在大多数行业中，无论其行业平均盈利能力如何，总有一些企业比其他企业具有更强的获利能力。企业的行业地位决定了其盈利能力是高于还是低于行业平均水平，决定了其在行业内的竞争地位。衡量公司行业竞争地位的主要指标是产品的市场占有率。

（六）公司经济区位分析

区位，或者说经济区位，是指地理范畴上的经济增长点及其辐射范围。上市公司的投资价值与区位经济的发展密切相关，如处在经济区位内的上市公司，一般具有较高的投资价值。我们对上市公司进行区位分析，就是将上市公司的价值分析与区位经济的发展联系起来，以便分析上市公司未来发展的前景，确定上市公司的投资价值。具体来讲，可以通过以下几个方面进行上市公司的区位分析。

1. 区位内的自然条件与基础条件

自然条件与基础条件包括矿产资源、水资源、能源、交通、通信设施等，它们在区位经济发展中起着重要作用，也对区位内上市公司的发展起着重要的限制或促进作用。分析区位内的自然条件和基础条件，有利于分析该区位内上市公司的发展前景。如果上市公司所从事的行业与当地的自然条件与基础条件不符，公司的发展可能会受到很大制约。

2. 区位内政府的产业政策

为了促进区位经济的发展，当地政府一般都会制定相应的经济发展战略规划，提出相应的产业政策，确定区位优先发展和扶植的产业，并给予相应的财政、信贷及税收等诸多方面的优惠措施。这些措施有利于引导和推动相应产业的发展，相关产业内的公司将因此受益。如果区位内上市公司的主营业务符合当地政府的产业政策，一般会获得诸多政策支持，对上市公司的进一步发展有利。

3. 区位内的经济特色

所谓经济特色，是指区位内经济与区位外经济的联系和互补性、龙头作用及其发展活力与潜力的比较优势。它包括区位的经济发展环境、条件与水平、经济发展现状等有别于其他区位的特色。特色在某种意义上意味着优势，利用自身的优势发展本区位的经济，无疑在经济发展中找到了很好的切入点。例如，某区位在电脑软件或硬件方面，或在汽车工业方面已经形成了优势和特色，那么该区位内的相关上市公司，在同等条件下比其他区位主营业务相同的上市公司具有更大的竞争优势和发展空间。

小知识

公司基本分析在上市公司调研中的实际运用

1. 公司调研的目的

公司调研是上市公司基本分析的重要环节。分析师通过公司调研需要达到以下几个目的。

（1）核实公司公开信息中披露的信息，如重要项目的进展、融资所投项目等是否与信息披露一致。

（2）对公司公开信息中披露的对其利润有重大影响的会计科目或对主营业务发生重大改变的事项进行实地考察和咨询。

（3）通过与公司管理层的对话与交谈，深入了解公司管理层对公司未来战略的设想（包括新的融资计划等），并对其基本素质有一个基本的判断。

（4）通过对车间或工地的实地考察，对公司的开工率和员工精神面貌有比较清醒的认识。

（5）深入了解公司可能面临的风险。

（6）提高公司盈利预测模型中相关参数确定的准确性。

2. 公司调研的对象

公司调研的对象并不限于上市公司本身。为了达到上市公司调研的主要目的，调研围绕上市公司的内部条件和外部环境进行。调研的对象包括：①公司管理层及员工；②公司本部及子公司；③公司车间及工地；④公司所处行业协会；⑤公司供应商；⑥公司客户；⑦公司产品零售网点。

总之，一切关系到上市公司盈利的对象都应当受到证券分析师的关注。当然，不同行业的分析师由于行业的特点，在调研对象上会有所差异或者重点不一样。

3. 公司调研的分类内容及重点

根据调研所涉及问题的广度不同，可以分为全面调查和专项调查。其中，全面调查覆盖上市公司经营活动的各个层面，调查项目多，动用的人力、物力都相对较大。通常，卖方研究机构在编写重点上市公司深度研究报告过程中，会进行全面调查。为公司股票或债券发行、兼并、重组等重大事项而进行的实地尽职调查通常也属于全面调查。而专项调查在调研对象和范围上具有较为明确的指向性。当投资者对上市公司公开披露信息中部分重要敏感信息存有疑虑，或外界流传关于上市公司特定信息，或影响上市公司经营状况的若干重要因素发生变化时，投资者或卖方研究机构可能会展开针对特定问题的专项调查。

具体来看，公司基本情况（包括重大股权变动、重大重组、主要股东及相关利益人情况、历史沿革及独立情况、商业信用等）、业务与技术（包括行业优势与竞争、购产销环节、核心技术与研发情况等）、同业竞争与关联交易（包括关联方情况）、高级管理人员信息（包括高级管理人员变动及持股投资情况等）、组织结构与内部控制、财务与会计信息、业务发展目标（包括发展战略、经营理念及模式、发展计划执行及实现情况、募集资金投向及使用情况等），以及公司风险因素及其他重要事项，在结合特定或非特定的公司调研目标下，将不同程度地成为公司调研的重点内容。

4. 公司调研的流程

证券分析师在进行公司调研时通常遵循以下流程。

（1）调研前的室内案头工作，包括资料收集和分析。

（2）编写调研计划，计划内容包括：调研目的、调研对象、调研内容、调研参与人员、调研时间、调研费用等。该计划得到研究主管批准后开展室外调研。

（3）实地调研，包括访谈、考察、笔录。其中，访谈是目前上市公司实地调查中最常用的方法。上市公司高级管理人员或投资者关系负责人在接待来访的研究人员时，通常首先进行企业相关情况介绍，然后再与调研人员（投资者或研究员）进行对话或就相关提问进行回答。随后，调研人员还可能有机会与上市公司员工（如财务人员、销售人员、现场管理人员以及其他普通员工）、上市公司外部利益相关者（银行信贷员、上游供应商、下游买方采购人员、消费者）、地方政府及监管机构、竞争对手进行对话。而对上市公司相关人、财、物进行客观而具有针对性的观察以及通过体验式消费或角色扮演来进行的参与体验则是考察环节所采用的主要方法或手段。

（4）编写调研报告，主要包括调研成果和投资建议。

（5）报告发表。报告发表应当遵循相关的法律法规。

5. 公司调研所涉及的防止内幕信息及分析师职业道德问题

（1）根据《关于进一步做好上市公司公平信息披露工作的通知》，上市公司及其工作人员接受调研过程中不得披露任何未公开披露的信息（法律法规有规定的情形除外）。调研过程及会谈内容须形成书面记录，由接受调研的人员与来访调研人员共同亲笔签字确认，并由上市公司董事会秘书通过交易所网站"上市公司专区"进行报备。

（2）调研人员应加强职业修养，坚守职业道德。与调研对象之间保持恰当距离，不收受馈赠或其他非分待遇，避免利益冲突。

（3）分析师通过自身分析研究而得出的有关上市公司经营状况的判断不属内幕信息，可以向客户披露。

二、公司财务分析

（一）公司财务报表分析的主要目的

从共性的角度来看，财务报表分析的目的是为有关各方提供可以用来做出决策的信息。但具体而言，公司财务报表的使用主体不同，其分析的目的也不完全相同。

1. 公司的经理人员

通过分析财务报表判断公司的现状、可能存在的问题，以便进一步改善经营管理。

2. 公司的现有投资者及潜在投资者

主要关心公司的财务状况、盈利能力。通过对财务报表所传递的信息进行分析、加工，得到反映公司发展趋势、竞争能力等方面的信息；计算投资收益率，评价风险，比较该公司和其他公司的风险和收益，决定自己的投资策略。

3. 公司的债权人

主要关心自己的债权能否收回。通过密切观察公司有关财务情况，分析财务报表，得出对公司短期偿债能力和长期偿债能力的判断，以决定是否需要追加抵押和担保、是否提前收回债权等。此外，公司财务报表的使用主体还包括供应商、政府、雇员和工会、中介机构等。其中，专业的财务分析人员（或机构）作为公司财务报表使用人中的特殊群体，不同程度地承担了为各类报表使用人提供专业咨询服务的任务，也逐渐成为推动财务报表分析领域不断扩展的中坚力量。综上所述，财务报表分析的一般目的可以概括为：评价过去的经营业绩，衡量现在的财务状况，预测未来的发展趋势。

4. 公司雇员与供应商

公司雇员评估企业的稳定性和盈利能力，关心企业是否有能力提供报酬和养老金。供应商评估企业是否有能力如期支付到期货款。

小知识

公司主要的财务报表

财务报表的目标是向财务报表使用者提供与主体财务状况、经营成果和现金流量有关的会计信息，帮助广泛的财务报表使用者做出经济决策。财务报表也反映主体管理层受托责任的履行情况。上市公司必须遵守财务公开的原则，定期公开自己的财务状况，提供有关财务资料，便于投资者查询。

上市公司公布的财务资料中，主要是一些财务报表。按照证监会 2014 年修订的《公开发行证券的公司信息披露编报规则第 15 号——财务报告的一般规定》，要求披露的财务报表包括资产负债表、利润表、现金流量表和所有者权益变动表。

1. 资产负债表

资产负债表是反映企业在某一特定日期财务状况的会计报表，它表明权益在某一特定日期所拥有或控制的经济资源、所承担的现有义务和所有者对净资产的要求权。我国资产负债表按账户式反映，即资产负债表分为左方和右方，左方列示资产各项目，右方列示负债和所有者权益各项目。总资产＝负债＋净资产（资本、股东权益、所有者权益），即资产各项目的合计等于负债和所有者权益各项目的合计。通过账户式资产负债表，可以反映资产、负债和所有者权益之间的内在关系，并达到资产负债表左方和右方平衡。同时，资产负债表还提供年初数和期末数的比较资料。

【**例 6-2**】智董公司资产负债情况（见表 6-3）。

2. 利润表

利润表是反映企业一定期间生产经营成果的会计报表，表明企业运用所拥有的资产进行获利的能力。利润表把一定期间的营业收入与其同一会计期间相关的营业费用进行配比，以计算企业一定时期的净利润（或净亏损）。我国一般采用多步式利润表格式（见表 6-4）。

表 6-3　资产负债表

编制单位：智董公司　　　　　×××× 年 ×× 月 ×× 日　　　　　单位：万元

资产	期末余额	年初余额	负债和所有者权益（或股东权益）	期末余额	年初余额
流动资产：			流动负债：		
货币资金	87789	72861	短期借款	107799	93600
交易性金融资产	0	160	交易性金融负债	−72	0
应收票据	19234	19274	应付票据	26903	29647
应收账款	148122	76975	应付账款	52097	40534
预付款项	38583	35217	预收款项	11904	11893
应收利息	0	0	应付职工薪酬	897	867
应收股利	0	0	应交税费	−5350	8380
其他应收款	51602	85892	应付利息	0	0
存货	83071	65609	应付股利	0	0
一年内到期的非流动资产	0	0	其他应付款	77003	28012
其他流动资产	0	0	一年内到期的非流动负债	0	10000
流动资产合计	428401	355988	其他流动负债	0	0
非流动资产：	0	0	流动负债合计	271181	222933
可供出售金融资产	0	0	非流动负债：	0	0
持有至到期投资	0	0	长期借款	72187	62247
长期应收款	0	0	应付债款	0	0
长期股权投资	107693	107493	长期应付款	0	0
投资性房地产	0	0	专项应付款	0	0
固定资产	77176	76023	预计负债	0	0
在建工程	3183	2424	递延所得税负债	4128	0
工程物资	0	3436	其他非流动负债	0	0
固定资产清理	0	0	非流动负债合计	76315	62247
生产性生物资产	0	0	负债合计	347496	285180
油气资产	0	0	所有者权益（或股东权益）：	0	0
无形资产	4230	3735	实收资本（或股本）	50000	50000
开发支出	0	0	资本公积	59936	59936
商誉	0	0	减：库存股	0	0
长期待摊费用	0	0	盈余公积	23199	23199
递延所得税资产	3680	1944	未分配利润	143732	132728
其他非流动资产	0	0	所有者权益（或股东权益）合计	276867	265863
非流动资产合计	195962	195055		0	0
资产总计	624363	551043	负债和所有者权益（或股东权益）总计	624363	551043

表 6-4　利润表

编制单位：智董公司　　　　　　　　　　××××年　　　　　　　　　　单位：万元

项目	本期金额	上期金额
一、营业收入	234419	80260
减：营业成本	195890	63599
税金及附加	6	160
销售费用	13077	10596
管理费用	8574	5247
财务费用	3539	2507
资产减值损失	0	0
加：公允价值变动收益（损失以"－"号填列）	72	0
投资收益（损失以"－"号填列）	63	5657
其中：对联营企业和合营企业的投资收益	0	0
二、营业利润（亏损以"－"号填列）	13468	3808
加：营业外收入	19	301
减：营业外支出	88	3
其中：非流动资产处置损失	29	－ 131
三、利润总额（亏损总额以"－"号填列）	13399	4106
减：所得税费用	2395	434
四、净利润（净亏损以"－"号填列）	11004	3672
五、每股收益		
（一）基本每股收益		
（二）稀释每股收益		
六、其他综合收益		
七、综合收益总额		

利润表主要反映以下七个方面的内容。

（1）构成营业收入的各项要素。营业收入由主营业务收入和其他业务收入组成。

（2）构成营业利润的各项要素。营业收入减去营业成本（主营业务成本、其他业务成本）、税金及附加、销售费用、管理费用、财务费用、资产减值损失，加上公允价值变动收益、投资收益，即为营业利润。

（3）构成利润总额（或亏损总额）的各项要素。利润总额（或亏损总额）在营业利润的基础上加营业外收入，减营业外支出后得到。

（4）构成净利润（或净亏损）的各项要素。净利润（或净亏损）在利润总额（或亏损总额）的基础上，减去本期计入损益的所得税费用后得出。

（5）每股收益。普通股或潜在普通股已公开交易的企业以及处于公开发行普通股或潜在普通股过程中的企业，还应在利润表中列示每股收益的信息，包括基本每股收益和稀释每股收益两项指标。

（6）其他综合收益。该项目反映企业根据企业会计准则规定未在损益中确认的各项利得和损失扣除所得税影响后的净额。

（7）综合收益总额。该项目反映企业净利润与其他综合收益的合计金额。

3. 现金流量表

无论是资产负债表还是利润表都不足以用来判断一个公司的经营状况的好坏。从短期经营看，流动性对于一个企业的生存至关重要。分析者要想了解企业流动性方面的信息就要通过现金流量表进行分析。现金流量表反映企业一定期间现金的流入和流出，弥补了因使用权责发生制概念编制资产负债表和利润表而产生的不足。通过对现金流量表的分析，分析者可以更深入地了解企业当前和未来获得现金和现金等价物的能力及现金组成项目的变化趋势，有助于对诸如融资、股利分配和投资方面做出重要的决策。

现金流量表主要分经营活动、投资活动和筹资活动产生的现金流量三个部分（见表 6-5）。

表 6-5　现金流量表

编制单位：智董公司　　　　　　　××××年　　　　　　　单位：万元

项目	本期金额	上期金额
一、经营活动产生的现金流量：		
销售商品、提供劳务收到的现金	197817	89237
收到的税费返还	0	0
收到其他与经营活动有关的现金	186	304
经营活动现金流入小计	198003	89541
购买商品、接受劳务支付的现金	169045	68745
支付给职工以及为职工支付的现金	6718	4018
支付的各项税费	4638	318
支付其他与经营活动有关的现金	10311	10977
经营活动现金流出小计	190712	84058
经营活动产生的现金流量净额	7291	5483
二、投资活动产生的现金流量：		
收回投资收到的现金	223	996
取得投资收益收到的现金	0	0
处置固定资产、无形资产和其他长期资产收回的现金净额	2	4708
处置子公司及其他营业单位收到的现金净额	0	0
收到其他与投资活动有关的现金	0	0
投资活动现金流入小计	225	5704
购建固定资产、无形资产和其他长期资产支付的现金	4252	275
投资支付的现金	0	444
取得子公司及其他营业单位支付的现金净额	0	0
支付其他与投资活动有关的现金	0	0
投资活动现金流出小计	4252	719
投资活动产生的现金流量净额	−4027	4985
三、筹资活动产生的现金流量：		
吸收投资收到的现金	0	0
取得借款收到的现金	47839	52714
收到其他与筹资活动有关的现金	0	0
筹资活动现金流入小计	47839	52714
偿还债务支付的现金	33600	38700
分配股利、利润或偿付利息支付的现金	2410	2254
支付其他与筹资活动有关的现金	164	
筹资活动现金流出小计	36174	40954
筹资活动产生的现金流量净额	11665	11760
四、汇率变动对现金及现金等价物的影响	0	0
五、现金及现金等价物净增加额	14928	22229
加：期初现金及现金等价物余额	72861	50632
六、期末现金及现金等价物余额	87789	72861

通过单独反映经营活动产生的现金流量，可以了解企业在不动用企业外部筹得资金的情况下，凭借经营活动产生的现金流量是否足以偿还负债、支付股利和对外投资。经营活动产生的现金流量通常可以采用间接法和直接法两种方法反映。间接法是针对净利润（或综合收益）利用非现金交易进行调整后得到经营现金流；直接法是指直接通过现金收入和现金支出的主要类别列示经营活动的现金流量。

在我国，现金流量表要求按直接法编制，但在现金流量表的补充资料中还要单独按照间接法反映经营活动现金流量的情况（见表6-6）。

表6-6　×××公司净利润调节为经营活动现金流表

编制单位：智董公司　　　　　　　　×××× 年　　　　　　　　单位：元

项目	本期金额	上期金额
1. 将净利润调节为经营活动现金流量：		
净利润	1184459211.39	999368178.74
加：资产减值准备	343172203.97	177211996.53
固定资产折扣、油气资产折耗、生产性生物资产折旧	382978926.96	278338512.96
无形资产摊销	25142190.21	11070214.34
长期待摊费用摊销	800000.00	1881497.04
处置固定资产、无形资产和其他长期资产的损失（收益以"－"号填列）	7280424.58	－1449512.33
固定资产报废损失（收益以"－"号填列）		
公允价值变动损失（收益以"－"号填列）		
财务费用（收益以"－"号填列）	428555586.71	418196338.87
投资损失（收益以"－"号填列）	－368575.01	－228000.00
递延所得税资产减少（增加以"－"号填列）	－106557872.04	144977541.52
递延所得税负债增加（减少以"－"号填列）		
存货的减少（增加以"－"号填列）	704414342.51	－162192465.27
经营性应收项目的减少（增加以"－"号填列）	－3119035114.75	－2025668360.58
经营性应付项目的增加（减少以"－"号填列）	－1612898799.59	476668092.27
其他		
经营活动产生的现金流量净额	－1762057475.06	－1140645965.91

通过单独反映投资活动产生的现金流量，可以了解为获得未来收益和现金流量而导致现金流出的程度，以及以前资源转出带来的现金流入的信息。现金流量表中的投资活动比通常所指的短期投资和长期投资范围要广。

通过单独反映筹资活动的现金流量，可以帮助投资者和债权人预计对企业未来现金流量的要求权以及获得前期现金流入需付出的代价。

4. 所有者权益变动表

所有者权益变动表（又称股东权益变动表）是反映公司本期（年度或中期）内截至期末所有者权益各组成部分变动情况的报表。该表全面反映了企业的股东权益在年度内的变化情况，便于会计信息使用者深入分析企业股东权益的增减变化情况，并进而对企业的资本保值增值情况做出正确判断，提供对决策有用的信息。所有者权益变动表应当全面反映一定时期所有者权益变动的情况，包括所有者权益总量的增减变动、所有者权益增减变动的重要结构性信息、直接计入所有者权益的利得和损失。

股东权益增减变动表的各项内容包括：①净利润；②直接计入所有者权益的利得和损

失项目及其总额；③会计政策变更和差错更正的累积影响金额；④所有者投入资本和向所有者分配利润等；⑤按照规定提取的盈余公积；⑥实收资本（或股本）、资本公积、盈余公积、未分配利润的期初和期末余额及其调节情况。

（二）公司财务报表分析的方法

财务报表的比较分析法是指对两个或几个有关的可比数据进行对比，揭示财务指标的差异和变动关系，是财务报表分析中最基本的方法。

财务报表的因素分析法则是依据分析指标和影响因素的关系，从数量上确定各因素对财务指标的影响程度。进一步细分，比较分析法与因素分析法这两类分析方法又各自包含了不同种类的具体方法，如财务比率分析、结构百分比分析、趋势分析、差额分析、指标分解、连环替代、定基替代等。在实际分析过程中，各种方法往往需要结合使用。其中，最常用的比较分析方法有单个年度的财务比率分析、对公司不同时期的财务报表比较分析、与同行业其他公司之间的财务指标比较分析三种。

单个年度的财务比率分析是指对公司一个财务年度内的财务报表各项目之间进行比较，计算比率，判断年度内偿债能力、资产管理效率、经营效率、盈利能力等情况。

对公司不同时期的财务报表比较分析，可以对公司持续经营能力、财务状况变动趋势、盈利能力做出分析，从一个较长的时期来动态地分析公司状况。与同行业其他公司之间的财务指标比较分析，可以了解公司各种指标的优劣，在群体中判断个体。使用本方法时常选用行业平均水平或行业标准水平，通过比较得出公司在行业中的地位，认识优势与不足，真正确定公司的价值。

（三）公司财务报表分析的原则

1. 坚持全面原则

财务分析可以得出很多比率指标，每个比率指标都从某个角度、方面揭示了公司的状况，但任何一个比率都不足以为评价公司提供全面的信息；同时，某一指标的不足可以由其他方面得到补充。因此，分析财务报表要坚持全面原则，将多个指标、比率综合在一起得出对公司全面客观的评价。

2. 坚持考虑个性原则

一个行业的财务平均状况是行业内各公司的共性，但一个行业的各公司在具体经营管理活动中会采取不同的方式，这会在财务报表数据中体现出来。例如，某公司的销售方式以分期收款为主，会使其应收账款周转率表现出差异。又如，某公司本年度后期进行增资扩股，会使本公司的资产收益率、股东权益收益率指标下降，但这并不表示公司经营真正滑坡，这是由于资本变动而非经营变动带来的。所以，在对公司进行财务分析时，要考虑公司的特殊性，不能简单地与同行业公司直接比较。

（四）公司财务比率分析

财务比率是指同一张财务报表的不同项目之间、不同类别之间、在同一年度不同财务报表的有关项目之间，各会计要素的相互关系。财务比率是比较分析的结果，但同时财务比率分析也是对公司财务报表进行更深层次的比较分析或因素分析的基础。分析财务报表所使用的比率以及对同一比率的解释和评价，因使用者的着眼点、目标和用途不同而异。例如，一家银行在考虑是否给一个公司提供短期贷款时，它关心的是该公司的资产流动性比率；长期债权人则不然，他们着眼于公司的获利能力和经营效率，对资产的流动性则较少注意；投资者的目的在于考虑公司的获利能力和经营趋势，以便取得理想的报酬；至于公司的管理当局，则需要关心财务分析的一切方面，既要保证公司具有偿还长、短期债务的能力，又要替投资者赢得尽可能多的利润。不同资料使用者对同一比率的解释和评价，基本上应该一致，但有时候可能发生矛盾。例如，反映短期偿债能力的流动比率对短期债权人来说越大越好，但对公司管理层来说可能被认为是没有充分利用资金。比率分析可以从当年实际比率与以下几种标准比较后得出结论：公司过去的最好水平、公司当年的计划预测水平、同行业的先进水平或平均水平。比率分析涉及公司管理的各个方面，比率指标也特别多，大致可归为以下几大类：变现能力分析、营运能力分析、长期偿债能力分析、盈利能力分析、投资收益分析、现金流量分析等。

1. 盈利能力分析

盈利能力就是公司赚取利润的能力。一般来说，公司的盈利能力只涉及正常的营业状况。非正常的营业状况也会给公司带来收益或损失，但这只是特殊情况下的个别情况，不能说明公司的能力。因此，证券分析师在分析公司盈利能力时，应当排除以下因素：证券买卖等非正常项目、已经或将要停止的营业项目、重大事故或法律更改等特别项目、会计准则和财务制度变更带来的累计影响等。

反映公司盈利能力的指标很多，通常使用的主要有营业净利率、营业毛利率、资产净利率、净资产收益率等。

（1）营业净利率是指净利润与营业收入的百分比，其计算公式为

$$营业净利率 = \frac{净利润}{营业收入} \times 100\%$$

净利润，或称净利，在我国会计制度中是指税后利润。

以智董公司为例，从表 6-4 得知，智董公司 ×××× 年净利润为 11004 万元，营业收入为 234419 万元，则该公司营业净利率为

$$营业净利率 = \frac{11004}{234419} \times 100\% \approx 4.69\%$$

该指标反映每 1 元营业收入带来的净利润是多少，表示营业收入的收益水平。从营业净利率的指标关系看，净利润与营业净利率成正比关系，而营业收入额与营业净利率成反比关系。公司在增加营业收入额的同时，必须相应获得更多的净利润，才能使营业净利率保持不变或有所提高。通过分析营业净利率的升降变动，可以促使公司在扩大营业业务收入的同时，注意改进经营管理，提高盈利水平。

（2）营业毛利率是毛利占营业收入的百分比，其中毛利是营业收入与营业成本的差。其计算公式为

$$营业毛利率 = \frac{营业收入 - 营业成本}{营业收入} \times 100\%$$

续前例，依上式计算智董公司 ×××× 年营业毛利率为

$$营业毛利率 = \frac{234419 - 195890}{234419} \times 100\% \approx 16.44\%$$

营业毛利率表示每 1 元营业收入扣除营业成本后，有多少钱可以用于各项期间费用和形成盈利。营业毛利率是公司营业净利率的基础，没有足够高的毛利率便不能盈利。

（3）资产净利率是公司净利润与平均资产总额的百分比。其计算公式如下：

$$资产净利率 = \frac{净利润}{平均资产总额} \times 100\%$$

以智董公司为例，将表 6-3、表 6-4 中的智董公司有关数据代入上式，得出智董公司 ×××× 年资产净利率为

$$资产净利率 = \frac{11004}{(551043 + 624363) \div 2} \times 100\% \approx 1.87\%$$

把公司一定期间的净利润与公司的资产相比较，可表明公司资产利用的综合效果。指

标越高，表明资产的利用效率越高，说明公司在增加收入和节约资金使用等方面取得了良好的效果，否则相反。资产净利率是一个综合指标，公司的资产是由投资人投资或举债形成的。净利润的多少与公司资产总量、资产结构、经营管理水平有着密切的关系。为了正确评价公司经济效益的高低、挖掘提高利润水平的潜力，证券分析师可以用该项指标与本公司前期、与计划、与本行业平均水平和本行业内先进公司进行对比，分析形成差异的原因。影响资产净利率高低的因素主要有产品的价格、单位成本的高低、产品的产量和销售的数量、资金占用量的大小等。

（4）净资产收益率是净利润与净资产的百分比，也称净值报酬率或权益报酬率。按照《公开发行证券公司信息披露编报规则第 9 号——净资产收益率和每股收益的计算及披露》（2010 年修订）规定，目前我国上市公司须根据归属于公司普通股股东的净利润和扣除非经常性损益后归属于公司普通股股东的净利润分别计算和披露加权平均净资产收益率，以反映报告期中各种权益要素的综合收益水平，其计算公式为

$$加权平均净资产收益率 = \frac{P_0}{E_0 + N_{p/2} + E_i \cdot M_i/M_0 - E_j M_j/M_0 \pm E_k \cdot M_k/M_0} \times 100\%$$

式中，P_0 为归属于公司普通股股东的净利润或扣除非经常性损益后归属于公司普通股股东的净利润；N_p 为归属于公司普通股股东的净利润；E_0 为归属于公司普通股股东的期初净资产；E_i 为报告期发行新股或债转股等新增的、归属于公司普通股股东的净资产；E_j 为报告期回购或现金分红等减少的、归属于公司普通股股东的净资产；M_0 为报告期月份数；M_i 为新增净资产次月起至报告期期末的累计月数；M_j 为减少净资产次月起至报告期期末的累计月数；E_k 为因其他交易或事项引起的、归属于公司普通股股东的净资产增减变动；M_k 为发生其他净资产增减变动次月起至报告期期末的累计月数。

以智董公司为例，已知智董公司为上市公司，从表 6-3 和表 6-4 得知，公司年末净资产 276867 万元，年初净资产 265863 万元，年度净利润 11004 万元。会计年度内，除未分配利润外，其他所有者权益项目均无变化。

（1）假定 ×××× 年公司利润表中除公允价值变动收益、投资收益、营业外收入和营业外支出为非经常性损益外，其余均为经常性损益。根据上述公式以及公司普通股股东的净利润和扣除非经常性损益后归属于公司普通股股东的净利润分别计算智董公司 ××××年平均净资产收益率。

以公司普通股股东净利润为分子：

加权平均净资产收益率 =11004 ÷（265863 + 11004 ÷ 2）× 100% ≈ 4.06%

以扣除非经常性损益后归属于公司普通股股东的净利润为分子：

加权平均净资产收益率 =（11004 − 72 − 63 − 19 + 88）÷（265863 + 11004 ÷ 2）× 100% ≈ 4.03%

（2）若智董公司其他条件不变，假定其 ×××× 年 10 月通过定向增发新增股东权益 30000 万元，有关加权平均净资产收益率指标应计算如下。

以公司普通股股东净利润为分子：

加权平均净资产收益率 = 11004 ÷（265863 + 11004 ÷ 2 + 30000 × 2 ÷ 12）× 100% ≈ 3.98%

以扣除非经常性损益后归属于公司普通股股东的净利润为分子：

加权平均净资产收益率 =（11004 − 72 − 63 − 19 + 88）÷（265863 + 11004 ÷ 2 + 30000 × 2 ÷ 12）× 100% ≈ 3.96%

净资产收益率反映公司所有者权益的投资报酬率，具有很强的综合性。美国杜邦公司最先采用的杜邦财务分析法（因素分析法的典型）就是以净资产收益率为主线，将公司在某一时期的销售成果以及资产营运状况全面联系在一起，层层分解，逐步深入，构成一个完整的分析体系（见图 6-1）。

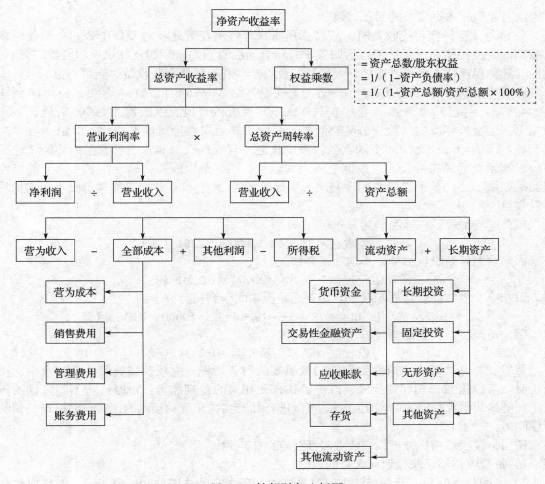

图 6-1 杜邦财务分析图

2. 投资收益分析

（1）每股收益。每股收益是净利润与公司发行在外普通股总数的比值。按照《公开发行证券公司信息披露编报规则第 9 号——净资产收益率和每股收益的计算及披露》（2010 年修订）规定，目前我国上市公司须根据归属于公司普通股股东的净利润和扣除非经常性损益后归属于公司普通股股东的净利润分别计算和披露基本每股收益和稀释每股收益。其计算公式分别为

$$\text{基本每股收益} = \frac{P_0}{S_0 + S_1 + S_i \times M_i \div M_0 - S_j \times M_j \div M_0 - S_k}$$

稀释每股收益 $= P_1 / (S_0 + S_1 + S_i \times M_i \div M_0 - S_j \times M_j \div M_0 - S_k +$ 认购权证、股份期权、可转换债券等增加的普通股加权平均数）

式中，P_0 为归属于公司普通股股东的净利润或扣除非经常性损益后归属于公司普通股股东的净利润；P_1 为归属于公司普通股股东的净利润或扣除非经常性损益后归属于公司普通股股东的净利润（考虑稀释性潜在普通股对其影响，按《企业会计准则》及有关规定进行调整）；S_0 为期初股份总数；S_1 为报告期因公积金转增股本或股票股利分配等增加股份数；S_i 为报告期因发行新股或债转股等增加股份数；S_j 为报告期因回购等减少股份数；S_k 为报告期缩股数；M_0 为报告期月份数；M_i 为增加股份次月起至报告期期末的累计月数；M_j 为减少

股份次月起至报告期期末的累计月数。

公司在计算稀释每股收益时，应考虑所有稀释性潜在普通股对归属于公司普通股股东的净利润，或扣除非经常性损益后归属于公司普通股股东的净利润及加权平均股数的影响，按照其稀释程度从大到小的顺序计入稀释每股收益，直至稀释每股收益达到最小值。

以智董公司为例，已知智董公司为上市公司，从表6-3和表6-4得知，公司净利润11004万元，并已知××××年年初与年末发行在外的普通股股数均为50000万股，每股面值1元。会计年度内，除未分配利润外，其他所有者权益项目均无变化。假定××××年公司利润表中除公允价值变动收益、投资收益、营业外收入和营业外支出为非经常性损益外，其余均为经常性损益。根据上述公式以及公司普通股股东的净利润和扣除非经常性损益后归属于公司普通股股东的净利润分别计算智董公司××××年基本每股收益和稀释每股收益。

以公司普通股股东净利润为分子：
$$基本每股收益 = 11004 \div 50000 = 0.2201（元）$$
因公司无复杂股权结构，不存在稀释情况，故：
$$稀释每股收益 = 基本每股收益 = 0.2201（元）$$
以扣除非经常性损益后归属于公司普通股股东的净利润为分子：
$$基本每股收益 = （11004 - 72 - 63 - 19 + 88）\div 50000 = 0.2188（元）$$
因公司无复杂股权结构，不存在稀释情况，故：
$$稀释每股收益 = 基本每股收益 = 0.2188（元）$$

每股收益是衡量上市公司盈利能力最重要的财务指标，它反映普通股的获利水平。在分析时，可以进行公司间的比较，以评价该公司相对的盈利能力；可以进行不同时期的比较，了解该公司盈利能力的变化趋势；可以进行经营实施和盈利预测的比较，掌握该公司的管理能力。

使用每股收益指标分析投资收益时要注意以下问题。

1）每股收益不反映股票所含有的风险。

2）不同股票的每一股在经济上不等量，它们所含有的净资产和市价不同，即换取每股收益的投入量不同，限制了公司间每股收益的比较。

3）每股收益多，不一定意味着多分红，还要看公司的股利分配政策。

（2）市盈率。市盈率是（普通股）每股市价与每股收益的比率，亦称本益比。其计算公式为

$$市盈率 = \frac{每股市价}{每股收益}（倍）$$

续前例，已知智董公司的普通股每股收益为0.22元，每股市场价格为6.60元。依上式计算：

$$市盈率 = \frac{6.60}{0.22} = 30（倍）$$

该指标是衡量上市公司盈利能力的重要指标，反映投资者对每1元净利润所愿支付的价格，可以用来估计公司股票的投资报酬和风险，是市场对公司的共同期望指标。一般说来，市盈率越高，表明市场对公司的未来越看好。在市价确定的情况下，每股收益越高，市盈率越低，投资风险越小；反之亦然。在每股收益确定的情况下，市价越高，市盈率越高，风险越大；反之亦然。

使用市盈率指标时应注意以下问题：首先，该指标不能用于不同行业公司的比较。成长性好的新兴行业的市盈率普遍较高，而传统行业的市盈率普遍较低，这并不说明后者的股票没有投资价值。其次，在每股收益很小或亏损时，由于市价不至于降为零，公司的市

盈率会很高，如此情形下的高市盈率不能说明任何问题。最后，市盈率的高低受市价的影响，而影响市价变动的因素很多，包括投机炒作等，因此观察市盈率的长期趋势很重要。由于一般的期望报酬率为5%～20%，所以通常认为正常的市盈率为5～20倍。但与流动比率和速动比率的理想值一样，考虑到行业特征差异等因素，市盈率的理想取值范围也没有一个统一标准。证券分析师需要结合其他有关信息，才能运用市盈率指标判断股票的价值。

（3）股利支付率。股利支付率是普通股每股股利与每股收益的百分比。其计算公式为

$$股利支付率 = \frac{每股股利}{每股收益} \times 100\%$$

续前例，假设智董公司应付普通股股利7500万元，智董公司每股股利为0.15元（=7500÷50000），依上式计算智董公司股利支付率为

$$股利支付率 = \frac{0.15}{0.22} \times 100\% \approx 68.18\%$$

该指标反映公司股利分配政策和支付股利的能力。

与股利支付率指标关系比较紧密的一个指标是股票获利率，是指每股股利与股票市价的比率。其计算公式为

$$股利获利率 = \frac{普通股每股股利}{普通股每股市价} \times 100\%$$

续前例，依上式计算智董公司股票获利率为

$$股利获利率 = \frac{0.15}{6.60} \times 100\% \approx 2.27\%$$

股票获利率主要应用于非上市公司的少数股权。在这种情况下，股东难以出售股票，也没有能力影响股利分配政策，他们持有公司股票的主要动机在于获得稳定的股利收益。

（4）每股净资产。每股净资产是年末净资产（即年末股东权益）与发行在外的年末普通股总数的比值，也称为每股账面价值或每股权益。用公式表示为

$$每股净资产 = \frac{年末净资产}{发行在外的年末普通股股数}$$

这里的年末股东权益指扣除优先股权益后的余额。

仍以智董公司为例，已知智董公司××××年年末净资产=年末股东权益=276867万元，依上式计算：

$$每股净资产 = \frac{276867}{50000} \approx 5.54(元)$$

该指标反映发行在外的每股普通股所代表的净资产成本，即账面权益。在投资分析时，只能有限地使用这个指标，因其是用历史成本计量的，既不反映净资产的变现价值，也不反映净资产的产出能力。每股净资产在理论上提供了股票的最低价值。

（5）市净率。市净率是每股市价与每股净资产的比值。其计算公式为

$$市净率 = \frac{每股市价}{每股净资产}(倍)$$

续前例，已知智董公司每股净资产为5.54元，每股市价为6.60元，代入上式得到：

$$市净率 = \frac{6.60}{5.54} \approx 1.19(倍)$$

市净率是将每股股价与每股净资产相比，表明股价以每股净资产的若干倍在流通转让，评价股价相对于每股净资产而言是否被高估。市净率越小，说明股票的投资价值越高，股价的支撑越有保证；反之，则投资价值越低。这一指标同样是证券分析师判断某股票投资价值的重要指标。

3. 现金流量分析

现金流量分析是在现金流量表出现以后发展起来的，其方法体系并不完善，一致性也不充分。现金流量分析不仅要依靠现金流量表，还要结合资产负债表和利润表。

（1）流动性分析。所谓流动性，是指将资产迅速转变为现金的能力。根据资产负债表确定的流动比率虽然也能反映流动性，但有很大的局限性。一般来讲，真正能用于偿还债务的是现金流量，所以，现金流量和债务的比较可以更好地反映公司偿还债务的能力。

1）现金到期债务比是经营现金净流量与本期到期债务的比值，其计算公式如下：

$$现金到期债务比 = \frac{经营现金净流量}{本期到期的债务}$$

公式中，经营现金净流量是现金流量表中的经营活动产生的现金流量净额，本期到期的债务是指本期到期的长期债务和本期应付的应付票据。

以智董公司为例，假设智董公司的本期到期长期债务为100万。从表6-3得知，智董公司的本期应付票据为26903万元；从表6-5得知，该公司经营活动产生的现金流量净额为7291万元，代入上式得到：

$$现金到期债务比 = \frac{7291}{100 + 26903} \approx 0.27$$

若同业平均现金到期债务比为5，说明智董公司偿还到期债务的能力是较差的。

2）现金流动负债比是经营现金净流量与流动负债的比值，其计算公式如下：

$$现金流动负债比 = \frac{经营现金净流量}{流动负债}$$

续前例，将表6-3和表6-5中的智董公司有关数据代入，得出其现金流动负债比为

$$现金流动负债比 = \frac{7291}{271181} \approx 0.03$$

同样，若同业平均现金流动负债比为0.3，说明智董公司偿还流动债务的能力是较差的。

3）现金债务总额比是经营现金净流量与负债总额的比值，其计算公式如下：

$$现金债务总额比 = \frac{经营现金净流量}{负债总额}$$

续前例，将表6-3和表6-5中的智董公司有关数据代入，得出其现金债务总额比为

$$现金债务总额比 = \frac{7291}{347496} \approx 0.02$$

此项比值越高，表明公司承担债务的能力越强。同时，该比值也体现了企业最大付息能力。智董公司最大的付息能力是2%，即利息超过2%时，智董公司将不能按时付息。如果市场利率是10%，那么该公司最大的负债能力是72910万元（= 7291÷10%）。

（2）获取现金能力分析。获取现金能力是指经营现金净流入和投入资源的比值。投入资源可以是营业收入、总资产、营运资金、净资产或普通股股数等。

1）营业现金比率：

$$营业现金比率 = \frac{经营现金净流量}{营业收入}$$

公式中的营业收入是指营业收入和应向购买者收取的增值税进项税额。

续前例，假设智董公司××××年的营业收入（含增值税）为234419万元，则：

$$营业现金比率 = \frac{7291}{234419} \approx 0.03$$

该比率反映每1元营业收入得到的净现金，其数值越大越好。

2）每股营业现金净流量：

$$每股营业现金净流量 = \frac{经营现金净流量}{普通股股数}$$

续前例，将表 6-3 和表 6-5 中的智董公司有关数据代入，得出其每股营业现金净流量

$$每股营业现金净流量 = \frac{7291}{50000} \approx 0.15（元）$$

该指标反映公司最大的分派股利能力，超过此限度，就要借款分红。

3）全部资产现金回收率：

$$全部资产现金回收率 = \frac{经营现金净流量}{资产总额} \times 100\%$$

该指标说明公司资产产生现金的能力。

续前例，将表 6-3 和表 6-5 中的智董公司有关数据代入，得出其全部资产现金回收率为

$$全部资产现金回收率 = \frac{7291}{624364} \times 100\% \approx 1.17\%$$

若同业平均全部资产现金回收率为 2%，说明智董公司资产产生现金的能力较弱。

（3）财务弹性分析。财务弹性是指公司适应经济环境变化和利用投资机会的能力。这种能力来源于现金流量和支付现金需要的比较。现金流量超过需要，有剩余的现金，适应性就强。财务弹性是用经营现金流量与支付要求进行比较。支付要求可以是投资需求或承诺支付等。

1）现金满足投资比率：

$$现金满足投资比率 = \frac{近 5 年经营活动现金净流量}{近 5 年资本支出、存货增加、现金股利之和}$$

假设智董公司近 5 年经营现金流量平均数与 ×××× 年相同，平均资本支出为 4500 万元，存货平均增加 50 万元，现金股利平均每年 5100 万元，则：

$$现金满足投资比率 = \frac{7291}{4500 + 50 + 5100} \approx 0.76$$

该比率越大，说明资金自给率越高。达到 1 时，说明公司可以用经营活动获取的现金满足扩充所需资金；若小于 1，则说明公司是靠外部融资来补充。

2）现金股利保障倍数：

$$现金股利保障倍数 = \frac{每股营业现金净流量}{每股现金股利}$$

续前例，已知智董公司每股营业现金净流量为 0.15 元，每股现金股利为 0.15 元，则：

$$现金股利保障倍数 = \frac{0.15}{0.15} = 1（倍）$$

该比率越大，说明支付现金股利的能力越强。

若同业平均现金股利保障倍数为 3，相比之下，智董公司的股利保障倍数不高。如果遇到不景气的情况，可能没有现金维持当前的股利水平，或者要靠举债才能维持。

（4）收益质量分析。收益质量是指报告收益与公司业绩之间的关系。如果收益能如实反映公司业绩，则认为收益的质量好；如果收益不能很好地反映公司业绩，则认为收益的质量不好。

从现金流量表的角度来看，收益质量分析主要是分析会计收益与现金净流量的比率关系，其主要的财务比率是营运指数。

$$营运指数 = \frac{经营现金净流量}{经营所得现金}$$

经营所得现金 = 经营净收益 + 非付现费用 = 净利润 - 非经营收益 + 非付现费用

关于收益质量的信息，列示在现金流量表的补充资料中。其中，非经营收益涉及处置固定资产、无形资产和其他资产的损失，固定资产报废损失，财务费用，投资损失等项目；非付现费用涉及计提的资产减值准备、固定资产折旧、无形资产摊销、长期待摊费用摊销

等项目。

营运指数小于1，说明收益质量不够好。首先，营运指数小于1，说明一部分收益尚没有取得现金，停留在实物或债权形态，而实物或债权资产的风险大于现金，应收账款能否足额变现是有疑问的，存货也有贬值的风险，所以未收现的收益质量低于已收现的收益。其次，营运指数小于1，说明营运资金增加了，反映公司为取得同样的收益占用了更多的营运资金，即取得收益的代价增加了，所以同样的收益代表着较差的业绩。应收账款增加和应付账款减少使收现数减少，影响到公司的收益质量。应收账款如不能收回，已经实现的收益就会落空；即使延迟收现，其收益质量也低于已收现的收益。

4. 变现能力分析

变现能力是公司产生现金的能力，它取决于可以在近期转变为现金的流动资产的多少，是考察公司短期偿债能力的关键。反映变现能力的财务比率主要有流动比率和速动比率。

（1）流动比率是流动资产与流动负债的比值。其计算公式为

$$流动比率 = \frac{流动资产}{流动负债}$$

续例6-2，从表6-3得知，智董公司××××年年末的流动资产为428401万元，流动负债为271181万元，依上式计算智董公司的流动比率为

$$流动比率 = \frac{428401}{271181} \approx 1.58$$

流动比率可以反映短期偿债能力。公司能否偿还短期债务，要看有多少债务，以及有多少可变现偿债的资产。流动资产越多，短期债务越少，则偿债能力越强。如果用流动资产偿还全部流动负债，公司剩余的是营运资金（流动资产－流动负债＝营运资金）。营运资金越多，说明不能偿还的风险越小。因此，营运资金的多少可以反映偿还短期债务的能力。但是，营运资金是流动资产与流动负债之差，是个绝对数，如果公司之间规模相差很大，绝对数相比的意义很有限。而流动比率是流动资产与流动负债的比值，是个相对数，排除了公司规模不同的影响，更适合公司间以及同一公司不同历史时期的比较。

一般认为，生产型公司合理的最低流动比率是2。这是因为处在流动资产中变现能力最差的存货金额，约占流动资产总额的一半，剩下的流动性较大的流动资产至少要等于流动负债，公司的短期偿债能力才会有保证。但人们长期以来的这种认识，因其未能从理论上得到证明，还不能成为一个统一标准。计算出来的流动比率，只有与同行业平均流动比率、本公司历史的流动比率进行比较，才能知道这个比率是高还是低。这种比较通常并不能说明流动比率为什么这么高或这么低，要找出过高或过低的原因还必须分析流动资产与流动负债所包括的内容以及经营上的因素。一般情况下，营业周期、流动资产中的应收账款数额和存货的周转速度是影响流动比率的主要因素。

（2）速动比率。流动比率虽然可以用来评价流动资产总体的变现能力，但人们（特别是短期债权人）还希望获得比流动比率更进一步的有关变现能力的比率指标。这个指标被称为速动比率，也被称为酸性测试比率。

速动比率是从流动资产中扣除存货部分，与流动负债的比值。速动比率的计算公式为

$$速动比率 = \frac{流动资产 － 存货}{流动负债}$$

以例6-2的智董公司为例，从表6-3得知，智董公司××××年年末的存货为83071万元，则其速动比率为

$$速动比率 = \frac{428401 － 83071}{271181} \approx 1.27$$

在计算速动比率时，要把存货从流动资产中剔除的主要原因是：①在流动资产中，存

货的变现能力最差；②由于某种原因，部分存货可能已损失报废，还没处理；③部分存货已抵押给某债权人；④存货估价还存在着成本与当前市价相差悬殊的问题。

综合上述原因，在不希望公司用变卖存货的办法还债以及排除使人产生种种误解因素的情况下，把存货从流动资产总额中排除计算出的速动比率，反映的短期偿债能力更加令人信服。通常认为正常的速动比率为1，低于1的速动比率被认为是短期偿债能力偏低。但这也仅是一般的看法，因为行业不同，速动比率会有很大差别，没有统一标准的速动比率。例如，采用大量现金销售的商店，几乎没有应收账款，大大低于1的速动比率是很正常的。相反，一些应收账款较多的公司，速动比率可能要大于1。

影响速动比率可信度的重要因素是应收账款的变现能力。账面上的应收账款不一定都能变成现金，实际坏账可能比计提的准备金要多；季节性的变化，可能使报表的应收账款数额不能反映平均水平。对于这些情况，财务报表的外部使用人不易了解，而财务人员却有可能做出估计。

由于行业之间的差别，在计算速动比率时，除扣除存货以外，还可以从流动资产中去掉其他一些可能与当期现金流量无关的项目（如待摊费用等），以计算更进一步的变现能力，如采用保守速动比率（或称超速动比率）。其计算公式为

$$保守速动比率 = \frac{现金 + 交易性金融资产 + 应收账款 + 应收票据}{流动负债}$$

将表6-3中的智董公司有关数据代入，得出其保守速动比率为

$$保守速动比率 = \frac{87789 + 148122 + 19234}{271181} \approx 0.94$$

上述影响变现能力的因素，都是从财务报表资料中取得的。还有一些财务报表资料中没有反映出的因素，也会影响公司的变现能力及短期偿债能力。证券分析师多了解些这方面的情况，有利于做出正确的判断。

以下几种因素会增强公司的变现能力。

1）可动用的银行贷款指标。银行已同意公司未办理贷款手续的银行贷款限额，可以随时增加公司的现金，提高支付能力。

2）准备很快变现的长期资产。由于某种原因，公司可以将一些长期资产很快出售变为现金，增强短期偿债能力。

3）偿债能力的声誉。如果公司的长期偿债能力一贯很好，有一定的声誉，在短期偿债方面出现困难时，可以通过发行债券和股票的方法解决资金的短缺问题，提高短期偿债能力。这个增强变现能力的因素，取决于公司自身的信用声誉和当时的筹资环境。

以下几种因素会减弱公司的变现能力。

1）未做记录的或有负债。或有负债是指公司有可能发生的债务，包括售出产品可能发生的质量事故赔偿、尚未解决的税额争议可能出现的不利后果、诉讼案件和经济纠纷案可能败诉并需赔偿等。按我国企业会计准则规定，只有预计很可能发生损失并且金额能够可靠计量的或有负债，才可在报表中予以反映，否则只需作为报表附注予以披露。这些没有记录的或有负债一旦成为事实上的负债，将会加大公司的偿债负担。

2）担保责任引起的负债。公司有可能为他人向金融机构借款提供担保，为他人购物担保或为他人履行有关经济责任提供担保等。这种担保有可能成为公司的负债，增加偿债负担。

5. 营运能力分析

营运能力是指公司经营管理中利用资金运营的能力，一般通过公司资产管理比率来衡量，主要表现为资产管理及资产利用的效率。因此，资产管理比率通常又称为运营效率比率，主要包括存货周转率（存货周转天数）、应收账款周转天数（应收账款周转率）、流动

资产周转率和总资产周转率等。

（1）存货周转率和存货周转天数。在流动资产中，存货所占的比重较大。存货的流动性将直接影响公司的流动比率，因此，必须特别重视对存货的分析。存货的流动性一般用存货的周转速度指标来反映，即存货周转率或存货周转天数。存货周转率是营业成本被平均存货所除得到的比率，即存货的周转次数。

它是衡量和评价公司购入存货、投入生产、销售收回等各环节管理状况的综合性指标。用时间表示的存货周转率就是存货周转天数。其计算公式为

$$存货周转率 = \frac{营业成本}{平均存货}（次）$$

$$存货周转天数 = \frac{360}{存货周转率}（天） = \frac{360}{\dfrac{营业成本}{平均存货}}（天） = \frac{平均存货 \times 360}{营业成本}（天）$$

公式中的"营业成本"数据来自利润表，"平均存货"数据来自资产负债表中的"存货"期初数与期末数的平均数。

以智董公司为例，从表6-3、表6-4得知，智董公司××××年的营业成本为195890万元，××××年年初的存货为65609万元，××××年年末的存货为83071万元，则智董公司存货周转率为

$$存货周转率 = \frac{195890}{(65609 + 83071) \div 2} \approx 2.64（次）$$

$$存货周转天数 = \frac{360}{2.64} \approx 137（天）$$

一般来讲，存货周转速度越快，存货的占用水平越低，流动性越强，存货转换为现金或应收账款的速度越快。提高存货周转率可以提高公司的变现能力，存货周转速度越慢则变现能力越差。存货周转天数（存货周转率）指标的好坏反映存货管理水平，它不仅影响公司的短期偿债能力，也是整个公司管理的重要内容。公司管理者和有条件的外部报表使用者，除了分析批量因素、季节性生产的变化等情况外，还应对存货的结构以及影响存货周转速度的重要项目进行分析，如分别计算原材料周转率、在产品周转率或某种存货的周转率等。其计算公式为

$$原材料周转率 = \frac{耗用原材料成本}{平均原材料存货}$$

$$在产品周转率 = \frac{制造成本}{平均在产品存货}$$

存货周转分析的目的是从不同的角度和环节上找出存货管理中的问题，使存货管理在保证生产经营连续性的同时，尽可能少占用经营资金，提高资金的使用效率，增强公司短期偿债能力，促进公司管理水平的提高。

（2）应收账款周转率和应收账款周转天数。应收账款周转率是营业收入与平均应收账款的比值。它反映年度内应收账款转为现金的平均次数，说明应收账款流动的速度。应收账款周转天数是应收账款周转率的倒数乘以360天，也称应收账款回收期或平均收现期。它表示公司从取得应收账款的权利到收回款项转换为现金所需要的时间，是用时间表示的应收账款周转速度。

应收账款和存货一样，在流动资产中有着举足轻重的地位。及时收回应收账款，不仅能增强公司的短期偿债能力，也能反映出公司管理应收账款方面的效率。应收账款周转率和应收账款周转天数的计算公式分别为

$$应收账款周转率 = \frac{营业收入}{平均应收账款}（次）$$

$$应收账款周转天数 = \frac{360}{应收账款周转率}（天）= \frac{平均应收账款 \times 360}{营业收入}（天）$$

公式中的营业收入数据来自利润表。平均应收账款是指未扣除坏账准备的应收账款金额，是资产负债表中的应收账款期初数与期末数及对应坏账准备的平均数。

以智董公司为例，从表 6-3、表 6-4 得知，智董公司 ×××× 年的营业收入为 234419 万元，年初应收账款余额为 76975 万元，年末应收账款余额为 148122 万元，假设期末、期初坏账准备为零。依上式计算，其应收账款周转率为

$$应收账款周转率 = \frac{234419}{(76975 + 148122) \div 2} \approx 2.08（次）$$

$$应收账款周转天数 = \frac{360}{2.08} \approx 173（天）$$

一般来说，应收账款周转率越高，平均收账期越短，说明应收账款的收回越快；否则，公司的营运资金会过多地滞留在应收账款上，影响正常的资金周转。影响该指标正确计算的因素有：①季节性经营；②大量使用分期付款结算方式；③大量使用现金结算的销售；④年末销售的大幅度增加或下降。这些因素都会对该指标计算结果产生较大的影响。

证券分析师可以将计算出的指标与该公司前期、与行业平均水平或其他类似公司相比较，判断该指标的高低。但仅根据指标的高低分析不出上述各种影响因素及其影响程度。

（3）流动资产周转率。流动资产周转率是营业收入与全部流动资产的平均余额的比值。其计算公式为

$$流动资产周转率 = \frac{营业收入}{平均流动资产}（次）$$

公式中的平均流动资产是资产负债表中的流动资产合计期初数与期末数的平均数。

以智董公司为例，从表 6-3 得知，智董公司 ×××× 年年初流动资产为 355988 万元，年末流动资产为 428401 万元，依上式计算，其流动资产周转率为

$$流动资产周转率 = \frac{234419}{(355988 + 428401) \div 2} \approx 0.60（次）$$

流动资产周转率反映流动资产的周转速度。周转速度快，会相对节约流动资产，等于相对扩大资产投入，增强公司盈利能力；而延缓周转速度，需要补充流动资产参加周转，形成资金浪费，降低公司盈利能力。

（4）总资产周转率。总资产周转率是营业收入与平均资产总额的比值。其计算公式为

$$总资产周转率 = \frac{营业收入}{平均资产总额}（次）$$

公式中的平均资产总额是资产负债表中的资产总计的期初数与期末数的平均数。

续前例，从表 6-3 得知，智董公司 ×××× 年年初资产总额为 551043 万元，年末资产总额为 624363 万元，则其总资产周转率为

$$总资产周转率 = \frac{234419}{(551043 + 624363) \div 2} \approx 0.40（次）$$

该项指标反映资产总额的周转速度。周转越快，反映销售能力越强。公司可以通过薄利多销的方法，加速资产的周转，带来利润绝对额的增加。

总之，各项资产的周转指标用于衡量公司运用资产赚取收入的能力，经常和反映盈利能力的指标结合在一起使用，可全面评价公司的盈利能力。

6. 长期偿债能力分析

长期偿债能力是指公司偿付到期长期债务的能力，通常以反映债务与资产、净资产的关系的负债比率来衡量。负债比率主要包括：资产负债率、产权比率、有形资产净值债务率、已获利息倍数、长期债务与营运资金比率等。

（1）资产负债率。资产负债率是负债总额除以资产总额的百分比，也就是负债总额与资产总额的比例关系。它反映在总资产中有多大比例是通过借债来筹资的，也可以衡量公司在清算时保护债权人利益的程度。其计算公式为

$$资产负债率 = \frac{负债总额}{资产总额} \times 100\%$$

公式中的负债总额不仅包括长期负债，还包括短期负债。这是因为，从总体上看，公司总是长期性占用着短期负债，可以视同长期性资本来源的一部分。例如，一个应付账款明细科目可能是短期性的，但公司总是长期性地保持一个相对稳定的应付账款余额。这部分应付账款可以看成公司长期性资本来源的一部分。因此，本着稳健原则，将短期债务包括在用于计算资产负债比率的负债总额中是合适的。

公式中的资产总额则是扣除累计折旧后的净额。

以智董公司为例，从表 6-3 得知，智董公司 ×××× 年负债总额为 347496 万元，资产总额为 624363 万元，依上式计算，其资产负债率为

$$资产负债率 = \frac{347496}{624363} \times 100\% \approx 55.66\%$$

这项指标反映债权人所提供的资本占全部资本的比例，也被称为举债经营比率，它有以下几个方面的含义。

首先，从债权人的立场看，他们最关心的是贷给公司款项的安全程度，也就是能否按期收回本金和利息。如果股东提供的资本与公司资本总额相比，只占较小的比例，则公司的风险将主要由债权人负担，这对债权人是不利的。因此，他们希望债务比例越低越好，公司偿债有保证，贷款不会有太大的风险。其次，从股东的角度看，由于公司通过举债筹措的资金与股东提供的资金在经营中发挥同样的作用，所以股东所关心的是全部资本利润率是否超过借入款项的利率，即借入资本的代价高低。在公司全部资本利润率超过因借款而支付的利息率时，股东所得到的利润就会加大；相反，如果运用全部资本所得的利润率低于借款利息率，则对股东不利，因为借入资本的多余利息要用股东所得的利润份额来弥补。因此，从股东的立场看，在全部资本利润率高于借款利息率时，负债比例越大越好；否则相反。

最后，从经营者的立场看，如果举债规模很大，超出债权人心理承受程度，则被认为是不保险的，公司就借不到钱。如果公司不举债，或负债比例很小，说明公司畏缩不前，对前途信心不足，利用债权人资本进行经营活动的能力很差。借款比率越大（当然不是盲目地借款），越是显得公司具有活力。从财务管理的角度来看，公司应当审时度势，全面考虑，在利用资产负债率制订借入资本决策时，必须充分估计可能增加的风险和收益，在两者之间权衡利弊得失，做出正确决策。

（2）产权比率。产权比率是负债总额与股东权益总额之间的比率，也称为债务股权比率。其计算公式为

$$产权比率 = \frac{负债总额}{股东权益} \times 100\%$$

续前例，从表 6-3 得知，智董公司 ×××× 年期末股东权益合计为 276867 万元，依上式计算，其产权比率为

$$产权比率 = \frac{347496}{276867} \times 100\% \approx 125.51\%$$

该项指标反映由债权人提供的资本与股东提供的资本的相对关系，反映公司基本财务结构是否稳定。从上例的计算结果来看，智董公司债权人提供的资本为股东提供资本的125.51%，举债经营程度过高。一般来说，股东资本大于借入资本较好，但也不能一概而论。例如从股东来看，在通货膨胀加剧时期，公司多借债可以把损失和风险转嫁给债权人；

在经济繁荣时期，公司多借债可以获得额外的利润；在经济萎缩时期，少借债可以减少利息负担和财务风险。产权比率高，是高风险、高报酬的财务结构；产权比率低，是低风险、低报酬的财务结构。

资产负债率与产权比率具有相同的经济意义，两个指标可以相互补充。

（3）有形资产净值债务率。有形资产净值债务率是公司负债总额与有形资产净值的百分比。有形资产净值是股东权益减去无形资产净值后的净值，即股东具有所有权的有形资产的净值。其计算公式为

$$有形资产净值债务率 = \frac{负债总额}{股东权益 - 无形资产净值} \times 100\%$$

续前例，从表6-3得知，智董公司××××年期末无形资产净值为4230万元，依上式计算，其有形资产净值债务率为

$$有形资产净值债务率 = \frac{347496}{276867 - 4230} \times 100\% \approx 127.46\%$$

有形资产净值债务率指标实质上是产权比率指标的延伸，其更为谨慎、保守地反映了公司清算时债权人投入的资本受到股东权益的保障程度。所谓谨慎和保守，是指该指标不考虑无形资产——商誉、商标、专利权以及非专利技术等的价值。鉴于它们不一定能用来还债，为谨慎起见，一律视为不能偿债，将其从分母中扣除。从长期偿债能力来讲，有形资产净值债务率越低越好。

（4）已获利息倍数。已获利息倍数指标是指公司经营业务收益与利息费用的比率，用以衡量偿付借款利息的能力，也称利息保障倍数。其计算公式为

$$已获利息倍数 = \frac{税息前利润}{利息费用}（倍）$$

从债权人的立场出发，他们除了通过计算公司资产负债率这一方式来审查公司借入资本占全部资本的比例以判断向公司投资的风险外，还可以通过计算已获利息倍数来测试债权人投入资本的风险。

公式中的税息前利润是指利润表中未扣除利息费用和所得税之前的利润。它可以用利润总额加利息费用来测算。利息费用是指本期发生的全部应付利息，不仅包括财务费用中的利息费用，还应包括计入固定资产成本的资本化利息。资本化利息虽然不在利润表中扣除，但仍然是要偿还的。由于我国现行利润表中利息费用没有单列，证券分析师一般以利润总额加财务费用来估计税息前利润。已获利息倍数的重点是衡量公司支付利息的能力，没有足够大的税息前利润，利息的支付就会发生困难。

仍以智董公司为例，从表6-4得知，智董公司××××年利润总额为13399万元，利息费用未知，以财务费用估算，暂计为3539万元，则该公司已获利息倍数为

$$已获利息倍数 = \frac{13399 + 3539}{3539} \approx 4.79（倍）$$

已获利息倍数指标反映公司经营收益为所需支付的债务利息的多少倍。只要已获利息倍数足够大，公司就有充足的能力偿付利息；否则相反。

要合理评价公司的已获利息倍数，不仅需要与其他公司，特别是本行业平均水平进行比较，而且从稳健性角度出发，分析、比较本公司连续几年的该项指标水平，并选择最低指标年度的数据作为标准。这是因为公司在经营好的年度要偿债，而在经营不好的年度也要偿还大约等量的债务。某一个年度利润很高，已获利息倍数就会很高，但未必能年年如此。采用指标最低年度的数据，可保证最低的偿债能力。证券分析师在分析时，一般情况下应采纳这一原则，但遇有特殊情况，需结合实际来确定。与此同时，结合这一指标，公司还可以测算长期负债与营运资金的比率。它是用公司的长期债务与营运资金相除计算的，

其计算公式为

$$长期债务与营运资金比率 = \frac{长期负债}{流动资产 - 流动负债}$$

以智董公司为例，从表 6-3 得知，智董公司 ×××× 年期末长期债务合计为 76315 万元，营运资金为 428401 - 271181=157220（万元），则该公司长期债务与营运资金比率为

$$长期债务与营运资金比率 = \frac{76315}{428401 - 271181} \approx 0.49$$

一般情况下，长期债务不应超过营运资金。长期债务会随时间延续不断转化为流动负债，并需运用流动资产来偿还。保持长期债务不超过营运资金，就不会因这种转化而造成流动资产小于流动负债，从而使长期债权人和短期债权人感到贷款有安全保障。从智董公司该项指标来看，长期债务的数额远未超出营运资金数额，说明借钱给智董公司风险不大。

（5）影响长期偿债能力的其他因素。除了上述通过利润表、资产负债表中有关项目之间的内在联系计算出的各种比率用以评价和分析公司的长期偿债能力以外，还有一些因素影响公司的长期偿债能力，必须引起证券分析师的足够重视。

1）长期租赁。当公司急需某种设备或资产而又缺乏足够的资金时，可以通过租赁的方式解决。财产租赁有两种形式：融资租赁和经营租赁。

融资租赁是由租赁公司垫付资金购买设备租给承租人使用，承租人按合同规定支付租金（包括设备买价、利息、手续费等），且一般情况下，在承租方付清最后一笔租金后，租赁物所有权归承租方所有，实际上等于变相地分期付款购买固定资产。因此，在融资租赁形式下，租入的固定资产作为公司的固定资产入账进行管理，相应的租赁费用作为长期负债处理。这种资本化的租赁，在分析长期负债能力时已经包括在债务比率指标计算之中。

在经营租赁形式下，租入的固定资产并不作为固定资产入账，相应的租赁费作为当期的费用处理。当公司的经营租赁量比较大、期限比较长或具有经常性时，则构成一种长期性筹资。这种长期性筹资虽然不包括在长期负债之内，但到期时必须支付租金，会对公司的偿债能力产生影响。因此，如果公司经常发生经营租赁业务，应考虑租赁费用对偿债能力的影响。

2）担保责任。由于担保项目的时间长短不一，有的担保项目涉及公司的长期负债，有的涉及公司的短期负债。证券分析师在分析公司长期偿债能力时，应根据有关资料判断担保责任带来的潜在长期负债问题。

3）或有项目。或有项目的特点是现存条件的最终结果不确定，对它的处理方法要取决于未来的发展。或有项目一旦发生，便会影响公司的财务状况，因此公司不得不对它们予以足够的重视，证券分析师在评价公司长期偿债能力时也要考虑它们的潜在影响。

（五）会计报表附注分析

会计报表附注是会计报表的补充，主要对会计报表不能包括的内容或者披露不详尽的内容做进一步的解释说明。通过详尽地阅读和分析会计报表附注，能更深入地理解和使用会计信息，帮助报告使用者进一步了解企业动态，从这些附注中找出企业目前存在的问题和发展潜力，从而做出投资决策。

证券分析师在进行公司财务分析时，一般应特别关注财务报表附注四个方面的内容。

1. 资产负债表日后事项

资产负债表日后事项，反映自年度资产负债表日至财务报告批准报出日之间发生的需要告诉或说明的事项。这些事项对企业来说既有利也不利，财务报告使用者通过对日后事项的分析，可以快速判断这些重要事项是给企业带来一定的经济效益还是使企业遭受重大的经济损失。

2. 重要会计政策和会计估计及其变更的说明

（1）会计政策是指企业在会计核算时所遵循的具体原则以及企业所采纳的具体会计处理方法，是指导企业进行会计核算的基础。由于会计政策在具体使用中可以有不同的选择，一般情况下企业会选择最恰当的会计政策反映其经营成果和财务状况。会计报表附注中所披露的企业采纳的会计政策，主要包括：收入确认、存货期末计价、投资期末计价、固定资产期末计价、无形资产期末计价、所得税的核算方法、长期股权投资的核算方法、借款费用的处理方法等。

（2）会计估计是指企业对其结果不确定的交易或事项以最近可利用的信息为基础所做的判断。在会计报表附注中需披露会计估计的程序及方法，如计提坏账准备的比例、计提有关资产减值准备的方法等。

会计政策和会计估计对于企业会计报表具有重大影响，证券分析师应详细分析企业所采纳的会计政策和会计估计，确定企业会计政策及会计估计方法的选择是否考虑了谨慎、实质重于形式和重要性三方面，是否最恰当地反映了企业的经营成果和财务状况。同时，要关注企业对重要会计政策和会计估计所做的变更，包括：报表合并范围的变化，折旧方法及其他资产摊销政策的变更，长期、重大供销合同利润的确认，特别收入事项的确认等；分析会计政策和会计估计变更是否更加准确地反映了企业的经营成果和财务状况；分析会计政策和会计估计变更的影响。

3. 或有事项

企业的或有事项指可能导致企业发生损益的不确定状态或情形。因为或有事项的后果尚需待未来该事项的发生或不发生才能予以证实，所以企业一般不应确认或有负债和或有资产，但必须在报表中披露。一些常见的或有事项包括：已贴现商业承兑汇票形成的或有负债，未决诉讼、仲裁形成的或有负债，为其他单位提供债务担保形成的或有负债，很可能给企业带来经济利益的或有资产。这些或有事项可能导致企业资金的损失或者给企业带来收益，给企业的财务状况带来不确定的影响。证券分析师要分析或有事项给企业带来的潜在风险和收益，更全面地掌握企业在生产运营过程中的实际状况。

4. 关联方关系及其交易的说明

企业的关联交易，是关联企业之间为达到某种目的而进行的交易。对这些交易，证券分析师应了解其交易的实质，了解企业被交换出去的资产是否是企业的非重要性资产，而被交易进来的资产是否能在未来给企业带来一定的经济效益。

（六）会计报表附注对基本财务比率的影响分析

由于会计报表格式中所规定的项目内容较为固定，只能提供有限数量的信息，而且列入会计报表的各项信息都必须符合会计要素的定义和确认标准，因此，会计报表本身所能反映的财务信息受到一定限制。进而，以会计报表为基础的财务比率分析也存在一定的局限。会计报表附注提供与会计报表所反映的信息相关的其他财务信息。证券分析师通过分析会计报表附注对基本财务比率的影响，为其决策提供更充分的信息。

1. 对盈利能力比率的影响

盈利能力比率包括营业净利率、营业毛利率、资产净利率和净值报酬率。其分子都是净利润，影响利润的因素就是影响盈利能力的因素。一般来说，企业的盈利能力分析只涉及正常的营业状况。非正常的营业状况也会给企业带来收益或损失，但只是特殊状况下的个别结果，不能说明企业的盈利能力。这主要包括：①证券买卖等非经常项目；②已经或将要停止的营业项目；③重大事故或法律更改等特别项目；④会计准则和财务制度变更带来的累积影响等因素。

以上这四个项目无一例外要从会计报表附注中获得资料。除此之外，影响企业利润的因素如下。

（1）存货流转假设。在物价持续上涨的情况下，采用先进先出法结转的营业成本较低，因而计算出的利润偏高；而采用后进先出法计算出的营业成本则较高，其利润则偏低。

（2）计提的损失准备。上市公司要计提八项准备（坏账准备、长期投资减值准备、短期投资跌价准备、存货跌价准备、固定资产减值准备、无形资产减值准备、在建工程减值准备及委托贷款减值准备）。一般企业要计提坏账准备，这些准备的计提方法和比例要影响利润总额。对金融类上市公司来说，在上述八项减值准备中，减少了存货跌价准备和委托贷款减值准备，增加了贷款损失准备和抵债资产减值准备。

（3）长期投资核算方法，即采用权益法还是成本法。在采用成本法的情况下，只有实际收到分得的利润或股利时才确认收益；而权益法则是一般情况下每个会计年度都要根据本企业占被投资单位的投资比例和被投资单位所有者权益变动情况确认投资损益。

（4）固定资产折旧。固定资产折旧是采用加速折旧法还是直线法。在加速折旧法下的前几期，其利润要小于直线法；加速折旧法下末期的利润一般要大于直线法。

（5）收入确认方法。按《企业会计准则第 14 号——收入》确认的收入较按行业会计制度确认的收入要保守，一般情况下其利润也相对保守。

（6）或有事项的存在。或有负债有可能导致经济利益流出企业，未做记录的或有负债将可能减少企业的预期利润。

（7）关联方交易。应注意关联方交易的变动情况，关联方交易的大比例变动往往存在着粉饰财务报告的可能。这些影响利润的因素，凡可能增加企业利润的，会增加企业的盈利能力；反之，则削弱企业的盈利能力。

2. 对变现能力比率的影响

变现能力比率主要有流动比率和速动比率，其分母均为流动负债，不包括或有负债。但或有负债是在会计报表附注中披露，不在会计报表中反映。按照《企业会计准则第 13 号——或有事项》的规定："或有负债指过去的交易或者事项形成的潜在义务，其存在须通过未来不确定事项的发生或不发生予以证实；或过去的交易或者事项形成的现时义务，履行该义务不是很可能导致经济利益流出企业或该义务的金额不能可靠计量。"《企业会计准则第 13 号——或有事项》规定，只有同时满足以下三个条件才能将或有事项确认为负债，列示于资产负债表上：①该义务是企业承担的现时义务；②该义务的履行很可能导致经济利益流出企业；③该义务的金额能够可靠地计量。

或有负债确认的第②和第③项条件往往需要会计人员的职业判断。

《企业会计准则第 13 号——或有事项》规定必须在会计报表附注中披露的或有负债包括：①已贴现商业承兑汇票形成的或有负债；②未决诉讼、仲裁形成的或有负债；③为其他单位提供债务担保形成的或有负债；④其他或有负债（不包括极小可能导致经济利益流出企业的或有负债）。

其他或有负债，包括售出产品可能发生的质量事故赔偿、尚未解决的税额争议可能出现的不利后果、污染环境可能支付的罚款和治污费用等，对于企业来说其可能性是经常存在的。企业有可能利用《企业会计准则第 13 号——或有事项》对其他或有负债"极小可能"的规定不披露或少披露或有负债。这些或有负债一旦成为事实上的负债，将会加大企业的偿债负担。

变现能力分析应该结合会计报表附注，如果存在或有负债，显然会减弱企业流动资产的变现能力。如果存在未披露的或有负债，更会令变现能力指标的准确性大打折扣。

3. 对运营能力比率的影响

运营能力比率是用来衡量公司在资产管理方面效率的财务比率。运营能力比率包括应收账款周转率、存货周转率等。

（1）对应收账款周转率的影响：

$$应收账款周转率 = \frac{营业收入}{平均应收账款}$$

平均应收账款指未扣除坏账准备的应收账款余额，即资产负债表中期初应收账款余额与期末应收账款余额的平均数。营业收入数据来自利润表。

由于收入确认是一项重要的会计政策，因而本指标的分析不可避免地要参考会计报表附注。

（2）对存货周转率的影响：

$$存货周转率 = \frac{营业成本}{平均存货}$$

正确理解其分子和分母的意义都应该仔细阅读会计报表附注。由于除了个别计价法外，存货的实物流转与价值流转并不一致，只有应用个别计价法计算出来的存货周转率才是"标准的"存货周转率。因而，其他存货流转假设（主要有先进先出法、后进先出法、加权平均法和移动加权平均法、计划成本计价法、毛利率法和零售价格法，其中为我国会计准则采纳的是先进先出法和加权平均法），都是采用一定技术方法在销售成本和期末存货之间进行分配。营业成本和平均存货存在着此消彼长的关系，这种关系在应用先进先出法和后进先出法时表现得特别明显。在现实经济生活中，由于通货膨胀是个不容忽视的全球性客观经济现象，物价普遍呈现持续增长的趋势，在先进先出法下销售成本偏低，而期末存货则高，这样计算出来的存货周转率毫无疑问偏低；而应用后进先出法则恰恰相反，存货周转率会偏高。同时，按照企业会计准则，上市公司期末存货应按成本与可变现净值孰低法计价。在计提存货跌价准备的情况下，期末存货价值小于其历史成本。分母变小，存货周转率必然变大。

4. 对负债比率的影响

负债比率包括资产负债率、产权比率、有形净值债务率等。产权比率和有形净值债务率其实是资产负债率的自然延伸，其分子都是企业的负债总额，是更为谨慎、保守地反映在企业清算时债权人投入的资本受到股东权益的保障程度，因而这两个指标的分析与资产负债率相同。

如前文所述，由于或有负债的存在，资产负债表确认的负债并不一定完整反映了企业的负债总额。因而分析资产负债率时，不得不关注会计报表附注中的或有事项。不考虑或有负债的资产负债率夸大了企业的偿债能力。

此外，还有一项重要因素影响企业的长期偿债能力，即长期租赁。前文已述，此处不再赘述。

企业会计报表附注的分析是一项非常重要和细致的工作。证券分析师通过会计报告附注项目的分析，可以全面掌握公司经营过程中的实际状况，评判当前企业的财务状况和经营成果，预测未来的发展趋势。

（七）公司财务状况的综合分析

1. 沃尔评分法

财务状况综合评价的先驱者之一是亚历山大·沃尔。他在20世纪初提出了信用能力指数的概念，把若干个财务比率用线性关系结合起来，以此评价公司的信用水平。他选择了七种财务比率，分别给定了其在总评价中所占的比重，总和为100分；然后确定标准比率，并与实际比率相比较，评出每项指标的得分，最后求出总比分。

通过对×公司的分析（×公司的实际比率是假设的数值）后得到表6-7。

表 6-7　沃尔的比重评分法　　　　　　　　单位：%

财务比率	比重①	标准比率②	实际比率③	相对比率④=③/②	评分①×④
流动比率	25	2.0	2.33	1.17	29.25
净资产/负债	25	1.5	0.88	0.59	14.75
资产/固定资产	15	2.5	3.33	1.33	19.95
营业成本/存货	10	8.0	12.00	1.50	15.00
营业收入/应收账款	10	6.0	10.00	1.67	16.70
营业收入/固定资产	10	4.0	2.66	0.67	6.70
营业收入/净资产	5	3.0	1.63	0.54	2.70
合计	100				105.05

从理论上讲，沃尔的评分法有一个弱点，就是未能证明为什么要选择这七个指标，而不是更多或更少，或者选择别的财务比率，也未能证明每个指标所占比重的合理性。这个问题至今仍没有从理论上解决。尽管沃尔的方法在理论上还有待证明，在技术上也不完善，但它还是在实践中被应用。

2. 综合评价方法

一般认为，公司财务评价的内容主要是盈利能力，其次是偿债能力，此外还有成长能力。它们之间大致可按 5:3:2 来分配比重。如果仍以 100 分为总评分，则评分标准分配如表 6-8 所示。

表 6-8　综合评分的标准

指标	评分值	标准比率（%）	行业最高比率（%）	最高评分	最低评分	每分比率的差（%）
盈利能力：						
总资产净利率	20	10	20	30	10	1.0
营业净利率	20	4	20	30	10	1.6
净资产报酬率	10	16	20	15	5	0.8
偿债能力：						
权益负债比率	8	40	100	12	4	15
流动比率	8	150	450	12	4	75
应收账款周转率	8	600	1200	12	4	150
存货周转率	8	800	1200	12	4	100
成长能力：						
销售增长率	6	15	30	9	3	5.0
净利润增长率	6	10	20	9	3	3.3
人均净利增长率	6	10	20	9	3	3.3
合计	100					

标准比率应以本行业平均数为基础，适当进行理论修正。在给每个指标评分时应规定上限和下限，以减少个别指标异常对总分造成不合理的影响。上限可定为正常评分值的 1.5 倍，下限定为正常评分值的 1/2。此外，给分时不采用乘的关系，而采用加或减的关系来处理。例如，总资产净利率的标准值为 10%，标准评分为 20 分；行业最高比率为 20%，最高评分为 30 分，则每分的财务比率为 1% [=（20%－10%）÷（30 分－20 分）×100%]。总资产净利率每提高 1%，多给 1 分，但该项得分不超过 30 分。

根据这种方法，对 × 公司的财务状况进行综合评价，如表 6-9 所示。表中财务指标均为假设的数值。

表 6-9　×公司财务情况评分

指标	实际比率 ①（%）	标准比率 ②（%）	差异③ = ①-②	每分比率 ④（%）	调整分⑤ = ③/④	标准 评分值⑥	得分 ⑤ + ⑥
盈利能力：							
总资产净利率	7.40	10.00	-2.60	1.00	-2.60	20	17.40
营业净利率	4.50	4.00	0.50	1.60	0.31	20	20.31
净资产报酬率	14.90	16.00	-1.10	0.80	-1.38	10	8.62
偿债能力：							
权益负债比率	49.00	40.00	9.00	15.00	0.60	8	8.60
流动比率	233.00	150.00	83.00	75.00	1.11	8	9.11
应收账款周转率	1000	600	400	150	2.67	8	10.67
存货周转率	1200	800	400	100	4.00	8	12.00
成长能力：							
销售增长率	5	15	-10	5.0	-2.00	6	4.00
净利润增长率	-15	10	-25	3.3	-7.58	6	-1.58
人均净利增长率	-18	10	-28	3.3	-8.48	6	-2.48
合计						100	86.65

综合评价方法的关键技术是"标准评分值"的确定和"标准比率"的建立。只有长期实践，不断修正，才能取得较好效果。

（八）EVA——业绩评价的新指标

EVA（Economic Value Added）或经济增加值最初由美国学者 Stewart 提出，并由美国著名咨询公司思腾思特咨询公司（Stem Stewart&Co.）在美国注册。EVA® 也被称为经济利润，它衡量了减除资本占用费用后企业经营产生的利润，是企业经营效率和资本使用效率的综合指标。

1. EVA 与传统会计方法的区别

传统会计方法没有全面考虑资本的成本，只是以利息费用的形式反映债务融资成本，而忽略了股权资本的成本。从理论上讲，股权资本的真实成本等于股东同一笔投资转投于其他风险程度相似的公司所获利的总合，也就是经济学上的机会成本。上市公司如果不能为投资人提供至少高于其机会成本的投资回报，投资人迟早会用脚投票。

EVA 是通过对会计报表进行合理的调整和计算得到的，它基于会计数据，但打破了会计制度存在的多种弊端和不足，比较准确地揭示了企业经营的经济效益。运用 EVA 指标衡量企业业绩和投资者价值是否增加的基本思路是：公司的投资者可以自由地将他们投资于公司的资本变现，并将其投资于其他资产，因此，投资者从公司至少应获得其投资的机会成本。这意味着，从经营利润中扣除按权益的经济价值计算的资本的机会成本之后，才是股东从经营活动中得到的增值收益。

2. EVA 的计算

EVA 指经过调整后的税后营业净利润（Net Operating Profit After Tax，NOPAT）减去资本费用的余额，其定义为

$$EVA = NOPAT - 资本 \times 资本成本率$$

从公式中可以看出，在计算 EVA 时，主要涉及三个变量：NOPAT、资本和资本成本率。为了实现股东财富的最大化，需尽可能多地提高公司的 EVA。EVA 的计算公式表明，

只有四种方式可以实现这一目标：一是削减成本，降低纳税，在不增加资金的条件下提高 NOPAT；二是从事有利可图的投资，即从事所有净现值为正的项目，这些项目带来的资金回报率高于资金成本，使得 NOPAT 增加额大于资金成本的增加额；三是对于某些业务，当资金成本的节约可以超过 NOPAT 的减少时，就要撤出资本；四是调整公司的资本结构，实现资金成本最小化。

3. MVA——市场增加值

EVA 是从基本面分析得出的企业在特定一段时间内创造的价值；而 MVA 是公司为股东创造或毁坏了多少财富在资本市场上的体现，也是股票市值与累计资本投入之间的差额。换句话说，MVA 是企业变现价值与原投入资金之间的差额，它直接表明了一家企业累计为其投资者创造了多少财富。其计算公式如下：

$$市场增加值 = 市值 - 资本$$
$$市值 = 股票价格 \times 股票数量 + 债务资本市值$$
$$资本 = 权益资本账面值 + 债务资本账面值$$

图 6-2 更为直观地表示了 MVA 的概念。MVA 是市场对公司未来获取经济增加值能力的预期反映。从理论上讲，证券市场越有效，企业的内在价值和市场价值越吻合，市场增加值就越能反映公司现在和未来获取经济增加值的能力。

从上面的分析可以清楚看出，EVA 是一种从基本面分析企业创造股东价值的指标。与通常的会计指标相比，它更加全面地反映企业当前盈利表现。市场会对这些盈利能力进行评估，并以股票价格反映出来。市场如果预期公司的盈利能力会不断改善，股票价格也应上升；反之，股价就会下跌。股票价值上升并不一定为投资者创造财富。只有当公司的股票市值超过了股东投入公司的累计资本以后，才能真正为股东创造财富（见图 6-3）。

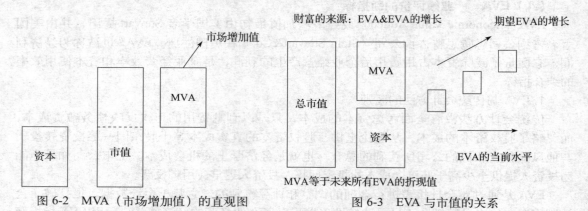

图 6-2　MVA（市场增加值）的直观图　　　　图 6-3　EVA 与市值的关系

对企业经营管理者来说，EVA 可以作为企业财务决策的工具、业绩考核和奖励依据，可以作为企业内部财务和管理知识培训的手段，以便加强内部法人治理结构，提高管理水平。对于证券分析人员和投资者来说，EVA 是对企业基本面进行定量分析、评估业绩水平和企业价值的最佳理论依据和分析工具之一。

（九）财务分析中应注意的问题

1. 财务报表数据的准确性、真实性与可靠性

财务报表是按会计准则编制的，它们合乎规范，但不一定反映该公司的客观实际。例如，报表数据未按通货膨胀或物价水平调整；非流动资产的余额是按历史成本减折旧或摊销计算的，不代表现行成本或变现价值；有许多项目，如科研开发支出和广告支出，从理论上看是资本支出，但发生时已列作了当期费用；有些数据基本上是估计的，如无形资产摊销和

开办费摊销，但这种估计未必正确；发生了非常的或偶然的事项，如财产盘盈或坏账损失，可能歪曲本期的净收益，使之不能反映盈利的正常水平。

2.财务分析结果的预测性调整

公司的经济环境和经营条件发生变化后，原有的财务数据与新情况下的财务数据不具有直接可比性。例如，某公司由批发销售为主转为以零售为主的经营方式，其应收账款数额会大幅下降，应收账款周转率加快，但这并不意味着公司应收账款的管理发生了突破性的改变。因此，在对公司财务指标进行比率分析后，在对公司的财务情况下结论时，必须预测公司经营环境可能发生的变化，对财务分析结果进行调整。例如，市场消费习惯改变后，如果产品不转型，将会失去一大部分市场，或者由于行业的低进入壁垒使许多新兴公司加盟该行业，这些都会在现有的基础上降低公司的盈利能力。

3.公司增资行为对财务结构的影响

公司的增资行为一般会改变负债和所有者权益在公司资本总额中的相对比重，因此，公司的资产负债率和权益负债比率会相应受到影响。

（1）股票发行增资对财务结构的影响。

1）配股增资对财务结构的影响。公司通过配股融资后，由于净资产增加，而负债总额和负债结构都不会发生变化，因此公司的资产负债率和权益负债比率将降低，减少了债权人承担的风险，而股东所承担的风险将增加。

2）增发新股对财务结构的影响。增发新股后，公司净资产增加，负债总额以及负债结构都不会发生变化，因此公司的资产负债率和权益负债比率都将降低。

（2）债券发行增资对财务结构的影响。发行债券后，公司的负债总额将增加，总资产也增加，资产负债率将提高。此外，公司发行不同期限的债券也将影响公司的负债结构。

（3）其他增资行为对财务结构的影响。除了股权融资和发行债券外，公司其他增资方式还有向外借款等。如果公司向银行等金融机构以及向其他单位借款，则形成了公司的负债，公司的权益负债比率和资产负债率都将提高。

三、公司重大事项分析

（一）会计政策和税收政策的变化

1.会计政策的变化及其对公司的影响

会计政策是指企业在会计确认、计量和报告中所采用的原则、基础和会计处理方法。企业基本上是在法规所允许的范围内选择适合本企业实际情况的会计政策。当会计制度发生变更，或企业根据实际情况认为需要变更会计政策时，企业可以变更会计政策。企业的会计政策发生变更将影响公司年末的资产负债表和利润表。如果采用追溯调整法进行会计处理，则会计政策的变更将影响公司年初及以前年度的利润、净资产、未分配利润等数据。

2.税收政策的变化及其对公司的影响

税收政策的变更也将对上市公司的业绩产生一定的影响。如1999年国务院发布了《关于纠正地方自定税收先征后返政策的通知》，明确要求各级地方政府一律不得自行制定税收先征后返政策。各地区自行制定的税收先征后返政策从2000年1月1日起一律停止执行，这意味着多数企业在利润保持不变的情况下收益要减少18%。因此，取消先征后返对上市公司的收益形成了较大的冲击。又如增值税的出口退税。增值税作为价外税，其出口退税是指销售时免征增值税，同时将购进时支付的增值税进项税额退给企业，这就意味着产品是以不含税的价格进入国际市场的，因此从价格上提高了企业在国际市场上的竞争能力。对于出口比重较大的上市公司来说，这一政策对经营会产生明显有利的影响。由于增值税的出口退税额作为一种收益只计入会计利润而不计入应纳税所得额，因而不需要征收企业所得税。因此，出口退税一方面会使现金流量表有明显改观，使经营活动产生的现金流量净额有一个正增加；另一方面，使利润表中的营业收入增加。这主要是由于退税额的再投入，解决了企业资金不足、运转不灵的困难，使出口业务扩大，销售收入增加。

国家有关部门对增值税政策的频繁调整也会影响有关行业乃至上市公司的效益。例如，2006 年 12 月 14 日中华人民共和国财政部（以下简称财政部）、中华人民共和国国家发展和改革委员会等五部门联合下发《关于调整部分商品出口退税率和增补加工贸易禁止类商品目录的通知》，对部分石材产品取消出口退税。此规定使中国的石材行业面临着前所未有的挑战，对以出口为主的福建、山东等石材大省的有关公司影响尤为巨大。于 2008 年 1 月 1 日起施行的《中华人民共和国企业所得税法》，对我国包括上市公司在内的内资企业的净利润增长带来积极的预期。

2011 年 10 月 26 日，国务院常务会议决定开展深化增值税制度改革试点。自 2013 年 8 月 1 日起，在全国范围开展交通运输业和部分现代服务业营改增试点。2014 年 1 月 1 日起，铁路运输和邮政业将纳入营改增试点。自 2016 年 5 月 1 日起，在全国范围内全面推开营业税改征增值税（以下称营改增）试点，建筑业、房地产业、金融业、生活服务业等全部营业税纳税人，纳入试点范围，由缴纳营业税改为缴纳增值税。

1991 年 4 月 9 日，第七届全国人民代表大会第四次会议通过了《中华人民共和国外商投资企业和外国企业所得税法》，1993 年 12 月 13 日国务院发布的《中华人民共和国企业所得税暂行条例》同时废止。新税法按照"简税制、宽税基、低税率、严征管"的税制改革原则，建立各类企业统一适用的企业所得税制度。参照国际通行做法，体现了"四个统一"，即内资企业、外资企业适用统一的《中华人民共和国企业所得税法》；统一并适当降低企业所得税税率；统一和规范税前扣除办法和标准；统一税收优惠政策，实行"产业优惠为主、区域优惠为辅"的新税收优惠体系。两税合并的核心方案在于内资和外资企业均按照 25% 的税率征收企业所得税，其中，老的外资企业享有 5 年的过渡期照顾。内资企业所得税率标准从 33% 下降至 25%，而对新税法公布前已经享受低税率和定期减免税优惠的老企业也给予过渡性照顾。

新税法实施后，一直执行较高税率的银行业、通信服务业及批发零售等行业受益突出。两税合并后，实际所得税率较高的银行业将通过当期应纳税所得和递延税款两方面影响其所得税费用。而以前实际税负达到 33% 的上市公司，受惠程度十分明显，主要体现在钢铁、酿酒、煤炭、造纸、有色金属等相关传统产业。此外，所得税政策改革趋势还会影响上市公司的价值重估。因为向科技、高新技术产业倾斜的税收政策取向依然没有改变。即便未来科技产业的所得税率提升至 25%，但由于将享受更为优惠的国产设备抵扣、科研费用在税前扣除等税收政策，此类上市公司的盈利能力并不会受到两税合并的影响，甚至会因为鼓励创新等税收政策的扶持而使业绩持续增长。因此，拥有创新优势与能力的生物技术、航天军工等行业的上市公司仍是两税合并得益者之一。

（二）公司的关联交易

1. 关联交易方式

关联方交易，是指关联方之间转移资源、劳务或义务的行为，而不论是否收取价款。《企业会计准则第 36 号——关联方披露》第三条对关联方进行了界定，即"一方控制、共同控制另一方或对另一方施加重大影响，以及两方或两方以上同受一方控制、共同控制或重大影响的，构成关联方"。

所谓控制，是指有权决定一个企业的财务和经营政策，并能据以从该企业的经营活动中获取利益。所谓共同控制，是指按照合同约定对某项经济活动所共有的控制，仅在与该项经济活动相关的重要财务和经营决策需要分享控制权的投资方一致同意时存在。所谓重大影响，是指对一个企业的财务和经营政策有参与决策的权力，但并不能够控制或者与其他方一起共同控制政策的制定。我国上市公司的关联交易具有形式繁多、关系错综复杂、市场透明度较低的特点。按照交易的性质划分，关联交易主要可划分为经营往来中的关联交易和资产重组中的关联交易。前者符合一般意义上关联交易的概念；而后者则具有鲜明的中国特色，是在目前现实法律、法规环境下使用频率较高的形式。常见的关联交易主要有以下几种。

（1）关联购销。关联购销类关联交易，主要集中在以下几个行业：一种是资本密集型行业，如冶金、有色、石化和电力行业等；另一种是市场集中度较高的行业，如家电、汽车和摩托车行业等。一些上市公司仅是集团公司的部分资产，与集团其他公司间产生关联交易在所难免。除了集团公司以外，其他大股东如果在业务上与上市公司有联系的话，也有可能产生关联交易。因此，此类关联交易在众多上市公司中或多或少存在，交易量在各类关联交易中居首位。

（2）资产租赁。由于非整体上市，上市公司与其集团公司之间普遍存在着资产租赁关系，包括土地使用权、商标等无形资产的租赁和厂房、设备等固定资产的租赁。

（3）担保。涉及上市公司的关联信用担保也普遍存在，上市公司与集团公司或者各个关联公司可以相互提供信用担保。关联公司之间相互提供信用担保虽能有效解决各公司的资金问题，但也会形成或有负债，增加上市公司的财务风险，有可能引起经济纠纷。上市公司与其主要股东，特别是控股股东之间的关联担保可以是双向的，既可能是上市公司担保主要股东的债务，也可能反过来是主要股东为上市公司提供担保。

（4）托管经营、承包经营等管理方面的合同。绝大多数的托管经营和承包经营属于关联交易，关联方大多是控股股东。托管方或是上市公司，或是关联企业。所托管的资产要么质量一般，要么是上市公司没有能力进行经营和管理的资产。但自己的资产被关联公司托管或承包经营以后，可以获得比较稳定的托管费用和承包费用。另外，关联托管和承包往往是进行关联收购的第一步。因为在托管期间，可以对所托管或承包的企业进行深入细致的了解，考察企业的发展潜力以降低收购的风险。

（5）关联方共同投资。共同投资形式的关联交易通常是指上市公司与关联公司就某一具体项目联合出资，并按事前确定的比例分配收益。这种投资方式因关联关系的存在达成交易的概率较高，但操作透明度较低，特别是分利比例的确定。

2. 关联交易对公司的影响

从理论上说，关联交易属于中性交易，它既不属于单纯的市场行为，也不属于内幕交易的范畴，其主要作用是降低交易成本，促进生产经营渠道的畅通，提供扩张所需的优质资产，有利于实现利润的最大化等。但在实际操作过程中，关联交易有其非经济特性。与市场竞争、公开竞价的方式不同，关联交易价格可由关联双方协商决定，特别是在我国评估和审计等中介机构尚不健全的情况下，关联交易容易成为企业调节利润、避税和一些部门及个人获利的途径，往往使中小投资者利益受损。交易价格如果不能按照市场价格来确定，就有可能成为利润调节的工具。如各项服务收费的具体数量和摊销原则因外界无法准确判断其是否合理，操作弹性较大。目前通常的做法是，当上市公司经营不理想时，集团公司或者调低上市公司应缴纳的费用标准，或者承担上市公司的相关费用，甚至将以前年度已缴纳的费用退回，从而达到转移费用、增加利润的目的。又由于各类资产租赁的市场价格难以确定，租赁也可能成为上市公司与集团公司等关联公司之间转移费用、调节利润的手段。上市公司利润水平不理想时，集团公司调低租金价格或以象征性的价格收费，或上市公司以远高于市场价格的租金水平将资产租赁给集团公司使用。有的上市公司将从母公司租来的资产同时以更高的租金再转租给其他关联方，形成股份公司的其他业务利润，实现向股份公司转移利润。

上市公司获得类似的贴补，从表面上看对于上市公司和投资者来说是好事，但这种贴补首先不可能持久且终究要付出代价；其次不利于上市公司核心竞争力的培育，对其长远发展不利。

资产重组中的关联交易，其对公司经营和业绩的影响需要结合重组目的、重组所处的阶段、重组方的实力、重组后的整合具体分析。首先，重组谈判过程一般长达几个月，其中变数颇多，因此在重组的谈判或审批阶段，难以判断重组成功的概率和绩效。如果上市公司重组目的带有短期化倾向，如为了短期业绩的改观、配股融资能力的增强等，企业经营现状的改变将是非质变性的。其次，重组后能否带来预期效益还要看后期整合的结果。由于原有企业的文化、管理模式具有一定程度的排他性，新资产从进入到正常运转还要面临一段时间的磨合。由此可见，资产重组类股票的投资不确定性较大，而带有关联交易性质的资产重组，由于其透明度较低，更需要进行较长时期的、仔细的跟踪分析。在分析关联交易时，尤其要注意关联交易可能给上市公司带来的隐患，如资金占用、信用担保、关联购销等。证券投资分析师在分析关联交易时，应尤其关注交易价格的公允性、关联交易占公司资产的比重、关联交易的利润占公司利润的比重以及关联交易的披露是否规范等事项。

（三）公司的资产重组

1. 资产重组方式

资产重组是指企业资产的拥有者、控制者与企业外部的经济主体进行的，对企业资产的分布状态进行重新组合、调整、配置的过程，或对设在企业资产上的权利进行重新配置的过程。这里强调与企业外部的经济主体进行的，是一个对外的、包含有交易内涵的概念（虽然这种交易有时变成无偿划拨）。资产重组不包括企业内部资产的重新组合以及企业对外正常的投资行为。从上述定义可以看出，我国资产重组的概念显然有两个层面的含义：一个是企业层面的资产重组，另一个是股东层面的产权重组。因此，资产重组可以分为企业资产的重新整合以及企业层面上的股权调整。

资产重组根据重组对象的不同大致可分为对企业资产的重组、对企业负债的重组和对企业股权的重组。对企业资产的重组包括收购资产、资产置换、资产出售、租赁和托管资产、受赠资产；对企业负债的重组主要是指债务重组。根据债务重组的对方不同，又可以分为与银行之间和与债权人之间进行的资产重组。资产重组根据是否涉及股份的存量和增量，又大致可以分为战略性资产重组和战术性资产重组。

上述对企业资产和负债的重组属于在企业层面发生的、根据授权情况经董事会或股东大会批准即可实现的重组。这种重组行为可称为战术性资产重组。对企业股权的重组由于涉及股份持有人变化或股本增加，一般都需要经过有关主管部门的审核或核准，涉及国有股权的还需经国家财政部门的批准。此类行为对企业未来发展方向的影响通常巨大，被称为战略性资产重组。

战略性资产重组根据股权的变动情况又可分为股权存量变更、股权增加、股权减少（回购）三类。股权存量变更在实务中又存在股权无偿划拨、股权有偿协议转让、股权抵押拍卖、国有股权配售、二级市场举牌、间接股权收购等多种形式。股权增加包括吸收合并和定向增发等方式。而股权回购根据回购支付方式不同，则可分为以现金回购和以资产回购两种形式。

以下对主要的重组手段和方法进行扼要介绍。

（1）购买资产。购买资产通常指购买房地产、债权、业务部门、生产线、商标等有形或无形的资产。收购资产的特点在于收购方不必承担与该部分资产有关联的债务和义务。以多元化发展为目标的扩张通常不采取收购资产而大多采取收购公司的方式来进行，这是因为缺乏有效组织的资产通常并不能为公司带来新的核心能力。

（2）收购公司。收购公司通常是指获取目标公司全部股权，使其成为全资子公司或者获取大部分股权处于绝对控股或相对控股地位的重组行为。购买公司不仅获得公司的产权与相应的法人财产，也是所有因契约而产生的权利和义务的转让。因此，通过收购，收购公司不仅可以获得目标公司拥有的某些专有权利，如专营权、经营特许权等，而且能快速获得由公司特有组织资本产生的核心能力。

（3）收购股份。收购股份通常指以获取参股地位而非目标公司控制权为目的的股权收购行为。收购股份通常是试探性的多元化经营的开始和策略性的投资，或是为了强化与上游、下游企业之间的协作关联，如参股原材料供应商以求保证原材料供应的及时和价格优惠，参股经销商以求产品销售的顺畅、货款回收的及时等。

（4）合资或联营组建子公司。公司在考虑如何将必要的资源与能力组织在一起从而能在其选择的产品市场中取得竞争优势的时候，通常有三种选择，即内部开发、收购以及合资。对于那些缺少某些特定能力或者资源的公司来说，合资或联营可以作为合作战略最基本的手段。它可以将公司与其他具有互补技能和资源的合作伙伴联系起来，获得共同的竞争优势。

（5）公司合并。公司合并是指两家以上的公司结合成一家公司，原有公司的资产、负债、权利和义务由新设或存续的公司承担。我国《公司法》界定了两种形式的合并，即吸收合并和新设合并。公司合并的目的是实现战略伙伴之间的一体化，进行资源、技能的互补，从而形成更强、范围更广的公司核心能力，提高市场竞争力。同时，公司合并还可以减少同业竞争，扩大市场份额。

（6）股权置换。其目的通常在于引入战略投资者或合作伙伴。通常，股权置换不涉及控股权的变更。股权置换的结果是：实现公司控股股东与战略伙伴之间的交叉持股，以建立利益关联。

（7）股权－资产置换。股权－资产置换是由公司原有股东以出让部分股权为代价，使公司获得其他公司或股东的优质资产。其最大优点就在于，公司不用支付现金便可获得优质资产，扩大公司规模。股权－资产置换的另一种形式是以增发新股的方式来获得其他公司或股东的优质资产，实质上也是一种以股权方式收购资产的行为。

（8）资产置换。资产置换是指公司重组中为了使资产处于最佳配置状态以获取最大收益，或出于其他目的而对其资产进行交换。双方通过资产置换，能够获得与自己核心能力相协调的、相匹配的资产。

（9）资产出售或剥离。资产出售或剥离是指公司将其拥有的某些子公司、部门、产品生产线、固定资产等出售给其他的经济主体。由于出售这些资产可以获得现金回报，因此从某种意义上来讲，资产剥离并未减少资产的规模，而只是公司资产形式的转化，即从实物资产转化为货币资产。

（10）公司分立。公司分立是指公司将其资产与负债转移给新建立的公司，把新公司的股票按比例分配给母公司的股东，从而在法律上和组织上将部分业务从母公司中分离出去，形成一个与母公司有着相同股东的新公司。通过这种资产运作方式，新分立出来的公司管理权和控股权也会发生变化。公司分立有许多做法，包括并股和裂股两种方式。其结果是母公司以子公司股权向母公司股东回购母公司股份，而子公司则成为由母公司原有股东控股的、与母公司没有关联的独立公司。

（11）资产配负债剥离。资产配负债剥离是将公司资产配上等额的负债一并剥离出公司母体，而接受主体一般为其控股母公司。这一方式在甩掉劣质资产的同时能够迅速减小公司总资产规模，降低负债率，而公司的净资产不会发生改变。对资产接受方来说，由于在获得资产所有权的同时也承担了偿债的义务，其实质也是一种以承担债务为支付手段的收购行为。

（12）股权的无偿划拨。国有股的无偿划拨是当前证券市场上公司重组的一种常见方式，通常发生在属同一级财政范围或同一级国有资本运营主体的国有企业和政府机构之间。国有股的受让方一定为国有独资企业。由于股权的最终所有者没有发生改变，因而国有控股权的划拨实际是公司控制权的转移和管理层的重组。其目的或是为调整和理顺国有资本运营体系，或是为了利用优势企业的管理经验来重振处于困境中的上市公司。

（13）股权的协议转让。股权的协议转让是指股权的出让与受让双方不是通过交易所系统集合竞价的方式进行买卖，而是通过面对面的谈判方式，在交易所外进行交易，故通常称之为场外交易。这些交易往往出于一些特定的目的，如引入战略合作者或被有较强实力的对手善意收购等。在我国资本市场上，场外协议转让案例产生的主要原因在于证券市场中大量处于控股地位的非流通股的存在。

（14）公司股权托管和公司托管。公司股权托管和公司托管是指公司股东将其持有的股权以契约的形式，在一定条件和期限内委托给其他法人或自然人，由其代为行使对公司的表决权。当委托人为公司的控股股东时，公司股权托管就演化为公司的控制权托管，使受托人介入公司的管理和运作，成为整个公司的托管。

（15）表决权信托与委托书。表决权信托是指许多分散股东集合在一起设定信托，将自己拥有的表决权集中于受托人，使受托人可以通过集中原本分散的股权实现对公司的控制。表决权委托书是指中小股东可以通过征集其他股东的委托书来召集临时股东大会以达到改组公司董事会控制公司目的的一种方式。

（16）股份回购。股份回购是指公司或是用现金，或是以债权换股权，或是以优先股换普通股的方式购回其流通在外的股票的行为。它会导致公司股权结构的变化。由于公司股本缩减，而控股大股东的股权没有发生改变，因而原有大股东的控股地位得到强化。我国《公司法》对上市公司回购股份有着较为严格的限制，除非有下列情形之一，否则公司不得收购本公司股份：减少公司注册资本；与持有本公司股份的其他公司合并；将股份奖励给本公司职工；股东因对股东大会做出的公司合并、分立决议持异议，要求公司收购其股份的。

（17）交叉控股。交叉控股是指母、子公司之间互相持有绝对控股权或相对控股权，使母、子公司之间可以互相控制运作。交叉控股产生的原因是母公司增资扩股时，子公司收购母公司新增发的股份。我国有关法律对对外投资占本公司净资产的相对比例有一定限制，这在一定程度上限制了母、子公司间的交叉控股，但亦可以通过多层的逐级控股方式迂回地达到交叉控股的目的。交叉控股的一大特点是企业产权模糊化，找不到最终控股的大股东，公司的经理人员取代公司所有者成为公司的主宰，从而形成内部人控制。

以上介绍的是单一的重组方式。在实践中，一家公司可能会连续采用几种方式进行重组。例如，公司首先通过股权协议转让方式引入新的大股东，大股东介入后通过资产配负债剥离方式和资产置换方式注入优质资产。经过一系列资产重组方式重组后，公司期望达到资产的效用优化配置。

2. 资产重组对公司的影响

从理论上讲，资产重组可以促进资源的优化配置，有利于产业结构的调整，增强公司的市场竞争力，从而使一批上市公司由小变大、由弱变强。但在实践中，许多上市公司进行资产重组后，其经营和业绩并没有得到持续、显著的改善。究其原因，最关键的是重组后的整合不成功。

重组后的整合主要包括企业资产的整合、人力资源配置和企业文化的融合、企业组织的重构。不同类型的重组对公司业绩和经营的影响也是不一样的。对于扩张型资产重组而言，通过收购、兼并，对外进行股权投资，公司可以拓展产品市场份额，或进入其他经营领域。但这种重组方式的特点之一，就是其效果受被收购兼并方生产及经营现状影响较大，磨合期较长，因而见效可能较慢。有关统计数据表明，上市公司在实施收购兼并后，主营业务收入的增长幅度要小于净利润的增长幅度，每股收益和净资产收益率仍是负增长。这说明，重组后公司的规模扩大了，主营业务收入和净利润有一定程度的增长，但其盈利能力并没有同步提高。从长远看，这类重组往往能够使公司在行业利润率下降的情况下，通过扩大市场规模和生产规模，降低成本，巩固或增强其市场竞争力。

由于多方面的原因，我国证券市场存在着上市公司资产质量较差、股权结构和公司治理结构不合理等客观状况，因此，着眼于改善上市公司经营业绩、调整股权结构和治理结构的调整型公司重组和控制权变更型重组，成为我国证券市场最常见的资产重组类型。

对于公司控制权发生变化的资产重组而言，由于控制权的变更并不代表公司的经营业务活动必然随之发生变化，因此，一般而言，控制权变更后必须进行相应的经营重组才会对公司经营和业绩产生显著效果。

在分析资产重组对公司的影响时，分析师首先需鉴别报表性重组和实质性重组。区分报表性重组和实质性重组的关键是看有没有进行大规模的资产置换或合并。实质性重组一般要将被并购企业50%以上的资产与并购企业的资产进行置换，或双方资产合并；而报表性重组一般都不进行大规模的资产置换或合并。

3. 资产重组常用的评估方法

证券市场发展十多年来，上市公司资产重组活动快速发展，数量不断增多，形式日趋多样，涉及金额也越来越大。资产重组逐渐成为我国产业结构战略调整、上市公司优胜劣汰、社会资源优化配置的重要手段。资产重组无一例外都会涉及资产定价问题，而客观、专业的资产评估往往成为交易双方确定交易价格的主要依据。

根据《国有资产评估管理办法》（中华人民共和国国务院令第91号），我国国有资产在兼并、出售、股份经营、资产拍卖、清算、转让时的评估方法包括：①收益现值法；②重置成本法；③现行市价法；④清算价格法；⑤国务院国有资产管理主管行政部门规定的其他评估方法。

1989年，国家经济体制改革委员会、国家计划委员会、财政部、国家国有资产管理局共同出台的《关于企业兼并的暂行办法》（体改经〔1989〕38号）规定，被兼并方企业资产的评估作价可以采用以下三种方法。

- 市场法。即按照市场上近期发生的类似资产的交易价来确定被评估资产的价值。
- 重置成本法。即按资产全新情况下的限价或重置成本减去已使用年限的折旧，来确定被评估资产的价值。
- 收益现值法。即按照预期利润率计算的现值来确定被评估资产的价值。

这三种方法可以互相检验，也可以单独使用。

（1）市场法。上市公司股票的市场价格代表了投资者对该公司未来经营业绩和风险的预期。上市公司股票的市场总值，就是用现金流量折现法得出的公司价值。因此，市场法假设公司股票的价值是某一估价指标乘以比率系数。估价可以是税后利润、现金流量、主营业务收入或者股票的账面价值。不同的指标采用不同的系数。这种方法对估计非公开上市公司的价值或上市公司某一子公司的价值十分有用。

1）行业内的可比性。市场法假设从财务角度上看同一行业的公司是大致相同的。在估计目标公司的价值时，先选出一组在业务与财务方面与目标公司类似的公司。通过对这些公司经营历史、财务状况、成交行情以及未来展望的分析，确定估价指标和比率系数，再用之估计目标公司的价格。如果目标公司是一综合性公司，则可针对其几个主要经营业务，挑选出几家类似的公司，分别确定估价指标和比率系数，得出各业务部门的价格，将之加总后就是收购该综合性公司的价格。

例如，通过对上市公司的分析，计算上市公司中经营百货零售公司的价值时，就可将其最近的税后利润（估价指标）乘以15（比率系数），再加上为控制权而付出平均溢价水平

（如 25%），就是收购这家目标公司所需支付的价格。当然，这里未考虑交易成本。

2）应用市场法估计目标公司价格时需要注意的问题。正确利用市场法估计目标公司的价格，需要注意三个方面的问题：一是估价结果的合理性，二是选择正确的估价指标和比率系数，三是估价要着眼于公司未来的情况而不是历史情况。

在市场法中，目标公司的价格是通过估价指标（如税后利润）与比率系数（如市盈率）的乘积获得的。这两个数字必须慎重选择，以保证两者之积内在的经济含义。例如，如果目标公司是处于一个周期性波动很强的行业，则近期的数字显然不尽合理。此时可用历史平均的估价指标和比率系数来估计。另外，也要考虑相关事件对目标公司价格的影响，如会计政策的调整、股票的回购等因素对目标公司财务结果产生的影响，并做出合理的调整。

3）估价指标和比率系数的选择。通常，可选择的估价指标包括：税后利润、现金流量、营业收入、股息、资产的账面价值或有形资产价值等。确定了估价指标后，再用样本公司的价值可算出相应的比率系数。如对税后利润而言，相应的比率系数就是市盈率。

用市场法对普通公司估价，最常用的估价指标是税后利润。但对某些特殊行业的公司，用税后利润并不能合理反映目标公司的价值。例如广播公司或饮料公司，其特点是销售相对稳定，所需投入的有形资本有限，商誉等无形资产较多。对此类公司估价，就可用现金流量作为估价指标。炼钢厂等重工业企业是夕阳产业，盈利情况不佳，一般用有形资产的账面价值作为估价指标。而经营杠杆较高（即流动资产与固定资产之比较高）的企业，如零售业或消费品制造企业，经常用营业收入作为估价指标。

估价指标的选择，关键是要反映企业的经济意义，并且要选择对企业未来价值有影响的指标。而在计算比率系数时，要注意它在各样本公司中的稳定性。该系数越稳定，则估价结果越可靠。

【例 6-3】 现假设有两家公司，兼并方公司（继来公司）与目标公司（赓升公司）。继来公司是上市公司，赓升公司是一家非上市公司，两家公司的经营领域相同（横向兼并）。2016 年年底两家公司的资产负债表分别见表 6-10 和表 6-11。

表 6-10　继来公司 2016 年 12 月 31 日的资产负债表　　单位：万元

资产	金额	负债与股东权益	金额
流动资产	1500	流动负债	500
		长期负债	500（年利息为 10%）
固定资产	1000	股东权益	
		股本总额	1000
		留存利润	500
		股东权益合计	1500
资产总计	2500	负债与所有者权益合计	2500

表 6-11　赓升公司 2016 年 12 月 31 日的资产负债表　　单位：万元

资产	金额	负债与股东权益	金额
流动资产	500	流动负债	250
		长期负债	100（年利息为 10%）
固定资产	250	股东权益	
		股本总额	300
		留存利润	100
		股东权益合计	400
资产总计	750	负债与所有者权益合计	750

继来公司 2016 年度经营业绩：

息税前利润	350 万元
减：利息费用	50 万元
税前利润	300 万元
减：所得税（50%）	150 万元
税后利润	150 万元

其他指标：

资本收益率 = 息税前利润 ÷（长期负债 + 股东权益）× 100%

= 350 ÷（500 + 1500）× 100% = 17.5%

利润增长率 = 20%

近 3 年的平均利润：

税前 = 125 万元

税后 = 63 万元

市盈率 = 12

股息总额 = 100 万元

继来公司股票的市价总值 = 1800 万元

赓升公司 2016 年度经营业绩：

息税前利润	60 万元
减：利息费用	10 万元
税前利润	50 万元
减：所得税（50%）	25 万元
税后利润	25 万元

其他指标：

资本收益率 = 息税前利润 ÷（长期负债 + 股东权益）× 100%

= 60 ÷（100 + 400）× 100% = 12%

利润增长率 = 14%

近 3 年的平均利润：

税前 = 44 万元

税后 = 22 万元

股息总额 = 15 万元

第一，用目标公司（赓升公司）最近 1 年的税后利润作为估价指标，用同类上市公司（继来公司）的市盈率作为比率系数。

赓升公司最近 1 年的税后利润（2016 年）= 25 万元

继来公司的市盈率 = 12

赓升公司的价格 = 25 万元 × 12 = 300 万元

第二，用目标公司（赓升公司）近 3 年税后利润的平均值作为估价指标，用同类上市公司市盈率作为比率系数。

赓升公司近 3 年税后利润的平均值 = 22 万元

继来公司的市盈率 = 12

赓升公司的价格 = 22 万元 × 12 = 264 万元

如前文所述，一般经营有明显周期性的目标公司的估价用这种方法。

第三，假设兼并方优势是在管理方面。目标公司被兼并后，在有效的管理下，也能获得与兼并方目标公司同样的资本收益率。以目标公司在被兼并后的税后利润作为估价指标，比率系数仍采用同类上市公司的市盈率。

  赓升公司的资本额 = 长期负债 + 股东权益 = 500 万元

  兼并后赓升公司所能达到的资本收益 88 万元（≈ 500 万元 ×17.5%）

  减：利息费用   10 万元（=100 万元 ×10%）

  税前利润   78 万元

  减：所得税   39 万元

  税后利润   39 万元

  继来公司的市盈率 12

  赓升公司的价格 468 万元（= 39 万元 ×12）

  第四，通常盈利水平低的目标公司在被兼并后不可能一下子达到兼并方公司的盈利水平，一般需要一段增长时间。假设目标公司在被兼并后获得了兼并方公司的盈利增长水平，以目标公司近 3 年平均税后利润经 1 年增长后的数字作为估价指标，比率系数仍采用同类上市公司的市盈率。

  赓升公司近 3 年平均税后利润 22 万元

  加：兼并后 1 年内的盈利增长 4.4 万元（= 22 万元 ×20%）

  2016 年赓升公司的税后利润 26.4 万元

  继来公司的市盈率   12

  赓升公司价格   317 万元（≈ 26.4 万元 ×12）

  第五，以目标公司最近 1 年的息税前利润作为估价指标，以兼并方公司的资本收益率的倒数作为比率系数。

  赓升公司 2016 年的息税前利润 = 60 万元

  继来公司的资本收益率 =17.5%

  赓升公司的价格 =60 万元 ÷17.5%≈ 343 万元

  第六，以目标公司最近 1 年的股利经 1 年增长后的数字作为估价指标，其中增长率是兼并方公司的增长率。以兼并方公司最近 1 年的市价股息比作为比率系数。

  继来公司的股票市价总额 = 1800 万元

  继来公司的股息总额 = 100 万元

  继来公司 2016 年的市价股息比 = 1800 万元 ÷100 万元 = 18

  赓升公司 2016 年的股息总额 = 15 万元

  加：预计当年的增长额 = 15 万元 ×20% = 3 万元

  赓升公司 2017 年的股息 = 18 万元

  赓升公司的价格 = 18 万元 ×18 = 324 万元

  第七，以目标公司的股东权益（净资产）作为估价指标，以市场上同类公司的市价股东权益比作为系数。

  赓升公司的股东权益 = 400 万元

  继来公司的市价股东权益比 = 1800 万元 ÷1500 万元 = 1.2

  赓升公司的价格 = 400 万元 ×1.2 = 480 万元

  4）市场法的优缺点。虽然市场法缺乏明显的理论依据，但是它却具有以下两方面的优点：首先，市场法是从统计的角度总结出相同类型公司的财务特征，得出的结论有一定的可靠性；其次，市场法简单易懂，容易使用。

  （2）重置成本法。

  1）重置成本法及其理论依据。重置成本法也称成本法，是指在评估资产时按被评估资产的现时重置成本扣减其各项损耗价值来确定被评估资产价值的方法。采用重置成本法对资产进行评估的理论依据如下。

（a）资产的价值取决于资产的成本。资产的原始成本越高，资产的原始价值越大，反之则小，两者在质和量的内涵上是一致的。根据这一原理，采用重置成本法对资产进行评估，必须首先确定资产的重置成本。重置成本是按在现行市场条件下重新购建一项全新资产所支付的全部货币总额，重置成本与原始成本的内容构成是相同的，但两者反映的物价水平是不相同的。前者反映的是资产评估日期的市场物价水平，后者反映的是当初购建资产时的物价水平。资产的重置成本越高，其重置价值越大。

（b）资产的价值是一个变量，除了市场价格以外影响资产价值量变化的因素还包括以下几种。

- 资产投入使用后，由于使用磨损和自然力的作用，其物理性能会不断下降，价值会逐渐减少。这种损耗一般称为资产的物理损耗或有形损耗，也称实体性贬值。
- 新技术的推广和运用，使得企业原有资产与社会上普遍推广和运用的资产相比较，在技术上明显落后、性能降低，其价值也就相应减少，这种损耗称为资产的功能性损耗，也称功能性贬值。
- 由于资产以外的外部环境因素变化使资产价值降低。这些因素包括政治因素、宏观政策因素等。例如，政府实施新的经济政策或发布新的法规限制了某些资产的使用，使得资产价值下降，这种损耗一般称为资产的"经济性损耗"，也称经济性贬值。

2）重置成本法中各类指标的估算。根据重置成本法的定义，重置成本法的基本计算公式可以表述为

被评估资产评估值 = 重置成本 − 实体性贬值 − 功能性贬值 − 经济性贬值

被评估资产评估值 = 重置成本 × 成新率

重置成本法的计算公式为正确运用重置成本法评估资产提供了思路，评估操作中要依此思路确定各项具体指标。

（a）重置成本及其估算概述。重置成本一般可以分为复原重置成本和更新重置成本。复原重置成本是指运用原来相同的材料、建筑或制造标准、设计、格式及技术等，以现时价格复原购建这项全新资产所发生的支出。更新重置成本是指利用新型材料，并根据现代标准、设计及格式，以现时价格生产或建造具有同等功能的全新资产所需的成本。

选择重置成本时，在同时可获得复原重置成本和更新成本的情况下，应选择更新重置成本。在无更新重置成本时可采用复原重置成本。一般来说，复原重置成本大于更新重置成本，但由此引致的功能性损耗也大。之所以要选择更新重置成本，是因为一方面随着科学技术的进步，劳动生产率的提高，新工艺、新设计的采用被社会普遍接受；另一方面，新型设计、工艺制造的资产无论从其使用性能，还是成本耗用方面都会优于旧的资产。

更新重置成本和复原重置成本的共同点在于采用的都是资产的现时价格，不同点在于技术、设计、标准方面的差异。对于某些资产，其设计、耗费、样式几十年一贯如此，更新重置成本与复原重置成本是一样的。应该注意的是，无论更新重置成本还是复原重置成本，资产本身的功能不变。

（b）重置成本的估算方法。重置成本的估算一般可以采用的方法有直接法、功能价值法和物价指数法。

a）直接法，也称重置核算法，是指按资产成本的构成，把以现行市价计算的全部购建支出按期计入成本的形式，将总成本区分为直接成本和间接成本来估算重置成本的一种方法。直接成本是指直接可以构成资产成本支出部分，如房屋建筑、墙体、屋面、屋内装修等项目，机器设备类资产的设备购价、安装调试费、运杂费、人工费等项目。直接成本应

按现时价格，逐项加总。间接成本是指为建造、购买资产而发生的管理费、总体设计制图等支出。实际工作中，间接成本可以通过下列方法计算。

按人工成本比例法计算，计算公式为

$$间接成本 = 人工成本总额 \times 成本分配率$$

$$成本分配率 = \frac{间接成本额}{人工成本额} \times 100\%$$

按单位价格法计算，计算公式为

$$间接成本 = \frac{工作量（按工日或工时）\times 单位价格}{工日或工时}$$

按直接成本百分率法计算，计算公式为

$$间接成本 = 直接成本 \times 间接成本占直接成本的百分率$$

b）功能价值法，也称生产能力比例法。这种方法是寻找一个与被评估资产相同或相似的资产为参照物，计算每一单位生产能力价格或参照物与评估资产生产能力的比例，以估算被评估资产的重置成本。计算公式为

$$被评估资产重置成本 = \frac{被评估资产产量}{参照物年产量} \times 参照物重置成本$$

这种方法运用的前提条件和假设是资产的成本与其生产能力呈线性正比关系。生产能力越大，成本越高。应用这种方法估算重置成本时，首先应分析资产成本与生产能力之间是否存在这种线性关系。如果不存在的话，这种方法就不可采用。

c）物价指数法。这种方法是在资产原始成本基础上，通过现时物价指数确定其重置成本，计算公式为

$$资产重置成本 = 资产原始成本 \times \frac{资产评估时物价指数}{资产构建时物价指数}$$

公式中，资产原始成本要求真实、准确。物价指数应采用资产的个别或同类物价指数。

上述三种方法均可用于确定重置成本法下的重置成本。至于选用哪种方法，应根据具体的评估对象和可以收集到的资料确定。这些方法对某项资产可能同时都能用，有的则不然，应用时必须注意分析方法运用的前提条件，否则将得出错误的结论。

（c）实体性贬值及其估算。资产的实体性贬值是由于使用和自然力损耗形成的贬值。实体性贬值的估算，一般可以采用的方法有观察法和公式计算法。

a）观察法，也称成新率法，是指对被评估资产，由具有专业知识和丰富经验的工程技术人员对资产实体各主要部位进行技术鉴定，并综合分析资产的设计、制造、使用、磨损、维护、修理、大修理、改造情况和物理寿命等因素，将评估对象与其全新状态相比较，考察由于使用磨损和自然损耗对资产的功能、使用效率带来的影响，判断被评估资产的成新率，从而估计实体性贬值。计算公式为

$$资产实体性贬值 = 重置成本 \times （1 - 成新率）$$

b）公式计算法。其计算公式为

$$资产实体性贬值 = \frac{重置成本 - 残值}{总使用年限} \times 实际已使用年限$$

公式中，残值是指被评估资产在清理报废时净收回的金额。在资产评估中，通常只考虑数额较大的残值，如残值数额较小可以忽略不计。总使用年限是实际已使用年限与尚可使用年限之和。计算公式为

$$总使用年限 = 实际已使用年限 + 尚可使用年限$$

$$实际已使用年限 = 名义已使用年限 \times 资产利用率$$

资产在使用中受负荷程度的影响，必须将资产的名义已使用年限调整为实际已使用年

限。名义已使用年限是指资产从购进使用到评估时的年限。名义已使用年限可以通过会计记录、资产登记簿、登记卡片查询确定。实际已使用年限是指资产在使用中实际损耗的年限。实际已使用年限与名义已使用年限的差异，可以通过资产利用率来调整。资产利用率计算公式为

$$资产利用率 = \frac{截至评估日资产累计实际利用时间}{截至评估日资产累计法定利用时间}$$

当资产利用率 > 1 时，表示资产超负荷运转，资产实际已使用年限比名义已使用年限要长；当资产利用率 = 1 时，表示资产满负荷运转，资产实际已使用年限等于名义已使用年限；当资产利用率 < 1 时，表示开工不足，资产实际已使用年限小于名义已使用年限。

尚可使用年限是根据资产的有形损耗因素，预计资产的继续使用年限。

(d) 功能性贬值及其估算。功能性贬值是由于技术相对落后造成的贬值。估算功能性贬值时，主要根据资产的效用，生产加工能力，工耗、物耗、能耗水平等功能方面的差异造成的成本增加和效益降低，相应确定功能性贬值额。同时，还要重视技术进步因素，注意替代设备、替代技术、替代产品的影响，以及行业技术装备水平现状和资产更新换代速度。

通常，功能性贬值的估算可以按以下步骤进行。

a) 将被评估资产的年运营成本与功能相同但性能更好的新资产的年运营成本进行比较，计算二者的差异，确定净超额运营成本。由于企业支付的运营成本是在税前扣除的，企业支付的超额运营成本会使税前利润下降、所得税额降低，使得企业负担的运营成本低于其实际支付额。因此，净超额运营成本是年超额运营成本扣除所得税后的余额。

b) 评估被评估资产的剩余寿命。

c) 以适当的折现率将被评估资产在剩余寿命内每年的净超额运营成本折现，这些折现值之和就是被评估资产功能性损耗（贬值）。计算公式为

$$被评估资产的功能性损耗（贬值） = \sum \left(被评估资产年净超额运营成本 \times 折现系数 \right)$$

【例 6-4】某种机器设备，技术先进的设备比陈旧设备的生产效率高，节约工资费用，有关资料及计算结果见表 6-12。

表 6-12 新旧机器设备相关指标比较及功能性贬值计算

项目	技术先进设备	技术陈旧设备
月产量	10000 件	10000 件
单件工资	0.80 元	1.2 元
月工资成本	8000 元	12000 元
月差异额		12000 - 8000 = 4000（元）
年工资成本超支额		4000 × 12 = 48000（元）
减：所得税（25%）		48000 × 25% = 12000（元）
扣除所得税后年净超额工资		48000 - 12000 = 36000（元）
资产剩余使用年限		5 年
假定折现率 10%，5 年年金折现系数		3.7908
功能性贬值额		36000 × 3.7908 = 136468.80（元）

应该指出，新老技术设备的对比，除生产效率影响工资成本超额支出外，还可对原材料消耗、能源消耗以及产品质量等指标进行对比计算其功能性贬值。

(e) 经济性贬值及其估算。经济性贬值是由于外部环境变化造成资产的贬值。计算

经济性贬值时，主要是根据因产品销售困难而开工不足或停止生产等情况，确定其贬值额。评估时应根据资产的具体情况加以分析确定。当资产使用基本正常时，不计算经济性贬值。

（f）成新率及其估算。成新率反映评估对象的当前价值与其全新状态重置价值的比率。该成新率指的是重置成本法公式"被评估资产评估值 = 重置成本 × 成新率"中的成新率，是综合资产使用中各类损耗以后确定的。在成新率分析计算过程中，应充分注意资产的设计、制造、实际使用、维护、改造情况以及设计使用年限、物理寿命、现有性能、运行状态和技术进步等因素的影响。

通常，成新率的估算方法有以下几种。

- 观察法。即由具有行业知识和丰富经验的工程技术人员对资产的实体各主要部位进行技术鉴定，以判断确定被评估资产的成新率。与上文所述确定实体性贬值中的成新率不同，这一成新率是在综合考虑资产实体性损耗、功能性损耗和经济性损耗基础上确定的，而不只是考虑使用磨损和自然损耗的影响。
- 使用年限法，即根据资产预计尚可使用年限与其总使用年限的比率确定成新率，计算公式为

$$成新率 = \frac{预计尚可使用年限}{实际已使用年限 + 预计尚可使用年限} \times 100\%$$

- 修复费用法。成新率是通过估算资产恢复原有全新功能所需要的修复费用占该资产的重置成本（再生产价值）的百分比确定的，计算公式为

$$成新率 = \left(1 - \frac{修复费用}{再生产价值}\right) \times 100\%$$

3）运用重置成本法评估资产的程序及其优缺点分析。运用重置成本法评估资产的程序为：首先确定被评估资产并估算重置成本，然后确定被评估资产的使用年限，接着估算被评估资产的损耗或贬值，最后计算确定被评估资产的价值。

采用重置成本法评估资产的优点有：比较充分地考虑了资产的损耗，评估结果更加公平合理，有利于单项资产和特定用途资产的评估，在不易计算资产未来收益或难以取得市场参照物条件下可广泛应用，有利于企业资产保值。但是，采用重置成本法的缺点是工作量巨大。它是以历史资料为依据确定目前价值，必须充分分析这种假设的可行性。另外，经济性损耗（贬值）也不易全面准确计算。

（3）收益现值法。

1）收益现值法及其适用前提条件。收益现值法是通过估算被评估资产未来预期收益并折算成现值，借以确定被评估资产价值的一种资产评估方法。采用收益现值法对资产进行评估所确定的资产价值，是指为获得该项资产预期收益的权利所支付的金额。这里不难看出，资产的评估价值与资产的效用或有用程度密切相关。资产的效用越大，获利能力越强，它的价值就越大。从收益现值法概念本身，也可以分析确定收益现值法应用的前提条件。

众所周知，资产成交后能为新的所有者带来一定的收益，新所有者支付的货币量不会超过该项资产（或与其具有同样风险因素的相似资产）期望收益的现值。换一个角度分析，投资者投资购买资产时一般要进行可行性分析。预期的投资回报只有在超过评估的折现现值时，投资者才肯支付货币以取得该项资产。应用收益现值法评估资产必须具备的前提条件包括：首先，被评估资产必须是能用货币衡量其未来期望收益的单项或整体资产；其次，资产所有者所承担的风险必须是能用货币计量的。

应该注意的是，应用收益现值法对资产进行评估时，是以资产投入使用后连续获利为

基础的。资产作为特殊商品，在资产买卖中，人们购买的目的往往不在于资产的本身，而是资产的获利能力。如果在资产上进行投资的目的不是为了获利，进行投资后没有预期收益或预期收益很少而且很不稳定，则不能采用收益现值法。

2）收益现值法应用的形式。收益现值法的应用，实际上是对评估资产未来预期收益进行折现或本金化的过程。一般来说有以下几种情况。

（a）资产未来收益期有限的情形。资产的未来预期收益在具体的特定时期，通过预测有限期限内各期的收益额，以适当的折现率进行折现后求和获得，各年预期收益折现之和即为评估值。基本公式为

$$资产评估值 = \sum_{i=1}^{n} \frac{R_i}{(1+r)^i}$$

式中，R_i 为未来第 i 个收益期的预期收益额，收益期有限时还包括期末资产剩余净额；n 为收益年期；r 为折现率。

（b）资产未来收益期无限期的情形。无限收益期包含两种情形，即未来收益年金化情形和未来收益不等额情形。

在未来收益年金化情形下，首先预测其年收益额，然后对其年收益额进行本金化处理，即可确定其评估值。基本公式为

$$资产评估值（收益现值） = \frac{年收益}{本金化率}$$

这是预期收益折现值求和的特殊形式，推导过程如下。

假如未来预期收益分别为 $R_1, R_2, \cdots, R_n$，折现率为 r，折现值之和为 PV，则有：

$$PV = \frac{R_1}{(1+r)^1} + \frac{R_2}{(1+r)^2} + \cdots + \frac{R_n}{(1+r)^n}$$

当 $R_1 = R_2 = \cdots = R_n = A$ 且 $n \to \infty$ 时，$PV = \frac{A}{r}$

在未来收益不等额情形下，首先预测若干年内（一般为 5 年）各年预期收益额。再假设若干年的最后一年开始，以后各年预期收益额均相同；最后，将企业未来预期收益进行折现和本金化处理。基本公式为

$$资产评估值（预期收益现值） = \sum 前若干年各年收益额 \times 各年折现系数 + \frac{以后各年的年金化收益}{本金化率} \times 前若干年最后一年的折现系数$$

应当指出，确定后期年金化收益时，一般以前期最后一年的收益额作为后期永续年金收益。

3）收益现值法中各项指标的确定。收益现值法的应用，不仅在于掌握其在各种情况下的计算过程，更重要的是科学、合理地确定各项指标。收益现值法中的主要指标有三个，即收益额、折现率或本金化率和收益期限。

收益现值法在运用中，收益额的确定是关键。收益额是指被评估资产在使用过程中产生的未来收益期望值。对于收益额的确定应把握两点：一是收益额指的是资产使用带来的未来收益期望值，是通过预测分析获得的。无论对所有者还是购买者，判断该项资产是否有价值首先应判断该项资产是否有收益。评估是对其收益的判断，不仅仅看其现在的收益能力，更重要的是预测未来的收益能力。二是收益额必须是评估资产直接形成的，而不是由评估资产直接形成的收益分离出来的。

对于折现率的确定，首先应明确折现的内涵。折现作为一个时间优先的概念，预计将来的收益或利益低于现在同样的收益或利益，并且随着时间向将来推迟的程度而系统地降低价值。本金化率和折现率在本质上是没有区别的，只是适用于不同的场合。折现率是将有限期的预期收益折算成现值的比率，用于有限期收益的还原；本金化率则是将未来永续

性预期收益折算成现值的比率。收益期显示资产收益的期间，通常指收益年期。收益期限由评估人员根据资产未来获利情况、损耗情况等确定，也可以根据法律、契约和合同规定确定。

4）收益现值法评估资产的优缺点。收益现值法评估资产的程序为：首先，收集验证有关经营、财务状况的信息资料；其次，计算和对比分析有关指标及其变化趋势；再次，预测资产未来预期收益，确定折现率或本金化率；最后，将预期收益折现或本金化处理，确定被评估资产价值。

采用收益现值法评估资产的优点：能真实和较准确地反映企业本金化的价格；与投资决策相结合，用此评估法评估资产的价格，易为买卖双方接受。采用收益现值法评估资产的缺点：预期收益额预测难度较大，受较强的主观判断和未来不可预见因素的影响；在评估中适用范围较小，一般适用于企业整体资产和可预测未来收益的单项资产评估。

（四）上市公司重大事件

证监会 2007 年 1 月 30 日发布的《上市公司信息披露管理办法》要求上市公司如有"重大事件"需要发布临时报告。所谓重大事件，是指发生可能对上市公司证券及其衍生品种交易价格产生较大影响但投资者尚未得知的事件。上市公司对重大事件应当立即披露，说明事件的起因、目前的状态和可能产生的影响。重大事件包括以下几类。

（1）公司的经营方针和经营范围的重大变化。

（2）公司的重大投资行为和重大的购置财产的决定。

（3）公司订立重要合同，可能对公司的资产、负债、权益和经营成果产生重要影响。

（4）公司发生重大债务和未能清偿到期重大债务的违约情况，或者发生大额赔偿责任。

（5）公司发生重大亏损或者重大损失。

（6）公司生产经营的外部条件发生的重大变化。

（7）公司的董事、1/3 以上监事或者经理发生变动；董事长或者经理无法履行职责。

（8）持有公司 5% 以上股份的股东或者实际控制人，其持有股份或者控制公司的情况发生较大变化。

（9）公司减资、合并、分立、解散及申请破产的决定，或者依法进入破产程序、被责令关闭。

（10）涉及公司的重大诉讼、仲裁，股东大会、董事会决议被依法撤销或者宣告无效。

（11）公司涉嫌违法违规被有权机关调查，或者受到刑事处罚、重大行政处罚；公司董事、监事、高级管理人员涉嫌违法违纪被有权机关调查或者采取强制措施。

（12）新公布的法律、法规、规章、行业政策可能对公司产生重大影响。

（13）董事会就发行新股或者其他再融资方案、股权激励方案形成相关决议。

（14）法院裁决禁止控股股东转让其所持股份；任一股东所持公司 5% 以上股份被质押、冻结、司法拍卖、托管、设定信托或者被依法限制表决权。

（15）主要资产被查封、扣押、冻结或者被抵押、质押。

（16）主要或者全部业务陷入停顿。

（17）对外提供重大担保。

（18）获得大额政府补贴等可能对公司资产、负债、权益或者经营成果产生重大影响的额外收益。

（19）变更会计政策、会计估计。

（20）因前期已披露的信息存在差错、未按规定披露或者虚假记载，被有关机关责令改正或者经董事会决定进行更正。

（21）证监会规定的其他情形。

第三节 投资项目分析

一、投资项目经济可行性分析

（一）投资项目经济可行性分析的一般方法

判断：预期未来投资收益是否大于当前投资支出，项目实施后是否能够在短期内收回全部投资。

（1）投资回收期，也称投资收回期，以年或月计，是指一个项目投资通过项目盈利收回全部投资所需的时间。

（2）投资项目盈利率：

$$投资项目盈利率 = 年平均新增利润 / 投资总额 \times 100\%$$

（3）贴现法：将投资项目未来逐年收益换算成现在的价值，和现在的投资支出相比较的方法。

$$V_0 = P_n \times (1 + i)^{-n}$$

式中，V_0 为收益现值；P_n 为未来某一年的收益；i 为换算比率，即贴现率。

（二）投资项目经济可行性分析的步骤和内容

（1）弄清市场需求和销售情况，包括需求量、需求品种等的预测。

（2）弄清项目建设条件，包括资金、原料、场地等条件。

（3）弄清技术工艺要求，包括设备供应、生产组织、环境等情况。

（4）投资数额估算，包括设备、厂房、运营资金、需求量等投资数额。

注：在计算运营资金需求量时，应先计算出生产成本，然后按照资金周转所需时间来计算。

（5）资金来源渠道和筹借资金成本的比较分析。

（6）生产成本的计算，包括原材料、工资、动力燃料、管理费用、销售费用各项租金等。

（7）销售收入的预测，包括销售数量和销售价格。

（8）实现利税总额的计算。

（9）投资回收期的估算和项目生命周期的确定。

（10）折旧及上缴税金的估算。

注：通过项目在生命期内提取折旧，计入成本，来测算项目实现利润和上缴的税金。

（11）项目经济效益的总评价。

（三）在考虑时间因素情况下的评价指标

（1）净现值，指投资项目在生命周期内变成现值后逐年的收益累计与总投资额之差。

注：一般要求的贴现率，净现值为正的项目都可接受，净现值越高的项目盈利能力越强。

（2）项目盈利系数，指项目盈利现值累计数与总投资额之比。

（3）内部收益率，指在投资项目净现值为 0 时的贴现率。

注：内部收益率大于企业要求的贴现率或利润率的所有投资项目，企业原则上都可以接受，此时投资项目的净现值为正；从筹资角度讲，如果已知某一项目的内部收益率，那么所有筹资成本低于内部收益率的筹资方案都是可行的方案。

（四）与分析投资项目经济可行性有关的其他经济分析

（1）最优生产规模的确定：利润分析法、经验分析法、成本分析法和盈亏平衡点法。

（2）销售收入的确定。

（3）生产成本的测算：

原材料费 = 原材料耗用量 × 单位价格

燃料动力费 = 燃料动力耗用量 × 单位价格

工资及工资附加费 = 生产定员人数 × 平均工资及附加费水平

车间经费 = 车间管理费 + 折旧费 + 修理费

管理费 = 公司经费 + 工会经费 + 劳动保险费 + 土地使用费 + 董事会经费 + 咨询费 + 税金 + 技术转让费 + 业务招待费 + 其他管理费

营业费 = 运输费 + 包装费 + 保险费 + 广告费 + 差旅费 + 销售人员工资及其他费

产品制造成本 = 原材料费 + 燃料动力费 + 工资及附加 + 车间经费 + 管理费 + 营业费

（五）收购兼并项目经济可行性分析

1. 现金收购兼并的经济可行性分析

（1）一般步骤。

1）预测被收购兼并企业以后各年的可能收益，确定收购兼并后的现金流量；

2）确定收购兼并对象应该实现的最低可接受报酬率；

3）确定收购兼并最高的可接受现金价格；

4）计算收购兼并投资所能获得的报酬率；

5）根据企业的资金结构，分析现金收购的可能性；

6）分析收购兼并产生的影响。

（2）避税效应。当某一盈利企业兼并一亏损企业时，兼并后亏损企业的亏损额将冲抵盈利企业的盈利，使盈利企业应税利润减少，从而实现避税效应。

（3）现金流量预测。

现金流量 = 经营利润 − 所得税 + 折旧及非支出现金的费用 − 流动资金增加数 − 固定资产新增数

第 N 年的现金流量 = 第 N − 1 年的销售收入 × (1 + 销售收入增长率) × 第 N 年的销售的销售利润率 × (1 − 所得税率) − (第 N 年的销售收入 − 第 N − 1 年的销售收入) × (每 1 元销售收入所需增加的固定资产投资和流动资产投资)

（4）估计可接受的最低报酬率。

借入资金成本 = 借入资金利率 × (1 − 所得税率)

自有资金成本 = 无风险报酬率 + 风险系数 × 市场风险补偿率

最低报酬率 = 长期负债 ÷ 结构性负债 × 长期负债利率 + 所有者权益 ÷ 结构性负债 × 自有资金成本

注：无风险报酬率通常取国债券的收益率；风险系数是收购兼并者股票的价格或企业的价值随市场波动而波动的幅度，是项目投资者风险大小的指数，对于上市企业可以取该企业股票价格增减百分比和股票总指数增减百分比的比值；市场风险补偿率是指具有代表性的股票市场指数的报酬率超过无风险报酬率的部分，通常在 5% ~ 5.5% 之间；如果被收购或兼并企业的风险系数和借入资金的借款利率较高时，应该以被收购兼并企业资金总成本为计算最低报酬率的依据。

（5）计算最可能接受的现金价格。

可接受的最高现金价格 = 累计现值 + 残值 + 有价证券现值 − 债务

注：某年现值 = 某年现金流量 ÷ (1 + 最低报酬率)

对于上市股份制企业来说，可用最高现金价格除以股票总数来得到收购兼并时每股的最高出价。

（6）计算各种价格和方案的报酬率。

（7）分析现金收购或兼并的可行性。

（8）评估收购或兼并对每股收益和资金结构的影响。

2. 股票收购兼并的经济可行性分析

（1）一般步骤。

1）确定增发股票的数量，即增加多少股票不至于影响企业的控制权；

2）确定增发新股对每股收益和股票价格的影响；

3）估计被收购企业的股票价值，比较股息收益率高低，以决定采用何种收购方式；

4）确定可以用来交换的股票的最大数量；

5）评价收购对企业每股收益和资金结构的影响。

（2）用于评价上市公司的特殊财务比率。

1）每股收益 = 净利润 ÷ 年度末普通股份总数

（a）合并报表问题：编合并报表时，应以合并报表数据计算。

（b）优先股问题：如果公司发行了不可转换优先股，则应扣除。

每股收益 =（净利润 - 优先股股利）÷（年度末普通股份总数 - 年度末优先股数）

（c）年度中普通股增减问题：在普通股发生增减变化时该公式的分母应使用按月计算的"加权平均发行在外的普通股股数"

平均发行在外的普通股股数 = ∑（发行在外普通股股数 × 发行在外月份数 ÷ 12）

（d）复杂股权结构问题：发行普通股以外的其他种类的股票（如优先股等）的公司，应按国际惯例计算该指标，并说明计算方法和参考依据。

2）市盈率（倍数）= 普通股每股市价 ÷ 普通股每股收益

注：该指标不能用于不同行业公司比较；市盈率高低受市价影响，市价影响因素很多，包括投机、炒作，长期趋势很重要。

3）每股股利 = 股利总额 ÷ 年末普通股股份总数

注：股利总额是指用于分配普通股现金股利的总额。

4）股票获利率 = 普通股每股股利 ÷ 普通股每股市价 × 100%

5）股利支付率 = 每股股利 ÷ 每股净收益 × 100%

股利保障倍数 = 普通股每股收益 ÷ 普通股每股股利

留存盈利比率 =（净利润 - 全部股利）÷ 净利润 × 100%

6）每股净资产 = 年度末股东权益 ÷ 年度末普通股股数

注：年度末股东权益是指扣除优先股权益后的余额；每股净资产，在理论上提供了股票的最低价值。如果公司的股票价格低于净资产的成本，成本又接近变现价值，说明公司已无存在价值，清算是股东最好的选择。

7）市净率（倍数）= 每股市价 ÷ 每股净资产

（3）确定增发股票的数量。收购兼并活动要以不降低企业股票的价格和每股收益为原则。

（4）估计收购方和被收购方企业的价值，确定收购方式和换股比例。

甲公司 1 股换乙公司股票的比例 =（甲公司股票价格 × 乙公司市盈率）÷（乙公司股票价格 × 甲公司市盈率）

注：当收购企业的价值被市场低估或者以股票价格计算的企业价值低于用现金流量计算的企业价值时，收购企业倾向于用现金收购的方式而不是用股票收购；相反，收购方倾向用股票收购更合算。

（5）评价收购对企业每股收益和资金结构的影响。

1）如果收购方支付给被收购方的股票市盈率大于其自身原来的市盈率，则会使收购方的每股收益减少；反之，则增加；如果两者相等，则每股收益不变。

2）从资金结构的角度讲，股票收购不会引起新的债务，从而会使企业的自有资金负债率降低，但这种降低是否值得，关键在于收购兼并行为是否会给企业带来更高的收益，如果兼并后被收购企业的未来收益增长高于收购企业，则兼并活动能在较短时期内提高整个企业的每股收益，并为收购方创造良好的效益。

3. 杠杆收购的经济可行性分析

（1）定义：一个企业通过借款收购另一个企业产权，后又依靠被收购企业创造的现金流量来偿还债务的收购方式为杠杆收购。

（2）意义。

1）目前，杠杆收购已变成一种融资、避税、促使企业效率提高和确认企业价值的工具。

2）杠杆收购可使收购方用较小的资本获得另一企业全部或部分产权，实现其融资目的。

3）杠杆收购会引起对被收购企业的资产重新评估，可以提高资产的账面价值，从而提高折旧基数，增加折旧提取数，实现合理避税。

4）杠杆收购可带来所有权结构和经营班子的调整，利于企业经营机制转换和效率提高。

5）成功的杠杆收购活动对收购方、被收购方和贷款机构都会带来利益。

6）杠杆收购已经变成企业谋求发展和增值的重要途径和手段。

（3）杠杆收购活动能否成功取决于以下几点。

1）收购方企业经营管理能力和水平。

2）周全、完善的收购兼并计划。

3）企业的负债减少，现金流量比较稳定、有保障，即收购企业要有负债经营的能力。

4）被收购企业要拥有一部分能够变现的资产或者一定数量的可以作为贷款抵押物的资产，并且资产的账面价值可以通过评估而提高。

5）企业要有一段时期的平稳生产经营，在此期间可以不进行更新改造投资，生产经营的净现金流量可以用来偿还负债。

（4）当然，进行收购兼并活动不能只从经济上看是否可行，还要从企业所处的行业、市场、管理经验等多方面去考虑，要充分发挥收购方生产、技术、资金、管理经验方面的优势，这就要求进行收购兼并活动时还要注意以下几点。

1）尽可能收购兼并相同产业或相关产业的企业，以发挥生产、技术和管理优势。

2）尽可能收购兼并属于高速增长阶段的产业，因为不成功的收购兼并大多数集中在缺少发展前景的产业领域。

3）尽可能收购兼并拥有自己销售渠道和客户的企业，因为企业能否取得现金流入主要取决于企业是否拥有市场。

二、投资项目的不确定性分析

（一）投资项目的不确定性分析概述

投资项目的不确定性分析是采用专门方法，分析、研究与投资项目相关的各种不确定因素，确定由于不确定因素变化而对投资项目评价结论产生的影响程度，以便预先采取措施与对策，避免投资项目决策上的失误，提高决策的科学性和有效性。

由于前面所介绍对长期投资项目的评价方法，不管是贴现分析法，还是非贴现分析法，都有一个基本的假设，这就是计算评价指标所用的各项信息数据都是确定的。但事实上，人们对投资评价项目指标计算所用的数据，绝大部分是来自于预测和估算，有相当程度的不确定性。这就会出现用带有一定偏差的预测和估算资料所做出的投资项目评价结论，与未来的实际情况肯定会出现某种程度的偏离。因此，为了弄清各项影响因素对评价结论的影响程度，尽可能避免和减少不确定因素而造成的潜在投资风险，企业在完成对所设想的投资的经济评价后，还需要对项目进行不确定性分析。当然这种风险的大小也是因项目而异的。当某项目面临的风险较小，以至于可以忽略这种风险的影响时，可以把资本预算决策当成确定性决策；若某一项目预计的风险很大不容忽视时，这时就必须考虑风险因素的影响，进行相应的调整。调整的方法主要有贴现率风险调整和现金流量风险调整。

不确定性分析的主要方法有：盈亏平衡分析、敏感性分析、概率分析法等。

不确定性分析的主要步骤如下。

（1）鉴别关键变量。从各变量及相关因素中找出不确定程度比较大的关键变量或因素。要特别关注投资额、销售收入、成本和建设周期这四个变量及其相关因素，可以用敏感性分析来确定敏感因素。

（2）估计变化的范围或直接进行风险分析。找出关键变量后，还要估计其变化范围，确定其边界值或原预测值的变化率，也可直接对关键变量进行风险分析或盈亏平衡分析。

（3）求可能值及其概率或直接进行敏感性分析。对已确定变化范围的关键变量，要估计出各种可能值的概率分布，也可直接进行敏感性分析。

（4）进行概率分析。求出关键变量的期望值，并以期望值代替原预测值来求因变量的值，然后将其与原来的数值进行比较，观察前面确定性分析结果的误差，并把概率分析后的数值作为原数值的修正值。

（二）盈亏平衡分析

盈亏平衡分析是通过盈亏平衡点分析投资项目对各种不确定因素变化承受能力的一种方法。不确定因素的变化会影响投资方案的经济效果，当这些因素变化达到某一临界值时，就会影响方案的取舍。盈亏平衡分析的目的就是找出这个临界值。盈亏平衡点越低，说明项目盈利的可能性越大，亏损的可能性越小，因而项目有较大的抗经营风险能力。因为盈亏平衡分析是分析产量（销量）成本与利润的关系，所以称量本利分析。盈亏平衡点的表达形式有多种。它可以用实物产量、单位产品售价、单位产品可变成本以及年固定成本总量表示，也可以用生产能力利用率（盈亏平衡点率）等相对量表示。其中产量与生产能力利用率，是进行项目不确定性分析中应用较广的。根据生产成本、销售收入与产量（销售量）之间是否呈线性关系，盈亏平衡分析可分为：线性盈亏平衡分析和非线性盈亏平衡分析。

（三）敏感性分析

1. 敏感性分析的含义

敏感性分析就是研究、测算影响投资项目的主要因素发生变化时，对其评价指标的影响程度和敏感性程度。如果某个因素在较小范围内发生了变动，就会影响原定方案的经济效果，即表明该因素的敏感性强；如果某个因素在较大范围内发生变动，才会影响原定方案的经济效果，即表明该因素的敏感性弱。

投资项目评估中最主要的决策指标是净现值和内含报酬率，但是这些效益指标都是根据预测的数据计算出来的，因此，不可避免地会与实际情况有一定的偏差。这种偏差的发生对投资项目的效益指标有什么影响，项目所能承受这种影响的最大限度是多大等，所有这些都有赖于敏感性分析。通过敏感性分析，可以找出投资项目的敏感因素，并确定这些因素变化后，对评价指标的影响程度，使决策者能了解项目建设中可能遇到的风险，从而提高投资决策的准确性。

2. 敏感性分析的基本方法

敏感性分析是侧重于对最敏感的关键因素及其敏感程度进行的分析，通常主要分析单个因素变化，必要时也可分析两个或多个不确定因素的变化对项目经济效益指标的影响程度。单因素敏感性分析是指只变动一个不确定因素，同时保持其他因素不变，考察项目效益指标的变化情况。

　　敏感性分析的基本步骤和方法如下。

　　第一步，确定敏感性分析的对象。确定敏感性分析的对象就是评价投资方案优劣的投资效果指标，包括静态指标和动态指标。其中，内含报酬率反映了投资项目所特有的获利能力，一般是敏感性分析的首选对象。

　　第二步，选择需要分析的不确定因素，并设定这些因素的变动范围。影响投资方案经济效果的不确定因素有很多，要重点选择那些敏感性强的因素和数据准确性把握不大的因素。

　　第三步，计算各种不确定因素在可能的变动范围内对敏感性分析对象的影响程度。计算的基本方法是：在选择的诸个不确定因素中，先让其中一个因素以基准方案值为基础按一定幅度变动，其他因素固定不变，计算出被分析的评价指标随该因素而变化的相应数值。然后，再按上述同样方法，计算第二个、第三个等不确定因素变化时被分析的评价指标相应的变化数值，直到所选择的需要分析的不确定因素全部计算完为止。

　　第四步，明确敏感性因素变化的最大极限值，并用图表将项目评价指标对各不确定性因素的敏感性程度表示出来。

　　第五步，确定敏感因素。敏感因素是其数值变动能显著影响投资方案经济效果的因素。不确定因素变化给评估指标带来的风险，取决于评估指标对不确定因素变化的敏感性（即变化率大小）和不确定因素的盈亏极限临界值。项目的风险性与不确定因素的敏感性成正比，即变化率大的敏感因素对项目风险影响大；而与不确定因素盈亏界限的临界值成反比，即临界值越小，项目风险性越高。

　　第六步，进行决策。综合经济效果评价和不确定性分析的结果，选择最佳投资方案。

（四）概率分析

1. 概率分析含义

　　概率分析又称风险分析，是通过研究各种不确定性因素发生不同变动幅度的概率分布及其对项目经济效益指标的影响，对项目可行性和风险性以及方案优劣做出判断的一种不确定性分析法。概率分析常用于对大中型重要项目的评估和决策之中。

　　概率分析，通过计算项目目标值（如净现值）的期望值及目标值大于或等于零的累积概率来测定项目风险大小，为投资者决策提供依据。

　　概率分析的指标：经济效果的期望值；经济效果的标准差。

2. 概率分析的方法

　　进行概率分析具体的方法主要有期望值法、效用函数法和模拟分析法等。

　　期望值法：期望值法在项目评估中应用最为普遍，是通过计算项目净现值的期望值和净现值大于或等于零时的累计概率，来比较方案优劣、确定项目可行性和风险程度的方法。

　　期望值法的步骤如下。

　　（1）列出各种欲考虑的不确定因素。例如销售价格、销售量、投资和经营成本等，均可作为不确定因素。需要注意的是，所选取的几个不确定因素应是互相独立的。

　　（2）设想各个不确定因素可能发生的情况，即其数值发生变化的几种情况。

　　（3）分别确定各种可能发生情况产生的可能性，即概率。各不确定因素的各种可能发生情况出现的概率之和必须等于1。

　　（4）计算目标值的期望值。可根据方案的具体情况选择适当的方法。假若采用净现值为目标值，则一种方法是，将各年净现金流量所包含的各不确定因素在各可能情况下的数值与其概率分别相乘后再相加，得到各年净现金流量的期望值，然后求得净现值的期望值。另一种方法是直接计算净现值的期望值。

（5）求出目标值大于或等于零的累计概率。对于单个方案的概率分析应求出净现值大于或等于零的概率，由该概率值的大小可以估计方案承受风险的程度，该概率值越接近 1，说明技术方案的风险越小，反之，方案的风险越大。可以列表求得净现值大于或等于零的概率。

第四节　证券投资分析

证券投资分析是指人们通过各种专业分析方法，对影响证券价值或价格的各种信息进行综合分析以判断证券价值或价格及其变动的行为。

一、证券投资分析的目标

（一）实现证券投资净效用最大化

证券投资的理想结果是证券投资净效用（即收益带来的正效用与风险带来的负效用的权衡）最大化。因此，在风险既定的条件下投资收益率最大化和在收益率既定的条件下风险最小化是证券投资的两大具体目标。证券投资的成功与否往往是看这两个目标的实现程度。但是，影响证券投资目标实现程度的因素很多，其作用机制也十分复杂。只有通过全面、系统和科学的专业分析，才能客观把握这些因素及其作用机制，并做出比较准确的预测。证券投资分析正是采用专业分析方法和分析手段对影响证券回报率和风险的诸因素进行客观、全面和系统的分析，揭示这些因素影响的作用机制以及某些规律，用于指导投资决策，从而在降低投资风险的同时获取较高的投资收益。

1. 正确评估证券的投资价值

投资者之所以对证券进行投资，是因为证券具有一定的投资价值。证券的投资价值受多方面因素的影响，并随着这些因素的变化而发生相应的变化。例如，债券的投资价值受市场利率水平的影响，并随着市场利率的变化而变化；影响股票投资价值的因素更为复杂，包括宏观经济、行业形势、公司经营管理和市场等多方面因素。所以，投资者在决定投资某种证券前，首先应该认真评估该证券的投资价值。只有当证券处于投资价值区域时，投资该证券才有利可图，否则可能导致投资失败。证券投资分析正是对可能影响证券投资价值的各种因素进行综合分析，来判断这些因素及其变化可能对证券投资价值带来的影响，其有利于投资者正确评估证券的投资价值。

2. 降低投资者的投资风险

投资者从事证券投资是为了获得投资回报（预期收益），但这种回报是以承担相应风险为代价的。总体来说，预期收益水平和风险之间存在一种正相关关系。预期收益水平越高，投资者要承担的风险也就越大；预期收益水平越低，投资者要承担的风险也就越小。因此，对于某些具体证券而言，由于判断失误，投资者在承担较高风险的同时却未必能获得较高收益。理性投资者通过证券投资分析来考察每一种证券的风险－收益特性及其变化，可以较为准确地确定哪些证券是风险较大的证券，哪些证券是风险较小的证券，从而避免承担不必要的风险。从这个角度讲，证券投资分析有利于降低投资者的投资风险。

（二）实现投资决策的科学性

投资决策贯穿于整个投资过程，其正确与否关系到投资的成败。尽管不同投资者投资决策的方法可能不同，但科学的投资决策无疑有助于保证投资决策的正确性。由于资金拥有量及其他条件的不同，不同的投资者会拥有不同的风险承受能力、不同的收益要求和不同的投资周期。同时，由于受到各种相关因素的影响，每一种证券的风险－收益特性并不是一成不变的。此外，由于证券一般具有可流通性，投资者可以通过在证券流通市场上买卖证券满足自己的流动性需求。因此，在投资决策时，投资者应当正确认识每一种证券在风险性、收益性、流动性和时间性方面的特点，借此选择风险性、收益性、流动性和时间性同自己的要求相匹配的投资对象，并制订相应的投资策略。只有这样，投资者的投资决策才具有科学性，才能保障投资决策的正确性，使投资获得成功。进行证券投资分析正是投资者正确认知证券风险性、收益性、流动性和时间性的有效途径，是投资者科学决策的基础。因此，进行证券投资分析有利于减少投资决策的盲目性，从而提高投资决策的科学性。

二、证券投资分析的方法

目前，进行证券投资分析所采用的分析方法主要有三大类：基本分析法、技术分析法和量化分析法。

（一）基本分析法

基本分析法又称基本面分析法，是指证券分析师根据经济学、金融学、财务管理学及投资学等基本原理，对决定证券价值及价格的基本要素，如宏观经济指标、经济政策走势、行业发展状况、产品市场状况、公司销售和财务状况等进行分析，评估证券的投资价值，判断证券的合理价位，提出相应投资建议的一种分析方法。基本分析法的理论基础如下。

（1）任何一种投资对象都有一种可以称之为内在价值的固定基准，且这种内在价值可以通过对该种投资对象的现状和未来前景的分析获得。

（2）市场价格和内在价值之间的差距最终会被市场所纠正，因此市场价格低于（或高于）内在价值之日，便是买（卖）机会到来之时。基本分析流派是指以宏观经济形势、行业特征及上市公司的基本财务数据作为投资分析对象与投资决策基础的投资分析流派，是目前西方投资界的主流派别。基本分析流派的分析方法体系体现了以价值分析理论为基础、以统计方法和现值计算方法为主要分析手段的基本特征。它的两个假设为：股票的价值决定其价格和股票的价格围绕价值波动。因此，价值成为测量价格合理与否的尺度。基本分析主要包括宏观经济分析、行业和区域分析、公司分析三大内容。

1. 宏观经济分析

宏观经济分析主要探讨各经济指标和经济政策对证券价格的影响。经济指标分为三类。

（1）先行性指标。这类指标可以对将来的经济状况提供预示性的信息，如利率水平、货币供给、消费者预期、主要生产资料价格、企业投资规模等。

（2）同步性指标。这类指标的变化基本上与总体经济活动的转变同步，如个人收入、企业工资支出、GDP、社会商品销售额等。

（3）滞后性指标。这类指标的变化一般滞后于国民经济的变化，如失业率、库存量、银行未收回贷款规模等。

经济政策主要包括货币政策、财政政策、信贷政策、债务政策、税收政策、利率与汇率政策、产业政策、收入分配政策等。

2. 行业和区域分析

行业和区域分析是介于宏观经济分析与公司分析之间的中观层次的分析。行业分析主要分析行业所属的不同市场类型、所处的不同生命周期以及行业业绩对证券价格的影响。区域分析主要分析区域经济因素对证券价格的影响。一方面，行业的发展状况对该行业上市公司的影响是巨大的。从某种意义上说，投资某家上市公司实际上就是以某个行业为投资对象。另一方面，上市公司在一定程度上又受区域经济的影响，尤其是我国各地区的经济发展极不平衡，产业政策也有所不同，从而对我国证券市场中不同区域上市公司的行为与业绩有着不同程度的影响。

3. 公司分析

公司分析是基本分析的重点，无论什么样的分析报告，最终都要落实在某家公司证券价格的走势上。如果没有对发行证券的公司状况进行全面的分析，就不可能准确预测其证券的价格走势。公司分析侧重对公司的竞争能力、盈利能力、经营管理能力、发展潜力、财务状况、经营业绩以及潜在风险等进行分析，借此评估和预测证券的投资价值、价格及其未来变化的趋势。

（二）技术分析法

技术分析法是仅从证券的市场行为来分析证券价格未来变化趋势的方法。证券的市场行为可以有多种表现形式，其中证券的市场价格、成交量、价和量的变化以及完成这些变化所经历的时间是市场行为最基本的表现形式。技术分析的理论基础是建立在三个假设之上的，即市场的行为包含一切信息、价格沿趋势移动、历史会重复。技术分析理论的内容就是市场行为的内容。

粗略地进行划分，可以将技术分析理论分为以下几类：K线理论、切线理论、形态理论、技术指标理论、波浪理论和循环周期理论。技术分析理论经过长时间的发展和演化，形成自身的分析流派。技术分析流派认为，股票价格的波动是对市场供求均衡状态偏离的调整。该流派以价格判断为基础、以正确的投资时机抉择为依据。从最早的直觉化决策方式，到图形化决策方式，再到指标化决策方式，直到最近的模型化决策方式以及正在研究开发中的智能化决策方式，技术分析流派投资分析方法的演进遵循了一条日趋定量化、客观化、系统化的发展道路。投资市场的数量化与人性化理解之间的平衡，是技术分析流派面对的最艰巨的研究任务之一。

（三）量化分析法

量化分析法是利用统计、数值模拟和其他定量模型进行证券市场相关研究的一种方法，具有使用大量数据、模型和电脑的显著特点，广泛应用于解决证券估值、组合构造与优化、策略制订、绩效评估、风险计量与风险管理等投资相关问题，是继传统的基本分析和技术分析之后发展起来的一种重要的证券投资分析方法。

（四）证券投资分析应注意的问题

证券分析师进行证券投资分析时，应注意每种方法的适用范围及各种方法的结合使用。

基本分析法的优点主要是能够从经济和金融层面揭示证券价格决定的基本因素及这些因素对价格的影响方式和影响程度。缺点主要是对基本面数据的真实、完整性具有较强依赖，短期价格走势的预测能力较弱。

技术分析法直接选取公开的市场数据，采用图表等方法对市场走势做出直观的解释。它缺乏牢固的经济金融理论基础，对证券价格行为模式的判断有很大随意性，受到学术界的批评。

量化分析法较多采用复杂的数理模型和计算机数值模拟，能够提供较为精细化的分析结论。但它对使用者的定量分析技术有较高要求，不易为普通公众所接受。此外，量化分析法所采用的各种数理模型本身存在模型风险，一旦外部环境发生较大变化，原有模型的稳定性就会受影响。此外，量化分析法往往需要和程序化交易技术相结合，对交易系统的速度和市场数据的精确度有较高要求，这也在一定程度上限制了其应用范围。

事实上，并不存在完美的证券分析方法，任何投资分析理论或分析方法都有其适用的前提和假设。投资分析是一种兼有科学性和艺术性的专业活动，对分析人员的知识、技能和经验都提出了很高的要求。

三、证券投资分析的信息来源

从信息发布主体和发布渠道来看，证券市场上各种信息的来源主要有以下几个方面。

（一）政府部门

政府部门是国家宏观经济政策的制定者，是一国证券市场上有关信息的主要来源。针对我国的实际情况，从总体上看，所发布的信息可能会对证券市场产生影响的政府部门主要包括国务院、中国证券监督管理委员会、财政部、中国人民银行、国家发展和改革委员会、商务部、国家统计局以及国务院国有资产监督管理委员会。

（二）证券交易所

根据我国《中华人民共和国证券法》（简称《证券法》）的规定，证券交易所是为证券集中交易提供场所和设施，组织和监督证券交易、实行自律管理的法人。其主要负责提供证券交易的场所和设施，制定证券交易所的业务规则，接受上市申请，安排证券上市，组织、监督证券交易，对会员、上市公司进行监管等事宜。其中，证券交易所向社会公布的证券行情、按日制作的证券行情表以及就市场内成交情况编制的日报表、周报表、月报表与年报表等成为证券分析中的首要信息来源。

（三）中国证券业协会

中国证券业协会是证券业的自律性组织，是社会团体法人。根据我国《证券法》的规定，证券公司应当加入中国证券业协会。中国证券业协会履行协助证券监督管理机构组织会员执行有关法律、维护会员的合法权益，为会员提供信息服务。

（四）证券登记结算公司

证券登记结算公司是为证券交易提供集中登记、存管与结算服务，不以营利为目的的法人。证券登记结算业务采取全国集中统一的运营方式，由证券登记结算机构依法集中统一办理。证券登记结算机构实行行业自律管理。证券登记结算公司履行下列职能：证券账户、结算账户的设立和管理，证券的存管和过户，证券持有人名册登记及权益登记，证券和资金的清算交收及相关管理，受发行人的委托派发证券权益，依法提供与证券登记结算业务有关的查询、信息、咨询和培训服务。

（五）上市公司

上市公司作为经营主体，其经营状况的好坏直接影响投资者对其价值的判断，从而影响其股价水平的高低。一般来说，上市公司通过定期报告（如年度报告和中期报告）和临时公告等形式向投资者披露其经营状况的有关信息，如公司盈利水平、公司股利政策、增资减资和资产重组等重大事宜。作为信息发布主体，它所公布的有关信息是投资者对其证券进行价值判断的最重要来源。

（六）中介机构

证券中介机构是指为证券市场参与者如发行人、投资者等提供各种服务的专职机构。按提供服务的内容不同，证券中介机构可以分为证券经营机构、证券投资咨询机构以及可从事证券相关业务的会计师事务所、资产评估事务所、律师事务所、信用评级机构等。这些机构利用其人才、信息等方面的优势，为不同市场参与者提供相应的专业化服务，有助于投资者分析证券的投资价值，引导其投资方向。其中，由中介机构专业人员在资料收集、整理、分析的基础上撰写的，通常以有偿形式向使用者提供的研究报告，也是信息的一种重要形式。

（七）媒体

1. 媒体是信息发布的主体之一

由于影响证券市场的信息内容繁多，信息量极为庞大，因此，媒体便通过专门的人员对各种信息进行收集、整理、归类和汇总，并按有关规定予以公开披露，从而节省信息使用者的时间，大大提高了工作效率。其中，媒体专业人员通过实地采访与调研所形成的新闻报道或报告，是以媒体为发布主体的重要信息形式。

2.媒体也是信息发布的主要渠道

只要符合国家的有关规定，各信息发布主体都可以通过各种书籍、报纸、杂志、其他公开出版物以及电视、广播、互联网等媒介披露有关信息。这些信息包括国家的法律法规、政府部门发布的政策信息、上市公司的年度报告和中期报告等。作为信息发布的主渠道，媒体是连接信息需求者和信息供给者的桥梁。

（八）其他来源

除上述信息来源以外，投资者还可通过实地调研、专家访谈、市场调查等渠道获得有关的信息，也可通过家庭成员、朋友、邻居等获得有关信息，甚至包括内幕信息。对某些投资者来说，上述渠道有时可能是获取信息的非常重要的渠道。但必须指出的是，根据有关证券投资咨询业务行为的规定，证券分析师从事面向公众的证券投资咨询业务时所引用的信息仅限于完整翔实的、公开披露的信息资料，并且不得以虚假信息、内幕信息或者市场传言为依据向客户或投资者提供分析、预测或建议。所以，证券分析师应当非常谨慎地处理所获得的非公开信息。

第五节 投资评价

投资决策决定着企业的前景，以至于提出投资方案和评价方案的工作已经不是财务人员能单独完成的，需要所有经理人员的共同努力。

财务管理所讨论的投资主要是指企业进行的生产性资本投资，或者简称资本投资。资本投资管理的主要内容，是通过投资预算的分析与编制对投资项目进行评价，因此也称为"资本预算"，或者"投资项目分析与评价"。

一、投资项目评价

对投资项目评价时使用的指标分为两类：一类是折现指标，即考虑了时间价值因素的指标，主要包括净现值、现值指数、内含报酬率等；另一类是非折现指标，即没有考虑时间价值因素的指标，主要包括回收期、会计收益率等。根据分析评价指标的类别，投资项目评价分析的方法，也被分为折现的分析评价方法和非折现的分析评价方法两种。

（一）折现的分析评价方法

折现的分析评价方法，是指考虑货币时间价值的分析评价方法，亦被称为折现现金流量分析技术。

1.净现值法

这种方法使用净现值作为评价方案优劣的指标。所谓净现值，是指特定方案未来现金流入的现值与未来现金流出的现值之间的差额。按照这种方法，所有未来现金流入和流出都要按预定折现率折算为它们的现值，然后再计算它们的差额。如净现值为正数，即折现后现金流入大于折现后现金流出，该投资项目的报酬率大于预定的折现率。如净现值为零，即折现后现金流入等于折现后现金流出，该投资项目的报酬率相当于预定的折现率。如净现值为负数，即折现后现金流入小于折现后现金流出，该投资项目的报酬率小于预定的折现率。

计算净现值的公式：

$$净现值 = \sum_{k=0}^{n} \frac{I_k}{(1+i)^k} - \sum_{k=0}^{n} \frac{O_k}{(1+i)^k}$$

式中，n 为投资涉及的年限；I_k 为第 k 年的现金流入量；O_k 为第 k 年的现金流出量；i 为预定的折现率。

【例 6-5】设折现率为 10%，有三项投资方案。有关数据见表 6-13。

表 6-13　投资方案有关数据　　　　　　　　　　　　单位：元

年份	A 方案		B 方案		C 方案	
	净收益	现金净流量	净收益	现金净流量	净收益	现金净流量
0				(9000)		(12000)
1		(20000)	(1800)	1200	600	4600
2	1800	11800	3000	6000	600	4600
3	3240	13240	3000	6000	600	4600
合计	5040	5040	4200	4200	1800	1800

净现值（A）=（11800×0.9091 + 13240×0.8264）－ 20000
　　　　　 = 21669 － 20000 = 1669（元）

净现值（B）=（1200×0.9091 + 6000×0.8264 + 6000×0.7513）－ 9000
　　　　　 = 10557 － 9000 = 1557（元）

净现值（C）= 4600×2.487 － 12000 = 11440 － 12000 = － 560（元）

A、B 两项方案投资的净现值为正数，说明该方案的报酬率超过 10%。如果企业的资金成本率或要求的投资报酬率是 10%，这两个方案是有利的，因而是可以接受的。C 方案净现值为负数，说明该方案的报酬率达不到 10%，因而应予放弃。A 方案和 B 方案相比，A 方案更好些。

净现值法所依据的原理是：假设预计的现金流入在年末肯定可以实现，并把原始投资看成是按预定折现率借入的。当净现值为正数时，偿还本息后该项目仍有剩余的收益；当净现值为零时，偿还本息后一无所获；当净现值为负数时，该项目收益不足以偿还本息。这一原理可以通过 A、C 两方案的还本付息表来说明，见表 6-14 和表 6-15。

表 6-14　A 方案还本付息表　　　　　　　　　　　　单位：元

年份	年初债款	年息 10%	年末债款	偿还现金	债款余额
1	20000	2000	22000	11800	10200
2	10200	1020	11220	13240	(2020)

表 6-15　C 方案还本付息表　　　　　　　　　　　　单位：元

年份	年初债款	年息 10%	年末债款	偿还现金	债款余额
1	12000	1200	13200	4600	8600
2	8600	860	9460	4600	4860
3	4860	486	5346	4600	746

A 方案在第二年末还清本息后，尚有 2020 元剩余，折合成现值为 1669 元（2020×0.8264），即为该方案的净现值。C 方案第三年末没能还清本息，尚欠 746 元，折合成现值为 560 元（746×0.7513），即为 C 方案的净现值。可见，净现值的经济意义是投资方案的折现后净收益。

净现值法具有广泛的适用性，在理论上也比其他方法更完善。净现值法应用的主要问题是如何确定折现率，一种办法是根据资金成本来确定，另一种办法是根据企业要求的最低资金利润率来确定。前一种办法，由于计算资本成本比较困难，故限制了其应用范围；后一种办法根据资金的机会成本，即一般情况下可以获得的报酬来确定，比较容易解决。

2. 现值指数法

这种方法使用现值指数作为评价方案的指标。所谓现值指数，是未来现金流入现值与现金流出现值的比率，亦称现值比率、获利指数、折现后收益 − 成本比率等。

计算现值指数的公式为

$$现值指数 = \sum_{k=0}^{n} \frac{I_k}{(1+i)^k} \div \sum_{k=0}^{n} \frac{O_k}{(1+i)^k}$$

3. 内含报酬率法

内含报酬率法是根据方案本身内含报酬率来评价方案优劣的一种方法。所谓内含报酬率，是指能够使未来现金流入量现值等于未来现金流出量现值的折现率，或者说是使投资方案净现值为零的折现率。

净现值法和现值指数法虽然考虑了时间价值，可以说明投资方案高于或低于某一特定的投资报酬率，但没有揭示方案本身可以达到的具体的报酬率是多少。内含报酬率是根据方案的现金流量计算的，是方案本身的投资报酬率。

内含报酬率的计算，通常需要"逐步测试法"。首先估计一个折现率，用它来计算方案的净现值；如果净现值为正数，说明方案本身的报酬率超过估计的折现率，应提高折现率后进一步测试；如果净现值为负数，说明方案本身的报酬率低于估计的折现率，应降低折现率后进一步测试。经过多次测试，寻找出使净现值接近于零的折现率，即为方案本身的内含报酬率。

根据例 6-5 的资料，已知 A 方案的净现值为正数，说明它的投资报酬率大于 10%，因此，应提高折现率进一步测试。假设以 18% 为折现率进行测试，其结果净现值为负 499 元。下一步降低到 16% 重新测试，结果净现值为 9 元，已接近于零，可以认为 A 方案的内含报酬率是 16%。测试过程见表 6-16。B 方案用 18% 作为折现率测试，净现值为负 22 元，接近于零，可认为其内含报酬率为 18%。测试过程见表 6-17。

如果对测试结果的精确度不满意，可以使用内插法来改善。

$$内含报酬率（A） = 16\% + \left(2\% \times \frac{9}{9+499}\right) = 16.04\%$$

$$内含报酬率（B） = 16\% + \left(2\% \times \frac{338}{22+338}\right) = 17.88\%$$

C 方案各期现金流入量相等，符合年金形式，内含报酬率可直接利用年金|现值表来确定，不需要进行逐步测试。

设现金流入的现值与原始投资相等：

$$原始投资 = 每年现金流入量 \times 年金现值系数$$

$$12000 = 4600 \times (P/A, i, 3)$$

$$(P/A, i, 3) = 2.609$$

查阅"年金现值系数表"，寻找 n = 3 时系数 2.609 所指的利率。查表结果，与 2.609 接近的现值系数 2.624 和 2.577 分别指向 7% 和 8%。用内插法确定 C 方案的内含报酬率为

7.32%。

$$内含报酬率（C）= 7\% + 0.32\% = 7.32\%$$

表 6-16　A 方案内含报酬率的测试　　　　单位：元

年份	现金净流量	贴现率 = 18%		贴现率 = 16%	
		贴现系数	现值	贴现系数	现值
0	(20000)	1	(20000)	1	(20000)
1	11800	0.847	9995	0.862	10172
2	13240	0.718	9506	0.743	9837
净现值			(499)		9

表 6-17　B 方案内含报酬率的测试　　　　单位：元

年份	现金净流量	贴现率 = 18%		贴现率 = 16%	
		贴现系数	现值	贴现系数	现值
0	(9000)	1	(9000)	1	(9000)
1	1200	0.847	1016	0.862	1034
2	6000	0.718	4308	0.743	4458
3	6000	0.609	3654	0.641	3846
净现值			22		338

计算出各方案的内含报酬率以后，可以根据企业的资本成本或要求的最低投资报酬率对方案进行取舍。假设资本成本是 10%，那么 A、B 两个方案都可以接受，而 C 方案则应放弃。

内含报酬率是方案本身的收益能力，反映其内在的获利水平。如果以内含报酬率作为贷款利率，通过借款来投资本项目，那么，还本付息后将一无所获。这一原理可以通过 C 方案的数据来证明，见表 6-18。

表 6-18　C 方案还本付息表　　　　单位：元

年份	年初借款	利率 = 7.32%	年末借款	偿还现金	借款余额
1	12000	878	12878	4600	8278
2	8278	607	8885	4600	4285
3	4285	314	4599	4600	−1

注：第三年末借款余额 −1 是计算时四舍五入所致。

内含报酬率和现值指数法有相似之处，都是根据相对比率来评价方案，而不像净现值法那样使用绝对数来评价方案。在评价方案时要注意到，比率高的方案绝对数不一定大，反之也一样。这种不同和利润率与利润额不同是类似的。A 方案的净现值大，是靠投资 20000 元取得的；B 方案的净现值小，是靠投资 9000 元取得的。如果这两个方案是互相排斥的，也就是说只能选择其中一个，那么选择 A 有利。A 方案尽管投资较大，但是在分析时已考虑到承担该项投资的应付利息。如果这两个方案是相互独立的，也就是说采纳 A 方案时不排斥同时采纳 B 方案，那就很难根据净现值来排定优先次序。内含报酬率可以解决这个问题，应优先安排内含报酬率较高的 B 方案，如有足够的资金可以再安排 A 方案。

内含报酬率法与现值指数法也有区别。在计算内含报酬率时不必事先选择折现率，根据内含报酬率就可以排定独立投资的优先次序，只是最后需要一个切合实际的资本成本或最低报酬率来判断方案是否可行。现值指数法需要一个合适的折现率，以便将现金流量折为现值，折现率的高低将会影响方案的优先次序。

（二）非折现的分析评价方法

非折现的方法不考虑时间价值，把不同时间的货币收支看成是等效的。这些方法在选择方案时起辅助作用。

1. 回收期法

回收期是指投资引起的现金流入累积到与投资额相等所需要的时间。它代表收回投资所需要的年限。回收年限越短，方案越有利。

在原始投资一次支出，每年现金净流入量相等时：

$$回收期 = \frac{原始投资额}{每年现金净流入量}$$

例 6-5 的 C 方案属于这种情况：

$$回收期（C）= \frac{12000}{4600} = 2.61（年）$$

如果现金流入量每年不等，或原始投资是分几年投入的，则可使下式成立的 n 为回收期：

$$\sum_{k=0}^{n} I_k = \sum_{k=0}^{n} O_k$$

根据例 6-5 的资料，A 方案和 B 方案的回收期分别为 1.62 年和 2.30 年，计算过程见表 6-19。

表 6-19　A、B 方案回收期计算过程　　　　　　　　　　　　　单位：元

A 方案：	现金流量	回收额	未回收额
原始投资	（20000）		
现金流入			
第一年	11800	11800	8200
第二年	13240	8200	0
回收期 = 1 + （8200 ÷ 13240） = 1.62 （年）			
B 方案：	现金流量	回收额	未回收额
原始投资	（9000）		
现金流入			
第一年	1200	1200	7800
第二年	6000	6000	1800
第三年	6000	1800	0
回收期 = 2 + （1800 ÷ 6000） = 2.30 （年）			

回收期法计算简便，并且容易为决策人所正确理解。它的缺点在于不仅忽视时间价值，而且没有考虑回收期以后的收益。事实上，有战略意义的长期投资往往早期收益较低，而中后期收益较高。回收期法优先考虑急功近利的项目，可能导致放弃长期成功的方案。它是过去评价投资方案最常用的方法，目前作为辅助方法使用，主要用来测定方案的流动性而非营利性。

2. 会计收益率法

这种方法计算简便，应用范围很广。它在计算时使用会计报表上的数据，以及普通会计的收益和成本观念。

$$会计收益率 = \frac{年平均净收益}{原始投资额} \times 100\%$$

仍以例 6-5 的资料计算：

$$会计收益率（A）= \frac{（1800 + 3240）\div 2}{20000} \times 100\% = 12.6\%$$

$$会计收益率（B）= \frac{（-1800 + 3000 + 3000）\div 3}{9000} \times 100\% = 15.6\%$$

$$会计收益率（C）= \frac{600}{12000} \times 100\% = 5\%$$

有人主张，计算时公式的分母使用平均投资额，这样计算的结果可能会提高 1 倍，但不改变方案的优先次序。

计算"年平均净收益"时，如使用不包括"建设期"的"经营期"年数，其最终结果称为"经营期会计收益率"。

二、资本投资评价

（一）资本投资方面相关知识

1. 资本投资的特点

广义的投资，是指为了将来获得更多现金流入而现在付出现金的行为。这里讨论的只是投资的一种类型，即企业进行的生产性资本投资。

企业的生产性资本投资与其他类型的投资相比，主要有两个特点。

（1）投资的主体是企业。财务管理讨论的投资，其主体是企业，而非个人、政府或专业投资机构。不同主体的投资目的不同，并因此导致决策的标准和评价方法等诸多方面的区别。

企业从金融市场筹集资金，然后投资于固定资产和流动资产，期望能运用这些资产赚取报酬，增加企业价值。企业是金融市场上取得资金的一方。取得资金后所进行的投资，其报酬必须超过金融市场上提供资金者要求的报酬率，超过部分才可以增加企业价值。如果投资报酬低于资金提供者要求的报酬率，将会减少企业价值。因此，投资项目优劣的评价标准，应以资本成本为基础。

个人投资者是金融市场上提供资金的一方。他们把属于自己的现金投资于金融市场，目的是通过放弃现在的消费而换取将来更高的消费。个人投资属于"投资学"研究的内容。

政府投资不以营利为目的，而是为了社会的公平、稳定和可持续发展等。其投资项目的评价，不仅要关注对整个国民经济的影响，还要考虑许多非经济因素。

专业投资机构是一种中介机构，例如基金管理公司、投资银行等。这些机构投资的目的，是把众多投资者的资金集中起来投资于证券，通过其专业服务收取费用。专业机构投资问题也属于"投资学"研究的内容。

（2）资本投资的对象是生产性资本资产。投资按其对象可以划分为生产性资产投资和金融性资产投资。

生产性资产是指企业生产经营活动所需要的资产，例如机器设备、存货等。这些资产是企业进行生产经营活动的基础条件。企业利用这些资产可以增加价值，为股东创造财富。生产性资产投资是一种直接投资，这种投资在企业内部进行，投资后企业并没有失去对资产的控制权，投资行为并不改变资金的控制权归属，只是指定了企业资金的特定用途。

生产性资产又进一步分为营运资产和资本资产。资本资产是指企业的长期资产。资本资产的投资对企业的影响涉及时间长，又称为长期投资。营运资产是指企业的流动资产。流动资产投资对企业的影响涉及时间短，又称为短期投资。

金融资产的典型表现形式是所有权凭证，例如股票和债券。正因为如此，金融资产也被称为"证券"。证券投资人提供的资金，交给企业之后，企业再投资于生产性资产。证券投资是一种间接投资，投资人把现金交给别人支配并换取某种所有权凭证，他们已经失去了对资产的实际控制权。

虽然企业有时也以股权形式投资于其他企业，但这种投资与一般股票投资不同。企业的股权投资通常不以获取直接报酬为主要目的，而是为了控制被投资企业，以便从销售、供应、技术或管理上得到回报。如果直接以获取股利或资本利得为目的，不如让股东自己去直接投资股票，不仅可以节约交易费用，而且还能减少税务负担。企业要做的事情，应当是股东自己做不了或做不好的事情。

2. 生产性资本资产投资的主要类型

生产性资本资产投资项目可以分为五类。

（1）新产品开发或现有产品的规模扩张。这种决策通常需要添置新的固定资产，并增加企业的营业现金流入。

（2）设备或厂房的更新。这种决策通常需要更换固定资产，但不改变企业的营业现金收入。

（3）研究与开发。这种决策通常不直接产生现实的收入，而得到一项是否投产新产品的选择权。

（4）勘探。这种决策通常使企业得到一些有价值的信息。

（5）其他，包括劳动保护设施建设、购置污染控制装置等。这些决策不直接产生营业现金流入，而使企业在履行社会责任方面的形象得到改善。它们有可能减少未来的现金流出。

这些投资项目的现金流量分布有不同的特征，分析的具体方法也有区别，最具一般意义的是第一种投资即新添置固定资产的投资项目。

3. 资本投资的管理程序

对任何投资机会的评价都包含以下几个基本步骤。

（1）提出各种投资方案。新产品方案通常来自营销部门，设备更新的建议通常来自生产部门等。

（2）估计方案的相关现金流量。

（3）计算投资方案的价值指标，如净现值、内部收益率等。

（4）价值指标与可接受标准比较。

（5）对已接受的方案进行再评价

这项工作很重要，但只有少数企业对投资项目进行跟踪审计。项目的事后评价可以告诉我们预测的偏差（我们的预测在什么地方脱离了实际），改善财务控制的线索（执行中有哪些地方出了问题），有助于指导未来决策（哪类项目值得实施或不值得实施）。

许多初学财务管理的人，最先看到的困难是如何计算指标，尤其是计算现值和内部收益率很烦琐。其实，真正的困难在于确定现金流量和折现率，以及计算结果的使用。

（二）资本投资评价基本原理

资本投资项目评价的基本原理是：投资项目的收益率超过资本成本时，企业的价值将增加；投资项目的收益率小于资本成本时，企业的价值将减少。

这一原理涉及资本成本、项目收益与股价（股东财富）的关系。

【例 6-6】 一个企业的资本由债务和权益组成，假设智董公司目前有 100 万元债务和 200 万元所有者权益，因此企业的总资产是 300 万元。

债权人为什么把钱借给企业？他们要赚取利息。假设债权人希望他们的债权能赚取 10% 的收益，他们的要求一般反映在借款契约中。因此，债权人要求的收益率比较容易确定。

股东为什么把钱投入企业？他们希望赚取收益。不过，股东要求的收益率是不明确的，他们的要求权是一种剩余要求权。好在有一个资本市场，股东要求的收益率可以通过股价来计算。股东要求的收益率，计算方法比较麻烦，这里先假设它是已知的，假设他们要求能赚取 20% 的收益。

智董公司要符合债权人的期望，应有 10 万元（100 万元 ×10%）的收益，以便给债权人支付利息。由于企业可以在税前支付利息，有效的税后成本为 5 万元（假设所得税率 50%）。智董公司要符合股权投资人的期望，应有 40 万元的收益（200 万元 ×20%），以便给股东支付股利（或者继续留在企业里再投资，但它也是属于股东的）。两者加起来，企业要赚取 45 万元息前税后收益。

为了同时满足债权人和股东的期望，企业的资产收益率为 15%（45/300）。

按照这个推理过程，我们可以得出以下公式：

$$投资人要求的收益率 = \frac{债务 \times 利率 \times (1 - 所得税率) + 所有者权益 \times 权益成本}{债务 + 所有者权益}$$

$$= \frac{债务 \times 利率 \times (1 - 所得税税率)}{债务 + 所有者权益} + \frac{所有者权益 \times 权益成本}{债务 + 所有者权益}$$

$$= 债务比重 \times 利率 \times (1 - 所得税率) + 所有者权益比重 \times 权益成本$$

将上述数据代入：

$$投资人要求的收益率 = \frac{100 \times 10\% \times (1 - 50\%) + 200 \times 20\%}{100 + 200} = 15\%$$

或

$$= \frac{1}{3} \times 10\% \times (1 - 50\%) + \frac{2}{3} \times 20\% = 15\%$$

投资人要求的收益率，也叫"资本成本"。这里的"成本"是一种机会成本，是投资人的机会成本，是投资人将资金投资于其他同等风险资产可以赚取的收益。企业投资项目的收益率，必须达到这一要求。

如果企业的资产获得的收益超过资本成本，债权人仍按 10% 的合同条款取得利息，超额收益应全部属于股东。企业的收益大于股东的要求，必然会吸引新的投资者购买该公司股票，其结果是股价上升。如果相反，有些股东会对公司不满，出售该公司股票，使股价下跌。因此，资本成本也可以说是企业在现有资产上必须赚取的、能使股价维持不变的收益。股价代表了股东的财富，反映了资本市场对公司价值的估计。企业投资取得高于资本成本的收益，就为股东创造了价值；企业投资取得低于资本成本的收益，则摧毁了股东财富。

因此，投资者要求的收益率即资本成本，是评价项目能否为股东创造价值的标准。

第七章

投资风险管理

第一节　投资风险管理综述

投资风险是指企业投资过程中，在各种不可预计或不可控因素的影响下，导致投资达不到实现预期目标的可能性。

企业在投资决策过程中，应充分考虑投资风险因素，在有效地控制投资风险的情况下力求投资收益的最大化。

一、投资风险的成因

企业投资风险的产生一般有：①产业结构、投资决策或执行、投资后经营过程中等风险所表现出来的投资过程的非科学性；②金融投资组合的非分散化引起的风险与报酬的不等值；③金融投资与实体资本投资的相互影响以及企业对投资项目的理解和把握不到位等。

其中，投资过程非科学性最常导致企业的投资活动出现风险。因此，企业应该着重注意在产业结构、投资决策或执行、投资后经营过程中保持理性，采用科学的防范措施积极进行风险防范，这样才能使企业的投资风险降至最低。

二、投资风险类别

按照分散程度和投资对象的不同，投资风险可以分为以下几种（如图 7-1）。

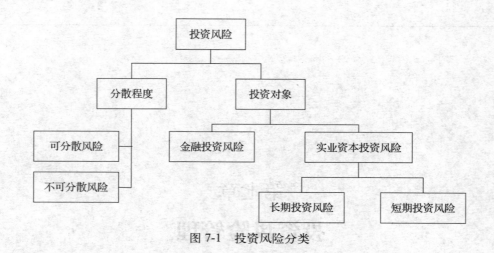

图 7-1　投资风险分类

1. 按照投资对象不同分类

由于投资对象的不同，投资风险又可分为金融投资风险与实业资本投资风险。

（1）金融投资风险是影响企业金融投资收益实现的风险，主要体现在企业用金融商品为载体的前提下，在投资过程中投资项目不能达到预期收益。

（2）实业资本投资风险是指与实业资本投资经营活动相关的风险，这主要是针对企业内部生产经营有关的投资和对外的合营、合作等实业资本投资过程中可能产生的风险，这种风险可解释为项目投资达不到预期收益的可能性。

2. 按分散程度分类

按照分散程度的不同，投资风险分为可分散风险与不可分散风险。我们可以通过表 7-1 来了解可分散风险与不可分散风险之间的区别与联系。

表 7-1　可分散风险与不可分散风险比较表

风险类别	含义及表现	实现途径或手段
可分散风险	即非系统风险，也叫非市场风险，可以通过分散化投资消除的风险。这类风险是由企业相关的一些事件引起的，常常表现为随机性	恰当实行科学的投资决策，可以规避和分散风险，即通过分散投资降低该风险。如果分散充分有效的话，这种风险就能被完全消除。其对报酬率不会产生不利的影响，即投资风险与报酬不匹配
不可分散风险	即系统性风险，也叫市场风险，是由影响整个市场的全局性事件（如经济、政治、社会、法律）引起的。由于这种风险是所有企业共有的，不会因多样化的投资组合而消失，因此又被称为不可分散风险	市场对投资者承担的不可分散风险给予补偿，即投资风险和报酬相匹配

三、走出投资风险防范误区

（一）误区类型

在实践中，中小企业投资的各种误区举不胜举，以下八种误区较为典型，也较为常见。

1. 一心扩大投资规模

一心扩大投资规模也是投资的一大风险。个别企业在投资过程中还存在这样一种心态：过分强调高额利润，一心扩大投资规模。其忽视了资产与负债比率可能给企业带来的投资风险，这就极易走入风险防范的误区。

2. 轻信高科技及迷信专家

一些企业易轻信高科技及迷信专家，由于他们投资项目时对高科技产品情有独钟或对专家的话过于相信，因此陷入了投资风险防范的误区。不能否认的是，许多高新科技技术或专利目前还只处于实验阶段，要在现实中规模生产还受多方条件的限制。理论与实践总是存在很多差异。在这种情况下，直接投资高新项目就会出现问题——企业花费巨资建起生产线却不能对新产品正常生产，或有的高新科技市场价值太低，难以给投资者带来切实收益。

3. 盲目跟风上项目

有的企业一看到市场上有热销的产品就眼红，于是自己也去盲目生产，而根本不去深入调研市场的容量和社会生产能力。这样做的结果往往是等自己的产品制造出来投入市场时，市场已经发生了非常大的变化，而企业由于投入过多资金，难以转产，从而陷入亏损甚至停产的困境。

4. 资金投向陌生领域

也有的企业，一看到别人赚钱就忍不住想在那个领域里捞一把，于是盲目投资。然而，隔行如隔山，在一个陌生的领域即使你花得再多，也只不过能学到一些皮毛罢了，在资金实力、行业经验、专业水平等方面很难达到要求。

5. 忽视产品品质

忽视产品品质也是企业出现投资风险的重要原因之一。有些企业总是期望高投入和高产出，却不在产品品质上下功夫。目前，中国的市场已经发生了变化，不再是以往产品严重短缺、供小于求的卖方市场。对此，企业经营者应根据市场的真实需求调整产品的结构及技术含量，只把投资关注为扩大再生产的做法是不可取的。因为在这种情况下，即使企业的生产能力有很大提高，但因产品品质问题，价格和利润也会很低，这就加大了生产经营成本，从而造成高投入低产出的情况。

6. 投资合作伙伴选择不当

企业投资时，如果合作伙伴选择不当也会给企业带来损失。

（1）合作伙伴太过弱小。合作伙伴太过弱小也是企业投资的一个误区。为了掌握自己的话语权和主导权，有些企业往往会寻找比自己规模小的合作方洽谈合作，进行新项目的投资，这样就存在丧失更多投资机会的可能性。例如，在企业有资金或其他方面的需要时，合作方不但不能给予企业及时有力的帮助，反而会给企业拖后腿，令企业投资失败，甚至使其他潜在的想与企业合作的准伙伴望而却步，使企业失去更多机会。

（2）合作伙伴太过强大。合作伙伴太过强大也是企业投资的误区之一。有时一些自身力量弱小的企业会想与实力远强于自己的企业合作进行投资，以求利益共享，风险共担。可是，对方在资金和实力等方面优势明显，会对企业进行一定的控制，这就使得企业发展受到束缚。

（3）忽视合作调研。有一些企业在寻求合作方时，常常忽视对合作方的调研工作就匆忙与其合作，进行项目的投资运作。而一旦对方资信有问题，就会对企业具有相当大的影响，资金不到位，直接影响项目的进度，给企业带来一定的风险。

（4）与合作方未达成共识就实施投资。有些企业在投资项目时，不能与合作方达成共识，这对投资来说也是一种不容忽视的风险，尤其是双方对项目在运转过程中出现的一些非常重要的问题看法不一致，经协商也难以解决时，很容易造成投资项目的停产。

7. 短期借款用错路

对一些企业来说，非常危险的是将短期借款用于固定资产投资。企业在投资厂房、设备等固定资产时，短的也要3～5年时间，而且投资效益在一两年内很难收回，这就使得企业到期难以按期偿还贷款，从而陷入困境甚至破产。

8. 过分相信财务报表作用

另外，还有一些企业太过相信财务报表的作用，结果导致企业投资失败，资金也随之丧失。

（二）克服方法

在企业投资行为中，受到各种因素影响而导致的投资误区因"企"而异，但这些误区并不是不能克服的。针对以上投资风险误区，企业可以考虑采用以下做法。

1. 不去投资不懂的生意

不去投资不懂的生意是企业投资的基本法则。虽然有些行业有一定的共性，但也具有各自的特性。当企业投资到跨度过大的行业或领域时，在行业门槛方面已存在很大风险。如果企业忽视这种风险，无形中就会加大投资失败的可能性。正确的做法应该是，把钱花在刀刃上，将资金投向自己有优势的项目或者自己所熟悉的行业或模式化的经营项目，而不是盲目投向未知行业。

2. 着眼于未来市场

很多投资者都沉迷于现实市场，他们往往会盲目投资上项目，结果失败。这些投资者看到别人大赚就以为自己进入这个行业或领域也能大赚一笔，但等到进去之后才发现并非想象的那么容易。投资者在制订投资方案时，要结合自身条件，不盲目跟风，对投资风险需要做好综合衡量及前期准备工作。企业总经理还需明白，市场是变幻莫测的，即使跟风也不能盲目，只有着眼于未来的市场需求，进行有方向性的投资，瞅准目标，抓住时机，目光不局限于眼前的市场，才能一投一个准。

3. 控制适度的投资规模

还有一些企业喜欢铺大摊子，常常忽视风险的存在。这是一个经济飞速发展、市场变化日新月异的时代，如果企业只凭信心或只考虑投资项目的高利润，而忽视自身的实力和对项目的分析考察，则是一件非常危险的事情。一旦市场发生变化，投资者就很可能陷入困境。在这种情况下，企业投资时要根据风险与收益的平衡性合理选择适合于企业的投资项目，并控制适度的投资规模。在投资实施时，最好是分阶段投入资金，尽量做到不一次性投入过多资金，以合理控制投资风险，避免"一招不慎，满盘皆输"，手中无资金可周转的局面出现。

4. 发挥灵活经营机制

今天的市场是竞争日趋激烈的市场，因此灵活的经营机制才是企业财务管理层需要好好把握的。企业应把自身生存和发展的基石建立在经营智慧、产品品质和科技水平上，并推进产品的创新投资计划，不断提升企业自身竞争力；同时，投资者要有"忧患"意识，克服急功近利的短期行为，以企业长远利益为切入点，把投资看成一项系统工程，使企业保持长远、稳定的发展势头。

5. 判断项目适应性并甄别专家作用

企业在投资高科技项目时，一定要对项目进行科学比较与分析，然后再决定是否有必要投资该项目以及能否具体实施该项目，这个项目未来能否给企业带来切实的收益。而在选择专家时，要采取判断、甄别的方式，并对其进行合理监督和比较分析。在投资过程中，企业应注重发挥专家的专业性作用，以降低走入投资风险防范误区的可能性，最大限度地降低风险率，增加投资成功概率。

6. 细心选择实力相当的合作伙伴

对于合作伙伴，企业应注意对方"强弱"的问题，这也是企业选择合作伙伴时必须考虑的问题，认为可以"以大欺小"或"大树底下好乘凉"都是不对的。企业要根据自身的经营状况，综合自身的实力，选择与自身实力相当的企业合作项目。一方面，企业应考虑好双方力量的均衡问题，这样才不至于丧失自身的"话语权"；另一方面，要让对方和自己付出的努力和责任基本持平，不存在太大差距，从一定程度上降低投资风险。

针对未与合作伙伴达成共识就实施这一误区，需要企业以耐心和细心来选好伙伴并与之合作。理智的投资者要学会尊重合作方的意见，并能够真正求同存异，有分寸地与合作方探讨出现的问题，以争取弱化双方矛盾，降低风险，求得双方利益最大化。

7. 灵活掌握投资用途

企业财务管理的一个大忌就是将短期借款用于固定资产投资，其不但加大了企业的投资风险，还会影响企业正常的经营运转。如果企业的流动资金枯竭，就会直接陷入财务和经营的困境。并且，实践中的许多不确定因素客观决定了投资效益的预测是充满变数的，收回投资需要很长一段时间，所以企业在组织和使用资金时，不能太过乐观地估计投资效益收回情况。假如项目确实可行，但企业缺乏自有资金或长期贷款，可采用其他方式来解决投资问题，如租赁闲置厂房、设备以及与其他企业合资等。

8. 客观识别报表真伪

我们都知道，财务报表在一定程度上确实能够反映出企业的财务情况，但它并不是一份"万能表"。由于种种原因，财务报表所反映的内容存在一些缺憾和误差是允许的。因而，企业在投资决策过程中，应客观看待财务报表的作用，以客观的态度分析甄别财务报表所反映的内容，从而做出正确决策，使企业远离投资风险，获得好的预期收益。

总而言之，市场竞争非常激烈，企业应慎重地对待投资项目，对任何投资项目都要进行详细、全面的可行性研究，做好市场和技术方面的调查研究工作，摒弃错误的认识和做法，合理统融资金使用，选择好适合的合作伙伴进行投资，不盲目相信财务报表，只有这样才能有效促进企业的发展，取得更好的经济效益，使企业在竞争中更具优势。

四、投资风险衡量与分析

由于投资方式不同，其投资风险的识别、衡量和控制的方法是有所差异的。

（一）间接投资风险衡量

间接投资主要是指金融性资产投资，即证券投资。间接投资风险衡量包括投资组合风险的衡量、股票投资风险的衡量、债券投资风险的衡量、期权投资风险的衡量。

1. 投资组合风险的衡量

Harry Markowitz 的投资组合理论认为，投资组合之所以能够降低风险是因为投资组合的期望收益等于该投资组合中每一资产期望收益的加权平均值，而投资组合的风险不是该投资组合中单个资产标准差简单的加权，投资组合的风险要受到该组合中各资产之间的协方差或相关系数的影响，相关系数越低，投资组合的风险就越低。用数学公式可表示为

$$E(r_p) = \sum_{i=1}^{n} \omega_i E(r_i)$$

$$\sigma_p^2 = \sum_{i=1}^{n} \omega_i \sigma_i^2 + \sum_{n} \sum_{j=1}^{n} \omega_i \omega_j cov(r_i, r_j)$$

$$cov(r_i, r_j) = \rho_{ij} \sigma_i \sigma_j$$

2. 股票投资风险的衡量

Harry Markowitz 的资产选择理论从资产组合的角度重新认识单一资产的风险属性，但没有提出一个具体的指标从组合的角度来衡量单一资产的风险大小。1964 年 William Sharpe 提出了资本资产定价模型，他将 Harry Markowitz 用方差衡量的风险进一步划分为系统风险（β）和非系统风险（α）。由于系统风险不能通过分散化降低或消除，而非系统风险可以通过有效的投资组合消除，因此投票投资组合的关键是如何处理系统风险。William Sharpe 认为一种股票的系统风险可以用它与证券市场（即市场组合）同时波动的趋势来衡量，即用"口系数"来衡量，并提出了资本资产定价模型（CAPM），即：

$$E(r_i) = r_f + \beta_i [E(r_M) - r_f] = r_f + \frac{\sigma_i}{\sigma_M} [E(r_M) - r_f]$$

式中，$E(r_i)$ 为第 i 项资产的期望收益；r_f 为无风险收益率；$E(r_M)$ 为市场组合的期望收益；$[E(r_M) - r_f]$ 为风险的市场价格；β_i 为第 i 项资产的风险系数。

资本资产定价理论自诞生以来受到了许多的挑战和批评。1976 年 Stephen Ross 从套利定价的角度提出了资产市场均衡定价模型（APT），即：

$$r_i = E_i + \beta_{i1}F_1 + \beta_{i2}F_2 + \cdots + \beta_{ik}F_k + \varepsilon_i$$

式中，r_i 为资产 i1 的实际收益；E_i 为资产 i1 的预期收益；F_k 为能影响所有资产收益的第 k 个公共因子的意外变化，其期望值为零，且不同公共因子相互独立；β_{ik} 为资产 i1 的收益变化对公共因子 k 的敏感系数；ε_i 为随机项，是期望为零的非系统风险。

无论是 CAPM 模型还是 APT 模型，都是使用 β 系数来衡量资产的系统风险，其度量公式为

$$\beta_p = cov(\sigma_p, \sigma_M) / \sigma_M^2$$

3. 债券投资风险的衡量

由于利率水平的变动对收入固定的债券有着直接和重大的影响，因此利率风险是债券投资的主要风险。持续期和凸性是分析和管理债券投资组合利率风险的工具。持续期这一概念最早由 F. R. Macaulay 于 1938 年提出来的，其基本计算公式为

$$D = \sum_{t=1}^{T} t \times W_t$$

$$W_t = \frac{CF_t / (1 + y)^t}{P_0}$$

式中，D 为债券的持续期；t 为债券产生现金流的各个时期；W_t 为 t 期现金流量的时间权重；T 为债券的期限；CF_t 为 t 期现金流量；y 为该债券的到期收益率；P_0 为该债券的当前价格。持续期反映了债券对利率的敏感度，即反映了未来利率水平的变动对债券价格的影响。持续期越长，债券对利率变动越敏感，该债券面临的利率风险就越大。

4. 期权投资风险的衡量

期权作为一个衍生金融工具，其价值受到标的资产价格、期权执行价格、期权到期时间、标的资产价格波动率和无风险利率等多种因素的影响，其中除执行价格是事先确定的外，其他因素的变动都是不确定的。因此期权的预期价格与未来实际价值可能存在偏差，从而使期权面临价格波动的风险。期权的风险一般用 δ 值、γ 值、θ 值、υ 值或 κ 值、ρ 值等指标来衡量。δ 值定义为期权的价格变化对标的资产价格变化的比率，其数学含义是期权理论价值对标的资产价格的一阶导数。γ 值又称为期权的曲率，它用来衡量标的资产的价格变动所造成的期权 δ 值的变动量，其数学含义是期权的理论价值对标的资产价格的二阶偏导数。θ 值是指在其他条件不变时，期权的价值变化相对于时间变化的比率，其数学含义是期权理论价值对期权到期时间的一阶偏导数。υ 值或 κ 值是衡量价格波动率变动 1 个百分点所导致的期权价值变动量，其数学含义是期权理论价值对标的资产价格波动率的一阶偏导数。ρ 值是衡量期权价值对利率变动的敏感性，它定义为期权的价值变化与利率变化之间的比率，其数学含义是期权理论价值对利率的一阶偏导数。

（二）直接投资风险衡量

一般地说，企业在进行直接投资决策的风险分析时，主要考虑两个方面的因素，即投资方案的风险程度和净现值。投资风险程度可用概率分析法和财务指标评价法来衡量。概率分析法是从投资的角度来考察财务风险。根据投资方案在各种经济状态下的可能收益率（X_i）、期望收益率（X）和概率分布（P_i）来计算标准离差（δ）。标准离差越大，表明风险越大，其计算公式为

$$\delta = \sqrt{\sum_{i=1}^{n} (X_i - \bar{x}) \times P_i}, \text{其中} \bar{x} = \sum_{i=1}^{n} X_i \times P_i$$

为了便于不同行业、不同企业之间的比较，可以用变异系数来表示风险的大小，变异系数越大，风险越大；反之，风险越小。其计算公式为

$$Q = \delta / \bar{x}$$

财务指标评价法是指运用投资项目计算的财务指标对投资项目的风险进行评价的方法，常用分析评价指标有投资报酬率、项目资金成本率。如果投资报酬率越高，则投资项目的风险就越小；反之，投资项目的风险就越大。项目资金成本率越高，则投资项目的风险就越大；反之，则投资项目的风险就越小。

（三）投资风险的综合衡量

根据企业直接投资和间接投资的比例，以及直接投资和间接投资风险的评价结果，对企业投资风险进行加权综合衡量。由于企业的直接投资和间接投资互相影响小，因此可采用加权和模型进行衡量，其模型如下。

$$投资风险 = k_1 \times 直接投资风险 + k_2 \times 间接投资风险$$

式中，$k_1 + k_2 = 1$；k_1 为直接投资风险在投资风险中所占的比重；k_2 为间接投资风险在投资风险中所占的比重。

五、投资风险的识别

投资的风险是多方面的，一般说来，投资风险可以从投资内部控制制度、投资项目管理水平、利率风险、再投资风险、市场风险、汇率风险、通货膨胀风险、衍生金融工具风险、违约风险、道德风险、项目投资失败风险、资金投向不合理风险等方面进行识别。

六、投资风险控制

投资风险控制是通过组织和制度的有效安排，对投资活动可能产生的无法到期偿还债务或无法实现预期报酬的风险进行控制，防患于未然的风险控制机制，包括投资的可行性分析和不可行性分析、投资决策机制、投资风险控制机制和投资项目管理。

虽然投资风险是客观存在的，但企业可以采取相应的控制措施对其进行有效的控制。

1. 制订适应市场环境的企业发展战略目标

企业发展战略是关于企业长远发展的基本宗旨和目标，并为实现其宗旨和目标制订行动方案和配置所需的资源。企业的投资活动是为其发展战略目标服务的，如果企业的发展战略目标不适应市场需求，其结果只能是导致投资失败，加大投资风险。

2. 综合运用自身资源优势，合理定位市场范围和投资方向

每一个企业都具有自身资源优势，在进行投资时要充分利用自身优势，运用 SWOT 分析法进行恰当的市场定位和投资方向选择，避免投资失误而导致投资风险。

3. 对投资项目进行事前的科学论证、评估和严格项目事中管理控制

投资项目事前科学的可行性和不可行性论证是投资成功的必要前提条件，而投资项目严格的管理控制是投资成败的保证。企业投资风险往往来源于事前论证不充分和事中管理控制方面存在的问题，导致盲目投资扩张和潜在财务风险增加，最终的结果是企业爆发财务危机，甚至破产。

4. 提升企业核心能力，保持竞争优势和可持续发展盈利能力

当今世界，企业所处的经营环境正发生巨大的变化，企业之间的竞争已不再是简单的成本、质量的竞争，而是成本、质量、灵活性、服务和创新的综合性竞争。随着信息经济时代的到来，企业之间的竞争不再集中于如何将新技术应用到实物资产上来创造效益和如何有效管理财务资产和负债，而是转向为以知识、创新为基本内核的关键资源和关键能力的竞争。因此，企业只有不断发展和提升自身的核心能力，保持竞争优势和可持续发展盈利能力，不断提升自身的管理水平，才能有效防范投资风险，避免财务危机的爆发。

5.严格控制金融投资的规模和风险

由于金融投资的风险大，特别是企业利用衍生金融工具进行投资和规避风险时，要建立严格的金融投资内部风险控制制度和组织控制制度，严格控制金融投资的规模和风险，防范由于因内部风险控制制度和组织控制制度不完善导致的投资风险。否则，企业可能会爆发财务危机，甚至破产。

6.建立企业投资风险实时控制信息系统，对投资项目进行实时控制

投资风险不但是企业财务风险产生的内在根源，也是企业风险控制的关键。如果不对投资风险实行有效的实时监控，可能会给企业带来巨大损失，甚至导致破产，如期货交易和期权交易投资风险控制。因此，建立投资风险实时控制信息系统，对投资项目进行实时控制，是防范投资风险的有效手段。

七、投资风险预警

投资风险预警就是根据直接投资或间接投资的风险评价结果，对投资活动存在的潜在或现实风险发出预警信号，并进行有效防范和控制的风险管理过程。

预警信号一般分为五级，即无警、轻警、中警、重警和巨警。投资风险预警的指标包括定性和定量指标，其不同的标准区间值分别对应于不同的预警信号，如表7-2所列。标准值区间并不是绝对的，它有一个允许变动的特定范围，这个特定范围就是预警指标的标准值允许变化的区间，称为标准值活动区间。在实际的投资风险预警中，企业根据行业情况及本身的历史、现状和未来科学、合理地设置预警指标的不同预警信号标准区间，否则达不到科学、有效的风险预警效果。因此，风险预警的关键是设定不同分析指标的标准预警信号区间。在投资风险预警中，对于定性分析指标，采取由专家评分来确定标准预警信号区间；对于定量分析指标，根据不同投资类型，考虑行业指标的平均值、行业指标理想值、标杆企业指标值、本企业历史平时值、本企业历史最高值（或最低值）为基础来确定各分析指标的标准预警信号区间。不同投资类型、不同行业、不同地区、不同企业的标准预警信号区间应有所不同。

表7-2　投资风险预警分析表

投资风险分析指标	预警信号标准区间值					实际值	敏感度	预警信号
	无警	轻警	中警	重警	巨警			
定性指标								
定量指标								
综合指标								

将投资风险评价的结果与预警信号标准区间值相比较，根据分析指标实际值所处范围，确定其预警信号。

根据投资风险预警单项定性指标、定量指标和综合指标所发出的预警信号，分析确定具体的警源，采取相应的措施加以控制，以降低企业的投资风险，为实现企业的战略目标和财务管理目标奠定基础。

小知识

投资风险预警系统的构建

建立合理的企业财务预警系统对企业来说非常重要。企业财务预警系统是以信息化为基础，对企业在经营管理活动中的潜在风险进行实时监控的系统，它贯穿于企业的整个经营活动中。

1. 投资风险预警系统的内容

企业研究财务预警的第一步就是要寻找财务警源，分析财务风险，尽可能地予以规避。一般而言，企业财务风险的警源范畴包括投资、融资、利率、通货膨胀等，以上这些风险都有可能成为财务预警的警源。

那么，究竟什么是企业投资风险预警呢？顾名思义，就是以收集到的企业相关信息为基础，对企业可能因此出现的风险因素进行分析，采用定性与定量相结合的方法来发现企业投资过程中可能出现的潜在风险，并发出警示信号，以达到对企业投资活动风险预控的目的。企业投资风险预警系统可以反映企业投资运营的状况，它具有监测、信息收集和控制危机几大方面的功能。

企业投资风险预警主要由警源分析和警兆辨识两部分组成。这里，我们要特别指出的是，警源是导致企业风险发生的根本性因素。众所周知，一个企业要想取得投资的极大成功，必须要将一些关键因素控制在一定的范围内，原因在于如果这些因素发生异常波动，很可能会导致企业投资总体上的失败。

面对这种情况，企业对警源进行分析就显得非常必要，因为投资预警系统首先就需要确定这些根本性因素，以达到在投资运作过程中加以严密防范的目的。

企业投资风险的警源由以下五部分构成，具体如图 7-2 所示。

根据企业的不同，导致风险形成的关键因素也有所不同。企业应结合预警对象的特征及变化规律进行监测，以准确界定企业投资风险警源所在，具体如表 7-3 所示。

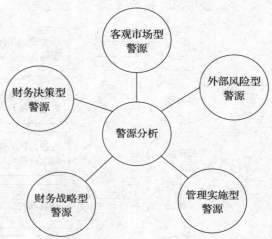

图 7-2　警源分析子系统构成因素

表 7-3　企业投资风险警源的具体说明

投资风险警源	具体解释	具体表现
客观市场型警源	具有客观性、普遍性特点、对所有企业都会带来风险的因素	这类风险因素区别于其他几种警源最明显的标志就是不被人的主观意志所影响，一般表现为经济衰退、通货膨胀、汇率变动、金融危机等问题
外部风险型警源	与企业外部经营可能产生威胁相关的风险因素	一般表现为市场上出现替代产品、消费者偏好发生变化等问题
管理实施型警源	与企业管理中出现的一些问题，如企业因为对投资项目控制不力、管理混乱等导致出现投资风险相联系的因素	一般表现为投资项目建设工期延长、建设资金不足以及项目建成不能很快形成生产能力等问题
财务战略型警源	直接与企业所制订的不当发展战略相联系的风险因素	这类风险因素一般表现为并购模式选取不当、片面信奉规模效益而盲目扩大投资规模、盲目进行多元化经营等问题
财务决策型警源	直接与企业因盲目投资导致决策失误相联系的风险因素	这类风险因素的表现为事前未对投资项目进行科学论证、企业决策者相关素质欠缺及对企业内外部环境估计不足等问题

这里需要向大家说明一点，不同的企业，其所侧重的关键因素差别很大。企业在实际

操作过程中，最好参照上述警源分类，并结合预警对象特征与变化规律来监测预警对象，只有这样才能准确找出企业警源所在。

对任何一个企业来说，在投资风险发生前都会有先兆，如某些指标会提前出现异常波动。企业建立投资预警系统的目的就是要根据一定的原则及时、准确地捕捉到这些异常。

2. 投资风险预警系统的构建

防范企业投资风险最有效的方法就是构建投资风险预警系统。企业构建投资风险预警系统主要包括两方面的内容，即定性分析和警兆的定量分析。

一般来说，通过定性分析和定量分析，企业可以实现对自身投资风险警兆的辨识。定性分析是指企业通过对有关投资项目从决策到运营等几方面的定性描述来判别是否出现警兆。定量分析是指企业通过投资预警指标体系的指标计算来判断警兆是否出现。

企业投资风险预警指标的确定应遵循以下六大原则，如图 7-3 所示。

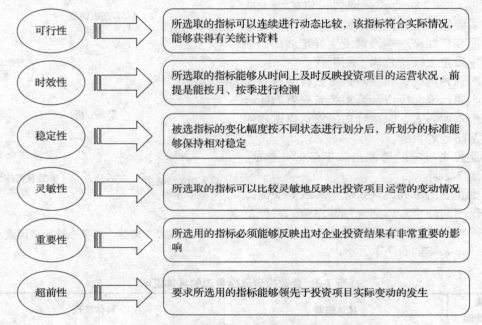

图 7-3　投资风险预警指标的确定原则

以六大原则为基础，结合企业实际情况，可以把企业投资风险预警指标体系划分为项目未来的发展能力、项目的安全性、项目的盈利能力、项目的运营效率和项目的投资结构五大部分。

企业在选取投资风险预警五大体系的具体指标时，应选取多个具有代表性的指标加以综合，以尽可能全面综合地反映企业投资项目的总体运营状况。

企业投资风险预警值的确定的方法主要有比照经验法和行业平均值法两种。

比照经验法主要依据以往的经验来确定预警值，企业也可以根据自身实际情况对投资项目的预警值进行调整。如果需要强调投资安全性，则可适当调高预警值。

行业平均值法则是把企业投资项目参照其所属行业的平均值，运用参数估计与假设检验等方法计算出预警值的置信区间。

运用以上这些指标的计算方法，可以得出每项预警指标的具体值。企业在实际操作阶段应该每隔一段时间就将预警指标值与各自的预警值进行比较，如果发现预警指标接近或突破了预警值，企业就要根据实际情况发出警报信号。通过对警兆的辨识，可以确定企业是否出现投资危机警情，企业决策人可以结合这种预警对象警情发生时的情况及时采取相应的对策，将预警对象发生的损失减到最低。

企业投资风险预警系统的构建是否正确直接关系着其警报发出的科学性和准确性，因此企业在该系统的建立过程中，还需要从三方面加以注意：第一，目标必须明确；第二，以企业可接受的最差后果为底线；第三，企业需要根据环境变化不断调整动态，加强信息的收集与管理。

第二节　证券投资风险防范

一、证券投资风险分析

证券投资风险是指由于未来与现在的一段时间里与证券有关的各种因素的变动性引起的证券预期收益变动的可能性及变动幅度。

（一）证券投资风险成因分析

证券市场是一个高风险和高收益并存的竞技场所，其投资风险主要来自证券本质决定的证券价格的不确定性，而证券运作的复杂性导致了证券价格的波动性，证券市场的投机行为又加剧了证券价格的不稳定性。三者相互影响，相互作用，共同形成了证券市场的高风险。

1. 证券的本质决定了证券价格的不确定性

从本质上来讲，证券只是一种价值符号，其价格是市场对资本未来预期收益的货币折现。而其预期收益受制于国内外的经济政治形势，受利率、汇率、通货膨胀率、所属行业前景、经营者能力以及社会心理等多种因素的影响，难于准确估计，因而决定了证券价格的不确定性。

2. 证券市场运作的复杂性导致了证券价格的波动性

证券市场的运作过程，是市场供需由不平衡到平衡的复杂过程。它同其他商品市场不同的是，证券市场的供求主体及决定供求变化的因素、机制更加复杂。如从市场参与者来看，从政府、企业、机构到个人，形形色色，他们在市场中的地位、对市场熟悉程度和对市场的要求千差万别。从市场构成来看，包括发行主体、交易主体和中介机构等，他们代表着不同群体的利益，内部运作机制各不相同。从交易品种来看，有股票、基金、债券及金融衍生品（金融期货和期权、可转换债券等）等，各类品种在性质、交易方式、价格形成机制等方面，既彼此联系而又自成体系，因而导致价格难以捉摸，甚至暴涨暴落。

3. 投机行为加剧了证券市场的不稳定性

在证券市场的运作过程中，投资与投机总是相伴而生，结伴而行的。而投机资本追逐高利润行为，加剧了市场价格的波动，尤其是这种投机行为超过正常界限，成为过度投机时，市场风险更加凸显。衡量一个市场行为是否过度投机，有三个客观标准。

（1）市盈率高低。我国证券市场的市盈率通常在40倍以上，大大高于世界成熟股市的20倍以下的市盈率。

（2）股票换手率。国际成熟市场的年换手率通常在30%～50%，甚至更低，即投资者平均持股时间在2～3年以上。我国年换手率则高达430%～950%，即平均持股时间最多不到两个半月。

（3）股价指数波动幅度。国外成熟市场股指波动幅度一般很小，我国则很大。中国证券市场是一个投机性很强的市场，其原因是：①上市公司的效益不佳，不利于鼓励投资者作长期投资；②政府对股市调控的滞后性，缺乏应变措施；③上市公司的行为不规范，产生许多虚假行为；④法规不完善，执法不严；⑤媒体的误导，甚至传播一些虚假的信息。这些都导致了过度投机，引起股价的较大波动。

（二）证券投资风险识别

1. 市场风险

市场风险是指由于证券市场行情变动而引起的风险。就我国目前情况来看，产生市场风险的主要原因有两个：一个是证券市场内在原因，这是不可避免的；另一个就是人为因素。

（1）证券市场本身存在着财富放大效应，这就不可避免地存在一些泡沫。实物生产资料一旦进入资本市场，以证券市场的定价原则来衡量时，你会发现一个很不一样的结果。例如：如果你花1亿元购置生产资料建立了一个企业，这个企业每年可能产生2000万元的利润，那么这个企业的参照价值在正常情况下也就是接近1亿元，但是这样的企业一旦被推向资本市场，它的价值就需要以股票的市值来衡量，也就是说，当它总股本是1亿股时，它的每股收益就是0.2元，按照目前30倍市盈率的较低标准，它的每股价格就是6元，那么这个企业在市场当中整体的交易价格就是6亿元。这就是证券市场的财富放大效应。这种财富放大效应所带来的直接后果是任何理性无法回避的：一方面是实物资产的较小范围波动都可能被放大成资本市场证券价格的巨大增减，而这种财富的大幅度增减直接体现在投资者的现金资产当中，上市公司未来的预期不可能是准确而稳定的，那么这种被放大了的财富增减效应就会直接产生风险与泡沫；另一方面它为市场投机者提供了绝佳的土壤，当企业的未来经营预期的变动受到人为的误导或操纵时，投机者可以通过较小的投入获得巨大的股票市值利润。这可以说是股市本身的一个弊端，是投资者享受证券市场带来的种种利益的同时不得不付出的代价。

股市由于它自身的运行机制必然会导致泡沫存在，在一定时期内这种泡沫风险积累到一定程度必然会有释放的要求，然后开始下一个循环，这就可能导致周期性的股灾。目前大多数人认为只要能够很好地吸取国外已经发生的经验教训，谨慎地进行各方面的引导和控制，就可以回避同样的风险情况发生。我认为这是不可能做到的，这是股市内在规律决定的，投资者所能做的就是采取各种措施将它的冲击作用适当地降到最低程度。

（2）证券市场本身就存在风险，证券市场行情的变动同样会也引发市场风险。这种行情变动可通过股票价格指数或股价平均数来分析。证券行情变动受多种因素影响，但决定性的因素是经济周期的变动。经济周期是指社会经济阶段性的循环和波动，分为萧条－复苏－衰退等阶段。经济周期的变化决定了企业的景气和效益，从根本上决定了证券市场，特别是股票行情的变动趋势。证券行情随经济周期的循环而起伏变化，其长期变动趋势可分为看涨市场和看跌市场两大类型。看涨市场是从萧条阶段开始，此时股票价格指数从谷底开始渐渐回升，经过复苏阶段进入繁荣阶段，其间股价指数持续稳步上升，到达某一个高点后出现盘旋并开始下降，这标志着看涨市场结束；看跌市场是从经济繁荣阶段的后期开始，经过衰退直至萧条时期，在这一阶段股价指数从高点开始一直呈下降趋势，并在达到某个低点时结束。看涨市场和看跌市场是指股票行情变化的大趋势。实际上，在看涨市场中，股价并非直线上升，而是大涨小跌，不断出现盘整和回档行情；在看跌市场中，股价也并非直线下降，而小涨大跌，不断出现盘整和反弹行情。但在这两大变动趋势中，一个重要的特征是，在整个看涨行市中，几乎所有的股票价格都会上涨，在整个看跌行情中，几乎所有的股票价格都不可避免地有所下跌，只是涨跌的程度不同而已。在涨跌之间就存在着很大的投资风险。

从财富效应和社会资源配置方面分析，如果股市上涨过快，大部分人都能从股市中赚钱，股市中的平均收益超过社会其他行业的平均利润水平，那么其财富效应必然造成社会各方面资源向股市的过分集中，从而形成新的资源配置不平衡，各方面资金在股市中的堆积必然促使股市的泡沫膨大，而一旦这个泡沫破灭，结果将是灾难性的。市场风险是无法回避的，不过投资者仍然可以设法减轻市场风险的影响。一是判断大的行情变动并顺势而为，通过分析判断是看涨市场就入市投资，当看跌市场就远离市场，即市场人士所说牛市持股、熊市持币的策略。二是选好股票。一般情况下，大企业、业绩优良的企业适应能力强，对客观经济环境变化的承受力强，它的股东和债权人面临的市场风险小。小企业、业绩差的企业在经济环境变化时适应性差，容易亏损甚至破产，它的股东和债权人面临的市场风险较大。总之，尽管经济形势变动对各种证券都有影响，但影响的程度不尽相同，认清大势、选好股票是降低市场风险的较好办法。

2. 利率风险

利率风险是指市场利率变动导致证券投资收益的不确定性或其他可能性。市场利率的变动会引起证券价格变动，进而影响证券收益的确定性，带来证券投资的风险。利率与证券价格呈反比变化，即利率提高，证券价格水平下降，利率下降，证券价格水平上涨。利率从两方面影响着证券价格：一是改变资金流向。当市场利率提高，会吸引一部分资金流向银行储蓄、商业票据等金融资产，从而减少对证券的要求，使证券价格下降。当市场利率下降时，一部分资金会流回证券市场，从而增加了对证券的需求，刺激证券价格上涨。二是影响公司成本。利率提高，公司融资成本提高，在其他条件不变的情况下公司盈利下降，派发股息减少，引起股票价格下降。利率下降，融资成本下降，盈利和股息相应增加，股票价格上涨。

就中国目前的证券市场情况来看，利率风险是一处潜在的危机。当中国人民银行连续降息使银行利率不断下降时，社会上的闲置资金就会大量涌入证券市场。中国资金涌入股市的原因中，利率好像不是最重要的因素。由于资金的涌入，股票的供求关系就会发生变化，股价也随之水涨船高，而所创造的财富增值示范效应又会吸引更多的资金入市，进一步推动股指上扬，最终堆积成牛市。不过，一旦失去资金来源，最后的接力棒必将成为牺牲品。因为只有业绩推动型的大牛市才能长久、牢固，中国牛市只有实现从资金推动型到业绩推动型的战略转变，才能真正有效地防患于未然。以上所说的是利率风险对股市的影响，同样，利率风险对债券也有很大程度的影响。

证券投资风险具有两重性，即它的存在既是客观的、绝对的，也是主观的、相对的；它既是不可完全避免的，也是可以有所控制的。投资者要根据证券投资风险的特点，恰当运用一系列投资策略和技术手段，以将其承受风险的成本降到最低限度。

二、证券投资风险评估

（一）收益风险指标法

在评价或度量证券的风险时，往往将风险与该证券所能提供给投资者的回报率相联系，即在评价证券业绩时，将风险因素也考虑进去。所以，一般将证券的评价建立在风险调整后收益的基础上，也就是说，对收益率相同的两个证券进行比较时，不能简单地认为它们的风险也相同，要充分考虑它们在取得这个收益率时所承担的风险是否相同。由于对风险调整收益的理解不同，调整方式也不同，讨论的方法是建立在资本资产定价理论的基础上，通过杠杆作用使两只证券的风险水平相等，从而使证券之间具有可比性。经典的夏普（Sharpe）指数、特雷诺（Treynor）指数、詹森（Jensen）指数等都采取了这种风险收益指数的调整方式。

1. 夏普指数

夏普指数是在对总风险进行调整的基础上对证券风险的评估方式，也是目前应用最为广泛的证券风险评估方式，计算公式如下：

$$S_p = (R_p - R_f) / \sigma_p$$

式中，R_p 表示证券在考察期内的收益率；R_f 表示无风险利率；σ_p 是证券收益率 R_p 的标准差，表示证券投资组合所承担的总风险。夏普指数表示的是证券承受每单位总风险所获取风险收益的大小，S_p 值越大，表明证券业绩越好；反之则劣。

夏普指数用以衡量按照净值波动的风险指标，即标准差调整后的净值增长能力。这里的风险包括系统性风险和非系统性风险，其中，系统性风险只受宏观经济等因素的影响，不会因资产组合的分散而减少，因此资产组合的回报率与市场组合的回报率相关；非系统性风险指单只股票所存在的风险，可以通过分散投资组合的方式减少或消除。夏普指数衡量了证券通过一定的资产组合所获得的净值增长情况和证券组合的分散程度。

2. 特雷诺指数

特雷诺指数是在对系统风险进行调整的基础上对证券业绩的评估方式，计算公式为

$$T_p = (R_p - R_f)/\beta_p$$

式中，β_p 是证券的贝塔系数，表示证券投资组合所承担的系统风险。特雷诺指数表示的是证券承受每单位系统风险所获取风险收益的大小，T_p 值越大，表明证券业绩越好；反之则劣。特雷诺指数与夏普指数的区别在于，前者采用 β 系数代替了后者的 σ，即特雷诺指数法将业绩的比较建立在系统风险（虽然 β 系数并不代表系统风险的绝对数值）的基础之上。

在上面两种方法中如何进行选择，取决于所评价证券的类型。如果所评价的证券是属于充分分散投资的证券，投资组合的贝塔值能更好地反映证券的风险，那么特雷诺指数是比较好的选择；如果所评价的证券属于专门投资于某一行业的证券，相应的风险指标为投资组合收益的标准差，那么运用夏普指数比较适宜。但对于指数证券等投资比较分散的证券而言，特雷诺指数可能是更好的选择。

3. 詹森指数

詹森指数是一种在风险调整基础之上的绝对实绩度量方法，表示的是在给定风险水平的情况下，证券管理人通过对证券价格准确判断所体现的超额收益能力。计算公式为

$$J_p = R_p - [R_f + (R_m - R_f)/\beta]$$

式中，R_m 表示同期市场收益率。詹森指数含义为 J_p 值越大，表明证券业绩越好；反之则劣。β 反映的是，证券投资组合的收益率相对于一基准指数（一般为一市场指数）收益率的变异程度，表示来自证券投资组合特征的一种系统风险。β 可以体现出证券管理人的操作风格，如果 $\beta > 1$，则表明证券的管理人是进取型的；如果 $\beta < 1$，则表明证券的管理人是保守型的；如果 $\beta = 1$，则表明证券的管理人是平衡型的。

除夏普指数外，其他方法都是建立在资本资产定价模型（CAPM）基础上的。如果资本资产定价错误，就会得出有偏差的风险收益结论，进而导致低风险的投资组合。此外，在计算这些指标时，往往需要使用市场投资组合作为基准，但实际上，即使最广泛的市场指数组合也不可能完全模拟真实市场组合的状况。因此，在有些情况下，人们很难判断根据这些指标得出的直观结果是与证券的投资组合管理能力有关，还是与使用指数的精确性有关。在采用这类方法评价证券投资风险时，若选取不同基准的投资组合，则得出的评价结果也会有所不同。

（二）VaR 方法

VaR（Value at Risk，风险价值）方法是近年来金融界用以研究和监控风险的最新和最

重要的风险度量方法之一，系由 G30 集团于 1993 年提出，1994 年由 J·P 摩根集团推出 RiskMetries 模型。VaR 模型以其科学性、实用性和国际性等特点，越来越受到基金管理公司和监管部门的广泛应用。

VaR 是指在市场正常波动下，某一金融资产或证券组合的最大可能损失，即在一定概率水平（置信度）下，某一金融资产或证券组合的价值在未来特定时期内的最大可能损失，也即在一定置信度下对未来一定时间区间内资产组合最大损失的估计，可用来衡量基金投资组合的市场风险。用公式表示如下：

$$P(\Delta P > VaR) = 1 - c$$

式中，ΔP 为证券组合在一定持有期内的损失；c 为置信度。

具体而言，VaR 是指在一定的持有期及置信水平下，某一金融资产所面临的最大潜在损失（绝对值或相对值）。例如，某一基金持有的证券组合，在未来 24 小时内、置信度为 95%、证券市场正常波动的情况下，VaR 值为 1000 万元。其含义是指，该基金的证券组合在一天内（24 小时），由于市场价格变化而带来的最大损失超过 1000 万元的概率为 5%，即平均 20 个交易日才可能出现一次这种情况。换言之，有 95% 的把握可判断，该基金在下一个交易日内的损失在 1000 万元以内。5% 的概率反映了金融资产管理者的风险厌恶程度，可根据不同的投资者对风险的偏好程度和承受能力来确定。

为了计算 VaR 值，定义 P_0 为初始价值，R 为其在设定的全部持有期内的回报率，则该证券组合的期末价值为 $P = P_0 + (1 + R)$。由于各种随机因素的存在，回报率 R 可视其为一随机变量，该证券组合的期望回报率和波动率分别设为 μ 和 σ，并设 Δt 为其持有期限，投资 P_0 在选定的置信度 c 下的最低回报率为 R^*，则 P_0 在该置信度 c 下的最低期末价值为 $P^* = P_0 + (1 + R^*)$。根据 VaR 的定义，可以计算出相对于证券投资组合价值均值（期望回报）的 VaR 为

$$VaR = E(P) - P^* = -P_0 + (R^* - \mu)$$

根据上面的定义，计算 VaR 就相当于计算最小值 P^* 或最低的回报率 R^*。鉴于证券组合的未来回报行为的随机过程，假定其未来回报的概率密度函数为 $f(p)$，则对于某一置信度 c 下的证券组合最低值 P^*，有：

$$1 - c = \int_{-\infty}^{p^*} f(p) dp$$

无论分布是离散的还是连续的，是厚尾的还是瘦尾的，这种表示方式对各种分布都是有效的。如果我们把一般的分布 $f(p)$ 变换为标准正态分布 $\Phi(\varepsilon)$，其中 ε 的均值为 0，标准差为 1，把 R^* 和标准正态的分位数 $Z_\alpha > 0$ 联系起来，即：

$$-Z_\alpha = \frac{-|R^*| - \mu}{\sigma} \quad (Z_\alpha > 0)$$

则其等价于：$1 - c = \int_{-\infty}^{-|p^*|} f(r) dr = \int_{-\infty}^{-Z_\alpha} \Phi(\varepsilon) d\varepsilon$

然后，根据上式，就可以求出与置信度 c 相对应的 R^*：$R^* = -Z_\alpha \sigma + \mu$。

再结合公式 $VaR = E(P) - P^* = -P_0 + (R^* - \mu)$，可以计算出证券组合未来回报在正态分布假设下的 VaR：

$$VaR = -P_0 + (R^* - \mu) = P_0 Z_0 \sigma \sqrt{\Delta t}$$

除此之外，还有概率评估法等方法可以对证券投资风险进行评估。

三、证券投资风险控制

（一）立法、执法和风险教育相结合

要规范证券投资风险，从客观上说，必须建立一套完备的、严格的监管法规，以规范上市公司、监督过度投机和保护中小投资者的合法利益。根据国外成熟市场的经验，这些

法规有五个共同点。

（1）法律体系比较健全，各法之间衔接性很强，且奖罚分明，既体现了对经营者的监管，也体现了对监管者行为的约束。

（2）突出了保护中小投资者的利益，以增强他们对证券市场的信心。

（3）针对性强，突出了对上市公司、证券公司、证券交易所和证券市场服务机构等进行分行业监管的原则。

（4）证券法规的形成超前于证券市场的形成，可防患于未然。

（5）法规的内容既保持相对的稳定性、严肃性，又能随着证券市场的发展变化而不断完善，增强其适应性。

对投资者进行风险教育，也是政府一项极为重要的工作。风险教育，既是保护投资者利益所需要的，也是帮助投资者了解和认识市场所需要的，更是保证证券市场健康发展所需要的。政府的监管部门应把风险教育作为一项长期工作，坚持不懈地来抓。风险教育常讲，警钟长鸣，以提高投资者的风险意识。

（二）上市公司和中介公司的监管和自律

不少公司为了上市，不惜弄虚作假，致使"包装上市""渗水上市"的现象时有发生。可见规范上市公司的行为，提高上市公司的质量，加强政府的监控，确保市场上信息披露充分和上市公司的自律，对管理风险是多么重要。证券公司和其他投资机构、服务机构也一样，除了对它们进行严格监管、严厉打击操纵市场的行为之外，也需要它们自律，以防止过度投机和对投机行为的推波助澜。

（三）实施正确有效的投资策略

投资策略包括积极投资策略和消极投资策略，其应用研究已经形成了比较系统的理论体系。

1. 积极投资策略

积极投资策略主要包括惯性策略和反转策略。惯性／反转策略是指买入赢家／输家组合，同时卖空输家／赢家组合的交易策略。积极投资策略理论的具体步骤如下。

（1）确定目标证券市场作为交易对象的范围。

（2）选定一个时间长度作为证券业绩评价期，通常称为投资组合的形成期或排名期。

（3）计算形成期各样本证券的收益率。

（4）根据形成期各样本证券的收益率的大小，对目标市场所有样本证券进行升序／降序排列，然后等分成若干组，其中收益率最大的一组称为赢家组合，收益率最小的一组称为输家组合。

（5）形成期之后或间隔一段时间后，再选一个时间长度，作为买卖赢家组合和输家组合后的持有期限。

（6）连续或间隔一段时期，不断重复（2）～（5）的步骤。

（7）业绩评价。

计算惯性／反转策略各持有期的回报率均值及 t 统计值，如果 t 统计值表明惯性／反转策略的收益率显著大于 0，实业界则称惯性／反转策略成功，学术界称存在惯性／反转现象，反之亦然。

2. 消极投资策略

最为典型的消极投资策略是指数化投资策略。指数化投资策略是指按照某种证券价格指数编制原理构建投资组合，不主动对个股和买卖时机进行选择，只是跟踪目标指数的变动，以取得目标指数所代表的整个市场的平均收益为投资目标。

指数化投资策略应用理论是在惯性／反转交易策略的反衬下得到发展的。Grinblatt、

Titman&Wermers（1995）研究了美国 155 只共同证券 10 年内的投资策略以及相应的绩效，结果显示 76.8％的证券采取惯性投资策略。然而，自 Jensen（1968）到 Edelen（1999）的研究结果表明，积极型的共同证券并没有战胜基准指数，积极投资的效果值得怀疑。20 世纪 90 年代以来，美国大多数股票证券的业绩更是低于同期市场指数的表现。这样，以复制市场指数走势为核心思想的指数证券在全球范围内迅速发展壮大起来，并对传统的证券投资策略形成巨大的冲击与挑战。

指数化投资策略的基本流程如下。

（1）选定目标证券指数，作为跟踪的对象。

（2）确定个股选择方法（完全复制法、优化选样法或分层抽样法）。

（3）定义跟踪误差的方法，加入约束条件（如不许卖空、资产的权重之和为 1 等），确定最优资产组合的权重。

（4）预测模拟指数的性能，检验模拟指数的稳定性。

指数化投资策略的组合构造方法分完全复制法、优化选样法和分层抽样法。完全复制法就是购买目标指数中的所有股票，股票的权重与目标指数中各股票的权重一致。优化选样法则是通过对选定基准指数中各成分证券进行分析和优化，选择适当数目的证券来拟合基准指数，用较少数量的证券组合来达到指数化投资的目的。分层抽样法是将市场所有股票按行业特征分类，以不同行业类别占整个市场的权重来决定在该行业内的投资量，然后分别从每个类别行业中按照与行业整体相关性、总市值及市盈率水平等有关指标的综合评价结果，选取最能代表该行业类别的子样本股票作为投资对象。

指数化投资策略的理论假设是市场有效性，投资者无法战胜基准指数。指数化投资策略的关键不仅在于数据的质量，还要求股票价格与指数值的关系既可以反映现在，也可以反映将来。从技术层面上看，由于完全复制法需要进行频繁的调整与交易，尤其当指数中股票的权重发生变化时，调整困难，交易成本很高，因此指数化投资策略一般多采用分层抽样法构造投资组合，但这不可避免地会出现跟踪误差。

（四）科学合理地进行资本配置

资本配置决策是对整个资产组合中各项资产比例的选择，即投放在安全但是收益率低的货币市场证券的资产比例的选择与放在有风险的收益率高的证券的资产比例的选择。其中涉及风险资产与无风险资产之间的资本配置和风险资产之间的资本配置。

1. 风险资产与无风险资产之间的资本配置

控制资产组合风险最直接的方法是，将部分资本投资于短期国库券和其他相对安全的货币市场证券，将部分资本投资于有风险的资产上。下面，主要阐述控制资产组合风险比例的确定方法。

设风险资产的期望收益率为 $E(R_p)$，风险资产的比例为 y，无风险资产的收益率为 R_f，风险资产内部的组合比例不变。

则资产组合的期望收益率为

$$E(R_c) = y \times E(R_p) + (1 - y) \times R_f$$

资产组合效用公式为

$$U = E(R_c) - 0.005A\sigma^2 = y \times E(R_p) + (1 - y) \times R_f - 0.005A\sigma^2$$

对以上公式求导，可以得出：

$$y^* = [E(R_p) - R_f]/0.01A\sigma^2$$

当投资于风险资产的比例为 y^* 时，可以使资产组合的效用最大。

2. 最优的风险资产组合

降低风险最好的办法就是进行资产组合，但是即使再充分的资产组合也不可能降低所有的风险。当共同的风险来临而影响所有的公司时，即便是最充分的分散化也不能完全消除风险，资产组合的标准差随着证券的增加而降低，但不可能降至零。在最充分的分散条件下，尚存在的风险即为市场风险，它源于与市场有关的因素，也称系统风险或不可分散风险。相反地，那些通过分散化能够消除的风险即为特有风险，也称非系统风险或可分散风险。

最优的风险资产组合如图 7-4 所示。

图 7-4 中的资本市场直线（Capital Market Line，CML），是由市场投资组合与无风险资产组成的，反映了风险与回报率之间的关系，即提供了衡量有效投资组合风险的方法，也可以说，有效投资组合是分布于资本市场直线上的点。而衡量有效投资组合风险的指标是回报率的标准差 S_p，有效投资组合的风险与回报率之间是一种线性关系。

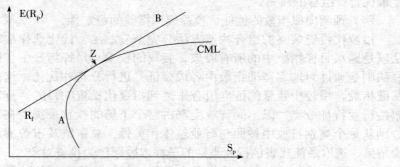

图 7-4 最优风险资产组合图

第八章

涉外、国际投资管理

第一节　外商直接投资法律制度

一、外商直接投资概述

外商直接投资，是指外国企业、经济组织或个人（包括华侨、港澳台胞以及我国在境外注册的企业）依照中国有关法律法规，使用现汇、实物、技术等，在中国境内以开办外商独资企业、中外合资经营企业、中外合作经营企业、中外合资股份有限公司或者合作勘探开发自然资源等方式进行的投资，包括外商投资收益的再投资。外商直接投资通常与被投资企业的经营管理控制权相联系，这是其区别于外商间接投资的核心特征所在。

外商直接投资的专门法律制度主要包括《中华人民共和国外资企业法》及其实施细则、《中华人民共和国中外合资经营企业法》及其实施条例、《中华人民共和国中外合作经营企业法》及其实施细则、国务院《指导外商投资方向规定》以及相关部门规章。此外，《公司法》和《合同法》也广泛适用于外商直接投资领域。

二、外商直接投资的主要形式

1. 中外合资经营企业

中外合资经营企业（以下简称合营企业）亦称股权式合营企业，是指外国公司、企业、其他经济组织或者个人同中国的公司、企业或者其他经济组织，依照中国法律法规在中国境内设立的，由双方共同投资、共同经营，按照各自的出资比例共担风险、共负盈亏的企业。按照中外投资者的出资比例来确定投资者的风险、责任和利润分配，各自的权利和义务十分明确。这种形式较多地应用于投资多、技术性强、合作时间长的项目。

2. 中外合作经营企业

中外合作经营企业（以下简称合作企业）亦称契约式合营企业，是指外国公司、企业、其他经济组织或者个人同中国公司、企业或者其他经济组织，依照中国法律法规在中国境内设立的，由双方通过合作经营企业合同约定各自的权利和义务的企业。合作企业的特点是合作方式较为灵活，中方投资者可以无形资产等要素作为合作的条件，解决了我国企业投资资金缺乏的问题；允许外方投资者先行回收投资，对外国投资者有较大的吸引力；在合作期满后，企业全部固定资产无偿归中方所有。

3. 外商独资经营企业

外商独资经营企业亦称外资企业，是指外国公司、企业、其他经济组织或者个人，依照中国法律法规在中国境内设立的，全部资本由外国投资者投资的企业，但不包括外国公司、企业和其他经济组织在中国境内设立的分支机构。

4. 中外合资股份有限公司

中外合资股份有限公司（以下简称合资股份公司）亦称外商投资股份有限公司，是指外国公司、企业、其他经济组织或者个人（以下简称外国股东）同中国公司、企业或者其他经济组织（以下简称中国股东），依照中国法律法规在中国境内设立的，全部资本由等额股份构成，股东以其所认购的股份对公司承担责任，公司以其全部财产对公司债务承担责任，外国股东和中国股东共同持有公司股份，且外国股东持有的股份占公司注册资本25%以上的企业法人。合资股份公司实际上是合营企业的一种，是按照股份有限公司形式组织的合营企业。

5. 中外合作勘探开发自然资源合同

中外合作勘探开发自然资源合同，是指中国公司、企业或者其他经济组织与外国公司、企业、其他经济组织或者个人依照中国法律法规所订立的，按照一定条件在中国境内的某些特定区域内合作勘探、开发、生产自然资源的合同。中外合作勘探开发自然资源合同具有以下特点：中外合作勘察开发为专营勘探开发，作为合作者的中方的合作资格为法律法规所特许，不是任何公司、企业或其他组织均可为之；合作勘探开发的区域需经国务院批准；中外合作者之间完全是契约式合作，合作条件、产品分配、风险分担完全由合同约定。

三、外商直接投资的投资项目

为使外商投资企业的投资项目与我国国民经济和社会发展规划相适应，并有利于保护投资者的合法权益，2002年2月21日，国务院发布了《指导外商投资方向规定》，并自2002年4月1日起施行。根据这一规定，国家发改委、商务部等部门会不时颁布《外商投资产业指导目录》，这些指导目录就各行业以及各行业的具体项目分为鼓励、允许、限制和禁止四类做了明确规定。

1. 鼓励类外商投资项目

属于以下情形之一的，列为鼓励类外商投资项目。

（1）属于农业新技术、农业综合开发和能源、交通、重要原材料工业的。

（2）属于高新技术、先进适用技术，能够改进产品性能、提高企业技术经济效益或者生产国内生产能力不足的新设备、新材料的。

（3）适应市场需求，能够提高产品档次、开拓新兴市场或者增加产品国际竞争能力的。

（4）属于新技术、新设备，能够节约能源和原材料、综合利用资源和再生资源以及防治环境污染的。

（5）能够发挥中西部地区的人力和资源优势，并符合国家产业政策的。

（6）法律、行政法规规定的其他情形。

2. 限制类外商投资项目

属于以下情形之一的，列为限制类外商投资项目。

（1）技术水平落后的。

（2）不利于节约资源和改善生态环境的。

（3）从事国家规定实行保护性开采的特定矿种勘探、开采的。

（4）属于国家逐步开放的产业的。

（5）法律、行政法规规定的其他情形。

3. 禁止类外商投资项目

属于以下情形之一的，列为禁止类外商投资项目。

（1）危害国家安全或者损害社会公众利益的。

（2）对环境造成污染损害，破坏自然资源或者损害人体健康的。

（3）占用大量耕地，不利于保护、开发土地资源的。

（4）危害军事设施安全和使用效能的。

（5）运用我国特有工艺或者技术生产产品的。

（6）法律、行政法规规定的其他情形。

4. 允许类外商投资项目

不属于鼓励类、限制类和禁止类的外商投资项目，为允许类外商投资项目。

产品全部直接出口的允许类外商投资项目，视为鼓励类外商投资项目。产品出口销售额占其产品销售总额 70% 以上的限制类外商投资项目，经省、自治区、直辖市及计划单列市人民政府或者国务院主管部门批准，可以视为允许类外商投资项目。

四、外商投资企业的组织形式和组织机构

不同类型的外商投资企业在组织形式和组织机构方面的法律要求不尽相同。

1. 合营企业的组织形式和组织机构

合营企业的组织形式为有限责任公司。合营各方对合营企业的责任以各自认缴的出资额为限，合营企业以其全部资产对其债务承担责任。

合营企业不设股东会，其组织机构为董事会和经营管理机构，或者说实行董事会领导下的总经理负责制。董事会是合营企业的最高权力机构，根据合营企业章程的规定，讨论决定合营企业的一切重大问题。董事会由董事长、副董事长及董事组成。董事会成员不得少于 3 人。董事长和副董事长由合营各方协商确定或者由董事会选举产生。中外合营者的一方担任董事长的，由他方担任副董事长。董事名额的分配由合营各方参照出资比例协商确定，董事由合营各方按照分配的名额委派和撤换。董事任期 4 年，可以连任。董事长是合营企业的法定代表人。董事长不能履行职责时，应当授权副董事长或者其他董事对外代表合营企业。

董事会会议由董事长召集，董事长不能召集时，可以由董事长委托副董事长或者其他董事召集。每年至少召开一次董事会会议；经 1/3 以上董事提议，可以召开临时会议。董事会会议应有 2/3 以上董事出席，其决议方式可以根据合营企业章程载明的议事规则做出。但涉及合营企业的下列事项，必须经出席董事会会议的董事一致通过方可做出决议：①合营企业章程的修改；②合营企业的中止、解散；③合营企业注册资本的增加、减少；④合营企业的合并、分立。

经营管理机构负责合营企业的日常经营管理工作。经营管理机构设总经理 1 人，副总经理若干人，其他高级管理人员若干人。总经理的职责主要有：①执行董事会会议的各项决议；②组织领导合营企业的日常经营管理工作；③在董事会的授权范围内，代表合营企业对外进行各项经营业务；④任免下属人员；⑤行使董事会授予的其他职权。

合资股份公司的组织机构应当按照《公司法》关于股份有限公司组织机构的规定办理。

2. 合作企业的组织形式和组织机构

合作企业可以申请为具有法人资格的合作企业，也可以申请为不具有法人资格的合作企业。具有法人资格的合作企业，其组织形式为有限责任公司。除合作企业合同另有约定外，合作各方对合作企业承担的责任以其出资或者提供的合作条件为限，合作企业以其全部资产对其债务承担责任。不具有法人资格的合作企业，合作各方的关系是一种合伙关系。合作各方依照中国民事法律的有关规定，承担民事责任。

合作企业的组织机构是董事会或者联合管理委员会。具备法人资格的合作企业，一般设立董事会；不具备法人资格的合作企业一般设立联合管理委员会。董事会或者联合管理委员会是合作企业的权力机构，按照合作企业章程的规定，决定合作企业的重大问题。董事会或者联合管理委员会成员不得少于3人，其名额的分配由中外合作者参照其投资或者提供的合作条件协商确定。董事会或者联合管理委员会成员由合作各方自行委派或者撤换。董事会董事长、副董事长或者联合管理委员会主任、副主任的产生办法由合作企业章程规定。

中外合作者的一方担任董事长、主任的，副董事长、副主任由他方担任。董事或者委员的任期由合作企业章程规定，每届最长不得超过3年，但可以连任。

董事会会议或者联合管理委员会会议每年至少召开一次，由董事长或者主任召集并主持。董事长或者主任因特殊情况不能履行职务时，由指定的副董事长、副主任或者其他董事、委员召集并主持。1/3以上的董事或者委员可以提议召开董事会会议或者联合管理委员会会议。董事会会议或者联合管理委员会会议应当有2/3以上董事或者委员出席方能举行，其决议须经全体董事或者委员过半数通过。但下列事项由出席董事会会议或者联合管理委员会会议的董事或者委员一致通过，方可做出决议：①合作企业章程的修改；②合作企业注册资本的增加或者减少；③合作企业的解散；④合作企业的资产抵押；⑤合作企业合并、分立和变更组织形式；⑥合作各方约定由董事会会议或者联合管理委员会会议一致通过方可做出决议的其他事项。

合作企业设总经理1人，负责合作企业的日常经营管理工作，对董事会或者联合管理委员会负责。合作企业的总经理由董事会或者联合管理委员会聘任、解聘。总经理及其他高级管理人员可以由中国公民担任，也可以由外国公民担任。经董事会或者联合管理委员会聘任，董事或者委员可以兼任合作企业的总经理或者其他高级管理职务。

3. 外资企业的组织形式和组织机构

外资企业的组织形式为有限责任公司，经批准也可以为其他责任形式。外资企业为有限责任公司的，外国投资者对企业的责任以其认缴的出资额为限；外资企业为其他责任形式的，外国投资者对企业的责任适用中国法律和法规的规定。

外资企业的组织机构可以由外国投资者根据企业不同的经营内容、经营规模、经营方式自行设置。但是，按照国际惯例，设立外资企业的权力机构应遵循资本占有权同企业控制权相统一的原则，根据这一原则，外资企业的最高权力机构由资本持有者组成。外资企业应根据其组织形式设立董事会。如果一个外资企业是由多个外国投资者出资建立的，则该企业所设立的董事会中董事的名额，一般应按照每个股东的出资比例分配。外资企业设立的董事会应推选出董事长。董事长是企业的法定代表人，须向中国政府申报备案。

五、外商投资企业的出资方式和比例

1. 外商投资企业的出资方式

根据我国的法律和行政法规规定，外商投资企业的出资方式有：现金、实物、场地使用权、工业产权、专有技术和其他财产权利。

（1）现金出资。外方投资者以现金出资时，只能以外币缴付出资，不能以人民币缴付出资。外方投资者用外币缴付出资，应当按照缴款当日中国人民银行公布的基准汇率折算成人民币或者套算成约定的外币。中方投资者用人民币缴付出资，如需折合成外币，应当按照缴款当日中国人民银行公布的基准汇率折算。

此外，根据有关规定，境外投资者可以进行跨境人民币直接投资，即以合法获得的境外人民币来华开展新设企业、增资、参股、并购境内企业等外商直接投资活动。跨境人民币直接投资及所投资外商投资企业的再投资应当符合外商投资法律法规及有关规定的要求，遵守国家外商投资产业政策、外资并购安全审查、反垄断审查的有关规定。外商投资企业不得使用跨境人民币直接投资的资金在中国境内直接或间接投资于有价证券和金融衍生品（战略投资上市公司除外），以及用于委托贷款。境外投资者申请将原出资币种由外币变更为人民币的，无须办理合同或章程变更审批，可按照外商投资法律、行政法规和有关规定要求，到有关部门和银行办理登记、开立账户、资金汇兑等手续。

（2）实物出资。实物出资一般是以机器设备、原材料、零部件、建筑物、厂房等作为投资。在实践中，外方投资者一般以机器设备和其他物料投资，中方投资者一般以现有厂房、建筑物、辅助设备等投资。中外投资者以实物出资需要作价时，其作价由中外投资各方按照公平合理的原则协商确定，或者聘请中外投资各方同意的第三者评定。

中外投资者用作投资的实物，必须为自己所有且未设立任何担保物权，并应当出具其拥有所有权和处置权的有效证明，任何一方都不得用以企业名义取得的贷款、租赁的设备或者其他财产，以及用自己以外的他人财产作为自己的实物出资，也不得以企业或者投资他方的财产和权益为其出资担保。外方投资者用以投资的机器设备或者其他物料，还应报审查批准机关批准。此外，依照我国有关法律的规定，外方投资者以机器设备或者其他物料出资的，应符合下列条件：①为企业生产所必需；②作价不得高于同类机器设备或其他物料当时的国际市场价格。

（3）场地使用权出资。在举办合营企业和合作企业时，中方投资者可以用场地使用权作为出资。如果未用场地使用权作为中方投资者出资的，则举办的外商投资企业应向中国政府缴纳场地使用费。中方投资者以场地使用权作价出资的，其作价金额应与取得同类场地使用权所应缴纳的使用费相同。

（4）工业产权、专有技术出资。根据中国有关法律规定，外方投资者出资的工业产权、专有技术必须符合下列条件之一：①能显著改进现有产品的性能、质量，提高生产效率；②能显著节约原材料、燃料、动力。

与此同时，中外投资者出资的工业产权或专有技术，必须是自己所有并且未设立任何担保物权的工业产权或专有技术，仅通过许可证协议方式取得的技术使用权不得用作出资。凡是以工业产权或专有技术作价出资的，出资者应当出具拥有所有权和处置权的有效证明，并提交该工业产权或专有技术的有关资料，包括专利证书或商标注册证书的复制件、有效状况及其技术特性、实用价值、作价的计算依据、签订的作价协议等有关文件，作为合营（合作）合同的附件。

与实物出资相同，以工业产权或专有技术作为出资的，其作价由中外投资各方按照公平合理的原则协商确定，或聘请中外投资各方同意的第三者评定。外方投资者作为出资的工业产权、专有技术，应报审查批准机关批准。

（5）其他财产权利出资。中外合作者除了可以用以上资产作为出资或者合作条件外，还可以用其他财产权利出资或作为合作条件。根据我国《民法通则》及其他有关法律、法规的规定，其他财产权利主要包括：国有企业的经营权、国有自然资源的使用经营权、公民或集体组织的承包经营权、公司股份等。

此外,《外资企业法实施细则》规定,经审批机关批准,外国投资者也可以用其从中国境内举办的其他外商投资企业获得的人民币利润出资。

2.外商投资企业的出资比例

外商投资企业的出资比例关系到企业的经营管理权控制在谁手中,一般是出资比例越大,经营管理控制权也越大,同时也涉及国家允许外资参与本国经济的程度。因此,许多国家对外国投资者的出资比例都加以限制。

我国外商投资法律制度对外国投资者的出资比例做出了明确规定。在合营企业中,外国合营者的投资比例一般不得低于合营企业注册资本的25%。在合作企业中,对取得法人资格的合作企业,外国合作者的投资比例一般不得低于注册资本的25%;对不具备法人资格的合作企业,合作各方的投资比例或合作条件,由商务部规定。在外资企业中,外资企业的注册资本全部由外国投资者投入。在中外合资股份有限公司中,外国股东购买并持有的股份应不低于公司注册资本的25%。

此外,对外国投资者的出资比例低于25%的,除法律、行政法规另有规定外,均应按照设立外商投资企业的审批登记程序进行审批和登记。通过审批的,颁发加注"外资比例低于25%"字样的外商投资企业批准证书;取得登记的,颁发在"企业类型"后加注"外资比例低于25%"字样的外商投资企业营业执照。

六、外商投资企业投资者股权变更

外商投资企业投资者股权变更,是指依照中国法律法规在中国境内设立的合营企业、合作企业、外资企业的投资者或其在企业的出资(包括提供合作条件)份额(以下简称股权)发生变化。

1.外商投资企业投资者股权变更的原因

导致外商投资企业投资者股权变更的原因,主要包括以下几项。

(1)外商投资企业投资者之间协议转让股权。

(2)外商投资企业投资者经其他各方投资者同意向其关联企业或其他受让人转让股权。

(3)外商投资企业投资者协议调整企业注册资本导致变更各方投资者股权。

(4)外商投资企业投资者经其他各方投资者同意将其股权质押给债权人,质权人或受益人依照法律规定和合同约定取得该投资者股权。

(5)外商投资企业投资者破产、解散、被撤销、被吊销或死亡,其继承人、债权人或其他受益人依法取得该投资者股权。

(6)外商投资企业投资者合并或者分立,其合并或分立后的承继者依法承继原投资者股权。

(7)外商投资企业投资者不履行企业合同、章程规定的出资义务,经原审批机关批准,更换投资者或变更股权。

2.外商投资企业投资者股权变更应遵循的原则

外商投资企业投资者股权变更,应当遵守中国有关法律法规,并经审批机关批准和登记机关变更登记。未经审批机关批准的股权变更无效。

外商投资企业投资者股权变更,必须符合中国法律、法规对投资者资格的规定和产业政策的要求。依照《外商投资产业指导目录》,不允许外商独资经营的产业,股权变更不得导致外国投资者持有企业的全部股权;因股权变更而使企业变成外资企业的,还必须符合外资企业法律制度所规定的设立外资企业的条件。需由国有资产占控股或主导地位的产业,股权变更不得导致外国投资者或非中国国有企业占控股或主导地位。

3.外商投资企业投资者股权变更的要求

(1)除非外方投资者向中国投资者转让其全部股权,否则外商投资企业投资者股权变更不得导致外方投资者的投资比例低于企业注册资本的 25%。

（2）经外商投资企业其他投资者同意，缴付出资的投资者可以依据《担保法》的有关规定，通过签订质押合同并经审批机关批准将其已缴付出资部分形成的股权质押给质权人。投资者不得质押未缴付出资部分的股权。投资者不得将其股权质押给本企业。在质押期间，出质投资者作为企业投资者的身份不变，未经出质投资者和企业其他投资者同意，质权人不得转让出质股权；未经质权人同意，出质投资者不得将已出质的股权转让或再质押。

外商投资企业投资者与质权人签订股权质押合同后，应将下对文件报送批准设立该企业的审批机关审查：①企业董事会及其他投资者关于同意出质投资者将其股权质押的决议；②出质投资者与质权人签订的质押合同；③出质投资者的出资证明书；④由中国注册的会计师及其所在事务所为企业出具的验资报告。审批机关应自接到上述规定的全部文件之日起 30 日内决定批准或不批准。企业应在获得审批机关同意其投资者出质股权的批复后 30 日内，持有关批复文件向原登记机关办理备案。未按规定办理审批和备案的质押行为无效。

（3）以国有资产投资的中方投资者股权变更时，必须经有关国有资产评估机构对需变更的股权进行价值评估，并经国有资产管理部门确认。经确认的评估结果应作为变更股权的作价依据。

4. 外商投资企业投资者股权变更的审批和登记

（1）外商投资企业投资者股权变更的审批。外商投资企业投资者股权变更的审批机关为批准设立该企业的审批机关。如果因合营企业、合作企业中方投资者的股权变更导致企业变成外资企业，且该企业从事外资企业法律制度所规定的限制设立外资企业的行业，则该股权变更必须经商务部批准。如果企业因增加注册资本而使投资者股权发生变化并且导致其投资总额已超过原审批机关的审批权限，则该股权变更应按照审批权限和有关规定报上级审批机关审批。

（2）外商投资企业投资者股权变更的登记。外商投资企业投资者股权变更的登记机关为原登记机关，经商务部批准的股权变更，由国家工商行政管理总局或其委托的原登记机关办理变更登记。

七、外商投资者并购境内企业

外国投资者并购境内企业，是指外国投资者购买境内非外商投资企业（以下简称境内公司）股东的股权或认购境内公司增资，使该境内公司变更设立为外商投资企业（以下简称股权并购）；或者，外国投资者设立外商投资企业，并通过该企业协议购买境内企业资产且运营该资产，或外国投资者协议购买境内企业资产，并以该资产投资设立外商投资企业运营该资产（以下简称资产并购）。

1. 外国投资者并购境内企业的要求

外国投资者并购境内企业，应符合中国法律、行政法规和规章对投资者资格的要求以及产业、土地、环保等政策。依照《外商投资产业指导目录》不允许外国投资者独资经营的产业，并购不得导致外国投资者持有企业的全部股权；需由中方控股或相对控股的产业，该产业的企业被并购后，仍应由中方在企业中占控股或相对控股地位；禁止外国投资者经营的产业，外国投资者不得并购从事该产业的企业。被并购境内企业原有所投资企业的经营范围应符合有关外商投资产业政策的要求；不符合要求的，应进行调整。

境内公司、企业或自然人以其在境外合法设立或控制的公司名义并购与其有关联关系的境内的公司，应报商务部审批。当事人不得以外商投资企业境内投资或其他方式规避上述要求。

外国投资者并购境内企业并取得实际控制权，涉及重点行业、存在影响或可能影响国家经济安全因素或者导致拥有驰名商标或中华老字号的境内企业实际控制权转移的，当事人应就此向商务部进行申报。当事人未予申报，但其并购行为对国家经济安全造成或可能造成重大影响的，商务部可以会同相关部门要求当事人终止交易或采取转让相关股权、资产或其他有效措施，以消除并购行为对国家经济安全的影响。

外国投资者进行股权并购的，并购后所设外商投资企业承继被并购境内公司的债权和债务。外国投资者资产并购的，出售资产的境内企业承担其原有的债权和债务。外国投资者、被并购境内企业、债权人及其他当事人可以对被并购境内企业的债权债务的处置另行达成协议，但是该协议不得损害第三人利益和社会公共利益。债权债务的处置协议应报送审批机关。出售资产的境内企业应当在投资者向审批机关报送申请文件之前至少 15 日，向债权人发出通知书，并在全国发行的省级以上报纸上发布公告。

并购当事人应以资产评估机构对拟转让的股权价值或拟出售资产的评估结果作为确定交易价格的依据。并购当事人可以约定在中国境内依法设立的资产评估机构。资产评估应采用国际通行的评估方法。禁止以明显低于评估结果的价格转让股权或出售资产，变相向境外转移资本。外国投资者并购境内企业，导致以国有资产投资形成的股权变更或国有资产产权转移时，应当符合国有资产管理的有关规定。

并购当事人应对并购各方是否存在关联关系进行说明。如果有两方属于同一个实际控制人，则当事人应向审批机关披露其实际控制人，并就并购目的和评估结果是否符合市场公允价值进行解释。当事人不得以信托、代持或其他方式规避上述要求。

2. 外国投资者并购境内企业的注册资本和投资总额

（1）外国投资者并购境内企业的注册资本。外国投资者协议购买境内公司股东的股权，境内公司变更设立为外商投资企业后，该外商投资企业的注册资本为原境内公司注册资本，外国投资者的出资比例为其所购买股权在原注册资本中所占比例。外国投资者认购境内有限责任公司增资的，并购后所设外商投资企业的注册资本为原境内公司注册资本与增资额之和。外国投资者与被并购境内公司原其他股东，在境内公司资产评估的基础上，确定各自在外商投资企业注册资本中的出资比例。外国投资者认购境内股份有限公司增资的，按照《公司法》有关规定确定注册资本。

外国投资者在并购后所设外商投资企业注册资本中的出资比例一般不低于 25%。外国投资者的出资比例低于 25% 的，除法律、行政法规另有规定外，应依照现行设立外商投资企业的审批、登记程序进行审批、登记。审批机关在颁发外商投资企业批准证书时加注"外资比例低于 25%"的字样。登记管理机关在颁发外商投资企业营业执照时加注"外资比例低于 25%"的字样。

（2）外国投资者并购境内企业的投资总额。外国投资者股权并购的，除国家另有规定外，对并购后所设外商投资企业应按照以下比例确定投资总额的上限：①注册资本在 210 万美元以下的，投资总额不得超过注册资本的 10/7；②注册资本在 210 万美元以上至 500 万美元的，投资总额不得超过注册资本的 2 倍；③注册资本在 500 万美元以上至 1200 万美元的，投资总额不得超过注册资本的 2.5 倍；④注册资本在 1200 万美元以上的，投资总额不得超过注册资本的 3 倍。

外国投资者资产并购的，应根据购买资产的交易价格和实际生产经营规模确定拟设立的外商投资企业的投资总额。拟设立的外商投资企业的注册资本与投资总额的比例应符合有关规定。

3. 外国投资者并购境内企业的审批和登记

（1）并购审批。外国投资者并购境内企业的审批机关为商务部或省级商务主管部门。并购后所设外商投资企业，根据法律、行政法规和规章的规定，属于应由商务部审批的特定类型或行业的外商投资企业的，省级商务主管部门应将申请文件转报商务部审批，商务部依法决定批准或不批准。

（2）并购登记。外国投资者并购境内企业的登记管理机关为国家工商行政管理总局或其授权的地方工商行政管理局。

4.外国投资者以股权作为支付手段并购境内公司

外国投资者以股权作为支付手段并购境内公司，是指境外公司的股东以其持有的境外公司股权，或者境外公司以其增发的股份，作为支付手段，购买境内公司股东的股权或者境内公司增发股份的行为。上述所称的境外公司应合法设立并且其注册地具有完善的公司法律制度，且公司及其管理层最近3年未受到监管机构的处罚。

除特殊目的公司外，境外公司应为上市公司，其上市所在地应具有完善的证券交易制度。

（1）并购条件。外国投资者以股权并购境内公司所涉及的境内外公司的股权，应符合以下条件：①股东合法持有并依法可以转让；②无所有权争议且没有设定质押及任何其他权利限制；③境外公司的股权在境外公开合法证券交易市场（柜台交易市场除外）挂牌交易；④境外公司的股权最近1年交易价格稳定。但上述第③④项不适用于特殊目的公司。

外国投资者以股权并购境内公司，境内公司或其股东应当聘请在中国注册登记的中介机构担任顾问（以下称"并购顾问"）。并购顾问应就并购申请文件的真实性、境外公司的财务状况以及并购是否符合规定的要求作尽职调查，并出具并购顾问报告，逐项发表明确的专业意见。并购顾问应符合以下条件：①信誉良好且有相关从业经验；②无重大违法违规记录；③具有调查并分析境外公司注册地和上市所在地法律制度与境外公司财务状况的能力。

（2）申报程序。外国投资者以股权并购境内公司应报送商务部审批。商务部自收到规定报送的全部文件之日起30日内对并购申请进行审核，符合条件的，颁发批准证书，并在批准证书上加注"外国投资者以股权并购境内公司，自营业执照颁发之日起6个月内有效"。境内公司应自收到加注的批准证书之日起30日内，向登记管理机关、外汇管理机关办理变更登记，由登记管理机关、外汇管理机关分别向其颁发加注"自颁发之日起8个月内有效"字样的外商投资企业营业执照和外汇登记证。境内公司向登记管理机关办理变更登记时，应当预先提交旨在恢复股权结构的境内公司法定代表人签署的股权变更申请书、公司章程修正案、股权转让协议等文件。

自营业执照颁发之日起6个月内，境内公司或其股东应就其持有境外公司股权事项，向商务部、外汇管理机关申请办理境外投资开办企业核准、登记手续。商务部在核准境内公司或其股东持有境外公司的股权后，颁发企业境外投资证书，并换发无加注的外商投资企业批准证书。境内公司取得无加注的外商投资企业批准证书后，应在30日内向登记管理机关、外汇管理机关申请换发无加注的外商投资企业营业执照和外汇登记证。

自营业执照颁发之日起6个月内，如果境内外公司没有完成其股权变更手续，则加注的外商投资企业批准证书和企业境外投资证书自动失效，登记管理机关根据境内公司预先提交的股权变更登记申请文件核准变更登记，使境内公司股权结构恢复到股权并购之前的状态。

境内公司取得无加注的外商投资企业批准证书和外汇登记证之前，不得向股东分配利润或向有关联关系的公司提供担保，不得对外支付转股、减资、清算等资本项目款项。

（3）关于特殊目的公司的特别规定。特殊目的公司，是指中国境内公司或自然人为实现以其实际拥有的境内公司权益在境外上市而直接或间接控制的境外公司。境内公司在境外设立特殊目的公司，应向商务部申请办理核准手续。获得企业境外投资证书后，设立人或控制人应向所在地外汇管理机关申请办理相应的境外投资外汇登记手续。特殊目的公司境外上市的股票发行价总值，不得低于其所对应的经中国有关资产评估机构评估的被并购境内公司股权的价值。

特殊目的公司以股权并购境内公司的，境内公司应向商务部申报；商务部初审同意的，出具原则批复函，境内公司凭该批复函向国务院证券监督管理机构报送申请上市的文件。国务院证券监督管理机构于 20 个工作日内决定是否核准。境内公司获得核准后，向商务部申领批准证书。商务部向其颁发加注"境外特殊目的公司持股，自营业执照颁发之日起 1 年内有效"字样的批准证书。并购导致特殊目的公司股权等事项变更的，持有特殊目的公司股权的境内公司或自然人，凭加注的外商投资企业批准证书，向商务部就特殊目的公司相关事项办理境外投资开办企业变更核准手续，并向所在地外汇管理机关申请办理境外投资外汇登记变更。

境内公司应自收到加注的批准证书之日起 30 日内，向登记管理机关、外汇管理机关办理变更登记，由登记管理机关、外汇管理机关分别向其颁发加注"自颁发之日起 14 个月内有效"字样的外商投资企业营业执照和外汇登记证。境内公司向登记管理机关办理变更登记时，应当预先提交旨在恢复股权结构的境内公司法定代表人签署的股权变更申请书、公司章程修正案、股权转让协议等文件。

境内公司应自特殊目的公司或与特殊目的公司有关联关系的境外公司完成境外上市之日起 30 日内，向商务部报告境外上市情况和融资收入调回计划，并申请换发无加注的外商投资企业批准证书。同时，境内公司应自完成境外上市之日起 30 日内，向国务院证券监督管理机构报告境外上市情况并提供相关的备案文件。境内公司还应向外汇管理机关报送融资收入调回计划，由外汇管理机关申请换发无加注的外商投资企业营业执照和外汇登记证。如果境内公司在规定期限内未向商务部报告，则境内公司加注的批准证书自动失效，境内公司股权结构恢复到股权并购之前的状态，并应办理变更登记手续。

特殊目的公司的境外上市融资收入，应按照报送外汇管理机关备案的调回计划，根据现行外汇管理规定调回境内使用。融资收入可采取以下方式调回境内：①向境内公司提供商业贷款；②在境内新设外商投资企业；③并购境内企业。

在上述情形下调回特殊目的公司境外融资收入，应遵守中国有关外商投资及外债管理的法律和行政法规。如果调回特殊目的公司境外融资收入，导致境内公司和自然人增持特殊目的公司权益或特殊目的公司净资产增加，当事人应如实披露并报批，在完成审批手续后办理相应的外资外汇登记和境外投资登记变更。境内公司及自然人从特殊目的公司获得的利润、红利及资本变动所得外汇收入，应自获得之日起 6 个月内调回境内。利润或红利可以进入经常项目外汇账户或者结汇。资本变动外汇收入经外汇管理机关核准，可以开立资本项目专用账户保留，也可经外汇管理机关核准后结汇。

自营业执照颁发之日起 1 年内，如果境内公司不能取得无加注批准证书，则加注的批准证书自动失效，并应办理变更登记手续。

5. 外国投资者并购境内企业的安全审查

（1）并购安全审查的范围为：①外国投资者并购境内军工及军工配套企业，重点、敏感军事设施周边企业，以及关系国防安全的其他单位；②外国投资者并购境内关系国家安全的重要农产品、重要能源和资源、重要基础设施、重要运输服务、关键技术、重大装备制造等企业，且实际控制权可能被外国投资者取得。

这里所称外国投资者取得实际控制权，是指外国投资者通过并购成为境内企业的控股股东或实际控制人，包括以下情形：①外国投资者及其控股母公司、控股子公司在并购后持有的股份总额在 50% 以上；②数个外国投资者在并购后持有的股份总额合计在 50% 以上；③外国投资者在并购后所持有的股份总额不足 50%，但依其持有的股份所享有的表决权已足以对股东会或股东大会、董事会的决议产生重大影响；④其他导致境内企业的经营决策、财务、人事、技术等实际控制权转移给外国投资者的情形。

（2）并购安全审查的内容包括：①并购交易对国防安全，包括对国防需要的国内产品生产能力、国内服务提供能力和有关设备设施的影响；②并购交易对国家经济稳定运行的影响；③并购交易对社会基本生活秩序的影响；④并购交易对涉及国家安全关键技术研发能力的影响。

（3）并购安全审查工作机制。我国建立外国投资者并购境内企业安全审查部际联席会议制度，具体承担并购安全审查工作。联席会议在国务院领导下，由国家发改委、商务部牵头，根据外资并购所涉及的行业和领域，会同相关部门开展并购安全审查。联席会议的主要职责是分析外国投资者并购境内企业对国家安全的影响，研究、协调外国投资者并购境内企业安全审查工作中的重大问题，对需要进行安全审查的外国投资者并购境内企业交易进行安全审查并做出决定。

（4）并购安全审查程序。外国投资者并购境内企业，应按照规定，由投资者向商务部提出申请。两个或者两个以上外国投资者共同并购的，可以共同或确定一个外国投资者向商务部提出并购安全审查申请。对属于安全审查范围内的并购交易，商务部应在5个工作日内提请联席会议进行审查。外国投资者并购境内企业，国务院有关部门、全国性行业协会、同业企业及上下游企业认为需要进行并购安全审查的，可以向商务部提出进行并购安全审查的建议，并提交有关情况的说明，商务部可要求利益相关方提交有关说明。属于并购安全审查范围的，商务部应在5个工作日内将建议提交联席会议。联席会议认为确有必要进行并购安全审查的，可以决定进行审查。

联席会议对商务部提请安全审查的并购交易，首先进行一般性审查，对未能通过一般性审查的，进行特别审查。一般性审查采取书面征求意见的方式进行。联席会议收到商务部提请安全审查的并购交易申请后，在5个工作日内，书面征求有关部门的意见。有关部门在收到书面征求意见函后，应在20个工作日内提出书面意见。如有关部门均认为并购交易不影响国家安全，则不再进行特别审查，由联席会议在收到全部书面意见后5个工作日内提出审查意见，并书面通知商务部；如有部门认为并购交易可能对国家安全造成影响，联席会议应在收到书面意见后5个工作日内启动特别审查程序。启动特别审查程序后，联席会议组织对并购交易的安全评估，并结合评估意见对并购交易进行审查，意见基本一致的，由联席会议提出审查意见；存在重大分歧的，由联席会议报请国务院决定。联席会议应自启动特别审查程序之日起60个工作日内完成特别审查，或报请国务院决定。审查意见由联席会议书面通知商务部。在并购安全审查过程中，申请人可向商务部申请修改交易方案或撤销并购交易。

商务部收到联席会议书面审查意见后，在5个工作日内将审查意见书面通知申请人，以及负责并购交易管理的地方商务主管部门。对不影响国家安全的，申请人可按照有关规定，到具有相应管理权限的相关主管部门办理并购交易手续。对可能影响国家安全且并购交易尚未实施的，当事人应当终止交易。申请人未经调整并购交易、修改申报文件并经重新审查，不得申请并实施并购交易。外国投资者并购境内企业行为对国家安全已经造成或可能造成重大影响的，根据联席会议审查意见，商务部会同有关部门终止当事人的交易，或采取转让相关股权、资产或其他有效措施，以消除该并购行为对国家安全的影响。

外国投资者并购境内企业未被提交联席会议审查，或联席会议经审查认为不影响国家安全的，若此后发生调整并购交易、修改有关协议文件、改变经营活动以及其他变化（包括境外实际控制人的变化等），导致该并购交易属于并购安全审查制度明确的并购安全审查范围的，当事人应当停止有关交易和活动，由外国投资者按照规定向商务部提交并购安全审查申请。

八、外商投资企业的合并与分立

外商投资企业的合并与分立，是指依照中国法律在中国境内设立的中外合资经营企业、具有法人资格的中外合作经营企业、外资企业、外商投资股份有限公司（以下简称公司，此简称仅适用于本部分关于外商投资企业合并与分立的内容）之间的合并或分立。

1. 外商投资企业合并与分立的基本要求

公司合并或分立应符合《指导外商投资方向暂行规定》和《外商投资产业指导目录》的规定，不得导致外国投资者在不允许外商独资、控股或占主导地位的产业的公司中独资控股或占主导地位。公司因合并或分立而导致其所从事的行业或经营范围发生变更的，应符合有关法律、法规及国家产业政策的规定并办理必要的审批手续。

公司合并或分立，须经公司原审批机关批准并到登记机关办理有关公司设立、变更或注销登记。拟合并公司的原审批机关或登记机关有两个以上的，由合并后公司住所地省级商务主管部门和国家工商行政管理总局授权的登记机关作为审批和登记机关。拟合并公司的投资总额之和超过公司原审批机关或合并后公司住所地审批机关审批权限的，由具有相应权限的审批机关审批。拟合并的公司至少有一家为股份有限公司的，由商务部审批。因公司合并或分立而解散原公司或新设异地公司，须征求拟解散或拟设立公司的所在地审批机关的意见。在投资者按照公司合同、章程规定缴清出资、提供合作条件且实际开始生产、经营之前，公司之间不得合并，公司不得分立。

有限责任公司之间合并后为有限责任公司；股份有限公司之间合并后为股份有限公司；上市的股份有限公司与有限责任公司合并后为股份有限公司；非上市的股份有限公司与有限责任公司合并后可以是股份有限公司，也可以是有限责任公司。股份有限公司之间合并或者公司合并后为有限责任公司的，合并后公司的注册资本为原公司注册资本额之和。有限责任公司与股份有限公司合并后为股份有限公司的，合并后公司的注册资本为原有限责任公司净资产额根据拟合并的股份有限公司每股所含净资产额折成的股份额与原股份有限公司股份总额之和。

分立后公司的注册资本额，由分立前公司的最高权力机构，依照有关外商投资企业法律、法规和登记机关的有关规定确定，但分立后各公司的注册资本额之和应为分立前公司的注册资本额。各方投资者在分立后的公司中的股权比例，由投资者在分立后的公司合同、章程中确定，但外国投资者的股权比例不得低于分立后公司注册资本的25%。

公司合并，采取吸收合并形式的，接纳方公司的成立日期为合并后公司的成立日期；采取新设合并形式的，登记机关核准设立登记并签发营业执照的日期为合并后公司的成立日期。因公司分立而设立新公司的，登记机关核准设立登记并签发营业执照的日期为分立后公司的成立日期。

投资者已经按照公司合同、章程规定缴付出资、提供合作条件的，公司可以与中国内资企业合并。公司与中国内资企业合并必须符合我国利用外资的法律、法规规定和产业政策要求，并具备以下条件。

（1）拟合并的中国内资企业是依照《公司法》规范组建的有限责任公司或股份有限公司。

（2）投资者符合法律、法规和规章对合并后公司所从事有关产业的投资者资格要求。

（3）外国投资者的股权比例不得低于合并后公司注册资本的25%。

（4）合并协议各方保证拟合并公司的原有职工充分就业或给予合理安置。

公司与中国内资企业合并后为外商投资企业，其投资总额为原公司的投资总额与中国内资企业财务审计报告所记载的企业资产总额之和，注册资本为原公司的注册资本额与中国内资企业的注册资本额之和。合并后的公司注册资本与投资总额比例，应当符合国家工商行政管理总局《关于中外合资经营企业注册资本与投资总额比例的暂行规定》。

在特殊情况下，不能执行该规定的，须经商务部会同国家工商行政管理总局批准。与公司合并的中国内资企业已经投资设立的企业，成为合并后公司所持股的企业，应当符合中国利用外资的产业政策要求和《关于外商投资企业境内投资的暂行规定》。合并后的公司不得在禁止外商投资产业的企业中持有股权。

合并后存续的公司或者新设的公司全部承继因合并而解散的公司的债权、债务。分立后的公司按照分立协议承继原公司的债权、债务。

2. 外商投资企业合并与分立的程序

（1）向审批机关提出申请。公司吸收合并，由接纳方公司作为申请人；公司新设合并，由合并各方协商确定一个申请人。申请人负责向审批机关报送文件。

拟合并的公司有两个以上原审批机关的，拟解散的公司应当在向审批机关报送有关文件之前，向其原审批机关提交因公司合并而解散的申请。

（2）审批机关做出审批决定。审批机关应自接到规定报送的有关文件之日起45日内，以书面形式做出是否同意合并或分立的初步批复。公司合并的审批机关为商务部的，如果商务部认为公司合并具有行业垄断的趋势或者可能形成就某种特定商品或服务的市场控制地位而妨碍公平竞争，可于接到有关文件后，召集有关部门和机构，对拟合并的公司进行听证并对该公司及其相关市场进行调查。这种情况下，审批期限可延长至180天。

（3）办理工商登记等相关事宜。公司采取吸收合并形式的，接纳方公司应到原审批机关办理外商投资企业批准证书变更手续并到登记机关办理公司变更登记；加入方公司应到原审批机关缴销外商投资企业批准证书并到登记机关办理公司注销登记。公司采取新设合并形式的，合并各方公司应到原审批机关缴销外商投资企业批准证书并到登记机关办理公司注销登记；新设立的公司应通过申请人到审批机关领取外商投资企业批准证书并到登记机关办理公司设立登记。公司采取存续分立形式的，存续的公司应到审批机关办理外商投资企业批准证书变更手续并到登记机关办理公司变更登记；新设立的公司应到审批机关领取外商投资企业批准证书并到登记机关办理公司设立登记。公司采取解散分立形式的，原公司应到原审批机关缴销外商投资企业批准证书并到登记机关办理公司注销登记；新设立的公司应到审批机关领取外商投资企业批准证书并到登记机关办理公司设立登记。公司与中国内资企业合并的仅由公司办理有关外商投资企业批准证书手续。

公司投资者因公司合并或分立而签署的修改后的公司合同、章程自审批机关变更或核发外商投资企业批准证书之日起生效。

九、外商投资纠纷案件的审理及法律适用

本部分基于最高人民法院2007年《关于审理涉外民事或商事合同纠纷案件法律适用若干问题的规定》和2010年《关于审理外商投资企业纠纷案件若干问题的规定（一）》的规定，对外商投资纠纷案件的审理和法律适用问题加以简要介绍。

1. 关于外商投资企业的设立和出资

当事人在外商投资企业设立、变更等过程中订立的合同，依法律、行政法规的规定应当经外商投资企业审批机关批准后才生效的，自批准之日起生效；未经批准的，人民法院应当认定该合同未生效。当事人请求确认该合同无效的，人民法院不予支持。但上述合同因未经批准而被认定未生效的，不影响合同中当事人履行报批义务条款及因该报批义务而设定的相关条款的效力。当事人就外商投资企业相关事项达成的补充协议对已获批准的合同不构成重大或实质性变更的，人民法院不应以未经外商投资企业审批机关批准为由认定该补充协议未生效。所谓重大或实质性变更，包括注册资本、公司类型、经营范围、营业期限、股东认缴的出资额、出资方式的变更以及公司合并、公司分立、股权转让等。

人民法院在审理案件中，发现经外商投资企业审批机关批准的外商投资企业合同具有法律、行政法规规定的无效情形的，应当认定合同无效。该合同具有法律、行政法规规定的可撤销情形，当事人请求撤销的，人民法院应予支持。

外商投资企业合同约定一方当事人以需要办理权属变更登记的标的物出资或者提供合作条件，标的物已交付外商投资企业实际使用，且负有办理权属变更登记义务的一方当事人在人民法院指定的合理期限内完成了登记的，人民法院应当认定该方当事人履行了出资或者提供合作条件的义务。外商投资企业或其股东以该方当事人未履行出资义务为由主张该方当事人不享有股东权益的，人民法院不予支持。外商投资企业或其股东举证证明该方当事人因迟延办理权属变更登记给外商投资企业造成损失并请求赔偿的，人民法院应予支持。

2. 关于外商投资企业的股权转让和质押

外商投资企业股权转让合同成立前：

（1）转让方和外商投资企业不履行报批义务，经受让方催告后在合理的期限内仍未履行，受让方请求解除合同并由转让方返还其已支付的转让款、赔偿因未履行报批义务而造成的实际损失的，人民法院应予支持。

（2）转让方和外商投资企业不履行报批义务，受让方以转让方为被告、以外商投资企业为第三人提起诉讼，请求转让方与外商投资企业在一定期限内共同履行报批义务的，人民法院应予支持；受让方同时请求在转让方和外商投资企业于生效判决确定的期限内不履行报批义务时自行报批的，人民法院亦应予以支持。

（3）转让方、外商投资企业或者受让方根据上述规定就外商投资企业股权转让合同报批，未获外商投资企业审批机关批准，受让方另行起诉，请求转让方返还其已支付的转让款的，人民法院应予支持；受让方请求转让方赔偿因此造成的损失的，人民法院应根据转让方是否存在过错以及过错大小认定其是否承担赔偿责任及具体赔偿数额。

（4）转让方和外商投资企业拒不根据人民法院生效判决确定的期限履行报批义务，受让方另行起诉，请求解除合同并赔偿损失的，人民法院应予支持；赔偿损失的范围可以包括股权的差价损失、股权收益及其他合理损失。

外商投资企业股权转让合同约定受让方支付转让款后转让方才办理报批手续，受让方未支付股权转让款，经转让方催告后在合理的期限内仍未履行，转让方请求解除合同并赔偿因迟延履行而造成的实际损失的，人民法院应予支持。

外商投资企业股权转让合同成立后：

（1）受让方未支付股权转让款，转让方和外商投资企业亦未履行报批义务，转让方请求受让方支付股权转让款的，人民法院应当中止审理，指令转让方在一定期限内办理报批手续；该股权转让合同获得外商投资企业审批机关批准的，对转让方关于支付转让款的诉讼请求，人民法院应予支持。

（2）受让方已实际参与外商投资企业的经营管理并获取收益，但合同未获外商投资企业审批机关批准，转让方请求受让方退出外商投资企业的经营管理并将受让方因实际参与经营管理而获得的收益在扣除相关成本费用后支付给转让方的，人民法院应予支持。

外商投资企业一方股东将股权全部或部分转让给股东之外的第三人，应当经其他股东一致同意，其他股东以未征得其同意为由请求撤销股权转让合同的，人民法院应予支持，但下列情形之一的除外。

1）有证据证明其他股东已经同意。

2）转让方已就股权转让事项书面通知，其他股东自接到书面通知之日满30日未予答复。

3）其他股东不同意转让，又不购买该转让的股权。其他股东以该股权转让侵害了其优先购买权为由请求撤销股权转让合同的，人民法院亦应予以支持，但其他股东在其知道或者应当知道股权转让合同签订之日起1年内未主张优先购买权的除外；转让方、受让方以侵害其他股东优先购买权为由请求认定股权转让合同无效的，人民法院不予支持。

外商投资企业股东与债权人订立的股权质押合同，除法律、行政法规另有规定或者合同另有约定外，自成立时生效；未办理质权登记的，不影响股权质押合同的效力。当事人仅以股权质押合同未经外商投资企业审批机关批准为由主张合同无效或未生效的，人民法院不予支持。股权质押合同依照《物权法》的相关规定办理了出质登记的，股权质权自登记时设立。

3. 关于外商投资企业的名义股东与实际投资者

当事人之间约定一方实际投资、另一方作为外商投资企业名义股东，不具有法律、行政法规规定的无效情形的，人民法院应认定该合同有效；一方当事人仅以未经外商投资企业审批机关批准为由主张该合同无效或未生效的，人民法院不予支持。实际投资者请求确认其在外商投资企业中的股东身份或者请求变更外商投资企业股东的，人民法院亦不予支持，但同时具备下列条件的除外。

（1）实际投资者已经实际投资。

（2）名义股东以外的其他股东认可实际投资者的股东身份。

（3）人民法院或当事人在诉讼期间就将实际投资者变更为股东，征得了外商投资企业审批机关的同意。

实际投资者请求名义股东依据双方约定履行相应义务的，人民法院应予支持；双方未约定利益分配，实际投资者请求名义股东向其交付从外商投资企业获得的收益的，人民法院应予支持；名义股东向实际投资者请求支付必要报酬的，人民法院应酌情予以支持。名义股东不履行与实际投资者之间的合同，致使实际投资者不能实现合同目的，实际投资者请求解除合同并由名义股东承担违约责任的，人民法院应予支持。但实际投资者根据其与名义股东的约定，直接向外商投资企业请求分配利润或者行使其他股东权利的，人民法院不予支持。

实际投资者与名义股东之间的合同被认定无效，名义股东持有的股权价值高于实际投资额，实际投资者请求名义股东向其返还投资款并根据其实际投资情况以及名义股东参与外商投资企业经营管理的情况对股权收益在双方之间进行合理分配的，人民法院应予支持。

名义股东明确表示放弃股权或者拒绝继续持有股权的，人民法院可以判令以拍卖、变卖名义股东持有的外商投资企业股权所得向实际投资者返还投资款，其余款项根据实际投资者的实际投资情况、名义股东参与外商投资企业经营管理的情况在双方之间进行合理分配。名义股东持有的股权价值低于实际投资额，实际投资者请求名义股东向其返还现有股权的等值价款的，人民法院应予支持。

名义股东明确表示放弃股权或者拒绝继续持有股权的，人民法院可以判令以拍卖、变卖名义股东持有的外商投资企业股权所得向实际投资者返还投资款。

实际投资者请求名义股东赔偿损失的，人民法院应当根据名义股东对合同无效是否存在过错及过错大小认定其是否承担赔偿责任及具体赔偿数额。实际投资者与名义股东之间的合同因恶意串通，损害国家、集体或者第三人利益，被认定无效的，人民法院应当将因此取得的财产收归国家所有或者返还集体、第三人。

4. 关于恶意变更外商投资企业股东

外商投资企业一方股东或者外商投资企业以提供虚假材料等欺诈或者其他不正当手段向外商投资企业审批机关申请变更外商投资企业批准证书所载股东，导致外商投资企业他方股东丧失股东身份或原有股权份额，他方股东请求确认股东身份或原有股权份额的，人民法院应予支持；第三人已经善意取得该股权的除外。他方股东请求侵权股东或者外商投资企业赔偿损失的，人民法院应予支持。

5. 关于外商投资合同的法律适用

在中国领域内履行的下列合同，专属适用中国法律，不得由当事人意思自治选择合同准据法或者适用其他法律选择规则。

（1）中外合资经营企业合同。

（2）中外合作经营企业合同。

（3）中外合作勘探、开发自然资源合同。

（4）中外合资经营企业、中外合作经营企业、外商独资企业股份转让合同。

（5）外国自然人、法人或者其他组织承包经营在中国领域内设立的中外合资经营企业、中外合作经营企业的合同。

（6）外国自然人、法人或者其他组织购买中国领域内的非外商投资企业股东的股权的合同。

（7）外国自然人、法人或者其他组织认购中国领域内的非外商投资有限责任公司或者股份有限公司增资的合同。

（8）外国自然人、法人或者其他组织购买中国领域内的非外商投资企业资产的合同。

第二节　国际投资

国际投资是指投资者跨越国界投入一定数量的资金或其他生产要素，以期望获得比国内更高利润的一种投资。

一、国际投资的目的和动力

国际投资是指国际货币资本及国际产业资本跨国流动的一种形式，是资本从一个国家或地区投向另一个国家或地区的经济活动，也是国际财务管理的一个重要组成部分。

在世界经济活动全球化的新形势下，世界各国经济都日益卷入统一的世界市场之中，各国之间的相互投资范围越来越广、程度越来越深。国际投资就是指以营利、增值和适应本国宏观经济政策需要为目的而进行的国际资本交流。具体地说，国际投资的目的，一是为了寻求最佳的投资方式，以期用最短的时间、最小的代价，获得最好的经济效益；二是如何尽量避免风险，寻求最安全可靠的投资途径；三是寻求如何将资本用于再生产，以求资本的迅速增长和生产力的大幅度提高，以服务于本国宏观经济发展的需要。

促使企业进行国际投资的根本动力是企业可以从国际投资中获得利益，这些利益有以下几点。

1. 获得廉价资源

当今世界国际投资的一个主要潮流就是发达国家向发展中国家进行投资，基主要原因就是为了获取发展中国家丰裕或低廉的生产要素以满足本国资源的需要，或降低成本。低廉的成本有助于企业抢占国际市场份额。

2. 形成全球视野

现代社会已经进入了"知识经济"的时代。企业通过国际投资建立起来的广泛有效的信息网络，在寻求新的国外资源、打入新的国外市场，或者从国际市场中猎取信息以及获取经验与取得先进的技术及管理经验方面，都发挥着积极的作用。

3. 套取利率差异

利润驱动是各种资本输出方式形成的共有动机之一。一般认为，各国的利率差异引起资本流动，资本从利率较低（可能是资本比较丰裕）的国家流向利率较高（可能是资本比较短缺）的国家，直到这种利差消失为止，此时投资的利润达到最大化。一般来说，由于利差而引起的利润驱动，将主要作用于国际证券投资。

4. 减少风险

企业走向国际化，在全球范围内建立起自己的一体化空间和内部体系，能有效地克服外部市场的缺陷所造成的障碍，分散经营风险。

此外，通过对外直接投资，可以充分利用有关东道国的自然禀赋优势（如人力资源、廉价的劳动力、节约运输成本等），还可以绕过关税壁垒和贸易限制，或者从国际市场中猎取信息和获取经验。

二、国际企业投资的特点

1. 投资环境的复杂性

国际投资涉及的地域广泛，不同国家和地区的自然资源、气候环境和人文环境迥异。即使在地域接近的国家和地区，不同国家的经济发展程度不一致，经济制度和市场化程度也不同。这些因素综合起来就加大了投资环境的复杂性。

2. 投资货币的多元化

国际投资中使用的货币，不同于只使用单一本国货币的国内投资。在国际投资中，经常使用投资国的货币，造成投资使用的货币不统一。各国不同的经济实力决定了在国际市场上各国货币相对价格的差异，这种差异影响到在各国的投资形式和规模。同时，投资者持有的不同货币在国际市场上兑换时，由于汇率的变化会存在外汇风险，影响到投资的收益与成本。

3. 高风险性

企业投资的风险，本来就包括经济风险、技术风险、违约风险、政治风险、财务风险等。在国际投资的实践中，有更多复杂和不可测的因素影响投资者的预期收益，增加投资回报的不确定性。同时还存在着一些涉及国际业务的特有风险，诸如外汇风险。还有些风险在国际投资中，导致了企业收益的不确定性。例如，其他国家或地区的通货膨胀风险，在一般国内投资中影响是间接的，但在国际投资中其影响就十分明显。

4. 资本流动的双向流动性

在发达、完善的国际资本市场里，资本流动应该是充分自由的。资本总是会自然地流到回报率最高的地方。国际投资会带来资本的流动，使资本流向回报率高的地区。一个国家和地区的市场化程度、经济发展水平就是决定资本流向的关键因素。因此，一个地区经济水平的好坏，决定了资本是由本地流向国外还是由国外流入境内。

5. 投资目的的多样性

国外投资与国内投资的相同之处是获取盈利、使资本保值和增值。国际投资尤其是跨国集团的国际投资，往往会从更加长远的目的和战略的角度考虑；有时还出于政治考虑进行某项投资，先搞好与东道国的双边经济关系或政治关系，以便在以后的另一项投资中获得优惠政策或是取得某项有利可图的投资机会。

6. 资金来源的多渠道

第二次世界大战后，国际资本市场飞速发展，日益完善。除了利用母公司的自有资金（自有股本、折旧基金、公司利润、私人投资和信贷资金等）向母公司所在国的股票市场、债券市场融资外，跨国公司还可以在国际资本市场和国际货币市场上筹集资金，利用国际货币组织的贷款等国际信贷或利用海外直接投资的收益进行再投资。

7. 资金投放的多种选择

同样，国际投资在投放的选择面上也极为广泛。可以直接在国内外投资设厂办企业，可以购买各种外国债券、股票、欧洲债券、国际基金等，以分散投资风险。同时，在投资的行业方面，也可以打破国家和地区的限制，投资一些国外需求很大同时本国在这一行业又有较大资源或劳动力优势的项目。

8. 政策、法律的不确定性

投资国在国外建立的公司或企业必须在被投资国登记注册，作为被投资国的法人或被投资国政府管辖，向被投资国政府依法纳税。投资国在国外建立公司或企业进行经营活动，要遵守和执行被投资国的方针政策、法律和有关规定。由此可见，国际投资要受利用外资所在国家的法令、政策、规章制度的约束。

三、国际投资方式

（一）按投资对象的不同划分为国际证券投资、国际信贷投资、国际直接投资和国际技术转让

1. 国际证券投资

国际证券投资是指一国投资者，将其资金投资于其他国家的公司、企业或其他经济组织发行的证券上，以期在未来获得收益。对外证券投资是企业从事国际经营活动的起点之一。应当说，整个 20 世纪 80 年代，证券投资呈现一派繁荣景象，特别是 1983—1987 年间，证券投资更是达到了前所未有的高潮。尽管 1987 年 10 月 19 日的股票价格的猛跌给全球性的证券投资泼了冷水，但证券投资对国际企业仍具有很大的吸引力。

证券投资的优点如下。

（1）进行国际证券投资比较灵活方便。证券不像进行合资经营那样要经过谈判、协商和复杂的审批手续，只要有合适的证券，几乎可以立即进行投资。

（2）进行国际证券投资可以降低风险。国际证券在发行时一般要经过国际公认的资信评估机构确认发行人的资信等级，有的还需经过发行人所在国家的政府担保，因而，证券投资的风险一般要比合资、合作、独资投资的风险低。

（3）进行国际证券投资可增加企业资金的流动性和变现能力。企业持有国际证券，随时可转让出售变成现金，因而，投资于证券比投资于实物资产更具有流动性。

进行证券投资的缺点是证券投资只能作为一种获得股利或利息的手段，而不能达到学习国外先进的科学技术和管理经验的目的。

2. 国际信贷投资

国际信贷投资的对象如下。

（1）各种存款，即通过适当的存款方式进行投资。它具有手续简便、变现灵活、收益适度的特点。存款种类包括商业银行的储蓄定期存款、互助储蓄存款、存贷协会开立存款账户和信贷组合的入股等。此外，还包括银行大额可转让定期存单的短期投资方式。

（2）银团贷款，指由若干家商业银行组成一个贷款集团或贷款银团，联合向一个借款者提供相当数额资金融通的一种贷款形式。此外，还包括联合贷款、项目贷款等。

3. 国际直接投资

国际直接投资是指投资者通过对外国直接投资创办企业或与当地资本合作经营企业，并通过直接控制或参与其生产业务的经营管理以取得利润的一种投资方式。国际直接投资最显著的特点是，它不是国际间的一般资本流动，而是主要表现为生产成本、关键材料、专门技术、管理方法乃至商标专利等国际间的转移或转让。

4. 国际技术转让

又称世界技术贸易，是国际资本流动的一项基本内容。国际技术转让十分广泛，从成套

技术装备、关键技术设备的交易，一直到包括设计图纸、工艺资料、技术诀窍、技术许可证、专利权、商标使用权等在内的技术软件的转让，以及科技咨询、技术培训服务的提供等。

（二）按投资主体划分为国际合资投资、国际合作投资和国际独资投资

1. 国际合资投资

国际合资投资是指某国投资者与另外一国投资者通过组建合资经营企业的形式所进行的投资。这里的合资经营企业通常是指两个或两个以上的不同国家或地区的投资者按照共同投资、共同经营、共负盈亏、共担风险的原则所建立的企业。

（1）国际合资投资是国际投资的一种主要方式，其主要优点如下。

1）进行国际合资投资可减少企业的投资风险。进行合资经营，由东道国企业参与投资，东道国投资者毕竟对自己国家的经济情况了解得比较多，因而能减少经营上的风险。

2）由于与东道国投资者合资经营，共负盈亏，外国投资者除可享受特别优惠外，还可获得东道国对本国企业的优惠政策。

3）进行合资投资，能迅速了解东道国的政治、社会、经济、文化等情况，并能学习当地投资者的先进管理经验，有利于加强企业管理，提高经济效益。

（2）进行国际合资的缺点如下。

1）进行国际合资投资所需时间比较长。一般来说，进行合资投资必须寻找合适的投资伙伴，但这比较困难，需要较长时间。另外，在国外设立合资企业，审批手续比较复杂，需要时间也比较多。

2）很多国家都规定，外资股权不能超过50%，所以，国外投资者往往不能对合资企业进行完全控制。

2. 国际合作投资

国际合作投资是指通过组建合作经营企业的形式所进行的投资。这里的合作经营企业又称契约式的合营企业，是指国外投资者与东道国投资者通过签订合同、协议等形式来规定各方的责任、权利、义务而组建的企业。

合作投资的优点如下。

（1）进行合作投资所需时间比较短。兴办合作企业的申请、审批程序比较简便，合作经营的内容与方式没有固定格式，便于双方协商，容易达成协议。

（2）进行合作投资比较灵活。合作企业的合作条件、管理形式、收益分配方法以及合作各方的责任、权利、义务都比较灵活，均可根据不同情况，由合作各方协商在合同中加以规定。

合作投资的缺点主要在于这种企业组织形式不像合资企业那样规范，合作者在合作过程中容易对合同中的条款发生争议，这都会影响合作企业的正常发展。

3. 国际独资投资

国际独资投资是指通过在国外设立独资企业的形式所进行的投资。这里的独资企业是指根据某国的法律，经过该国政府批准，在其境内兴办的全部为外国资本的企业。

（1）进行国际独资投资的优点如下。

1）进行国际独资投资由投资者自己提供全部资本，独立经营管理，因而在资金的筹集、运用和分配上，都拥有自主权，不会受到其他干涉。

2）进行独资投资有利于学习所在国的先进技术和管理经验，有利于使投资者在更广大的范围内来配置资源和生产能力。

3）进行独资投资可利用各国税率的不同，通过内部转移价格的形式，进行合理避税。

（2）进行国际独资投资的缺点如下。

1）进行独资投资，对东道国的投资环境调查起来比较困难，不太容易获得详细的资料，因而，投资者承担的风险较大。

2）在很多国家，独资企业设立的条件都比合资企业和合作企业要严格。特别是有些行业根本不允许独资企业进行经营，这也是独资企业的不利之处。

（三）按照投资者对被投资企业是否享有控制权可以分为直接投资和间接投资

1. 国际直接投资

又称对外直接投资，是指将资本投放到另一个国家或地区，通过建立各种形式的企业，进行经营活动而获得一定利润的经济行为。国际直接投资是以取得或拥有国外企业的经营、管理权为特征的投资，也就是说，国际直接投资的投资者直接参与所投资的国外企业的经营活动和管理活动。

2. 国际间接投资

又称对外间接投资，是指购买外国公司发行的债券或购买外国公司的股票，数量不足以取得企业经营管理权的投资。国际间接投资是以取得利息或股息等形式的资本增值为目的、以被投资国公司的证券为对象的投资。国际间接投资者并不参与国外企业的经营、管理活动，其投资是通过国际资本市场（或称国际金融证券市场）进行的。

小知识

国际直接投资和国际间接投资的区别

国际直接投资和国际间接投资都是将资本投资到国外，但两者是存在区别的。

1. 投资目的不同

国际直接投资不但要取得企业经营的利润，而且要在一定程度上控制企业的经营管理权；国际间接投资则只以取得利息或股息为目的，并不企图参与企业的经营活动。因而，这两种投资的基本区分标志是投资者是否能有效地控制作为投资对象的外国企业。

然而，国外企业的股票也是国际金融证券市场上的投资对象，投资者购买国外企业的股票，从理论上来讲，也就拥有了国外企业的部分财产所有权以及相应的管理权，那么，此时如何区分国际直接投资与国际间接投资呢？区分的标志是对国外企业的有效控制权。根据国际货币基金组织的解释，这种有效控制权是指投资者拥有企业一定数量的股份，因而能行使表决权并在企业的经营决策和管理中享有发言权。

由此可见，这两种投资的区别只是数量上的区别，因为在一个企业中，间接投资所拥有的股份超过一定比例时，就转化成了直接投资。目前，国际上并没有形成对国际直接投资范畴所需拥有的最低股权比例的统一标准。国际货币基金组织出版的《国际收支手册》认为，在所投资的企业中拥有25%或更多的股权投资，可以作为控制所有权的合理标准。也就是说，国际货币基金组织主张投资25%可作为直接投资的标准。许多国家也在有关外国投资的法律、法规中规定了构成外国直接投资所需拥有的最低股权比例，以区别于其他形式的外国投资。从当今世界大趋势来看，各国都日益看重对外投资和利用外资，对国际投资范畴的有效控制权规定的股权比例也相应趋小，一般认为拥有10%以上股权的外国投资为国际直接投资。

2. 投资过程不同

国际间接投资的性质一般体现为国际货币资本的流动或转移，其过程比较简单。国际直接投资的性质和过程就要复杂得多，从其本质上讲是生产资本在国际间的流动或转移，不仅有货币形式的资本转移，还有物质等有形形态的资本转移，更有无形资产的输出。从国际直接投资的股权确认、谈判过程以及实际操作过程等各方面看都要比国际间接投资复杂。

（四）按资金来源，可分成公共投资和私人投资

1. 公共投资

公共投资一般是指政府或国际组织出资所进行的投资。如由政府出资兴建公共设施，由国际金融机构出资改善投资环境等都属于公共投资。

2. 私人投资

私人投资是指由私人（包括法人和自然人）筹集资金，为谋求利润所进行的投资。国际财务管理中的投资主要是由企业（法人）筹集资金到国外去投资，以谋求利润的行为，因此，属于私人投资。

（五）按投资时间的长短，可分成长期投资和短期投资

1. 长期投资

长期投资一般是指一年以上的投资。在国外兴办合资企业、合作企业、独资企业，或持有国外企业发行的证券一年以上的投资，都属于长期投资。长期投资一般所需资金多，投资时间长，投资风险大，因此，必须认真分析投资环境和投资效益，科学做出决策。

2. 短期投资

短期投资一般是指一年以内的投资。短期投资通常是指证券投资，如果进行合作经营，时间不超过一年，也属于短期投资。

四、国际投资的程序

由于各种不可预见因素的显著增加，企业进行国际投资比国内投资风险要大得多，因此，必须按科学的程序进行投资。一般来说，这一程序主要包括以下五个步骤。

1. 确定投资目标

企业应根据自身经营的特点和当时的国际市场状况，提出国际投资的目标。即确定该投资项目是有利于企业取得更多的利润，或者是有利于企业占领国际市场，或者是有利于保证原材料的供应，还是有利于取得所在国的先进技术和管理经验。

2. 确定投资组合与方式

根据降低风险和利益最大化的原则，以及企业自身的条件，确定投资组合：即采取直接投资，或采取间接投资；间接投资包括对哪些证券进行投资，且各自的比例如何；等等。

3. 评估国际投资环境

与其他投资相比，国际投资受投资环境的影响更大。由于各国的政治、经济、社会、文化条件迥异，对投资项目的效益会产生程度不同的影响，为此，就需要用特定的方法对投资环境进行研究，选择投资环境好的地域进行投资，以尽可能地降低投资风险，提高投资效益。

4. 投资项目规划

即拟定具体的投资方案，对投资项目在技术、工程、经济和外部协作条件等进行全面的调查研究，根据项目的要求和可能条件，拟定多个方案选择比较。

5. 评价投资项目

财务上的评价报告编出后，要提交企业决策层进行最后的选择。评价报告内容包括：对投资项目进行分类，再计算有关项目的收益、成本和现金流量，运用各种投资评价指标来分析投资项目的经济效益。

五、国际投资的环境评估

国际投资环境是指一个地区或国家接受和吸引外商直接投资的条件。由于不同的投资行为所需的条件不同，因此，不同的条件对国际投资必然产生不同的作用。

（一）国际投资环境的特点

一般说来，国际投资环境具有以下几个主要特点。

1. 区域性

国际投资环境的区域性是指不同地区对同两种投资项目和投资方式有着不同的影响。由于投资环境的区域性，同一种项目投资及投资方式在此地适用，而在彼地不适用。因此，投资者在进行投资决策时，必须对区域性投资环境做深入的研究，以便寻找出合适的投资区域。

2. 综合性

国际投资环境是由政治、经济、法律、自然、文化、社会等各方面的影响因素交织而成的一个综合"条件系统"。各种因素相互影响，其中任何一种因素的变化，都会影响其他因素，进而导致整个投资环境的变化。因此，投资者在做出投资决策时，要综合各方面因素，统筹兼顾。

3. 易变性

影响国际投资环境的各种因素都在不断变化之中，各种因素的变化，都会改善或恶化投资环境，使投资环境也处于不断变化之中。因此，在进行对外投资时，国际公司要研究和寻求各种因素变化的动向及规律性，决定合理的投量和投向。

（二）国际投资环境的类型

首先国际投资环境包含的内容有狭义和广义之分。狭义的国际投资环境，主要指经济方面的因素，包括经济结构和发展水平、经济体制、经济发展战略、基础设施、外汇管制、金融市场、币值稳定等情况。广义的国际投资环境，大致包括经济、政治、法律、文化与社会四方面的因素。

其次按照国际投资环境表现形态不同，可分为软环境和硬环境。软环境是指那些不具有物质形态、但具有一定的人为特征且易受其他因素影响的因素，如政策、法律、管理、技术、协作、宏观经济、文化与社会等方面因素；硬环境则是指那些具有物质形态且相对稳定的因素，如交通运输、邮电通信、能源供应、环境保护、旅游设施和社会生活服务等方面的因素。

最后按照国际投资环境成因不同，可分为自然环境、人为－自然环境和人为环境。

（三）国际投资环境评估的方法

国际公司评估投资环境的方法很多。各种行业、各个公司的具体评估方法也不相同。现略述几种主要评估方法如下。

1. 国别冷热比较法

这是美国学者利特瓦克和拜廷在其《国际经营安排的理论结构》中提出的，也是一种综合各种因素来评估投资环境的方法。他将各个因素（如政治稳定性、市场机会、经济发展与成就、文化一元化、法令障碍、实质障碍及地理文化差距）的资料加以分析，大致分为"冷""热"两种。如果前四种因素的程度高，则为"热"环境，后三种因素的程度高，则为"冷"环境；反之，则分别为"冷"环境和"热"环境。此外，"冷""热"环境中又有大小程度之别，不"冷"不"热"则为中。然后，根据对各国因素的评估情况，综合为一张表格，从中选择较优的投资地点。

2. 动态分析法

国际投资环境不仅因国别而不同，即使在同一个国家也因不同时期而相异。所以在评估投资环境时，不仅要看过去和现在，而且要预测未来。这对于国际公司的对外直接投资十分重要，因为其投资期限一般较长。运用这种动态分析方法评估未来几年的环境变化及其影响，从而制订出相应的预测方案，以供投资决策时参考。

3. 投资环境等级评分法

这是美国经济学家 N·斯托鲍夫在《如何分析对外投资环境》一文中提出的。他认为，在投资环境中各因素对企业投资的作用是不同的，应根据不同因素（如抽回资本的限制程度、允许外商拥有的股权程度、对外商的管制程度、货币与政治稳定程度、当地资金的可供程度、给予关税的保护程度，以及近五年的通货膨胀率）的作用确定其等级评分；然后按每个因素的有利和不利程度给予不同的评分；最后把所有因素的等级分数加总，即可对投资环境进行总体评估。一般说来，总分越高，则表示投资环境越好；反之，则表示投资环境越差。

六、国际直接投资

（一）国际直接投资的动因

1. 利用国外的生产要素

由于各国的自然资源、地理环境不同，在国外直接投资开办工厂可以直接利用各国具有竞争优势的资源，以追求最大的利润。同时，在各要素市场中，劳动力市场是最不完善的要素市场。一国的劳动力价格与其所能创造的生产力相比可能被严重低估，而在当前的情况下劳动力的移动还受到较大的限制，不可能自由移动到对其需求和出价较高的国家和地区去寻找更高的工资。跨国公司在这些国家和地区设立生产机构，以利用当地廉价的劳动力资源，以压缩产品的成本，提高其产品在国际市场上的竞争力。

2. 贸易壁垒

国际间贸易发展和国际资本流动较为自由的今天，各国政府出于政治因素的考虑，往往通过设置关税壁垒、进出口配额等方式来限制商品、服务以及自然资源的自由流动，有时政府甚至禁止某种商品在国家间的流动，从而保护本国弱势产业、大力扶持和发展民族产业或是达到某种政策上的目的。贸易壁垒在客观上对产品在国家间的自由流动设置了障碍，增加企业出口产品的成本与费用，进而提高企业的产品在国际市场上的价格，削弱这些企业产品在国际市场上的竞争力。一些像矿物、水泥等对国家经济发展比较有价值的资源，其高昂的运输成本将大大降低它的边际利润，从而变得不再适合出口。

在这种情况下，如果企业通过对外直接投资在出口国建立生产基地进行生产，可以成功地绕过出口国政府设置的贸易壁垒。典型的例子就是：美国对日本进口的汽车增收高关税，日本的本田公司就在美国的俄亥俄州投资生产汽车，从而避开了贸易壁垒。

3. 无形资产

跨国公司在进行国际投资时，会给东道国带来潜在的益处，但跨国公司仍然愿意进行国际直接投资，这意味着在国际直接投资中，投资国也会从中获益。因为跨国公司在这一过程中，利用了其所拥有或控制的无形资产，如管理、技术、市场信息、特定的研发功能、专利以及品牌效应等，而这些无形资产往往难以打包后出售。另外，无形资产难以进行估价、保护，在一些对于无形资产相关法规不健全的国家尤其如此。因此，跨国公司往往会通过用无形资产投资这一更有利可图的方式，获得无形资产的回报。有些理论认为利用无形资产可以在更广的范围内进行投资，可以有效避免在外国市场的交易中无形资产被非法占用和窃取。

4. 纵向并购

一般而言，跨国公司为了保持其产品的原材料供应充足，往往在原材料的供应国进行直接投资。跨国公司垄断了这一原材料的供应，就可以对其他厂商的进入设置进入壁垒，进而攫取垄断利润。因此，许多跨国公司对自然资源加工领域，如提炼、矿物开采、森林开采等进行直接投资，就是出于这种考虑。同时，跨国公司注意到如果把这些自然资源的后续加工也设在当地，可以节约运输成本。

虽然绝大多数跨国公司的纵向合并都属于向后合并，但仍有不少公司采用向前合并的方式。例如，美国的汽车制造商发现很难在日本打开市场，产生这种现象的原因是因为日本的汽车经销商和日本汽车产业上游的制造商有很深的联系，它们不愿意进口外国产品。

为了解决打开外国市场这一问题，美国厂商就必须在日本投资创立自己的营销网络，以打开日本的销售市场。

5. 产品寿命周期

Raymond Vernon 在 1960 年对跨国公司在海外进行直接投资的原因提出了自己的理论。他认为促使公司进行海外直接投资的原因是产品寿命周期。他通过观察发现，在 20 世纪，一些新的电气产品，如计算机、电视机、汽车等，总是先由美国的公司生产，并率先在美国市场上出现。根据这一产品生命周期理论，在美国公司引入新产品之初，总是先在本国的生产机构进行生产，以便贴近国内的消费者。而且，在一个产品生命周期的初期，消费和对新产品的需求对价格的变化是不敏感的，因而企业往往对新产品的价格定得较高。

随着国外对新产品需求的增加，美国企业开始出口该产品，随着国外对新产品需求的进一步增加，公司就开始考虑在该产品的进口国设立生产公司以满足本地需求。当产品的生产趋于标准化与成熟时，对企业来说通过削减成本、降低价格保持竞争力就变得越来越重要。国外一些低成本生产厂商开始出口产品到美国，与此同时，美国企业开始在一些生产成本低的国家设立生产机构，再把产品返销到美国。换而言之，一般在产品生产达到标准化和成熟阶段时，跨国公司开始进行国外投资，因为缩减成本成为企业的一个重要考虑。此时的国外投资成为提高企业竞争力的一个重要手段，以战胜国内外的竞争对手。

6. 股东投资组合的分散化服务

由于国际间资本流动的限制，投资者往往不能在国际间形成有效的投资组合。跨国公司却可以通过分散的国际间投资，为它们的股东提供分散投资的服务，以避免"把鸡蛋都装在同一个篮子里"。若一个跨国公司在许多国家拥有资产，就意味着公司的现金投放和流动具有国际化、多元化的特点。这样，公司的股东可以间接从国际多元化的投资中获取收益并有效地分散风险，即使该公司并没有直接拥有外国公司的股票。

（二）国际直接投资的方式

1. 独资经营

独资经营是指完全由外国投资者出资并独立经营的一种国际直接投资形式。外国投资者独资的企业由外国投资者提供全部资本，独立经营、自负风险和盈亏。通常东道国拥有丰富的资源、廉价的劳动力、广阔的市场，吸引外国投资者对其进行投资。外国投资者往往会带来先进的技术设备和管理经验。同时，独资经营又能避免投资经营过程中共同出资的双方就资金投放的方向、规模、利润分配、经营策略等方面引起的纠纷，从而提高企业的运营效率。同时，东道国可以通过外资带动本国经济的发展，通过收取税收和公共基础设施管理费等增加收入。

独资经营的优点在于：国际独资经营可以确保公司的控制权和经营管理权，不会因为合资或合作经营的各方利益而产生纠纷，确保投资方的利益；同时，进行国际独资经营可以利用各国税率的不同，通过国际间内部转移价格的方式，进行合理避税。

但是，很多国家对外国投资者独资企业的行业或范围进行了严格的限制。例如，国防、医疗、电力、通信等关系国计民生的行业一般不允许外国投资者进行独资经营；另外，独资经营的外国投资者在其经营过程中往往不能很快融入东道国的社会文化氛围中，容易对其投资的人文环境缺乏客观了解，做出错误决策。

小知识

独资企业

独资企业是指根据有关法律规定在东道国境内设立的全部资本由跨国公司提供的企业。一般地说，大型跨国公司倾向于以独资企业的形式进行对外直接投资。跨国公司采用独资企业形式对外直接投资的主要原因有二。

（1）垄断技术优势。拥有先进技术是跨国公司最重要的垄断优势。独资企业实际上是跨国公司设在国外的子公司，总公司对其拥有完全的控制权，高级技术人员由总公司直接选派，以便保持技术优势。

（2）便于转移价格的运用。

1）独资企业的设立。跨国公司设立海外独资企业的途径有两条：①在东道国投资兴建企业；②收购东道国企业。

在东道国投资兴建企业是跨国公司创办海外独资企业的传统做法。其优越性在于：可以根据跨国公司总部的总体发展策略灵活选择投资国、投资部门、生产规模和产品类型；不便之处是项目的兴建要耗费一定时间。

以收购东道国公司的形式创立独资企业是二战后跨国公司创办独资企业的主要形式。一般来讲，被收购公司往往是发达国家的公司。收购东道国公司可通过收购该公司股权或财产加以实现。收购股权的交易在收购人与股权持有人之间进行，而收购现有公司财产则是收购人与具有法人资格的公司之间进行的，收购公司财产比收购公司股权容易。跨国公司在收购时，应注意这样几个方面：①分析被收购企业的技术水平，不要收购那些设备陈旧、技术落后的企业；②收购企业宜在小城镇进行，因为小城镇有许多优惠政策，且易得到当地政府的支持；③在充分调查研究的基础上，投资者宜迅速做出决策，以免涨价。

2）独资企业的特点。独资企业的全部资本为外国投资者所有，这样决定了独资企业有以下特点。

（a）从设立条件看。东道国对独资企业掌握的尺度较严，各国关于设立独资企业的法律和政策大都规定：独资企业的设立必须有利于本国国民经济的健康发展；独资企业必须采用先进技术；独资企业的产品要全部或大部分出口；有些行业禁止设立独资企业。

（b）从管理权限上看。独资企业具有充分的自主权。独资企业是依据东道国法律设立的，并在东道国法律保护和约束下，享有充分的自主权。各国政府除行使必要的法律规定的管理职能外，一般不越权干涉独资企业的经营活动。独资企业的组织形式、生产活动、销售活动、工资福利等，均由外国投资者依据东道国法律自主决定。

2. 合资经营

合资经营是指两国或两国以上的企业或其他组织或个人在平等互利的原则基础上共同协商各自的出资份额，根据投资所在国的法律，通过签订合同的方式举办共同出资、共同经营、共担风险、共负盈亏的股权合营企业。通过合资经营创立的企业一般是股份有限公司，各出资方根据协商的股份对公司的债务负有限责任。投资各方除了可以以货币资金作为投资外，也可以以机器设备、原材料、厂房的使用权、劳动力、技术专利、无形资产等作为股本投入。合资经营是国际直接投资中最常见的形式。

合资企业主要分为股份有限公司和有限责任公司两种形式。股份有限公司是指公司的全部资本均分为股份，全体股东就其所有的股份尽出资义务，对公司的债务承担有限责任。公司可以通过公开发行股票筹集资金，股票可以自由转让。有限责任公司是指投资者对该公司所负的责任以其出资额为限，公司对债务的责任以其注册资本为限，投资者之间无连带责任。

合资经营的优点在于：首先，由于合资经营的合作一方是东道国的投资者，可以减少因东道国政策变化而面临的被征用风险，因为东道国在实行这种极端政策时不得不考虑本国投资者或政府在合资企业中的利益；其次，由于共同出资经营、共担风险，会分散一部分投资者的损失；再次，合资经营往往可以享受东道国对外国投资者的特别优惠政策，由于合资公司中有东道国的利益所在，甚至能够享受到东道国对本国企业的优惠政策；最后，在各方的合资经营过程中能够使外国投资者迅速融入当地的社会、文化等氛围中，加快对东道国的了解。

然而，国际合资经营在寻找合适的合作伙伴、审批手续等方面都需要较长的时间和复杂的手续，有时会因此错过有利的商机。另外，很多国家都对合资中外资的比例有严格的限制，外国投资者往往不能完全控制所投资的外国公司，造成在管理、收益分配过程中的摩擦，不能从跨国公司母公司的角度出发及时转移利润，以实行合理的国际间避税策略。

小知识

合资企业

合资企业是指由两个或两个以上属于不同国家或地区的公司、企业或其他经济组织依据东道国的法律，并经东道国政府批准，在东道国境内设立的，以合资方式组成的经济实体。合资企业已发展成为国际直接投资的主要形式。小型跨国公司偏向于以建立合资企业的形式进行对外直接投资。

（1）合资企业的设置。合资企业既可以通过新建投资项目的方式设立，也可以通过购买东道国企业股权的方式设立。

（2）合资企业的特点。合资企业的特点是：共同投资、共同管理、共担风险和自主经营。

---

3. 合作经营

合作经营是由两个或两个以上投资者在双方协商订立合同的基础上界定各方投资方式和利润分配比例，并据以订立合同，开展经营活动的一种经营方式。合作经营的各方不一定都是经济实体，所以，未必都有法人地位。

合作经营通常有两类：一类是法人式，指合作双方在一国设立具有该国法人资格的合营实体，这种企业具有民事权利能力和行为能力，以企业的财产承担民事责任。另一类是非法人式，合作双方在一国设立不具备法人资格的经济组织，合作双方以各自法人资格在法律上承担责任，对企业的债权债务由合作双方按合同规定承担。

合作经营与合资经营最大的区别是合作经营企业的投资和服务等不计算股份和股权，企业各方的权利和义务不是根据股权确定的，而是通过合同规定的。而合资经营企业各方的权利和义务主要按合资各方的出资比例来确定。

合资经营的优点在于：一是进行国际合作经营的申请、审批程序简便，用时较短；二是进行国际合作投资比较灵活，组建的合作企业的形式、管理方式、利润分配以及双方各自的权利、义务都比较灵活，可以经过双方共同协商后在合同中予以确定。因而这种形式的国际直接投资具有相对灵活性。

但这种灵活的合作形式也有其不利的一面，例如，这种投资方式不如其他投资方式规范，合作各方在合作过程中容易就事先协商的某些条款发生争议，从而影响合作的正常开展。

小知识

合作企业

这里的合作企业是指跨国公司与东道国企业根据东道国有关法律和双方共同签订的合作经营合同而在东道国境内设立的合作经济组织。

合作企业的特点是：在经营方式上，合作双方的权利和义务均由合同规定；在出资方面，东道国一方一般提供场地或劳动力，投资国企业提供外汇、设备和技术等；在合作期满后，合作企业的全部资产不再作价，而是无偿地、不附带任何条件地转为东道国一方所有。

4. 合作开发

合作开发的投资方式多用于海上石油开发、矿产资源的开采以及新开发区的开发。合作开发多是通过东道国采用招标方式与中标的外国投资者签订开发合同的形式，明确各方的权利、责任，组成联合开发公司进行项目开发的一种国际经济技术合作的经营方式。

（三）国际直接投资的评价和风险管理

1. 国际直接投资评价

跨国公司国外直接投资资本预算使用的方法与国内投资的资本预算方法相近，包括会计利润率、回收期、净现值、内部收益率和现值指数等。这些指数分为两种：一种考虑了货币时间价值因素；一种不考虑货币时间价值因素。一般而言，不同的评价方法适用于不同的投资项目。

（1）净现值法。净现值在所有的评价指标中反映了项目给公司以后各年带来的收益折现。投资项目净现值的计算公式如下：

$$NPV = \sum_{n=1}^{N} \frac{CF_n}{(1+K)^n} - C_0$$

式中，CF_n 为项目第 n 年产生的税后净现金流量；C_0 为初始投资；K 为项目现金流所对应的折现率；N 为项目寿命期。

第 n 年的预期税后现金流可以按照以下公式计算：

$$CF_n = NOI_n (1-t) + D_n = (R_n - OC_n - D_n)(1-t) \quad D_n = (R_n - OC_n)(1-t) + tD_n$$

式中，R_n 为第 n 年的息税前利润；t 为项目（子公司）边际税率；D_n 为第 n 年的折旧；OC_n 为第 n 年的付现成本；NOI_n 为第 n 年的净经营收益。

另外，在项目到期的终期还要考虑项目的终结现金流，即固定资产处置的税后收入以及营运资本的回收。

净现值大于零，这一项目可以接受；净现值小于零，这一项目不能被接受。

（2）风险调整现值法。调整现值法的原理是根据莫迪格莱尼－米勒关于在税收存在的条件下的企业价值理论，即在具有所得税的条件下，企业价值的确定。

$$V_L = V_U + t \cdot Debt$$

$$\frac{NOI(1-t)}{K} = \frac{NOI(1-t)}{K_u} + \frac{tI}{i}$$

$$K = K_u(1-qt)$$

式中，V_L 为负债企业的价值；V_U 为企业无负债时的价值；Debt 为企业的负债；I 为利息费用；K 为负债融资下的加权平均成本；K_u 为无负债企业股本成本；t 为税率；q 为企业的负债率；NOI 为净经营性收入。

其中，无负债企业的股本成本可以通过资产资本定价模型进行估算：

$$K_u = r_f + (R_m - r_f)_u$$

式中，r_f 为无风险收益率；R_m 为市场平均收益率；u 为无负债条件下的贝塔系数。

当项目的风险和公司的风险相同时，项目无负债融资的贝塔系数可以用下面的公式计算：

$$\beta_u = \frac{\beta_e}{1 + (1-t)} \cdot \frac{Debt}{E}$$

式中，e 为公司股票的贝塔系数；t 为所得税税率；$\frac{Debt}{E}$ 为公司负债对股东权益比率，即债权人与股东对公司资金的相对贡献。

可以看出，负债给企业带来的价值不仅仅是其本身的市场价值，而是其本身的价值加上税收节约带来的价值。例如，一个公司在没有负债的情况下，公司的价值为 1000 万元，全部为公司的所有者权益。如果保持公司的资产不变，资产的盈利能力也不会变化，改变公司的资本结构，将其中的 500 万元所有者权益换作同量的负债。此时，公司的价值不仅仅是权益和负债的加总，还要加上税负的节约。如果税负为 75 万元，此项负债给公司带来的价值就是 575 万元（500 + 75）。公司在负债后的价值大于负债前等量权益资本价值，其差额因素为负债利息的税前列支，产生了税盾效应。依据上述理论，采用负债融资的投资项目的价值要高于无负债的投资项目的价值，其差额就是负债发生的利息费用纳税节约额的现值。因此，投资项目价值的调整现值的计算方法如下：

$$APV = \sum_{n=1}^{n} \frac{(R_n - E_n)(1-t)}{(1+K_u)^n} + \sum_{n=1}^{n} \frac{tD_n}{(1+K_l)} + \sum_{n=1}^{n} \frac{tI_n}{(1+K_l)} + \frac{TCF}{(1+K_u)^n} - C_0$$

式中，TCF 为终结现金流量；I_n 为第 n 期的利息费用额；K_l 为投资项目债务成本。

2. 国际直接投资的风险分析

跨国公司在对外投资时，会遇到不同于国内直接投资的一些风险，主要包括政策风险、经济风险、汇率风险以及东道国的通货膨胀风险等。风险分析的方法有：风险调整贴现率法、肯定当量法、投资回收期法和调整期望现金流量法等。

（1）风险调整贴现率法。投资风险分析最常用的方法是风险调整贴现率法。这种方法的基本思想是对高风险的项目采用较高的贴现率计算净现值，然后根据净现值法的规则来选择方案。风险调整贴现率法的关键在于根据风险的大小确定风险因素的贴现率及风险调整贴现率。

$$K = i + b \cdot Q$$

式中，K 为风险调整贴现率；i 为无风险贴现率；b 为风险报酬斜率；Q 为风险程度。

这种方法应用较为广泛，但是，由于其把时间价值和风险价值混在一起，并据此对现金流量进行贴现，意味着风险随着时间的推移而加大，有时与事实不符。

（2）肯定当量法。为了克服风险调整贴现率法的缺点，采取肯定当量法加以补充。这种方法的原理是用一个系数把风险现金收支调节为无风险的现金收支，然后用无风险的贴现率去计算净现值，从而判断投资机会的可接受性。其计算公式如下：

$$NPV = \sum_{t=0}^{n} \frac{\alpha_t CFAT_t}{(1+i)^t}$$

式中，CFAT 为税后的现金流量；α_t 为 t 年的现金流量的肯定当量系数，取值在 0 ~ 1 之间（$\alpha_t = \frac{\text{肯定的现金流量}}{\text{不肯定的现金流量}}$）；i 为无风险贴现率。

肯定当量系数是指不肯定的 1 元现金流量期望相当于使投资者满意的肯定金额的系数，它可以把不肯定的现金流量换算成肯定的现金流量。因为不确定的 1 元肯定不如确定的 1 元受欢迎，不确定的 1 元钱往往只相当于不足 1 元的金额。这二者的差异与不确定程度的高低有关。如果以变化系数表示现金流量的不确定程度，则变化系数与肯定当量系数的经验关系为一一对应的关系。

肯定当量法可以与内含报酬率法结合使用。可以先用肯定当量系数调整各年的现金流量，然后计算其内含报酬率，最后以无风险的最低报酬率作为方案的取舍标准。

（3）投资回收期法。投资回收期法是进行项目评价，衡量项目在多长时间内能够收回投资的方法。通常，回收期是非贴现型投资评价指标，尽管在资本预算中往往不作为主要指标使用，但是一个项目的回收期越长，这个项目受到不确定性因素的影响就越大。从这个角度考虑，缩短投资回收期能够较好地消除风险的影响。投资回收期法的优点是比较简便；缺点是有的项目回收期特别长，只有经历了较长的投资期后才会有比较大且稳定的现金流入。

（4）期望现金流量法。期望现金流量法是指投资者对将来各年的现金流量有不同的估计，对每一种可能的情况估计给定一个概率后，求出各种不同数值现金流量的期望值，得出该年度期望现金流。例如，投资者预计在正常情况下，公司每年投资产生的现金流为 500 万元，但考虑到可能出现的政治风险，不能确定该现金流量，估计可能的现金流与可能出现的概率如表 8-1 所示。

表 8-1　项目 n 年的现金流量

第 n 年的现金流量（万元）	对应的可能出现的概率
500	30%
300	40%
200	30%

这样，第 n 年的期望现金流量为 330 万元（500×30%＋300×40%＋200×30%）。如果投资者认为政治风险较大，可以进一步提高出现不利情况的概率，降低期望的现金流。调整现金流而不改变折现率，隐含的假设是系统性风险不变，即假设公司资产国有化、外汇管制、通货膨胀、汇率变动等系统性风险不变。

小知识

跨国公司对外直接投资环境评估

投资环境是指影响投资决策和投资结果的各种因素。跨国公司的经营范围涉及多国，影响其直接投资的因素主要包括：政治的稳定、民族主义倾向、政府的政策与法规、货币的稳定性、通货膨胀率、资本和利润的返回限制，以及政府在税收和管理方面的待遇等。这些因素关系到投资的效益、安全，跨国公司必须对其准备投资的国家的投资环境进行评估。

跨国公司评估投资环境的方法很多，各公司采用的评估方法也不尽相同，常用的有四种方法。

（1）一般判断法。这是最简单的投资环境评估方法。它主要是对外国投资中最关键的因素，如对某国政府的稳定和货币的稳定性等做出分析，并在此基础上判断该投资环境的优劣，而不是对投资环境中的诸多因素进行深入分析研究。这种方法能简便及时对投资环境进行评估，能减少评估过程中的费用和工作量，但因根据个别关键因素就简单地做出判断，它常会使公司丧失有利的投资机会。

（2）等级评分法。这是美国经济学家罗伯特·B. 斯托鲍夫提出的。他认为投资环境中的各种因素及其变化对投资的结果会产生不同的影响。首先要针对各种投资环境因素对公司投资影响的重要性确定其等级评分范围；然后再根据每个投资环境因素的有利或不利程度具体进行评分；最后把各种因素的得分进行加总，作为对投资环境的总评价。总分较高的投资环境优于总分较低的投资环境。等级评分法比较直观，易于采用，而且有利于投资环境评估的规范化，受到普遍欢迎。但是，等级评分法有两大缺陷：①标准化的等级评分不能如实反映对不同投资项目所产生影响的差别；②对环境因素的等级评分带有一定的主观性。

（3）加权等级评分法。该方法是由美国教授威廉·A. 戴姆赞于 1972 年提出的。按照这种方法，公司首先对各环境因素的重要性进行排列，并给出相应的重要性权数；然后根据各环境因素对投资产生不利影响或有利影响的程度进行等级评分，每个因素评分范围都从 0（完全不利的影响）到 100（完全有利的影响）；最后把各环境因素的实际得分乘上相应的权数，并进行加总，按总分高低，可供选择的投资对象国被分为：①投资环境好的国家；②投资环境较好的国家；③投资环境一般的国家；④投资环境较差的国家；⑤投资环境恶劣的国家。

加权等级评分法是等级评分法的演进，它能突出重点因素的影响，但它的主要优点和缺陷仍与等级评分法的优缺点大致相同。

（4）动态分析法。投资环境不仅因国别而异，同时，在一个国家内也会因时期的不同有所变化。对外直接投资大多数是长期资本投资，期限一般都较长。动态分析法的做法是：首先对影响投资的目前的实际情况进行评价；其次对可能引起环境因素变化的主要原因进行评价；然后从中挑出 8 ～ 10 个使投资项目获得成功的关键因素，以便对其连续进行观察和评价；最后在上述工作的基础上提出几套预测方案，供决策时参考。动态分析法的优点是充分考虑了未来环境因素的变化及其结果，有助于公司减少或避免投资风险，保证投资项目获得预期收益。其缺点是过于复杂，工作量大，依然有较大的主观性。

小知识

跨国公司对外直接投资决策

跨国公司对外直接投资决策，就是跨国公司运用科学的方法对众多投资项目进行严格筛选，从中选出若干个较有希望的项目进行综合分析比较评估后，最后确定一个最优的投资项目的过程。其决策过程如下。

（1）公司根据其全球战略目标，对投资项目进行严格审查，从中选出最有希望的若干项目。

（2）公司根据其主要战略目标的投资计划，对所选择的项目的市场规模和前景、投资环境、资源和成本等重要因素进行分析考察。投资目标的市场规模和潜力是影响公司对外直接投资的关键因素。许多跨国公司的经理都认为：如果我们拥有足够大的市场，我们就能克服其他困难，哪里有市场，我们就向哪里投资；投资环境的好坏是影响投资决策的重要因素，对投资环境进行评估，其评估结论是投资决策的重要依据；资源和成本是跨国公司在投资决策中必须加以考虑的因素，因为，没有必要的资源，投资项目就无法顺利地实施，同时，成本过大也会降低投资项目的实际盈利水平。通过对市场规模及前景、投资环境、资源和成本进行分析比较之后，能说明公司新投资能带来的利润增长，而投资项目的优劣最终反映在项目的盈利水平上。

（3）公司对具体投资项目的经济效益进行评估。主要评估经济指标和方法是：预测项目未来获利能力，测算项目的投资回收期，计算投资项目的平均报酬率。如果考虑收益的时间价值，还必须用现金流量贴现法对投资项目的盈利水平进行评价。

经过上述系列工作后，公司就可以确定出最佳投资项目。

七、国际证券投资

国际证券投资是指投资者在国际金融市场上购买其他国家政府、金融机构和企业公司发行的债券、股票以及其他金融工具及有价证券，如期权、期货、股指期货等金融衍生工具。这种以获得资本增值而进行的投资活动，由于投资者并不是为了获得公司的控制权和管理决策权，只是为了获得股利或债券利息等投资收益，因此称为间接投资。但是，投资者在国外股票市场上购买外国公司的股票进行间接投资时，如果其所掌握的股票超过一定比例而获得公司的管理及表决权，间接投资就转化成了直接投资。

随着国际资本市场的发展，投资者能够更为便利地购买国际证券，利用各种国际证券进行投资。一般来说，公司进行国际间接投资可以利用公司的闲置资金获取收益；此外，跨国公司还可以有效利用国际证券投资进行风险管理。

（一）国际间接投资的特点

1. 不以获得控制权为目的，而以获利为目的

跨国公司在经营过程中可能会产生一些经营性的闲置资金，如折旧年限较长的固定资产计提的累计折旧、偿债基金等，将这部分资金投资于短期国际证券能够有效利用资金，既能在资产闲置时取得一定收益，又能在需要时及时变现。因此，在国际证券投资中获利是主要目的，而非为了取得被投资公司的控制权。

2. 流动性强、时间短，具有自发性、经常性

国际直接投资往往要经历一个较长的时间才能收回，并且一般要经历较为复杂的审批手续和法律程序。国际证券投资具有变现快的特点，投资国际证券市场能够保持跨国公司资产的适度流动性。同时，国际证券投资是一种自发性、经常性的国际投资方式。

3. 获得更为多样化的投资组合，风险较小

国际证券的形式和种类多种多样，此外，国际证券市场具有比单一国家市场更为深广的特性，使投资者在更广阔的范围内进行选择。因此，国际间接投资可以使投资者更容易获得令其满意的投资品种和投资组合，以获得较高的投资收益或者承担较低的投资风险。

进行证券投资组合能够分散证券的系统风险，系统风险的分散程度取决于各种证券之间的相关性。由于各国经济之间的相关性相对较弱，因而资本市场的相关性较小，投资者选择国际证券投资组合能够更好地分散投资风险。

4. 可以有效管理外汇风险

当跨国公司面临外汇风险时，进行国际证券投资能在一定程度上规避外汇风险。通过国际资本市场可以顺利将手中所持有的货币进行转换，如当跨国公司面临其所持有的货币资产有贬值的风险时，可以在国际证券市场上用所持有的弱势货币投资于同等数额的强势货币证券（如美元、英镑等），并据此抵销面临的货币贬值的不利影响。同时，市场中各种风险规避工具，如期货、远期合约、期权、股指期货等金融工具在获利的同时，也可以化解风险。

（二）影响国际证券投资决策的因素

1. 经济因素

一国的经济发展势态、经济的可持续发展、国家主导产业的发展前景、经济秩序的好坏、法规制度健全与否、投资软硬件环境具备与否等，都将影响一国经济的发展速度并最终间接影响证券市场的价格波动。另外，一国通货膨胀的高低、税率的高低以及对证券投资所得的课税等都是影响国际证券投资决策的经济因素。

2. 利率因素

利率是国家调控社会与国民经济发展速度和程度的重要因素，利率可以影响投资，从而影响经济的增长，而且利率的变动会影响资本市场上股票和债券的价格，引起资金在国际货币市场间的流动。因此，各国利率的高低可以决定国际间接投资资金流动的方向。

3. 汇率因素

汇率是一国货币与他国货币交换的比率，是用他国货币表现本国货币的相对价格。外汇是一国收支状况的反映，主要由国际市场外汇的供给决定。汇率的稳定与否会影响资本在国际间的流动方向，汇率的变动带来资本在一国的流入或流出。如果一国的货币汇率较高而且长期稳定，投资者会把资金由汇率低且变化频繁的国家通过购买该国发行的股票和证券等金融产品转入该国。

4. 政治因素

国际政治因素是国际证券投资中一个重要的影响因素。政局的稳定与否、是否存在潜在的政权更迭、政界政要的更迭、潜在的战争因素以及对外汇流动的管制政策等因素都会对证券市场的走势产生直接影响。

（三）国际证券投资的方式

1. 债券

国际债券主要指政府债券、金融债券和公司债券。国际证券是国际资本市场的长期信用工具，购买国际债权是对外投资的重要方式之一。

2. 股票

股票是指股份公司发给股东借以获取股利的一种有价证券。在较为开放、自由和发达的资本市场上，投资者可以自由转让和购入不同公司的股票。这样既可以利用闲置的资金在股票投资中获利，又可以在需要资金的时候变现或是在适当的时候抛售股票。

3. 可转让存单

可转让存单是可以在市场上转让的在商业银行以特定的期限存放特定数额的存款的证明。可转让存单的利息率因为金融市场情况、存单的到期日及发行银行的规模与财务信誉不同而不同，利率比一般的政府债券要高。可转让存单的交易市场比较活跃，流动性较强。

4. 期货交易

期货交易是指买卖双方就约定在将来的某一时期以约定的价格购买或出售某种证券的交易签订一个合约。双方在成交后并不马上进行交割。期货交易包括了商品期货、黄金期货以及证券期货等。这种交易方式在国际证券投资市场中被越来越多地使用，以达到有效规避风险的目的。

5. 期权交易

期权交易又称选择权交易，它不属于实物交易，仅是一种权利的买卖，国际证券的期权交易其实是给予投资者以投资的选择权。这种投资方式目前在国际投资中是一种越来越流行的国际投资方式。

6. 股指期货交易

股指期货交易是指用股票价格进行期货交易，即利用股票指数的涨跌进行交易。投资者根据市场价格总体趋势做出预期判断，在合约到期时，并不进行证券交割，而是以现金交割。投资者进行这项投资时，需要了解国民经济宏观形势、金融市场利率和汇率的变化趋势，以获取投资收益，同时投资者可以避免在个股上的投资风险。

综上所述，投资多种证券，应综合应用各种投资方式，采用有效的组合，以期最大限度地降低风险，并获取最大收益。

（四）国际证券投资的评价

1. 国际债券投资分析

（1）债券内在价值。债券投资的收益在于购买与出售时现金流出与流入的差额。债券未来的现金流入值称为债券的价值或债券的内在价值，债券投资的现金流入是利息和归还的本金，或者出售时收到的现金。债券价值是债券投资决策时的主要指标之一。固定利率、每年支付利息到期还本的债券价值的计算公式为

$$Value = \sum_{t=1}^{n} \frac{I_t}{(1+i)^t} + \frac{M}{(1+i)^t}$$

式中，Value 为债券价值；I_t 为第 t 年的利息；M 为到期的本金；i 为贴现率；n 为债券持有的年数。

（2）债券到期收益率。债券投资与股票投资的区别在于：债券投资的安全性高，不论何时债券持有者都可以优先获得求偿权，股东只有在公司支付了债权人的利息之后才能够获得股利的收益。但由于股票的风险高于债券，所以债券的收益也就相应小于股票的收益。

债券收益多用收益率来衡量。债券收益率是一定时期内投资于债券所得的收益与投资总金额的比率，通常用年收益率表示。收益率主要有以下两个指标。

1）当期收益率。计算年利息收入与投资本金之比的收益率，称为当期（Current Yield）收益率。计算公式为

$$当期收益率 = \frac{年利息}{债券购买价格} \times 100\%$$

2）到期收益率。到期收益率又称为最终收益率，是指投资者从购买债券到最后实际得到的年收益率。单利计算到期收益率的计算公式为

$$单利到期收益率 = \frac{\left[年利息 + （面额 - 购入价格）/ 偿还年数\right]}{购入价格} \times 100\%$$

复利计算到期收益率的计算公式为

$$Value = \sum_{t=1}^{n} \frac{I_t}{(1+i)^t} + \frac{M}{(1+i)^n}$$

式中，Value 为债权的购入价格；I 为每年的利息；M 为面值；n 为到期的年数；i 为贴现率。

（3）债券投资的风险。

1）违约风险。违约风险是指债券发行人无法按期支付利息和到期偿还债券本金的风险，是债券投资的最大风险，又称为信用风险。在进行债券投资时，要关注债券的信用等级，债券评级实际上就是评定违约风险的大小。债券等级越低，投资这种债券的违约风险越大；违约风险越大，投资人所要求的投资报酬率越高。一般而言，各国中央政府发行的债券由于有政府做担保，一般违约风险较小，往往称为"金边债券"，同样，相同期限内它的收益率是最低的。

2）利率风险以及再投资风险。债券的利率风险是指由于利率变动而使投资者可能遭受的损失。由于债券价格会随利率的变动而发生变化，即使没有违约风险的国库券也会有利率风险。因为根据债券内在价值的基本计算公式，债权的内在价值与参照市场利率要求的报酬率成反比。当市场利率上升并超过债券票面利率时，债券需求下降，债券价值下跌。

另外，债券的利率风险与债券投资期限长短有密切的关系。一般而言，债券的投资期限越长，投资人所承受的不确定因素的影响越多，风险越大。因此，长期债券的利率要高于短期债券的利率，其差额实际是对长期债券利率风险的一种补贴。反之，如果市场利率下降，短期债券投资人也会遭受损失，这称为再投资风险。由此得出，从投资者角度而言，如果预计利率上升，应该投资短期债券；如果预计利率下跌，应该投资长期债券。

3）购买力风险。购买力风险是由于通货膨胀使物价上升，从而使货币购买力下降的风险。通货膨胀期间，投资者本金发生贬值，实际收益率低于名义收益率。购买力风险对投资者的投资影响很大，是一种系统性风险。

4）流动性风险。流动性风险是指在短期内以合理价格卖掉资产，迅速将资产变现的风险。债券的信用度、是否上市及其上市交易的流通状况影响着债券的流动性。通常情况下，信用等级高、上市的债券，流动性风险低；非上市债券、不知名的小公司债券的流动性风险较大。

2. 国际股票投资分析

（1）股票内在价值的评估。投资者进行国际股票投资是为了获取收益，在购入股票时，考虑股票的内在价值与购入价值之间是否相符、二者孰低，从而决定卖出、购入还是继续持有。常见的股票内在价值评价模型是将股利折算成现值，这种评估方法有以下几种模型。

1）股利现值法。利用股票未来所能够带来的相关现金流量的折现值来评估股票的内在价值。

（a）基本估价模型。如果股东永久持有公司的股票，每年获得股利收入，这种股票的价值可以看作一个永续年金的现值。

$$Value = \sum_{t=1}^{n} \frac{D_t}{(1+R_s)^t}$$

式中，Value 为股票的内在价值；D_t 为第 t 期的股利；R_s 为贴现率，即必要报酬率；t

为持有期间相应的年份。

如果该公司的股票为零成长股票，则上式可以简化为

$$Value = \frac{D}{R_s}$$

（b）固定成长模型。一般情况下，公司的股利可能是不断增长的，因此，固定成长的股票价格计算公式为

$$Value = \sum_{t=1}^{n} \frac{D_0(1+g)^t}{(1+R_s)^t}$$

式中，Value 为股票的内在价值；R_s 为贴现率，即必要报酬率；t 为持有期间相应的年份；D_0 为现时股利；g 为股利增长率。

上式还可以简化为

$$Value = \frac{D_0(1+g)^t}{R_s - g} = \frac{D_1}{R_s - g}$$

（c）股利不固定增长模型。在现实生活中，公司的股利在一段时间高速成长，在另一段时间则是固定增长的或是固定不变，因此，要分段计算才能够确定股票的价值。其计算公式为

$$Value = \sum_{t=1}^{n} \frac{D_0(1+g)^t}{(1+R_s)^t} + \frac{D_{n+1}}{(R_s - g')} \times \frac{1}{(1+R_s)^n}$$

式中，Value 为股票的内在价值；R_s 为贴现率，即必要报酬率；t 为持有期间相应的年份；D_0 为现时的股利；$(1+g)^t$ 为 $n-t+1$ 年起股利增长率；g' 为第 t 年前股利成长率；n 为股票的持有总期限。

2）每股盈余估价法。投资者认为股票价值和每股盈余的关系非常密切，市盈率表示投资者愿意以盈利的多少倍购买该种股票。根据每股盈余估价法估计股票的内在价值，其公式为

$$市盈率 = 股票市价 / 每股盈余$$
$$股票价格 = 市盈率 \times 每股盈余$$
$$股票价值 = 行业平均市盈率 \times 每股盈余$$

3）资本资产定价法。通过这种方式求得投资者所期望的最低报酬率，依此推断能否投资该股票。资本资产定价法的基本原理是普通股票的收益率等于无风险条件下的收益率加上风险条件下的收益率。其公式为

$$K = R_f + (R_m - R_f)^n$$

式中，K 为期望收益率；R_f 为无风险条件下的收益率；n 为风险系数；R_m 为市场上股票的平均收益率。

（2）股票的风险。

1）利率风险。利率风险是指由于银行利率的变化给股票持有者带来的或有损失。由于股票的内在价值与银行利率成反向变化，利率上升时，资金纷纷由股市流入同等收益率条件下安全性更高的投资项目，引起股票价格下跌；利率升高会加大企业的融资成本，减少企业利润，会引起股票价格下跌。因此，利率变动会给持有股票的投资者带来收益的不确定性。

2）汇率风险。汇率的变动影响各国货币供给，影响商品的进出口，从而影响一国的经济形势并间接影响证券市场。在货币能够完全自由兑换的国家，这一影响过程显得更为迅速和明显。本币升值，有利于进口生产加工型的企业，而不利于产品出口型的企业，从而影响这些企业的经营状况，并影响股票价格，最终影响股票持有者的收益。

3）购买力风险。购买力风险是由于通货膨胀所造成的货币贬值。与国际债券投资相

比，国际股票投资受通货膨胀影响不及债券明显。在通货膨胀开始阶段，会带来股票价格的全面上扬；而后是股价的回落，但由于通货膨胀对不同行业、企业影响不同，股票的实际收益率随价格变化而变化。

4）流动性风险。与债券流动性风险类似，股票的流动性风险同样是由于其变现能力的不同而带来的。上市交易股票的流动性要高于不能上市流通的股票。与债券信用相对，影响股票流动性的因素是股票价格的稳定性及该股票的发展前景。

5）经营性风险。经营性风险是由于企业经营不善而影响股票的收益，股票价格的波动最终影响股东的收益。经营状况不佳的原因来自内外两个方面：从外在角度看，由于竞争对手策略的变化、原材料供应商的变动以及企业所在的政治环境等因素的变化产生经营风险；内部由于管理不善、技术水平落后、预算不合理、内部控制不利等带来经营风险。

6）市场性风险。市场风险是股票市场中最变幻莫测的风险，股票的价格往往因为某些利空或利好消息，忽然暴涨暴跌。这种变化事先不能预料，带来的股市波动也不能有效得到化解。

7）宏观经济风险。宏观经济环境变动、经济政策的变化、经济周期的波动等因素造成的风险统称为宏观经济风险。宏观经济因素包括国家经济体制的改革与转型、加入国际经济组织、签署双边或多边协议等。国家的经济政策包括国家税收、国家产业政策、地区政策的制定或调整等。经济周期经历了萧条、复苏、繁荣、衰退四个阶段的起伏和波动。在周期中的每一个阶段都会影响股市，影响股票的成交量和股票的价格。

八、国际投资的效益分析

国际投资的效益分析一般是针对具体的项目而言的。

（一）影响对外直接投资效益的因素

在国际投资中，影响企业对外直接投资项目效益的主要因素包括以下几个方面。

（1）项目预期的总投资额。它反映了公司为建设该项目所投入的资源总量，不仅包括使项目启动所需的起初投资，还包括项目寿命期间由于经营规模扩大所需追加的营运资本投资。

（2）生产成本，包括产品的固定生产成本和变动生产成本。成本的高低直接决定了项目现金流出的多少。

（3）资金转移的限制。在很多情况下，东道国政府会不同程度地阻止子公司的盈利向母公司转移，其结果将增加资金转移的成本，进而影响母公司从项目中实际获得的净现金流量。如果能够认识到这种限制的存在及其相应的后果，在评价时就可将此因素纳入考虑之中。

（4）项目寿命期及其残值。对外直接投资项目寿命期的估算是投资决策分析中的一个重要参数。在确定项目的残值时，要考虑估算的寿命期与实际寿命期的差异，以及在这段时间内项目所能创造的收益大小。

（5）消费者需求及产品价格。它是计算项目各期现金流量的基础。其中，对产品需求的预测即对产品市场占有率的预测，对产品价格预测的可以参照市场上竞争厂家的价格进行。

（6）汇率及东道国的通货膨胀率。海外直接投资项目的获利能力必然会受到项目寿命期内汇率变动的影响。东道国通货膨胀率的高低也将直接影响项目的真实获利能力。

（7）税赋因素。世界各国的税收制度千差万别，税后净现金流量的大小在很大程度上取决于东道国和母国的税收征管政策。

（8）项目的贴现率。项目的贴现率越高，项目的净现值将越小。

（二）投资项目效益的评价方法

通常，对项目效益的分析方法有两大类：一是非贴现的分析评价方法；二是贴现的分析评价方法。

1. 非贴现的评价方法

（1）回收期法。回收期是指投资引起的现金流入累积到与投资额相等时所需要的时间，它代表收回投资所需要的年限。回收年限越短，投资项目的效益越好。

在原始投资一次支出、每年现金净流入相等时，回收期的计算方法为

$$回收期 = 原始投资 / 每年现金净流入量$$

在现金流入量每年不等，或原始投资是分几年投入时，则可用下式求出回收期 n：

$$\sum_{k=0}^{n} I_k = \sum_{k=0}^{n} O_k$$

式中，I_k 为第 k 年的现金流入；O_k 为第 k 年的现金流出。

（2）会计收益率法。在计算时使用会计报表上的数据，以及普通会计的收益和成本观念。计算方法为

$$会计收益率 = \frac{年平均净收益}{原始投资额}$$

（3）追加投资回收期法。追加投资回收期是一个相对的投资效果指标，是指一个方案比另一个方案多追加的投资，用年成本的节约额去补偿所需要的时间。计算方法为

$$T_a = \frac{\Delta K}{\Delta C} = \frac{K_2 - K_1}{C_1 - C_2}$$

式中，T_a 为追加投资回收期；ΔK 为投资差额；ΔC 为年成本差额；K_1、K_1 为分别为两个方案的投资额（$K_1 < K_2$）；C_1、C_2 为分别为两个方案的年成本（$C_1 < C_2$）。

2. 贴现的评价方法

（1）净现值法。这种方法使用净现值作为评价方案优劣的指标。净现值（NPV）是指特定方案未来现金流入的现值与未来现金流出的现值之间的差额。按照这种方法，所有未来现金流入和流出都要按预定贴现率折算为现值，然后再计算它们的差额。如果净现值为正数，该项目的报酬率大于预定的贴现率；如果净现值为零，该项目的报酬率相当于预定的贴现率；如果净现值为负数，该项目的报酬率小于预定的贴现率。其计算公式为

$$NPV = \sum_{t=0}^{n} \frac{I_t}{(1+i)^2} - \sum_{t=0}^{n} \frac{O_t}{(1+i)^t}$$

式中，n 为投资涉及的年限；I_t 为第 t 年的现金流入量；O_t 为第 t 年的现金流出量；i 为预定的贴现率。

（2）现值指数法。现值指数（PI）是指未来现金流入现值与现金流出现值的比率。现值指数大于 1，说明其收益超过成本，即投资报酬率超过预定的贴现率；等于 1，说明贴现后现金流入等于现金流出，投资的报酬率与预定的贴现率相同；小于 1，说明其报酬率没有达到预定的贴现率。其计算公式为

$$PI = \sum_{t=0}^{n} \frac{I_t}{(1+i)^t} \bigg/ \sum_{t=0}^{n} \frac{O_t}{(1+i)^t}$$

（3）内含报酬率法。即根据方案本身的内含报酬率来评价方案优劣的一种方法。内含报酬率（R）是指能够使未来现金流入量现值等于未来现金流出量现值的贴现率，或者说是使投资方案净现值为零的贴现率。内含报酬的计算，通常需要采用"逐步测试法"。首先估计一个贴现率，用它来计算方案的净现值。如果净现值为正数，说明方案本身的报酬率超过估计的贴现率，应提高贴现率后进一步测试；如果净现值为负数，说明方案本身的报酬率低于估计的贴现率，应降低贴现率后进一步测试。经过多次测试，再用"插值法"找出使净现值接近于零的贴现率，即为方案本身的内涵报酬率。

九、国际投资风险分析

（一）国际投资风险的类型

国际投资风险主要包括外汇风险和政治风险。

1. 外汇风险

（1）外汇风险类型。外汇风险是指国际债权债务中约定以外币支付的，因汇率变动给企业持有的以外币计价的资产负债，收入和支出带来的不确定性。外汇风险的类型主要有三种。

1）外汇交易风险，指企业的债权债务因汇率变动后进行外汇交割清算时所出现的风险，主要有汇率变动带来的风险；以外币计价的债权债务带来的风险；外汇买卖风险；远期外汇交易风险以及公司对海外分支机构的投资、利润汇回和资本撤回的风险等。

2）外汇折算风险，是指企业财务报表中的外汇项目，因汇率变动而引起的转换为本币时价值跌落的风险。

3）经济风险，是指由于未能预料的汇率波动，引起企业未来收益发生变化的潜在性风险。这种风险可能给企业带来收益，也可能带来损失，主要取决于汇率变化对未来销售量、价格和成本影响的方向和程度。

上述三种风险对企业的影响程度是不同的。对交易风险来说，汇率的变化随时间的变化而不断对交易过程产生影响；对折算风险来说，汇率变化只对某一变动点之前或到这一变动点时的过去情况发生影响；对经济风险来说，汇率变化只对变动后的情况产生影响。在这三种风险中，按其影响的重要性不同排序依次为经济风险、交易风险和折算风险。

（2）外汇风险防范的财务策略。

1）预测汇率变动趋势。外汇预测是指对外汇汇率即两国货币之间的比价进行预测。主要包括汇率变动原因、变动方式、变动幅度、选择预测模式等。外汇预测的准确程度对企业进行外汇交易、外汇投资具有很大影响。

外汇预测的方法包括基础分析预测与技术分析预测两种，前者是通过估计的各种经济因素变动对汇率变动的影响来预测汇率，这些因素包括：国际货币储备的变化、国际收支的变化、贸易差额的变化、通货膨胀程度、金融与财政政策、贸易政策以及其他影响汇率的因素。技术分析一般是利用汇率的历史数据来预测其未来的变化，一般包括：经济计量预测法、图表曲线法、判断预测法等。

2）交易风险管理。交易风险的管理策略主要包括两大类：一类是合约保值（Contractual Hedges），如远期外汇市场套期保值、货币市场套期保值、期权市场套期保值以及互换协议等。另一类是通过经营策略防范风险，如提前或延期结汇、选择有利的计价货币等。

3）折算风险管理。在外币折算时，通常利润表中的项目是按该表所包括的时间内平均汇率折算。资产负债表采用的折算方法主要有四种：流动/非流动折算法、货币/非货币折算法、时态法和现行汇率法。上述四种不同的折算方法对资产负债项目产生各不相同的计算结果。为防止折算风险，跨国公司通常采用资产负债表保值方法。其基本原理就是使公司的合并资产负债表中的外币风险资产与外币风险负债相等。如果达到了这种状态即净风险资产等于零，那么汇率的变化引起的风险资产价值变化就恰好被风险负债的价值变化抵销。在实务操作中，如果公司预测今后一定时期内汇率将发生变动，而公司的资产负债表存在净风险资产时，就可以通过分别调整国外资产和负债来进行资产负债表保值。另外，远期外汇市场交易和货币市场交易等合约保值的方法也是折算风险管理中可以采用的手段。

4）经济风险管理。在大多数公司，交易风险和折算风险通常是由财务人员负责管理，但经济风险往往是公司最高决策者必须参与协调和决策的重要工作。经济风险管理的目标是对未能预料的汇率变化对企业未来现金流量的影响做出预测并采取相应的措施。管理经济风险的主要方法是经营多元化和筹资多元化。前者是指在国际范围内分散原料来源、生产和销售地点。后者是指在多个资金市场以多种货币筹措资金。

2. 政治风险

政治风险是指国际经济活动中因政治因素导致经济损失的风险。

（1）国有化风险。国有化就是东道国将外国投资及资产收归该国所有。

（2）战争风险。战争风险包括内战、边境战争、骚乱，以及与政治因素相关的恐怖事件所导致的风险。这类事件带有突发性，难以预测，而且其带来的破坏，波及国内外许多企业。企业因战争、骚乱所蒙受的经济损失，一般都无法得到补偿。

（3）转移风险。转移风险指东道国政府通过外汇管制等措施，使外国投资者无法将其投资所得利润、资产等汇回本国或转移到其他国家，如两个对立的国家互相冻结对方在本国的资产。此外，东道国还可以采取大幅度调整汇率的办法，人为使本币非正常贬值，达到减少外国投资者正当利益的目的。这种汇价波动不同于因国际收支不平衡而发生的汇率风险，而是旨在剥夺投资者的收益，限制资本外流，因而也是一种政治风险。

（4）其他风险。如有些国家的政府规定外国投资者在环境保护和社会福利项目上的投资，外国投资企业在各种岗位上雇佣东道国居民的最低比率，要支付较高的税率、较高的水电费率以及较高的工资率等，使外国投资企业在竞争中处于不利地位。

分析国外投资的政治风险，就是对上述各方面进行预测、了解和研究，根据政治风险的大小，将各个国家进行分类。如果某一国家被列为风险极大的这一类，无论预期收益多高，也不能进行投资。

为了评估国外投资的政治风险，投资者须通过各种途径和方法收集有关国家的历史资料和现实情况，了解该国的国际关系、社会情况、国家政局、法律规定、政策变化、投资保护、民族矛盾等情况，分析发生政治风险的来源，估计可能遇到的政治风险类型。评估政治风险主要采用定性分析方法。

为了推测在一定时期内发生政治风险的可能性，也可进行概率分析，当概率为 0 时，表示风险事件不会发生，当概率为 1 时，表示风险必然会发生；当概率在 0～1 之间变化时，数值越大表示风险可能性越大。政治风险大小可以用发生风险概率乘以估计风险损失额来测算。

（二）国际投资风险管理防范及规避

1. 进行投资风险论证

在投资前，通过投资项目的可行性研究，从宏观和微观两个方面评价投资风险的大小。选择风险较小而且效益较高的投资方案，并预先采取防范投资风险的措施。

2. 参加国际投资保险

目前，所有主要投资者国家都设有承保国际投资风险的服务。企业按规定投保后，万一发生风险并给投资人造成损失，保险机构按合同支付保险金。一般承保的风险类型主要是所有权被剥夺、战争损失和转移风险等。

3. 订立国际投资保护条约

1965 年世界上许多国家签订了《关于解决各国和其他国家国民之间投资争端的公约》，建立"解决投资争端的国际中心"，负责为解决各缔约国的国民之间的投资争端，提供协调和仲裁的便利。许多国家之间签订了保护国际投资的双边条约，具体包括友好通商航海条约、投资保证协议、促进和保护外国投资协议等。

4. 正确处理各方面的关系

（1）设法把东道国内的子公司的原料、零部件等市场与其他国家市场连在一起，而且带有无法避免的依赖性。

例如，A国一家汽车公司紧紧地控制着B国子公司的零部件供应，这家A国公司只把一半的汽车与卡车零部件放在B国子公司生产，其余一半，如发动机、变速器等大部分配件放在其他国家子公司进行生产。此外，公司还可以把研究与开发设备的特有技术，或其他关键部分集中在母国，以使一旦发生政治风险可以让东道国也付出应有的代价。

（2）公司设法在国际上寻找利益相关者，尤其是利用筹集资金的机会把风险分散到东道国，其他第三、第四国和国际金融机构等方面。这样，一旦发生风险，公司并不会蒙受过多的损失，而且还可以得到国际性保护。

（3）当公司已进入东道国进行投资时，可以选择利用当地各不同利益者分散风险。如向当地投资者出售一部分股权，扶植当地利益相关者，包括各方面有协作关系的商人、消费者、当地雇员、银行家以及企业的合作者等。

5. 改变经营管理方式

为了控制国外投资企业的经营风险，一般应采取下列措施。

（1）经营多样化、分散化，即公司在国际上有意地向多个国家投资，经营多个商品和业务，分散其销售渠道、生产设施的选址以及原料来源等，以便分散经营风险。

（2）密切注视国内外市场变化，及时沟通供产销有关方面的经济信息，按市场需要组织生产，正确制订和调整产销计划，保证产品及时销售，防止产品积压。

（3）采用签订长期供销合同的方法，把材料和商品的供销价格预先固定下来，以防止价格变动对利润产生的不利影响。

（4）对生产用技术设备及时进行技术改造，避免技术落后带来的风险。

第九章

投资会计管理

第一节　投资会计管理（执行《企业会计准则》的）

一、长期股权投资

企业对外进行的投资，从性质上划分，可以分为债权性投资与权益性投资等。权益性投资按对被投资单位的影响程度划分，可以分为对子公司投资、对合营企业投资和对联营企业投资等。

为了规范长期股权投资的确认、计量，根据《企业会计准则——基本准则》，财政部2006年2月15日发布了《企业会计准则第2号——长期股权投资》，2014年3月13日对其进行了修订（2014年3月13日财会〔2014〕14号，以下简称本准则），修订后准则自2014年7月1日起施行。

（一）综合知识

长期股权投资，是指投资方对被投资单位实施控制、重大影响的权益性投资，以及对其合营企业的权益性投资。

1. 长期股权投资的构成

长期股权投资包括以下几个方面（图9-1）。

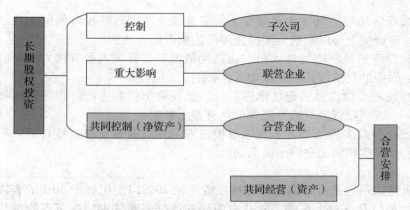

图 9-1 长期股权投资的构成及与合营安排的关系

（1）投资方能够对被投资单位实施控制的权益性投资，即对子公司投资。

1）控制的概念。控制，是指投资方拥有对被投资单位的权力，通过参与被投资单位的相关活动而享有可变回报，并且有能力运用对被投资单位的权力影响其回报金额。

2）对控制和相关活动的理解及具体判断。

在确定能否对被投资单位实施控制时，投资方应当按照《企业会计准则第 33 号——合并财务报表》的有关规定进行判断。

投资方能够对被投资单位实施控制的，被投资单位为其子公司。

投资方属于《企业会计准则第 33 号——合并财务报表》规定的投资性主体且子公司不纳入合并财务报表的情况除外。

（2）投资方与其他合营方一同对被投资单位实施共同控制且对被投资单位净资产享有权利的权益性投资，即对合营企业投资。

1）共同控制的概念。共同控制，是指按照相关约定对某项安排所共有的控制，并且该安排的相关活动必须经过分享控制权的参与方一致同意后才能决策。

2）共同控制和合营企业的理解及具体判断。在确定被投资单位是否为合营企业时，应当按照《企业会计准则第 40 号——合营安排》的有关规定进行判断。

（3）投资方对被投资单位具有重大影响的权益性投资，即对联营企业投资。

1）重大影响的概念。重大影响，是指投资方对被投资单位的财务和经营政策有参与决策的权力，但并不能够控制或者与其他方一起共同控制这些政策的制订。

投资方能够对被投资单位施加重大影响的，被投资单位为其联营企业。

2）重大影响判断。实务中，较为常见的重大影响体现为在被投资单位的董事会或类似权力机构中派有代表，通过在被投资单位财务和经营决策制订过程中的发言权实施重大影响。

小知识

关于重大影响的判断

企业通常可以通过以下一种或几种情形来判断是否对被投资单位具有重大影响。

（1）在被投资单位的董事会或类似权力机构中派有代表。在这种情况下，由于在被投资单位的董事会或类似权力机构中派有代表，并相应享有实质性的参与决策权，投资方可以通过该代表参与被投资单位财务和经营政策的制订，达到对被投资单位施加重大影响。

（2）参与被投资单位财务和经营政策制订过程。这种情况下，在制订政策过程中可以为其自身利益提出建议和意见，从而可以对被投资单位施加重大影响。

（3）与被投资单位之间发生重要交易。有关的交易因对被投资单位的日常经营具有重要性，进而一定程度上可以影响到被投资单位的生产经营决策。

（4）向被投资单位派出管理人员。在这种情况下，管理人员有权力主导被投资单位的相关活动，从而能够对被投资单位施加重大影响。

（5）向被投资单位提供关键技术资料。因被投资单位的生产经营需要依赖投资方的技术或技术资料，表明投资方对被投资单位具有重大影响。

存在上述一种或多种情形并不意味着投资方一定对被投资单位具有重大影响。企业需要综合考虑所有事实和情况来做出恰当的判断。

投资方直接或通过子公司间接持有被投资单位20%以上但低于50%的表决权时，一般认为对被投资单位具有重大影响，除非有明确的证据表明该种情况下不能参与被投资单位的生产经营决策，不形成重大影响。

"在确定能否对被投资单位施加重大影响时，应当考虑投资方和其他方持有的被投资单位当期可转换公司债券、当期可执行认股权证等潜在表决权因素。"在确定能否对被投资单位施加重大影响时，一方面应考虑投资方直接或间接持有被投资单位的表决权股份，同时要考虑投资方及其他方持有的当期可执行潜在表决权在假定转换为对被投资单位的股权后产生的影响，如被投资单位发行的当期可转换的认股权证、股份期权及可转换公司债券等的影响。

2. 长期股权投资的披露

长期股权投资的披露，适用《企业会计准则第41号——在其他主体中权益的披露》。

（二）初始计量

1. 企业合并形成的长期股权投资

企业合并形成的长期股权投资，应分别按同一控制下控股合并与非同一控制下控股合并确定其初始投资成本。

通过多次交易分步实现的企业合并，各项交易是否属于"一揽子交易"，应按合并财务报表准则的有关规定进行判断。

（1）同一控制下企业合并形成的长期股权投资。在按照合并日应享有被合并方净资产的账面价值的份额确定长期股权投资的初始投资成本时，前提是合并前合并方与被合并方采用的会计政策应当一致。企业合并前合并方与被合并方采用的会计政策不同的，应基于重要性原则，统一合并方与被合并方的会计政策。在按照合并方的会计政策对被合并方净资产的账面价值进行调整的基础上，计算确定长期股权投资的初始投资成本。

1）以支付现金、转让非现金资产或承担债务方式作为合并对价。合并方以支付现金、转让非现金资产或承担债务方式作为合并对价的，应当在合并日按照所取得的被合并方在最终控制方合并财务报表中的净资产的账面价值的份额作为长期股权投资的初始投资成本。

被合并方在合并日的净资产账面价值为负数的，长期股权投资成本按零确定，同时在备查簿中予以登记。

如果被合并方在被合并以前，是最终控制方通过非同一控制下的企业合并所控制的，则合并方长期股权投资的初始投资成本还应包含相关的商誉金额。

长期股权投资的初始投资成本与支付的现金、转让的非现金资产及所承担债务账面价值之间的差额，应当调整资本公积（资本溢价或股本溢价）；资本公积（资本溢价或股本溢价）的余额不足冲减的，依次冲减盈余公积和未分配利润。

2）以发行权益性工具作为合并对价。合并方以发行权益性工具作为合并对价的，应按发行股份的面值总额作为股本，长期股权投资的初始投资成本与所发行股份面值总额之间的差额，应当调整资本公积（资本溢价或股本溢价）；资本公积（资本溢价或股本溢价）不足冲减的，依次冲减盈余公积和未分配利润。

合并方发生的审计、法律服务、评估咨询等中介费用以及其他相关管理费用，于发生时计入当期损益。

与发行权益性工具作为合并对价直接相关的交易费用，应当冲减资本公积（资本溢价或股本溢价）；资本公积（资本溢价或股本溢价）不足冲减的，依次冲减盈余公积和未分配利润。

与发行债务性工具作为合并对价直接相关的交易费用，应当计入债务性工具的初始确认金额。

3）被合并方编制合并财务报表时，长期股权投资初始投资成本的确认。如果被合并方编制合并财务报表，则应当以合并日被合并方的合并财务报表为基础确认长期股权投资的初始投资成本。

【例9-1】2×10年6月30日，智董公司向同一集团内贵琛公司的原股东智董公司定向增发1000万股普通股（每股面值为1元，市价为8.68元），取得贵琛公司100%的股权，相关手续于当日完成，并能够对贵琛公司实施控制。合并后贵琛公司仍维持其独立法人资格继续经营。贵琛公司之前为智董公司于2008年以非同一控制下企业合并的方式收购的全资子公司。合并日，贵琛公司财务报表中净资产的账面价值为2200万元，智董公司合并财务报表中的贵琛公司净资产账面价值为4000万元（含商誉500万元）。假定智董公司和贵琛公司都受智董公司同一控制。不考虑相关税费等其他因素影响。

本例中，智董公司在合并日应确认对贵琛公司的长期股权投资，初始投资成本为应享有贵琛公司在智董公司合并财务报表中的净资产账面价值的份额及相关商誉，会计处理如下。

借：长期股权投资——投资成本　　　　　　　　　　　　40000000
　　贷：股本　　　　　　　　　　　　　　　　　　　　　　　　10000000
　　　　资本公积——股本溢价　　　　　　　　　　　　　　　　30000000

4）通过多次交易分步取得同一控制下被投资单位的股权而最终形成企业合并情况下，长期股权投资初始投资成本的确认。企业通过多次交易分步取得同一控制下被投资单位的股权，最终形成企业合并的，应当判断多次交易是否属于"一揽子交易"。

（a）属于一揽子交易的，合并方应当将各项交易作为一项取得控制权的交易进行会计处理。

（b）不属于"一揽子交易"的，取得控制权日，应按照以下步骤进行会计处理。

a）确定同一控制下企业合并形成的长期股权投资的初始投资成本。在合并日，根据合并后应享有被合并方净资产在最终控制方合并财务报表中的账面价值的份额，确定长期股权投资的初始投资成本。

b）长期股权投资初始投资成本与合并对价账面价值之间的差额的处理。合并日长期股权投资的初始投资成本，与达到合并前的长期股权投资账面价值加上合并日进一步取得股份新支付对价的账面价值之和的差额，调整资本公积（资本溢价或股本溢价），资本公积不足冲减的，冲减留存收益。

c）其他综合收益、其他所有者权益变动、处置后剩余股权的会计处理。合并日之前持有的股权投资，因采用权益法核算或《企业会计准则第22号——金融工具确认和计量》核算而确认的其他综合收益，暂不进行会计处理，直至处置该项投资时采用与被投资单位直接处置相关资产或负债相同的基础进行会计处理；因采用权益法核算而确认的被投资单位净资产中除净损益、其他综合收益和利润分配以外的所有者权益其他变动，暂不进行会计处理，直至处置该项投资时转入当期损益。其中，处置后的剩余股权根据本准则采用成本法或权益法核算的,其他综合收益和其他所有者权益应按比例结转,处置后的剩余股权改按《企业会计准则第 22 号——金融工具确认和计量》进行会计处理的,其他综合收益和其他所有者权益应全部结转。

d)编制合并财务报表。合并方应当按照《企业会计准则第 20 号——企业合并》和合并财务报表准则的规定编制合并财务报表。合并方在达到合并之前持有的长期股权投资,在取得日与合并方与被合并方同处于同一方最终控制之日孰晚日与合并日之间已确认有关损益、其他综合收益和其他所有者权益变动,应分别冲减比较报表期间的期初留存收益或当期损益。

【例 9-2】2×12 年 1 月 1 日,赓升公司取得同一控制下的智董公司 25%的股份,实际支付款项 6000 万元,能够对智董公司施加重大影响。相关手续于当日办理完毕。当日,智董公司可辨认净资产账面价值为 22000 万元(假定与公允价值相等)。2×12 年及 2×13 年度,智董公司共实现净利润 1000 万元,无其他所有者权益变动。2×14 年 1 月 1 日,赓升公司以定向增发 2000 万股普通股(每股面值为 1 元,每股公允价值为 4.5 元)的方式购买同一控制下另一企业所持有的智董公司 40%股权,相关手续于当日完成。进一步取得投资后,赓升公司能够对智董公司实施控制。当日,智董公司在最终控制方合并财务报表中的净资产的账面价值为 23000 万元。假定赓升公司和智董公司采用的会计政策和会计期间相同,均按照 10%的比例提取盈余公积。赓升公司和智董公司一直同受同一最终控制方控制。上述交易不属于一揽子交易。不考虑相关税费等其他因素影响。

赓升公司有关会计处理如下。

(1)确定合并日长期股权投资的初始投资成本。

合并日追加投资后赓升公司持有智董公司股权比例为 65%(25%+40%);合并日赓升公司享有智董公司在最终控制方合并财务报表中净资产的账面价值份额为 14950 万元(23000×65%)。

(2)长期股权投资初始投资成本与合并对价账面价值之间的差额的处理。

原 25%的股权投资采用权益法核算,在合并日的原账面价值为 6250 万元(6000 + 1000×25%);追加投资(40%)所支付对价的账面价值为 2000 万元;合并对价账面价值为 8250 万元(6250 + 2000)。

长期股权投资初始投资成本与合并对价账面价值之间的差额为 6700 万元(14950 − 8250)。

借:长期股权投资——投资成本	149500000
贷:长期股权投资——投资成本	60000000
——损益调整	2500000
股本	20000000
资本公积(股本溢价)	67000000

(2)非同一控制下企业合并形成的长期股权投资。

1)一般情况下。非同一控制下的控股合并中,购买方应当以《企业会计准则第 20 号——企业合并》确定的企业合并成本作为长期股权投资的初始投资成本。

企业合并成本包括购买方付出的资产、发生或承担的负债、发行的权益性工具或债务性工具的公允价值之和。

购买方为企业合并发生的审计、法律服务、评估咨询等中介费用以及其他相关管理费用,应于发生时计入当期损益;购买方作为合并对价发行的权益性工具或债务性工具的交易费用,应当计入权益性工具或债务性工具的初始确认金额。

【例 9-3】2×12 年 3 月 31 日,智董公司取得贵琛公司 70%的股权,取得该部分股权后能够对贵琛公司实施控制。为核实贵琛公司的资产价值，智董公司聘请资产评估机构对贵琛公司的资产进行评估，支付评估费用 50 万元。合并中，智董公司支付的有关资产在购买日的账面价值与公允价值如表 9-1 所示。假定合并前智董公司与贵琛公司不存在任何关联方关系。不考虑相关税费等其他因素影响。

表 9-1 智董公司有关资产在购买日的账面价值与公允价值

2×12 年 3 月 31 日 单位：元

项目	账面价值	公允价值
土地使用权（自用）	40000000	64000000
专利技术	16000000	20000000
银行存款	16000000	16000000
合计	72000000	10000000

注：智董公司用作合并对价的土地使用权和专利技术原价为 6400 万元，至企业合并发生时已累计摊销 800 万元。

本例中，因智董公司与贵琛公司在合并前不存在任何关联方关系，应作为非同一控制下的企业合并处理。智董公司对于合并形成的对贵琛公司的长期股权投资，会计处理如下。

借：长期股权投资——投资成本   100000000

    管理费用   500000

    累计摊销   8000000

  贷：无形资产   64000000

      银行存款   16500000

      营业外收入   28000000

2）特殊情况下（通过多次交易分步实现非同一控制下企业合并，改按成本法核算的初始投资成本）。

（a）一般规定。企业通过多次交易分步实现非同一控制下企业合并的，在编制个别财务报表时，应当按照原持有的股权投资的账面价值加上新增投资成本之和，作为改按成本法核算的初始投资成本。

（b）购买日之前持有的股权采用权益法核算的。相关其他综合收益应当在处置该项投资时采用与被投资单位直接处置相关资产或负债相同的基础进行会计处理，因被投资方除净损益、其他综合收益和利润分配以外的其他所有者权益变动而确认的所有者权益，应当在处置该项投资时相应转入处置期间的当期损益。其中，处置后的剩余股权根据本准则采用成本法或权益法核算的，其他综合收益和其他所有者权益应按比例结转，处置后的剩余股权改按《企业会计准则第 22 号——金融工具确认和计量》进行会计处理的，其他综合收益和其他所有者权益应全部结转。

（c）购买日之前持有的股权投资，采用《企业会计准则第 22 号——金融工具确认和计量》进行会计处理的，应当将按照该准则确定的股权投资的公允价值加上新增投资成本之和，作为改按成本法核算的初始投资成本，原持有股权的公允价值与账面价值之间的差额以及原计入其他综合收益的累计公允价值变动应当全部转入改按成本法核算的当期投资收益。

【例 9-4】2×10 年 1 月 1 日，智董公司以每股 5 元的价格购入某上市公司贵琛公司的股票 100 万股，并由此持有贵琛公司 2% 的股权。智董公司与贵琛公司不存在关联方关系。智董公司将对贵琛公司的投资作为可供出售金融资产进行会计处理。2×13 年 1 月 1 日，智董公司以现金 1.75 亿元为对价，向贵琛公司大股东收购贵琛公司 50% 的股权，相关手续于当日完成。假设智董公司购买贵琛公司 2% 的股权和后续购买 50% 的股权不构成"一揽子交易"，智董公司取得贵琛公司控制权之日为 2×13 年 1 月 1 日，贵琛公司当日股价为每股 7 元，贵琛公司可辨认净资产的公允价值为 2 亿元，不考虑相关税费等其他因素影响。

购买日前，智董公司持有对贵琛公司的股权投资作为可供出售金融资产进行会计处理，购买日前智董公司原持有可供出售金融资产的账面价值为 700 万元（7×100）。

本次追加投资应支付对价的公允价值为 17500 万元。

购买日对子公司按成本法核算的初始投资成本为 18200 万元（17500＋700）。

购买日前智董公司原持有可供出售金融资产相关的其他综合收益为 200 万元 [（7－5）×100]，购买日该其他综合收益转入购买日所属当期投资收益。

  借：长期股权投资——投资成本   182000000
   贷：可供出售金融资产   7000000
     银行存款   175000000
  借：其他综合收益   2000000
   贷：投资收益   2000000

【例 9-5】2×10 年 1 月 1 日，智董公司以现金 3000 万元自非关联方处取得了贵琛公司 20% 股权，并能够对其施加重大影响。当日，贵琛公司可辨认净资产公允价值为 1.4 亿元。2×12 年 7 月 1 日，智董公司另支付现金 8000 万元，自另一非关联方处取得贵琛公司 40% 股权，并取得对贵琛公司的控制权。购买日，智董公司原持有的对贵琛公司的 20% 股权的公允价值为 4000 万元，账面价值为 3500 万元，智董公司确认与贵琛公司权益法核算相关的累计其他综合收益为 400 万元，其他所有者权益变动 100 万元；贵琛公司可辨认净资产公允价值为 1.8 亿元。假设智董公司购买贵琛公司 20% 股权和后续购买 40% 的股权的交易不构成"一揽子交易"。以上交易的相关手续均于当日完成。不考虑相关税费等其他因素影响。

购买日前，智董公司持有贵琛公司的投资作为联营企业进行会计核算，购买日前智董公司原持有股权的账面价值为 3500 万元（3000＋400＋100）。

本次投资应支付对价的公允价值为 8000 万元。

购买日对子公司按成本法核算的初始投资成本为 11500 万元（8000＋3500）。

购买日前智董公司原持有股权相关的其他综合收益 400 万元以及其他所有者权益变动 100 万元在购买日均不进行会计处理。

智董公司合并财务报表的会计处理，见合并财务报表准则应用指南的相关内容。

小知识

或有对价

1. 同一控制下企业合并形成的长期股权投资的或有对价

同一控制下企业合并方式形成的长期股权投资，初始投资时，应按照《企业会计准则第 13 号——或有事项》的规定，判断是否应就或有对价确认预计负债或者确认资产，以及应确认的金额；确认预计负债或资产的，该预计负债或资产金额与后续或有对价结算金额的差额不影响当期损益，而应当调整资本公积（资本溢价或股本溢价），资本公积（资本溢价或股本溢价）不足冲减的，调整留存收益。

2. 非同一控制下企业合并形成的长期股权投资的或有对价

参照《企业会计准则第 20 号——企业合并》的有关规定进行会计处理。

2. 以支付现金取得的长期股权投资

应当按照实际支付的购买价款作为初始投资成本。初始投资成本包括与取得长期股权投资直接相关的费用、税金及其他必要支出。

以支付现金取得长期股权投资的，应当按照实际应支付的购买价款作为初始投资成本，包括购买过程中支付的手续费等必要支出，但所支付价款中包含的被投资单位已宣告但尚未发放的现金股利或利润作为应收项目核算，不构成取得长期股权投资的成本。

【例 9-6】 2×10 年 2 月 10 日，智董公司自公开市场中买入贵琛公司 20% 的股份，实际支付价款 16000 万元，支付手续费等相关费用 400 万元，并于同日完成了相关手续。智董公司取得该部分股权后能够对贵琛公司施加重大影响。不考虑相关税费等其他因素影响。

智董公司应当按照实际支付的购买价款及相关交易费用作为取得长期股权投资的成本，有关会计处理如下。

借：长期股权投资——投资成本　　　　　　　　　　　164000000
　　贷：银行存款　　　　　　　　　　　　　　　　　　　　　164000000

小知识

初始投资成本中包含的已宣告尚未发放现金股利或利润的处理

企业无论是以何种方式取得长期股权投资，取得投资时，对于支付的对价中包含的应享有被投资单位已经宣告但尚未发放的现金股利或利润应确认为应收项目，不构成取得长期股权投资的初始投资成本。

【例 9-7】 见例 9-6，假定智董公司取得该项投资时，贵琛公司已经宣告但尚未发放现金股利，智董公司按其持股比例计算确定可分得 60 万元。不考虑所得税影响。

智董公司在确认该长期股权投资时，应将包含的现金股利部分单独进行以下会计处理。

借：长期股权投资——投资成本　　　　　　　　163400000
　　应收股利　　　　　　　　　　　　　　　　　600000
　　贷：银行存款　　　　　　　　　　　　　　　　　　　164000000

3. 以发行权益性证券取得的长期股权投资

应当按照发行权益性证券的公允价值作为初始投资成本。与发行权益行证券直接相关的费用，应当按照《企业会计准则第 37 号——金融工具列报》的有关规定确定。

以发行权益性证券取得长期股权投资的，应当按照所发行证券的公允价值作为初始投资成本，但不包括应自被投资单位收取的已宣告但尚未发放的现金股利或利润。

投资方通过发行权益性证券（权益性工具）取得长期股权投资的，所发行工具的公允价值，应按《企业会计准则第 39 号——公允价值计量》（以下简称公允价值计量准则）等相关准则确定。为发行权益性工具支付给有关证券承销机构等的手续费、佣金等与工具发行直接相关的费用，不构成取得长期股权投资的成本。该部分费用应自所发行证券的溢价发行收入中扣除，溢价收入不足冲减的，应依次冲减盈余公积和未分配利润。

一般而言，投资者投入的长期股权投资应根据法律法规的要求进行评估作价，在公平交易当中，投资者投入的长期股权投资的公允价值，与所发行证券（工具）的公允价值不应存在重大差异。如有确凿证据表明，取得长期股权投资的公允价值比所发行证券（工具）的公允价值更加可靠的，以投资者投入的长期股权投资的公允价值为基础确定其初始投资成本。投资方通过发行债务性证券（债务性工具）取得长期股权投资的，比照通过发行权益性证券（权益性工具）处理。

【例 9-8】 2×10 年 3 月，智董公司通过增发 6000 万股普通股（面值 1 元 / 股），从非关联方处取得贵琛公司 20% 的股权，所增发股份的公允价值为 10400 万元。为增发该部分股份，智董公司向证券承销机构等支付了 400 万元的佣金和手续费。相关手续于增发当日完成。假定智董公司取得该部分股权后能够对贵琛公司施加重大影响。贵琛公司 20% 的股权的公允价值与智董公司增发股份的公允价值不存在重大差异。不考虑相关税费等其他因素影响。

本例中，由于贵琛公司20%股权的公允价值与智董公司增发股份的公允价值不存在重大差异，智董公司应当以所发行股份的公允价值作为取得长期股权投资的初始投资成本，有关会计处理如下。

借：长期股权投资——投资成本   104000000
  贷：股本   60000000
    资本公积——股本溢价   44000000

发行权益性证券过程中支付的佣金和手续费，应冲减权益性证券的溢价发行收入，会计处理如下。

借：资本公积——股本溢价   4000000
  贷：银行存款   4000000

【例9-9】非上市企业智董公司在成立时，赓升公司以其持有的对贵琛公司的长期股权投资作为出资投入智董公司。贵琛公司为上市公司，其权益性证券有活跃市场报价。投资合同约定，赓升公司作为出资的长期股权投资作价4000万元（该作价与其公允价值相当）。交易完成后，智董公司注册资本增加至16000万元，其中赓升公司的持股比例为20%。智董公司取得该长期股权投资后能够对贵琛公司施加重大影响。不考虑相关税费等其他因素影响。

本例中，赓升公司向智董公司投入的长期股权投资具有活跃市场报价，而智董公司所发行的权益性工具的公允价值不具有活跃市场报价，因此，智董公司应采用贵琛公司股权的公允价值来确认长期股权投资的初始成本。智董公司应进行的会计处理如下。

借：长期股权投资——投资成本   40000000
  贷：实收资本   32000000
    资本公积——资本溢价   8000000

4. 通过非货币性资产交换取得的长期股权投资

其初始投资成本应当按照《企业会计准则第7号——非货币性资产交换》的有关规定确定。

5. 通过债务重组取得的长期股权投资

其初始投资成本应当按照《企业会计准则第12号——债务重组》的有关规定确定。

6. 企业进行公司制改建

此时，对资产、负债的账面价值按照评估价值调整的，长期股权投资应以评估价值作为改制时的认定成本，评估值与原账面价值的差异应计入资本公积（资本溢价或股本溢价）。

（三）后续计量

1. 成本法和权益法的适用

长期股权投资在持有期间，根据投资方对被投资单位的影响程度分别采用成本法及权益法进行核算。

（1）投资性主体对子公司的会计处理。在个别财务报表中，投资性主体对子公司的会计处理应与合并财务报表原则一致。

关于投资性主体的理解及具体判断，见合并财务报表准则及其应用指南的相关内容。

（2）风险投资机构、共同基金以及类似主体。风险投资机构、共同基金以及类似主体（如投资连接保险产品）持有的、在初始确认时按照《企业会计准则第22号——金融工具确认和计量》的规定以公允价值计量且其变动计入当期损益的金融资产的，应当按照《企业会计准则第22号——金融工具确认和计量》进行后续计量。

（3）对子公司、合营企业、联营企业的长期股权投资。除上述以外，对子公司的长期股权投资应当按成本法核算，对合营企业、联营企业的长期股权投资应当按权益法核算，不允许选择按照《企业会计准则第22号——金融工具确认和计量》进行会计处理。

2. 成本法

（1）成本法的适用范围。投资方持有的对子公司投资应当采用成本法核算，投资方为投资性主体且子公司不纳入其合并财务报表的除外。投资方在判断对被投资单位是否具有控制时，应综合考虑直接持有的股权和通过子公司间接持有的股权。在个别财务报表中，投资方进行成本法核算时，应仅考虑直接持有的股权份额。

长期股权准则要求投资方对子公司的长期股权投资采用成本法核算，主要是为了避免在子公司实际宣告发放现金股利或利润之前，母公司垫付资金发放现金股利或利润等情况，解决了原来权益法核算下投资收益不能足额收回导致超分配的问题。

（2）成本法下长期股权投资账面价值的调整及投资损益的确认。采用成本法核算的长期股权投资，在追加投资时，按照追加投资支付的成本的公允价值及发生的相关交易费用增加长期股权投资的账面价值。被投资单位宣告分派现金股利或利润的，投资方根据应享有的部分确认当期投资收益。

【例9-10】 2×12年1月，智董公司自非关联方处以现金800万元取得对贵琛公司60%的股权，相关手续于当日完成，并能够对贵琛公司实施控制。2×13年3月，贵琛公司宣告分派现金股利，智董公司按其持股比例可取得10万元。不考虑相关税费等其他因素影响。

智董公司有关会计处理如下。

2×12年1月：

借：长期股权投资——投资成本   8000000

  贷：银行存款   8000000

2013年3月：

借：应收股利   100000

  贷：投资收益   100000

企业按照上述规定确认自被投资单位应分得的现金股利或利润后，应当考虑长期股权投资是否发生减值。在判断该类长期股权投资是否存在减值迹象时，应当关注长期股权投资的账面价值是否大于享有被投资单位净资产（包括相关商誉）账面价值的份额等类似情况。出现类似情况时，企业应当按照资产减值准则对长期股权投资进行减值测试，可收回金额低于长期股权投资账面价值的，应当计提减值准备。

值得注意的是，子公司将未分配利润或盈余公积直接转增股本（实收资本），且未向投资方提供等值现金股利或利润的选择权时，母公司并没有获得收取现金股利或者利润的权力，上述交易通常属于子公司自身权益结构的重分类，母公司不应确认相关的投资收益。

3. 权益法

（1）综合规定。对合营企业和联营企业投资应当采用权益法核算。

投资方在判断对被投资单位是否具有共同控制、重大影响时，应综合考虑直接持有的股权和通过子公司间接持有的股权。在综合考虑直接持有的股权和通过子公司间接持有的股权后，如果认定投资方在被投资单位拥有共同控制或重大影响，在个别财务报表中，投资方进行权益法核算时，应仅考虑直接持有的股权份额；在合并财务报表中，投资方进行权益法核算时，应同时考虑直接持有和间接持有的份额。

按照权益法核算的长期股权投资，一般会计处理为以下三种情况。

1）初始投资或追加投资时，按照初始投资成本或追加投资的投资成本，增加长期股权投资的账面价值。

2）比较初始投资成本与投资时应享有被投资单位可辨认净资产公允价值的份额，前者大于后者的，不调整长期股权投资账面价值；前者小于后者的，应当按照二者之间的差额调增长期股权投资的账面价值，同时计入取得投资当期损益。

3）持有投资期间，随着被投资单位所有者权益的变动相应调整增加或减少长期股权投资的账面价值，并分别以下情况处理。

- 对于因被投资单位实现净损益和其他综合收益而产生的所有者权益的变动，投资方应当按照应享有的份额，增加或减少长期股权投资的账面价值，同时确认投资损益和其他综合收益。
- 对于被投资单位宣告分派的利润或现金股利计算应分得的部分，相应减少长期股权投资的账面价值。
- 对于被投资单位除净损益、其他综合收益以及利润分配以外的因素导致的其他所有者权益变动，相应调整长期股权投资的账面价值，同时确认资本公积（其他资本公积）。

在持有投资期间，被投资单位编制合并财务报表的，应当以合并财务报表中净利润、其他综合收益和其他所有者权益变动中归属于被投资单位的金额为基础进行会计处理。

（2）具体规定。

1）初始投资成本的调整。投资方取得对联营企业或合营企业的投资以后，对于取得投资时初始投资成本与应享有被投资单位可辨认净资产公允价值份额之间的差额，应区别情况处理。

（a）初始投资成本大于取得投资时应享有被投资单位可辨认净资产公允价值份额的。该部分差额是投资方在取得投资过程中通过作价体现出的与所取得股权份额相对应的商誉价值，这种情况下不要求对长期股权投资的成本进行调整。被投资单位可辨认净资产的公允价值，应当比照《企业会计准则第 20 号——企业合并》的有关规定确定。

（b）初始投资成本小于取得投资时应享有被投资单位可辨认净资产公允价值份额的。两者之间的差额体现为双方在交易作价过程中转让方的让步，该部分经济利益流入应计入取得投资当期的营业外收入，同时调整增加长期股权投资的账面价值。

【例 9-11】2×11 年 1 月，智董公司取得贵琛公司 30％的股权，支付价款 6000 万元。取得投资时，被投资单位净资产账面价值为 15000 万元（假定被投资单位各项可辨认净资产的公允价值与其账面价值相同）。智董公司在取得贵琛公司的股权后，能够对贵琛公司施加重大影响。不考虑相关税费等其他因素影响。

本例中，应对该投资采用权益法核算。取得投资时，智董公司有关会计处理如下。

借：长期股权投资——投资成本　　　　　　　　　　　60000000

　　贷：银行存款　　　　　　　　　　　　　　　　　　　　　60000000

长期股权投资的初始投资成本 6000 万元大于取得投资时应享有被投资单位可辨认净资产公允价值的份额 4500 万元（15000×30％），该差额 1500 万元不调整长期股权投资的账面价值。

假定本例中取得投资时被投资单位可辨认净资产的公允价值为 24000 万元，智董公司按持股比例 30％计算确定应享有 7200 万元，则初始投资成本与应享有被投资单位可辨认净资产公允价值份额之间的差额 1200 万元应计入取得投资当期的营业外收入。有关会计处理如下。

借：长期股权投资——投资成本　　　　　　　　　　　72000000

　　贷：银行存款　　　　　　　　　　　　　　　　　　　　　60000000

　　　　营业外收入　　　　　　　　　　　　　　　　　　　　12000000

2）投资损益的确认。采用权益法核算的长期股权投资，在确认应享有（或分担）被投资单位的净利润（或净亏损）时，在被投资单位账面净利润的基础上，应考虑以下因素的影响进行适当调整。

（a）被投资单位采用的会计政策和会计期间与投资方不一致的，应按投资方的会计政策和会计期间对被投资单位的财务报表进行调整，在此基础上确定被投资单位的损益。

权益法下，是将投资方与被投资单位作为一个整体对待，作为一个整体其所产生的损益，应当在一致的会计政策基础上确定，被投资单位采用的会计政策与投资方不同的，投资方应当基于重要性原则，按照本企业的会计政策对被投资单位的损益进行调整。

（b）以取得投资时被投资单位固定资产、无形资产等的公允价值为基础计提的折旧额或摊销额，以及有关资产减值准备金额等对被投资单位净利润的影响。

被投资单位利润表中的净利润是以其持有的资产、负债账面价值为基础持续计算的，而投资方在取得投资时，是以被投资单位有关资产、负债的公允价值为基础确定投资成本，取得投资后应确认的投资收益代表的是被投资单位资产、负债在公允价值计量的情况下在未来期间通过经营产生的损益中归属于投资方的部分。投资方取得投资时，被投资单位有关资产、负债的公允价值与其账面价值不同的，未来期间，在计算归属于投资方应享有的净利润或应承担的净亏损时，应考虑被投资单位计提的折旧额、摊销额以及资产减值准备金额等进行调整。

值得注意的是，尽管在评估投资方对被投资单位是否具有重大影响时，应当考虑潜在表决权的影响，但在确定应享有的被投资单位实现的净损益、其他综合收益和其他所有者权益变动的份额时，潜在表决权所对应的权益份额不应予以考虑。

此外，如果被投资单位发行了分类为权益的可累积优先股等类似的权益工具，无论被投资单位是否宣告分配优先股股利，投资方计算应享有被投资单位的净利润时，均应将归属于其他投资方的累积优先股股利予以扣除。

【例9-12】2×13年1月10日，智董公司购入贵琛公司30%的股份，购买价款为2200万元，自取得投资之日起能够对贵琛公司施加重大影响。取得投资当日，贵琛公司可辨认净资产公允价值为6000万元，除表9-2所列项目外，贵琛公司其他资产、负债的公允价值与账面价值相同。

表9-2　与账面价值不同的项目　　　　　　　　单位：万元

项目	账面原价	已提折旧或摊销	公允价值	贵琛公司预计使用年限	智董公司取得投资后剩余使用年限
存货	500		700		
固定资产	1200	240	1600	20	16
无形资产	700	140	800	10	8
小计	2400	380	3100		

假定贵琛公司于2×13年实现净利润600万元，其中在智董公司取得投资时的账面存货有80%对外出售。智董公司与贵琛公司的会计年度及采用的会计政策相同。固定资产、无形资产等均按直线法提取折旧或摊销，预计净残值均为0。假定智董公司、贵琛公司间未发生其他任何内部交易。

2×13年12月31日，智董公司在确定其应享有的投资收益时，应在贵琛公司实现净利润的基础上，根据取得投资时贵琛公司有关资产的账面价值与其公允价值差额的影响进行调整（假定不考虑所得税及其他税费等因素影响）：

存货账面价值与公允价值的差额应调减的利润为160万元［（700－500）×80%］

固定资产公允价值与账面价值差额应调整增加的折旧额为 40 万元（1600÷16 – 1200÷20）

无形资产公允价值与账面价值差额应调整增加的摊销额为 30 万元（800÷8 – 700÷10）

调整后的净利润为 370 万元（600 – 160 – 40 – 30）

按照智董公司应享有份额为 111 万元（370×30%）

确认投资收益的相关会计处理如下。

借：长期股权投资——损益调整　　　　　　　　　　　　　1110000

　　贷：投资收益　　　　　　　　　　　　　　　　　　　　　　　1110000

（c）对于投资方或纳入投资方合并财务报表范围的子公司与其联营企业及合营企业之间发生的未实现内部交易损益应予抵销，即投资方与联营企业及合营企业之间发生的未实现内部交易损益，按照应享有的比例计算归属于投资方的部分，应当予以抵销，在此基础上确认投资损益。投资方与被投资单位发生的内部交易损失，按照资产减值准则等规定属于资产减值损失的，应当全额确认。

投资方与其联营企业和合营企业之间的未实现内部交易损益抵销与投资方与子公司之间的未实现内部交易损益抵销有所不同，母子公司之间的未实现内部交易损益在合并财务报表中是全额抵销的（无论是全资子公司还是非全资子公司），而投资方与其联营企业和合营企业之间的未实现内部交易损益抵销仅仅是投资方（或是纳入投资方合并财务报表范围的子公司）享有联营企业或合营企业的权益份额。

应当注意的是，投资方与联营、合营企业之间发生投出或出售资产的交易，该资产构成业务的，应当按照《企业会计准则第 20 号——企业合并》《企业会计准则第 33 号——合并财务报表》的有关规定进行会计处理。有关会计处理如下：①联营、合营企业向投资方出售业务的，投资方应按《企业会计准则第 20 号——企业合并》的规定进行会计处理。投资方应全额确认与交易相关的利得或损失。②投资方向联营、合营企业投出业务，投资方因此取得长期股权投资但未取得控制权的，应以投出业务的公允价值作为新增长期股权投资的初始投资成本，初始投资成本与投出业务的账面价值之差，全额计入当期损益。投资方向联营、合营企业出售业务，取得的对价与业务的账面价值之间的差额，全额计入当期损益。

【例 9-13】智董公司为某汽车生产厂商。2×13 年 1 月，智董公司以其所属的从事汽车配饰生产的一个分公司（构成业务），向其持股 30% 的联营企业贵琛公司增资。同时，贵琛公司的其他投资方（持有贵琛公司 70% 股权）也以现金 4200 万元向贵琛公司增资。增资后，智董公司对贵琛公司的持股比例不变，并仍能施加重大影响。上述分公司（构成业务）的净资产（资产与负债的差额，下同）账面价值为 1000 万元。该业务的公允价值为 1800万元。不考虑相关税费等其他因素影响。

本例中，智董公司是将一项业务投给联营企业作为增资。智董公司应当按照所投出分公司（业务）的公允价值 1800 万元作为新取得长期股权投资的初始投资成本，初始投资成本与所投出业务的净资产账面价值 1000 万元之间的差额 800 万元应全额计入当期损益。

投出或出售的资产不构成业务的，应当分别顺流交易和逆流交易进行会计处理。顺流交易是指投资方向其联营企业或合营企业投出或出售资产。逆流交易是指联营企业或合营企业向投资方出售资产。未实现内部交易损益体现在投资方或其联营企业、合营企业持有的资产账面价值中的，在计算确认投资损益时应予抵销。

a）对于投资方向联营企业或合营企业投出或出售资产的顺流交易。在该交易存在未实现内部交易损益的情况下（即有关资产未对外部独立第三方出售或未被消耗），投资方在采用权益法计算确认应享有联营企业或合营企业的投资损益时，应抵销该未实现内部交易损益的影响，同时调整对联营企业或合营企业长期股权投资的账面价值；投资方因投出或出售资产给其联营企业或合营企业而产生的损益中，应仅限于确认归属于联营企业或合营企业其他投资方的部分。即在顺流交易中，投资方投出资产或出售资产给其联营企业或合营企业产生的损益中，按照应享有比例计算确定归属于本企业的部分不予确认。

【例 9-14】 2×10 年 1 月，智董公司取得了贵琛公司 20% 有表决权的股份，能够对贵琛公司施加重大影响。2×13 年 11 月，智董公司将其账面价值为 600 万元的商品以 900 万元的价格出售给贵琛公司，贵琛公司将取得的商品作为管理用固定资产，预计使用寿命为 10 年，净残值为 0。假定智董公司取得该项投资时，贵琛公司各项可辨认资产、负债的公允价值与其账面价值相同，两者在以前期间未发生过内部交易。贵琛公司 2×13 年实现净利润为 1000 万元。不考虑所得税及其他相关税费等其他因素影响。

本例中，智董公司在该项交易中实现利润 300 万元，其中的 60 万元（300×20%）是针对本公司持有的对联营企业的权益份额，在采用权益法计算确认投资损益时应予抵销，同时应考虑相关固定资产折旧对损益的影响，即智董公司应当进行以下会计处理。

借：长期股权投资——损益调整
　　　　1405000[（10000000 − 3000000 + 25000）×20%]
　　贷：投资收益　　　　　　　　　　　　　　　　　　　　　　　1405000

b）对于联营企业或合营企业向投资方投出或出售资产的逆流交易。比照上述顺流交易处理。

应当说明的是，投资方与其联营企业及合营企业之间发生的无论是顺流交易还是逆流交易产生的未实现内部交易损失，其中属于所转让资产发生减值损失的，有关未实现内部交易损失不应予以抵销。

【例 9-15】 2×10 年 1 月，智董公司取得贵琛公司 20% 有表决权的股份，能够对贵琛公司施加重大影响。2×13 年，智董公司将其账面价值为 400 万元的商品以 320 万元的价格出售给贵琛公司。2×13 年资产负债表日，该批商品尚未对外部第三方出售。假定智董公司取得该项投资时，贵琛公司各项可辨认资产、负债的公允价值与其账面价值相同，两者在以前期间未发生过内部交易。贵琛公司 2×13 年净利润为 1000 万元。不考虑相关税费等其他因素影响。

智董公司在确认应享有贵琛公司 2×13 年净损益时，如果有证据表明该商品交易价格 320 万元与其账面价值 400 万元之间的差额为减值损失的，不应予以抵销。智董公司应当进行以下会计处理。

借：长期股权投资——损益调整　　　　2000000（10000000×20%）
　　贷：投资收益　　　　　　　　　　　　　　　　　　　　　　　2000000

c）被投资单位其他综合收益变动的处理。被投资单位其他综合收益发生变动的，投资方应当按照归属于本企业的部分，相应调整长期股权投资的账面价值，同时增加或减少其他综合收益。

【例 9-16】 智董公司持有贵琛公司 30% 的股份，能够对贵琛公司施加重大影响。当期贵琛公司因持有的可供出售金融资产公允价值的变动计入其他综合收益的金额为 1200 万元，除该事项外，贵琛公司当期实现的净损益为 6400 万元。假定智董公司与贵琛公司适用的会计政策、会计期间相同，投资时贵琛公司各项可辨认资产、负债的公允价值与其账面价值亦相同。双方在当期及以前期间未发生任何内部交易。不考虑所得税影响因素。

智董公司在确认应享有被投资单位所有者权益的变动时：
借：长期股权投资——损益调整　　　　　　　　　　　　　19200000
　　　　　　　　　——其他综合收益　　　　　　　　　　　　3600000
　　贷：投资收益　　　　　　　　　　　　　　　　　　　　　19200000
　　　　其他综合收益　　　　　　　　　　　　　　　　　　　　3600000

3）取得现金股利或利润的处理。按照权益法核算的长期股权投资，投资方自被投资单位取得的现金股利或利润，应抵减长期股权投资的账面价值。在被投资单位宣告分派现金股利或利润时，借记"应收股利"科目，贷记"长期股权投资——损益调整"科目。

4）超额亏损的确认。《企业会计准则第2号——长期股权投资》规定，投资方确认应分担被投资单位发生的损失，原则上应以长期股权投资及其他实质上构成对被投资单位净投资的长期权益减记至零为限，投资方负有承担额外损失义务的除外。

这里所讲"其他实质上构成对被投资单位净投资的长期权益"通常是指长期应收项目，例如，投资方对被投资单位的长期债权，该债权没有明确的清收计划，且在可预见的未来期间不准备收回的，实质上构成对被投资单位的净投资。应予说明的是，该类长期权益不包括投资方与被投资单位之间因销售商品、提供劳务等日常活动所产生的长期债权。

投资方在确认应分担被投资单位发生的亏损时，应将长期股权投资及其他实质上构成对被投资单位净投资的长期权益项目的账面价值综合起来考虑，在长期股权投资的账面价值减记至零的情况下，如果仍有未确认的投资损失，应以其他长期权益的账面价值为基础继续确认。另外，投资方在确认应分担被投资单位的净损失时，除应考虑长期股权投资及其他长期权益的账面价值以外，如果在投资合同或协议中约定将履行其他额外的损失补偿义务，还应按《企业会计准则第13号——或有事项》的规定确认预计将承担的损失金额。

值得注意的是，在合并财务报表中，子公司发生超额亏损的，子公司少数股东应当按照持股比例分担超额亏损。即在合并财务报表中，子公司少数股东分担的当期亏损超过了少数股东在该子公司期初所有者权益中所享有的份额的，其余额应当冲减少数股东权益。

在确认了有关的投资损失以后，被投资单位以后期间实现盈利的，应按以上相反顺序分别减记已确认的预计负债、恢复其他长期权益和长期股权投资的账面价值，同时确认投资收益。即应当按顺序分别借记"预计负债""长期应收款""长期股权投资"等科目，贷记"投资收益"科目。

【例9-17】智董公司持有贵琛公司40%的股权，能够对贵琛公司施加重大影响。2×12年12月31日，该项长期股权投资的账面价值为4000万元。2×13年，贵琛公司由于一项主要经营业务市场条件发生变化，当年亏损6000万元。假定智董公司在取得该投资时，贵琛公司各项可辨认资产、负债的公允价值与其账面价值相等，双方所采用的会计政策及会计期间也相同。因此，智董公司当年度应确认的投资损失为2400万元。确认上述投资损失后，长期股权投资的账面价值变为1600万元。不考虑相关税费等其他因素影响。

如果贵琛公司2×13年的亏损额为12000万元，智董公司按其持股比例确认应分担的损失为4800万元，但长期股权投资的账面价值仅为4000万元，如果没有其他实质上构成对被投资单位净投资的长期权益项目，则智董公司应确认的投资损失仅为4000万元，超额损失在账外进行备查登记；在确认了4000万元的投资损失，长期股权投资的账面价值减记至零以后，如果智董公司账上仍有应收贵琛公司的长期应收款1600万元，该款项从目前情况看，没有明确的清偿计划，且在可预见的未来期间不准备收回（并非产生于商品购销等日常活动），则智董公司应进行以下会计处理。

借：投资收益   40000000

   贷：长期股权投资——损益调整   40000000

借：投资收益   8000000

   贷：长期应收款   8000000

5）被投资单位除净损益、其他综合收益以及利润分配以外的所有者权益的其他变动。被投资单位除净损益、其他综合收益以及利润分配以外的所有者权益的其他变动的因素，主要包括被投资单位接受其他股东的资本性投入、被投资单位发行可分离交易的可转债中包含的权益成分、以权益结算的股份支付、其他股东对被投资单位增资导致投资方持股比例变动等。投资方应按所持股权比例计算应享有的份额，调整长期股权投资的账面价值，同时计入资本公积（其他资本公积），并在备查簿中予以登记，投资方在后续处置股权投资但对剩余股权仍采用权益法核算时，应按处置比例将这部分资本公积转入当期投资收益；对剩余股权终止权益法核算时，将这部分资本公积全部转入当期投资收益。

【例 9-18】 2×10 年 3 月 20 日，智董、贵琛、欣郁公司分别以现金 200 万元、400 万元和 400 万元出资设立怡平公司，分别持有怡平公司 20%、40%、40% 的股权。智董公司对怡平公司具有重大影响，采用权益法对有关长期股权投资进行核算。怡平公司自设立日起至 2×12 年 1 月 1 日实现净损益 1000 万元，除此以外，无其他影响净资产的事项。2×12 年 1 月 1 日，经智董、贵琛、欣郁公司协商，贵琛公司对怡平公司增资 800 万元，增资后怡平公司净资产为 2800 万元，智董、贵琛、欣郁公司分别持有怡平公司 15%、50%、35% 的股权。相关手续于当日完成。假定智董公司与怡平公司适用的会计政策、会计期间相同，双方在当期及以前期间未发生其他内部交易。不考虑相关税费等其他因素影响。

本例中，2×12 年 1 月 1 日，贵琛公司增资前，怡平公司的净资产账面价值为 2000 万元，智董公司应享有怡平公司权益的份额为 400 万元（2000×20%）。贵琛公司单方面增资后，怡平公司的净资产增加 800 万元，智董公司应享有怡平公司权益的份额为 420 万元（2800×15%）。智董公司享有的权益变动 20 万元（420 – 400），属于怡平公司除净损益、其他综合收益和利润分配以外所有者权益的其他变动。智董公司对怡平公司的长期股权投资的账面价值应调增 20 万元，并相应调整"资本公积——其他资本公积"。

6）投资方持股比例增加但仍采用权益法核算的处理。投资方因增加投资等原因对被投资单位的持股比例增加，但被投资单位仍然是投资方的联营企业或合营企业时，投资方应当按照新的持股比例对股权投资继续采用权益法进行核算。在新增投资日，如果新增投资成本大于按新增持股比例计算的被投资单位可辨认净资产于新增投资日的公允价值份额，不调整长期股权投资成本；如果新增投资成本小于按新增持股比例计算的被投资单位可辨认净资产于新增投资日的公允价值份额，应按该差额，调整长期股权投资成本和营业外收入。进行上述调整时，应当综合考虑与原持有投资和追加投资相关的商誉或计入损益的金额。

【例 9-19】 2×10 年 1 月 1 日，智董公司以现金 2500 万元向非关联方购买贵琛公司 20% 的股权，并对贵琛公司具有重大影响。当日，贵琛公司可辨认净资产公允价值与账面价值相等，均为 10000 万元。2×10 年 1 月 1 日至 2×13 年 1 月 1 日期间，贵琛公司实现净损益 2000 万元，除此以外，无其他引起净资产发生变动的事项。2×13 年 1 月 1 日，智董公司以现金 1200 万元向另一非关联方购买贵琛公司 10% 的股权，仍对贵琛公司具有重大影响，相关手续于当日完成。当日，贵琛公司可辨认净资产公允价值为 1.5 亿元。不考虑相关税费等其他因素影响。

本例中，智董公司于 2×10 年 1 月 1 日第一次购买贵琛公司股权时，应享有贵琛公司可辨认净资产公允价值份额为 2000 万元（10000 万元 ×20%），智董公司支付对价的公允价值为 2500 万元，因此智董公司 2×10 年 1 月 1 日确认对贵琛公司的长期股权投资的初始投资成本为 2500 万元，其中含 500 万元的内含商誉。

借：长期股权投资——投资成本　　　　　　　　　　　　25000000
　　贷：银行存款　　　　　　　　　　　　　　　　　　　　　　　25000000

智董公司 2×13 年 1 月 1 日第二次购买贵琛公司股权时，应享有贵琛公司可辨认净资产公允价值份额为 1500 万元（15000 万元 ×10%），智董公司支付对价的公允价值为 1200 万元，智董公司本应调整第二次投资的长期股权投资成本为 1500 万元，并将 300 万元的负商誉确认 300 万元的营业外收入，然而，由于智董公司第一次权益法投资时确认了 500 万元的内含正商誉，两次商誉综合考虑后的金额为正商誉 200 万元，因此，智董公司 2×13 年 1 月 1 日确认的对第二次投资的长期股权投资的初始投资成本仍为 1200 万元，并在备查簿中记录两次投资各自产生的商誉和第二次投资时综合考虑两次投资产生的商誉后的调整情况。

借：长期股权投资　　　　　　　　　　　　　　　　　12000000

　　贷：银行存款　　　　　　　　　　　　　　　　　　　　　　　12000000

4. 核算方法的变换

（1）公允价值计量转权益法核算。原持有的对被投资单位的股权投资（不具有控制、共同控制或重大影响的），按照《企业会计准则第 22 号——金融工具确认和计量》进行会计处理的，因追加投资等原因导致持股比例上升，能够对被投资单位施加共同控制或重大影响的，在转按权益法核算时，投资方应当按照《企业会计准则第 22 号——金融工具确认和计量》确定的原股权投资的公允价值加上为取得新增投资而应支付对价的公允价值，作为改按权益法核算的初始投资成本。原持有的股权投资分类为可供出售金融资产的，其公允价值与账面价值之间的差额，以及原计入其他综合收益的累计公允价值变动应当转入改按权益法核算的当期损益。

然后，比较上述计算所得的初始投资成本，与按照追加投资后全新的持股比例计算确定的应享有被投资单位在追加投资日可辨认净资产公允价值份额之间的差额，前者大于后者的，不调整长期股权投资的账面价值；前者小于后者的，差额应调整长期股权投资的账面价值，并计入当期营业外收入。

【例 9-20】2×12 年 2 月，智董公司以 600 万元现金自非关联方处取得贵琛公司 10% 的股权。智董公司根据《企业会计准则第 22 号——金融工具确认和计量》将其作为可供出售金融资产。2×13 年 1 月 2 日，智董公司又以 1200 万元的现金自另一非关联方处取得贵琛公司 12% 的股权，相关手续于当日完成。当日，贵琛公司可辨认净资产公允价值总额为 8000 万元，智董公司对贵琛公司的可供出售金融资产的账面价值 1000 万元，计入其他综合收益的累计公允价值变动为 400 万元。取得该部分股权后，按照贵琛公司章程规定，智董公司能够对贵琛公司施加重大影响，对该项股权投资转为采用权益法核算。不考虑相关税费等其他因素影响。

本例中，2×13 年 1 月 2 日，智董公司原持有 10% 股权的公允价值为 1000 万元，为取得新增投资而支付对价的公允价值为 1200 万元，因此智董公司对贵琛公司 22% 股权的初始投资成本为 2200 万元。

智董公司对贵琛公司新持股比例为 22%，应享有贵琛公司可辨认净资产公允价值的份额为 1760 万元（8000 万元 ×22%）。由于初始投资成本（2200 万元）大于应享有贵琛公司可辨认净资产公允价值的份额（1760 万元），因此，智董公司无须调整长期股权投资的成本。

2×13 年 1 月 2 日，智董公司确认对贵琛公司的长期股权投资，进行会计处理如下。

借：长期股权投资——投资成本　　　　　　　　　　　22000000

　　资本公积——其他资本公积　　　　　　　　　　　　4000000

　　贷：可供出售金融资产　　　　　　　　　　　　　　　　　　10000000

　　　　银行存款　　　　　　　　　　　　　　　　　　　　　　12000000

　　　　投资收益　　　　　　　　　　　　　　　　　　　　　　4000000

（2）公允价值计量或权益法核算转成本法核算。投资方原持有的对被投资单位不具有控制、共同控制或重大影响的按照《企业会计准则第 22 号——金融工具确认和计量》进行会计处理的权益性投资，或者原持有对联营企业、合营企业的长期股权投资，因追加投资等原因，能够对被投资单位实施控制的，应按有关企业合并形成的长期股权投资的指引进行会计处理。

（3）权益法核算转公允价值计量。原持有的对被投资单位具有共同控制或重大影响的长期股权投资，因部分处置等原因导致持股比例下降，不能再对被投资单位实施共同控制或重大影响的，应改按《企业会计准则第 22 号——金融工具确认和计量》对剩余股权投资进行会计处理，其在丧失共同控制或重大影响之日的公允价值与账面价值之间的差额计入当期损益。原采用权益法核算的相关其他综合收益应当在终止采用权益法核算时，采用与被投资单位直接处置相关资产或负债相同的基础进行会计处理，因被投资方除净损益、其他综合收益和利润分配以外的其他所有者权益变动而确认的所有者权益，应当在终止采用权益法核算时全部转入当期损益。

【例 9-21】 智董公司持有贵琛公司 30% 的有表决权股份，能够对贵琛公司施加重大影响，对该股权投资采用权益法核算。2×12 年 10 月，智董公司将该项投资中的 50% 出售给非关联方，取得价款 1800 万元。相关手续于当日完成。智董公司无法再对贵琛公司施加重大影响，将剩余股权投资转为可供出售金融资产。出售时，该项长期股权投资的账面价值为 3200 万元，其中投资成本 2600 万元，损益调整为 300 万元，其他综合收益为 200 万元（性质为被投资单位的可供出售金融资产的累计公允价值变动），除净损益、其他综合收益和利润分配外的其他所有者权益变动为 100 万元。剩余股权的公允价值为 1800 万元。不考虑相关税费等其他因素影响。

智董公司有关会计处理如下。

（1）确认有关股权投资的处置损益。

借：银行存款　　　　　　　　　　　　　　　　18000000
　　贷：长期股权投资　　　　　　　　　　　　　　　　16000000
　　　　投资收益　　　　　　　　　　　　　　　　　　 2000000

（2）由于终止采用权益法核算，将原确认的相关其他综合收益全部转入当期损益。

借：其他综合收益　　　　　　　　　　　　　　 2000000
　　贷：投资收益　　　　　　　　　　　　　　　　　　 2000000

（3）由于终止采用权益法核算，将原计入资本公积的其他所有者权益变动全部转入当期损益。

借：资本公积——其他资本公积　　　　　　　　 1000000
　　贷：投资收益　　　　　　　　　　　　　　　　　　 1000000

（4）剩余股权投资转为可供出售金融资产，当天公允价值为 1800 万元，账面价值为 1600 万元，两者差异应计入当期投资收益。

借：可供出售金融资产　　　　　　　　　　　　18000000
　　贷：长期股权投资　　　　　　　　　　　　　　　　16000000
　　　　投资收益　　　　　　　　　　　　　　　　　　 2000000

（4）成本法转权益法。因处置投资等原因导致对被投资单位由能够实施控制转为具有重大影响或者与其他投资方一起实施共同控制的，首先应按处置投资的比例结转应终止确认的长期股权投资成本。

然后，比较剩余长期股权投资的成本与按照剩余持股比例计算原投资时应享有被投资单位可辨认净资产公允价值的份额，前者大于后者的，属于投资作价中体现的商誉部分，不调整长期股权投资的账面价值；前者小于后者的，在调整长期股权投资成本的同时，调整留存收益。

对于原取得投资时至处置投资时（转为权益法核算）之间被投资单位实现净损益中投资方应享有的份额，一方面应当调整长期股权投资的账面价值，同时，对于原取得投资时至处置投资当期期初被投资单位实现的净损益（扣除已宣告发放的现金股利和利润）中应享有的份额，调整留存收益，对于处置投资当期期初至处置投资之日被投资单位实现的净损益中享有的份额，调整当期损益；在被投资单位其他综合收益变动中应享有的份额，在调整长期股权投资账面价值的同时，应当计入其他综合收益；除净损益、其他综合收益和利润分配外的其他原因导致被投资单位其他所有者权益变动中应享有的份额，在调整长期股权投资账面价值的同时，应当计入资本公积（其他资本公积）。长期股权投资自成本法转为权益法后，未来期间应当按照《企业会计准则第 2 号——长期股权投资》规定计算确认应享有被投资单位实现的净损益、其他综合收益和所有者权益其他变动的份额。

【例 9-22】智董公司原持有贵琛公司 60% 的股权，能够对贵琛公司实施控制。2×12 年 11 月 6 日，智董公司对贵琛公司的长期股权投资的账面价值为 6000 万元，未计提减值准备，智董公司将其持有的对贵琛公司长期股权投资中的 1/3 出售给非关联方，取得价款 3600 万元，当日被投资单位可辨认净资产公允价值总额为 16000 万元。相关手续于当日完成，智董公司不再对贵琛公司实施控制，但具有重大影响。智董公司原取得贵琛公司 60% 股权时，贵琛公司可辨认净资产公允价值总额为 9000 万元（假定公允价值与账面价值相同）。自智董公司取得对贵琛公司长期股权投资后至部分处置投资前，贵琛公司实现净利润 5000 万元。其中，自智董公司取得投资日至 2×12 年年初实现净利润 4000 万元。假定贵琛公司一直来进行利润分配。除所实现净损益外，贵琛公司未发生其他计入资本公积的交易或事项。智董公司按净利润的 10% 提取盈余公积。不考虑相关税费等其他因素影响。

本例中，在出售 20% 的股权后，智董公司对贵琛公司的持股比例为 40%，对贵琛公司施加重大影响。对贵琛公司长期股权投资应由成本法改为按照权益法核算。有关会计处理如下。

（1）确认长期股权投资处置损益。

借：银行存款　　　　　　　　　　　　　　　　36000000
　　贷：长期股权投资　　　　　　　　　　　　　　　　20000000
　　　　投资收益　　　　　　　　　　　　　　　　　　16000000

（2）调整长期股权投资账面价值。

剩余长期股权投资的账面价值为 4000 万元，与原投资时应享有被投资单位可辨认净资产公允价值份额之间的差额 400 万元（4000 – 9000×40%）为商誉，该部分商誉的价值不需要对长期股权投资的成本进行调整。

处置投资以后按照持股比例计算享有被投资单位自购买日至处置投资日期初之间实现的净损益为 1600 万元（4000×40%），应调整增加长期股权投资的账面价值，同时调整留存收益；处置期初至处置日之间实现的净损益 400 万元，应调整增加长期股权投资的账面价值，同时入当期投资收益。企业应进行以下会计处理。

借：长期股权投资　　　　　　　　　　　　　　20000000
　　贷：盈余公积　　　　　　　　　　　　　　　　　　1600000
　　　　利润分配——未分配利润　　　　　　　　　　14400000
　　　　投资收益　　　　　　　　　　　　　　　　　　4000000

（5）成本法核算转公允价值计量。原持有的对被投资单位具有控制的长期股权投资，因部分处置等原因导致持股比例下降，不能再对被投资单位实施控制、共同控制或重大影响的，应改按《企业会计准则第 22 号——金融工具确认和计量》进行会计处理，在丧失控制之日的公允价值与账面价值之间的差额计入当期投资收益。

【例 9-23】智董公司持有贵琛公司 60% 的有表决权股份，能够对贵琛公司实施控制，对该股权投资采用成本法核算。2×12 年 10 月，智董公司将该项投资中的 80% 出售给非关联方，取得价款 8000 万元。相关手续于当日完成。智董公司无法再对贵琛公司实施控制，也不能施加共同控制或重大影响，将剩余股权投资转为可供出售金融资产。出售时，该项长期股权投资的账面价值为 8000 万元，剩余股权投资的公允价值为 2000 万元。不考虑相关税费等其他因素影响。

智董公司有关会计处理如下。

（1）确认有关股权投资的处置损益。

借：银行存款　　　　　　　　　　　　　　　　80000000
　　贷：长期股权投资　　　　　　　　　　　　　　　　　64000000
　　　　投资收益　　　　　　　　　　　　　　　　　　　16000000

（2）剩余股权投资转为可供出售金融资产，当天公允价值为 2000 万元，账面价值为 1600 万元，两者差异应计入 4000000 万元，两者差异应计入当期投资收益。

借：可供出售金融资产　　　　　　　　　　　　20000000
　　贷：长期股权投资　　　　　　　　　　　　　　　　　16000000
　　　　投资收益　　　　　　　　　　　　　　　　　　　4000000

小知识

关于股票股利的处理

被投资单位分派股票股利的，投资方不作会计处理，但应于除权日注明所增加的股数，以反映股份的变化情况。

小知识

关于投资性主体转变时的会计处理

当企业由非投资性主体转变为投资性主体时，其对自转变日起不再纳入合并财务报表范围的子公司采用公允价值计量且其变动计入当期损益，转变日公允价值和原账面价值的差额计入所有者权益。

当企业由投资性主体转变为非投资性主体时，其对自转变日起开始纳入合并财务报表范围的子公司采用成本法进行后续计量。转变日的公允价值为成本法核算的初始成本。

小知识

符合持有待售资产分类条件的权益性投资

对联营企业或合营企业的权益性投资全部或部分分类为持有待售资产的，投资方应当按照《企业会计准则第 4 号——固定资产》的有关规定处理，对于未划分为持有待售资产的剩余权益性投资，应当采用权益法进行会计处理。

已划分为持有待售的对联营企业或合营企业的权益性投资，不再符合持有待售资产分类条件的，应当从被分类为持有待售资产之日起采用权益法进行追溯调整。分类为持有待售期间的财务报表应当做相应调整。

小知识

长期股权投资减值

投资方应当关注长期股权投资的账面价值是否大于享有被投资单位所有者权益账面价

值的份额等类似情况。出现类似情况时，投资方应当按照《企业会计准则第 8 号——资产减值》对长期股权投资进行减值测试，可收回金额低于长期股权投资账面价值的，应当计提减值准备。

（四）期末计量

1. 处置

企业持有长期股权投资的过程中，由于各方面的考虑，决定将所持有的对被投资单位的股权全部或部分对外出售时，应相应结转与所售股权相对应的长期股权投资的账面价值，一般情况下，出售所得价款与处置长期股权投资账面价值之间的差额，应确认为处置损益。

投资方全部处置权益法核算的长期股权投资时，原权益法核算的相关其他综合收益应当在终止采用权益法核算时采用与被投资单位直接处置相关资产或负债相同的基础进行会计处理，因被投资方除净损益、其他综合收益和利润分配以外的其他所有者权益变动而确认的所有者权益，应当在终止采用权益法核算时全部转入当期投资收益。

投资方部分处置权益法核算的长期股权投资，剩余股权仍采用权益法核算的，原权益法核算的相关其他综合收益应当采用与被投资单位直接处置相关资产或负债相同的基础处理并按比例结转，因被投资方除净损益、其他综合收益和利润分配以外的其他所有者权益变动而确认的所有者权益，应当按比例结转入当期投资收益。

【例 9-24】智董公司持有贵琛公司 40% 的股权并采用权益法核算。2×13 年 7 月 1 日，智董公司将贵琛公司 20% 的股权出售给第三方欣郁公司，对剩余 20% 的股权仍采用权益法核算。智董公司取得贵琛公司股权至 2×13 年 7 月 1 日期间，确认的相关其他综合收益为 400 万元（其中：350 万元为按比例享有的贵琛公司可供出售金融资产的公允价值变动，50 万元为按比例享有的贵琛公司重新计量设定受益计划净负债或净资产所产生的变动），享有贵琛公司除净损益、其他综合收益和利润分配以外的其他所有者权益变动为 100 万元。不考虑相关税费等其他因素影响。

智董公司原持有股权相关的其他综合收益和其他所有者权益变动应按以下方法进行会计处理。

（1）其他综合收益。

1）转入当期损益。350 万元的其他综合收益属于被投资单位可供出售金融资产的公允价值变动，由于剩余股权仍继续根据《企业会计准则第 2 号——长期股权投资》采用权益法进行核算，因此，应按处置比例（20%/40%）相应结转计入当期投资收益 350/2 = 175（万元）。

2）转入其他的权益科目。50 万元的其他综合收益属于被投资单位重新计量设定受益计划净负债或净资产所产生的变动，由于剩余股权仍继续根据《企业会计准则第 2 号——长期股权投资》采用权益法进行核算，因此，应按处置比例（20%/40%）并按照被投资单位处置相关资产或负债相同的基础进行会计处理。

（2）其他所有者权益变动。由于剩余股权仍继续根据《企业会计准则第 2 号——长期股权投资》采用权益法进行核算，因此应按处置比例（20%/40%）相应结转计入当期投资收益 100/2 = 50（万元）。

再假设，2×13 年 12 月，智董公司再向第三方公司处置贵琛公司 15% 的股权，剩余 5% 股权作为可供出售金融资产，按金融资产确认和计量准则进行会计处理。智董公司原持有股权相关的其他综合收益和其他所有者权益变动应按以下方法进行会计处理。

（1）其他综合收益。

1）转入当期损益。处置后的剩余股权改按金融资产确认和计量准则进行会计处理，其他综合收益 175 万元属于被投资单位可供出售金融资产的公允价值变动，应在转换日全部结转，同时计入当期投资收益。

2）转入其他的权益科目。处置后的剩余股权改按金融资产确认和计量准则进行会计处理，其他综合收益 25 万元属于被投资单位重新计量设定受益计划净负债或净资产所产生的变动，按照被投资单位处置相关资产或负债相同的基础进行会计处理。

（2）其他所有者权益变动。由于剩余股权改按金融资产确认和计量准则进行会计处理，因此，应在转换日全部结转，计入当期投资收益 50 万元。

企业通过多次交易分步处置对子公司股权投资直至丧失控制权，如果上述交易属于一揽子交易的，应当将各项交易作为一项处置子公司股权投资并丧失控制权的交易进行会计处理；但是，在丧失控制权之前每一次处置价款与所处置的股权对应得长期股权投资账面价值之间的差额，在个别财务报表中，应当先确认为其他综合收益，到丧失控制权时再一并转入丧失控制权的当期损益。

2. 相关所得税影响

符合条件的居民企业之间的股息、红利等权益性投资收益为免税收入。因此，通常情况下，当居民企业持有另一居民企业的股权意图为长期持有，通过股息、红利或者其他协同效应获取回报时，其实质所得税率为零，不存在相关所得税费用。只有当居民企业通过转让股权获取资本利得收益时，该笔资产转让利得才产生相应的所得税费用。

从资产负债表角度考虑，资产的账面价值代表的是企业在持续持有及最终处置某项资产的一定期间内，该项资产能够为企业带来的未来经济利益，而其计税基础代表的是在这一期间内，就该项资产按照税法规定可以税前扣除的金额。当资产的账面价值大于其计税基础的，两者之间的差额将会于未来期间产生应税金额，增加未来期间的应纳税所得额及应交所得税，对企业形成经济利益流出的义务。根据《企业会计准则第 18 号——所得税》的相关规定，企业对与子公司、联营企业、合营企业投资等相关的应纳税暂时性差异，应当确认递延所得税负债，只有在同时满足以下两个条件时除外：一是投资企业能够控制暂时性差异转回的时间；二是该暂时性差异在可预见的未来很可能不会转回。当投资方改变其持有投资意图拟对外出售时，不再符合上述条件，应确认其递延所得税影响。

小知识

处置长期股权投资

处置长期股权投资，其账面价值与实际取得价款之间的差额，应当计入当期损益。采用权益法核算的长期股权投资，在处置该项投资时，采用与被投资单位直接处置相关资产或负债相同的基础，按相应比例对原计入其他综合收益的部分进行会计处理。

（五）相关会计科目和主要账务处理

长期股权投资的会计处理，一般需要设置以下科目。

1. 长期股权投资

（1）本科目核算企业持有的长期股权投资。

（2）本科目应当按照被投资单位进行明细核算。长期股权投资核算采用权益法的，应当分别以"投资成本""损益调整""其他综合收益""其他权益变动"进行明细核算。

（3）长期股权投资的主要账务处理。

1）企业合并形成的长期股权投资。同一控制下企业合并形成的长期股权投资，合并方以支付现金、转让非现金资产或承担债务方式作为合并对价的，应在合并日按取得被合并方所有者权益在最终控制方合并财务报表中的账面价值的份额，借记本科目（投资成本），按支付的合并对价的账面价值，贷记或借记有关资产、负债科目，按其差额，贷记"资本公积——资本溢价或股本溢价"科目;如为借方差额,借记"资本公积——资本溢价或股本溢价"科目,资本公积(资本溢价或股本溢价)不足冲减的,应依次借记"盈余公积""利润分配——未分配利润"科目。合并方以发行权益性证券作为合并对价的,应当在合并日按照被合并方所有者权益在最终控制方合并财务报表中的账面价值的份额,借记本科目(投资成本),按照发行股份的面值总额,贷记"股本",按其差额,贷记"资本公积——资本溢价或股本溢价";如为借方差额,借记"资本公积——资本溢价或股本溢价"科目,资本公积(资本溢价或股本溢价)不足冲减的,应依次借记"盈余公积""利润分配——未分配利润"科目。

非同一控制下企业合并形成的长期股权投资,购买方以支付现金、转让非现金资产或承担债务方式等作为合并对价的,应在购买日按照《企业会计准则第20号——企业合并》确定的合并成本,借记本科目(投资成本),按付出的合并对价的账面价值,贷记或借记有关资产、负债科目,按发生的直接相关费用(如资产处置费用),贷记"银行存款"等科目,按其差额,贷记"主营业务收入""营业外收入""投资收益"等科目或借记"管理费用""营业外支出""主营业务成本"等科目。购买方以发行权益性证券作为合并对价的,应在购买日按照发行的权益性证券的公允价值,借记本科目(投资成本),按照发行的权益性证券的面值总额,贷记"股本",按其差额,贷记"资本公积——资本溢价或股本溢价"。企业为企业合并发生的审计、法律服务、评估咨询等中介费用以及其他相关管理费用,应当于发生时借记"管理费用"科目,贷记"银行存款"等科目。

2)以非企业合并方式形成的长期股权投资。以支付现金、非现金资产等其他方式取得的长期股权投资,应按现金、非现金货币性资产的公允价值或按照《企业会计准则第7号——非货币性资产交换》《企业会计准则第12号——债务重组》的有关规定确定的初始投资成本,借记本科目,贷记"银行存款"等科目,贷记"营业外收入"或借记"营业外支出"等处置非现金资产相关的科目。

3)采用成本法核算的长期股权投资的处理。长期股权投资采用成本法核算的,应按被投资单位宣告发放的现金股利或利润中属于本企业的部分,借记"应收股利"科目,贷记"投资收益"科目。

4)采用权益法核算的长期股权投资的处理。企业的长期股权投资采用权益法核算的,应当分别视下列情况进行处理。

(a)长期股权投资的初始投资成本大于投资时应享有被投资单位可辨认净资产公允价值份额的,不调整已确认的初始投资成本;长期股权投资的初始投资成本小于投资时应享有被投资单位可辨认净资产公允价值份额的,应按其差额,借记本科目(投资成本),贷记"营业外收入"科目。

(b)资产负债表日,企业应按被投资单位实现的净利润(以取得投资时被投资单位可辨认净资产的公允价值为基础计算)中企业享有的份额,借记本科目(损益调整),贷记"投资收益"科目。被投资单位发生净亏损做相反的会计分录,但以本科目的账面价值减记至零为限;还需承担的投资损失,应将其他实质上构成对被投资单位净投资的"长期应收款"等的账面价值减记至零为限;除按照以上步骤已确认的损失外,按照投资合同或协议约定将承担的损失,确认为预计负债。除上述情况仍未确认的应分担被投资单位的损失,应在账外备查登记。发生亏损的被投资单位以后实现净利润的,应按与上述相反的顺序进行处理。

取得长期股权投资后,被投资单位宣告发放现金股利或利润时,企业计算应分得的部分,借记"应收股利"科目,贷记本科目(损益调整)。

收到被投资单位发放的股票股利,不进行账务处理,但应在备查簿中登记。

(c)发生亏损的被投资单位以后实现净利润的,企业计算应享有的份额,如有未确认投资损失的,应先弥补未确认的投资损失,弥补损失后仍有余额的,依次借记"长期应收款"科目和本科目（损益调整），贷记"投资收益"科目。

（d）被投资单位除净损益、利润分配以外的其他综合收益变动和所有者权益的其他变动，企业按持股比例计算应享有的份额，借记本科目（其他综合收益和其他权益变动），贷记"其他综合收益"和"资本公积——其他资本公积"科目。

5）处置长期股权投资的处理。处置长期股权投资时，应按实际收到的金额，借记"银行存款"等科目，原已计提减值准备的，借记"长期股权投资减值准备"科目，按其账面余额，贷记本科目，按尚未领取的现金股利或利润，贷记"应收股利"科目，按其差额，贷记或借记"投资收益"科目。

处置采用权益法核算的长期股权投资时，应当采用与被投资单位直接处置相关资产或负债相同的基础，对相关的其他综合收益进行会计处理。按照上述原则可以转入当期损益的其他综合收益，应按结转的长期股权投资的投资成本比例结转原记入"其他综合收益"科目的金额，借记或贷记"其他综合收益"科目，贷记或借记"投资收益"科目。

处置采用权益法核算的长期股权投资时，还应按结转的长期股权投资的投资成本比例结转原记入"资本公积——其他资本公积"科目的金额，借记或贷记"资本公积——其他资本公积"科目，贷记或借记"投资收益"科目。

（4）本科目期末借方余额，反映企业长期股权投资的价值。

2. 长期股权投资减值准备

（1）本科目核算企业长期股权投资发生减值时计提的减值准备。

（2）本科目应当按照被投资单位进行明细核算。

（3）资产负债表日，企业根据《企业会计准则第 8 号——资产减值》确定长期股权投资发生减值的，接应减记的金额，借记"资产减值损失"科目，贷记本科目。处置长期股权投资时，应同时结转已计提的长期股权投资减值准备。

（4）本科目期末贷方余额，反映企业已计提但尚未转销的长期股权投资减值准备。

3. 应收股利

（1）本科目核算企业应收取的现金股利和应收取其他单位分配的利润。

（2）本科目应当按照被投资单位进行明细核算。

（3）应收股利的主要账务处理。

1）被投资单位宣告发放现金股利或利润，按应归本企业享有的金额，借记本科目，贷记"投资收益"或"长期股权投资——损益调整"科目。

2）收到现金股利或利润，借记"银行存款"等科目，贷记本科目。

（4）本科目期末借方余额，反映企业尚未收回的现金股利或利润。

4. 投资收益

（1）本科目核算企业根据《企业会计准则第 2 号——长期股权投资》确认的投资收益或投资损失。

（2）本科目应当按照投资项目进行明细核算。

（3）投资收益的主要账务处理。

1）长期股权投资采用成本法核算的，企业应按被投资单位宣告发放的现金股利或利润中属于本企业的部分，借记"应收股利"科目，贷记本科目。

2）长期股权投资采用权益法核算的，资产负债表日，应按被投资单位实现的净利润（以取得投资时被投资单位可辨认净资产的公允价值为基础计算）中企业享有的份额，借记"长期股权投资——损益调整"科目，贷记本科目。

被投资单位发生亏损、分担亏损份额未超过长期股权投资账面价值或分担亏损份额超过长期股权投资账面价值而冲减实质上构成对被投资单位长期净投资的，借记本科目，贷记"长期股权投资——损益调整""长期应收款"。除按照上述步骤已确认的损失外，按照投资合同或协议约定企业将承担的损失，借记本科目，贷记"预计负债"。发生亏损的被投资单位以后实现净利润的，企业计算的应享有的份额，如有未确认投资损失的，应先弥补未确认的投资损失，弥补损失后仍有余额的，借记"预计负债""长期应收款""长期股权投资——损益调整"等科目，贷记本科目。

3）处置长期股权投资时，应按实际收到的金额，借记"银行存款"等科目，原已计提减值准备的，借记"长期股权投资减值准备"科目，按其账面余额，贷记"长期股权投资"科目，按尚未领取的现金股利或利润，贷记"应收股利"科目，按其差额，贷记或借记本科目。

处置采用权益法核算的长期股权投资时，应当采用与被投资单位直接处置相关资产或负债相同的基础，对相关的其他综合收益进行会计处理。按照上述原则可以转入当期损益的其他综合收益，应按结转长期股权投资的投资成本比例结转原记入"其他综合收益"科目的金额，借记或贷记"其他综合收益"科目，贷记或借记本科目。

处置采用权益法核算的长期股权投资时，还应按结转长期股权投资的投资成本比例结转原记入"资本公积——其他资本公积"科目的金额，借记或贷记"资本公积——其他资本公积"科目，贷记或借记本科目。

（4）期末，应将本科目余额转入"本年利润"科目，本科目结转后应无余额。

二、合营安排

为了规范合营安排的认定、分类以及各参与方在合营安排中权益等的会计处理，根据《企业会计准则——基本准则》，财政部制定了《企业会计准则第40号——合营安排》（2014年2月17日财会〔2014〕11号，以下简称本准则），自2014年7月1日起施行。

（一）综合知识

合营安排，是指一项由两个或两个以上的参与方共同控制的安排。

1.合营安排的特征

合营安排同时具有以下特征：一是各参与方受到该安排的约束；二是两个或两个以上的参与方对该安排实施共同控制。

（1）各参与方受到该安排的约束。合营安排通过相关约定对各参与方予以约束。相关约定，是指据以判断是否存在共同控制的一系列具有执行力的合约。在形式上，相关约定通常包括合营安排各参与方达成的合同安排，如合同、协议、会议纪要、契约等，也包括对该安排构成约束的法律形式本身。

在内容上，相关约定包括但不限于对以下内容的约定。

1）对合营安排的目的、业务活动及期限的约定。

2）对合营安排的治理机构（如董事会或类似机构）成员的任命方式的约定。

3）对合营安排相关事项的决策方式的约定，包括哪些事项需要参与方决策、参与方的表决权情况、决策事项所需的表决权比例等内容，合营安排相关事项的决策方式是分析是否存在共同控制的重要因素。

4）对参与方需要提供的资本或其他投入的约定。

5）对合营安排的资产、负债、收入、费用、损益在参与方之间的分配方式的约定。

（2）两个或两个以上的参与方对该安排实施共同控制。共同控制不同于控制，共同控制由两个或两个以上的参与方实施，而控制由单一参与方实施。共同控制也不同于重大影响，享有重大影响的参与方只拥有参与安排的财务和经营政策的决策的权力，但并不能够控制或者与其他方一起共同控制这些政策的制定。

2.合营方在合营安排中权益的披露

合营方在合营安排中权益的披露，适用《企业会计准则第41号——在其他主体中权益的披露》。

（二）合营安排的认定和分类

1. 合营安排的认定

要认定一项安排是否为合营安排，需要准确把握"共同控制""参与方"等概念。其中，是否存在共同控制是判断一项安排是否为合营安排的关键。

（1）共同控制，是指按照相关约定对某项安排所共有的控制，并且该安排的相关活动必须经过分享控制权的参与方一致同意后才能决策。

在判断是否存在共同控制时，应当按照本准则，首先判断是否由所有参与方或参与方组合集体控制该安排，其次再判断该安排相关活动的决策是否必须经过这些参与方一致同意。

相关活动是指对某项安排的回报产生重大影响的活动。某项安排的相关活动应当根据具体情况进行判断，通常包括商品或劳务的销售和购买、金融资产的管理、资产的购买和处置、研究与开发活动以及融资活动等。

1）集体控制。如果所有参与方或一组参与方必须一致行动才能决定某项安排的相关活动，则称所有参与方或一组参与方集体控制该安排。在判断集体控制时，需要注意以下几点。

（a）集体控制不是单独一方控制。为了确定相关约定是否赋予参与方对该安排的共同控制，主体首先识别该安排的相关活动，然后确定哪些权利赋予参与方主导相关活动的权力。

值得注意的是，"参与方组合"仅泛指参与方的不同联合方式，并不是一个专门的术语。如果某一个参与方能够单独主导该安排中的相关活动，则可能为控制。如果一组参与方或所有参与方联合起来才能够主导该安排中的相关活动，则为集体控制。即，在集体控制下，不存在任何一个参与方能够单独控制某安排的情况，而是由一组参与方或所有参与方联合起来才能控制该安排。

（b）尽管所有参与方联合起来一定能够控制该安排，但集体控制下，集体控制该安排的组合指的是那些既能联合起来控制该安排，又使得参与方数量最少的一个或几个参与方组合。

（c）能够集体控制一项安排的参与方组合很可能不止一个。

【例9-25】 假定一项安排涉及三方：智董公司在该安排中拥有50%的表决权股份，贵琛公司和欣郁公司各拥有25%的表决权股份。智董公司、贵琛公司、欣郁公司之间的相关约定规定，该安排相关活动决策至少需要75%的表决权通过方可做出。

尽管智董公司拥有50%的表决权，但是智董公司没有控制该安排，因为智董公司对安排的相关活动做出决策需要获得贵琛公司或欣郁公司的同意。在本例中，智董公司和贵琛公司的组合或智董公司和欣郁公司的组合均可集体控制该安排。这样，存在多种参与方之间的组合能够达到75%表决权的要求。在此情况下，该安排要成为合营安排，需要在相关约定中指明哪些参与方一致同意才能对相关活动做出决策。

2）有关相关活动的决策。主体应当在确定是由参与方组合集体控制该安排，而不是某一参与方单独控制该安排后，再判断这些集体控制该安排的参与方是否共同控制该安排。当且仅当相关活动的决策要求集体控制该安排的参与方一致同意时，才存在共同控制。

存在共同控制时，有关合营安排相关活动的所有重大决策必须经分享控制权的各方一致同意。一致同意的规定保证了对合营安排具有共同控制的任何一个参与方均可以阻止其他参与方在未经其同意的情况下就相关活动单方面做出决策。

"一致同意"中，并不要求其中一方必须具备主动提出议案的权力，只要具备对合营安排相关活动的所有重大决策予以否决的权力即可；也不需要该安排的每个参与方都一致同意，只要那些能够集体控制该安排的参与方意见一致，就可以达成一致同意。

实务中，各参与方不乏采取签署"一致行动协议"的方式，以实现共同控制。

在判断"一致行动协议"是否构成共同控制时，还需要考虑其他投资方持有表决权的分散程度。

值得注意的是，"一致行动协议"并不一定表明存在共同控制，在某些情况下可能是某一参与方实际获得了控制权。

有时，相关约定中设定的决策方式也可能暗含需要达成一致同意。例如，假定两方建立一项安排，在该安排中双方各持有50%的表决权。双方约定，对相关活动做出决策至少需要51%的表决权。在这种情况下，意味着双方同意共同控制该安排，因为如果没有双方的一致同意，就无法对相关活动做出决策。

当相关约定中设定了就相关活动做出决策所需的最低表决权比例时，若存在多种参与方的组合形式均能满足最低表决权比例要求的情形，则该安排就不是合营安排；除非相关约定明确指出，需要其中哪些参与方一致同意才能就相关活动做出决策。

如果存在两个或两个以上的参与方组合能够集体控制某项安排的，不构成共同控制。即，共同控制合营安排的参与方组合是唯一的。

存在集体控制仅说明该安排中，不存在任何一方单独控制该安排的情况。要想达到共同控制，还需要在集体控制的基础上，判断该安排相关活动的决策是否必须经过这些集体控制该安排的参与方一致同意才可做出。一般而言，如果一项安排仅存在一组参与方能够集体控制，该集体控制为共同控制。

在一项安排中，某一参与方可能被任命来管理该安排的日常运行。如果该安排的相关活动需要由各参与方共同做出决定，而且管理方在这一决定的框架内行事，则任何一个参与方作为管理方均不会影响该安排是合营安排的判断。但是，如果管理方能够单方面就该安排的相关活动做出决定，从而拥有对该安排的权力，通过参与该安排的相关活动而享有可变回报，并且有能力运用对该安排的权力影响其回报金额，则该管理方单方控制该安排，而不是和其他参与方共同控制该安排，该安排不是合营安排。

3）争议解决机制。在分析合营安排的各方是否共同分享控制权时，要关注对于争议解决机制的安排。相关约定可能包括处理纠纷的条款，例如仲裁。这些条款可能允许具有共同控制权的各参与方在没有达成一致意见的情况下进行决策。这些条款的存在不会妨碍该安排构成共同控制的判断，因此，也不会妨碍该安排成为合营安排。但是，值得注意的是，如果在各方未就相关活动的重大决策达成一致意见的情况下，其中一方具备"一票通过权"或者潜在表决权等特殊权力，则需要仔细分析，很可能具有特殊权力的一方实质上具备控制权。

在分析争议解决机制时，还需要关注参与方是否拥有期权等潜在表决权。

有时，协议中可能约定，各参与方意见均不一致时，哪个参与方拥有最终决策权。在判断合营安排的合营方时，也需要考虑最终决策者，但最终决策者未必就是控制方。

4）仅享有保护性权利的参与方不享有共同控制。保护性权利，是指仅为了保护权利持有人利益却没有赋予持有人对相关活动进行决策的一项权利。保护性权利通常只能在合营安排发生根本性改变或某些例外情况发生时才能够行使，它既没有赋予其持有人对合营安排拥有权力，也不能阻止其他参与方对合营安排拥有权力。值得注意的是，对于某些安排，相关活动仅在特定情况或特定事项发生时开展，例如，某些安排在设计时就确定了安排的活动及其回报，在特定情况或特定事项发生之前不需要进行重大决策。这种情况下，权利在特定情况或特定事项发生时方可行使并不意味该权利是保护性权利。

如果一致同意的要求仅仅与向某些参与方提供保护性权利的决策有关，而与该安排的相关活动的决策无关，那么拥有该保护性权利的参与方不会仅仅因为该保护性权利而成为该项安排的合营方。因此，在评估参与方能否共同控制合营安排时，必须具体区别参与方持有的权利是否为保护性权利，该权利不影响其他参与方控制或共同控制该安排。

5）一项安排的不同活动可能分别由不同的参与方或参与方组合主导。在不同阶段，一项安排可能发生不同的活动，从而导致不同参与方可能主导不同相关活动，或者共同主导所有相关活动。

不同参与方分别主导不同相关活动时，相关的参与方需要分别评估自身是否拥有主导对回报产生最重大影响的活动的权利，从而确定是否能够控制该项安排，而不是与其他参与方共同控制该项安排。

6）综合评估多项相关协议。有时，一项安排的各参与方之间可能存在多项相关协议。在单独考虑一份协议时，某参与方可能对合营安排具有共同控制，但在综合考虑该安排的目的和设计的所有情况时，该参与方实际上不一定对该安排并不具有共同控制。因此，在判断是否存在共同控制时，需要综合考虑该多项相关协议。

（2）合营安排中的不同参与方。只要两个或两个以上的参与方对该安排实施共同控制，一项安排就可以被认定为合营安排，并不要求所有参与方都对该安排享有共同控制。对合营安排享有共同控制的参与方（分享控制权的参与方）被称为"合营方"；对合营安排不享有共同控制的参与方被称为"非合营方"。

2. 合营安排的分类

合营安排分为共同经营和合营企业。共同经营，是指合营方享有该安排相关资产且承担该安排相关负债的合营安排。合营企业，是指合营方仅对该安排的净资产享有权利的合营安排。合营方应当根据其在合营安排的正常经营中享有的权利和承担的义务，来确定合营安排的分类。对权利和义务进行评价时，应当考虑该合营安排的结构、法律形式以及合营安排中约定的条款、其他相关事实和情况等因素。

合营安排是为不同目的而设立的（例如，参与方为了共同承担成本和风险，或者参与方为了获得新技术或新市场），可以采用不同的结构和法律形式。一些安排不要求采用单独主体的形式开展其活动，另一些安排则涉及构造单独主体。在实务中，主体可以从合营安排是否通过单独主体达成为起点，判断一项合营安排是共同经营还是合营企业。

（1）单独主体。本准则中的单独主体（下同），是指具有单独可辨认的财务架构的主体，包括单独的法人主体和不具备法人主体资格但法律所认可的主体。单独主体并不一定要具备法人资格，但必须具有法律所认可的单独可辨认的财务架构，确认某主体是否属于单独主体必须考虑适用的法律法规。

具有可单独辨认的资产、负债、收入、费用、财务安排和会计记录，并且具有一定法律形式的主体，构成法律认可的单独可辨认的财务架构。合营安排最常见的形式包括有限责任公司、合伙企业、合作企业等。某些情况下，信托、基金也可被视为单独主体。

（2）合营安排未通过单独主体达成。当合营安排未通过单独主体达成时，该合营安排为共同经营。在这种情况下，合营方通常通过相关约定享有与该安排相关资产的权利，并承担与该安排相关负债的义务，同时，享有相应收入的权利，并承担相应费用的责任，因此该合营安排应当划分为共同经营。

（3）合营安排通过单独主体达成。如果合营安排通过单独主体达成，在判断该合营安排是共同经营还是合营企业时，通常首先分析单独主体的法律形式，法律形式不足以判断时，将法律形式与合同安排结合进行分析，法律形式和合同安排均不足以判断时，进一步考虑其他事实和情况。

1）分析单独主体的法律形式。各参与方应当根据该单独主体的法律形式，判断该安排是赋予参与方享有与安排相关资产的权利，并承担与安排相关负债的义务，还是赋予参与方享有该安排的净资产的权利。也就是说，各参与方应当依据单独主体的法律形式判断是否能将参与方和单独主体分离。例如，各参与方可能通过单独主体执行合营安排，单独主体的法律形式决定在单独主体中的资产和负债是单独主体的资产和负债，而不是各参与方的资产和负债。在这种情况下，基于单独主体的法律形式赋予各参与方的权利和义务，可以初步判定该项安排是合营企业。

在各参与方通过单独主体达成合营安排的情形下，当且仅当单独主体的法律形式没有将参与方和单独主体分离（即单独主体持有的资产和负债是各参与方的资产和负债）时，基于单独主体的法律形式赋予参与方权利和义务的判断，足以说明该合营安排是共同经营。

通常，单独主体的资产和负债很可能与参与方在法律形式上明显分割开来。例如，根据《中华人民共和国公司法》（以下简称《公司法》）的有关规定，"公司是企业法人，有独立的法人财产，享有法人财产权。公司以其全部财产对公司的债务承担责任。有限责任公司的股东以其认缴的出资额为限对公司承担责任；股份有限公司的股东以其认购的股份为限对公司承担责任。"因此，当一项合营安排是按照《公司法》设立的有限责任公司或者股份有限公司时，其法律形式将合营安排对资产的权利和对负债的义务与该安排的参与方明显分割开来。

2）分析合同安排。当单独主体的法律形式并不能将合营安排的资产的权利和对负债的义务授予该安排的参与方时，还需要进一步分析各参与方之间是否通过合同安排赋予该安排的参与方对合营安排资产的权利和对合营安排负债的义务。合同安排中常见的某些特征或者条款可能表明该安排为共同经营或者合营企业。共同经营和合营企业的一些普遍特征的比较包括但不限于表 9-3 所列。

表 9-3　共同经营和合营企业对比表

对比项目	共同经营	合营企业
合营安排的条款	参与方对合营安排的相关资产享有权利并对相关负债承担义务	参与方对与合营安排有关的净资产享有权利，即单独主体（而不是参与方），享有与安排相关资产的权利，并承担与安排相关负债的义务
对资产的权利	参与方按照约定的比例分享合营安排的相关资产的全部利益（例如，权利、权属或所有权等）	资产属于合营安排自身，参与方并不对资产享有权利
对负债的义务	参与方按照约定的比例分担合营安排的成本、费用、债务及义务。第三方对该安排提出的索赔要求，参与方作为义务人承担赔偿责任	合营安排对自身的债务或义务承担责任。参与方仅以其各自对该安排认缴的投资额为限对该安排承担相应的义务。合营安排的债权方无权就该安排的债务对参与方进行追索
收入、费用及损益	合营安排建立了各参与方按照约定的比例（例如按照各自所耗用的产能比例）分配收入和费用的机制。某些情况下，参与方按约定的份额比例享有合营安排产生的净损益不会必然使其被分类为合营企业，仍应当分析参与方对该安排相关资产的权利以及对该安排相关负债的义务	各参与方按照约定的份额比例享有合营安排产生的净损益
担保	参与方为合营安排提供担保（或提供担保的承诺）的行为本身并不直接导致一项安排被分类为共同经营	

有时，法律形式和合同安排均表明一项合营安排中的合营方对该安排的净资产享有权利，此时，若不存在相反的其他事实和情况，该合营安排应当被划分为合营企业。

有时，仅从法律形式判断，一项合营安排符合共同经营的特征，但是，综合考虑合同安排后，合营方享有该合营安排相关资产并且承担该安排相关负债，此时，该合营安排应当被划分为共同经营。

合营安排各参与方可能为合营安排提供担保。例如，合营安排的某个参与方可能向第三方承诺以下事项：合营安排向第三方提供的服务将满足一定质量或性质要求；合营安排将偿还从第三方获取的资金；该参与方在合营安排处于困境时向该安排提供支持。

值得注意的是，不能仅凭合营方对合营安排提供债务担保即将其视为合营方承担该安排相关负债。担保所赋予担保人的是对被担保人债务的次级义务，而非首要义务，因此，担保不是承担债务义务的决定性因素。如果担保提供方在被担保人违约时须付款或履行责任，这可能表明相关事实和情况发生了变化，或者可能伴随该安排的合同条款发生了变化。这些变化可能引起对该安排是否仍具有共同控制的重新评估。另外，合营方承担向合营安排支付认缴出资义务的，不视为合营方承担该安排相关负债。

3）分析其他事实和情况。如果一项安排的法律形式与合同安排均没有将该安排的资产的权利和对负债的义务授予该安排的参与方，则应考虑其他事实和情况，包括合营安排的目的和设计，其与参与方的关系及其现金流的来源等。在某些情况下，合营安排设立的主要目的是为参与方提供产出，这表明参与方可能按照约定实质上享有合营安排所持资产几乎全部的经济利益。这种安排下，参与方根据相关合同或法律约定有购买产出的义务，并往往通过阻止合营安排将其产出出售给其他第三方的方式来确保参与方能获得产出。这样，该安排产生的负债实质上是由参与方通过购买产出支付的现金流量而得以清偿。因此，如果参与方实质上是该安排持续经营和清偿债务所需现金流的唯一来源，这表明参与方承担了与该安排相关的负债。综合考虑该合营安排的其他相关事实和情况，表明参与方实质上享有合营安排所持资产几乎全部的经济利益，合营安排所产生的负债的清偿实质上也持续依赖于向参与方收取的产出的销售现金流，该合营安排的实质为共同经营。

在区分合营安排的类型时，需要了解该安排的目的和设计。如果合营安排同时具有以下特征，则表明该安排是共同经营：①各参与方实质上有权享有，并有义务接受由该安排资产产生的几乎所有经济利益（从而承担了该经济利益的相关风险，如价格风险、存货风险、需求风险等），如该安排所从事的活动主要是向合营方提供产出等；②持续依赖于合营方清偿该安排活动产生的负债，并维持该安排的运营。

参与方在合营安排中的产出分配比例与表决权比例不同，并不影响对该安排是共同经营还是合营企业的判断。

参与方将获得的合营安排产出份额用于生产经营还是对外出售，并不影响对该安排是共同经营还是合营企业的判断。

如果合营安排有权自主决定销售价格和客户，参与方没有义务购买合营安排的产出，则表明该合营安排自身承担了价格风险、存货风险、需求风险等，合营方并不直接享有该合营安排相关资产并承担该合营安排相关负债。

值得注意的是，在考虑"其他事实和情况"时，只有当该安排产生的负债的清偿持续依赖于合营方的支持时，该安排才为共同经营，即强调参与方实质上是该安排持续经营所需现金流的唯一来源。

有时各参与方可能设立一个框架协议，该框架协议规定了参与方从事一项或多项活动需遵守的一般性合同条款，并可能要求各参与方设立多项合营安排，以分别处理构成框架协议组成部分的特定活动。即使这些合营安排与同一框架协议相关联，如果参与方在从事框架协议涉及的不同活动中具有不同的权利和义务，那么，这些合营安排的类型也可能有所不同。因此，当参与方从事同一框架协议中的不同活动时，共同经营和合营企业可能同时存在。在这种情况下，作为参与方之一的企业应当分别判断各项合营安排的分类。

值得注意的是，参与方判断其在合营安排中享有的权利和承担的义务均是在正常经营的情况下，非正常经营（例如破产、清算）时的法律权利和义务的相关性是比较低的。例如，某合营安排通过合伙企业构建，合伙人之间的相关合同约定赋予了合伙人在合伙企业正常经营时享有该合伙企业资产的权利和承担其负债的义务。而在合伙企业清算阶段，合伙人不享有合伙企业的资产，而只能享有合伙企业清偿第三方债务之后应分得的剩余资产。这种情况下，该合伙企业（即合营安排）仍然可以被分类为共同经营，因为在正常经营中，合伙人对于合伙企业的资产和负债是享有权利和承担义务的。

图 9-2 说明了如何对合营安排进行分类。

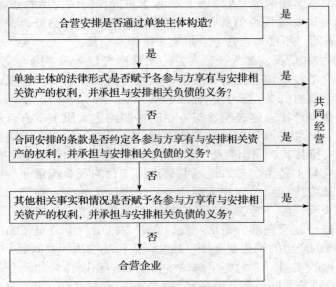

图 9-2　合营安排类型判断图

关于重新评估

企业对合营安排是否拥有共同控制权，以及评估该合营安排是共同经营还是合营企业，这需要企业予以判断并持续评估。在进行判断时，企业需要对所有的相关事实和情况加以考虑。

如果法律形式、合同条款等相关事实和情况发生变化，合营安排参与方应当对合营安排进行重新评估：一是评估原合营方是否仍对该安排拥有共同控制权；二是评估合营安排的类型是否发生变化。

相关事实和情况的变化有时可能导致某一参与方控制该安排，从而使该安排不再是合营安排。

由于相关事实和情况发生变化，合营安排的分类可能发生变化，可能由合营企业转变为共同经营，或者由共同经营转为合营企业，应根据具体事实和情况进行判断。例如，经重新协商，修订后的合营安排的合同条款约定参与方拥有对资产的权利，并承担对负债的义务，这种情况下，该安排的分类可能发生了变化，应重新评估该安排是否由合营企业转为共同经营。

（三）共同经营参与方的会计处理

1. 共同经营中，合营方的会计处理

（1）一般会计处理原则。合营方应当确认其与共同经营中利益份额相关的下列项目，

并按照相关企业会计准则的规定进行会计处理。

1）确认单独所持有的资产，以及按其份额确认共同持有的资产。

2）确认单独所承担的负债，以及按其份额确认共同承担的负债。

3）确认出售其享有的共同经营产出份额所产生的收入。

4）按其份额确认共同经营因出售产出所产生的收入。

5）确认单独所发生的费用，以及按其份额确认共同经营发生的费用。

合营方可能将其自有资产用于共同经营，如果合营方保留了对这些资产的全部所有权或控制权，则这些资产的会计处理与合营方自有资产的会计处理并无差别。

合营方也可能与其他合营方共同购买资产来投入共同经营，并共同承担共同经营的负债，此时，合营方应当按照企业会计准则相关规定确认在这些资产和负债中的利益份额。如按照《企业会计准则第 4 号——固定资产》来确认在相关固定资产中的利益份额，按照《企业会计准则第 22 号——金融工具确认和计量》来确认在相关金融资产和金融负债中的份额。

共同经营通过单独主体达成时，合营方应确认按照上述原则单独所承担的负债，以及按本企业的份额确认共同承担的负债。但合营方对于因其他股东未按约定向合营安排提供资金，按照我国相关法律或相关合同约定等规定而承担连带责任的，从其规定，在会计处理上应遵循《企业会计准则第 13 号——或有事项》。

合同安排通常描述了该安排所从事活动的性质，以及各参与方打算共同开展这些活动的方式。例如，合营安排各参与方可能同意共同生产产品，每一参与方负责特定的任务，使用各自的资产，承担各自的负债。合同安排也可能规定了各参与方分享共同收入和分担共同费用的方式。在这种情况下，每一个合营方在其资产负债表上确认其用于完成特定任务的资产和负债，并根据相关约定确认相关的收入和费用份额。

当合营安排各参与方可能同意共同拥有和经营一项资产时，相关约定规定了各参与方对共同经营资产的权利，以及来自该项资产的收入或产出和相应的经营成本在各参与方之间分配的方式。每一个合营方对其在共同资产中的份额、同意承担的负债份额进行会计处理，并按照相关约定确认其在产出、收入和费用中的份额。

【例 9-26】 2×13 年 1 月 1 日，智董公司和贵琛公司共同出资购买一栋写字楼，各自拥有该写字楼 50% 的产权，用于出租收取租金。合同约定，该写字楼相关活动的决策需要智董公司和贵琛公司一致同意方可做出；智董公司和贵琛公司的出资比例、收入分享比例和费用分担比例均为各自 50%。该写字楼购买价款为 8000 万元，由智董公司和贵琛公司以银行存款支付，预计使用寿命 20 年，预计净残值为 320 万元，采用年限平均法按月计提折旧。该写字楼的租赁合同约定，租赁期限为 10 年，每年租金为 480 万元，按月交付。该写字楼每月支付维修费 2 万元。另外，智董公司和贵琛公司约定，该写字楼的后续维护和维修支出（包括再装修支出和任何其他的大修支出）以及与该写字楼相关的任何资金需求，均由智董公司和贵琛公司按比例承担。假设智董公司和贵琛公司均采用成本法对投资性房地产进行后续计量，不考虑税费等其他因素影响。

本例中，由于关于该写字楼相关活动的决策需要智董公司和贵琛公司一致同意方可做出，所以智董公司和贵琛公司共同控制该写字楼，购买并出租该写字楼为一项合营安排。由于该合营安排并未通过一个单独主体来架构，并明确约定了智董公司和贵琛公司享有该安排中资产的权利、获得该安排相应收入的权利、承担相应费用的责任等，因此该合营安排是共同经营。

智董公司的相关会计处理如下。

（1）出资购买写字楼时

借：投资性房地产   40000000（8000 万元 ×50%）

  贷：银行存款   40000000

  （2）每月确认租金收入时

借：银行存款   200000（480 万元 ×50% ÷12）

  贷：其他业务收入   200000

  （3）每月计提写字楼折旧时

借：其他业务成本   160000

  贷：投资性房地产累计折旧   160000

       （8000 万元 – 320 万元）÷20÷12×50% ＝16（万元）

  （4）支付维修费时

借：其他业务成本   10000（20000×50%）

  贷：银行存款   10000

  （2）合营方向共同经营投出或者出售不构成业务的资产的会计处理。合营方向共同经营投出或出售资产等（该资产构成业务的除外），在共同经营将相关资产出售给第三方或相关资产消耗之前（即未实现内部利润仍包括在共同经营持有的资产账面价值中时），应当仅确认归属于共同经营其他参与方的利得或损失。交易表明投出或出售的资产发生符合《企业会计准则第 8 号——资产减值》（以下简称资产减值损失准则）等规定的资产减值损失的，合营方应当全额确认该损失。

  （3）合营方自共同经营购买不构成业务的资产的会计处理。合营方自共同经营购买资产等（该资产构成业务的除外），在将该资产等出售给第三方之前（即未实现内部利润仍包括在合营方持有的资产账面价值中时），不应当确认因该交易产生的损益中该合营方应享有的部分。即，此时应当仅确认因该交易产生的损益中归属于共同经营其他参与方的部分。

  当这类交易提供证据表明购入的资产发生符合资产减值损失准则等规定的资产减值损失的，合营方应当按其承担的份额确认该部分损失。

  （4）合营方取得构成业务的共同经营的利益份额的会计处理。合营方取得共同经营中的利益份额，且该共同经营构成业务时，应当按照《企业会计准则第 20 号——企业合并》等相关准则进行相应的会计处理，但其他相关准则的规定不能与本准则的规定相冲突。企业应当按照《企业会计准则第 20 号——企业合并》的相关规定判断该共同经营是否构成业务。该处理原则不仅适用于收购现有的构成业务的共同经营中的利益份额，也适用于与其他参与方一起设立共同经营，且由于有其他参与方注入既存业务，使共同经营设立时即构成业务。

  合营方增加其持有的一项构成业务的共同经营的利益份额时，如果合营方对该共同经营仍然是共同控制，则合营方之前持有的共同经营的利益份额不应按照新增投资日的公允价值重新计量。

  2. 对共同经营不享有共同控制的参与方的会计处理原则

  对共同经营不享有共同控制的参与方（非合营方），如果享有该共同经营相关资产且承担该共同经营相关负债的，比照合营方进行会计处理。即，共同经营的参与方，不论其是否具有共同控制，只要能够享有共同经营相关资产的权利，并承担共同经营相关负债的义务，对在共同经营中的利益份额采用与合营方相同的会计处理；否则，应当按照相关企业会计准则的规定对其利益份额进行会计处理。例如，如果该参与方对于合营安排的净资产享有权利并且具有重大影响，则按照《企业会计准则第 2 号——长期股权投资》等相关规定进行会计处理；如果该参与方对于合营安排的净资产享有权利并且无重大影响，则按照《企业会计准则第 22 号——金融工具确认和计量》等相关规定进行会计处理；向共同经营投出构成业务的资产的，以及取得共同经营的利益份额的，则按照合并财务报表及企业合并等相关准则进行会计处理。

（四）合营企业参与方的会计处理

合营企业中，合营方应当按照《企业会计准则第 2 号——长期股权投资》的规定核算其对合营企业的投资。

对合营企业不享有共同控制的参与方（非合营方）应当根据其对该合营企业的影响程度进行相关会计处理：对该合营企业具有重大影响的，应当按照《企业会计准则第 2 号——长期股权投资》的规定核算其对该合营企业的投资；对该合营企业不具有重大影响的，应当按照《企业会计准则第 22 号——金融工具确认和计量》的规定核算其对该合营企业的投资。

三、投资性房地产

（一）投资性房地产基础知识

1. 投资性房地产的概念

投资性房地产，是指为赚取租金或资本增值，或两者兼有而持有的房地产。投资性房地产应当能够单独计量和出售。

2. 投资性房地产的范围

（1）已出租的建筑物和已出租的土地使用权，是指以经营租赁（不含融资租赁）方式出租的建筑物和土地使用权，包括自行建造或开发完成后用于出租的房地产。其中，用于出租的建筑物是指企业拥有产权的建筑物；用于出租的土地使用权是指企业通过受让方式取得的土地使用权。

已出租的投资性房地产租赁期满，因暂时空置但继续用于出租的，仍作为投资性房地产。

（2）持有并准备增值后转让的土地使用权，是指企业通过受让方式取得的、准备增值后转让的土地使用权。

闲置土地不属于持有并准备增值的土地使用权。根据《闲置土地处置办法》（中华人民共和国国土资源部令第 5 号）的规定，闲置土地是指土地使用者依法取得土地使用权后，未经原批准用地的人民政府同意，超过规定的期限未动工开发建设的建设用地。

具有下列情形之一的，也可以认定为闲置土地。

1）国有土地有偿使用合同或者建设用地批准书未规定动工开发建设日期，自国有土地有偿使用合同生效或者土地行政主管部门建设用地批准书颁发之日起满 1 年未动工开发建设的。

2）已动工开发建设但开发建设的面积占应动工开发建设总面积不足三分之一或者已投资额占总投资额不足 25％且未经批准中止开发建设连续满 1 年的。

3）法律、行政法规规定的其他情形。

（3）一项房地产，部分用于赚取租金或资本增值，部分用于生产商品、提供劳务或经营管理，用于赚取租金或资本增值的部分能够单独计量和出售的，可以确认为投资性房地产；否则，不能作为投资性房地产。

（4）企业将建筑物出租并按出租协议向承租人提供保安和维修等其他服务，所提供的其他服务在整个协议中不重大的，可以将该建筑物确认为投资性房地产；所提供的其他服务在整个协议中如为重大的，该建筑物应视为企业的经营场所，应当确认为自用房地产。

（5）关联企业之间租赁房地产的，租出方应将出租的房地产确认为投资性房地产。母公司以经营租赁的方式向子公司租出房地产，该项房地产应当确认为母公司的投资性房地产，但在编制合并报表时，作为企业集团的自用房地产。

（6）企业拥有并自行经营的旅馆饭店，其经营目的是通过向客户提供客房服务取得服务收入，该业务不具有租赁性质，不属于投资性房地产；将其拥有的旅馆饭店部分或全部出租，且出租的部分能够单独计量和出售的，出租的部分可以确认为投资性房地产。

（7）自用房地产，是指为生产商品、提供劳务或者经营管理而持有的房地产，如企业的厂房和办公楼，企业生产经营用的土地使用权等。企业出租给本企业职工居住的宿舍，即使按照市场价格收取租金，也不属于投资性房地产。这部分房产间接为企业自身的生产经营服务，具有自用房地产的性质。

（8）作为存货的房地产，是指房地产开发企业销售的或为销售而正在开发的商品房和土地。这部分房地产属于房地产开发企业的存货。

（二）投资性房地产的确认和计量

1. 确认条件

投资性房地产同时满足下列条件的，才能予以确认。

（1）与该投资性房地产有关的经济利益很可能流入企业。

（2）该投资性房地产的成本能够可靠地计量。

该确认条件与企业的一般资产的确认条件相同，并无特别之处。

2. 初始计量

投资性房地产应当按照成本进行初始计量。

（1）一般性原则：历史成本原则。即企业取得投资性房地产时，应当按照取得时的实际成本进行初始计量，这与普通资产的核算标准相同。

（2）不同取得渠道下，投资性房地产的入账成本的构成有所不同。

1）外购投资性房地产的成本，包括购买价款、相关税费和可直接归属于该资产的其他支出。

【例 9-27】 为了拓展经营规模，智董商贸公司 2×17 年 4 月 1 日以银行存款方式购得位于繁华商业区的一层商务用楼，并当即进行招租。该层商务楼的买价为 1250 万元，相关税费 60 万元。

智董公司所购商务用楼符合投资性房地产的界定条件，应单独列于"投资性房地产"科目核算。

该商务楼的入账成本 = 买价 + 相关税费 = 1250 + 60 = 1310（万元），账务处理如下。

借：投资性房地产　　　　　　　　　　　　　　　1310

　　贷：银行存款　　　　　　　　　　　　　　　　　　　　1310

（注：分录中的计量单位为万元，下同）

2）自行建造投资性房地产的成本，由建造该项资产达到预定可使用状态前所发生的必要支出构成。

【例 9-28】 贵琛建筑公司 2×16 年 1 月 1 日开始在企业拥有的一块地皮上自行建造一幢商务办公楼，拟用于招租。工程期为 1 年，于 2×17 年 1 月 1 日完工，于 2×17 年 2 月达到预定可使用状态。工程期间发生人工费 740 万元，投入工程物资 2560 万元，假定无相关税费。工程开工时，所占地皮的账面价值为 3950 万元，在"无形资产"科目核算。

贵琛公司所建商务用楼符合投资性房地产的界定条件，应单独列于"投资性房地产"科目核算，其会计处理如下。

（1）该商务楼的入账成本 = 2560 + 740 + 3950 = 7250（万元）。

（2）账务处理如下。

①工程领用物资时

借：在建工程　　　　　　　　　　　　　　　　　2560

　　贷：工程物资　　　　　　　　　　　　　　　　　　　　2560

②分配工程人员工资时

借：在建工程　　　　　　　　　　　　　　　　　740

　　　　贷：应付职工薪酬——工资　　　　　　　　　　　　　　　　　　　740
　　③将土地使用权的账面价值在开工时列入工程成本
　　借：在建工程　　　　　　　　　　　　　　　　　　3950
　　　　贷：无形资产　　　　　　　　　　　　　　　　　　　　　　　　　3950
　　④工程完工时
　　借：投资性房地产　　　　　　　　　　　　　　　　7250
　　　　贷：在建工程　　　　　　　　　　　　　　　　　　　　　　　　　7250

　　【例9-29】2×17年2月，智董公司准备自行建造一幢厂房用于出租，为此购入工程物资一批，价款为1500000元，支付的增值税进项税额为255000元，款项以银行存款支付。2月至7月，工程先后领用工程物资1635000元（含增值税税额）；剩余工程物资转为该公司的存货，其所含的增值税进项税额可以抵扣；领用生产用原材料一批，价值为192000元，购进该批原材料时支付的增值税进项税额为32640元；辅助生产车间为工程提供有关劳务支出为210000元；计提工程人员工资为394800元。计提工程人员福利费55272元；7月底，工程达到预定可使用状态并交付使用。假定不考虑其他相关税费。

　　智董公司的会计处理如下。
　　（1）购入为工程准备的物资
　　借：工程物资　　　　　　　　　　　　　　　　1755000
　　　　贷：银行存款　　　　　　　　　　　　　　　　　　　　　　1755000
　　（2）工程领用物资
　　借：在建工程——厂房　　　　　　　　　　　　1635000
　　　　贷：工程物资　　　　　　　　　　　　　　　　　　　　　　1635000
　　（3）工程领用原材料
　　借：在建工程——厂房　　　　　　　　　　　　224640
　　　　贷：原材料　　　　　　　　　　　　　　　　　　　　　　　192000
　　　　　　应交税费——应交增值税（进项税额转出）　　　　　　　32640
　　（4）辅助生产车间为工程提供劳务支出
　　借：在建工程——厂房　　　　　　　　　　　　210000
　　　　贷：生产成本——辅助生产成本　　　　　　　　　　　　　　210000
　　（5）计提工程人员工资、福利费
　　借：在建工程——厂房　　　　　　　　　　　　450072
　　　　贷：应付职工薪酬　　　　　　　　　　　　　　　　　　　　450072
　　（6）7月底，工程达到预定可使用状态并交付使用
　　借：投资性房地产——厂房　　　　　　　　　　2519712
　　　　贷：在建工程——厂房　　　　　　　　　　　　　　　　　　2519712
　　（7）剩余工程物资转作存货
　　借：原材料　　　　　　　　　　　　　　　　　102564.1
　　　　应交税费——应交增值税（进项税额）　　　　17435.9
　　　　贷：工程物资　　　　　　　　　　　　　　　　　　　　　　120000
　　3）以其他方式取得的投资性房地产的成本，按照相关会计准则的规定确定。

　　【例9-30】智董公司是一家商贸企业，2×17年11月1日接受贵琛公司投入的土地使用权，该资产在贵琛公司的账面价值为1268万元，双方协议以评估价为投资价值确认标准，经评估，其公允价值为1568万元。智董公司取得该地皮后，拟于适当时机转让。
　　智董公司所接受的土地使用权符合投资性房地产的界定条件，应单独列于"投资性房

地产"科目核算。

该商务楼的入账成本：双方协议价＝1568（万元）。账务处理如下。

借：投资性房地产   1568

  贷：实收资本   1568

3. 与投资性房地产有关的后续支出

与投资性房地产有关的后续支出，满足《企业会计准则第 3 号——投资性房地产》第六条规定的确认条件的，应当计入投资性房地产成本；不满足《企业会计准则第 3 号——投资性房地产》第六条规定的确认条件的，应当在发生时计入当期损益。

【例 9-31】智董公司 2×17 年 1 月 1 日开始对其出租用厂房进行改扩建，该投资性房地产采用成本计量模式，原价为 3000 万元，已提折旧 1800 万元。工程期为半年，于 7 月 1 日达到预定可使用状态。智董公司共支付了 6300 万元的工程款，残值回收 6 万元，款项均以银行存款方式结算。

会计分录如下。

①将厂房投入改扩建时

借：在建工程   1200

  累计折旧   1800

  贷：投资性房地产   3000

②支付改扩建工程款时

借：在建工程   6300

  贷：银行存款   6300

③回收残值时

借：银行存款   6

  贷：在建工程   6

④工程完工时

借：投资性房地产   7494

  贷：在建工程   7494

（三）投资性房地产的后续计量

1. 计量模式的选择

企业应于会计期末采用成本模式对投资性房地产进行后续计量；如果有确凿证据表明投资性房地产的公允价值能够持续可靠地取得，应当采用公允价值模式。

我国会计准则规定投资性房地产后续计量优选模式是成本模式，而公允价值模式须满足规定条件方可选择。

企业对投资性房地产的计量模式一经确定，不得随意变更。因为公允价值模式的采用就意味着期末投资性房地产账面价值总是处于变动状态，而且准则规定因公允价值变动产生的价值调整要计入当期损益，这就为企业操纵利润提供了运作空间。为避免这种情况的发生，《企业会计准则第 3 号——投资性房地产》规定其核算模式一经确定不得随意更改，这与我们会计政策变更的相关规定是一致的。

（1）企业通常应当采用成本模式对投资性房地产进行计量。在成本模式下，应当按照《企业会计准则第 4 号——固定资产》和《企业会计准则第 6 号——无形资产》对已出租的建筑物或土地使用权进行计量，并计提折旧或摊销；如果存在减值迹象的，应当按照《企业会计准则第 8 号——资产减值》进行减值测试，计提相应的减值准备。投资性房地产的计量模式一经确定，不得随意变更，只有存在确凿证据表明其公允价值能够持续可靠取得的，才允许采用公允价值计量模式。

（2）根据《企业会计准则第 3 号——投资性房地产》第十条规定，采用公允价值模式计量的投资性房地产，应当同时满足以下条件。

1）投资性房地产所在地有活跃的房地产交易市场，意味着投资性房地产可以在房地产交易市场中直接交易。

所在地，通常是指投资性房地产所在的城市。对于大中城市，应当具体化为投资性房地产所在的城区。

活跃市场，是指同时具有下列特征的市场：①市场内交易对象具有同质性；②可随时找到自愿交易的买方和卖方；③市场价格信息是公开的。

2）企业能够从房地产交易市场上取得同类或类似房地产的市场价格及其他相关信息，从而对投资性房地产的公允价值做出科学合理的估计。

同类或类似的房地产，对建筑物而言，是指所处地理位置和地理环境相同、性质相同、结构类型相同或相近、新旧程度相同或相近、可使用状况相同或相近的建筑物；对于土地使用权而言，是指同一城区、同一位置区域、所处地理环境相同或相近、可使用状况相同或相近的土地。

2. 采用成本模式计量

企业应当在资产负债表日采用成本模式对投资性房地产进行后续计量，但《企业会计准则第 3 号——投资性房地产》第十条规定的除外。

（1）采用成本模式计量的建筑物的后续计量，适用《企业会计准则第 4 号——固定资产》。

【例 9-32】 智董公司 2×17 年 6 月 1 日购入一幢办公楼，用于对外出租。该资产的买价为 9000 万元，相关税费 60 万元，预计使用寿命为 40 年，预计残值为 63 万元，预计清理费用 3 万元，智董公司采用直线法提取折旧。该办公楼的年租金为 1200 万元，于年末一次结清，自 2×17 年 7 月 1 日开始出租。

智董公司所购办公楼符合投资性房地产的界定条件，应单独列于"投资性房地产"科目核算，其后续会计处理应参照《企业会计准则——固定资产》的相关规定处理。

（1）该投资性房地产的入账成本 = 9000 + 60 = 9060（万元）。

（2）2×17 年的摊销额 = [9060 - (63 - 3)] ÷ 40 × 6/12 = 112.5（万元）。

（3）会计分录如下。

①收取租金时

借：银行存款　　　　　　　　　　　　　　　　　　　　　600

　　贷：投资收益　　　　　　　　　　　　　　　　　　　　　　　600

②提取当年折旧时

借：投资收益　　　　　　　　　　　　　　　　　　　　　112.5

　　贷：累计折旧　　　　　　　　　　　　　　　　　　　　　　　112.5

（2）采用成本模式计量的土地使用权的后续计量，适用《企业会计准则第 6 号——无形资产》。

【例 9-33】 智董公司 2×17 年 7 月 1 日接受贵琛公司投入的一项土地使用权，双方协议价为 34000 万元。智董公司取得该土地后，拟于适当时机转让。该土地使用权的法定有效期为 50 年。

智董公司所接受的土地使用权符合投资性房地产的界定条件，应单独列于"投资性房地产"科目核算，其价值摊销应参照《企业会计准则第 6 号——无形资产》的相关规定进行处理。

该投资性房地产的入账成本：双方协议价 = 34000（万元）。

2×17 年的摊销额 = 34000 ÷ 50 × 6/12 = 34（万元）。

会计分录如下。

借：投资收益   34

  贷：投资性房地产   34

3. 采用公允价值模式计量

（1）条件。有确凿证据表明投资性房地产的公允价值能够持续可靠取得的，可以对投资性房地产采用公允价值模式进行后续计量。采用公允价值模式计量的，应当同时满足下列条件。

1）投资性房地产所在地有活跃的房地产交易市场。

2）企业能够从房地产交易市场上取得同类或类似房地产的市场价格及其他相关信息，从而对投资性房地产的公允价值做出合理的估计。

（2）资产负债表日账面价值的调整。采用公允价值模式计量的，不对投资性房地产计提折旧或进行摊销，应当以资产负债表日投资性房地产的公允价值为基础调整其账面价值，公允价值与原账面价值之间的差额计入当期损益。

【例 9-34】2×17 年 12 月 31 日，智董公司的某投资性房地产的公允价值为 1368 万元，此前，该投资性房地产的账面价值为 1268 万元。

智董公司的会计处理如下。

借：投资性房地产   1000000

  贷：公允价值变动损益   1000000

4. 计量模式的变更

企业对投资性房地产的计量模式一经确定，不得随意变更。成本模式转为公允价值模式的，应当作为会计政策变更，按照《企业会计准则第 28 号——会计政策、会计估计变更和差错更正》处理。已采用公允价值模式计量的投资性房地产，不得从公允价值模式转为成本模式。

（四）投资性房地产的转换

1. 转换的条件

企业有确凿证据表明房地产用途发生改变，满足下列条件之一的，应当将投资性房地产转换为其他资产或者将其他资产转换为投资性房地产。

（1）投资性房地产开始自用。

（2）作为存货的房地产，改为出租。

（3）自用土地使用权停止自用，用于赚取租金或资本增值。

（4）自用建筑物停止自用，改为出租。

2. 转换日的确定

（1）投资性房地产开始自用，转换日是指房地产达到自用状态，企业开始将房地产用于生产商品、提供劳务或者经营管理的日期。

（2）作为存货的房地产改为出租，或者自用建筑物或土地使用权停止自用改为出租，转换日应当为租赁期开始日。租赁期开始日是指承租人有权行使其使用租赁资产权利的日期。

（3）自用土地使用权停止自用，改为用于资本增值，转换日是指停止将该项土地使用权用于生产商品、提供劳务或经营管理，且该土地使用权能够单独计量和转让的日期。

3. 在成本模式下

在成本模式下，应当将房地产转换前的账面价值作为转换后的入账价值。

【例 9-35】2×17 年 6 月 30 日，智董公司因投资性房地产用途发生变化，决定将某投资性房地产转换为自用房地产。当日，该投资性房地产已计提累计折旧 36 万元，已计提减值准备 15 万元。假定该投资性房地产账面原价为 105 万元，不考虑其他因素。

智董公司的会计处理如下。

借：固定资产　　　　　　　　　　　　　　　　　　　　　　1050000
　　贷：投资性房地产　　　　　　　　　　　　　　　　　　　　　　1050000
借：累计折旧　　　　　　　　　　　　　　　　　　　　　　　360000
　　贷：累计折旧　　　　　　　　　　　　　　　　　　　　　　　360000
借：固定资产减值准备　　　　　　　　　　　　　　　　　　　150000
　　贷：投资性房地产减值准备　　　　　　　　　　　　　　　　　150000

4. 在公允模式下

（1）采用公允价值模式计量的投资性房地产转换为自用房地产时，应当以其转换当日的公允价值作为自用房地产的账面价值，公允价值与原账面价值的差额计入当期损益。

【例 9-36】 2×17 年 9 月 30 日，鑫裕公司决定将某投资性房地产转换为自用的建筑物。该投资性房地产的账面余额为 690 万元，当日，该投资性房地产的公允价值为 720 万元。假定不考虑其他因素。

鑫裕公司的会计处理如下。

借：固定资产　　　　　　　　　　　　　　　　　　　　　　7200000
　　贷：投资性房地产　　　　　　　　　　　　　　　　　　　　　6900000
　　　　公允价值变动损益　　　　　　　　　　　　　　　　　　　　300000

（2）自用房地产或存货转换为采用公允价值模式计量的投资性房地产时，投资性房地产按照转换当日的公允价值计价，转换当日的公允价值小于原账面价值的，其差额计入当期损益；转换当日的公允价值大于原账面价值的，其差额计入所有者权益。

【例 9-37】 2×17 年 8 月 31 日，贵琛公司决定将其持有作为库存商品核算的房地产作为投资性房地产，采用公允价值模式核算。当日，该库存商品的账面余额为 30 万元，已计提存货跌价准备 6 万元，公允价值为 33 万元。假定不考虑其他因素。

贵琛公司的会计处理如下。

借：投资性房地产　　　　　　　　　　　　　　　　　　　　330000
　　存货跌价准备　　　　　　　　　　　　　　　　　　　　　60000
　　贷：库存商品　　　　　　　　　　　　　　　　　　　　　　　300000
　　　　资本公积　　　　　　　　　　　　　　　　　　　　　　　90000

【例 9-38】 2×17 年 5 月 31 日，智董公司决定将某自用建筑物作为投资性房地产，采用公允价值模式核算。当日，该自用建筑物的账面原价为 300 万元，已计提累计折旧 60 万元，已计提减值准备 33 万元，公允价值为 180 万元。假定不考虑其他因素。

智董公司的会计处理如下。

借：投资性房地产　　　　　　　　　　　　　　　　　　　　1800000
　　累计折旧　　　　　　　　　　　　　　　　　　　　　　　600000
　　固定资产减值准备　　　　　　　　　　　　　　　　　　　330000
　　公允价值变动损益　　　　　　　　　　　　　　　　　　　270000
　　贷：固定资产　　　　　　　　　　　　　　　　　　　　　　　3000000

5. 自用房地产或存货转换为采用公允价值模式计量的投资性房地产

自用房地产或存货转换为采用公允价值模式计量的投资性房地产，投资性房地产应当按照转换当日的公允价值计量。

转换当日的公允价值小于原账面价值的，其差额作为投资损失，计入当期损益。

转换当日的公允价值大于原账面价值的，其差额作为资本公积（其他资本公积），计入所有者权益。处置该项投资性房地产时，原计入所有者权益的部分应当转入处置当期的投资收益。

（五）投资性房地产的处置

1. 终止确认

当投资性房地产被处置，或者永久退出使用且预计不能从其处置中取得经济利益时，应当终止确认该项投资性房地产。

2. 处置收益

企业出售、转让、报废投资性房地产或者发生投资性房地产毁损，应当将处置收入扣除其账面价值和相关税费后的金额计入当期损益。

企业在出售采用公允价值模式计量的投资性房地产时，应当按照收到的款项，借记"银行存款"等科目，按照投资性房地产的账面原价，贷记"投资性房地产"科目，按照出售过程中发生的相关税费，贷记"应交税费""其他应付款"等科目，按照借贷双方之间的差额，借记"营业外支出"科目或贷记"营业外收入"科目。

【例 9-39】 2×17 年 12 月 31 日，智董公司决定将采用成本模式计量的某投资性房地产出售，收到出售价款 36 万元。当日，该投资性房地产账面原价 132 万元，已计提累计折旧 60 万元，已计提减值准备 15 万元，应交的相关税金 9 万元。假定不考虑其他因素。

贵琛公司的会计处理如下。

借：银行存款	360000	
累计折旧	600000	
固定资产减值准备	150000	
营业外支出	300000	
贷：投资性房地产		1320000
应交税费		90000

【例 9-40】 2×17 年 1 月 1 日，智董公司决定将采用公允价值模式计量的某投资性房地产出售，收到出售价款 87 万元。当日，该投资性房地产账面余额为 81 万元，发生应交税费 9 万元。假定不考虑其他因素。

智董公司的会计处理如下。

借：银行存款	870000	
营业外支出	30000	
贷：投资性房地产		810000
应交税费		90000

【例 9-41】 2×17 年 5 月 31 日，智董公司某采用成本模式的投资性房地产经批准报废。该投资性房地产账面原价为 560100 元，已计提折旧 531240 元，已计提减值准备为 7500 元。在清理过程中，以银行存款支付清理费用 15000 元，残料变卖收入为 19500 元。假定不考虑其他税费。

智董公司的会计处理如下。

借：累计折旧	531240	
投资性房地产减值准备	7500	
银行存款	19500	
营业外支出	16860	
贷：投资性房地产		560100
银行存款		15000

（六）会计科目及主要账务处理

1. 投资性房地产

（1）会计科目核算内容。本科目核算企业采用成本模式计量的投资性房地产的成本。

企业采用公允价值模式计量投资性房地产的，也通过本科目核算。

采用成本模式计量的投资性房地产的累计折旧或累计摊销，可以单独设置"投资性房地产累计折旧（摊销）"科目，比照"累计折旧"等科目进行处理。

采用成本模式计量的投资性房地产发生减值的，可以单独设置"投资性房地产减值准备"科目，比照"固定资产减值准备"等科目进行处理。

（2）明细核算。本科目可按投资性房地产类别和项目进行明细核算。

采用公允价值模式计量的投资性房地产，还应当分别按"成本"和"公允价值变动"进行明细核算。

（3）采用成本模式计量投资性房地产的主要账务处理。

1）企业外购、自行建造等取得的投资性房地产，按应计入投资性房地产成本的金额，借记本科目，贷记"银行存款""在建工程"等科目。

2）将作为存货的房地产转换为投资性房地产的，应按其在转换日的账面余额，借记本科目，贷记"开发产品"等科目。已计提跌价准备的，还应同时结转跌价准备。

将自用的建筑物等转换为投资性房地产的，应按其在转换日的原价、累计折旧、减值准备等，分别转入本科目、"投资性房地产累计折旧（摊销）""投资性房地产减值准备"科目。

3）按期（月）对投资性房地产计提折旧或进行摊销，借记"其他业务成本"科目，贷记"投资性房地产累计折旧（摊销）"科目。取得的租金收入，借记"银行存款"等科目，贷记"其他业务收入"科目。

4）将投资性房地产转为自用时，应按其在转换日的账面余额、累计折旧、减值准备等，分别转入"固定资产""累计折旧""固定资产减值准备"等科目。

5）处置投资性房地产时，应按实际收到的金额，借记"银行存款"等科目，贷记"其他业务收入"科目。按该项投资性房地产的累计折旧或累计摊销，借记"投资性房地产累计折旧（摊销）"科目，按该项投资性房地产的账面余额，贷记本科目，按其差额，借记"其他业务成本"科目。已计提减值准备的，还应同时结转减值准备。

（4）采用公允价值模式计量投资性房地产的主要账务处理。

1）企业外购、自行建造等取得的投资性房地产，按应计入投资性房地产成本的金额，借记本科目（成本），贷记"银行存款""在建工程"等科目。

2）将作为存货的房地产转换为投资性房地产的，应按其在转换日的公允价值，借记本科目（成本），按其账面余额，贷记"开发产品"等科目，按其差额，贷记"资本公积——其他资本公积"科目或借记"公允价值变动损益"科目。已计提跌价准备的，还应同时结转跌价准备。

将自用的建筑物等转换为投资性房地产的，按其在转换日的公允价值，借记本科目（成本），按已计提的累计折旧等，借记"累计折旧"等科目，按其账面余额，贷记"固定资产"等科目，按其差额，贷记"资本公积——其他资本公积"科目或借记"公允价值变动损益"科目。已计提减值准备的，还应同时结转减值准备。

3）资产负债表日，投资性房地产的公允价值高于其账面余额的差额，借记本科目（公允价值变动），贷记"公允价值变动损益"科目；公允价值低于其账面余额的差额做相反的会计分录。取得的租金收入，借记"银行存款"等科目，贷记"其他业务收入"科目。

4）将投资性房地产转为自用时，应按其在转换日的公允价值，借记"固定资产"等科目，按其账面余额，贷记本科目（成本、公允价值变动），按其差额，贷记或借记"公允价值变动损益"科目。

5）处置投资性房地产时，应按实际收到的金额，借记"银行存款"等科目，贷记"其他业务收入"科目。按该项投资性房地产的账面余额，借记"其他业务成本"科目，贷记本科目（成本）贷记或借记本科目（公允价值变动）；同时，按该项投资性房地产的公允价值变动，借记或贷记"公允价值变动损益"科目，贷记或借记"其他业务收入"科目。按该项投资性房地产在转换日记入资本公积的金额，借记"资本公积——其他资本公积"科目，贷记"其他业务收入"科目。

（5）投资性房地产作为企业主营业务的，应通过"主营业务收入"和"主营业务成本"科目核算相关的损益。

（6）本科目期末借方余额，反映企业采用成本模式计量的投资性房地产成本。企业采用公允价值模式计量的投资性房地产，反映投资性房地产的公允价值。

2. 资本公积

（1）会计科目核算内容。本科目核算企业收到投资者出资额超出其在注册资本或股本中所占份额的部分。直接计入所有者权益的利得和损失，也通过本科目核算。

（2）明细核算。本科目应当分别按"资本溢价（股本溢价）""其他资本公积"进行明细核算。

（3）资本公积的主要账务处理。自用房地产或存货转换为采用公允价值模式计量的投资性房地产，按照"投资性房地产"科目的相关规定进行处理，相应调整资本公积。

3. 公允价值变动损益

（1）会计科目核算内容。本科目核算企业交易性金融资产、交易性金融负债，以及采用公允价值模式计量的投资性房地产、衍生工具、套期保值业务等公允价值变动形成的应计入当期损益的利得或损失。

指定为以公允价值计量且其变动计入当期损益的金融资产或金融负债公允价值变动形成的应计入当期损益的利得或损失，也在本科目核算。

企业开展套期保值业务的，有效套期关系中套期工具或被套期项目的公允价值变动，也可以单独设置"6102 套期损益"科目核算。

（2）明细核算。本科目可按交易性金融资产、交易性金融负债、投资性房地产等进行明细核算。

（3）公允价值变动损益的主要账务处理。

1）资产负债表日，企业应按交易性金融资产的公允价值高于其账面余额的差额，借记"交易性金融资产——公允价值变动"科目，贷记本科目；公允价值低于其账面余额的差额做相反的会计分录。

出售交易性金融资产时，应按实际收到的金额，借记"银行存款""存放中央银行款项"等科目，按该金融资产的账面余额，贷记"交易性金融资产"科目，按其差额，借记或贷记"投资收益"科目。同时，将原计入该金融资产的公允价值变动转出，借记或贷记本科目，贷记或借记"投资收益"科目。

2）资产负债表日，交易性金融负债的公允价值高于其账面余额的差额，借记本科目，贷记"交易性金融负债"等科目；公允价值低于其账面余额的差额做相反的会计分录。

处置交易性金融负债，应按该金融负债的账面余额，借记"交易性金融负债"科目，按实际支付的金额，贷记"银行存款""存放中央银行款项""结算备付金"等科目，按其差额，贷记或借记"投资收益"科目。同时，按该金融负债的公允价值变动，贷记或借记本科目，借记或贷记"投资收益"科目。

3）采用公允价值模式计量的投资性房地产、衍生工具、套期工具、被套期项目等形成的公允价值变动，按照"投资性房地产""衍生工具""套期工具""被套期项目"等科目的相关规定进行处理。

期末，应将本科目余额转入"本年利润"科目，结转后本科目无余额。

4. 其他业务成本

本科目核算企业确认的除主营业务活动以外的其他经营活动所发生的支出，包括销售材料的成本、出租固定资产的折旧额、出租无形资产的摊销额、出租包装物的成本或摊销额等。

除主营业务活动以外的其他经营活动发生的相关税费，在"税金及附加"科目核算。

采用成本模式计量投资性房地产的，其投资性房地产计提的折旧额或摊销额，也通过本科目核算。

……

5. 税金及附加

本科目核算企业经营活动发生的消费税、城市维护建设税、资源税和教育费附加等相关税费。房产税、车船税、土地使用税、印花税在"管理费用"科目核算，但与投资性房地产相关的房产税、土地使用税在本科目核算。

……

6. 资产减值损失

（1）会计科目核算内容。本科目核算企业计提各项资产减值准备所形成的损失。

（2）明细核算。本科目可按资产减值损失的项目进行明细核算。

（3）主要账务处理。企业的应收款项、存货、长期股权投资、持有至到期投资、固定资产、无形资产、贷款等资产发生减值的，按应减记的金额，借记本科目，贷记"坏账准备""存货跌价准备""长期股权投资减值准备""持有至到期投资减值准备""固定资产减值准备""无形资产减值准备""贷款损失准备"等科目。

在建工程、工程物资、生产性生物资产、商誉、抵债资产、损余物资、采用成本模式计量的投资性房地产等资产发生减值的，应当设置相应的减值准备科目，比照上述规定进行处理。

企业计提坏账准备、存货跌价准备、持有至到期投资减值准备、贷款损失准备等，相关资产的价值又得以恢复的，应在原已计提的减值准备金额内，按恢复增加的金额，借记"坏账准备""存货跌价准备""持有至到期投资减值准备""贷款损失准备"等科目，贷记本科目。

期末，应将本科目余额转入"本年利润"科目，结转后本科目无余额。

四、合并财务报表

（一）综合知识

合并财务报表，是指反映母公司和其全部子公司形成的企业集团整体财务状况、经营成果和现金流量的财务报表。

母公司，是指控制一个或一个以上主体（含企业、被投资单位中可分割的部分，以及企业所控制的结构化主体等，下同）的主体。

子公司，是指被母公司控制的主体。

为了规范合并财务报表的编制和列报，根据《企业会计准则——基本准则》，财政部制定了《企业会计准则第 33 号——合并财务报表》（2014 年 2 月 17 日修订，财会〔2014〕10 号，本节以下简称本准则），自 2014 年 7 月 1 日起施行。

1. 合并财务报表的特点

与个别财务报表相比，合并财务报表具有以下特点。

（1）合并财务报表反映的对象是由母公司和其全部子公司组成的会计主体。

（2）合并财务报表的编制者是母公司，但所对应的会计主体是由母公司及其控制的所有子公司所构成的合并财务报表主体（简称为"合并集团"）。

（3）合并财务报表是站在合并财务报表主体的立场上，以纳入合并范围的企业个别财务报表为基础，根据其他有关资料，抵销母公司与子公司、子公司相互之间发生的内部交易，考虑了特殊交易事项对合并财务报表的影响后编制的，旨在反映合并财务报表主体作为一个整体的财务状况、经营成果和现金流量。

2. 合并财务报表的组成

合并财务报表至少应当包括以下组成部分。

（1）合并资产负债表。

（2）合并利润表。

（3）合并现金流量表。

（4）合并所有者权益（或股东权益，下同）变动表。

（5）附注。

企业集团中期期末编制合并财务报表的，至少应当包括合并资产负债表、合并利润表、合并现金流量表和附注。

3. 合并财务报表的编制者、编制合并财务报表的豁免规定

母公司应当编制合并财务报表。如果母公司是投资性主体，且不存在为其投资活动提供相关服务的子公司，则不应编制合并财务报表。除上述情况外，本准则不允许有其他情况的豁免。

本准则主要规范合并财务报表合并范围的确定及合并财务报表的编制和列报，以及特殊交易在合并财务报表中的处理，不涉及外币财务报表的折算和在子公司权益的披露。外币报表的折算由《企业会计准则第 19 号——外币折算》（以下简称外币折算准则）和《企业会计准则第 31 号——现金流量表》规范；在子公司权益的披露由《企业会计准则第 41 号——在其他主体中权益的披露》规范。

4. 外币财务报表折算

外币财务报表折算，适用《企业会计准则第 19 号——外币折算》和《企业会计准则第 31 号——现金流量表》。

5. 在子公司权益的披露

关于在子公司权益的披露，适用《企业会计准则第 41 号——在其他主体中权益的披露》。

（二）合并范围

合并财务报表的合并范围应当以控制为基础予以确定，不仅包括根据表决权（或类似权利）本身或者结合其他安排确定的子公司，也包括基于一项或多项合同安排决定的结构化主体。

控制，是指投资方拥有对被投资方的权力，通过参与被投资方的相关活动而享有可变回报，并且有能力运用对被投资方的权力影响其回报金额。控制的定义包含三项基本要素：一是投资方拥有对被投资方的权力，二是因参与被投资方的相关活动而享有可变回报，三是有能力运用对被投资方的权力影响其回报金额。在判断投资方是否能够控制被投资方时，当且仅当投资方具备上述三要素时，才能表明投资方能够控制被投资方。

1. 投资方拥有对被投资方的权力

投资方拥有对被投资方的权力是判断控制的第一要素，这要求投资方需要识别被投资方并评估其设立目的和设计，识别被投资方的相关活动以及对相关活动进行决策的机制，确定投资方及涉入被投资方的其他方拥有的与被投资方相关的权利等，以确定投资方当前是否有能力主导被投资方的相关活动。

（1）评估被投资方的设立目的和设计。被投资方可能是一个有限责任公司、股份有限公司、尚未进行公司制改建的国有企业，也可能是一个合伙企业、信托、专项资产管理计划等。在少数情况下，也可能包括被投资方的一个可分割部分。

在判断投资方对被投资方是否拥有权力时，通常要结合被投资方的设立目的和设计。评估被投资方的设立目的和设计，有助于识别被投资方的哪些活动是相关活动、相关活动的决策机制、被投资方相关活动的主导方以及涉入被投资方的哪一方能从相关活动中取得可变回报。

1）被投资方的设计安排表明表决权是判断控制的决定因素。当对被投资方的控制是通过持有其一定比例表决权或是潜在表决权的方式时，在不存在其他改变决策的安排的情况下，主要根据通过行使表决权来决定被投资方的财务和经营政策的情况判断控制。例如，在不存在其他因素时，通常持有半数以上表决权的投资方控制被投资方，但是，当章程或者其他协议存在某些特殊约定（如，被投资方相关活动的决策需要三分之二以上表决权比例通过）时，拥有半数以上但未达到约定比例等并不意味着能够控制被投资方。

2）被投资方的设计安排表明表决权不是判断控制的决定因素。当表决权仅与被投资方的日常行政管理活动有关，不能作为判断控制被投资方的决定性因素，被投资方的相关活动可能由其他合同安排规定时，投资方应结合被投资方设计产生的风险和收益、被投资方转移给其他投资方的风险和收益，以及投资方面临的风险和收益等一并判断是否控制被投资方。

需要强调的是，在判断控制的各环节都需要考虑被投资方的设立目的和设计。

（2）识别被投资方的相关活动及其决策机制。

1）被投资方的相关活动。被投资方为经营目的而从事众多活动，但这些活动并非都是相关活动，相关活动是对被投资方的回报产生重大影响的活动。

识别被投资方相关活动的目的是确定投资方对被投资方是否拥有权力。不同企业的相关活动可能是不同的，应当根据企业的行业特征、业务特点、发展阶段、市场环境等具体情况来进行判断，这些活动可能包括但不限于以下活动：①商品或劳务的销售和购买；②金融资产的管理；③资产的购买和处置；④研究与开发；⑤融资活动。对许多企业而言，经营和财务活动通常对其回报产生重大影响。

2）被投资方相关活动的决策机制。投资方是否拥有权力，不仅取决于被投资方的相关活动，还取决于对相关活动进行决策的方式。例如，对被投资方的经营、融资等活动做出决策（包括编制预算）的方式，任命被投资方的关键管理人员，给付薪酬及终止劳动合同关系的决策方式等。

相关活动一般由企业章程、协议中约定的权力机构（例如股东会、董事会）来决策，特殊情况下，相关活动也可能根据合同协议约定等由其他主体决策，如专门设置的管理委员会等。有限合伙企业的相关活动可能由合伙人大会决策，也可能由普通合伙人或者投资管理公司等决策。

被投资方通常从事若干相关活动，并且这些活动可能不是同时进行。当两个或两个以上投资方能够分别单方面主导被投资方的不同相关活动时，能够主导对被投资方回报产生最重大影响的活动的一方拥有对被投资方的权力，此时，通常需要考虑的因素包括：①被投资方的设立目的和设计；②影响被投资方利润率、收入和企业价值的决定因素；③每一投资方有关上述因素的决策职权范围及其对被投资方回报的影响程度；④投资方承担可变回报风险的大小。

（3）确定投资方拥有的与被投资方相关的权力。通常情况下，当被投资方从事一系列对其回报产生显著影响的经营及财务活动，且需要就这些活动连续地进行实质性决策时，表决权或类似权利本身或者结合其他安排，将赋予投资方拥有权力。但在一些情况下，表决权不能对被投资方回报产生重大影响（例如，表决权可能仅与日常行政活动有关），被投资方的相关活动由一项或多项合同安排决定。

1）投资方拥有多数表决权的权力。表决权是对被投资方经营计划、投资方案、年度财务预算方案和决算方案、利润分配方案和弥补亏损方案、内部管理机构的设置、聘任或解聘公司经理及确定其报酬、公司的基本管理制度等事项进行表决而持有的权利。表决权比例通常与其出资比例或持股比例是一致的，但公司章程另有规定的除外。

通常情况下，当被投资方的相关活动由持有半数以上表决权的投资方决定，或者主导被投资方相关活动的管理层多数成员（管理层决策由多数成员表决通过）由持有半数以上表决权的投资方聘任时，无论该表决权是否行使，持有被投资方过半数表决权的投资方拥有对被投资方的权力，但以下两种情况除外。

- 存在其他安排赋予被投资方的其他投资方拥有对被投资方的权力。例如，存在赋予其他方拥有表决权或实质性潜在表决权的合同安排，且该其他方不是投资方的代理人时，投资方不拥有对被投资方的权力。
- 投资方拥有的表决权不是实质性权利。例如，有确凿证据表明，由于客观原因无法获得必要的信息或存在法律法规的障碍，投资方虽持有半数以上表决权但无法行使该表决权时，该投资方不拥有对被投资方的权力。

投资方在判断是否拥有对被投资方的权力时，应当仅考虑与被投资方相关的实质性权利，包括自身所享有的实质性权利以及其他方所享有的实质性权利。

（a）实质性权利。实质性权利是持有人在对相关活动进行决策时有实际能力行使的可执行权利。判断一项权利是否为实质性权利，应当综合考虑所有相关因素，包括权利持有人行使该项权利是否存在财务、价格、条款、机制、信息、运营、法律法规等方面的障碍；当权利由多方持有或者行权需要多方同意时，是否存在实际可行的机制使得这些权利持有人在其愿意的情况下能够一致行权；权利持有人是否可从行权中获利等。实质性权利通常是当前可执行的权利，但某些情况下当前不可行使的权利也可能是实质性权利。

对于投资方拥有的实质性权利，即便投资方并未实际行使，也应在评估投资方是否对被投资方拥有权力时予以考虑。

有时，其他投资方也可能拥有可行使的实质性权利，使得投资方不能控制被投资方。其他投资方拥有的可行使的实质性权利包括提出议案的主动性权利和对议案予以批准或否定的被动性权利，当这些权利不仅仅是保护性权利时，其他方拥有的这些权利可能导致投资方不能控制被投资方。

（b）保护性权利。保护性权利仅为了保护权利持有人利益却没有赋予持有人对相关活动的决策权。通常包括应由股东大会（或股东会，下同）行使的修改公司章程，增加或减少注册资本，发行公司债券，公司合并、分立、解散或变更公司形式等事项持有的表决权。例如，少数股东批准超过正常经营范围的资本性支出或发行权益工具、债务工具的权利。再如，贷款方限制借款方从事损害贷款方权利的活动的权利，这些活动将对借款方信用风险产生不利影响从而损害贷款方权利，以及贷款方在借款方发生违约行为时扣押其资产的权利等。

保护性权利通常只能在被投资方发生根本性改变或某些例外情况发生时才能够行使，它既没有赋予其持有人对被投资方拥有权力，也不能阻止被投资方的其他投资方对被投资方拥有权力。仅享有保护性权利的投资方不拥有对被投资方的权力。

保护性权利通常只能在被投资方发生根本性改变或某些例外情况发生时才能够行使，但并不是所有在例外情况下行使的权利或在不确定事项发生时才能行使的权利都是保护性权利。例如，当被投资方的活动和回报已被预先设定，只有在发生某些特定事项时才需要进行决策，且这些决策将对被投资方的回报产生重大影响时，这些特定事项引发的活动才属于相关活动,就此行使的权利就不是保护性权利。对于有权主导这些相关活动的投资者,在判断其对被投资方是否拥有权力时,不需要考虑这些特定事项是否已经发生。

对于被投资方作为特许权经营方(被特许人)的情况,特许经营协议通常赋予特许人保护特许品牌的权利,也赋予特许人一些与被特许人经营相关的决策权。一般而言,这些权利并不限制其他方做出对被特许人回报产生重大影响的决策权利,也不一定使得特许人当前有能力主导对被特许人的相关活动。被特许人依据特许经营协议的条款能够自行决定其业务运营。在对被投资方进行分析时,需要区分两种不同的权利:一是当前有能力做出对被特许人回报产生重大影响的决策权利,二是有能力做出保护特许品牌的决策权利。被特许人的法律形式和资本结构等基本决策也可以由特许人之外的其他方行使并会对被特许人的回报产生重大影响。当其他方享有现时权利使其当前有能力主导被特许人的相关活动时,特许人没有拥有对被特许人的权力。特许人提供的财务支持越少,特许人面临的被特许人的回报的可变性越小,则特许人就越有可能只拥有保护性权利。

投资方持有被投资方半数以上表决权的情况通常包括如下三种:一是投资方直接持有被投资方半数以上表决权,二是投资方间接持有被投资方半数以上表决权,三是投资方以直接和间接方式合计持有被投资方半数以上表决权。

2)投资方持有被投资方半数或以下表决权,但通过与其他表决权持有人之间的协议能够控制半数以上表决权。投资方自己持有的表决权虽然只有半数或以下,但通过与其他表决权持有人之间的协议使其可以持有足以主导被投资方相关活动的表决权,从而拥有对被投资方的权力。该类协议安排需确保投资方能够主导其他表决权持有人的表决,即,其他表决权持有人按照投资方的意愿进行表决,而不是投资方与其他表决权持有人协商并根据双方协商一致的结果进行表决。

3)投资方拥有多数表决权但没有权力。确定持有半数以上表决权的投资方是否拥有权力,关键在于该投资方现时是否有能力主导被投资方的相关活动。当其他投资方现时有权力能够主导被投资方的相关活动,且其他投资方不是投资方的代理人时,投资方就不拥有对被投资方的权力。当表决权不是实质性权利时,即使投资方持有被投资方多数表决权,也不拥有对被投资方的权力。例如,被投资方相关活动被政府、法院、管理人、接管人、清算人或监管人等其他方主导时,投资方虽然持有多数表决权,但也不可能主导被投资方的相关活动。被投资方自行清算的除外。

4)持有被投资方半数或半数以下表决权。持有半数或半数以下表决权的投资方(或者虽持有半数以上表决权,但表决权比例仍不足以主导被投资方相关活动的投资方,本部分以下同),应综合考虑下列事实和情况,以判断其持有的表决权与相关事实和情况相结合是否赋予投资方拥有对被投资方的权力。

(a)投资方持有的表决权份额相对于其他投资方持有的表决权份额的大小,以及其他投资方持有表决权的分散程度。投资方持有的绝对表决权比例或相对于其他投资方持有的表决权比例越高,其现时能够主导被投资方相关活动的可能性越大;为否决投资方意见而需要联合的其他投资方越多,投资方现时能够主导被投资方相关活动的可能性越大。

(b)投资方和其他投资方持有的潜在表决权。潜在表决权是获得被投资方表决权的权利,例如,可转换工具、可执行认股权证、远期股权购买合同或其他期权所产生的权利。确定潜在表决权是否赋予其持有者权力时需要考虑以下三方面。

- 潜在表决权工具的设立目的和设计,以及投资方涉入被投资方其他方式的目的和设计。
- 潜在表决权是否为实质性权利,判断控制仅考虑满足实质性权利要求的潜在表决权。
- 投资方是否持有其他表决权或其他与被投资方相关的表决权,这些权利与投资方持有的潜在表决权结合后是否赋予投资方拥有对被投资方的权力。

（c）其他合同安排产生的权利。投资方可能通过持有的表决权和其他决策权相结合的方式使其当前能够主导被投资方的相关活动。例如，合同安排赋予投资方能够聘任被投资方董事会或类似权力机构多数成员，这些成员能够主导董事会或类似权力机构对相关活动的决策。但是，在不存在其他权利时，仅仅是被投资方对投资方的经济依赖（如供应商和其主要客户的关系）不会导致投资方对被投资方拥有权力。

（d）其他相关事实或情况。如果根据上述第（a）至（c）项所列因素尚不足以判断投资方是否控制被投资方，根据本准则第十六条，应综合考虑投资方享有的权利、被投资方以往表决权行使情况及以下事实或情况进行判断。

a）投资方是否能够任命或批准被投资方的关键管理人员，这些关键管理人员能够主导被投资方的相关活动。

b）投资方是否能够出于自身利益决定或者否决被投资方的重大交易。

c）投资方是否能够控制被投资方董事会等类似权力机构成员的任命程序，或者从其他表决权持有人手中获得代理投票权。

d）投资方与被投资方的关键管理人员或董事会等类似权力机构中的多数成员是否存在关联关系（例如，被投资方首席执行官与投资方首席执行官为同一人）。

e）投资方与被投资方之间是否存在特殊关系。

在评价投资方是否拥有对被投资方的权力时，应适当考虑这种特殊关系的影响，这种特殊关系可能为投资方享有权力提供了证据。特殊关系通常包括：被投资方的关键管理人员是投资方的现任或前任职工，被投资方的经营活动依赖于投资方（例如，被投资方依赖于投资方提供经营活动所需的大部分资金，投资方为被投资方的大部分债务提供了担保，被投资方在关键服务、技术、供应或原材料方面依赖于投资方，投资方掌握了诸如专利权、商标等对被投资方经营而言至关重要的资产，被投资方依赖于投资方为其提供具备与被投资方经营活动相关专业知识等的关键管理人员等），被投资方活动的重大部分有投资方参与其中或者是以投资方的名义进行，投资方自被投资方承担可变回报的风险（或享有可变回报的收益）的程度远超过其持有的表决权或其他类似权利的比例（例如，投资方承担或有权获得被投资方回报的比例为70%，但仅持有不到半数的表决权）等。

投资方持有被投资方表决权比例越低，否决投资方提出的关于相关活动的议案所需一致行动的其他投资者数量越少，投资者就越需要在更大程度上运用上述证据，以判断是否拥有主导被投资方相关活动的权力。

在被投资方的相关活动是通过表决权进行决策的情况下，当投资方持有的表决权比例不超过半数时，投资方在考虑了所有相关情况和事实后仍不能确定投资方是否拥有被投资方的权力的，投资方不控制被投资方。

5）权力来自表决权之外的其他权利。投资方对被投资方的权力通常来自表决权，但有时，投资方对一些主体的权力不是来自表决权，而是由一项或多项合同安排决定，如证券化产品、资产支持融资工具、部分投资基金等结构化主体。结构化主体，是指在确定其控制方时没有将表决权或类似权利作为决定因素而设计的主体。主导该主体相关活动的依据通常是合同安排或其他安排形式。有关结构化主体的判断见《企业会计准则第41号——在其他主体中权益的披露》。

由于主导结构化主体的相关活动不是来自表决权（或类似权利），而是由合同安排决定，这无形中加大了投资方有关是否拥有对该类主体权力的判断难度。投资方需要评估合同安排，以评价其享有的权利是否足够使其拥有对被投资方的权力。在评估时，投资方通常应考虑以下四方面。

（a）在设立被投资方时的决策及投资方的参与度。在评估被投资方的设立目的和设计时，投资者应考虑设立被投资方时的决策及投资方的参与度，以判断相关交易条款与参与特点是否为投资方提供了足以获得权力的权利。参与被投资方的设立本身虽然不足以表明参与方控制被投资方，但可能使参与方有机会获得使其拥有对被投资方权力的权利。

（b）相关合同安排。投资方需考虑结构化主体设立之初的合同安排是否赋予投资方主导结构化主体相关活动的权利。例如，看涨期权、看跌期权、清算权等可能为投资方提供权力的合同安排。在评估对结构化主体是否拥有权力时，应当考虑投资方在这些合同安排中享有的决策权。

（c）仅在特定情况或事项发生时开展的相关活动。结构化主体的活动及其回报在其设计时就已经明确，除非特定情况或事项发生。当特定情况或事项发生时，只有对结构化主体回报产生重大影响的活动才属于相关活动。相应地，对这些相关活动具有决策权的投资方才享有权力。决策权依赖于特定情况或特定事件的发生这一事实本身并不表示该权利为保护性权利。

（d）投资方对被投资方做出的承诺。为确保结构化主体持续按照原定设计和计划开展活动，投资方可能会做出一些承诺（包括明确的承诺和暗示性的承诺），因而可能会扩大投资方承担的可变回报风险，由此促使投资方更有动机获取足够多的权利，使其能够主导结构化主体的相关活动。投资方做出的确保此类主体遵守原定设计经营的承诺可能是投资方拥有权力的迹象，但其本身并不赋予投资方权力，也不会阻止其他方拥有权力。

2. 因参与被投资方的相关活动而享有可变回报

判断投资方是否控制被投资方的第二项基本要素是，因参与被投资方的相关活动而享有可变回报。可变回报是不固定的并可能随被投资方业绩而变动的回报，可能是正数，也可能是负数，或者有正有负。投资方在判断其享有被投资方的回报是否变动以及如何变动时，应当根据合同安排的实质，而不是法律形式。例如，投资方持有固定利率的交易性债券投资时，虽然利率是固定的，但该利率取决于债券违约风险及债券发行方的信用风险，因此，固定利率也可能属于可变回报。再如，管理被投资方资产获得的固定管理费也属于可变回报，因为管理者是否能获得此回报依赖于被投资方是否能够产生足够的收益用于支付该固定管理费。其他可变回报的例子如下。

（1）股利，被投资方经济利益的其他分配（例如，被投资方发行的债务工具产生的利息），投资方对被投资方投资的价值变动。

（2）因向被投资方的资产或负债提供服务而得到的报酬，因提供信用支持或流动性支持收取的费用或承担的损失，被投资方清算时在其剩余净资产中所享有的权益，税务利益，以及因涉入被投资方而获得的未来流动性。

（3）其他利益持有方无法得到的回报。例如，投资方将自身资产与被投资方的资产一并使用，以实现规模经济，达到节约成本、为稀缺产品提供资源、获得专有技术或限制某些运营或资产，从而提高投资方其他资产的价值。

投资方的可变回报通常体现为从被投资方获取股利。

受法律法规的限制，投资方有时无法通过分配被投资方利润或盈余的形式获得回报，例如，当被投资方的法律形式为信托机构时，其盈利可能不是以股利形式分配给投资者。此时，需要根据具体情况，以投资方的投资目的为出发点，综合分析投资方是否获得除股利以外的其他可变回报，被投资方不能进行利润分配并不必然代表投资方不能获取可变回报。

另外，即使只有一个投资方控制被投资方，也不能说明只有该投资方才能获取可变回报。例如，少数股东可以分享被投资方的利润。

3. 有能力运用对被投资方的权力影响其回报金额

判断控制的第三项基本要素是，有能力运用对被投资方的权力影响其回报金额。只有当投资方不仅拥有对被投资方的权力、通过参与被投资方的相关活动而享有可变回报，并且有能力运用对被投资方的权力来影响其回报的金额时，投资方才控制被投资方。因此，拥有决策权的投资方在判断是否控制被投资方时，需要考虑其决策行为是以主要责任人（即实际决策人）的身份进行还是以代理人的身份进行。此外，在其他方拥有决策权时，投资方还需要考虑其他方是否是以代理人的身份代表该投资方行使决策权。

（1）投资方的代理人。代理人是相对于主要责任人而言的，代表主要责任人行动并服务于该主要责任人的利益。主要责任人可能将其对被投资方的某些或全部决策权授予代理人，但在代理人代表主要责任人行使决策权时，代理人并不对被投资方拥有控制。主要责任人的权力有时可以通过代理人根据主要责任人的利益持有并行使，但权力行使人不会仅仅因为其他方能从其行权中获益而成为代理人。

在判断控制时，代理人的决策权应被视为由主要责任人直接持有，权力属于主要责任人而非代理人，因此，投资方应当将授予代理人的决策权视为自己直接持有的决策权，即使被投资方有多个投资方且其中两个或两个以上投资方有代理人。

决策者在确定其是否为代理人时，应综合考虑该决策者与被投资方以及其他方之间的关系，尤其需要考虑以下四项。

1）决策者对被投资方的决策权范围。在评估决策权范围时，应考虑相关协议或法规允许决策者决策的活动，以及决策者对这些活动进行决策时的自主程度。与该评估相关的因素包括但不限于：被投资方的设立目的与设计、被投资方面临的风险及转移给其他投资方的风险，以及决策者在设计被投资方过程中的参与程度。例如，如果决策者参与被投资方设计的程度较深（包括确定决策权范围），则可能表明决策者有机会，也有动机获得使其有能力主导相关活动的权利，但这一情况本身并不足以认定决策者必然能够主导相关活动。允许决策者（如资产管理人）主导被投资方相关活动的决策权范围越广，越能表明决策者拥有权力，但并不意味着该决策者一定是主要责任人。

2）其他方享有的实质性权利。其他方享有的实质性权利可能会影响决策者主导被投资方相关活动的能力。其他方持有实质性罢免权或其他权利并不一定表明决策者是代理人。存在单独一方拥有实质性罢免权并能够无理由罢免决策者的事实，足以表明决策者是代理人。当拥有此权利者超过一方，且不存在未经其他方同意即可罢免决策者的一方时，这些权利本身不足以表明决策者为其他方的代理人。在罢免决策者时需要联合起来行使罢免权的各方的数量越多，决策者的其他经济利益（即薪酬和其他利益）的比重和可变动性越强，则其他方所持有的权利在判断决策者是否是代理人时的权重就越轻。

在判断决策者是否是代理人时，应考虑其他方所拥有的限制决策者决策的实质性权利，这与考虑上述罢免权的方法相似。例如，决策者决策所需取得认可的其他方的数量越少，该决策者越有可能是代理人。在考虑其他方持有的权利时，应评估被投资方董事会（或其他权力机构）可行使的权利及其对决策权的影响。

3）决策者的薪酬水平。相对于被投资方活动的预期回报，决策者薪酬的比重（量级）和可变动性越大，决策者越有可能不是代理人。当同时满足下列两项时，决策者有可能是代理人：一是决策者的薪酬与其所提供的服务相称；二是薪酬协议仅包括在公平交易基础上有关类似服务和技能水平商定的安排中常见的条款、条件或金额。决策者不能同时满足上述两个条件的，不可能是代理人。

4）决策者因持有被投资方的其他利益而承担可变回报的风险。持有被投资方其他利益表明该决策者可能是主要责任人。对于在被投资方持有其他利益（如对被投资方进行投资或提供被投资方业绩担保）的决策者，在判断其是否为代理人时，应评估决策者因该利益所面临的可变回报的风险。评估时，决策者应考虑以下两点。

- 决策者享有的经济利益（包括薪酬和其他利益）的比重和可变动性。决策者享有的经济利益的比重和可变动性越大，该决策者越有可能是主要责任人。
- 决策者面临的可变回报风险是否与其他投资方不同，如果是，这些不同是否会影响其行为。例如，决策者持有次级权益，或向被投资方提供其他形式的信用增级，表明决策者可能是主要责任人。

决策者还应评估所承担的可变回报风险相对于被投资方回报总体变动的风险而言的程度。该评估主要应根据预期从被投资方的活动中得到的回报，但也应考虑决策者通过持有其他利益而承担的被投资方可变回报的最大风险。

综合上述四项因素的分析，当存在单独一方持有实质性罢免权并能无理由罢免决策者时，决策者属于代理人。除此以外，需综合考虑上述四项因素以判断决策者是否作为代理人行使决策权。

在不同事实和情况下（例如，资产管理人的薪酬或其他因素不同），形成控制所要求的投资比例可能会不同。

（2）实质代理人。在判断控制时，投资方应当考虑与所有其他方之间的关系，他们是否代表投资方行动（即识别投资方的"实质代理人"），以及其他方之间、其他方与投资方之间如何互动。上述关系不一定在合同安排中列明。当投资方（或有能力主导投资方活动的其他方）能够主导某一方代表其行动时，被主导方为投资方的实质代理人。在这种情况下，投资方在判断是否控制被投资方时，应将其实质代理人的决策权以及通过实质代理人而间接承担（或享有）的可变回报风险（或权利）与其自身的权利一并考虑。

根据各方的关系，表明一方可能是投资方的实质代理人的情况包括但不限于：投资方的关联方；因投资方出资或提供贷款而取得在被投资方中权益的一方；未经投资方同意，不得出售、转让或抵押其持有的被投资方权益的一方（不包括此项限制系通过投资方和其他非关联方之间自愿协商同意的情形）；没有投资方的财务支持难以获得资金支持其经营的一方；被投资方权力机构的多数成员或关键管理人员与投资方权力机构的多数成员或关键管理人员相同；与投资方具有紧密业务往来的一方，如专业服务的提供者与其中一家重要客户的关系。

4. 对被投资方可分割部分的控制

投资方通常应当对是否控制被投资方整体进行判断。但在少数情况下，如果有确凿证据表明同时满足下列条件并且符合相关法律法规规定的，投资方应当将被投资方的一部分（以下简称该部分）视为被投资方可分割部分，进而判断是否控制该部分。

（1）该部分的资产是偿付该部分负债或该部分其他权益的唯一来源，不能用于偿还该部分以外的被投资方的其他负债。

（2）除与该部分相关的各方外，其他方不享有与该部分资产相关的权利，也不享有与该部分资产剩余现金流量相关的权利。

因此，实质上该部分的所有资产、负债及相关权益均与被投资方的其他部分相隔离，即：该部分的资产产生的回报不能由该部分以外的被投资方其他部分使用，该部分的负债也不能用该部分以外的被投资方资产偿还。

如果被投资方的一部分资产和负债及相关权益满足上述条件，构成可分割部分，则投资方应当基于控制的判断标准确定其是否能够控制该可分割部分，包括考虑该可分割部分的相关活动及其决策机制，投资方是否有能力主导可分割部分的相关活动并据以从中取得可变回报等。如果投资方控制该可分割部分，则应将其进行合并。此时，其他方在考虑是否控制并合并被投资方时，应仅对被投资方的剩余部分进行评估，不包括该可分割部分。

5. 控制的持续评估

控制的评估是持续的，当环境或情况发生变化时，投资方需要评估控制的三项基本要素中的一项或多项是否发生了变化。如果有任何事实或情况表明控制的三项基本要素中的一项或多项发生了变化，投资方应重新评估对被投资方是否具有控制。

（1）如果对被投资方的权力的行使方式发生变化，该变化必须反映在投资方对被投资方权力的评估中。例如，决策机制的变化可能意味着投资方不再通过表决权主导相关活动，而是由协议或者合同等其他安排赋予其他方主导相关活动的现时权利。

（2）某些事件即使不涉及投资方，也可能导致该投资方获得或丧失对被投资方的权力。例如，其他方以前拥有的能阻止投资方控制被投资方的决策权到期失效，则可能使投资方因此而获得权力。

（3）投资方应考虑因其参与被投资方相关活动而承担的可变回报风险敞口的变化带来的影响。例如，如果拥有权力的投资方不再享有可变回报（如与业绩相关的管理费合同到期），则该投资方将由于不满足控制三要素的第二要素而丧失对被投资方的控制。

（4）投资方还应考虑其作为代理人或主要责任人的判断是否发生了变化。投资方与其他方之间整体关系的变化可能意味着原为代理人的投资方不再是代理人；反之亦然。例如，如果投资方或其他方的权利发生了变化，投资方应重新评估其代理人或主要责任人的身份。

投资方有关控制的判断结论，或者初始评估其是主要责任人或代理人的结果，不会仅因为市场情况的变化（如因市场情况的变化导致被投资方的可变回报发生变化）而变化，除非市场情况的变化导致控制三要素的一项或多项发生了变化，或导致主要责任人与代理人之间的关系发生变化。

6. 投资性主体

母公司应当将其全部子公司（包括母公司所控制的被投资单位可分割部分、结构化主体）纳入合并范围。如果母公司是投资性主体，则只应将那些为投资性主体的投资活动提供相关服务的子公司纳入合并范围，其他子公司不应予以合并，应按照公允价值计量且其变动计入当期损益。

一个投资性主体的母公司如果其本身不是投资性主体，则应当将其控制的全部主体，包括投资性主体以及通过投资性主体间接控制的主体，纳入合并财务报表范围。

（1）投资性主体的定义。投资性主体的定义中包含了三个需要同时满足的条件：一是该公司以向投资方提供投资管理服务为目的的，从一个或多个投资者获取资金；二是该公司的唯一经营目的，是通过资本增值、投资收益或两者兼有而让投资者获取回报；三是该公司按照公允价值对几乎所有投资的业绩进行计量和评价。

1）以向投资方提供投资管理服务为目的。投资性主体的主要活动是向投资者募集资金，且其目的是为这些投资者提供投资管理服务，这是一个投资性主体与其他主体的显著区别。

2）唯一经营目的是通过资本增值、投资收益或两者兼有而获得回报。投资性主体的经营目的一般可能通过其设立目的、投资管理方式、投资期限、投资退出战略等体现出来。例如，一个基金在募集说明书中可能说明其投资的目的是为了实现资本增值、一般情况下的投资期限较长、制订了比较清晰的投资退出战略等，这些描述与投资性主体的经营目的是一致的；反之，一个基金的经营目的如果是与被投资方合作开发、生产或者销售某种产品，则说明其不是一个投资性主体。

（a）向被投资方或第三方提供投资相关服务。投资性主体为实现其经营目的，可能向被投资方或者第三方提供投资咨询、投资管理、投资的日常行政管理及支持等服务，这些服务并不影响该主体符合投资性主体的条件，即使这些服务构成其业务的重要部分，因为这些服务是投资性主体经营的延伸。

（b）向被投资方提供其他服务和支持。投资性主体可能向被投资方提供管理或战略建议服务，或者贷款或担保等财务方面的支持，当这些活动与其获取资本增值或者投资收益的整体目的一致，且这些活动本身并不构成一项单独的重要收入来源时，该主体的经营目的仍然可能符合投资性主体的经营目的。当投资性主体设立专门为被投资方提供投资咨询、投资管理等服务的子公司时，该投资性主体应该合并这一子公司。

（c）投资目的及回报方式。主体有时出于多种目的投资于另一个主体，例如，从事高科技产品研发、生产和销售的企业集团，发起设立了一家基金专门投资于一些尚处于研发初期的创新企业以获取资本增值。同时，企业集团与该基金签订协议，双方约定：如果其中某项高科技产品研发成功，该集团享有优先购买权。这种情况下，该基金的经营目的除了获取资本增值外，还包含了为其企业集团获取新产品开发的渠道，获取资本增值并不是该基金的唯一经营目的，因此，该基金不符合投资性主体的条件。

不符合投资性主体投资目的及回报的情况包括但不仅限于：该主体或其所在企业集团其他成员购买、使用、交换或开发被投资方的流程、资产或技术，该主体与被投资方就开发、生产、销售或提供产品或服务达成合营安排或其他协议，被投资方为该主体的借款提供财务担保或以被投资方的资产作为抵押，该主体的关联方持有的、可从所在集团其他成员处购买该主体持有的被投资方所有者权益的购买选择权，该主体或所在集团其他成员与被投资方的关联方之间的非公允交易，且该交易属于被投资方或该主体经营活动的重大组成部分等。

当主体的投资战略是投资于同一个行业、地区或者市场的多个主体以在被投资方之间形成协同效应时，即使该主体存在上述非公允交易，该主体也不会仅因为被投资方之间的交易而被认定为不符合投资性主体。

（d）退出战略。投资性主体与非投资性主体的一个区别是投资性主体不打算无限期持有其投资。退出战略明确了其退出投资的时间表，没有退出战略，可能表明其计划无限期地持有相关投资。这是因为权益性投资和非金融资产投资通常是无限期持有。将有期限的债务工具持有至到期，可以视为存在退出战略，因为主体不可能无限期持有这类债务工具。没有退出战略的永续债投资，表明可能该主体计划无限期持有。仅针对违约事项的退出机制不被视为退出战略。

3）按照公允价值对投资业绩进行计量和评价。投资性主体定义的基本要素之一是以公允价值作为其首要的计量和评价属性，因为相对于合并子公司财务报表或者按照权益法核算对联营企业或合营企业的投资而言，公允价值计量所提供的信息更具有相关性。公允价值计量体现在：在会计准则允许的情况下，在向投资方报告其财务状况和经营成果时应当以公允价值计量其投资；向其关键管理人员提供公允价值信息，以供他们据此评估投资业绩或做出投资决策。但投资性主体没有必要以公允价值计量其固定资产等非投资性资产或其负债。

（2）投资性主体的特征。投资性主体通常应当具备下列四个特征：一是拥有一个以上投资；二是拥有一个以上投资者；三是投资者不是该主体的关联方；四是该主体的所有者权益以股权或类似权益存在。当主体不完全具备上述四个特征时，需要审慎评估，判断是否有确凿证据证明虽然缺少其中一个或几个特征，但该主体仍然符合投资性主体的定义。

1）拥有一个以上投资。一个投资性主体通常会同时持有多项投资以分散风险、最大化回报，但通过直接或间接持有对另一投资性主体（该主体持有多项投资）的一项投资的主体也可能是投资性主体。当主体刚设立、尚未寻找到多个符合要求的投资项目，或者刚处置了部分投资、尚未进行新的投资，或者该主体正处于清算过程中时，即使主体仅持有一项投资，该主体仍可能为投资性主体。另外，如果某项投资要求较高的最低出资额，单个投资方很难进行如此高额的投资时，可能设立投资性主体用以募集多个投资方的资金进行集中投资。

2）拥有一个以上投资者。投资性主体通常拥有多个投资者，拥有多个投资者使投资性主体或其所在企业集团中的其他企业获取除资本增值、投资收益外的收益的可能性减小。当主体刚刚设立、正在积极识别合格投资者，或者原持有的权益已经赎回、正在寻找新的投资者，或者处于清算过程中时，即使主体仅拥有一个投资者，该主体仍可能符合投资性主体的定义。还有一些特殊的投资性主体，其投资者只有一个，其目的是为了代表或支持一个较大的投资者集合的利益而设立的。例如，某企业设立一个年金基金，其目的是为了支持该企业职工退休后福利，该基金的投资者虽然只有一个，却代表了一个较大的投资者集合的利益，仍然属于投资性主体。

3）投资者不是该主体的关联方。投资性主体通常拥有若干投资者，这些投资者既不是其关联方，也不是所在集团中的其他成员，这一情况使得投资性主体或其所在企业集团中的其他企业获取除资本增值、投资收益外的收益的可能性减小。但是，关联投资者的存在并非表明该主体一定不是投资性主体。例如，某基金的投资方之一可能是该基金的关键管理人员出资设立的企业，其目的是更好地激励基金的关键管理人员，这一安排并不影响该基金符合投资性主体的定义。

4）该主体的所有者权益以股权或类似权益存在。投资性主体通常是单独的法律主体，但没有要求投资性主体必须是单独的法律主体。但无论其采取何种形式，其所有者权益通常采取股权或者类似权益的形式（例如合伙权益），且净资产按照所有者权益比例份额享有。然而，拥有不同类型的投资者，并且其中一些投资者可能仅对某类或某组特定投资拥有权利，或者不同类型的投资者对净资产享有不同比例的分配权的情况，并不说明该主体不是一个投资性主体。

（3）投资性主体的转换。投资性主体的判断需要持续进行，当有事实和情况表明构成投资性主体定义的三项要素发生变化，或者任何典型特征发生变化时，应当重新评估其是否符合投资性主体。

当母公司由非投资性主体转变为投资性主体时，除仅将为其投资活动提供相关服务的子公司纳入合并财务报表范围编制合并财务报表外，企业自转变日起对其他子公司不应予以合并，其会计处理参照部分处置子公司股权但不丧失控制权的处理原则：终止确认与其他子公司相关资产（包括商誉）及负债的账面价值，以及其他子公司相关少数股东权益（包括属于少数股东的其他综合收益）的账面价值，并按照对该子公司的投资在转变日的公允价值确认一项以公允价值计量且其变动计入当期损益的金融资产，同时将对该子公司的投资在转变日的公允价值作为处置价款，其与当日合并财务报表中该子公司净资产（资产、负债及相关商誉之和，扣除少数股东权益）的账面价值之间的差额，调整资本公积（资本溢价或股本溢价），资本公积不足冲减的，调整留存收益。

当母公司由投资性主体转变为非投资性主体时，应将原未纳入合并财务报表范围的子公司于转变日纳入合并财务报表范围，将转变日视为购买日，原未纳入合并财务报表范围的子公司于转变日的公允价值视为购买的交易对价，按照非同一控制下企业合并的会计处理方法进行会计处理。

（三）合并程序

1. 合并财务报表的编制原则

合并财务报表作为财务报表，必须符合财务报表编制的一般原则和基本要求，这些基本要求包括真实可靠、内容完整、重要性等。合并财务报表的编制除了遵循财务报表编制的一般原则和要求外，还应遵循一体性原则，即，合并财务报表反映的是由多个主体组成的企业集团的财务状况、经营成果和现金流量。在编制合并财务报表时应当将母公司和所有子公司作为整体来看待，视为一个会计主体，母公司和子公司发生的经营活动都应当从企业集团这一整体的角度进行考虑，包括对项目重要性的判断。

在编制合并财务报表时，对于母公司与子公司、子公司相互之间发生的经济业务，应当视为同一会计主体的内部业务处理，对合并财务报表的财务状况、经营成果和现金流量不产生影响。另外，对于某些特殊交易，如果站在企业集团角度的确认和计量与个别财务报表角度的确认和计量不同，还需要站在企业集团角度就同一交易或事项予以调整。

2. 编制合并财务报表的前期准备工作

合并财务报表的编制涉及多个子公司，为了使编制的合并财务报表准确、全面反映企业集团的真实情况，必须做好一系列的前期准备工作，主要包括以下几个方面。

（1）统一母子公司的会计政策。会计政策是编制财务报表的基础。统一母公司和子公司的会计政策是保证母子公司财务报表各项目反映内容一致的基础。只有在财务报表各项目反映的内容一致的情况下，才能对其进行加总，编制合并财务报表。因此，在编制合并财务报表前，应统一要求子公司所采用的会计政策与母公司保持一致。对一些境外子公司，由于所在国或地区法律、会计政策等方面的原因，确实无法使其采用的会计政策与母公司所采用的会计政策保持一致，则应当要求其按照母公司所采用的会计政策，重新编报财务报表，也可以由母公司根据自身所采用的会计政策对境外子公司报送的财务报表进行调整，以重编或调整编制的境外子公司的财务报表，作为编制合并财务报表的基础。

需要注意的是，中国境内企业设在境外的子公司在境外发生的交易或事项，因受法律法规限制等境内不存在或交易不常见，企业会计准则未做出规范的，可以将境外子公司已经进行的会计处理结果，在符合基本准则的原则下，按照国际财务报告准则进行调整后，并入境内母公司合并财务报表的相关项目。

（2）统一母子公司的资产负债表日及会计期间。母公司和子公司的个别财务报表只有在反映财务状况的日期和反映经营成果的会计期间都一致的情况下，才能进行合并。为了编制合并财务报表，必须统一企业集团内母公司和所有子公司的资产负债表日和会计期间，使子公司的资产负债表日和会计期间与母公司的资产负债表日和会计期间保持一致，以便于子公司提供相同资产负债表日和会计期间的财务报表。

对于境外子公司，由于当地法律限制确实不能与母公司财务报表决算日和会计期间一致的，母公司应当按照自身的资产负债表日和会计期间对子公司的财务报表进行调整，以调整后的子公司财务报表为基础编制合并财务报表，也可以要求子公司按照母公司的资产负债表日和会计期间另行编制报送其个别财务报表。

（3）对子公司以外币表示的财务报表进行折算。对母公司和子公司的财务报表进行合并，其前提必须是母子公司个别财务报表所采用的货币计量单位一致。外币业务比较多的企业应该遵循外币折算准则有关选择记账本位币的相关规定，在符合准则规定的基础上，确定是否采用某一种外币作为记账本位币。在将境外经营纳入合并范围时，应该按照外币折算准则的相关规定进行处理。

（4）收集编制合并财务报表的相关资料。合并财务报表以母公司和其子公司的财务报表以及其他有关资料为依据，由母公司合并有关项目的数额编制。为编制合并财务报表，母公司应当要求子公司及时提供以下有关资料。

1）子公司相应期间的财务报表。

2）采用的与母公司不一致的会计政策及其影响金额。

3）与母公司不一致的会计期间的说明。

4）与母公司及与其他子公司之间发生的所有内部交易的相关资料，包括但不限于内部购销交易、债权债务、投资及其产生的现金流量和未实现内部销售损益的期初、期末余额及变动情况等资料。

5）子公司所有者权益变动和利润分配的有关资料。

6）编制合并财务报表所需要的其他资料。

3. 合并财务报表的编制程序

合并财务报表编制的一般程序如下。

（1）设置合并工作底稿。合并工作底稿的作用是为合并财务报表的编制提供基础。在合并工作底稿中，对母公司和纳入合并范围的子公司的个别财务报表各项目的数据进行汇总、调整和抵销处理，最终计算得出合并财务报表各项目的合并数。

（2）将个别财务报表的数据过入合并工作底稿。将母公司和纳入合并范围的子公司的个别资产负债表、个别利润表、个别现金流量表及个别所有者权益变动表各项目的数据过入合并工作底稿，并在合并工作底稿中对母公司和子公司个别财务报表各项目的数据进行加总，计算得出个别资产负债表、个别利润表、个别现金流量表及个别所有者权益变动表各项目合计数额。

（3）编制调整分录和抵销分录。根据本准则第三十条、第三十四条、第四十一条和第四十五条等编制调整分录与抵销分录，进行调整抵销处理是合并财务报表编制的关键和主要内容，其目的在于将因会计政策及计量基础的差异对个别财务报表的影响进行调整，以及将个别财务报表各项目的加总数据中重复的因素等予以抵销或调整等。

（4）计算合并财务报表各项目的合并金额。在母公司和纳入合并范围的子公司个别财务报表项目加总金额的基础上，分别计算合并财务报表中各资产项目、负债项目、所有者权益项目、收入项目和费用项目等的合并金额。其计算方法如下。

1）资产类项目。其合并金额根据该项目加总的金额，加上该项目调整分录与抵销分录有关的借方发生额，减去该项目调整分录与抵销分录有关的贷方发生额计算确定。

2）负债类和所有者权益类项目。其合并金额根据该项目加总的金额，减去该项目调整分录与抵销分录有关的借方发生额，加上该项目调整分录与抵销分录有关的贷方发生额计算确定。

3）有关收入、收益、利得类项目。其合并金额根据该项目加总的金额，减去该项目调整分录与抵销分录的借方发生额，加上该项目调整分录与抵销分录的贷方发生额计算确定。

4）有关成本费用、损失类项目和有关利润分配的项目。其合并金额根据该项目加总的金额，加上该项目调整分录与抵销分录的借方发生额，减去该项目调整分录与抵销分录的贷方发生额计算确定。

5）"专项储备"和"一般风险准备"项目。由于既不属于实收资本（或股本）资本公积，也与留存收益、未分配利润不同，在长期股权投资与子公司所有者权益相互抵销后，应当按归属于母公司所有者的份额予以恢复。

（5）填列合并财务报表。根据合并工作底稿中计算出的资产、负债、所有者权益、收入、成本费用类以及现金流量表中各项目的合并金额，填列生成正式的合并财务报表。

合并所有者权益变动表也可以根据合并资产负债表和合并利润表进行编制。

4. 报告期内增减子公司的处理

（1）增加子公司。母公司因追加投资等原因控制了另一个企业即实现了企业合并，应当根据《企业会计准则第20号——企业合并》的规定编制合并日或购买日的合并财务报表。在企业合并发生当期的期末和以后会计期间，母公司应当根据本准则的规定编制合并财务报表，分情况进行处理。

1）同一控制下企业合并增加的子公司或业务。视同合并后形成的企业集团报告主体自最终控制方开始实施控制时一直是一体化存续下来的。编制合并资产负债表时，应当调整合并资产负债表的期初数，合并资产负债表的留存收益项目应当反映母子公司视同一直作为一个整体运行至合并日应实现的盈余公积和未分配利润的情况，同时应当对比较报表的相关项目进行调整；编制合并利润表时，应当将该子公司或业务自合并当期期初至报告期末的收入、费用、利润纳入合并利润表，而不是从合并日开始纳入合并利润表，同时应当对比较报表的相关项目进行调整。由于这部分净利润是因《企业会计准则第 20 号——企业合并》所规定的同一控制下企业合并的编表原则所致，而非母公司管理层通过生产经营活动实现的净利润，因此，应当在合并利润表中单列"其中：被合并方在合并前实现的净利润"项目进行反映；在编制合并现金流量表时，应当将该子公司或业务自合并当期期初到报告期末的现金流量纳入合并现金流量表，同时应当对比较报表的相关项目进行调整。

2）非同一控制下企业合并或其他方式增加的子公司或业务。应当从购买日开始编制合并财务报表，在编制合并资产负债表时，不调整合并资产负债表的期初数，企业以非货币性资产出资设立子公司或对子公司增资的，需要将该非货币性资产调整恢复至原账面价值，并在此基础上持续编制合并财务报表；在编制合并利润表时，应当将该子公司或业务自购买日至报告期末的收入、费用、利润纳入合并利润表；在编制合并现金流量表时，应当将该子公司购买日至报告期期末的现金流量纳入合并现金流量表。

（2）处置子公司。在报告期内，如果母公司处置子公司或业务，失去对子公司或业务的控制，被投资方从处置日开始不再是母公司的子公司，不应继续将其纳入合并财务报表的合并范围，在编制合并资产负债表时，不应当调整合并资产负债表的期初数；在编制合并利润表时，应当将该子公司或业务自当期期初至处置日的收入、费用、利润纳入合并利润表；在编制合并现金流量表时，应将该子公司或业务自当期期初至处置日的现金流量纳入合并现金流量表。

（四）合并资产负债表

合并资产负债表应当以母公司和子公司的资产负债表为基础，在抵销母公司与子公司、子公司相互之间发生的内部交易对合并资产负债表的影响后，由母公司合并编制。

（1）母公司对子公司的长期股权投资与母公司在子公司所有者权益中所享有的份额应当相互抵销，同时抵销相应的长期股权投资减值准备。

子公司持有母公司的长期股权投资，应当视为企业集团的库存股，作为所有者权益的减项，在合并资产负债表中所有者权益项目下以"减：库存股"项目列示。

子公司相互之间持有的长期股权投资，应当比照母公司对子公司的股权投资的抵销方法，将长期股权投资与其对应的子公司所有者权益中所享有的份额相互抵销。

（2）母公司与子公司、子公司相互之间的债权与债务项目应当相互抵销，同时抵销相应的减值准备。

（3）母公司与子公司、子公司相互之间销售商品（或提供劳务，下同）或其他方式形成的存货、固定资产、工程物资、在建工程、无形资产等所包含的未实现内部销售损益应当抵销。

对存货、固定资产、工程物资、在建工程和无形资产等计提的跌价准备或减值准备与未实现内部销售损益相关的部分应当抵销。

（4）母公司与子公司、子公司相互之间发生的其他内部交易对合并资产负债表的影响应当抵销。

（5）因抵销未实现内部销售损益导致合并资产负债表中资产、负债的账面价值与其在所属纳税主体的计税基础之间产生暂时性差异的，在合并资产负债表中应当确认递延所得税资产或递延所得税负债，同时调整合并利润表中的所得税费用，但与直接计入所有者权益的交易或事项及企业合并相关的递延所得税除外。

子公司所有者权益中不属于母公司的份额，应当作为少数股东权益，在合并资产负债表中所有者权益项目下以"少数股东权益"项目列示。

小知识

第三十二条　母公司在报告期内因同一控制下企业合并增加的子公司以及业务，编制合并资产负债表时，应当调整合并资产负债表的期初数，同时应当对比较报表的相关项目进行调整，视同合并后的报告主体自最终控制方开始控制时点起一直存在。

因非同一控制下企业合并或其他方式增加的子公司以及业务，编制合并资产负债表时，不应当调整合并资产负债表的期初数。

第三十三条　母公司在报告期内处置子公司以及业务，编制合并资产负债表时，不应当调整合并资产负债表的期初数。

（五）合并利润表

合并利润表应当以母公司和子公司的利润表为基础，在抵销母公司与子公司、子公司相互之间发生的内部交易对合并利润表的影响后，由母公司合并编制。

（1）母公司与子公司、子公司相互之间销售商品所产生的营业收入和营业成本应当抵销。母公司与子公司、子公司相互之间销售商品，期末全部实现对外销售的，应当将购买方的营业成本与销售方的营业收入相互抵销。母公司与子公司、子公司相互之间销售商品，期末未实现对外销售而形成存货、固定资产、工程物资、在建工程、无形资产等资产的，在抵销销售商品的营业成本和营业收入的同时，应当将各项资产所包含的未实现内部销售损益予以抵销。

（2）在对母公司与子公司、子公司相互之间销售商品形成的固定资产或无形资产所包含的未实现内部销售损益进行抵销的同时，也应当对固定资产的折旧额或无形资产的摊销额与未实现内部销售损益相关的部分进行抵销。

（3）母公司与子公司、子公司相互之间持有对方债券所产生的投资收益、利息收入及其他综合收益等，应当与其相对应的发行方利息费用相互抵销。

（4）母公司对子公司、子公司相互之间持有对方长期股权投资的投资收益应当抵销。

（5）母公司与子公司、子公司相互之间发生的其他内部交易对合并利润表的影响应当抵销。

子公司当期净损益中属于少数股东权益的份额，应当在合并利润表中净利润项目下以"少数股东损益"项目列示。

子公司当期综合收益中属于少数股东权益的份额，应当在合并利润表中综合收益总额项目下以"归属于少数股东的综合收益总额"项目列示。

母公司向子公司出售资产所发生的未实现内部交易损益，应当全额抵销"归属于母公司所有者的净利润"。

子公司向母公司出售资产所发生的未实现内部交易损益，应当按照母公司对该子公司的分配比例在"归属于母公司所有者的净利润"和"少数股东损益"之间分配抵销。子公司之间出售资产所发生的未实现内部交易损益，应当按照母公司对出售方子公司的分配比例在"归属于母公司所有者的净利润"和"少数股东损益"之间分配抵销。

子公司少数股东分担的当期亏损超过了少数股东在该子公司期初所有者权益中所享有的份额的，其余额仍应当冲减少数股东权益。

母公司在报告期内因同一控制下企业合并增加的子公司以及业务，应当将该子公司以及业务合并当期期初至报告期末的收入、费用、利润纳入合并利润表，同时应当对比较报表的相关项目进行调整，视同合并后的报告主体自最终控制方开始控制时点起一直存在。

因非同一控制下企业合并或其他方式增加的子公司以及业务，应当将该子公司以及业务购买日至报告期末的收入、费用、利润纳入合并利润表。

母公司在报告期内处置子公司以及业务，应当将该子公司以及业务期初至处置日的收入、费用、利润纳入合并利润表。

小知识

关于合并利润表中净利润部分的列报

根据《企业会计准则第 42 号——持有待售的非流动资产、处置组和终止经营》的相关规定，企业应当在利润表中分别列示持续经营损益和终止经营损益。企业可以参考以下格式对合并利润表中的净利润部分进行列报。

项　目	本期金额	上期金额
……（略）		
四、净利润（净亏损以"–"号填列）		
（一）按经营持续性分类		
1.持续经营净利润（净亏损以"–"号填列）		
2.终止经营净利润（净亏损以"–"号填列）		
（二）按所有权归属分类		
1.少数股东损益（净亏损以"–"号填列）		
2.归属于母公司股东的净利润（净亏损以"–"号填列）		
……（略）		

（六）合并现金流量表

合并现金流量表应当以母公司和子公司的现金流量表为基础，在抵销母公司与子公司、子公司相互之间发生的内部交易对合并现金流量表的影响后，由母公司合并编制。

本准则提及现金时，除非同时提及现金等价物，均包括现金和现金等价物。

编制合并现金流量表应当符合以下要求。

（1）母公司与子公司、子公司相互之间当期以现金投资或收购股权增加的投资所产生的现金流量应当抵销。

（2）母公司与子公司、子公司相互之间当期取得投资收益、利息收入收到的现金，应当与分配股利、利润或偿付利息支付的现金相互抵销。

（3）母公司与子公司、子公司相互之间以现金结算债权与债务所产生的现金流量应当抵销。

（4）母公司与子公司、子公司相互之间当期销售商品所产生的现金流量应当抵销。

（5）母公司与子公司、子公司相互之间处置固定资产、无形资产和其他长期资产收回的现金净额，应当与购建固定资产、无形资产和其他长期资产支付的现金相互抵销。

（6）母公司与子公司、子公司相互之间当期发生的其他内部交易所产生的现金流量应当抵销。

合并现金流量表及其补充资料也可以根据合并资产负债表和合并利润表进行编制。

母公司在报告期内因同一控制下企业合并增加的子公司以及业务，应当将该子公司以及业务合并当期期初至报告期末的现金流量纳入合并现金流量表，同时应当对比较报表的相关项目进行调整，视同合并后的报告主体自最终控制方开始控制时点起一直存在。因非同一控制下企业合并增加的子公司以及业务，应当将该子公司购买日至报告期末的现金流量纳入合并现金流量表。

母公司在报告期内处置子公司以及业务，应当将该子公司以及业务期初至处置日的现金流量纳入合并现金流量表。

（七）合并所有者权益变动表

合并所有者权益变动表应当以母公司和子公司的所有者权益变动表为基础，在抵销母公司与子公司、子公司相互之间发生的内部交易对合并所有者权益变动表的影响后，由母公司合并编制。

（1）母公司对子公司的长期股权投资应当与母公司在子公司所有者权益中所享有的份额相互抵销。

子公司持有母公司的长期股权投资以及子公司相互之间持有的长期股权投资，应当按照本准则第三十条规定处理。

（2）母公司对子公司、子公司相互之间持有对方长期股权投资的投资收益应当抵销。

（3）母公司与子公司、子公司相互之间发生的其他内部交易对所有者权益变动的影响应当抵销。

合并所有者权益变动表也可以根据合并资产负债表和合并利润表进行编制。

有少数股东的，应当在合并所有者权益变动表中增加"少数股东权益"栏目，反映少数股东权益变动的情况。

【例 9-42】2×13 年 1 月 1 日，智董公司以定向增发普通股股票的方式，从非关联方处购买取得了贵琛股份有限公司（以下简称贵琛公司）70%的股权，于同日通过产权交易所完成了该项股权转让程序，并完成了工商变更登记。智董公司定向增发普通股股票 5000 万股，每股面值为 1 元，每股市场价格为 2.95 元。智董公司与贵琛公司属于非同一控制下的企业。

1. 贵琛公司 2×13 年 1 月 1 日（购买日）资产负债表有关项目信息

（1）股东权益总额为 16000 万元。其中：股本为 10000 万元，资本公积为 4000 万元，盈余公积为 600 万元，未分配利润为 1400 万元。

（2）应收账款账面价值为 1960 万元，经评估的公允价值为 1560 万元；存货的账面价值为 10000 万元，经评估的公允价值为 11000 万元；固定资产账面价值为 9000 万元，经评估的公允价值为 12000 万元，固定资产评估增值为公司办公楼增值，该办公楼采用年限平均法计提折旧，该办公楼的剩余折旧年限为 15 年。

2. 贵琛公司 2×13 年 12 月 31 日资产负债表有关项目信息

（1）股东权益总额为 19150 万元。其中：股本为 10000 万元，资本公积为 4000 万元，其他综合收益 150 万元（可供出售金融资产公允价值变动的利得），盈余公积为 1600 万元，未分配利润为 3400 万元。

（2）2×13 年全年实现净利润 5250 万元，当年提取盈余公积 1000 万元，年末向股东宣告分配现金股利 2250 万元，现金股利款项尚未支付。

（3）截至 2×13 年 12 月 31 日，应收账款按购买日评估确认的金额收回，评估确认的坏账已核销；购买日发生评估增值的存货当年已全部实现对外销售。

3. 2×13 年，智董公司和贵琛公司内部交易和往来事项

（1）截至 2×13 年 12 月 31 日，智董公司个别资产负债表应收账款中有 480 万元为应收贵琛公司账款，该应收账款账面余额为 500 万元，智董公司当年计提坏账准备 20 万元。贵琛公司个别资产负债表中应付账款中列示有应付智董公司账款 500 万元。

（2）2×13 年 5 月 1 日，智董公司向贵琛公司销售商品 1000 万元，商品销售成本为 700 万元，贵琛公司以支票支付商品价款 500 万元，其余价款待商品售出后支付。贵琛公司购进的该商品本期全部未实现对外销售而形成年末存货。2×13 年年末，贵琛公司对存货

进行检查时，发现该商品已经部分陈旧，其可变现净值已降至 980 万元。为此，贵琛公司 2×13 年年末对该存货计提存货跌价准备 20 万元，并在其个别财务报表中列示。

2×13 年 6 月 1 日，贵琛公司向智董公司销售商品 1200 万元，商品销售成本为 800 万元，智董公司以支票支付全款。智董公司购进该商品本期 40％未实现对外销售。年末，智董公司对剩余存货进行检查，并未发生存货跌价损失。

（3）2×13 年 6 月 20 日，智董公司将其资产原值为 1000 万元、账面价值为 600 万元的某厂房，以 1200 万元的价格变卖给贵琛公司作为厂房使用，贵琛公司以支票支付全款。该厂房预计剩余使用年限为 15 年，智董公司和贵琛公司均采用直线法对其计提折旧。

智董公司取得贵琛公司可辨认资产、负债和所有者权益在购买日的公允价值备查簿见表 9-4；2×13 年 1 月 1 日，智董公司资产负债表、贵琛公司资产负债表及资产负债公允价值见表 9-5；2×13 年 12 月 31 日，智董公司、贵琛公司资产负债表见表 9-7；2×13 年，智董公司、贵琛公司当年利润表、现金流量表和所有者权益变动表分别见表 9-8 ～表 9-10。

表 9-4 智董公司购买股权备查簿 – 贵琛公司　单位：万元

购买日：2×13 年 1 月 1 日　　购买价：14750 万元　　本次交易后累计持股：70％

项目	购买日账面价值	购买日公允价值	公允价值与账面价值的差额	剩余使用年限	公允价值变动调整折旧或摊销额（年）	公允价值变动调整后余额	备注
流动资产	17500	18100	600				
其中：应收账款	1960	1560	－400				
存货	10000	11000	1000				
非流动资产	11500	14500	3000				
其中：固定资产——贵琛公司办公楼	1000	4000	3000	15	200	2800	采用年限平均法计提折旧
资产总计	29000	32600	3600				
流动负债	10500	10500	0				
非流动负债	2500	2500	0				
负债合计	13000	13000	0				
实收资本（或股本）	10000	10000					
资本公积	4000						
盈余公积	600	600	0				
未分配利润	1400	1400	0				
所有者权益合计	16000	19600	3600				
负债和所有者权益总计	29000	32600	3600				

表 9-5 资产负债表（简表）

会企 01 表

编制单位：智董公司　　　　2×13 年 1 月 1 日　　　　单位：万元

资产	智董公司	贵琛公司账面价值	贵琛公司公允价值	负债和所有者权益（或股东权益）	智董公司	贵琛公司账面价值	贵琛公司公允价值
流动资产：				流动负债			
货币资金	4500	2100	2100	短期借款	6000	2500	2500
交易性金融资产	2000	900	900	交易性金融负债	1900	0	0
应收票据	2350	1500	1500	应付票据	5000	1500	1500

资产	智董公司	贵琛公司		负债和所有者权益（或股东权益）	智董公司	贵琛公司	
		账面价值	公允价值			账面价值	公允价值
应收账款	2900	1960	1560	应付账款	9000	2100	2100
预付款项	1000	440	440	预收款项	1500	650	650
应收利息	0	0	0	应付职工薪酬	3000	800	800
应收股利	2100	0	0	应交税费	1000	600	600
其他应收款	0	0	0	应付利息	0	0	0
存货	15500	10000	11000	应付股利	2000	2000	2000
其他流动资产	650	600	600	其他应付款	0	0	0
流动资产合计	31000	17500	18100	其他流动负债	600	350	350
非流动资产：				流动负债合计	30000	10500	10500
可供出售金融资产	3000	700	700	非流动负债：			
持有至到期投资	5500	0	0	长期借款	2000	1500	1500
长期应收款	0	0	0	应付债券	10000	1000	1000
长期股权投资	16000	0	0	长期应付款	1000		
固定资产	10500	9000	12000	递延所得税负债	0	0	0
在建工程	10000	1000	1000	其他非流动负债	0	0	0
无形资产	2000	800	800	非流动负债合计	13000	2500	2500
商誉	0	0	0	负债合计	43000	13000	13000
长期待摊费用	0	0	0	所有者权益（或股东权益）：			
递延所得税资产	0	0	0	实收资本（或股本）	20000	10000	10000
其他非流动资产	0	0	0	资本公积	5000	4000	7600
非流动资产合计	47000	11500	14500	减：库存股	0	0	0
				其他综合收益	0	0	0
				盈余公积	5500	600	600
				未分配利润	4500	1400	1400
				所有者权益合计	35000	16000	19600
资产总计	78000	29000	32600	负债和所有者权益总计	78000	29000	32600

假定智董公司、贵琛公司均是中国境内公司，智董公司计划长期持有对贵琛公司的股权，不考虑上述合并事项中所发生的审计、评估、股票发行以及法律服务等相关费用，贵琛公司的会计政策和会计期间与智董公司一致，购买日，贵琛公司资产和负债的公允价值与其计税基础之间形成的暂时性差异均符合确认递延所得税资产或递延所得税负债的条件，不考虑智董公司、贵琛公司除企业合并和编制合并财务报表之外的其他税费，两家公司适用的所得税税率均为25%。除非有特别说明，本案例中的资产和负债的账面价值与计税基础相同。（本案例的会计分录以万元表示）

（一）合并范围的确定

本例中，智董公司持有贵琛公司70%表决权股份，能够主导贵琛公司的经营、财务等相关活动，表明智董公司对贵琛公司拥有权力。且智董公司可通过参与贵琛公司的经营、财务等相关活动而影响并享有可变回报（如，智董公司可以决定贵琛公司股利分配决策并取得贵琛公司分配的股利等），因此智董公司对贵琛的财务决策和经营决策等均具有实质性权利，即智董公司有能力运用对贵琛公司的权力影响其回报金额。综上所述，智董公司对贵琛公司的权力符合本准则中的控制定义，因此智董公司编制合并财务报表时，应当将贵琛公司纳入合并范围。

（二）购买日合并资产负债表的编制

本例中，智董公司购买贵琛公司股权形成了非同一控制下的企业合并，按照《企业会计准则第 20 号——企业合并》的规定，非同一控制下的企业合并，母公司应当编制购买日的合并资产负债表，因企业合并取得的被购买方各项可辨认资产、负债应当以公允价值列示，母公司应当设置备查簿，记录企业合并中取得的子公司各项可辨认资产、负债在购买日的公允价值。

智董公司取得贵琛公司可辨认资产、负债和所有者权益在购买日的公允价值备查簿见表 9-4。

2×13 年 1 月 1 日，智董公司资产负债表和贵琛公司资产负债表及评估确认的资产负债公允价值见表 9-5。

1. 对母子公司个别资产负债表的调整

（1）调整母公司长期股权投资的入账价值。

智董公司将购买取得贵琛公司 70%的股权作为长期股权投资入账的会计处理如下。

借：长期股权投资——贵琛公司（2.95×5000） 14750 （1）
　　贷：股本 5000
　　　　资本公积 9750

（2）调整子公司资产和负债的公允价值。

编制购买日的合并资产负债表时，根据智董公司购买贵琛公司设置的股权备查簿中登记的信息，将贵琛公司资产和负债的评估增值或减值分别调增或调减相关资产和负债项目的金额。根据税法规定，在购买日子公司贵琛公司的资产和负债的计税基础还是其原来的账面价值。购买日子公司资产和负债的公允价值与其计税基础之间的差异，形成暂时性差异。在符合有关原则和确认条件的情况下，编制购买日合并财务报表时，需要对该暂时性差异确认相应的递延所得税资产或递延所得税负债。

本例中，贵琛公司应收账款的公允价值低于其计税基础的金额为 400 万元（1960 – 1560），形成可抵扣暂时性差异，应当对其确认递延所得税资产 100 万元（400×25%）；存货的公允价值高于其计税基础的金额为 1000 万元（11000 – 10000），形成应纳税暂时性差异，应当对其确认递延所得税负债 250 万元（1000×25%）；固定资产中的办公楼的公允价值高于其计税基础的金额为 3000 万元（4000 – 1000），形成应纳税暂时性差异，应当对其确认递延所得税负债 750 万元（3000×25%）。在合并工作底稿中的调整分录如下。

借：存货 1000 （2）
　　固定资产 3000
　　递延所得税资产 100
　　贷：应收账款 400
　　　　递延所得税负债（250 + 750） 1000
　　　　资本公积 2700

2. 母公司长期股权投资与子公司所有者权益的抵销处理

经过对贵琛公司资产和负债的公允价值调整后，贵琛公司所有者权益总额＝16000 + 2700 = 18700（万元），智董公司对贵琛公司所有者权益中拥有的份额为 13090 万元（18700×70%），智董公司对贵琛公司长期股权投资的金额为 14750 万元，因此合并商誉为 1660 万元（14750 – 13090）。智董公司购买贵琛公司股权所形成的商誉，在智董公司个别财务报表中表示对贵琛公司长期股权投资的一部分，在编制合并财务报表时，将长期股权投资与在子公司所有者权益中所拥有的份额相抵销，其抵销差额在合并资产负债表中则表现为商誉。

智董公司长期股权投资与其在贵琛公司所有者权益中拥有份额的抵销分录如下。

借：股本   10000   (3)

　　资本公积   6700

　　盈余公积   600

　　未分配利润   1400

　　商誉   1660

贷：长期股权投资——贵琛公司   14750

　　少数股东权益   5610

需要注意的是，母子公司有交互持股情形的，在编制合并财务报表时，对于母公司持有的子公司股权，与通常情况下母公司长期股权投资与子公司所有者权益的合并抵销处理相同。对于子公司持有的母公司股权，应当按照子公司取得母公司股权日所确认的长期股权投资的初始投资成本，将其转为合并财务报表中的库存股；对于子公司持有母公司股权所确认的投资收益（如利润分配或现金股利），应当进行抵销处理。子公司将所持有的母公司股权分类为可供出售金融资产的，按照公允价值计量的，同时冲销子公司累计确认的公允价值变动。

3. 编制购买日合并资产负债表工作底稿及合并资产负债表

根据上述调整分录和抵销分录，智董公司编制购买日合并资产负债表工作底稿见表9-6。

表 9-6　合并资产负债表工作底稿

会企 01 表

编制单位：智董公司   2×13 年 1 月 1 日   单位：万元

项目	智董公司	贵琛公司	合计金额	调整分录		抵销分录		合并金额
				借方	贷方	借方	贷方	
流动资产：								
货币资金	4500	2100	6600					6600
交易性金融资产	2000	900	2900					2900
应收票据	2350	1500	3850					3850
应收账款	2900	1960	4860		(2) 400			4460
预付款项	1000	440	1440					1440
应收利息	0	0	0					0
应收股利	2100	0	2100					2100
其他应收款	0	0	0					0
存货	15500	10000	25500	(2) 1000				26500
其他流动资产	650	600	1250					1250
流动资产合计	31000	17500	48500	1000	400	0	0	49100
非流动资产：								
可供出售金融资产	3000	700	3700					3700
持有至到期投资	5500	0	5500					5500
长期应收款	0	0	0					0
长期股权投资	16000	0	16000	(1) 14750			(3) 14750	16000
固定资产	10500	9000	19500	(2) 3000				22500
在建工程	10000	1000	11000					11000
无形资产	2000	800	2800					2800
商誉	0	0	0			(3) 1660		1660

续表

项目	智董公司	贵琛公司	合计金额	调整分录 借方	调整分录 贷方	抵销分录 借方	抵销分录 贷方	合并金额
递延所得税资产	0	0	0	(2) 100				100
其他非流动资产	0	0	0					0
非流动资产合计	47000	11500	58500	17850	0	1660	14750	63260
资产总计	78000	29000	107000	18850	400	1660	14750	112360
流动负债:								
短期借款	6000	2500	8500					8500
交易性金融负债	1900	0	1900					1900
应付票据	5000	1500	6500					6500
应付账款	9000	2100	11100					11100
预收账款	1500	650	2150					2150
应付职工薪酬	3000	800	3800					3800
应交税费	1000	600	1600					1600
应付利息	0	0	0					0
应付股利	2000	2000	4000					4000
其他应付款	0	0	0					0
其他流动负债	600	350	950					950
流动负债合计	30000	10500	40500					40500
非流动负债:								0
长期借款	2000	1500	3500					3500
应付债券	10000	1000	11000					11000
长期应付款	1000	0	1000					1000
递延所得税负债	0	0	0		(2) 1000			1000
其他非流动负债	0	0	0					0
非流动负债合计	13000	2500	15500		1000			16500
负债合计	43000	13000	56000		1000			57000
所有者权益（或股东权益）:								
实收资本（或股本）	20000	10000	30000		(1) 5000	(3) 10000		25000
资本公积	5000	4000	9000		(1) 9750 (2) 2700	(3) 6700		14750
其他综合收益	0	0	0					0
盈余公积	5500	600	6100			(3) 600		5500
未分配利润	4500	1400	5900			(3) 1400		4500
归属于母公司所有者权益合计	35000	16000	51000	0	17450	18700	0	49750
少数股东权益							(3) 5610	5610
所有者权益合计	35000	16000	51000		17450	18700	5610	55360
负债和所有者权益总计	78000	29000	107000	0	18450	18700	5610	112360

根据上述合并资产负债表工作底稿中各项目的合并金额，编制购买日的合并资产负债表（略）。

（三）购买日后合并财务报表的编制

根据本准则规定，母公司应当以自身和其子公司的财务报表为基础，根据其他有关资料，编制合并财务报表。

智董公司和贵琛公司 2×13 年 12 月 31 日资产负债表见表 9-7。

表 9-7　资产负债表（简表）

会企 01 表

编制单位：智董公司 / 贵琛公司　　　2×13 年 12 月 31 日　　　　单位：万元

资产	智董公司	贵琛公司	负债和所有者权益（或股东权益）	智董公司	贵琛公司
流动资产：			流动负债：		
货币资金	2850	3250	短期借款	5000	2400
交易性金融资产	1500	2500	交易性金融负债	2000	1200
应收票据	3600	1800	应付票据	6500	1800
应收账款	4250	2550	应付账款	9000	2600
预付款项	750	1250	预收款项	2000	1950
应收利息	0	0	应付职工薪酬	2500	800
应收股利	2400	0	应交税费	1350	700
其他应收款	250	650	应付利息	0	0
存货	18500	9000	应付股利	0	2250
其他流动资产	900	500	其他应付款	2650	200
流动资产合计	35000	21500	其他流动负债	1000	450
非流动资产：			流动负债合计	32000	14350
可供出售金融资产	4500	900	非流动负债：		
持有至到期投资	7000	2000	长期借款	2000	2400
长期应收款	0	0	应付债券	10000	3500
长期股权投资	34750	0	长期应付款	3000	0
固定资产	14000	13000	递延所得税负债	0	100
在建工程	6500	1200	其他非流动负债	0	0
无形资产	3000	900	非流动负债合计	15000	6000
商誉	0	0	负债合计	47000	20350
长期待摊费用	0	0	所有者权益（或股东权益）：		
递延所得税资产	0	0	实收资本（或股本）	25000	10000
其他非流动资产	0	0	资本公积	14750	4000
非流动资产合计	69750	18000	其他综合收益	0	150
			盈余公积	9000	1600
			未分配利润	9000	3400
			所有者权益合计	57750	19150
资产总计	104750	39500	负债和所有者权益总计	104750	39500

智董公司和贵琛公司 2×13 年度利润表见表 9-8。

表 9-8　利润表（简表）

会企 02 表

编制单位：智董公司 / 贵琛公司　　　　2×13 年度　　　　单位：万元

项目	智董公司	贵琛公司
一、营业收入	75000	47400
二、营业总成本	55400	41200
其中：营业成本	48000	36500
税金及附加	900	500

续表

项目	智董公司	贵琛公司
销售费用	2600	1700
管理费用	3000	1950
财务费用	600	400
资产减值损失	300	150
加：公允价值变动收益（损失以"－"号填列）	0	0
投资收益（损失以"－"号填列）	4900	100
三、营业利润（亏损以"－"号填列）	24500	6300
加：营业外收入	800	1200
减：营业外支出	1300	500
四、利润总额（亏损总额以"－"号填列）	24000	7000
减：所得税费用	6000	1750
五、净利润（净亏损以"－"号填列）	18000	5250
六、其他综合收益的税后净额	0	150
（一）以后不能重分类进损益的其他综合收益	0	0
（二）以后将重分类进损益的其他综合收益	0	150
其中：可供出售金融资产公允价值变动的利得或损失	0	150
七、综合收益总额	18000	5400

智董公司和贵琛公司 2×13 年度现金流量表见表 9-9。

表 9-9 现金流量表（简表）

会企 03 表

编制单位：智董公司 / 贵琛公司　　　　2×13 年度　　　　单位：万元

项目	智董公司	贵琛公司
一、经营活动产生的现金流量：		
销售商品、提供劳务收到的现金	53000	45000
收到其他与经营活动有关的现金		
经营活动现金流入小计	53000	45000
购买商品、接受劳务支付的现金	42400	36600
支付给职工以及为职工支付的现金	6000	4500
支付的各项税费	4495	1775
支付其他与经营活动有关的现金	0	0
经营活动现金流出小计	52895	42875
经营活动产生的现金流量净额	105	2125
二、投资活动产生的现金流量：		
取得投资收益收到的现金	125	0
处置固定资产、无形资产和其他长期资产收回的现金净额	100	0
收到其他与投资活动有关的现金	0	0
投资活动现金流入小计	225	0
购建固定资产、无形资产和其他长期资产支付的现金	1030	225
投资支付的现金	0	0
支付其他与投资活动有关的现金	0	0
投资活动现金流出小计	1030	225
投资活动产生的现金流量净额	－805	－225

项目	智董公司	贵琛公司
三、筹资活动产生的现金流量：		
吸收投资收到的现金	0	0
收到其他与筹资活动有关的现金	0	0
筹资活动现金流入小计	0	0
偿还债务支付的现金	950	750
支付其他与筹资活动有关的现金	0	0
筹资活动现金流出小计	950	750
筹资活动产生的现金流量净额	−950	−750
四、汇率变动对现金的影响		
五、现金及现金等价物净增加额	−1650	1150
加：期初现金及现金等价物余额	4500	2100
六、期末现金及现金等价物余额	2850	3250

智董公司和贵琛公司 2×13 年度所有者权益变动表见表 9-10。

1. 对母子公司个别财务报表的调整处理

（1）调整子公司资产和负债的公允价值。

根据智董公司购买贵琛公司设置的股权备查簿中登记的信息，将贵琛公司资产和负债的评估增值或减值分别调增或调减相关资产和负债项目的金额。在合并工作底稿中的调整分录如下。

借：存货　　　　　　　　　　　　　　　　　　1000　　（1）

　　固定资产　　　　　　　　　　　　　　　　3000

　　递延所得税资产　　　　　　　　　　　　　100

　贷：应收账款　　　　　　　　　　　　　　　　　　　400

　　　递延所得税负债（250＋750）　　　　　　　　　1000

　　　资本公积　　　　　　　　　　　　　　　　　　2700

（2）根据子公司已实现的公允价值调整当期净利润。

本例中，合并财务报表要求以子公司资产、负债的公允价值为基础进行确认，而子公司个别财务报表是按其资产、负债的原账面价值为基础编制的，其当期计算的净利润也是以其资产、负债的原账面价值为基础计算的结果。

因此，上述公允价值与原账面价值存在差额的资产或负债项目，在经营过程中因资产的折旧、摊销和减值等对子公司当期净利润的影响，需要在净利润计算中予以反映。在合并财务报表工作底稿中的调整分录如下。

借：营业成本　　　　　　　　　　　　　　　　1000　　（2）

　　管理费用　　　　　　　　　　　　　　　　200

　　应收账款　　　　　　　　　　　　　　　　400

　贷：存货　　　　　　　　　　　　　　　　　　　　1000

　　　固定资产　　　　　　　　　　　　　　　　　　200

　　　资产减值损失　　　　　　　　　　　　　　　　400

因此，经已实现公允价值调整后的贵琛公司 2×13 年度净利润 ＝ 5250＋400（因购买日应收账款公允价值减值的实现而调减资产减值损失）−1000（因购买日存货公允价值增值的实现而调增营业成本）−200（因固定资产公允价值增值计算的折旧而调增管理费用）＝ 4450（万元）。

表 9-10　所有者权益变动表

编制单位：智董公司 / 贵琛公司　　　　　　　2×13 年度　　　　　　　合企 04 表　　单位：万元

项目	智董公司							贵琛公司						
	实收资本（或股本）	资本（或股本）溢价	减：库存股	其他综合收益	盈余公积	未分配利润	所有者权益合计	实收资本（或股本）	资本（或股本）溢价	减：库存股	其他综合收益	盈余公积	未分配利润	所有者权益合计
一、上年年末余额	20000	5000		0	5500	4500	35000	10000	4000		0	600	1400	16000
加：会计政策变更														
前期差错更正														
二、本年年初余额	20000	5000			5500	4500	35000	10000	4000			600	1400	16000
三、本年增减变动金额（减少以"-"号填列）														
（一）综合收益总额						18000	18000				150		5250	5400
（二）所有者投入和减少资本														
1. 所有者投入资本	5000	9750					14750							
2. 股份支付计入所有者权益的金额														
3. 其他														
（三）利润分配														
1. 提取盈余公积					3500	-3500	0					1000	-1000	0
2. 提取一般风险准备														
3. 对所有者（或股东）的分配						-10000	-10000						-2250	-2250
4. 其他														
（四）所有者权益内部结转														
1. 资本公积转增资本（或股本）														
2. 盈余公积转增资本（或股本）														
3. 盈余公积弥补亏损														
4. 其他														
四、本年年末余额	25000	14750			9000	9000	57750	10000	4000		150	1600	3400	19150

（3）递延所得税资产或递延所得税负债的暂时性差异的转回。

由于贵琛公司应收账款按购买日评估的确认的金额已收回，评估确认的坏账已核销，因递延所得税资产的转回而增加当期所得税费用 100 万元（400×25%）；由于贵琛公司购买日发生评估增值的存货当年已全部实现对外销售，因递延所得税负债的转回而减少当期所得税费用 250 万元（1000×25%）；由于贵琛公司购买日发生增值的办公楼 2×13 年年末应纳税暂时性差异为 2800 万元（3000－200），应确认的递延所得税负债为 700 万元（2800×25%），因递延所得税负债的转回而减少当期所得税费用 50 万元（750－700）。在合并财务报表工作底稿中的调整分录如下。

借：递延所得税负债（250＋50）　　　　　　　　　　　　　300　　（3）
　　贷：递延所得税资产　　　　　　　　　　　　　　　　　　　　　100
　　　　所得税费用　　　　　　　　　　　　　　　　　　　　　　　200

因此，考虑递延所得税后贵琛公司当年净利润为 4650 万元（4450＋200）。

（4）按照权益法调整母公司财务报表项目。

编制合并财务报表时，按照权益法对母公司个别财务报表进行调整。本例中，应当调整智董公司 2013 年投资贵琛公司取得的投资收益 3255 万元（4650×70%），已确认取得的贵琛公司已宣告分派的现金股利 1575 万元（2250×70%）以及贵琛公司本期其他综合收益 150 万元中归属于智董公司的份额 105 万元（150×70%）。在合并财务报表工作底稿中的调整分录如下。

借：长期股权投资（3255＋105）　　　　　　　　　　　　　3360　　（4）
　　投资收益　　　　　　　　　　　　　　　　　　　　　　1575
　　贷：投资收益　　　　　　　　　　　　　　　　　　　　　　　3255
　　　　长期股权投资　　　　　　　　　　　　　　　　　　　　　1575
　　　　其他综合收益　　　　　　　　　　　　　　　　　　　　　105

2. 抵销合并财务报表相关项目

（5）抵销长期股权投资与所有者权益项目。

将智董公司对贵琛公司的长期股权投资与其在贵琛公司股东权益中拥有的份额予以抵销。贵琛公司 2×13 年年未经调整后的未分配利润＝1400（年初）＋4650（经已实现公允价值和递延所得税调整后的本年净利润）－1000（提取盈余公积）－2250（分派股利）＝2800（万元）；贵琛公司本期由于可供出售金融资产公允价值变动增加其他综合收益 150 万元，其中归属于智董公司的份额为 105 万元（150×70%），归属于少数股东的份额为 45 万元（150－105）；智董公司 2×13 年年末对贵琛公司长期股权投资为 16535 万元（14750＋3255－2250×70%＋105）；少数股东权益为 6375 万元 [5610（2013 年 1 月 1 日少数股东投入资本）＋1395（4650×30%，本年少数股东损益）＋45（归属于少数股东的其他综合收益）－675（2250×300/0，本年对少数股东的利润分配）]。在合并财务报表工作底稿中的抵销分录如下。

借：股本　　　　　　　　　　　　　　　　　　　　　　　10000　　（5）
　　资本公积　　　　　　　　　　　　　　　　　　　　　　6700
　　其他综合收益　　　　　　　　　　　　　　　　　　　　150
　　盈余公积　　　　　　　　　　　　　　　　　　　　　　1600
　　未分配利润——年末　　　　　　　　　　　　　　　　　2800
　　商誉　　　　　　　　　　　　　　　　　　　　　　　　1660
　　贷：长期股权投资　　　　　　　　　　　　　　　　　　　　16535
　　　　少数股东权益　　　　　　　　　　　　　　　　　　　　6375

（6）抵销投资收益与子公司利润分配等项目。

将智董公司对贵琛公司的投资收益与贵琛公司本年利润分配有关项目的金额予以抵销。

贵琛公司年末向股东宣告分配现金股利2250万元，其中，归属于少数股东的现金股利为675万元（2250 – 1575）。在合并财务报表工作底稿中的抵销分录如下。

借：投资收益（4650×70%）　　　　　　　　　　　　3255　　（6）
　　少数股东损益（4650×30%）　　　　　　　　　　1395
　　未分配利润——年初　　　　　　　　　　　　　1400
　　贷：未分配利润——本年提取盈余公积　　　　　　　　　　　1000
　　　　　　　　　——本年利润分配　　　　　　　　　　　　　2250
　　　　　　　　　——年末　　　　　　　　　　　　　　　　　2800

（7）抵销应收账款与应付账款项目。

在合并财务报表工作底稿中的抵销分录如下。

借：应付账款　　　　　　　　　　　　　　　　　　500　　（7）
　　贷：应收账款　　　　　　　　　　　　　　　　　　　　　　500

（8）抵销坏账准备与资产减值损失项目。

智董公司将与贵琛公司往来的内部应收账款与应付账款相互抵销的同时，还应将内部应收账款计提的坏账准备予以抵销。在合并财务报表工作底稿中的抵销分录如下。

借：应收账款　　　　　　　　　　　　　　　　　　20　　（8）
　　贷：资产减值损失　　　　　　　　　　　　　　　　　　　　20

需要注意的是，在连续编制合并财务报表时，对于内部应收款项及其坏账准备，应当按照如下程序进行合并处理：首先，将内部应收款项与应付款项予以抵销，按照内部应付款项的数额，借记"应付账款""应付票据"等项目，贷记"应收账款""应收票据"等项目；其次，应将上期资产减值损失中抵销的各内部应收款项计提的相应坏账准备对本期期初未分配利润的影响予以抵销，按照上期资产减值损失项目中抵销的各内部应收款项计提的相应坏账准备的数额，借记"应收账款"等项目，贷记"未分配利润——期初"项目；最后，对于本期各内部应收款项在个别财务报表中补提或者冲销的相应坏账准备的数额也应予以抵销，按照本期期末内部应收款项在个别资产负债表中补提（或冲销）的坏账准备的数额，借记（或贷记）"应收账款"等项目，贷记（或借记）"资产减值损失"项目。

（9）抵销因抵销坏账准备与资产减值损失产生的所得税影响。

在合并财务报表工作底稿中的抵销分录如下。

借：所得税费用（20×25%）　　　　　　　　　　　5　　（9）
　　贷：递延所得税资产　　　　　　　　　　　　　　　　　　5

（10）抵销应收股利与应付股利项目。

智董公司根据贵琛公司宣告分派现金股利的公告，按照其所享有的金额已确认应收股利，并在其资产负债表中计列应收股利1575万元。在合并财务报表工作底稿中的抵销分录如下。

借：应付股利　　　　　　　　　　　　　　　　　　1575　　（10）
　　贷：应收股利　　　　　　　　　　　　　　　　　　　　　1575

3. 抵销内部顺流交易的存货

（11）抵销内部销售收入、成本和内部销售形成的存货价值中包含的未实现内部销售损益。

在合并财务报表工作底稿中的抵销分录如下。

借：营业收入　　　　　　　　　　　　　　　　　　1000　　（11）
　　贷：营业成本　　　　　　　　　　　　　　　　　　　　　700
　　　　存货　　　　　　　　　　　　　　　　　　　　　　　300

需要注意的是，在连续编制合并财务报表时，对于内部销售存货，应当按照如下程序进行合并处理：首先，将上期抵销的存货价值中包含的未实现内部损益对本期期初未分配利润的影响进行抵销，按照上期内部购入存货价值中包含的未实现内部销售损益的数额，借记"未分配利润——期初"项目，贷记"营业成本"项目；其次，对于本期发生的内部销售存货，将内部销售收入、内部销售成本及内部购入存货中未实现内部销售损益予以抵销，按照销售企业内部销售收入的数额，借记"营业收入"项目，贷记"营业成本"项目；最后，将期末内部购入存货价值中包含的未实现内部销售损益予以抵销，对于期末内部销售形成的存货（包括上期结转形成的本期存货），应当按照购买企业期末内部购入存货价值中包含的未实现内部销售损益的数额，借记"营业成本"项目，贷记"存货"项目。

（12）抵销贵琛公司本期计提的存货跌价准备。

在合并财务报表工作底稿中的抵销分录如下。

借：存货　　　　　　　　　　　　　　　　　　　　　20　　（12）
　　贷：资产减值损失　　　　　　　　　　　　　　　　　　　　　20

需要注意的是，在连续编制合并财务报表时，对于内部销售存货的存货跌价准备，应当按照如下程序进行合并处理：首先，将上期资产减值损失中抵销的存货跌价准备对本期期初未分配利润的影响予以抵销，按照上期资产减值损失项目中抵销的存货跌价准备的数额，借记"存货"项目，贷记"未分配利润——期初"项目；其次，对于本期对内部购入存货在个别财务报表中补提（或冲销）的存货跌价准备的数额也应予以抵销，按照本期对内部购入存货在个别财务报表中补提（或冲销）的存货跌价准备的数额，借记（或贷记）"存货"项目，贷记（或借记）"资产减值损失"项目。

对于抵销存货跌价准备的数额，应当分下列不同情况进行处理：当本期内部购入存货的可变现净值低于持有该存货企业的取得成本但高于抵销未实现内部销售损益后的取得成本（即销售企业对该存货的取得成本）时，其抵销的存货跌价准备的金额为本期存货跌价准备的增加额；当本期内部购入存货的可变现净值低于抵销未实现内部销售损益后的取得成本（即销售企业对该存货的取得成本）时，其抵销的存货跌价准备的金额为相对于购买企业该存货的取得成本高于销售企业取得成本的差额部分计提的跌价准备的数额扣除期初内部购入存货计提的存货跌价准备的金额后的余额，即本期期末存货中包含的未实现内部销售损益的金额减去期初内部购入存货计提的存货跌价准备的金额后的余额。

（13）抵销内部顺流存货交易的所得税影响。

在合并财务报表工作底稿中的抵销分录如下。

借：递延所得税资产 [（300 – 20）×25%]　　　　　　　70　　（13）
　　贷：所得税费用　　　　　　　　　　　　　　　　　　　　　70

（14）抵销顺流存货交易中内部存货交易的现金流量。

在合并财务报表工作底稿中的抵销分录如下。

借：购买商品、接受劳务支付的现金　　　　　　　　　1000　　（14）
　　贷：销售商品、提供劳务收到的现金　　　　　　　　　　　1000

4. 抵销内部逆流交易的存货

（15）抵销内部销售收入、成本和内部销售形成的存货中包含的未实现内部销售损益。

存货中包含的未实现内部销售损益为160万元 [（1200 – 800）×40%]。在合并财务报表工作底稿中的抵销分录如下。

借：营业收入　　　　　　　　　　　　　　　　　　　1200　　（15）
　　贷：营业成本　　　　　　　　　　　　　　　　　　　　　1040
　　　　存货　　　　　　　　　　　　　　　　　　　　　　160

（16）将内部销售形成的存货中包含的未实现内部销售损益进行分摊。

在存货中包含的未实现内部销售损益中，归属于少数股东的未实现内部销售损益分摊金额为48万元（160×30%）。在合并财务报表工作底稿中的抵销分录如下。

```
借：少数股东权益                                        48      （16）
   贷：少数股东损益                                              48
```
（17）抵销因逆流存货交易的所得税影响。

在合并财务报表工作底稿中的抵销分录如下。
```
借：递延所得税资产（160×25%）                          40      （17）
   贷：所得税费用                                               40
```
（18）抵销因抵销逆流存货交易发生的递延所得税对少数股东权益的份额。

在合并财务报表工作底稿中的抵销分录如下。
```
借：少数股东损益（40×30%）                             12      （18）
   贷：少数股东权益                                             12
```
（19）抵销逆流存货交易中内部存货交易的现金流量。

在合并财务报表工作底稿中的抵销分录如下。
```
借：购买商品、接受劳务支付的现金                      1200      （19）
   贷：销售商品、提供劳务收到的现金                           1200
```
5. 抵销内部固定资产购销交易

（20）抵销内部固定资产购销交易。

在合并财务报表工作底稿中的抵销分录如下。
```
借：营业外收入（1200－600）                            600      （20）
   贷：固定资产——从智董公司购入 × 厂房                       600
```
（21）抵销内部固定资产交易计提折旧中包含的未实现内部销售损益。

在合并财务报表工作底稿中的抵销分录如下。
```
借：固定资产——从智董公司购入 × 厂房（600÷15×1/2）     20      （21）
   贷：管理费用                                                 20
```
需要注意的是，在连续编制合并财务报表时，对于内部销售固定资产，应当按照如下程序进行合并处理：首先，将内部交易固定资产中包含的未实现内部销售损益抵销，并调整期初未分配利润，按照内部交易固定资产中包含的未实现内部销售损益数额，借记"未分配利润——期初"项目，贷记"固定资产"项目；其次，将以前会计期间内部交易固定资产多计提的累计折旧抵销，并调整期初未分配利润，按照以前会计期间抵销该内部交易固定资产因包含未实现内部销售损益而多计提（或少计提）的累计折旧额，借记（或贷记）"固定资产"项目，贷记（或借记）"未分配利润——期初"；最后，将当期由于该内部交易固定资产因包含未实现内部销售损益而多计提的折旧费用予以抵销，并调整本期计提的累计折旧额，按照本期该内部交易的固定资产多计提的折旧额，借记"固定资产"项目，贷记"管理费用"等费用项目。

（22）抵销内部固定资产交易对所得税的影响。

在合并财务报表工作底稿中的抵销分录如下。
```
借：递延所得税资产 [（600－20）×25%]                  145      （22）
   贷：所得税费用                                              145
```
（23）抵销内部固定资产交易的现金流量。

在合并财务报表工作底稿中的抵销分录如下。
```
借：购建固定资产、无形资产和其他长期资产支付的现金   1200      （23）
   贷：处置固定资产、无形资产和其他长期资产收回的现金净额     1200
```
根据上述资料及有关调整、抵销分录编制合并工作底稿见表 9-11。

根据合并工作底稿，编制该集团 2×13 年合并资产负债表、合并利润表、合并现金流量表及合并所有者权益变动表见表 9-12 ～表 9-15。

表 9-11　合并财务报表工作底稿

编制单位：智董公司　　2×13年12月31日　　　　　　　　　　　　　　　　　　　　单位：万元

项目	智董公司	贵琛公司	合计金额	调整、抵销分录 借方	调整、抵销分录 贷方	少数股东权益	合并金额
（利润表项目）							
一、营业收入	75000	47400	122400	(11) 1000 (15) 1200			120200
减：营业成本	48000	36500	84500	(2) 1000	(11) 700 (15) 1040		83760
税金及附加	900	500	1400				1400
销售费用	2600	1700	4300				4300
管理费用	3000	1950	4950	(2) 200	(21) 20		5130
财务费用	600	400	1000				1000
资产减值损失	300	150	450		(2) 400 (8) 20 (12) 20		10
加：投资收益（损失以"-"号填列）	4900	100	5000	(4) 1575 (6) 3255	(4) 3255		3425
二、营业利润（亏损以"-"号填列）	24500	6300	30800	8230	5455		28025
加：营业外收入	800	1200	2000	(20) 600			1400
减：营业外支出	1300	500	1800				1800
三、利润总额（亏损总额以"-"号填列）	24000	7000	31000	8830	5455		27625
减：所得税费用	6000	1750	7750	(9) 5	(3) 200 (13) 70 (17) 40 (22) 145		7300
四、净利润（净亏损以"-"号填列）	18000	5250	23250	8835	5910		20325
少数股东损益				(6) 1395 (18) 12	(16) 48	1359	1359
归属于母公司股东的净利润	18000	5250	23250	10242	5958		18966
五、其他综合收益的税后净额	0	150	150	150	105	45	150
（一）以后不能重分类进损益的其他综合收益	0	0	0				0

续表

项目	智童公司	贵琛公司	合计金额	调整、抵销分录 借方	调整、抵销分录 贷方	少数股东权益	合并金额
（二）以后将重分类进损益的其他综合收益	0	150	150	150	105		105
其中：权益法核算的在被投资单位以后将重分类进损益的其他综合收益中所享有的份额	0	0	0		(4) 105		105
可供出售金融资产公允价值变动的利得或损失	0	150	150	(5) 150		(5) 45	45
六、综合收益总额	18000	5400	23400	8985	6015	45	20475
归属于母公司所有者的综合收益总额							19071
归属于少数股东的综合收益总额						1404	1404
（所有者权益变动表项目）							
一、未分配利润——年初	4500	1400	5900	(6) 1400			4500
未分配利润——本期	4500	2000	6500				5471
其中：归属于母公司股东的净利润	18000	5250	23250	10242	5958		18966
提取盈余公积	-3500	-1000	-4500		(6) 1000		-3500
对所有者（或股东）的分配	-10000	-2250	-12250		(6) 2250		-10000
未分配利润——期末	9000	3400	12400	(5) 2800 14442	(6) 2800 12008		9966
（资产负债表项目）							
流动资产：							
货币资金	2850	3250	6100				6100
交易性金融资产	1500	2500	4000				4000
应收票据	3600	1800	5400				5400
应收账款	4250	2550	6800	(2) 400 (8) 20	(1) 400 (7) 500		6320
预付款项	750	1250	2000				2000
应收股利	2400	0	2400		(10) 1575		825
其他应收款	250	650	900	(12) 20			900
存货	18500	9000	27500	(1) 1000 (12) 20	(2) 1000 (11) 300 (15) 160		27060

续表

项目	智董公司	贵深公司	合计金额	调整、抵销分录 借方	调整、抵销分录 贷方	少数股东权益	合并金额
其他流动资产	900	500	1400				1400
流动资产合计	35000	21500	56500	1440	3935		54005
非流动资产:							0
可供出售金融资产	4500	900	5400				5400
持有至到期投资	7000	2000	9000				9000
长期股权投资	34750	0	34750	(4) 3360	(4) 1575 (5) 16535		20000
固定资产	14000	13000	27000	(1) 3000 (21) 20	(2) 200 (22) 600		29220
在建工程	6500	1200	7700				7700
无形资产	3000	900	3900				3900
商誉	0	0	0	(5) 1660			1660
递延所得税资产	0	0	0	(1) 100 (13) 70 (17) 40 (22) 145	(3) 100 (9) 5		250
非流动资产合计	69750	18000	87750	8395	19015		77130
资产总计	104750	39500	144250	9835	22950		131135
流动负债:							
短期借款	5000	2400	7400				7400
交易性金融负债	2000	1200	3200				3200
应付票据	6500	1800	8300				8300
应付账款	9000	2600	11600	(7) 500			11100
预收款项	2000	1950	3950				3950
应付职工薪酬	2500	800	3300				3300
应交税费	1350	700	2050				2050
应付股利	0	2250	2250	(10) 1575			675
其他应付款	2650	200	2850				2850

续表

项目	智童公司	贵琛公司	合计金额	调整、抵销分录		少数股东权益	合并金额
				借方	贷方		
其他流动负债	1000	450	1450				1450
流动负债合计	32000	14350	46350	2075	0		44275
非流动负债：							0
长期借款	2000	2400	4400				4400
应付债券	10000	3500	13500				13500
长期应付款	3000	0	3000				3000
递延所得税负债	0	100	100	(3) 300	(1) 1000		800
非流动负债合计	15000	6000	21000	300	1000		21700
负债合计	47000	20350	67350	2375	1000		65975
所有者权益（或股东权益）：							
实收资本（或股本）	25000	10000	35000	(5) 10000			25000
资本公积	14750	4000	18750	(5) 6700	(1) 2700		14750
其他综合收益	0	150	150			45	105
盈余公积	9000	1600	10600	(5) 1600			9000
未分配利润	9000	3400	12400	14442	12008		9966
归属于母公司所有者权益合计							58821
少数股东权益			0	(16) 48	(5) 6330 (18) 12	45	6339
所有者权益合计	57750	19150	76900	32940	21200		65160
负债和所有者权益总计	104750	39500	144250	35315	22200		131135
（现金流量表项目）							
一、经营活动产生的现金流量：							
销售商品、提供劳务收到的现金	53000	45000	98000		(14) 1000 (19) 1200		95800
经营活动现金流入小计	53000	45000	98000		2200		95800
购买商品、接受劳务支付的现金	42400	36600	79000	(14) 1000 (19) 1200			76800

续表

项目	智童公司	贵琛公司	合计金额	调整、抵销分录 借方	调整、抵销分录 贷方	少数股东权益	合并金额
支付给职工以及为职工支付的现金	6000	4500	10500				10500
支付的各项税费	4495	1775	6270				6270
经营活动现金流出小计	52895	42875	95770	2200			93570
经营活动产生的现金流量净额	105	2125	2230	2200	2200		2230
二、投资活动产生的现金流量：							
取得投资收益收到的现金	125	0	125				125
处置固定资产、无形资产和其他长期资产收回的现金净额	100	0	100		(23) 1200		-1100
投资活动现金流入小计	225	0	225	0	1200		-975
购建固定资产、无形资产和其他长期资产支付的现金	1030	225	1255	(23) 1200			55
投资活动现金流出小计	1030	225	1255	1200	0		55
投资活动产生的现金流量净额	-805	-225	-1030	1200	1200		-1030
三、筹资活动产生的现金流量：							
吸收投资收到的现金	0	0	0				0
取得借款收到的现金	0	0	0				0
筹资活动现金流入小计	0	0	0				0
分配股利、利润或偿付利息支付的现金	950	750	1700				1700
筹资活动现金流出小计	950	750	1700				1700
筹资活动产生的现金流量净额	-950	-750	-1700				-1700
四、现金及现金等价物净增加额	-1650	1150	-500				-500
加：期初现金及现金等价物余额	4500	2100	6600				6600
五、期末现金及现金等价物余额	2850	3250	6100				6100

表 9-12 合并资产负债表

会合 01 表

编制单位：智董公司　　　　　　　2×13 年 12 月 31 日　　　　　　　单位：万元

资产	期末余额	年初余额	负债和所有者权益（或股东权益）	期末余额	年初余额
流动资产：			流动负债：		
货币资金	6100		短期借款	7400	
交易性金融资产	4000		交易性金融负债	3200	
应收票据	5400		应付票据	8300	
应收账款	6320		应付账款	11100	
预付款项	2000		预收款项	3950	
应收股利	825		应付职工薪酬	3300	
其他应收款	900		应交税费	2050	
存货	27060		应付股利	675	
其他流动资产	1400		其他应付款	2850	
流动资产合计	54005		其他流动负债	1450	
非流动资产：			**流动负债合计**	44275	
可供出售金融资产	5400		非流动负债：		
持有至到期投资	9000.		长期借款	4400	
长期股权投资	20000		应付债券	13500	
固定资产	29220		长期应付款	3000	
在建工程	7700		递延所得税负债	800	
无形资产	3900		**非流动负债合计**	21700	
商誉	1660		**负债合计**	65975	
递延所得税资产	250		所有者权益（或股东权益）：		
非流动资产合计	77130		实收资本（或股本）	25000	
			资本公积	14750	
			其他综合收益	105	
			盈余公积	9000	
			未分配利润	9966	
			归属于母公司所有者权益合计	58821	
			少数股东权益	6339	
			所有者权益合计	65160	
资产总计	131135		**负债和所有者权益总计**	131135	

表 9-13 合并利润表

会合 02 表

编制单位：智董公司　　　　　　　2×13 年度　　　　　　　单位：万元

项目	本期金额	上期金额
一、营业收入	120200	
减：营业成本	83760	
税金及附加	1400	
销售费用	4300	
管理费用	5130	
财务费用	1000	
资产减值损失	10	
加：投资收益（损失以"－"号填列）	3425	
二、营业利润（亏损以"－"号填列）	28025	
加：营业外收入	1400	
减：营业外支出	1800	
三、利润总额（亏损总额以"－"号填列）	27625	
减：所得税费用	7300	

续表

项目	本期金额	上期金额
四、净利润（净亏损以"-"号填列）	20325	
少数股东损益	1359	
归属于母公司股东的净利润	18966	
五、其他综合收益的税后净额	150	
归属于母公司所有者的其他综合收益的税后净额	105	
以后将重分类进损益的其他综合收益	105	
其中：权益法核算的在被投资单位以后将重分类进损益的其他综合收益中所享有的份额	105	
归属于少数股东的其他综合收益的税后净额	45	
六、综合收益总额	20475	
归属于母公司所有者的综合收益总额	19071	
归属于少数股东的综合收益总额	1404	

表 9-14　合并现金流量表

会合 03 表

编制单位：智董公司　　　　　　　　2×13 年度　　　　　　　　单位：万元

项目	本期金额	上期金额
一、经营活动产生的现金流量：		
销售商品、提供劳务收到的现金	95800	
收到其他与经营活动有关的现金	0	
经营活动现金流入小计	95800	
购买商品、接受劳务支付的现金	76800	
支付给职工以及为职工支付的现金	10500	
支付的各项税费	6270	
支付其他与经营活动有关的现金	0	
经营活动现金流出小计	93570	
经营活动产生的现金流量净额	2230	
二、投资活动产生的现金流量：		
收回投资收到的现金	0	
取得投资收益收到的现金	125	
处置固定资产、无形资产和其他长期资产收回的现金净额	-1100	
收到其他与投资活动有关的现金	0	
投资活动现金流入小计	-975	
购建固定资产、无形资产和其他长期资产支付的现金	55	
支付其他与投资活动有关的现金	0	
投资活动现金流出小计	55	
投资活动产生的现金流量净额	-1030	
三、筹资活动产生的现金流量：		
吸收投资收到的现金	0	
收到其他与筹资活动有关的现金	0	
筹资活动现金流入小计	0	
偿还债务支付的现金	1700	
支付其他与筹资活动有关的现金	0	
筹资活动现金流出小计	1700	
筹资活动产生的现金流量净额	-1700	
四、现金及现金等价物净增加额	-500	
加：期初现金及现金等价物余额	6600	
五、期末现金及现金等价物余额	6100	

　　根据上述合并资产负债表和合并利润表编制集团的合并所有者权益变动表如表 9-15。

表 9-15　合并所有者权益变动表

编制单位：智董公司　　　　2×13 年度　　　　　　　　　　　　　　　　单位：万元　　合合 04 表

项目	本年金额								上年金额							
	归属于母公司所有者权益						少数股东权益	所有者权益合计	归属于母公司所有者权益						少数股东权益	所有者权益合计
	实收资本（或股本）	资本公积	其他综合收益	盈余公积	未分配利润	小计			实收资本（或股本）	资本公积	其他综合收益	盈余公积	未分配利润	小计		
一、上年末余额	20000	5000	0	5500	4500	35000	0	35000								
加：会计政策变更																
前期差错更正																
二、本年初余额	20000	5000	0	5500	4500	35000	0	35000								
三、本年增减变动金额（减少以"-"号填列）																
（一）综合收益总额			105		18966	19071	1404	20475								
（二）所有者投入和减少资本																
1.所有者投入资本	5000	9750				14750	5610	20360								
2.其他																
（三）利润分配																
1.提取盈余公积				3500	-3500											
2.对所有者（或股东）的分配					-10000	-10000	-675	-10675								
3.其他																
（四）所有者权益内部结转																
四、本年年末余额	25000	14750	105	9000	9966	58821	6339	65160								

（八）特殊交易的会计处理

1. 追加投资的会计处理

追加投资既包括母公司购买少数股东拥有的子公司股权的情况，也包括企业因追加投资等原因能够对非同一控制下的被投资方实施控制的情况。追加投资的会计处理应分个别财务报表和合并财务报表进行会计处理。

（1）母公司购买子公司少数股东拥有的子公司股权的，因购买少数股权新取得的长期股权投资与按照新增持股比例计算应享有子公司自购买日（或合并日）开始持续计算的净资产份额之间的差额，应当调整资本公积（资本溢价或股本溢价），资本公积不足冲减的，调整留存收益。

（2）企业因追加投资等原因能够对非同一控制下的被投资方实施控制的，对于购买日之前持有的被购买方的股权，应当按照该股权在购买日的公允价值进行重新计量，公允价值与其账面价值之间的差额计入当期投资收益；购买日之前持有的被购买方的股权涉及权益法核算下的其他综合收益以及除净损益、其他综合收益和利润分配外的其他所有者权益变动（以下简称其他所有者权益变动）的，与其相关的其他综合收益、其他所有者权益变动应当转为购买日所属当期收益，由于被投资方重新计量设定受益计划净负债或净资产变动而产生的其他综合收益除外。

企业通过多次交易分步实现非同一控制下企业合并的，在合并财务报表上，首先，应结合分步交易的各个步骤的协议条款，以及各个步骤中所分别取得的股权比例、取得对象、取得方式、取得时点及取得对价等信息来判断分步交易是否属于"一揽子交易"。各项交易的条款、条件以及经济影响符合以下一种或多种情况的，通常应将多次交易事项作为"一揽子交易"进行会计处理。

1）这些交易是同时或者在考虑了彼此影响的情况下订立的。

2）这些交易整体才能达成一项完整的商业结果。

3）一项交易的发生取决于至少一项其他交易的发生。

4）一项交易单独看是不经济的，但是和其他交易一并考虑时是经济的。

如果分步取得对子公司股权投资直至取得控制权的各项交易属于"一揽子交易"，应当将各项交易作为一项取得子公司控制权的交易，并区分企业合并的类型分别进行会计处理。

如果不属于"一揽子交易"，在合并财务报表中，还应区分企业合并的类型分别进行会计处理。对于分步实现的非同一控制下企业合并，购买日之前持有的被购买方的股权，应当按照该股权在购买日的公允价值进行重新计量，公允价值与其账面价值的差额计入当期投资收益；购买日之前持有的被购买方的股权涉及权益法核算下的其他综合收益、其他所有者权益变动的，应当转为购买日所属当期收益，由于被投资方重新计量设定受益计划净负债或净资产变动而产生的其他综合收益除外。

（3）通过多次交易分步实现的同一控制下企业合并。对于分步实现的同一控制下企业合并，根据《企业会计准则第20号——企业合并》，同一控制下企业合并在编制合并财务报表时，应视同参与合并的各方在最终控制方开始控制时即以目前的状态存在进行调整，在编制比较报表时，以不早于合并方和被合并方同处于最终控制方的控制之下的时点为限，将被合并方的有关资产、负债并入合并方合并财务报表的比较报表中，并将合并而增加的净资产在比较报表中调整所有者权益项下的相关项目。

为避免对被合并方净资产的价值进行重复计算，合并方在取得被合并方控制权之前持有的股权投资，在取得原股权之日与合并方和被合并方同处于同一方最终控制之日孰晚日起至合并日之间已确认有关损益、其他综合收益以及其他净资产变动，应分别冲减比较报表期间的期初留存收益或当期损益。

2. 处置对子公司投资的会计处理

处置对子公司的投资既包括母公司处置对子公司长期股权投资但不丧失控制权的情况，也包括处置对子公司长期股权投资而丧失控制权的情况。处置子公司的会计处理应分个别财务报表和合并财务报表进行会计处理，合并财务报表中的会计处理应当分以下情况。

（1）母公司在不丧失控制权的情况下部分处置对子公司的长期股权投资的，处置价款与处置长期股权投资相对应享有子公司自购买日或合并日开始持续计算的净资产份额之间的差额，应当调整资本公积（资本溢价或股本溢价），资本公积不足冲减的，调整留存收益。

（2）母公司因处置对子公司长期股权投资而丧失控制权的。

1）一次交易的处置。母公司因处置部分股权投资或其他原因丧失了对原有子公司控制的，在合并财务报表中，对于剩余股权，应当按照丧失控制权日的公允价值进行重新计量。处置股权取得的对价和剩余股权公允价值之和，减去按原持股比例计算应享有原有子公司自购买日开始持续计算的净资产的份额与商誉之和的差额，计入丧失控制权当期的投资收益。

此外，与原有子公司的股权投资相关的其他综合收益、其他所有者权益变动，应当在丧失控制权时转入当期损益，由于被投资方重新计量设定受益计划净负债或净资产变动而产生的其他综合收益除外。

2）多次交易分步处置子公司。

（a）会计处理。企业通过多次交易分步处置对子公司股权投资直至丧失控制权，在合并财务报表中，首先，应结合分步交易的各个步骤的交易协议条款、分别取得的处置对价、出售股权的对象、处置方式、处置时点等信息来判断分步交易是否属于"一揽子交易"。

如果分步交易不属于"一揽子交易"，则在丧失对子公司控制权以前的各项交易，应按照上述"母公司在不丧失控制权的情况下部分处置对子公司的长期股权投资"的有关规定进行会计处理。

如果分步交易属于"一揽子交易"，则应将各项交易作为一项处置原有子公司并丧失控制权的交易进行会计处理，其中，对丧失控制权之前的每一次交易，处置价款与处置投资对应的享有该子公司自购买日开始持续计算的净资产账面价值的份额之间的差额，在合并财务报表中应当计入其他综合收益，在丧失控制权时一并转入丧失控制权当期的损益。

（b）所得税影响。根据我国《企业所得税法》的相关规定，符合条件的居民企业之间的股息、红利等权益性投资收益为免税收入。因此，通常情况下，当居民企业持有另一居民企业的股权意图为长期持有，通过股息、红利或者其他协同效应获取回报时，其实质所得税率为零，不存在相关所得税费用。只有当居民企业通过转让股权获取资本利得收益时，该笔资产转让利得才产生相应的所得税费用。

实务中，由于股权投资的处置往往需要董事会和股东大会的审议，涉及重大交易还需要相关监管部门的审批核准，后续公司还要进行股权交割和工商登记变更等手续，期间涉及流程和手续较多，从公司有明确意图处置股权至实际转移之间往往存在跨期的情况。如果资产负债表日股权处置已由股东大会等权力机构审议通过，也经相关监管部门审批批准，即使尚未办理实际转移手续等，公司处置该项长期股权投资的意图已经十分清晰，将股权处置损益的所得税影响延迟到下一会计期间进行处理往往会导致低估递延所得税负债、高估利润的情况。因此，如果预期出现母公司处置股权至实际转移之间存在跨期的情况，母公司应在合并财务报表中考虑上述递延所得税的影响。

3. 因子公司的少数股东增资而稀释母公司拥有的股权比例

有时，子公司的其他股东对公司进行增资，由此稀释了母公司对子公司的股权比例，在这种情况下，应当按照增资前的母公司股权比例计算其在增资前子公司账面净资产中的份额，该份额与增资后按母公司持股比例计算的在增资后子公司账面净资产份额之间的差额计入资本公积，资本公积不足冲减的，调整留存收益。

4. 其他特殊交易

对于站在企业集团合并财务报表角度的确认和计量结果与其所属的母公司或子公司的个别财务报表层面的确认和计量结果不一致的，在编制合并财务报表时，应站在企业集团角度对该特殊交易事项予以调整。

随着我国市场经济的快速发展和各类型经济交易的日益复杂化、多元化，在母、子公司个别财务报表及在母公司合并财务报表中，部分特殊交易由于会计主体假设的不同而导致对同一事项的会计处理结果存在差异。在这种情况下，仅仅通过常规的抵销分录则难以真实、全面地反映企业集团整体财务状况、经营成果和现金流量状况，需要站在企业集团合并财务报表的角度对这类交易予以调整。例如，母公司将借款作为实收资本投入子公司用于长期资产的建造，母公司应在合并财务报表层面反映借款利息的资本化金额。再如，子公司作为投资性房地产的大厦，出租给集团内其他企业使用，母公司应在合并财务报表层面作为固定资产反映。

小知识

合并财务报表格式

根据本准则规定，合并财务报表至少包括合并资产负债表、合并利润表、合并所有者权益变动表和合并现金流量表。其中，一般企业、商业银行、保险公司和证券公司等的合并资产负债表、合并利润表和合并所有者权益变动表以《企业会计准则第 30 号——财务报表列报》应用指南（2014）（以下简称财务报表列报应用指南）的相关报表为基础，增加下列项目。

1. 合并资产负债表中

（1）在所有者权益项目下增加"归属于母公司所有者权益合计"，用于反映企业集团的所有者权益中归属于母公司所有者权益的部分，包括实收资本（或股本）、资本公积、库存股、其他综合收益、盈余公积、专项储备、一般风险准备、未分配利润、其他等项目的金额；

（2）在所有者权益项目下，增加"少数股东权益"项目，用于反映非全资子公司的所有者权益中不属于母公司的份额。

2. 合并利润表中

（1）在"净利润"项目下增加"归属于母公司所有者的净利润"和"少数股东损益"两个项目，分别反映净利润中由母公司所有者享有的份额和非全资子公司当期实现的净利润中归属于少数股东的份额。同一控制下企业合并增加子公司的，当期合并利润表中还应在"净利润"项目下增加"其中：被合并方在合并前实现的净利润"项目，用于反映同一控制下企业合并中取得的被合并方在合并日前实现的净利润。

（2）在"综合收益总额"项目下增加"归属于母公司所有者的综合收益总额"和"归属于少数股东的综合收益总额"两个项目，分别反映综合收益总额中由母公司所有者享有的份额和非全资子公司当期综合收益总额中归属于少数股东的份额。

3. 合并所有者权益变动表中

应增加"少数股东权益"栏目，反映少数股东权益变动的情况。另外，参照合并资产负债表中的"专项储备""一般风险准备""资本公积""其他综合收益"等项目的列示，合并所有者权益变动表中应单列上述各栏目反映。

合并现金流量表的格式与《企业会计准则第 31 号——现金流量表》应用指南（2006）中现金流量报表的格式基本相同。

对于纳入合并财务报表的子公司既有一般工商企业，又有金融企业等的，如果母公司在企业集团经营中权重较大，以母公司主业是一般企业还是金融企业确定其报表类别，根据集团其他业务适当增加其他报表类别的相关项目；如果母公司在企业集团经营中权重不大，以企业集团的主业确定其报表类别，根据集团其他业务适当增加其他报表类别的相关项目；对于不符合上述情况的，合并财务报表采用一般企业报表格式，根据集团其他业务适当增加其他报表类别的相关项目。

五、套期会计

（一）概述

2017 年 3 月 31 日，财政部发布了《关于印发修订＜企业会计准则第 24 号——套期会计＞的通知》（财会〔2017〕9 号，本小节以下简称本准则）。执行本准则的企业，不再执行财政部于 2006 年 2 月印发的《企业会计准则第 24 号——套期保值》及 2015 年 11 月印发的《商品期货套期业务会计处理暂行规定》（财会〔2015〕18 号）。在境内外同时上市的企业以及在境外上市并采用国际财务报告准则或企业会计准则编制财务报告的企业，自 2018 年 1 月 1 日起施行；其他境内上市企业自 2019 年 1 月 1 日起施行；执行企业会计准则的非上市企业自 2021 年 1 月 1 日起施行。同时，鼓励企业提前执行。

1. 套期的概念

套期，是指企业为管理外汇风险、利率风险、价格风险、信用风险等特定风险引起的风险敞口，指定金融工具为套期工具，以使套期工具的公允价值或现金流量变动，预期抵销被套期项目全部或部分公允价值或现金流量变动的风险管理活动。

2. 套期的分类

套期分为公允价值套期、现金流量套期和境外经营净投资套期。

（1）公允价值套期是指对已确认资产或负债、尚未确认的确定承诺，或上述项目组成部分的公允价值变动风险敞口进行的套期。该公允价值变动源于特定风险，且将影响企业的损益或其他综合收益。其中，影响其他综合收益的情形，仅限于企业对指定为以公允价值计量且其变动计入其他综合收益的非交易性权益工具投资的公允价值变动风险敞口进行的套期。

（2）现金流量套期是指对现金流量变动风险敞口进行的套期。该现金流量变动源于与已确认资产或负债、极可能发生的预期交易，或与上述项目组成部分有关的特定风险，且将影响企业的损益。

（3）境外经营净投资套期是指对境外经营净投资外汇风险敞口进行的套期。境外经营净投资，是指企业在境外经营净资产中的权益份额。

对确定承诺的外汇风险进行的套期，企业可以将其作为公允价值套期或现金流量套期处理。

3. 套期会计方法

套期会计方法，是指企业将套期工具和被套期项目产生的利得或损失在相同会计期间计入当期损益（或其他综合收益）以反映风险管理活动影响的方法。

对于满足本准则第二章和第三章规定条件的套期，企业可以运用套期会计方法进行处理。

套期会计的根本目标就是建立风险管理与财务报告之间的关系。

在套期会计实务中，要明确三个核心要素，即被套期项目（比如原料库存）、套期工具（比如期货合约）和套期关系指定。使用套期会计必须要满足套期有效性的要求，要符合套期有效性的目标，即套期工具和被套项目之间要能对冲风险，而且这种对冲关系不是偶然的关系，针对有效的部分可以采用套期会计进行处理，针对无效的部分应该采用衍生工具相关处理原则进行处理，即以公允价值进行计量且其变动损益计入当期收益。

（二）套期工具和被套期项目

1. 套期工具

（1）套期工具的概念和构成。套期工具指企业为进行套期而指定的、其公允价值或现金流量变动预期可抵销被套期项目的公允价值或现金流量变动的金融工具，包括以下两类。

1）以公允价值计量且其变动计入当期损益的衍生工具，但签出期权除外。企业只有在对购入期权（包括嵌入在混合合同中的购入期权）进行套期时，签出期权才可以作为套期工具。嵌入在混合合同中但未分拆的衍生工具不能作为单独的套期工具。

2）以公允价值计量且其变动计入当期损益的非衍生金融资产或非衍生金融负债，但指定为以公允价值计量且其变动计入当期损益，且其自身信用风险变动引起的公允价值变动计入其他综合收益的金融负债除外。

企业自身权益工具不属于企业的金融资产或金融负债，不能作为套期工具。

（2）外汇风险成分指定为套期工具。对于外汇风险套期，企业可以将非衍生金融资产（选择以公允价值计量且其变动计入其他综合收益的非交易性权益工具投资除外）或非衍生金融负债的外汇风险成分指定为套期工具。

（3）确立套期关系时，是否将金融工具整体指定为套期工具。在确立套期关系时，企业应当将符合条件的金融工具整体指定为套期工具，但下列情形除外。

1）对于期权，企业可以将期权的内在价值和时间价值分开，只将期权的内在价值变动指定为套期工具。

2）对于远期合同，企业可以将远期合同的远期要素和即期要素分开，只将即期要素的价值变动指定为套期工具。

3）对于金融工具，企业可以将金融工具的外汇基差单独分拆，只将排除外汇基差后的金融工具指定为套期工具。

4）企业可以将套期工具的一定比例指定为套期工具，但不可以将套期工具剩余期限内某一时段的公允价值变动部分指定为套期工具。

（4）金融工具（或其一定比例）的组合指定为套期工具。企业可以将两项或两项以上金融工具（或其一定比例）的组合指定为套期工具（包括组合内的金融工具形成风险头寸相互抵销的情形）。

对于一项由签出期权和购入期权组成的期权（如利率上下限期权），或对于两项或两项以上金融工具（或其一定比例）的组合，其在指定日实质上相当于一项净签出期权的，不能将其指定为套期工具。只有在对购入期权（包括嵌入在混合合同中的购入期权）进行套期时，净签出期权才可以作为套期工具。

2. 被套期项目

（1）被套期项目的概念、构成。被套期项目，是指使企业面临公允价值或现金流量变动风险，且被指定为被套期对象的、能够可靠计量的项目。企业可以将下列单个项目、项目组合或其组成部分指定为被套期项目。

1）已确认资产或负债。

2）尚未确认的确定承诺。确定承诺，是指在未来某特定日期或期间，以约定价格交换特定数量资源、具有法律约束力的协议。

3）极可能发生的预期交易。预期交易，是指尚未承诺但预期会发生的交易。

4）境外经营净投资。

上述项目组成部分是指小于项目整体公允价值或现金流量变动的部分，企业只能将以下项目组成部分或其组合指定为被套期项目。

● 项目整体公允价值或现金流量变动中仅由某一个或多个特定风险引起的公允价值或

现金流量变动部分（风险成分）。根据在特定市场环境下的评估，该风险成分应当能够单独识别并可靠计量。风险成分也包括被套期项目公允价值或现金流量的变动仅高于或仅低于特定价格或其他变量的部分。

- 一项或多项选定的合同现金流量。
- 项目名义金额的组成部分，即项目整体金额或数量的特定部分，其可以是项目整体的一定比例部分，也可以是项目整体的某一层级部分。若某一层级部分包含提前还款权，且该提前还款权的公允价值受被套期风险变化影响的，企业不得将该层级指定为公允价值套期的被套期项目，但企业在计量被套期项目的公允价值时已包含该提前还款权影响的情况除外。

（2）将汇总风险敞口指定为被套期项目。企业可以将符合被套期项目条件的风险敞口与衍生工具组合形成的汇总风险敞口指定为被套期项目。

（3）将项目组合指定为被套期项目。当企业出于风险管理目的对一组项目进行组合管理，且组合中的每一个项目（包括其组成部分）单独都属于符合条件的被套期项目时，可以将该项目组合指定为被套期项目。

在现金流量套期中，企业对一组项目的风险净敞口（存在风险头寸相互抵销的项目）进行套期时，仅可以将外汇风险净敞口指定为被套期项目，并且应当在套期指定中明确预期交易预计影响损益的报告期间，以及预期交易的性质和数量。

（4）将一组项目名义金额的组成部分指定为被套期项目。企业将一组项目名义金额的组成部分指定为被套期项目时，应当分别满足以下条件。

1）企业将一组项目的一定比例指定为被套期项目时，该指定应当与该企业的风险管理目标相一致。

2）企业将一组项目的某一层级部分指定为被套期项目时，应当同时满足以下条件。

- 该层级能够单独识别并可靠计量。
- 企业的风险管理目标是对该层级进行套期。
- 该层级所在的整体项目组合中的所有项目均面临相同的被套期风险。
- 对于已经存在的项目（如已确认资产或负债、尚未确认的确定承诺）进行的套期，被套期层级所在的整体项目组合可识别并可追踪。
- 该层级包含提前还款权的，应当符合本准则第九条项目名义金额的组成部分中的相关要求。

本准则所称风险管理目标，是指企业在某一特定套期关系层面上，确定如何指定套期工具和被套期项目，以及如何运用指定的套期工具对指定为被套期项目的特定风险敞口进行套期。

（5）将被套期项目（净敞口为零的项目组合）指定在不含套期工具的套期关系中。如果被套期项目是净敞口为零的项目组合（即各项目之间的风险完全相互抵销），同时满足下列条件时，企业可以将该组项目指定在不含套期工具的套期关系中。

1）该套期是风险净敞口滚动套期策略的一部分，在该策略下，企业定期对同类型的新的净敞口进行套期。

2）在风险净敞口滚动套期策略整个过程中，被套期净敞口的规模会发生变化，当其不为零时，企业使用符合条件的套期工具对净敞口进行套期，并通常采用套期会计方法。

3）如果企业不对净敞口为零的项目组合运用套期会计，将导致不一致的会计结果，因为不运用套期会计方法将不会确认在净敞口套期下确认的相互抵销的风险敞口。

3. 企业集团运用套期会计

运用套期会计时，在合并财务报表层面，只有与企业集团之外的对手方之间交易形成的资产、负债、尚未确认的确定承诺或极可能发生的预期交易才能被指定为被套期项目；在合并财务报表层面，只有与企业集团之外的对手方签订的合同才能被指定为套期工具。对于同一企业集团内的主体之间的交易，在企业个别财务报表层面可以运用套期会计，在企业集团合并财务报表层面不得运用套期会计，但下列情形除外。

（1）在合并财务报表层面，符合《企业会计准则第33号——合并财务报表》规定的投资性主体与其以公允价值计量且其变动计入当期损益的子公司之间的交易，可以运用套期会计。

（2）企业集团内部交易形成的货币性项目的汇兑收益或损失，不能在合并财务报表中全额抵销的，企业可以在合并财务报表层面将该货币性项目的外汇风险指定为被套期项目。

（3）企业集团内部极可能发生的预期交易，按照进行此项交易的主体的记账本位币以外的货币标价，且相关的外汇风险将影响合并损益的，企业可以在合并财务报表层面将该外汇风险指定为被套期项目。

（三）套期关系评估

1. 运用套期会计方法进行处理的条件

公允价值套期、现金流量套期或境外经营净投资套期同时满足下列条件的，才能运用本准则规定的套期会计方法进行处理。

（1）套期关系仅由符合条件的套期工具和被套期项目组成。

（2）在套期开始时，企业正式指定了套期工具和被套期项目，并准备了关于套期关系和企业从事套期的风险管理策略和风险管理目标的书面文件。该文件至少载明了套期工具、被套期项目、被套期风险的性质以及套期有效性评估方法（包括套期无效部分产生的原因分析以及套期比率确定方法）等内容。

（3）套期关系符合套期有效性要求。套期有效性，是指套期工具的公允价值或现金流量变动能够抵销被套期风险引起的被套期项目公允价值或现金流量变动的程度。套期工具的公允价值或现金流量变动大于或小于被套期项目的公允价值或现金流量变动的部分为套期无效部分。

2. 套期有效性要求

套期同时满足下列条件的，企业应当认定套期关系符合套期有效性要求。

（1）被套期项目和套期工具之间存在经济关系。该经济关系使得套期工具和被套期项目的价值因面临相同的被套期风险而发生方向相反的变动。

（2）被套期项目和套期工具经济关系产生的价值变动中，信用风险的影响不占主导地位。

（3）套期关系的套期比率，应当等于企业实际套期的被套期项目数量与对其进行套期的套期工具实际数量之比，但不应当反映被套期项目和套期工具相对权重的失衡，这种失衡会导致套期无效，并可能产生与套期会计目标不一致的会计结果。例如，企业确定拟采用的套期比率是为了避免确认现金流量套期的套期无效部分，或是为了创造更多的被套期项目进行公允价值调整以达到增加使用公允价值会计的目的，可能会产生与套期会计目标不一致的会计结果。

3. 套期有效性评估

企业应当在套期开始日及以后期间持续地对套期关系是否符合套期有效性要求进行评估，尤其应当分析在套期剩余期限内预期将影响套期关系的套期无效部分产生的原因。企业至少应当在资产负债表日及相关情形发生重大变化将影响套期有效性要求时对套期关系进行评估。

4. 套期关系再平衡

套期关系由于套期比率的原因而不再符合套期有效性要求，但指定该套期关系的风险管理目标没有改变的，企业应当进行套期关系再平衡。

本准则所称套期关系再平衡，是指对已经存在的套期关系中被套期项目或套期工具的数量进行调整，以使套期比率重新符合套期有效性要求。基于其他目的对被套期项目或套期工具所指定的数量进行变动，不构成本准则所称的套期关系再平衡。

企业在套期关系再平衡时，应当首先确认套期关系调整前的套期无效部分，并更新在套期剩余期限内预期将影响套期关系的套期无效部分产生原因的分析，同时相应更新套期关系的书面文件。

5. 应当终止运用套期会计的情形

企业发生以下情形之一的，应当终止运用套期会计。

（1）因风险管理目标发生变化，导致套期关系不再满足风险管理目标。

（2）套期工具已到期、被出售、合同终止或已行使。

（3）被套期项目与套期工具之间不再存在经济关系，或者被套期项目和套期工具经济关系产生的价值变动中，信用风险的影响开始占主导地位。

（4）套期关系不再满足本准则所规定的运用套期会计方法的其他条件。在适用套期关系再平衡的情况下，企业应当首先考虑套期关系再平衡，然后评估套期关系是否满足本准则所规定的运用套期会计方法的条件。

终止套期会计可能会影响套期关系的整体或其中一部分，在仅影响其中一部分时，剩余未受影响的部分仍适用套期会计。

6. 不得撤销套期关系的指定并由此终止套期关系的情形

套期关系同时满足下列条件的，企业不得撤销套期关系的指定并由此终止套期关系。

（1）套期关系仍然满足风险管理目标。

（2）套期关系仍然满足本准则运用套期会计方法的其他条件。

在适用套期关系再平衡的情况下，企业应当首先考虑套期关系再平衡，然后评估套期关系是否满足本准则所规定的运用套期会计方法的条件。

7. 不作为套期工具已到期或合同终止处理的情形

企业发生下列情形之一的，不作为套期工具已到期或合同终止处理。

（1）套期工具展期或被另一项套期工具替换，而且该展期或替换是企业书面文件所载明的风险管理目标的组成部分。

（2）由于法律法规或其他相关规定的要求，套期工具的原交易对手方变更为一个或多个清算交易对手方（例如清算机构或其他主体），以最终达成由同一中央交易对手方进行清算的目的。如果存在套期工具其他变更的，该变更应当仅限于达成此类替换交易对手方所必须的变更。

（四）确认和计量

1. 公允价值套期

（1）公允价值套期满足运用套期会计方法条件的，应当按照下列规定处理。

1）套期工具产生的利得或损失应当计入当期损益。如果套期工具是对选择以公允价值计量且其变动计入其他综合收益的非交易性权益工具投资（或其组成部分）进行套期的，套期工具产生的利得或损失应当计入其他综合收益。

2）被套期项目因被套期风险敞口形成的利得或损失应当计入当期损益，同时调整未以公允价值计量的已确认被套期项目的账面价值。被套期项目为按照《企业会计准则第22号——金融工具确认和计量》第十八条分类为以公允价值计量且其变动计入其他综合收益的金融资产（或其组成部分）的，其因被套期风险敞口形成的利得或损失应当计入当期损益，其账面价值已经按公允价值计量，不需要调整。

被套期项目为企业选择以公允价值计量且其变动计入其他综合收益的非交易性权益工具投资（或其组成部分）的，其因被套期风险敞口形成的利得或损失应当计入其他综合收益，其账面价值已经按公允价值计量，不需要调整。

被套期项目为尚未确认的确定承诺（或其组成部分）的，其在套期关系指定后因被套期风险引起的公允价值累计变动额应当确认为一项资产或负债，相关的利得或损失应当计入各相关期间损益。当履行确定承诺而取得资产或承担负债时，应当调整该资产或负债的初始确认金额，以包括已确认的被套期项目的公允价值累计变动额。

（2）公允价值套期中，被套期项目为以摊余成本计量的金融工具（或其组成部分）的，企业对被套期项目账面价值所做的调整应当按照开始摊销日重新计算的实际利率进行摊销，并计入当期损益。该摊销可以自调整日开始，但不应当晚于对被套期项目终止进行套期利得和损失调整的时点。被套期项目为按照《企业会计准则第 22 号——金融工具确认和计量》第十八条分类为以公允价值计量且其变动计入其他综合收益的金融资产（或其组成部分）的，企业应当按照相同的方式对累计已确认的套期利得或损失进行摊销，并计入当期损益，但不调整金融资产（或其组成部分）的账面价值。

2. 现金流量套期

（1）现金流量套期满足运用套期会计方法条件的，应当按照下列规定处理。

1）套期工具产生的利得或损失中属于套期有效的部分，作为现金流量套期储备，应当计入其他综合收益。现金流量套期储备的金额，应当按照下列两项的绝对额中较低者确定。

● 套期工具自套期开始的累计利得或损失。

● 被套期项目自套期开始的预计未来现金流量现值的累计变动额。

每期计入其他综合收益的现金流量套期储备的金额应当为当期现金流量套期储备的变动额。

2）套期工具产生的利得或损失中属于套期无效的部分（即扣除计入其他综合收益后的其他利得或损失），应当计入当期损益。

（2）现金流量套期储备的金额，应当按照下列规定处理。

1）被套期项目为预期交易，且该预期交易使企业随后确认一项非金融资产或非金融负债的，或者非金融资产或非金融负债的预期交易形成一项适用于公允价值套期会计的确定承诺时，企业应当将原在其他综合收益中确认的现金流量套期储备金额转出，计入该资产或负债的初始确认金额。

2）对于不属于本准则第二十五条（一）涉及的现金流量套期，企业应当在被套期的预期现金流量影响损益的相同期间，将原在其他综合收益中确认的现金流量套期储备金额转出，计入当期损益。

3）如果在其他综合收益中确认的现金流量套期储备金额是一项损失，且该损失全部或部分预计在未来会计期间不能弥补的，企业应当在预计不能弥补时，将预计不能弥补的部分从其他综合收益中转出，计入当期损益。

（3）当企业对现金流量套期终止运用套期会计时，在其他综合收益中确认的累计现金流量套期储备金额，应当按照下列规定进行处理。

1）被套期的未来现金流量预期仍然会发生的，累计现金流量套期储备的金额应当予以保留，并按照本准则第二十五条的规定进行会计处理。

2）被套期的未来现金流量预期不再发生的，累计现金流量套期储备的金额应当从其他综合收益中转出，计入当期损益。被套期的未来现金流量预期不再极可能发生但可能预期仍然会发生，在预期仍然会发生的情况下，累计现金流量套期储备的金额应当予以保留，并按照本准则第二十五条的规定进行会计处理。

【例 9-43】 智董公司主要从事 TTT 产品的生产。2×17 年 4 月 16 日，智董公司与某外商贵琛公司签订了销售合同，合同约定智董公司将于 2×17 年 10 月 16 日将生产的 TTT 产品销售给贵琛公司。经计算，生产该批塑料制品需甲材料 8000 吨，签订合同时甲材料的现货价格为 4500 元 / 吨。智董公司担心甲材料价格上涨，经董事会批准，在期货市场买入了 9 月交割的 8000 吨甲材料期货，并将其指定为 TTT 产品生产所需的甲材料的套期。当天甲材料期货合约的价格为 4500 元 / 吨，甲材料期货合约与智董公司生产塑料制品所需要的甲材料在数量、品质和产地方面相同。2×17 年 9 月 6 日，甲材料的现货价格上涨到 6000 元 / 吨，期货合约的交割价格为 6050 元 / 吨。当日，智董公司购入了 8000 吨甲材料，同时将期货合约卖出平仓。智董公司对上述期货合约进行了以下会计处理。

（1）将该套期划分为现金流量套期。

（2）将该套期工具利得中属于有效套期的部分，直接计入了当期损益。

（3）将该套期工具利得中属于无效套期的部分，直接计入所有者权益。

本例中：

（1）智董公司将该套期划分为现金流量套期正确。

（2）智董公司将该套期工具利得中属于有效套期的部分，直接计入了当期损益不正确。

理由：按照套期保值准则规定，在现金流量套期下，套期工具利得或损失中属于有效套期的部分，应当直接确认为所有者权益。

此外，在 TTT 产品出售时，智董公司应当将套期期间计入所有者权益的利得金额转入当期损益。

（3）智董公司将该套期工具利得中属于无效套期的部分，直接计入所有者权益不正确。

理由：按照套期保值准则规定，在现金流量套期下，套期工具利得或损失中属于无效套期的部分，应当计入当期损益。

3. 境外经营净投资的套期

对境外经营净投资的套期，包括对作为净投资的一部分进行会计处理的货币性项目的套期，应当按照类似于现金流量套期会计的规定处理。

（1）套期工具形成的利得或损失中属于套期有效的部分，应当计入其他综合收益。全部或部分处置境外经营时，上述计入其他综合收益的套期工具利得或损失应当相应转出，计入当期损益。

（2）套期工具形成的利得或损失中属于套期无效的部分，应当计入当期损益。

4. 套期关系做出再平衡、终止

企业根据本准则第十八条规定对套期关系做出再平衡的，应当在调整套期关系之前确定套期关系的套期无效部分，并将相关利得或损失计入当期损益。

套期关系再平衡可能会导致企业增加或减少指定套期关系中被套期项目或套期工具的数量。企业增加了指定的被套期项目或套期工具的，增加部分自指定增加之日起作为套期关系的一部分进行处理；企业减少了指定的被套期项目或套期工具的，减少部分自指定减少之日起不再作为套期关系的一部分，作为套期关系终止处理。

5. 被套期项目为风险净敞口的套期

对于被套期项目为风险净敞口的套期，被套期风险影响利润表不同列报项目的，企业应当将相关套期利得或损失单独列报，不应当影响利润表中与被套期项目相关的损益列报项目金额（如营业收入或营业成本）。

对于被套期项目为风险净敞口的公允价值套期，涉及调整被套期各组成项目账面价值的，企业应当对各项资产和负债的账面价值做相应调整。

6. 被套期项目为一组项目的套期时的会计处理

（1）除本准则第二十九条规定外，对于被套期项目为一组项目的公允价值套期，企业在套期关系存续期间，应当针对被套期项目组合中各组成项目，分别确认公允价值变动所引起的相关利得或损失，按照本准则第二十二条的规定进行相应处理，计入当期损益或其他综合收益。涉及调整被套期各组成项目账面价值的，企业应当对各项资产和负债的账面价值做相应调整。

（2）除本准则第二十九条规定外，对于被套期项目为一组项目的现金流量套期，企业在将其他综合收益中确认的相关现金流量套期储备转出时，应当按照系统、合理的方法将转出金额在被套期各组成项目中分摊，并按照本准则第二十五条的规定进行相应处理。

7. 期权的会计处理

（1）企业根据本准则第七条规定将期权的内在价值和时间价值分开，只将期权的内在价值变动指定为套期工具时，应当区分被套期项目的性质是与交易相关还是与时间段相关。被套期项目与交易相关的，对其进行套期的期权时间价值具备交易成本的特征；被套期项目与时间段相关的，对其进行套期的期权时间价值具备为保护企业在特定时间段内规避风险所需支付成本的特征。企业应当根据被套期项目的性质分别进行以下会计处理。

1）对于与交易相关的被套期项目，企业应当按照本准则第三十二条的规定，将期权时间价值的公允价值变动中与被套期项目相关的部分计入其他综合收益。对于在其他综合收益中确认的期权时间价值的公允价值累计变动额，应当按照本准则第二十五条规定的与现金流量套期储备金额相同的会计处理方法进行处理。

2）对于与时间段相关的被套期项目，企业应当按照本准则第三十二条的规定，将期权时间价值的公允价值变动中与被套期项目相关的部分计入其他综合收益。同时，企业应当按照系统、合理的方法，将期权被指定为套期工具当日的时间价值中与被套期项目相关的部分，在套期关系影响损益或其他综合收益（仅限于企业对指定为以公允价值计量且其变动计入其他综合收益的非交易性权益工具投资的公允价值变动风险敞口进行的套期）的期间内摊销，摊销金额从其他综合收益中转出，计入当期损益。若企业终止运用套期会计，则其他综合收益中剩余的相关金额应当转出，计入当期损益。

期权的主要条款（如名义金额、期限和标的）与被套期项目相一致的，期权的实际时间价值与被套期项目相关；期权的主要条款与被套期项目不完全一致的，企业应当通过对主要条款与被套期项目完全一致的期权进行估值确定校准时间价值，并确认期权的实际时间价值中与被套期项目相关的部分。

（2）在套期关系开始时，期权的实际时间价值高于校准时间价值的，企业应当以校准时间价值为基础，将其累计公允价值变动计入其他综合收益，并将这两个时间价值的公允价值变动差额计入当期损益；在套期关系开始时，期权的实际时间价值低于校准时间价值的，企业应当将两个时间价值中累计公允价值变动的较低者计入其他综合收益，如果实际时间价值的累计公允价值变动扣减累计计入其他综合收益金额后尚有剩余的，应当计入当期损益。

8. 只将"远期合同的即期要素的价值变动""排除外汇基差后的金融工具"指定为套期工具时的会计处理

企业根据本准则第七条规定将远期合同的远期要素和即期要素分开、只将即期要素的价值变动指定为套期工具的，或者将金融工具的外汇基差单独分拆、只将排除外汇基差后的金融工具指定为套期工具的，可以按照与前述期权时间价值相同的处理方式对远期合同的远期要素或金融工具的外汇基差进行会计处理。

（五）信用风险敞口的公允价值选择权

1.选择以公允价值计量且其变动计入当期损益

企业使用以公允价值计量且其变动计入当期损益的信用衍生工具管理金融工具（或其组成部分）的信用风险敞口时，可以在该金融工具（或其组成部分）初始确认时、后续计量中或尚未确认时，将其指定为以公允价值计量且其变动计入当期损益的金融工具，并同时做出书面记录，但应当同时满足以下条件。

（1）金融工具信用风险敞口的主体（如借款人或贷款承诺持有人）与信用衍生工具涉及的主体一致。

（2）金融工具的偿付级次与根据信用衍生工具条款须交付的工具的偿付级次相一致。

上述金融工具（或其组成部分）被指定为以公允价值计量且其变动计入当期损益的金融工具的，企业应当在指定时将其账面价值（如有）与其公允价值之间的差额计入当期损益。如该金融工具是按照《企业会计准则第 22 号——金融工具确认和计量》第十八条分类为以公允价值计量且其变动计入其他综合收益的金融资产的，企业应当将之前计入其他综合收益的累计利得或损失转出，计入当期损益。

2.终止以公允价值计量且其变动计入当期损益

同时满足下列条件的，企业应当对按照本准则第三十四条规定的金融工具（或其一定比例）终止以公允价值计量且其变动计入当期损益。

（1）本准则第三十四条规定的条件不再适用，例如信用衍生工具或金融工具（或其一定比例）已到期、被出售、合同终止或已行使，或企业的风险管理目标发生变化，不再通过信用衍生工具进行风险管理。

（2）金融工具（或其一定比例）按照《企业会计准则第 22 号——金融工具确认和计量》的规定，仍然不满足以公允价值计量且其变动计入当期损益的金融工具的条件。

当企业对金融工具（或其一定比例）终止以公允价值计量且其变动计入当期损益时，该金融工具（或其一定比例）在终止时的公允价值应当作为其新的账面价值。同时，企业应当采用与该金融工具被指定为以公允价值计量且其变动计入当期损益之前相同的方法进行计量。

六、金融工具列报

金融工具列报，包括金融工具列示和金融工具披露。

金融工具列报的信息，应当有助于财务报表使用者了解企业所发行金融工具的分类、计量和列报的情况，以及企业所持有的金融资产和承担的金融负债的情况，并就金融工具对企业财务状况和经营成果影响的重要程度、金融工具使企业在报告期间和期末所面临风险的性质和程度，以及企业如何管理这些风险做出合理评价。

2006 年财政部发布了《企业会计准则第 37 号——金融工具列报》。2014 年进行过一次修订，主要补充了权益工具的分类、抵销的规定和披露要求、金融资产转移的披露要求以及金融资产和金融负债到期期限分析的披露要求，并删除了有关金融工具公允价值的部分披露要求。2017 年 5 月 2 日，财政部又发布了《关于印发修订＜企业会计准则第 37 号——金融工具列报＞的通知》（财会〔2017〕14 号，本小节以下简称本准则），主要是响应《企业会计准则第 22 号——金融工具确认和计量》《企业会计准则第 23 号——金融资产转移》和《企业会计准则第 24 号——套期会计》的修订，新的金融工具准则与国际会计准则理事会发布的《国际财务报告准则第 9 号——金融工具》（IFRS 9）趋同。

（一）概述

1.本准则的适用范围

（1）本准则适用于所有企业各种类型的金融工具，但下列各项适用其他会计准则。

1）由《企业会计准则第 2 号——长期股权投资》《企业会计准则第 33 号——合并财务

报表》和《企业会计准则第 40 号——合营安排》规范的对子公司、合营企业和联营企业的投资，其披露适用《企业会计准则第 41 号——在其他主体中权益的披露》。但企业持有的与在子公司、合营企业或联营企业中的权益相联系的衍生工具，适用本准则。

企业按照《企业会计准则第 22 号——金融工具确认和计量》相关规定对联营企业或合营企业的投资进行会计处理的，以及企业符合《企业会计准则第 33 号——合并财务报表》有关投资性主体定义，且根据该准则规定对子公司的投资以公允价值计量且其变动计入当期损益的，对上述合营企业、联营企业或子公司的相关投资适用本准则。

2）由《企业会计准则第 9 号——职工薪酬》规范的职工薪酬相关计划形成的企业的权利和义务，适用《企业会计准则第 9 号——职工薪酬》。

3）由《企业会计准则第 11 号——股份支付》规范的股份支付中涉及的金融工具以及其他合同和义务，适用《企业会计准则第 11 号——股份支付》。但是，股份支付中属于本准则范围的买入或卖出非金融项目的合同，以及与股份支付相关的企业发行、回购、出售或注销的库存股，适用本准则。

4）由《企业会计准则第 12 号——债务重组》规范的债务重组，适用《企业会计准则第 12 号——债务重组》。但债务重组中涉及金融资产转移披露的，适用本准则。

5）由《企业会计准则第 14 号——收入》规范的属于金融工具的合同权利和义务，适用《企业会计准则第 14 号——收入》。由《企业会计准则第 14 号——收入》要求在确认和计量相关合同权利的减值损失和利得时，应当按照《企业会计准则第 22 号——金融工具确认和计量》进行会计处理的合同权利，适用本准则有关信用风险披露的规定。

6）由保险合同相关会计准则规范的保险合同所产生的权利和义务，适用保险合同相关会计准则。

因具有相机分红特征而由保险合同相关会计准则规范的合同所产生的权利和义务，适用保险合同相关会计准则。但对于嵌入保险合同的衍生工具，该嵌入衍生工具本身不是保险合同的，适用本准则；该嵌入衍生工具本身为保险合同的，适用保险合同相关会计准则。

企业选择按照《企业会计准则第 22 号——金融工具确认和计量》进行会计处理的财务担保合同，适用本准则；企业选择按照保险合同相关会计准则进行会计处理的财务担保合同，适用保险合同相关会计准则。

（2）本准则适用于能够以现金或其他金融工具净额结算，或通过交换金融工具结算的买入或卖出非金融项目的合同。但企业按照预定的购买、销售或使用要求签订并持有，旨在收取或交付非金融项目的合同，适用其他相关会计准则，但是企业根据《企业会计准则第 22 号——金融工具确认和计量》第八条的规定将该合同指定为以公允价值计量且其变动计入当期损益的金融资产或金融负债的，适用本准则。

（3）本准则第六章至第八章的规定，除适用于企业已按照《企业会计准则第 22 号——金融工具确认和计量》确认的金融工具外，还适用于未确认的金融工具。

（4）本准则规定的交易或事项涉及所得税的，应当按照《企业会计准则第 18 号——所得税》进行处理。

2. 新准则的施行时间

在境内外同时上市的企业以及在境外上市并采用国际财务报告准则或企业会计准则编制财务报告的企业，自 2018 年 1 月 1 日起施行；其他境内上市企业自 2019 年 1 月 1 日起施行；执行企业会计准则的非上市企业自 2021 年 1 月 1 日起施行。同时，鼓励企业提前执行。执行本准则的企业，不再执行财政部于 2014 年 3 月 17 日印发的《金融负债与权益工具的区分及相关会计处理规定》（财会〔2014〕13 号）和 2014 年 6 月 20 日印发的《企业会计准则第 37 号——金融工具列报》（财会〔2014〕23 号）。

执行财政部于 2017 年修订印发的《企业会计准则第 22 号——金融工具确认和计量》（财会〔2017〕7 号）《企业会计准则第 23 号——金融资产转移》（财会〔2017〕8 号）《企业会计准则第 24 号——套期会计》（财会〔2017〕9 号）的企业，应同时执行本准则。

（二）金融负债和权益工具的区分

1. 金融负债与权益工具

（1）实质重于形式。企业应当根据所发行金融工具的合同条款及其所反映的经济实质而非仅以法律形式，结合金融资产、金融负债和权益工具的定义，在初始确认时将该金融工具或其组成部分分类为金融资产、金融负债或权益工具。

（2）金融负债的定义。金融负债，是指企业符合以下条件之一的负债。

1）向其他方交付现金或其他金融资产的合同义务。

2）在潜在不利条件下，与其他方交换金融资产或金融负债的合同义务。

3）将来须用或可用企业自身权益工具进行结算的非衍生工具合同，且企业根据该合同将交付可变数量的自身权益工具。

4）将来须用或可用企业自身权益工具进行结算的衍生工具合同，但以固定数量的自身权益工具交换固定金额的现金或其他金融资产的衍生工具合同除外。企业对全部现有同类别非衍生自身权益工具的持有方同比例发行配股权、期权或认股权证，使之有权按比例以固定金额的任何货币换取固定数量的该企业自身权益工具的，该类配股权、期权或认股权证应当分类为权益工具。其中，企业自身权益工具不包括应按照本准则第三章（特殊金融工具）分类为权益工具的金融工具，也不包括本身就要求在未来收取或交付企业自身权益工具的合同。

因而，如果企业能够无条件地避免交付现金或其他金融资产，例如能够自主决定是否支付股息（即无支付股息的义务），或者所发行的金融工具没有到期日且投资方没有回售权，或虽有固定期限但发行方有权无限期递延（即无支付本金的义务），则此类交付现金或其他金融资产的结算条款不构成金融负债。

（3）权益工具的定义。权益工具，是指能证明拥有某个企业在扣除所有负债后的资产中的剩余权益的合同。在同时满足以下条件的情况下，企业应当将发行的金融工具分类为权益工具。

1）该金融工具应当不包括交付现金或其他金融资产给其他方，或在潜在不利条件下与其他方交换金融资产或金融负债的合同义务。

2）将来须用或可用企业自身权益工具结算该金融工具。如为非衍生工具，该金融工具应当不包括交付可变数量的自身权益工具进行结算的合同义务；如为衍生工具，企业只能通过以固定数量的自身权益工具交换固定金额的现金或其他金融资产结算该金融工具。企业自身权益工具不包括应按照本准则第三章（特殊金融工具）分类为权益工具的金融工具，也不包括本身就要求在未来收取或交付企业自身权益工具的合同。

若是非衍生工具（例如符合一定条件的可转换优先股），如果发行方未来没有义务交付可变数量的自身权益工具进行结算，则该非衍生工具是权益工具；若是衍生工具（例如可转换债券中的转股权），如果发行方只能通过以固定数量的自身权益工具交换固定金额的现金或其他金融资产进行结算（"固定换固定"），则该衍生工具是权益工具。

（4）金融负债与权益工具的区分原则。发行方按照约定结算所发行的金融工具的方式可以分为两种情况：偿付现金（或者其他金融资产）和发行自身权益工具（通常为普通股）。会计准则也正是基于这样的逻辑来确立金融负债和权益工具分类的基本原则。

如果企业不能无条件地避免以交付现金或其他金融资产来履行一项合同义务，则该合同义务符合金融负债的定义。

如果一项金融工具须用或可用企业自身权益工具进行结算，需要考虑用于结算该工具的企业自身权益工具，是作为现金或其他金融资产的替代品，还是为了使该工具持有方享有在发行方扣除所有负债后的资产中的剩余权益。

如果用于结算该工具的企业自身权益工具，是作为现金或其他金融资产的替代品，该工具是发行方的金融负债（按权益工具结算时的公允价值计算权利义务金额的金融工具应分类为金融负债）；如果用于结算该工具的企业自身权益工具，是为了使该工具持有方享有在发行方扣除所有负债后的资产中的剩余权益，该工具是发行方的权益工具。

若通过自身权益工具结算，应当首先区分该金融工具或其组成部分是衍生工具还是非衍生工具，从而适用相应的规定。

（5）或有回购义务。如果一项合同使发行方承担了以现金或其他金融资产回购自身权益工具的义务，即使发行方的回购义务取决于合同对手方是否行使回售权，发行方应当在初始确认时将该义务确认为一项金融负债，其金额等于回购所需支付金额的现值（如远期回购价格的现值、期权行权价格的现值或其他回售金额的现值）。

（6）或有结算条款。或有结算条款，指是否通过交付现金或其他金融资产进行结算，或者是否以其他导致该金融工具成为金融负债的方式结算，需要由发行方和持有方均不能控制的未来不确定事项（如股价指数、消费价格指数变动，利率或税法变动，发行方未来收入、净收益或债务权益比率等）的发生或不发生（或发行方和持有方均不能控制的未来不确定事项的结果）来确定的条款。

因为在初始确认时，发行方不能控制最终的结果，其不具有无条件避免交付现金、其他金融资产或以其他导致该工具成为金融负债的方式进行结算的权利，附或有结算条款的金融工具属于金融负债。除非：

1）要求以现金、其他金融资产或以其他导致该工具成为金融负债的方式进行结算的或有结算条款几乎不具有可能性，即相关情形极端罕见、显著异常或几乎不可能发生。

因为此时的结算条款是非现实的，所以不予以考虑。例如主体发行了优先股，约定如果股指在两个月内翻三倍就以现金予以赎回。该约定事项几乎不可能发生，因而是不现实的条款，在分类时应予以忽略。

2）只有在发行方清算时，才需以现金、其他金融资产或以其他导致该工具成为金融负债的方式进行结算。

因为结算的义务在正常的业务流程中不会发生，所以予以忽略。值得注意的是，此处的清算是指企业的清盘解散，不包括企业陷入偿付能力不足、破产重整等所有其他情况。但是，如果对工具的赎回是在可能最后导致清算的事项发生时（例如主体在其无法控制的情况下资不抵债、被接管等），则仍应将该工具划分为金融负债。

3）按照本准则第三章（特殊金融工具）分类为权益工具的可回售工具。

此时虽然符合金融负债的定义，但作为一项例外，在满足某些严格条件的情况下，将本符合金融负债定义的金融工具划分为权益。

（7）结算选择权。对于存在结算选择权的衍生工具（例如，合同规定发行方或持有方能选择以现金净额或以发行股份交换现金等方式进行结算的衍生工具），发行方应当将其确认为金融资产或金融负债。

但所有可供选择的结算方式均表明该衍生工具应当确认为权益工具的除外。

【例 9-44】分别以下几种情形说明。

情形 1：或有结算条款——会计或税务法规变更。

智董公司发行了由其自行决定是否派发股利的含 5%非累积股利的优先股。如果适用的税务或会计处理要求被修订，该股份将被赎回。

本例中，鉴于发行人和持有人均无法控制的或有事项是现实的，且可能导致智董公司在除其清算之外的时间必须交付现金或其他金融资产，该金融工具应分类为一项金融负债。但是，由于5%的股利可由智董公司自行决定，所以它是智董公司的权益。因此，该优先股同时包含负债和权益特征，即是一项复合金融工具。

情形2：或有结算条款——首次公开发行1。

贵琛公司定向发行了3亿元的股票，其可自行决定是否派发股利。如果贵琛公司进行筹资或首次公开发行（IPO），则其必须按面值赎回该股票。

本例中，贵琛公司不能保证筹资或IPO的成功，但它确实可以决定是否发起筹资活动或寻求IPO。鉴于贵琛公司可以通过避免筹资或IPO来避免赎回股票，该工具应分类为权益。

情形3：或有结算条款——首次公开发行2。

鑫裕公司定向发行了3亿元的股票，其可自行决定是否派发股利。如果鑫裕公司在自该股票发行之日起5年内未能成功筹资或首次公开发行（IPO），则其必须按面值赎回该股票。

本例中，鉴于该或有事项（成功筹资或IPO）不受鑫裕公司控制，其属于或有结算条款。由于鑫裕公司不能避免赎回股票，因此该工具应分类为金融负债。

情形4：或有结算条款——控制权变更。

怡平公司定向发行了3亿元的股票，其可自行决定是否派发股利。如果怡平公司的控制权发生了变更，则怡平公司必须按面值赎回该股票。控制权的变更被定义为怡平公司至少有50%所有权的变更。

本例中，鉴于该或有事项（怡平公司被其一批股东出售给另一批股东）不受怡平公司控制，其属于或有结算条款。由于怡平公司不能避免赎回股票，因此该工具应分类为金融负债。

小资料

企业发行的金融工具应当在满足何种条件时确认为权益工具？

企业将发行的金融工具确认为权益性工具，应当同时满足以下条件。

（1）该金融工具应当不包括交付现金或其他金融资产给其他单位，或在潜在不利条件下与其他单位交换金融资产或金融负债的合同义务。

（2）该金融工具须用或可用发行方自身权益工具进行结算的，如为非衍生工具，该金融工具应当不包括交付非固定数量的发行方自身权益工具进行结算的合同义务；如为衍生工具，该金融工具只能通过交付固定数量的发行方自身权益工具换取固定数额的现金或其他金融资产进行结算。其中，所指的发行方自身权益工具不包括本身通过收取或交付企业自身权益工具进行结算的合同。

---

2. 复合金融工具

企业应当对发行的非衍生工具进行评估，以确定所发行的工具是否为复合金融工具。企业所发行的非衍生金融工具可能同时包含金融负债成分和权益工具成分（如图9-3）。

图9-3 复合金融工具、混合金融工具

对于复合金融工具，发行方应于初始确认时将各组成部分分别分类为金融负债、金融资产或权益工具。

企业发行的一项非衍生工具同时包含金融负债成分和权益工具成分的，应于初始计量时先确定金融负债成分的公允价值（包括其中可能包含的非权益性嵌入衍生工具的公允价值），再从复合金融工具公允价值中扣除负债成分的公允价值，作为权益工具成分的价值。

对于企业发行的包含金融负债和权益工具成分的复合金融工具，嵌入了价值相互关联的多项衍生工具（如可赎回的可转换债务工具）的，应当披露相关特征。

【例 9-45】

情形 1：可转换债券。

智董公司在 2×17 年 1 月 1 日发行 2000 份可转换债券。该债券期限为 3 年，按面值 1000 元发行，取得的总发行收入为 2000000 元。利息按 6% 的年利率在借款期内按年支付。持有人可以决定在到期之前的任何时间将每份债券转换为 250 股普通股。在债券发行时，不具备转换选择权的类似债券的市场利率为 9%。

本例中，在初始确认时，首先应对负债部分的合同现金流进行计量，债券发行收入（金融工具整体的公允价值）与负债公允价值之间的差额则分配至权益。负债部分的现值（即公允价值）按 9% 的折现率（即具有相同信用等级的没有转换选择权的类似债券的市场利率）计算。计算如下（假设不考虑税收因素，金额单位为人民币元）。

第三年年末本金的现值 *	1544367
利息（3 年期内每年年末应付的利息 120000）的现值 **	303755
负债部分（B）（初始确认的金融负债金额）	1848122
债券发行收入（A）（初始确认的银行存款金额）	2000000
剩余的权益部分（A－B）（初始确认的权益金额）	151878

其中，* 本金的现值（按 9% 折现）：

$$2000000/1.09^3 = 1544367$$

**3 年期内每年年末应付的利息（120000）的现值：

第 1 年年末：$120000/1.09 = 110092$

第 2 年年末：$120000/1.09^2 = 101002$

第 3 年年末：$120000/1.09^3 = 92661$

利息的现值合计 = 303755

此外，交易费用应根据其相对公允价值在负债部分和权益部分之间进行分配。

情形 2：带息的永久性优先股。

智董公司发行不可赎回的优先股。该优先股每年每股的固定累积强制股利为 46 欧元（欧元是智董公司的功能货币）。如果当年的收益不足以支付股利，则该股利将收益不足以支付股利，则该股利将在未来的年度支付。智董公司可以宣告额外的股利，但是必须在各类不同的股票间平均分配。

本例中，优先股是同时包含负债和权益部分的复合金融工具；负债部分是发行人交付现金的合同义务（每年每股 424 欧元），而权益部分则是持有人以额外股利的形式获得权益收益的权利（如果宣告股利的话）。负债的公允价值是按不含任意股利剩余利益的类似金融工具的市场利率折现后计算的永续支付的每年每股强制股利 424 欧元的现值。权益部分则按金融工具整体公允价值扣除单独确定为负债部分金额后的剩余金额计量。

3. 特殊金融工具

（1）可回售工具或清算产生的义务。可回售工具，是指根据合同约定，持有方有权将该工具回售给发行方以获取现金或其他金融资产的权利，或者在未来某一不确定事项发生或者持有方死亡或退休时，自动回售给发行方的金融工具。仅在清算时才有义务按比例交付净资产的工具是指，某些金融工具的发行合同约定，发行方仅在清算时才有义务向另一方按比例交付其净资产，这种清算确定将会发生并且不受发行方的控制，或者发生与否取决于该工具的持有方。

只有满足以下所有条件（表9-16），非衍生可回售工具或仅在清算时才有义务按比例交付净资产的工具才可以划分为权益。

表9-16　非衍生可回售工具划分为权益的条件

	条件	备注
1	该金融工具属于最次级的工具——所属的类别次于其他所有工具类别。即：清算时对主体资产没有优先于其他工具的要求权；在归属于该最次级的类别前无须转换为另一种工具	该工具在清算时的清偿权是假设主体在分类日即清算的情况下评估的。如果主体拥有级别相等但条款不同的两类次级工具，则均不能划分为权益
2	对于可回售工具而言，所有此类工具均应具有完全相同的特征。对清算产生的义务而言，所有此类工具清算义务需完全相同	例如它们必须都具有可回售特征，并且用于计算回购或赎回价格的公式或其他方法都相同、在清算时级别相同、具有相同的表决权和相同的其他特征（如看涨期权、管理费、计价货币）。发行方对该类别中所有工具都应当在清算时承担按比例份额交付其净资产的同等合同义务
3	赋予持有方在主体清算时按比例份额获得该主体净资产的权利	清算时具有优先权的工具不是有权按比例获得主体净资产的工具。所以，如果一个可回售工具在清算时除了有权获得主体净资产之外还有权获得固定股利，而同类其他工具不具有相同的权利，则该类别的股份不属于权益
4	没有同时具备下列特征的其他金融工具或合同：实质上限制或固定了可回售工具或仅在清算时才有义务按比例交付净资产的工具的持有方所获得的剩余回报；以及现金流量总额实质上基于主体的损益、已确认净资产的变动、已确认和未确认净资产的公允价值变动（不包括该工具或合同的任何影响）	如果一项工具因为与主体所发行的其他工具之间的相互作用而提供固定或有限的回报（例如另一工具参与净资产的分配），则不是权益工具。对于非金融合同，如果不能判定与可回售工具持有方签订的非金融合同是否与非工具持有方签订的同等合同类似，则不应将该可回售工具划分为权益
5	仅就可回售工具而言，该工具在存续期内的预计现金流量总额，应当实质上基于该工具存续期内企业的损益、已确认净资产的变动、已确认和未确认净资产的公允价值变动（不包括该工具的任何影响）	在其存续期内归属于该工具的现金流量应取决于主体整体的损益或净资产的变化，而不是主体业务的一部分。在回售义务是获取主体如下项目的等价现金的情况下，该条件即满足：①公允价值；②账面价值；或③采用基于净利润的公式所得的公允价值的近似值，例如EBITDA的倍数
6	仅就可回售工具而言，除了回售义务本身外，该工具不满足金融负债定义中的任何其他特征。对于含有因清算产生的义务的工具而言，并不要求其不能具有其他合同义务，因此这种工具可能是复合工具	划分为权益的可回售工具除了回售义务外不能有其他的合同义务，因此，不会是复合工具

注：本表的规定仅限于非衍生工具合同。通过发行固定数量的按本表可被划分为权益的金融工具以换取固定金额的现金或其他金融资产的衍生工具合同（如认股权证）本身不能作为权益。

（2）重分类。按照本准则第三章规定分类为权益工具的金融工具，自不再具有第十六条或第十七条所述特征，或发行方不再满足第十八条规定条件之日起，发行方应当将其重分类为金融负债，以重分类日该工具的公允价值计量，重分类日权益工具的账面价值和金融负债的公允价值之间的差额确认为权益。

按照本准则第三章规定分类为金融负债的金融工具，自具有第十六条或第十七条所述特征，且发行方满足第十八条规定条件之日起，发行方应当将其重分类为权益工具，以重分类日金融负债的账面价值计量。

（3）合并报表层面的重新考虑。在合并财务报表中对金融工具（或其组成部分）进行分类时，企业应当考虑集团成员和金融工具的持有方之间达成的所有条款和条件。

如果集团作为一个整体由于该工具而承担交付现金、其他金融资产或以其他导致该工具成为金融负债的方式进行结算的义务，则该工具应当分类为金融负债。

对于子公司发行的符合"可回售工具或清算产生的义务"中划分为权益的条件，因而在其单独财务报表被划分为权益的工具，从集团的角度看不应被视为是最次级的，而且该工具在其存续期内的总预计现金流量不是在很大程度上取决于整个集团的损益或净资产的变动。

因此，即使在子公司自身财务报表中被划分为权益，可回售非控制性权益或仅在清算时才有义务按比例交付净资产的工具在合并报表中总是被划分为负债。

（4）可回售工具的披露。按照本准则第三章分类为权益工具的可回售工具，企业应当披露以下信息。

1）可回售工具的汇总定量信息。

2）对于按持有方要求承担的回购或赎回义务，企业的管理目标、政策和程序及其变化。

3）回购或赎回可回售工具的预期现金流出金额以及确定方法。

4.收益和库存股

（1）相关损益或分配的处理。金融工具或其组成部分属于金融负债的，相关利息、股利（或股息）、利得或损失，以及赎回或再融资产生的利得或损失等，应当计入当期损益。分类为金融负债的金融工具支付的股利，在利润表中应当确认为费用，与其他负债的利息费用合并列示，并在财务报表附注中单独披露。

金融工具或其组成部分属于权益工具的，其发行（含再融资）、回购、出售或注销时，发行方应当作为权益的变动处理。

发行方不应当确认权益工具的公允价值变动。

发行方对权益工具持有方的分配应作利润分配处理，发放的股票股利不影响所有者权益总额。

（2）交易费用。交易费用，是指可直接归属于购买、发行或处置金融工具的增量费用。增量费用，是指企业不购买、发行或处置金融工具就不会发生的费用。

与权益性交易相关的交易费用应当从权益中扣减。企业发行或取得自身权益工具时发生的交易费用（例如登记费，承销费，法律、会计、评估及其他专业服务费用，印刷成本和印花税等），可直接归属于权益性交易的，应当从权益中扣减。作为权益扣减项的交易费用，应当在财务报表附注中单独披露。

终止的未完成权益性交易所发生的交易费用应当计入当期损益。

发行复合金融工具发生的交易费用，应当在金融负债成分和权益工具成分之间按照各自占总发行价款的比例进行分摊。与多项交易相关的共同交易费用，应当在合理的基础上，采用与其他类似交易一致的方法，在各项交易间进行分摊（表9-17）。

表 9-17　交易费用及中介费用处理汇总表

阶段	费用类型	处理原则
IPO 进程中的各种中介 / 交易 / 其他费用	股改阶段：设立股份、有限变股份等相关中介费用	计入损益
	在制作和报送招股说明书和其他申请文件的申报阶段，发生的中介机构费用，包括保荐费、审计 / 律师 / 评估费等	自溢价中扣除
	IPO 核准后，在发行阶段发生的与新股直接相关费用，包括招股说明书印刷费、承销费、上网发行费、IPO 募集资金的验资费、新股的交易所初始登记费、法定信息披露费等	自溢价中扣除
	其他非法定性质支出（广告 / 酒会 / 路演公关等）	计入损益
发行股份购买资产中的中介 / 交易 / 其他费用	前期可行性研究费用	计入损益
	与购买资产有关的法律、审计、评估咨询等中介费用，用于确定被购买方状态和交易定价之目的	计入损益
	与权益工具发行直接相关的费用，如承销费、上网发行费、验资费、在交易所的初始登记费等费用（批准发行阶段）	自溢价中扣除
	其他（广告 / 酒会 / 路演公关等）	计入损益

（3）库存股。"库存股"会计科目核算企业收购、转让或注销的本公司股份金额。库存股可由企业自身购回和持有，也可由集团合并范围内的其他成员购回和持有。

回购自身权益工具（库存股）支付的对价和交易费用，应当减少所有者权益，主体自身权益工具不能作为金融资产确认。

在购回、出售、发行或取消主体自身权益工具时不应在损益中确认任何得利或损失。

小知识

每股收益计算

1. 基本每股收益的计算

基本每股收益中的分子，即归属于普通股股东的净利润不应包含其他权益工具的股利或利息，其中，对于发行的不可累积优先股等其他权益工具应扣除当期宣告发放的股利，对于发行的累积优先股等其他权益工具，无论当期是否宣告发放股利，均应予以扣除。

基本每股收益计算中的分母，为发行在外普通股的加权平均股数。

对于同普通股股东一起参加剩余利润分配的其他权益工具，在计算普通股每股收益时，归属于普通股股东的净利润不应包含根据可参加机制计算的应归属于其他权益工具持有者的净利润。

2. 稀释每股收益的计算

企业发行的金融工具中包含转股条款的，即存在潜在稀释性的，在计算稀释每股收益时考虑的因素与企业发行可转换公司债券、认股权证相同。

对于商业银行发行的优先股，于资产负债表日，如果损失吸收触发事件已经发生，那么优先股必将转成普通股，所以在计算普通股基本每股收益时，应考虑优先股被转成普通股的股数；如果损失吸收触发事件尚未发生，那么稀释每股收益的计算并不考虑优先股可能转成普通股的影响。

（三）金融资产和金融负债的抵销

1. 总额列报与抵销

（1）总额列报的原则。金融资产和金融负债应当在资产负债表内分别列示，不得相互抵销。

不满足终止确认条件的金融资产转移，转出方不得将已转移的金融资产和相关负债进行抵销。

终止确认金融工具不仅要从资产负债表内移除以前确认的项目，还可能会导致利得或损失的确认。抵销不会导致利得或损失的确认。

（2）抵销的条件。同时满足下列条件的，应当以相互抵销后的净额在资产负债表内列示。

1）企业具有抵销已确认金额的法定权利，且该种法定权利是当前可执行的。

2）企业计划以净额结算，或同时变现该金融资产和清偿该金融负债。

2. 抵销权与净额结算

（1）抵销权。抵销权是债务人根据合同或其他协议，以应收债权人的金额全部或部分抵销应付债权人的金额的法定权利。

抵销权通常存在于同一交易对手方。如果债务人、债权人和第三方三者之间签署的协议明确表示债务人拥有该抵销权，并且不违反相关法律或法规，债务人可能拥有以应收第三方的金额抵销应付债权人的金额的法定权利。但是，法定权利无须在三者之间签署的单一文件中形成。例如，债务人可分别从第三方和债权人获得抵销权。

抵销权应当不取决于未来事项，而且在企业和所有交易对手方的正常经营过程中，或在出现违约、无力偿债或破产等各种情形下，企业均可执行该法定权利。

当前可执行的抵销权不构成互相抵销的充分条件，企业既不打算行使抵销权（即净额结算），又无计划同时结算金融资产和金融负债的，该金融资产和金融负债不得抵销。

（2）净额结算。企业同时结算金融资产和金融负债的，如果该结算方式相当于净额结算，则满足本准则以净额结算的标准。这种结算方式必须在同一结算过程或周期内处理了相关应收和应付款项，最终消除或几乎消除了信用风险和流动性风险。

主体可通过与过往经验或其他情况（如一般经营实务、金融市场的常规要求、限制净额结算能力的情形等）并无矛盾的管理层声明书表明其进行抵销的意图，也可以考虑提及主体的风险管理政策。

如果某结算方式同时具备如下特征，可视为满足净额结算标准。

1）符合抵销条件的金融资产和金融负债在同一时点提交处理。

2）金融资产和金融负债一经提交处理，各方即承诺履行结算义务。

3）金融资产和金融负债一经提交处理，除非处理失败，这些资产和负债产生的现金流量不可能发生变动。

4）以证券作为担保物的金融资产和金融负债，通过证券结算系统或其他类似机制进行结算（例如券款对付），即如果证券交付失败，则以证券作为抵押的应收款项或应付款项的处理也将失败，反之亦然。

5）若发生本准则第三十二条（四）所述的失败交易，将重新进入处理程序，直至结算完成。

6）由同一结算机构执行。

7）有足够的日间信用额度，并且能够确保该日间信用额度一经申请提取即可履行，以支持各方能够在结算日进行支付处理。

（3）抵销通常是不恰当的情况。在以下情况下，通常认为不满足抵销条件，不得抵销相关金融资产和金融负债。

1）使用多项不同金融工具来仿效单项金融工具的特征，即"合成工具"。例如，利用浮动利率长期债券与收取浮动利息且支付固定利息的利率互换，合成一项固定利率长期负债。

2）金融资产和金融负债虽然具有相同的主要风险敞口（例如远期合同或其他衍生工具

组合中的资产和负债），但涉及不同的交易对手方。

3）无追索权金融负债与作为其担保品的金融资产或其他资产。

4）债务人为解除某项负债而将一定的金融资产进行托管（例如偿债基金或类似安排），但债权人尚未接受以这些资产清偿负债。

5）因某些导致损失的事项而产生的义务预计可以通过保险合同向第三方索赔而得以补偿。

（4）总互抵协议。总互抵协议，是指协议所涵盖的所有金融工具中的任何一项合同在发生违约或终止时，就协议所涵盖的所有金融工具按单一净额进行结算。

企业与同一交易对手方进行多项金融工具交易时，可能与对手方签订"总互抵协议"。只有满足本准则第二十八条所列条件时，总互抵协议下的相关金融资产和金融负债才能抵销。

总互抵协议仅形成一项抵销已确认金额的有条件权利——仅在出现特定的违约事项或在正常经营过程出现预期不会发生的其他情况时，才会生效；主体可能没有以净额为基础进行结算或同时变现资产和清偿负债的意图或能力。

（四）金融工具对财务状况和经营成果影响的列报

1.一般性规定

（1）对金融工具进行归类并充分披露相关信息。企业在对金融工具各项目进行列报时，应当根据金融工具的特点及相关信息的性质对金融工具进行归类，并充分披露与金融工具相关的信息，使得财务报表附注中的披露与财务报表列示的各项目相互对应。

（2）确定、区分金融工具的列报类型。在确定金融工具的列报类型时，企业至少应当将本准则范围内的金融工具区分为以摊余成本计量和以公允价值计量的类型。

（3）披露所采用的重要会计政策、计量基础和其他信息。企业应当披露编制财务报表时对金融工具所采用的重要会计政策、计量基础和与理解财务报表相关的其他会计政策等信息。

1）对于指定为以公允价值计量且其变动计入当期损益的金融资产，企业应当披露下列信息。

● 指定的金融资产的性质。

● 企业如何满足运用指定的标准。企业应当披露该指定所针对的确认或计量不一致的描述性说明。

2）对于指定为以公允价值计量且其变动计入当期损益的金融负债，企业应当披露下列信息。

● 指定的金融负债的性质。

● 初始确认时对上述金融负债做出指定的标准。

● 企业如何满足运用指定的标准。对于以消除或显著减少会计错配为目的的指定，企业应当披露该指定所针对的确认或计量不一致的描述性说明。对于以更好地反映组合的管理实质为目的的指定，企业应当披露该指定符合企业正式书面文件载明的风险管理或投资策略的描述性说明。对于整体指定为以公允价值计量且其变动计入当期损益的混合工具，企业应当披露运用指定标准的描述性说明。

3）如何确定每类金融工具的利得或损失。

2.资产负债表中的列示及相关披露

（1）金融资产或金融负债账面价值的列报。企业应当在资产负债表或相关附注中列报下列金融资产或金融负债的账面价值。

1）以摊余成本计量的金融资产。

2）以摊余成本计量的金融负债。

3）以公允价值计量且其变动计入其他综合收益的金融资产，并分别反映：①根据《企业会计准则第 22 号——金融工具确认和计量》第十八条的规定分类为以公允价值计量且其变动计入其他综合收益的金融资产；②根据《企业会计准则第 22 号——金融工具确认和计量》第十九条的规定在初始确认时被指定为以公允价值计量且其变动计入其他综合收益的非交易性权益工具投资。

4）以公允价值计量且其变动计入当期损益的金融资产，并分别反映：①根据《企业会计准则第 22 号——金融工具确认和计量》第十九条的规定分类为以公允价值计量且其变动计入当期损益的金融资产；②根据《企业会计准则第 22 号——金融工具确认和计量》第二十条的规定指定为以公允价值计量且其变动计入当期损益的金融资产；③根据《企业会计准则第 24 号——套期会计》第三十四条的规定在初始确认或后续计量时指定为以公允价值计量且其变动计入当期损益的金融资产。

5）以公允价值计量且其变动计入当期损益的金融负债，并分别反映：①根据《企业会计准则第 22 号——金融工具确认和计量》第二十一条的规定分类为以公允价值计量且其变动计入当期损益的金融负债；②根据《企业会计准则第 22 号——金融工具确认和计量》第二十二条的规定在初始确认时指定为以公允价值计量且其变动计入当期损益的金融负债；③根据《企业会计准则第 24 号——套期会计》第三十四条的规定在初始确认和后续计量时指定为以公允价值计量且其变动计入当期损益的金融负债。

（2）指定为以公允价值计量且其变动计入当期损益的金融资产的。企业将本应按摊余成本或以公允价值计量且其变动计入其他综合收益计量的一项或一组金融资产指定为以公允价值计量且其变动计入当期损益的金融资产的，应当披露下列信息。

1）该金融资产在资产负债表日使企业面临的最大信用风险敞口。

2）企业通过任何相关信用衍生工具或类似工具使得该最大信用风险敞口降低的金额。

3）该金融资产因信用风险变动引起的公允价值本期变动额和累计变动额。

4）相关信用衍生工具或类似工具自该金融资产被指定以来的公允价值本期变动额和累计变动额。

信用风险，是指金融工具的一方不履行义务，造成另一方发生财务损失的风险。

金融资产在资产负债表日的最大信用风险敞口，通常是金融工具账面余额减去减值损失准备后的金额（已减去根据本准则规定已抵销的金额）。

（3）指定为以公允价值计量且其变动计入当期损益的金融负债，且金融负债公允价值的变动金额计入其他综合收益的。企业将一项金融负债指定为以公允价值计量且其变动计入当期损益的金融负债，且企业自身信用风险变动引起的该金融负债公允价值的变动金额计入其他综合收益的，应当披露下列信息。

1）该金融负债因自身信用风险变动引起的公允价值本期变动额和累计变动额。

2）该金融负债的账面价值与按合同约定到期应支付债权人金额之间的差额。

3）该金融负债的累计利得或损失本期从其他综合收益转入留存收益的金额和原因。

（4）指定为以公允价值计量且其变动计入当期损益的金融负债，且该金融负债的全部利得或损失计入当期损益的。企业将一项金融负债指定为以公允价值计量且其变动计入当期损益的金融负债，且该金融负债（包括企业自身信用风险变动的影响）的全部利得或损失计入当期损益的，应当披露下列信息。

1）该金融负债因自身信用风险变动引起的公允价值本期变动额和累计变动额。

2）该金融负债的账面价值与按合同约定到期应支付债权人金额之间的差额。

（5）因信用风险变动引起的公允价值变动。企业应当披露用于确定本准则第四十条（三）所要求披露的金融资产因信用风险变动引起的公允价值变动额的估值方法，以及用于确定本准则第四十一条（一）和第四十二条（一）所要求披露的金融负债因自身信用风险变动引起的公允价值变动额的估值方法，并说明选用该方法的原因。如果企业认为披露的信息未能如实反映相关金融工具公允价值变动中由信用风险引起的部分，则应当披露企业得出此结论的原因及其他需要考虑的因素。

企业应当披露其用于确定金融负债自身信用风险变动引起的公允价值的变动计入其他综合收益是否会造成或扩大损益中的会计错配的方法。企业根据《企业会计准则第22号——金融工具确认和计量》第六十八条的规定将金融负债因企业自身信用风险变动引起的公允价值变动计入当期损益的，企业应当披露该金融负债与预期能够抵销其自身信用风险变动引起的公允价值变动的金融工具之间的经济关系。

（6）非交易性权益工具投资。

1）企业将非交易性权益工具投资指定为以公允价值计量且其变动计入其他综合收益的，应当披露下列信息。

- 企业每一项指定为以公允价值计量且其变动计入其他综合收益的权益工具投资。
- 企业做出该指定的原因。
- 企业每一项指定为以公允价值计量且其变动计入其他综合收益的权益工具投资的期末公允价值。
- 本期确认的股利收入，其中对本期终止确认的权益工具投资相关的股利收入和资产负债表日仍持有的权益工具投资相关的股利收入应当分别单独披露。
- 该权益工具投资的累计利得和损失本期从其他综合收益转入留存收益的金额及其原因。

2）企业本期终止确认了指定为以公允价值计量且其变动计入其他综合收益的非交易性权益工具投资的，应当披露下列信息。

- 企业处置该权益工具投资的原因。
- 该权益工具投资在终止确认时的公允价值。
- 该权益工具投资在终止确认时的累计利得或损失。

（7）金融资产重分类。企业在当期或以前报告期间将金融资产进行重分类的，对于每一项重分类，应当披露重分类日、对业务模式变更的具体说明及其对财务报表影响的定性描述，以及该金融资产重分类前后的金额。

企业自上一年度报告日起将以公允价值计量且其变动计入其他综合收益的金融资产重分类为以摊余成本计量的金融资产的，或者将以公允价值计量且其变动计入当期损益的金融资产重分类为其他类别的，应当披露下列信息。

1）该金融资产在资产负债表日的公允价值。

2）如果未被重分类，该金融资产原来应在当期损益或其他综合收益中确认的公允价值利得或损失。

企业将以公允价值计量且其变动计入当期损益的金融资产重分类为其他类别的，自重分类日起到终止确认的每一个报告期间内，都应当披露该金融资产在重分类日确定的实际利率和当期已确认的利息收入。

（8）已确认金融工具的定量信息。对于所有可执行的总互抵协议或类似协议下的已确认金融工具，以及符合本准则第二十八条抵销条件的已确认金融工具，企业应当在报告期末以表格形式（除非企业有更恰当的披露形式）分别按金融资产和金融负债披露下列定量信息。

1）已确认金融资产和金融负债的总额。

2）按本准则规定抵销的金额。

3）在资产负债表中列示的净额。

4）可执行的总互抵协议或类似协议确定的，未包含在本准则第四十七条（二）中的金额，包括以下内容。

- 不满足本准则抵销条件的已确认金融工具的金额。
- 与财务担保物（包括现金担保）相关的金额，以在资产负债表中列示的净额扣除本准则第四十七条（四）第1项后的余额为限。

5）资产负债表中列示的净额扣除本准则第四十七条（四）后的余额。企业应当披露本准则第四十七条（四）所述协议中抵销权的条款及其性质等信息，以及不同计量基础的金融工具适用本准则第四十七条时产生的计量差异。

上述信息未在财务报表同一附注中披露的，企业应当提供不同附注之间的交叉索引。

（9）分类为权益工具的可回售工具。按照本准则第三章分类为权益工具的可回售工具，企业应当披露下列信息。

1）可回售工具的汇总定量信息。

2）对于按持有方要求承担的回购或赎回义务，企业的管理目标、政策和程序及其变化。

3）回购或赎回可回售工具的预期现金流出金额以及确定方法。

（10）特殊金融工具在金融负债和权益工具之间重分类。企业将本准则第三章规定的特殊金融工具在金融负债和权益工具之间重分类的，应当分别披露重分类前后的公允价值或账面价值，以及重分类的时间和原因。

（11）担保物。企业应当披露作为负债或或有负债担保物的金融资产的账面价值，以及与该项担保有关的条款和条件。根据《企业会计准则第23号——金融资产转移》第二十六条的规定，企业（转出方）向金融资产转入方提供了非现金担保物（如债务工具或权益工具投资等），转入方按照合同或惯例有权出售该担保物或将其再作为担保物的，企业应当将该非现金担保物在财务报表中单独列报。

企业取得担保物（担保物为金融资产或非金融资产），在担保物所有人未违约时可将该担保物出售或再抵押的，应当披露该担保物的公允价值、企业已出售或再抵押担保物的公允价值，以及承担的返还义务和使用担保物的条款和条件。

（12）以公允价值计量且其变动计入其他综合收益的金融资产的损失准备。对于按照《企业会计准则第22号——金融工具确认和计量》第十八条的规定分类为以公允价值计量且其变动计入其他综合收益的金融资产，企业应当在财务报表附注中披露其确认的损失准备，但不应在资产负债表中将损失准备作为金融资产账面金额的扣减项目单独列示。

（13）嵌入了价值相互关联的多项衍生工具的复合金融工具。对于企业发行的包含金融负债成分和权益工具成分的复合金融工具，嵌入了价值相互关联的多项衍生工具（如可赎回的可转换债务工具）的，应当披露相关特征。

（14）除基于正常信用条款的短期贸易应付款项之外的金融负债。对于除基于正常信用条款的短期贸易应付款项之外的金融负债，企业应当披露下列信息。

1）本期发生违约的金融负债的本金、利息、偿债基金、赎回条款的详细情况。

2）发生违约的金融负债的期末账面价值。

3）在财务报告批准对外报出前，就违约事项已采取的补救措施、对债务条款的重新议定等情况。

企业本期发生其他违反合同的情况，且债权人有权在发生违约或其他违反合同情况时要求企业提前偿还的，企业应当按上述要求披露。如果在期末前违约或其他违反合同情况已得到补救或已重新议定债务条款，则无须披露。

3. 利润表中的列示及相关披露

（1）与金融工具有关的收入、费用、利得或损失的披露。企业应当披露与金融工具有关的下列收入、费用、利得或损失。

1）以公允价值计量且其变动计入当期损益的金融资产和金融负债所产生的利得或损失。其中，指定为以公允价值计量且其变动计入当期损益的金融资产和金融负债，以及根据《企业会计准则第 22 号——金融工具确认和计量》第十九条的规定必须分类为以公允价值计量且其变动计入当期损益的金融资产和根据《企业会计准则第 22 号——金融工具确认和计量》第二十一条的规定必须分类为以公允价值计量且其变动计入当期损益的金融负债的净利得或净损失，应当分别披露。

2）对于指定为以公允价值计量且其变动计入当期损益的金融负债，企业应当分别披露本期在其他综合收益中确认的和在当期损益中确认的利得或损失。

3）对于根据《企业会计准则第 22 号——金融工具确认和计量》第十八条的规定分类为以公允价值计量且其变动计入其他综合收益的金融资产，企业应当分别披露当期在其他综合收益中确认的以及当期终止确认时从其他综合收益转入当期损益的利得或损失。

4）对于根据《企业会计准则第 22 号——金融工具确认和计量》第十九条的规定指定为以公允价值计量且其变动计入其他综合收益的非交易性权益工具投资，企业应当分别披露在其他综合收益中确认的利得和损失以及在当期损益中确认的股利收入。

5）除以公允价值计量且其变动计入当期损益的金融资产或金融负债外，按实际利率法计算的金融资产或金融负债产生的利息收入或利息费用总额，以及在确定实际利率时未予包括并直接计入当期损益的手续费收入或支出。

6）企业通过信托和其他托管活动代他人持有资产或进行投资而形成的，直接计入当期损益的手续费收入或支出。

（2）以摊余成本计量的金融资产终止确认时的披露。企业应当分别披露以摊余成本计量的金融资产终止确认时在利润表中确认的利得和损失金额及其相关分析，包括终止确认金融资产的原因。

4. 套期会计相关披露

（1）与套期会计有关信息的披露。企业应当披露与套期会计有关的下列信息。

1）企业的风险管理策略以及如何应用该策略来管理风险。

2）企业的套期活动可能对其未来现金流量金额、时间和不确定性的影响。

3）套期会计对企业的资产负债表、利润表及所有者权益变动表的影响。

企业在披露套期会计相关信息时，应当合理确定披露的详细程度、披露的重点、恰当的汇总或分解水平，以及财务报表使用者是否需要额外的说明以评估企业披露的定量信息。企业按照本准则要求所确定的信息披露汇总或分解水平应当和《企业会计准则第 39 号——公允价值计量》的披露要求所使用的汇总或分解水平相同。

（2）与风险管理策略相关信息的披露。企业应当披露其进行套期和运用套期会计的各类风险的风险敞口的风险管理策略相关信息，从而有助于财务报表使用者评价：每类风险是如何产生的、企业是如何管理各类风险的（包括企业是对某一项目整体的所有风险进行套期还是对某一项目的单个或多个风险成分进行套期及其理由），以及企业管理风险敞口的程度。与风险管理策略相关的信息应当包括以下内容。

1）企业指定的套期工具。

2）企业如何运用套期工具对被套期项目的特定风险敞口进行套期。

3）企业如何确定被套期项目与套期工具的经济关系以评估套期有效性。

4）套期比率的确定方法。

5）套期无效部分的来源。

（3）将某一特定的风险成分指定为被套期项目时的披露。企业将某一特定的风险成分指定为被套期项目的，除应当披露本准则第五十八条规定的相关信息外，还应当披露下列定性或定量信息。

1）企业如何确定该风险成分，包括风险成分与项目整体之间关系性质的说明。

2）风险成分与项目整体的关联程度（例如被指定的风险成分以往平均涵盖项目整体公允价值变动的百分比）。

（4）按照风险类型披露相关定量信息。企业应当按照风险类型披露相关定量信息，从而有助于财务报表使用者评价套期工具的条款和条件及这些条款和条件如何影响企业未来现金流量的金额、时间和不确定性。这些要求披露的明细信息应当包括以下内容。

1）套期工具名义金额的时间分布。

2）套期工具的平均价格或利率（如适用）。

（5）频繁地重设套期关系情况下的披露。在因套期工具和被套期项目频繁变更而导致企业频繁地重设（即终止及重新开始）套期关系的情况下，企业无须披露本准则第六十条规定的信息，但应当披露下列信息。

1）企业基本风险管理策略与该套期关系相关的信息。

2）企业如何通过运用套期会计以及指定特定的套期关系来反映其风险管理策略。

3）企业重设套期关系的频率。在因套期工具和被套期项目频繁变更而导致企业频繁地重设套期关系的情况下，如果资产负债表日的套期关系数量并不代表本期内的正常数量，企业应当披露这一情况以及该数量不具代表性的原因。

（6）套期无效部分信息的披露。企业应当按照风险类型披露在套期关系存续期内预期将影响套期关系的套期无效部分的来源，如果在套期关系中出现导致套期无效部分的其他来源，也应当按照风险类型披露相关来源及导致套期无效的原因。

（7）已运用套期会计但预计不再发生的预期交易的现金流量套期的披露。企业应当披露已运用套期会计但预计不再发生的预期交易的现金流量套期。

（8）公允价值套期，与被套期项目相关金额的披露。对于公允价值套期，企业应当以表格形式、按风险类型分别披露与被套期项目相关的下列金额。

1）在资产负债表中确认的被套期项目的账面价值，其中资产和负债应当分别单独列示。

2）资产负债表中已确认的被套期项目的账面价值、针对被套期项目的公允价值套期调整的累计金额，其中资产和负债应当分别单独列示。

3）包含被套期项目的资产负债表列示项目。

4）本期用作确认套期无效部分基础的被套期项目价值变动。

5）被套期项目为以摊余成本计量的金融工具的，若已终止针对套期利得和损失进行调整，则应披露在资产负债表中保留的公允价值套期调整的累计金额。

（9）现金流量套期和境外经营净投资套期，与被套期项目相关金额的披露。对于现金流量套期和境外经营净投资套期，企业应当以表格形式、按风险类型分别披露与被套期项目相关的下列金额。

1）本期用作确认套期无效部分基础的被套期项目价值变动。

2）根据《企业会计准则第 24 号——套期会计》第二十四条的规定继续按照套期会计处理的现金流量套期储备的余额。

3）根据《企业会计准则第 24 号——套期会计》第二十七条的规定继续按照套期会计处理的境外经营净投资套期计入其他综合收益的余额。

4）套期会计不再适用的套期关系所导致的现金流量套期储备和境外经营净投资套期中计入其他综合收益的利得和损失的余额。

（10）每类套期类型与套期工具相关金额的披露。对于每类套期类型，企业应当以表格形式、按风险类型分别披露与套期工具相关的下列金额。

1）套期工具的账面价值，其中金融资产和金融负债应当分别单独列示。

2）包含套期工具的资产负债表列示项目。

3）本期用作确认套期无效部分基础的套期工具的公允价值变动。

4）套期工具的名义金额或数量。

（11）公允价值套期与套期工具相关金额的披露。对于公允价值套期，企业应当以表格形式、按风险类型分别披露与套期工具相关的下列金额。

1）计入当期损益的套期无效部分。

2）计入其他综合收益的套期无效部分。

3）包含已确认的套期无效部分的利润表列示项目。

（12）现金流量套期和境外经营净投资套期与套期工具相关金额的披露。对于现金流量套期和境外经营净投资套期，企业应当以表格形式、按风险类型分别披露与套期工具相关的下列金额。

1）当期计入其他综合收益的套期利得或损失。

2）计入当期损益的套期无效部分。

3）包含已确认的套期无效部分的利润表列示项目。

4）从现金流量套期储备或境外经营净投资套期计入其他综合收益的利得和损失重分类至当期损益的金额，并应区分之前已运用套期会计但因被套期项目的未来现金流量预计不再发生而转出的金额和因被套期项目影响当期损益而转出的金额。

5）包含重分类调整的利润表列示项目。

6）对于风险净敞口套期，计入利润表中单列项目的套期利得或损失。

（13）在提供所有者权益各组成部分的调节情况以及其他综合收益的分析时应披露的信息。企业按照《企业会计准则第 30 号——财务报表列报》的规定在提供所有者权益各组成部分的调节情况以及其他综合收益的分析时，应当按照风险类型披露下列信息。

1）分别披露按照本准则第六十八条（一）和（四）的规定披露的金额。

2）分别披露按照《企业会计准则第 24 号——套期会计》第二十五条（一）和（三）的规定处理的现金流量套期储备的金额。

3）分别披露对与交易相关的被套期项目进行套期的期权时间价值所涉及的金额，以及对与时间段相关的被套期项目进行套期的期权时间价值所涉及的金额。

4）分别披露对与交易相关的被套期项目进行套期的远期合同的远期要素和金融工具的外汇基差所涉及的金额，以及对与时间段相关的被套期项目进行套期的远期合同的远期要素和金融工具的外汇基差所涉及的金额。

（14）使用信用衍生工具管理金融工具的信用风险敞口时应披露的信息。企业因使用信用衍生工具管理金融工具的信用风险敞口而将金融工具（或其一定比例）指定为以公允价值计量且其变动计入当期损益的，应当披露下列信息。

1）对于用于管理根据《企业会计准则第 24 号——套期会计》第三十四条的规定被指定为以公允价值计量且其变动计入当期损益的金融工具信用风险敞口的信用衍生工具，每一项名义金额与当期期初和期末公允价值的调节表。

2）根据《企业会计准则第 24 号——套期会计》第三十四条的规定将金融工具（或其一定比例）指定为以公允价值计量且其变动计入当期损益时，在损益中确认的利得或损失。

3）当企业根据《企业会计准则第 24 号——套期会计》第三十五条的规定对该金融工具（或其一定比例）终止以公允价值计量且其变动计入当期损益时，作为其新账面价值的该金融工具的公允价值和相关的名义金额或本金金额，企业在后续期间无须继续披露这一信息，除非根据《企业会计准则第 30 号——财务报表列报》的规定需要提供比较信息。

5. 公允价值披露

（1）公允价值的披露及与账面价值的比较。除了本准则第七十三条规定情况外，企业应当披露每一类金融资产和金融负债的公允价值，并与账面价值进行比较。对于在资产负债表中相互抵销的金融资产和金融负债，其公允价值应当以抵销后的金额披露。

（2）金融资产或金融负债初始确认的公允价值与交易价格存在差异时的披露。金融资产或金融负债初始确认的公允价值与交易价格存在差异时，如果其公允价值并非基于相同资产或负债在活跃市场中的报价确定的，也非基于仅使用可观察市场数据的估值技术确定的，企业在初始确认金融资产或金融负债时不应确认利得或损失。在此情况下，企业应当按金融资产或金融负债的类型披露下列信息。

1）企业在损益中确认交易价格与初始确认的公允价值之间差额时所采用的会计政策，以反映市场参与者对资产或负债进行定价时所考虑的因素（包括时间因素）的变动。

2）该项差异期初和期末尚未在损益中确认的总额和本期变动额的调节表。

3）企业如何认定交易价格并非公允价值的最佳证据，以及确定公允价值的证据。

（3）可以不披露的金融资产或金融负债的公允价值信息。企业可以不披露下列金融资产或金融负债的公允价值信息。

1）账面价值与公允价值差异很小的金融资产或金融负债（如短期应收账款或应付账款）。

2）包含相机分红特征且其公允价值无法可靠计量的合同。

3）租赁负债。

（4）包含相机分红特征且其公允价值无法可靠计量的合同时的披露。企业应当披露下列信息。

1）对金融工具的描述及其账面价值，以及因公允价值无法可靠计量而未披露其公允价值的事实和说明。

2）金融工具的相关市场信息。

3）企业是否有意图处置以及如何处置这些金融工具。

4）之前公允价值无法可靠计量的金融工具终止确认的，应当披露终止确认的事实，终止确认时该金融工具的账面价值和所确认的利得或损失金额。

（五）与金融工具相关的风险披露

1. 与金融工具相关的风险

（1）相关风险。相关风险包括信用风险、流动性风险、市场风险等。信用风险，是指金融工具的一方不履行义务，造成另一方发生财务损失的风险。流动性风险，是指企业在履行以交付现金或其他金融资产的方式结算的义务时发生资金短缺的风险。市场风险，是指金融工具的公允价值或未来现金流量因市场价格变动而发生波动的风险，包括汇率风险、利率风险和其他价格风险。

（2）定性披露。对金融工具产生的各类风险，企业应当披露下列定性信息。

1）风险敞口及其形成原因，以及在本期发生的变化。风险敞口的信息可以描述风险转移的总额和净额以及其他分散风险的交易。

2）风险管理目标、政策和程序以及计量风险的方法及其在本期发生的变化。主体风险管理职能的结构和组织形式，包括对其独立性和受托责任的描述；主体对风险进行套期或分散风险的政策，包括接受担保物的政策和程序；主体对这种套期或分散风险的方法的持续有效性进行管理的程序；主体避免风险过度集中的政策和程序。

（3）定量披露。对金融工具产生的各类风险，企业应当按类别披露下列定量信息。

1）期末风险敞口的汇总数据。该数据应当以向内部关键管理人员提供的相关信息为基础。

2）按照本准则第六十四条至第七十四条披露的信息。包括最大信用风险敞口、信用质量、账龄分析、到期期限分析、市场风险敏感性分析等。

3）期末风险集中度信息。包括管理层确定风险集中度的说明和参考因素（包括交易对手方、地理区域、货币种类、市场类型等），以及各风险集中度相关的风险敞口金额。

上述期末定量信息不能代表企业本期风险敞口情况的，应当进一步提供相关信息。

2. 信用风险披露

（1）信用风险。信用风险，是指金融工具的一方不履行义务，造成另一方发生财务损失的风险。

导致信用风险的行为，包括但不限于：

1）向客户发放贷款和应收款项以及存放在其他主体的存款，此时信用风险的最大敞口是相关金融资产的账面价值。

2）签订衍生金融工具合同（例如外汇合同、利率互换和信用衍生工具），当由此产生的资产以公允价值计量时，信用风险的最大敞口等于账面价值。

3）提供财务担保。此时，信用风险的最大敞口是担保被要求履行时主体所必须支付的最大金额。

4）就融资额度提供期内不可撤销的或仅当发生重大不利变化时才可撤销的贷款承诺，如果不能净额结算，其最大风险敞口是承诺的全部金额。

规避信用风险的措施包括：客户信用审核、外部评级、交易限额设置、信用保险、无追索权的出售应收款项、银行担保、保留所有权条款等。

（2）信用风险披露。企业应当披露与每类金融工具信用风险有关的下列信息。

1）在不考虑可利用的担保物或其他信用增级的情况下，企业在资产负债表日的最大信用风险敞口。金融工具的账面价值能代表最大信用风险敞口的，无须提供此项披露。

2）可利用担保物或其他信用增级的信息及其对最大信用风险敞口的财务影响。

3）未逾期且未减值的金融资产的信用质量信息。

未逾期且未减值的金融资产的信用质量信息包括：①采用外部或内部的信用评级系统所进行的信用风险敞口分析；②交易对手方的性质；③有关交易对手方违约率的历史信息；④用于评估信用质量的任何其他信息。

金融资产在资产负债表日的最大信用风险敞口，通常是账面余额减去减值损失的金额（已减去根据本准则规定已抵销的金额）。

上述披露不适用于主体持有的权益投资（受价格风险而不是信用风险的影响）。

（3）已逾期或已减值的金融资产。当交易对手方在合同到期时无法进行偿付，则金融资产已逾期。对于贷款而言，如果未按期付息，则整个贷款而不仅仅是利息已逾期。

企业应当按类披露在资产负债表日已逾期或已减值的金融资产的下列信息。

1）已逾期未减值的金融资产的账龄分析。需要披露与已逾期金额相关的全部余额，而不仅仅是已逾期金额。

2）已发生单项减值的金融资产的分析，包括判断该金融资产发生减值所考虑的因素。这些披露不仅需要在减值当年做出，而且还需要在每个之后的报告期间做出。这种分析可能包括：扣减任何价值损失之前的账面余额；任何相关减值损失的金额。

（4）取得担保物。企业本期通过取得担保物或其他信用增级所确认的金融资产或非金融资产，应当披露下列信息。

1）所确认资产的性质和账面价值。

2）对于不易变现的资产，应当披露处置或拟将其用于日常经营的政策等。

3. 流动性风险披露

（1）流动性风险。流动性风险是指企业在履行以交付现金或其他金融资产的方式结算的义务时发生资金短缺的风险。

交付自身股票的义务不形成《企业会计准则第 37 号——金融工具列报》中所定义的流动性风险。

不作为权益工具但是以发行人自身股票结算的合同（例如要求主体在持有人行权时发行固定数量的自身股份以换取可变数量的现金的合同），不在到期日分析的范围内，因为主体将发行自身股票来履行义务，因此不具有交付现金或其他金融资产的义务。

（2）到期期限分析。企业应当披露金融负债按剩余到期期限进行的到期期限分析，以及管理这些金融负债流动性风险的方法。

1）对于非衍生金融负债（包括财务担保合同），到期期限分析应当基于合同剩余到期期限。对于包含嵌入衍生工具的混合金融工具，应当将其整体视为非衍生金融负债进行披露。

2）对于衍生金融负债，如果合同到期期限是理解现金流量时间分布的关键因素，到期期限分析应当基于合同剩余到期期限。例如：在浮动利率的金融资产或负债的现金流套期中还有 N 年剩余期限的利率互换；所有贷款承诺。

当企业将所持有的金融资产作为流动性风险管理的一部分，且披露金融资产的到期期限分析使财务报表使用者能够恰当地评估企业流动性风险的性质和范围时，企业应当披露金融资产的到期期限分析。例如，随时可出售或预期获取现金流入以满足金融负债现金流出的金融资产。

（3）合同到期日 VS 预计到期日。通常，合同到期日对于了解衍生工具的现金流时间是必要的，除非事实表明采用其他基础更合适。例如，对于在交易组合中，预期在合同到期日之前按净额结算的衍生工具而言，合同到期日对于了解该衍生工具来说并非必要。此时，根据预计到期日对这种衍生工具的公允价值进行披露应该更合适。

（4）管理流动性风险。主体在提供有关如何管理流动性风险的描述时，可以考虑的因素包括（但不限于），主体是否：

1）持有已承诺的借款额度（如商业票据额度）或其他可以获取以满足流动性需求的信用额度（如备用信用额度）。

2）持有可满足流动性需求的中央银行存款。

3）具有非常多样化的资金来源。

4）其资产或资金来源方面有重大的流动性风险集中。

5）有用于管理流动性风险的内部控制流程或应急计划。

6）持有包括加速偿付条款的工具（如在主体信用等级被降低时）。

7）持有允许主体选择通过交付现金（或其他金融资产）或是交付其自身股票来结算其金融负债的工具。

8）持有遵循总互抵协议的工具。

（5）到期期限分析的时间段。企业在披露到期期限分析时，应当运用职业判断确定适当的时间段。列入各时间段内按照本准则第六十七条所披露的金额，应当是未经折现的合同现金流量。

企业可以但不限于按下列时间段进行到期期限分析。

1）一个月以内（含本数，下同）。

2）一个月至三个月以内。

3）三个月至一年以内。

4）一年至五年以内。

5）五年以上。

（6）时间及金额不确定。债权人可以选择收回债权时间的，债务人应当将相应的金融负债列入债权人可以要求收回债权的最早时间段内。

债务人应付债务金额不固定的，应当根据资产负债表日的情况确定到期期限分析所披露的金额。如分期付款的，债务人应当把每期将支付的款项列入相应的最早时间段内。例如，未使用的贷款承诺应归入到其可以使用的到最早日期的时间段内。贷款一旦被贷出，即将作为一项非衍生金融负债纳入到期日分析中。

财务担保合同形成的金融负债，担保人应当将最大担保金额列入相关方可以要求支付的最早时间段内。

对于划分为金融负债的永续债，在披露到期日分析中的金额时，可以将本金的金额计入最后一个时间段；或增加"无到期日"时间段披露本金的金额。

（7）流动性风险敞口汇总定量信息的确定方法。企业应当披露流动性风险敞口汇总定量信息的确定方法。此类汇总定量信息中的现金（或另一项金融资产）流出符合以下条件之一的，应当说明相关事实，并提供有助于评价该风险程度的额外定量信息。

1）该现金的流出可能显著早于汇总定量信息中所列示的时间。例如，10年后才到期，但发行人有权在2年后赎回的债券。

2）该现金的流出可能与汇总定量信息中所列示的金额存在重大差异。对金融工具抵押物的要求可能导致重大的流动性风险。例如，有衍生工具负债的主体在负债超过一定限额时被要求提供保证金，如果提供抵押物的要求带来重大的流动性风险，主体应对其抵押物协议进行定量披露。

如果以上信息已包括在上述（2）的到期期限分析中，则无须披露上述额外定量信息。

（8）未经折现的合同约定现金流量。基于合同的到期日分析中披露的金额是未经折现的合同约定现金流量（包括本金和利息）。例如：

1）融资租赁债务总额（扣减融资费用以前）。

2）以现金购买金融资产的远期协议中指定的价格。

3）以净现金流量结算的支付浮动利率、收取固定利率的利率互换净额。

4）以总现金流量结算的衍生金融工具（如货币互换）所需交换的合同金额。

5）贷款承诺总额。

此处未经折现的现金流与资产负债表中的金额不同，后者是基于折现后的现金流。

4. 市场风险披露

（1）市场风险。金融工具的市场风险，是指金融工具的公允价值或未来现金流量因市场价格变动而发生波动的风险，包括汇率风险、利率风险和其他价格风险。

1）汇率风险是指金融工具的公允价值或未来现金流量因外汇汇率变动而发生波动的风险。汇率风险可源于以记账本位币之外的外币进行计价的金融工具。

2）利率风险是指金融工具的公允价值或未来现金流量因市场利率变动而发生波动的风险。利率风险可源于已确认的计息金融工具和未确认的金融工具（如某些贷款承诺）。

3）其他价格风险是指汇率风险和利率风险以外的市场价格变动而发生波动的风险，无论这些变动是由于与单项金融工具或其发行方有关的因素而引起的，还是由于与市场内交易的所有类似金融工具有关的因素而引起的。其他价格风险可源于商品价格或权益工具价格等的变化。

（2）敏感性分析。在对市场风险进行敏感性分析时，应当以整个企业为基础，披露下列信息。

1）资产负债表日所面临的各类市场风险的敏感性分析。该项披露应当反映资产负债表日相关风险变量发生合理、可能的变动时，将对企业损益和所有者权益产生的影响。对具有重大汇率风险敞口的每一种货币，应当分币种进行敏感性分析。

2）本期敏感性分析所使用的方法和假设，以及本期发生的变化和原因。在波动率有变动的情况下，主体不应重述上年度的披露。

（3）风险价值法。企业采用风险价值法（Value-at-risk，VaR）或类似方法进行敏感性分析能够反映金融风险变量之间（如利率和汇率之间等）的关联性，且企业已采用该种方法管理金融风险的，可不按照上述（2）的规定进行披露，但应当披露下列信息。

1）用于该种敏感性分析的方法、选用的主要参数和假设。

2）所用方法的目的，以及该方法提供的信息在反映相关资产和负债公允价值方面的局限性。

VaR 是一种以估算在特定时间范围和既定的置信区间内，由于市场利率及价格变动而引起的潜在持仓亏损的方法。

（4）损益与权益。损益（例如，由划分为以公允价值计量且其变动记入当期损益的金融工具或可供出售金融资产的减值所导致的）的敏感性分析应与权益（例如，由划分为可供出售的工具所导致的）的敏感性分析分开披露。

对于可供出售金融资产已经减值的情况，应将向下的变动（因减值）列示为影响损益，而将向上的变动列示为影响权益。

主体已划分为权益工具的金融工具不再重新计量，这些工具的权益价格既不影响损益也不影响权益，因而不要求进行敏感性分析。

（5）额外的披露。按照上述对敏感性分析的披露不能反映金融工具市场风险的（例如，期末的风险敞口不能反映当期的风险状况），企业应当披露这一事实及其原因。

1）从敏感性分析来看，金融工具所包含的条款与条件的影响并不明显时。此时额外的披露要求可能包括：金融工具（如期权）的条款与条件；如果这些条款与条件得到满足（如行权）对损益的影响；以及有关如何对风险进行套期保值的描述。

2）金融资产的流动性较弱（如交易量很低或难以找到交易对手）。此时额外的披露要求可能包括：缺乏流动性的原因；以及主体如何对风险进行套期保值。

3）主体大量持有金融资产，若全部出售续折价。此时额外的披露要求可能包括：证券的性质；持股比例；对损益的影响；以及主体如何对风险进行套期保值。

（六）金融资产转移的披露

1. 金融资产转移

（1）企业应当就资产负债表日存在的所有未终止确认的已转移金融资产，以及对已转移金融资产的继续涉入，按本准则要求单独披露。

金融资产转移，是指下列两种情形。

1）将收取金融资产现金流量的合同权利转移给另一方。

2）将金融资产整体或部分转移给另一方，但保留收取金融资产现金流量的合同权利，并承担将收取的现金流量支付给一个或多个收款方的合同义务。

（2）继续涉入，是指企业保留了已转移金融资产中内在的合同权利或义务，或者取得了与已转移金融资产相关的新合同权利或义务。

出让人向受让人转移的风险和报酬的程度及会计处理见表 9-18。

表 9-18　出让人向受让人转移的风险和报酬的程度及会计处理

出让人向受让人转移的风险和报酬的程度		出让人的会计处理
已转移几乎所有风险和报酬		终止确认被转让资产；确认任何新的资产／负债
既没有转移也没有保留所有权上几乎所有的风险和报酬	出让人不再保留控制权——受让人能够单方面出售被转让资产	
	出让人保留控制权——受让人不能单方面出售被转让资产	按继续涉入程度（出让人继续承受的被转让资产价值变动风险的程度）确认资产和负债
保留了几乎所有的风险和报酬		继续确认被转让的资产

转出方与转入方签订的转让协议或与第三方单独签订的与转让相关的协议，都有可能形成对已转移金融资产的继续涉入。如果企业对已转移金融资产的未来业绩不享有任何利益，也不承担与已转移金融资产相关的任何未来支付义务，则不形成继续涉入。

以下情形不形成继续涉入。

1）与转移的真实性以及合理、诚信和公平交易等原则有关的常规声明和保证，这些声明和保证可能因法律行为导致转移无效。

2）以公允价值回购已转移金融资产的远期、期权和其他合同。

3）使企业保留了获取金融资产现金流量的合同权利，但承担了将这些现金流量支付给一个或多个收款方的合同义务的安排，且这类安排满足《企业会计准则第23号——金融资产转移》第四条（二）中三个条件。

《企业会计准则第23号——金融资产转移》第四条（二）中三个条件。

- 从该金融资产收到对等的现金流量时，才有义务将其支付给最终收款方。
- 根据合同约定，不能出售该金融资产或作为担保物，但可以将其作为对最终收款方支付现金流量的保证。
- 有义务将收取的现金流量及时支付给最终收款方。

2. 金融资产转移的披露要求

（1）金融资产转移的披露目标。企业对于金融资产转移所披露的信息，应当有助于财务报表使用者了解未整体终止确认的已转移金融资产与相关负债之间的关系，评价企业继续涉入已终止确认金融资产的性质和相关风险。

（2）已转移但未整体终止确认的披露。对于已转移但未整体终止确认的金融资产，应当按照类别披露下列信息。

1）已转移金融资产的性质。

2）仍保留的与所有权有关的风险和报酬的性质。

3）已转移金融资产与相关负债之间关系的性质，包括因转移引起的对企业使用已转移金融资产的限制。

4）在转移金融资产形成的相关负债的交易对手方仅对已转移金融资产有追索权的情况下，应当以表格形式披露所转移金融资产和相关负债的公允价值以及净头寸，即已转移金融资产和相关负债公允价值之间的差额。

5）继续确认已转移金融资产整体的，披露已转移金融资产和相关负债的账面价值。

6）按继续涉入程度确认所转移金融资产的，披露转移前该金融资产整体的账面价值、按继续涉入程度确认的资产和相关负债的账面价值。

（3）继续涉入已转移金融资产披露。对于已整体终止确认但转出方继续涉入已转移金融资产的，应当至少按照类别披露下列信息。

1）因继续涉入确认的资产和负债的账面价值和公允价值，以及在资产负债表中对应的项目。

2）因继续涉入导致企业发生损失的最大风险敞口及确定方法。

3）应当或可能回购已终止确认的金融资产需要支付的未折现现金流量（如期权协议中的行权价格）或其他应向转入方支付的款项，以及对这些现金流量或款项的到期期限分析。如果到期期限可能为一个区间，应当以企业必须或可能支付的最早日期为依据归入相应的时间段。到期期限分析应当分别反映企业应当支付的现金流量（如远期合同）、企业可能支付的现金流量（如签出看跌期权）以及企业可选择支付的现金流量（如购入看涨期权）。在现金流量不固定的情形下，上述金额应当基于每个资产负债表日的情况披露。

4）对本准则第一百零二条（一）至（三）定量信息的解释性说明，包括对已转移金融资产、继续涉入的性质和目的，以及企业所面临风险的描述等。其中，对企业所面临风险的描述包括以下各项。

- 对继续涉入已终止确认金融资产的风险进行管理的方法。
- 企业是否应先于其他方承担有关损失，以及先于本企业承担损失的其他方应承担损失的顺序及金额。
- 向已转移金融资产提供财务支持或回购该金融资产的义务的触发条件。

5）金融资产转移日确认的利得或损失，以及因继续涉入已终止确认金融资产当期和累计确认的收益或费用（如衍生工具的公允价值变动）。

6）终止确认产生的收款总额在本期分布不均衡的（例如大部分转移金额在临近报告期末发生），应当披露本期最大转移活动发生的时间段、该段期间所确认的金额（如相关利得或损失）和收款总额。

企业在披露本准则第一百零二条所规定的信息时，应当按照其继续涉入面临的风险敞口类型分类汇总披露。例如，可按金融工具类别（如担保或看涨期权）或转让类型（如应收账款保理、证券化和融券）分类汇总披露。企业对某项终止确认的金融资产存在多种继续涉入方式的，可按其中一类汇总披露。

七、金融资产转移

（一）概述

2017 年 3 月 31 日，财政部发布了《关于印发修订＜企业会计准则第 23 号——金融资产转移＞的通知》（财会〔2017〕8 号，本小节以下简称本准则）。执行本准则的企业，不再执行财政部于 2006 年 2 月印发的《企业会计准则第 23 号——金融资产转移》。

新的金融工具准则与国际会计准则理事会发布的《国际财务报告准则第 9 号——金融工具》（IFRS 9）趋同。

小资料

企业发生的融资融券业务，应当执行何种会计标准？

融资融券业务，是指证券公司向客户出借资金供其买入证券或者出借证券供其卖出，并由客户交存相应担保物的经营活动。企业发生的融资融券业务，分为融资业务和融券业务两类。

关于融资业务，证券公司及其客户均应当按照《企业会计准则第 22 号——金融工具确认和计量》有关规定进行会计处理。证券公司融出的资金，应当确认应收债权，并确认相应利息收入；客户融入的资金，应当确认应付债务，并确认相应利息费用。

关于融券业务，证券公司融出的证券，按照《企业会计准则第 23 号——金融资产转移》有关规定，不应终止确认该证券，但应确认相应利息收入；客户融入的证券，应当按照《企业会计准则第 22 号——金融工具确认和计量》有关规定进行会计处理，并确认相应利息费用。

证券公司对客户融资融券并代客户买卖证券时，应当作为证券经纪业务进行会计处理。

证券公司及其客户发生的融资融券业务，应当按照《企业会计准则第 37 号——金融工具列报》有关规定披露相关会计信息。

本解释发布前融资融券业务未按照上述规定进行处理的，应当进行追溯调整，追溯调整不切实可行的除外。

本解释中除特别注明应予追溯调整的以外，其他问题自 2010 年 1 月 1 日起施行。

---

1. 金融资产转移和终止确认的概念

金融资产（包括单项或一组类似金融资产）转移，是指企业（转出方）将金融资产

（或其现金流量）让与或交付给该金融资产发行方之外的另一方（转入方）。

金融资产终止确认，是指企业将之前确认的金融资产从其资产负债表中予以转出。

2. 新准则的施行时间

虽然新准则要求 2018 年 1 月 1 日起执行（本准则第八十四条），但财政部发文通知允许其他境内上市企业 2019 年 1 月 1 日起施行；执行企业会计准则的非上市企业与符合条件的保险公司延后至 2021 年 1 月 1 日起施行。

（二）金融资产终止确认的一般原则

1. 金融资产整体终止确认或部分终止确认

金融资产可以整体终止确认或部分终止确认，但是部分终止确认仅适用于三种情况，可辨认现金流（例如利息或本金），全部现金流的一定比例，或可辨认现金流的一定比例。除此之外，金融资产终止确认必须适用于整体（本准则第四条）。

金融资产的一部分满足下列条件之一的，企业应当将终止确认的规定适用于该金融资产部分，除此之外，企业应当将终止确认的规定适用于该金融资产整体：

（一）该金融资产部分仅包括金融资产所产生的特定可辨认现金流量。如企业就某债务工具与转入方签订一项利息剥离合同，合同规定转入方有权获得该债务工具利息现金流量，但无权获得该债务工具本金现金流量，终止确认的规定适用于该债务工具的利息现金流量。

（二）该金融资产部分仅包括与该金融资产所产生的全部现金流量完全成比例的现金流量部分。如企业就某债务工具与转入方签订转让合同，合同规定转入方拥有获得该债务工具全部现金流量一定比例的权利，终止确认的规定适用于该债务工具全部现金流量一定比例的部分。

（三）该金融资产部分仅包括与该金融资产所产生的特定可辨认现金流量完全成比例的现金流量部分。如企业就某债务工具与转入方签订转让合同，合同规定转入方拥有获得该债务工具利息现金流量一定比例的权利，终止确认的规定适用于该债务工具利息现金流量一定比例的部分。

企业发生满足本准则第四条（二）或（三）条件的金融资产转移，且存在一个以上转入方的，只要企业转移的份额与金融资产全部现金流量或特定可辨认现金流量完全成比例即可，不要求每个转入方均持有成比例的份额。

2. 金融资产终止确认的条件

收款权终止是金融资产终止确认的一个条件（本准则第五条）。但是收款权终止后仍有可能通过设置期权或担保而保有继续涉入的权利义务（本准则第十九条至二十二条），所以从谨慎角度需结合其他交易条件以便综合判断是否存在后续权利义务需要作为资产负债计量。

金融资产满足下列条件之一的，应当终止确认：①收取该金融资产现金流量的合同权利终止；②该金融资产已转移，且该转移满足本准则关于终止确认的规定。

（三）金融资产转移的情形及其终止确认

1. 金融资产转移的情形

金融资产转移包括两种情况：会计主体出让收款的合同权利；或虽保留收款权，但仅作为受托方提供代收代付服务或者做非常安全的短期现金投资，即不再承担（未来现金流量的）信用风险与市场风险，同时也不保有抵押权和处置权。

本准则第六条规定：金融资产转移，包括下列两种情形。

（一）企业将收取金融资产现金流量的合同权利转移给其他方。

（二）企业保留了收取金融资产现金流量的合同权利，但承担了将收取的该现金流量支付给一个或多个最终收款方的合同义务，且同时满足下列条件：

1. 企业只有从该金融资产收到对等的现金流量时，才有义务将其支付给最终收款方。

企业提供短期垫付款，但有权全额收回该垫付款并按照市场利率计收利息的，视同满足本条件。

2. 转让合同规定禁止企业出售或抵押该金融资产，但企业可以将其作为向最终收款方支付现金流量义务的保证。

3. 企业有义务将代表最终收款方收取的所有现金流量及时划转给最终收款方，且无重大延误。企业无权将该现金流量进行再投资，但在收款日和最终收款方要求的划转日之间的短暂结算期内，将所收到的现金流量进行现金或现金等价物投资，并且按照合同约定将此类投资的收益支付给最终收款方的，视同满足本条件。

2. 评估金融资产所有权上风险和报酬的保留程度

被转移金融资产是否继续确认需结合与其所有权相关的风险报酬保留程度共同判断：①风险报酬几乎全部转移的，应终止确认；②风险报酬几乎全部保留的，应继续确认；③风险报酬部分保留的，根据转移后的权利义务状态判断。若未保留控制权，则终止确认原金融资产，并且就转移之后的权利义务状态确认新资产与负债；若保留控制权，则按继续涉入程度确认资产或负债。

本准则第七条规定：企业在发生金融资产转移时，应当评估其保留金融资产所有权上的风险和报酬的程度，并分别下列情形处理。

（一）企业转移了金融资产所有权上几乎所有风险和报酬的，应当终止确认该金融资产，并将转移中产生或保留的权利和义务单独确认为资产或负债。

（二）企业保留了金融资产所有权上几乎所有风险和报酬的，应当继续确认该金融资产。

（三）企业既没有转移也没有保留金融资产所有权上几乎所有风险和报酬的（即除本准则第七条（一）、（二）之外的其他情形），应当根据其是否保留了对金融资产的控制，分别下列情形处理：

1. 企业未保留对该金融资产控制的，应当终止确认该金融资产，并将转移中产生或保留的权利和义务单独确认为资产或负债。

2. 企业保留了对该金融资产控制的，应当按照其继续涉入被转移金融资产的程度继续确认有关金融资产，并相应确认相关负债。

继续涉入被转移金融资产的程度，是指企业承担的被转移金融资产价值变动风险或报酬的程度。

3. 评估金融资产所有权上风险和报酬的转移程度

金融资产转移前后企业所承担未来现金流量净现值的变化可以用来判断风险报酬转移程度；若企业所承担未来现金流量净现值没有发生显著变化，则风险报酬几乎仍全部被保留；若企业所承担未来现金流量净现值相对于被转移金融资产未来现金流量净现值不再显著变化（不再显著相关），则风险报酬几乎全部被转移。估算未来现金流量时，需综合考虑各种情景下适用的贴现利率和概率。

本准则第八条规定：

企业在评估金融资产所有权上风险和报酬的转移程度时，应当比较转移前后其所承担的该金融资产未来净现金流量金额及其时间分布变动的风险。

企业承担的金融资产未来净现金流量现值变动的风险没有因转移而发生显著变化的，表明该企业仍保留了金融资产所有权上几乎所有风险和报酬。如将贷款整体转移并对该贷款可能发生的所有损失进行全额补偿，或者出售一项金融资产但约定以固定价格或者售价加上出借人回报的价格回购。

企业承担的金融资产未来净现金流量现值变动的风险相对于金融资产的未来净现金流量现值的全部变动风险不再显著的，表明该企业已经转移了金融资产所有权上几乎所有风险和报酬。如无条件出售金融资产，或者出售金融资产且仅保留以其在回购时的公允价值进行回购的选择权。

企业通常不需要通过计算即可判断其是否转移或保留了金融资产所有权上几乎所有风险和报酬。在其他情况下，企业需要通过计算评估是否已经转移了金融资产所有权上几乎所有风险和报酬的，在计算和比较金融资产未来现金流量净现值的变动时，应当考虑所有合理、可能的现金流量变动，对于更可能发生的结果赋予更高的权重，并采用适当的市场利率作为折现率。

4. 判断是否保留了对被转移金融资产的控制

如转入方单独有能力在合适的外部市场自由出售被转让金融资产，意味着转入方拥有控制权，这也意味着原转出企业对被转移金融资产失去控制权。另一方面，即使转入方不大可能出售被转移金融资产，也并不意味着原转出方仍保留控制。另外，原转出方可以通过设置期权或担保而保留对原金融资产的控制。

本准则第九条规定：

企业在判断是否保留了对被转移金融资产的控制时，应当根据转入方是否具有出售被转移金融资产的实际能力而确定。转入方能够单方面将被转移金融资产整体出售给不相关的第三方，且没有额外条件对此项出售加以限制的，表明转入方有出售被转移金融资产的实际能力，从而表明企业未保留对被转移金融资产的控制；在其他情形下，表明企业保留了对被转移金融资产的控制。

在判断转入方是否具有出售被转移金融资产的实际能力时，企业考虑的关键应当是转入方实际上能够采取的行动。被转移金融资产不存在市场或转入方不能单方面自由地处置被转移金融资产的，通常表明转入方不具有出售被转移金融资产的实际能力。

转入方不大可能出售被转移金融资产并不意味着企业（转出方）保留了对被转移金融资产的控制。但存在看跌期权或担保而限制转入方出售被转移金融资产的，转出方实际上保留了对被转移金融资产的控制。如存在看跌期权或担保且很有价值，导致转入方实际上不能在不附加类似期权或其他限制条件的情形下将该被转移金融资产出售给第三方，从而限制了转入方出售被转移金融资产的能力，转入方将持有被转移金融资产以获取看跌期权或担保下相应付款的，企业保留了对被转移金融资产的控制。

5. 在未来期间是否再次确认该金融资产

转出方曾经终止确认的金融资产仅在重新被转出企业获取之后才可以被再次确认。

本准则第十条规定：

企业认定金融资产所有权上几乎所有风险和报酬已经转移的，除企业在新的交易中重新获得被转移金融资产外，不应当在未来期间再次确认该金融资产。

6. 在金融资产转移不满足终止确认条件时的会计处理

与转移有关的合同权利义务、衍生工具和资产负债不应该被重复确认。

本准则第十一条规定：

在金融资产转移不满足终止确认条件的情况下，如果同时确认衍生工具和被转移金融资产或转移产生的负债会导致对同一权利或义务的重复确认，则企业（转出方）与转移有关的合同权利或义务不应当作为衍生工具进行单独会计处理。

当不满足终止确认条件时，例如转入方没有获得几乎全部风险报酬或取得控制权，则转入方不应该将被转移金融资产全部或部分确认为自己的资产，而仅可以将付出对价作为应收款项；若转出方在转移后拥有以固定金额重新控制被转让金融资产的权利和义务，转入方可以将前述应收款项以摊余成本计量。这种业务类似质押借款或回购，转入方所付出对价也类似借出款项以摊余成本计量）。

本准则第十二条规定：

在金融资产转移不满足终止确认条件的情况下，转入方不应当将被转移金融资产全部或部分确认为自己的资产。转入方应当终止确认所支付的现金或其他对价，同时确认一项应收转出方的款项。企业（转出方）同时拥有以固定金额重新控制整个被转移金融资产的权利和义务的（如以固定金额回购被转移金融资产），在满足《企业会计准则第22号——金融工具确认和计量》关于摊余成本计量规定的情况下，转入方可以将其应收款项以摊余成本计量。

7. 在判断金融资产转移是否满足终止确认条件时，应当注重实质

无条件出售情况或不附带会产生实质影响的交易条件，以公允价值回购或所附极不可能被执行的期权意味着金融资产风险报酬几乎全部转移；而以固定价格回购、全额担保或总收益互换（总回报互换）、很可能被执行的期权意味着金融资产风险报酬几乎全部没有转移；在几乎全部转移与几乎全部保留之间，还有作为继续涉入的各种中间情况，例如对部分金额设置担保或信用增级等。

本准则第十三条规定：

企业在判断金融资产转移是否满足本准则规定的金融资产终止确认条件时，应当注重金融资产转移的实质。

（一）企业转移了金融资产所有权上几乎所有风险和报酬，应当终止确认被转移金融资产的常见情形有：

1. 企业无条件出售金融资产。

2. 企业出售金融资产，同时约定按回购日该金融资产的公允价值回购。

3. 企业出售金融资产，同时与转入方签订看跌期权合同（即转入方有权将该金融资产返售给企业）或看涨期权合同（即转出方有权回购该金融资产），且根据合同条款判断，该看跌期权或看涨期权为一项重大价外期权（即期权合约的条款设计，使得金融资产的转入方或转出方极小可能会行权）。

（二）企业保留了金融资产所有权上几乎所有风险和报酬，应当继续确认被转移金融资产的常见情形有：

1. 企业出售金融资产并与转入方签订回购协议，协议规定企业将回购原被转移金融资产，或者将予回购的金融资产与售出的金融资产相同或实质上相同、回购价格固定或原售价加上回报。

2. 企业融出证券或进行证券出借。

3. 企业出售金融资产并附有将市场风险敞口转回给企业的总回报互换。

4. 企业出售短期应收款项或信贷资产，并且全额补偿转入方可能因被转移金融资产发生的信用损失。

5. 企业出售金融资产，同时与转入方签订看跌期权合同或看涨期权合同，且根据合同条款判断，该看跌期权或看涨期权为一项重大价内期权（即期权合约的条款设计，使得金融资产的转入方或转出方很可能会行权）。

（三）企业应当按照其继续涉入被转移金融资产的程度继续确认被转移金融资产的常见情形有：

1. 企业转移金融资产，并采用保留次级权益或提供信用担保等方式进行信用增级，企业只转移了被转移金融资产所有权上的部分（非几乎所有）风险和报酬，且保留了对被转移金融资产的控制。

2. 企业转移金融资产，并附有既非重大价内也非重大价外的看涨期权或看跌期权，导致企业既没有转移也没有保留所有权上几乎所有风险和报酬，且保留了对被转移金融资产的控制。

金融资产转移与确认见表 9-19。

表 9-19　金融资产转移与确认表

交易条件	终止确认	继续涉入	未转移
风险报酬 / 控制权	几乎全部转移	部分转移 / 保留控制	几乎全部保留
回购 / 证券借贷赎回	公允价值	不适用	固定价格 / 原物返还
担保 / 信用增级 / 总收益互换	无	部分	全额
所附期权执行可能性	不可能 / 重大价外	有可能	很可能 / 重大价内

小资料

企业采用附追索权方式出售金融资产，或将持有的金融资产背书
转让，是否应当终止确认该金融资产？

企业对采用附追索权方式出售的金融资产，或将持有的金融资产背书转让，应当根据《企业会计准则第 23 号——金融资产转移》的规定，确定该金融资产所有权上几乎所有的风险和报酬是否已经转移。企业已将该金融资产所有权上几乎所有的风险和报酬转移给转入方的，应当终止确认该金融资产；保留了金融资产所有权上几乎所有的风险和报酬的，不应当终止确认该金融资产；既没有转移也没有保留金融资产所有权上几乎所有的风险和报酬的，应当继续判断企业是否对该资产保留了控制，并根据《企业会计准则第 23 号——金融资产转移》的规定进行会计处理。

本解释自 2013 年 1 月 1 日施行，不要求追溯调整。

（四）满足终止确认条件的金融资产转移的会计处理

1. 金融资产转移整体满足终止确认条件

金融资产终止确认时，转出方应将转移所收到对价减去其账面价值，如果涉及以公允价值计量且其变动计入其他综合收益（简称 FVOCI）类债权资产，相关未实现公允价值变动也应该一并计入终止确认损益。如果转出方需要提供未来服务的，未来将提供的服务成本需要与相关对价比较之后作为资产或负债。

本准则第十四条规定：

金融资产转移整体满足终止确认条件的，应当将下列两项金额的差额计入当期损益：

（一）被转移金融资产在终止确认日的账面价值。

（二）因转移金融资产而收到的对价，与原直接计入其他综合收益的公允价值变动累计额中对应终止确认部分的金额（涉及转移的金融资产为根据《企业会计准则第 22 号——金融工具确认和计量》第十八条分类为以公允价值计量且其变动计入其他综合收益的金融资产的情形）之和。企业保留了向该金融资产提供相关收费服务的权利（包括收取该金融资产的现金流量，并将所收取的现金流量划转给指定的资金保管机构等），应当就该服务合同确认一项服务资产或服务负债。如果企业将收取的费用预计超过对服务的充分补偿的，应当将该服务权利作为继续确认部分确认为一项服务资产，并按照本准则第十五条的规定确定该服务资产的金额。如果将收取的费用预计不能充分补偿企业所提供服务的，则应当将由此形成的服务义务确认一项服务负债，并以公允价值进行初始计量。

企业因金融资产转移导致整体终止确认金融资产，同时获得了新金融资产或承担了新金融负债或服务负债的，应当在转移日确认该金融资产、金融负债（包括看涨期权、看跌期权、担保负债、远期合同、互换等）或服务负债，并以公允价值进行初始计量。该金融资产扣除金融负债和服务负债后的净额应当作为上述对价的组成部分。

2. 金融资产一部分通过转移而被终止确认

（1）当金融资产一部分通过转移而被终止确认时，需要按照转移部分与保留部分各自公允价值分割账面价值与附带其他综合收益（Other Comprehensive Income，OCI）中未实现公允价值以确认损益。

本准则第十五条规定：

企业转移了金融资产的一部分，且该被转移部分整体满足终止确认条件的，应当将转移前金融资产整体的账面价值，在终止确认部分和继续确认部分（在此种情形下，所保留的服务资产应当视同继续确认金融资产的一部分）之间，按照转移日各自的相对公允价值进行分摊，并将下列两项金额的差额计入当期损益：

1. 终止确认部分在终止确认日的账面价值。

2. 终止确认部分收到的对价，与原计入其他综合收益的公允价值变动累计额中对应终止确认部分的金额（涉及转移的金融资产为根据《企业会计准则第 22 号——金融工具确认和计量》第十八条分类为以公允价值计量且其变动计入其他综合收益的金融资产的情形）之和。对价包括获得的所有新资产减去承担的所有新负债后的金额。

原计入其他综合收益的公允价值变动累计额中对应终止确认部分的金额，应当按照金融资产终止确认部分和继续确认部分的相对公允价值，对该累计额进行分摊后确定。

（2）当估计继续确认部分的公允价值时，可以优先使用近期交易价格，或转移前整体公允价值减终止确认所收对价的公允价值。

本准则第十六条规定：

企业将转移前金融资产整体的账面价值按相对公允价值在终止确认部分和继续确认部分之间进行分摊时，应当按照下列规定确定继续确认部分的公允价值：

1. 企业出售过与继续确认部分类似的金融资产，或继续确认部分存在其他市场交易的，近期实际交易价格可作为其公允价值的最佳估计。

2. 继续确认部分没有报价或近期没有市场交易的，其公允价值的最佳估计为转移前金融资产整体的公允价值扣除终止确认部分的对价后的差额。

【例 9-46】 智董商业银行与贵琛商业银行签订一笔贷款转让协议，智董银行将该笔贷款 90% 的受益权转让给贵琛银行，该笔贷款公允价值为 110 万元，账面价值为 100 万元。假定不存在其他服务性资产或负债，转移后该部分贷款的相关债权债务关系由贵琛银行继承，当借款人不能偿还该笔贷款时，也不能向智董银行追索。不考虑其他条件。

本例中，由于智董银行将贷款的一定比例转移给贵琛银行，并且转移后该部分的风险和报酬不再由智董银行承担，智董银行也不再对所转移的贷款具有控制权，因此，符合将所转移部分终止确认的条件，智董银行应当部分终止确认该贷款。

贷款已转移部分的公允价值 = 出售贷款所收到的价款 = 110 × 90% = 99（万元）

贷款未转移部分的公允价值 = 保留的贷款受益权 = 110 − 99 = 11（万元）

贷款已转移部分应分摊的账面价值 = 100 × 99/110 = 90（万元）

贷款未转移部分应分摊的账面价值 = 100 × 11/110 = 10（万元）

智董银行应确认的转移收益 = 99 − 90 = 9（万元）

（五）继续确认被转移金融资产的会计处理

当转出方保留几乎所有风险报酬而继续确认时，所收对价应作为负债（本准则第十七条），而且不得与金融资产相抵消，相关收入支出也不得相互抵消（本准则第十八条）。

【例 9-47】 智董公司为一家在深圳证券交易所挂牌交易的非金融类上市公司。智董公司在编制 2×17 年年度财务报告时，内审部门对当年以下有关业务的处理提出异议：

（1）2×17年1月1日，智董公司与智董银行签订一项应收账款保理合同，将因销售商品而形成的对贵琛公司的应收账款234万元出售给智董银行，价款为185万元。在应收贵琛公司货款到期无法收回时，智董银行不能向智董公司追偿。假定不考虑其他因素，智董公司终止确认了234万元的应收账款。

（2）2×17年2月1日，智董公司将收到的鑫裕公司开出并承兑的不带息商业承兑汇票向D商业银行贴现，取得贴现款380万元。合同约定，在票据到期日不能从鑫裕公司收到票款时，D商业银行可向智董公司追偿。该票据系鑫裕公司于2×17年1月1日为支付购料款而开出的，票面金额为400万元，到期日为2×17年5月31日。假定不考虑其他因素，智董公司终止确认了该项金融资产。

（3）2×17年5月1日，智董公司将其一项金融资产出售给贵琛公司，取得出售价款180万元，同时与贵琛公司签订协议，在约定期限结束时按照回购当日的市场价格再将该金融资产回购，智董公司在处理时终止确认了该项金融资产。

（4）2×17年6月1日，智董公司将其一项金融资产出售给鑫裕公司，同时与鑫裕公司签订了看跌期权合约，但从合约条款判断，该看跌期权是一项重大价内期权，智董公司在处理时终止确认了该项金融资产。

（5）2×17年8月1日，智董公司将其信贷资产整体转移给戊信托机构，同时保证对戊信托公司可能发生的信用损失进行全额补偿，智董公司在处理时终止确认了该金融资产。

本例中：

（1）不附追索权的应收账款出售符合金融资产的终止确认条件，因此智董公司终止确认该项金融资产的处理正确。智董公司应将应收账款的账面价值与收到价款之间的差额计入营业外支出。

（2）智董公司终止确认该项金融资产的处理不正确。附追索权方式的应收票据贴现，不应当终止确认相关的金融资产，应当继续确认所转移金融资产整体，并将收到的对价确认为一项金融负债（短期借款）。

（3）智董公司将金融资产出售，同时与买入方签订协议，在约定期限结束时按当日该金融资产的公允价值回购，因此智董公司已经转移了该项金融资产所有权上几乎所有的风险和报酬，应当终止确认该金融资产。因此智董公司终止确认该项金融资产的处理正确。

（4）智董公司在将金融资产出售的同时与买入方签订了看跌期权合约，买入方有权将该金融资产返售给智董公司，并且从期权合约的条款设计来看，买方很可能会到期行权，因此智董公司不应终止确认该金融资产。

（5）智董公司在将其信贷资产进行转移的同时对买方可能发生的信用损失进行全额补偿，这说明该金融资产相关的风险并没有全部转移，因此智董公司不应终止确认该项金融资产。

（六）继续涉入被转移金融资产的会计处理

1. 继续涉入被转移金融资产和相关负债的计量

企业既没有转移也没有保留金融资产所有权上几乎所有风险和报酬，且保留了对该金融资产控制的，应当按照其继续涉入被转移金融资产的程度继续确认该被转移金融资产，并相应确认相关负债。被转移金融资产和相关负债应当在充分反映企业因金融资产转移所保留的权利和承担的义务的基础上进行计量。企业应当按照下列规定对相关负债进行计量。

（1）被转移金融资产以摊余成本计量的，相关负债的账面价值等于继续涉入被转移金融资产的账面价值减去企业保留的权利（如果企业因金融资产转移保留了相关权利）的摊余成本并加上企业承担的义务（如果企业因金融资产转移承担了相关义务）的摊余成本；

相关负债不得指定为以公允价值计量且其变动计入当期损益的金融负债。

（2）被转移金融资产以公允价值计量的，相关负债的账面价值等于继续涉入被转移金融资产的账面价值减去企业保留的权利（如果企业因金融资产转移保留了相关权利）的公允价值并加上企业承担的义务（如果企业因金融资产转移承担了相关义务）的公允价值，该权利和义务的公允价值应为按独立基础计量时的公允价值。

2. 通过对被转移金融资产提供担保方式继续涉入时的会计处理

企业通过对被转移金融资产提供担保方式继续涉入的，应当在转移日按照金融资产的账面价值和担保金额两者的较低者，继续确认被转移金融资产，同时按照担保金额和担保合同的公允价值（通常是提供担保收到的对价）之和确认相关负债。担保金额，是指企业所收到的对价中，可被要求偿还的最高金额。

在后续会计期间，担保合同的初始确认金额应当随担保义务的履行进行摊销，计入当期损益。被转移金融资产发生减值的，计提的损失准备应从被转移金融资产的账面价值中抵减。

3. 因持有看涨期权或签出看跌期权而继续涉入且以摊余成本计量被转移金融资产时的会计处理

企业因持有看涨期权或签出看跌期权而继续涉入被转移金融资产，且该金融资产以摊余成本计量的，应当按照其可能回购的被转移金融资产的金额继续确认被转移金融资产，在转移日按照收到的对价确认相关负债。

被转移金融资产在期权到期日的摊余成本和相关负债初始确认金额之间的差额，应当采用实际利率法摊销，计入当期损益，同时调整相关负债的账面价值。相关期权行权的，应当在行权时，将相关负债的账面价值与行权价格之间的差额计入当期损益。

4. 因持有看涨期权或签出看跌期权而继续涉入且以公允价值计量被转移金融资产时的会计处理

企业因持有看涨期权或签出看跌期权（或两者兼有，即上下限期权）而继续涉入被转移金融资产，且以公允价值计量该金融资产的，应当分别以下情形进行处理。

（1）企业因持有看涨期权而继续涉入被转移金融资产的，应当继续按照公允价值计量被转移金融资产，同时按照下列规定计量相关负债。

1）该期权是价内或平价期权的，应当按照期权的行权价格扣除期权的时间价值后的金额，计量相关负债。

2）该期权是价外期权的，应当按照被转移金融资产的公允价值扣除期权的时间价值后的金额，计量相关负债。

（2）企业因签出看跌期权形成的义务而继续涉入被转移金融资产的，应当按照该金融资产的公允价值和该期权行权价格两者的较低者，计量继续涉入形成的资产；同时，按照该期权的行权价格与时间价值之和，计量相关负债。

（3）企业因持有看涨期权和签出看跌期权（即上下限期权）而继续涉入被转移金融资产的，应当继续按照公允价值计量被转移金融资产，同时按照下列规定计量相关负债。

1）该看涨期权是价内或平价期权的，应当按照看涨期权的行权价格和看跌期权的公允价值之和，扣除看涨期权的时间价值后的金额，计量相关负债。

2）该看涨期权是价外期权的，应当按照被转移金融资产的公允价值和看跌期权的公允价值之和，扣除看涨期权的时间价值后的金额，计量相关负债。

5. 基于被转移金融资产的现金结算期权或类似条款的形式继续涉入时的会计处理

企业采用基于被转移金融资产的现金结算期权或类似条款的形式继续涉入的，其会计处理方法与本准则第二十一条和第二十二条中规定的以非现金结算期权形式继续涉入的会计处理方法相同。

6.不应当相互抵销

企业按继续涉入程度继续确认的被转移金融资产以及确认的相关负债不应当相互抵销。企业应当对继续确认的被转移金融资产确认所产生的收入（或利得），对相关负债确认所产生的费用（或损失），两者不得相互抵销。继续确认的被转移金融资产以公允价值计量的，在后续计量时对其公允价值变动应根据《企业会计准则第22号——金融工具确认和计量》第六十四条的规定进行确认，同时相关负债公允价值变动的确认应当与之保持一致，且两者不得相互抵销。

7."对金融资产的继续涉入仅限于金融资产一部分""涉及转移的金融资产以公允价值计量且其变动计入其他综合收益"时的会计处理

企业对金融资产的继续涉入仅限于金融资产一部分的，企业应当根据本准则第十六条的规定，按照转移日因继续涉入而继续确认部分和不再确认部分的相对公允价值，在两者之间分配金融资产的账面价值，并将下列两项金额的差额计入当期损益。

（1）分配至不再确认部分的账面金额（以转移日计量的为准）。

（2）不再确认部分所收到的对价。

如果涉及转移的金融资产为根据《企业会计准则第22号——金融工具确认和计量》第十八条分类为以公允价值计量且其变动计入其他综合收益的金融资产的，不再确认部分的金额对应的原计入其他综合收益的公允价值变动累计额计入当期损益。

【例9-48】 智董银行持有一组住房抵押贷款，借款方可提前偿付。20×7年1月1日，该组贷款的本金和摊余成本均为10000万元，票面利率和实际利率均为10%。经批准，智董银行拟将该组贷款转移给某信托机构（以下简称受让方）进行证券化。有关资料如下。

20×7年1月1日，智董银行与受让方签订协议，将该组贷款转移给受让方，并办理有关手续。智董银行收到款项9115万元，同时保留以下权利：（1）收取本金1000万元以及这部分本金按10%的利率所计算确定利息的权利；（2）收取以9000万元为本金、以0.5%为利率所计算确定利息（超额利差账户）的权利。受让人取得收取该组贷款本金中的9000万元以及这部分本金按9.5%的利率收取利息的权利。根据双方签订的协议，如果该组贷款被提前偿付，则偿付金额按1∶9的比例在智董银行和受让人之间进行分配；但是，如该组贷款发生违约，则违约金额从智董银行拥有的1000万元贷款本金中扣除，直到扣完为止。

20×7年1月1日，该组贷款的公允价值为10100万元，0.5%的超额利差账户的公允价值为40万元。

本例中：

（1）智董银行转移了该组贷款所有权相关的部分重大风险和报酬（如重大提前偿付风险），但由于设立了次级权益（即内部信用增级），因而也保留了所有权相关的部分重大风险和报酬，并且能够对留存的该部分权益实施控制。因此，智董银行应采用继续涉入法对该金融资产转移交易进行会计处理。

（2）智董银行收到9115万元对价，由两部分构成：一部分是转移的90%贷款及相关利息的对价，即9090万元（10100×90%）；另一部分是因为使保留的权利次级化所取得的对价25万元。此外，由于超额利差账户的公允价值为40万元，从而智董银行该项金融资产转移交易的信用增级相关的对价为65万元。

假定智董银行无法取得所转移该组贷款的90%和10%部分各自的公允价值，则智董银行所转移该组贷款的90%部分形成的利得或损失计算如表9-20所示。

表 9-20　利得或损失计算表

	估计公允价值	百分比	分摊后的账面价值
已转移部分	9090	90%	9000
未转移部分	1010	10%	1000
合计	10100	100%	10000

该项金融资产转移形成的利得 = 9090 - 9000 = 90（万元）

（3）智董银行仍保留贷款部分的账面价值为 1000 万元。

（4）在金融资产转移日，智董银行因继续涉入而确认资产的金额，按双方协议约定的、因信用增级使智董银行不能收到的现金流入最大值 1000 万元；另外，超额利差账户形成的资产 40 万元本质上也是继续涉入形成的资产。

因继续涉入而确认负债的金额，按因信用增级使智董银行不能收到的现金流入最大值 1000 万元和信用增级的公允价值总额 65 万元，两项合计为 1065 万元。

（5）金融资产转移后，智董银行应根据收入确认原则，采用实际利率法将信用增级取得的对价 65 万元分期予以确认。此外，还应在资产负债表日对已确认资产确认可能发生的减值损失。

（七）向转入方提供非现金担保物的会计处理

金融资产转出方向转入方提供非现金担保物（如债务工具或权益工具投资等）的，根据转出方和转入方对非现金担保物的权利义务继续判断。

当转出方保有对担保物的权利时（没有违约），若转入方对非现金担保物有处置权，则转出方将其作为资产单独列报；如果转入方出售非现金担保物，需同时将偿还义务确认为负债。

当转出方失去对担保物的权利时（因为违约），应终止确认担保物；转入方以公允价值将其作为自身资产，并且不再计量原先可能有的归还义务负债（二十六条）。

八、公允价值计量和披露

公允价值，是指市场参与者在计量日发生的有序交易中，出售一项资产所能收到或者转移一项负债所需支付的价格，即脱手价格。

为了适应社会主义市场经济发展需要，规范企业公允价值计量和披露，提高会计信息质量，根据《企业会计准则——基本准则》，财政部制定了《企业会计准则第 39 号——公允价值计量》（本小节以下简称本准则），自 2014 年 7 月 1 日起施行（2014 年 1 月 26 日财会〔2014〕6 号）。

本准则主要规范企业应当如何计量相关资产或负债的公允价值，以及应当披露哪些公允价值相关信息，但企业是否应当以公允价值计量相关资产或负债、何时进行公允价值计量、公允价值变动应当计入当期损益还是其他综合收益等会计处理问题，由要求或允许企业采用公允价值进行计量或披露的其他相关会计准则规范。

本准则适用于资产、负债、企业自身权益工具的公允价值计量（包括初始计量和后续计量）和披露。

除特定情况外，其他会计准则要求或允许企业进行公允价值计量或披露的，企业应当根据本准则的要求对资产、负债、企业自身权益工具的公允价值进行计量或披露，但对于企业是否应当以公允价值计量相关资产或负债、何时进行公允价值计量、公允价值变动应当计入当期损益还是所有者权益等会计处理问题，则由其他相关会计准则进行规范。

有些资产或负债的计量以公允价值为基础，例如，企业在资产减值测试中使用的公允价值减去处置费用后的净额。由于这些计量基于公允价值，公允价值计量所使用的估值技术、输入值、最终所形成的相关信息，将对这些计量产生重大影响，为此，本准则决定，公允价值减去处置费用后的净额等这些基于公允价值的计量也应当按照本准则的规定对相关的公允价值进行计量。

对于以摊余成本计量的金融工具等，尽管这些资产或负债不以公允价值计量，但《企业会计准则第 37 号——金融工具列报》要求企业披露这些资产或负债的公允价值信息，因此，本准则认为，这些资产或负债的披露也应当适用本准则。

新的公允价值定义强调了公允价值是基于市场的计量，不是特定主体的计量。因此，考虑到下列各项中包含了企业基于自身角度的判断和估计，而非完全以市场为基础的计量，本准则决定，可变现净值、预计未来现金流量现值等与公允价值计量属性类似的其他计量属性的计量和披露，股份支付业务相关的计量和披露，以及租赁业务相关的计量和披露不适用本准则。

此外，为了简化以公允价值减去处置费用后的净额确定可收回金额的资产、职工离职后福利计划资产、企业年金基金投资的公允价值披露，本准则要求企业分别按照《企业会计准则第 8 号——资产减值》《企业会计准则第 9 号——职工薪酬》和《企业会计准则第 10 号——企业年金基金》的规定披露这些资产的公允价值相关信息。尽管这些资产的公允价值披露被排除在本准则之外，但是这些资产的公允价值计量还是应当遵循本准则的公允价值计量要求。

（一）计量时的相关考虑和假设

1. 市场参与者在计量日对相关资产或负债进行定价时特征的考虑

企业以公允价值计量相关资产或负债，应当考虑该资产或负债的特征以及该资产或负债是以单项还是以组合的方式进行计量等因素。

（1）相关资产或负债的概念。本准则中相关资产或负债，是指其他相关会计准则要求或允许企业以公允价值计量的资产或负债，也包括企业自身权益工具，例如《企业会计准则第 3 号——投资性房地产》中规范的采用公允价值模式进行后续计量的投资性房地产，《企业会计准则第 5 号——生物资产》中规范的采用公允价值进行后续计量的生物资产，《企业会计准则第 8 号——资产减值》中规范的使用公允价值确定可收回金额的资产，《企业会计准则第 10 号——企业年金基金》中规范的以公允价值计量的企业年金基金投资，《企业会计准则第 16 号——政府补助》中规范的以非货币性资产形式取得的政府补助，《企业会计准则第 20 号——企业合并》中规范的非同一控制下企业合并中取得的可辨认资产和负债以及作为合并对价发行的权益工具，《企业会计准则第 22 号——金融工具确认和计量》中规范的以公允价值计量且其变动计入当期损益的金融资产或金融负债以及可供出售金融资产等。

（2）相关资产或负债的特征。企业以公允价值计量相关资产或负债，应当考虑该资产或负债所具有的特征，例如，资产的状况及所在位置、出售或使用资产的限制等。如果市场参与者在计量相关资产或负债公允价值时会考虑这些资产或负债的特征，企业在计量该资产或负债公允价值时，也应当考虑这些特征因素。

1）资产状况和所在位置。市场参与者以公允价值计量一项非金融资产时，通常会考虑该资产的地理位置和环境、使用功能、结构、新旧程度、可使用状况等。因此，企业计量其公允价值时，也应考虑这些特征，对类似资产的可观察市场价格或其他交易信息进行调整，以确定该资产的公允价值。

2）对资产出售或使用的限制。企业以公允价值计量相关资产，应当考虑出售或使用该资产所存在的限制因素。企业为合理确定相关资产的公允价值，应当区分该限制是针对资产持有者的，还是针对该资产本身的。

如果该限制是针对相关资产本身的，那么此类限制是该资产具有的一项特征，任何持有该资产的企业都会受到影响，市场参与者在计量日对该资产进行定价时会考虑这一特征。

因此，企业以公允价值计量该资产，应当考虑该限制特征。

如果该限制是针对资产持有者的，那么此类限制并不是该资产的特征；只会影响当前持有该资产的企业，而其他企业可能不会受到该限制的影响，市场参与者在计量日对该资产进行定价时不会考虑该限制因素。因此，企业以公允价值计量该资产时，也不应考虑针对该资产持有者的限制因素。

2. 资产或负债的计量单元

计量单元，是指相关资产或负债以单独或者组合方式进行计量的最小单位。相关资产或负债的计量单元应当由要求或者允许以公允价值计量的其他相关会计准则规定，但本准则第十章规范的市场风险或信用风险可抵销的金融资产和金融负债的公允价值计量除外。

企业在确认相关资产或负债时就已经确定了该资产或负债的计量单元。

企业以公允价值计量相关资产或负债，该资产或负债可以是单项资产或负债，例如一台机器设备、一项专利权或者一项金融资产或负债，也可以是资产组合、负债组合或者资产和负债的组合，例如，由多台设备构成的一条生产线、《企业会计准则第 20 号——企业合并》中规范的业务等。

企业是以单项还是以组合的方式对相关资产或负债进行公允价值计量，取决于该资产或负债的计量单元。

企业以公允价值计量相关资产或负债，应当按照《企业会计准则第 8 号——资产减值》《企业会计准则第 22 号——金融工具确认与计量》《企业会计准则第 20 号——企业合并》等其他相关会计准则规定的计量单元进行计量。

例如，智董公司拥有一台大型设备，主要用于生产医疗器械。2×14 年，该设备生产的医疗器械销售率大幅下降。2×14 年 12 月 31 日，智董公司对该设备进行减值测试。按照《企业会计准则第 8 号——资产减值》的有关规定，智董公司能够在期末确定该设备可收回金额的，计量单元则为该设备这一单项资产，否则智董公司应将该设备所属的资产组作为一个计量单元，以确定该资产组的可收回金额。

对于市场风险或信用风险可抵销的金融资产、金融负债和其他合同，在符合本准则要求的情况下，企业可以将该金融资产、金融负债和其他合同的组合作为计量单元。

3. 假定是当前市场情况下的有序交易

企业以公允价值计量相关资产或负债，应当假定市场参与者在计量日出售资产或者转移负债的交易，是当前市场情况下的有序交易。

企业应用于相关资产或负债公允价值计量的有序交易，是在计量日前一段时期内该资产或负债具有惯常市场活动的交易，不包括被迫清算和抛售。

（1）相关资产或负债有序交易的识别。企业在确定一项交易是否为有序交易时，应当全面理解交易环境和有关事实。企业应当基于可获取的信息，如市场环境变化、交易规则和习惯、价格波动幅度、交易量波动幅度、交易发生的频率、交易对手信息、交易原因、交易场所和其他能够获得的信息，运用专业判断对交易行为和交易价格进行分析，以判断该交易是否为有序交易。

企业不必为确定一项交易是否为有序交易而不计成本，但不能忽视可合理获得的信息。当企业成为交易一方时，通常假定该企业有充分的信息来判断该交易是否为有序交易。

当企业遇到下列情况时，相关资产或负债的交易活动通常不应作为有序交易。

1）在当前市场情况下，市场在计量日之前一段时间内不存在相关资产或负债的惯常市场交易活动。

2）在计量日之前，相关资产或负债存在惯常的市场交易，但资产出售方或负债转移方仅与单一的市场参与者进行交易。

3）资产出售方或负债转移方处于或者接近于破产或托管状态，即资产出售方或负债转移方已陷入财务困境。

4）资产出售方为满足法律或者监管规定而被要求出售资产，即被迫出售。

5）与相同或类似资产或负债近期发生的其他交易相比，出售资产或转移负债的价格是一个异常值。

（2）相关资产或负债有序交易价格的应用。企业判定相关资产或负债的交易是有序交易的，在以公允价值计量该资产或负债时，应当考虑该交易的价格，即以该交易价格为基础确定该资产或负债的公允价值。企业在公允价值计量过程中赋予有序交易价格的权重时，应当考虑交易量、交易的可比性、交易日与计量日的临近程度等因素。

企业判定相关资产或负债的交易不是有序交易的，在以公允价值计量该资产或负债时，不应考虑该交易的价格，或者赋予该交易价格较低权重。

企业根据现有信息不足以判定该交易是否为有序交易的，在以公允价值计量该资产或负债时，应当考虑该交易的价格，但不应将该交易价格作为计量公允价值的唯一依据或者主要依据。相对于其他已知的有序交易价格，企业应赋予该交易较低权重。

4. 假定出售资产或者转移负债的有序交易在该资产或负债的主要市场或最有利市场进行

企业以公允价值计量相关资产或负债，应当假定出售资产或者转移负债的有序交易在该资产或负债的主要市场进行。不存在主要市场的，企业应当假定该交易在相关资产或负债的最有利市场进行。

主要市场，是指相关资产或负债交易量最大和交易活跃程度最高的市场。最有利市场，是指在考虑交易费用和运输费用后，能够以最高金额出售相关资产或者以最低金额转移相关负债的市场。

（1）主要市场或最有利市场的识别。企业根据可合理取得的信息，能够在交易日确定相关资产或负债交易量最大和交易活跃程度最高的市场的，应当将该市场作为相关资产或负债的主要市场。

企业根据可合理取得的信息，无法在交易日确定相关资产或负债交易量最大和交易活跃程度最高的市场的，应当在考虑交易费用和运输费用后，能够以最高金额出售该资产或者以最低金额转移该负债的市场作为最有利市场。

企业在识别相关资产或负债的主要市场（或者在不存在主要市场情况下的最有利市场）时，应当考虑所有可以合理取得的信息，但不必不计成本地考察所有可能的市场。通常情况下，如果不存在相反的证据，企业正常进行资产出售或者负债转移的市场可以视为主要市场或最有利市场。

相关资产或负债的主要市场（或者在不存在主要市场情况下的最有利市场）应当是企业可进入的市场，但不要求企业于计量日在该市场上实际出售资产或者转移负债。

企业应当从自身角度，而非市场参与者角度，判定相关资产或负债的主要市场（或者在不存在主要市场情况下的最有利市场）。

不同的企业可以进入不同的市场，对相同资产或负债而言，不同企业可能具有不同的主要市场（或者在不存在主要市场情况下的最有利市场）。例如，某企业与银行签订了一项初始交易价格为零的利率互换。该企业只能进入利率互换的零售市场，而银行则能够同时进入利率互换的零售市场和做市商市场，并且其主要业务发生在做市商市场。因此，该企业与银行就存在不同的主要市场，该企业应当以零售市场为主要市场，该银行应当以做市商市场为主要市场。

（2）主要市场或最有利市场的应用。企业应当以主要市场上相关资产或负债的价格为基础，计量该资产或负债的公允价值。主要市场是资产或负债流动性最强的市场，能够为企业提供最具代表性的参考信息。因此，无论相关资产或负债的价格能够直接从市场观察到，还是通过其他估值技术获得，企业都应当以主要市场上相关资产或负债的价格为基础，计量该资产或负债的公允价值。即使企业能够于计量日在主要市场以外的另一个市场上，获得更高的出售价格或更低的转移价格，企业也仍应当以主要市场上相关资产或负债的价格为基础，计量该资产或负债的公允价值。

不存在主要市场或者无法确定主要市场的，企业应当以相关资产或负债最有利市场的价格为基础，计量其公允价值。企业在确定最有利市场时，应当考虑交易费用、运输费用等。

交易费用不属于相关资产或负债的特征，只与特定交易有关，取决于企业参与该资产或负债交易的不同方式（例如，零售交易或者批发交易，交易所交易或者场外交易等）。交易费用是指企业发生的可直接归属于资产出售或者负债转移的费用。交易费用在进行相关资产或负债交易时不可避免。交易费用直接由交易引起，并且是企业进行交易所必需的，如果企业未决定出售资产或转移负债，该费用将不会产生。企业应当根据其他相关会计准则对交易费用进行会计处理。

企业在根据主要市场或最有利市场的交易价格确定相关资产或负债的公允价值时，不应根据交易费用对该价格进行调整。例如，智董公司委托某证券公司于2×14年12月1日购买某上市公司100万股普通股股票，作为交易性金融资产持有。2×14年12月1日，该上市公司股票价格为每股10元。智董公司共支付1002万元，其中2万元是支付给证券公司的手续费。智董公司在2×14年12月1日初始确认该交易性金融资产时，每一股股票的公允价值应当是10元，而不是10.02元。

交易费用不包括运输费用。相关资产所在地理位置是该资产的特征，企业应当根据使该资产从当前位置转移到主要市场（或者在不存在主要市场情况下的最有利市场）的运输费用调整主要市场（或者在不存在主要市场情况下的最有利市场）的价格。

【例9-49】2×14年12月31日，智董公司在非同一控制下的企业合并业务中获得一批存货（100吨某原材料）。在合并日，智董公司应当以公允价值计量这批存货。根据市场交易情况，该原材料在深圳和上海有两个活跃的交易市场。智董公司能够进入这两个市场，并能够取得该存货在这两个市场的交易数据，如表9-21所示。

表9-21　2×14年12月31日该原材料的市场交易数据

市场	销售价格（万元/吨）	历史交易量（吨）
深圳	26	980万
上海	28	20万

智董公司根据市场交易数据能够确定深圳的市场拥有最大交易量、交易活跃程度最高，判定深圳的市场为该原材料的主要市场。因此，智董公司应当以深圳市场价格为基础估计这批存货的公允价值。

假定在深圳市场出售这批存货的交易费用（如相关税费等）为300万元，将这批存货运抵深圳的成本为20万元；在上海市场出售这批存货的交易费用为320万元，将这批存货运抵上海的成本为40万元。

智董公司在估计这批存货的公允价值时，应当使用在主要市场中出售该原材料将收到的价格，并考虑运输费用，但不考虑交易费用。因此，这批存货的公允价值计量应使用深圳市场中的价格（2600万元），减去运输费用（20万元），从而这批存货的公允价值为2580万元。

在本例中，尽管上海市场上出售原材料的价格（28万元）要高于深圳市场的价格（26万元），根据本准则的规定，智董公司也不能以上海市场价格为基础确定这批存货的公允价值。

【**例 9-50**】承上例，如果智董公司无法获得这批存货在深圳和上海的历史交易量，则智董公司应当在考虑交易费用和运输费用后将能够获得经济利益最大化的市场确定为最有利市场，即在该市场中出售这批存货收到的净额最高。

由于市场参与者在上海市场中出售该存货能够收到的净额为 2440 万元（2800 − 320 − 40），高于在深圳市场出售存货能够收到的净额 2280 万元（2600 − 300 − 20），因此，在智董公司无法确定主要市场的情况下，上海市场为最有利市场。智董公司应当以上海的市场价格为基础估计这批存货的公允价值。

智董公司估计这批存货的公允价值时，应当使用最有利市场的价格，并考虑运输费用，但不考虑交易费用，即上海市场中的价格（2800 万元）减去运输费用（40 万元），从而这批存货的公允价值为 2760 万元。

在本例中，尽管智董公司在确定最有利市场时考虑了交易费用，但在计量这批存货公允价值时不考虑交易费用，而是仅针对运输费用进行调整。

企业以公允价值计量相关资产或负债，即使在计量日不存在提供出售资产或转移负债价格信息的可观察市场，企业仍应当从持有资产或承担负债的市场参与者的角度进行考虑，并假设当日发生了交易。该假设的交易是估计出售资产或转移负债价格的基础。

5. 采用市场参与者在对该资产或负债定价时为实现其经济利益最大化所使用的假设

企业以公允价值计量相关资产或负债，应当充分考虑市场参与者之间的交易，采用市场参与者在对该资产或负债定价时为实现其经济利益最大化所使用的假设。

（1）市场参与者的特征。市场参与者，是指在相关资产或负债的主要市场（或者在不存在主要市场情况下的最有利市场）中，相互独立的、熟悉资产或负债情况的、能够且愿意进行资产或负债交易的买方和卖方。市场参与者应当具备以下特征。

1）市场参与者应当相互独立，不存在《企业会计准则第 36 号——关联方披露》所述的关联方关系。例如，智董公司是贵琛公司的母公司。2×14 年 12 月 31 日，智董公司与贵琛公司签订股权转让协议，以每股 5 元的协议价格受让贵琛公司持有的某上市公司 200 万股普通股股票，并作为交易性金融资产持有。12 月 31 日，该上市公司普通股股票的公开市场报价（收盘价）为每股 4.23 元。由于智董公司和贵琛公司之间存在控制与被控制的关系，其签订的股份转让协议价格明显高于公开市场报价，因此，智董、贵琛公司之间的交易不能作为市场参与者之间的交易，其交易价格不能作为计量相关资产公允价值的基础。但如果企业有证据表明，关联方之间的交易是按市场条款达成的，则关联方之间的交易可以作为市场参与者之间的交易，交易价格可作为公允价值计量的基础。如果贵琛公司以每股 4.23 元的价格向其母公司（智董公司）转让该上市公司股份，两者之间的交易价格等于计量日公开市场报价，则智董、贵琛公司之间的交易可作为市场参与者之间的交易，其交易价格能够作为计量相关资产公允价值的基础。

2）市场参与者应当熟悉情况，根据可获得的信息，包括通过正常的尽职调查获取的信息，对相关资产或负债以及交易具备合理认知。

3）市场参与者应当有能力并自愿进行相关资产或负债的交易，而非被迫或以其他强制方式进行交易。

（2）市场参与者的确定。企业在确定市场参与者时，应当考虑所计量的相关资产或负债、该资产或负债的主要市场（或者在不存在主要市场情况下的最有利市场）以及在该市场上与企业进行交易的市场参与者等因素，从总体上识别市场参与者。例如，某一市场参与者愿意为一项业务支付更高的价格，因为该市场参与者能从该业务中获得协同效应，而其他市场参与者无法获得相同的协同效用。企业在确定该业务的公允价值时，不应以该特定市场参与者的报价为基础，而是应当以大多数市场参与者愿意支付的价格为基础。

企业在确定市场参与者时至少应当考虑以下因素。

1）所计量的相关资产或负债。例如，金融资产的市场参与者与非金融资产的市场参与者之间将存在较大差别。

2）该资产或负债的主要市场（或者在不存在主要市场情况下的最有利市场）。主要市场（或者在不存在主要市场情况下的最有利市场）是基于企业角度确定的，因此，与企业在同一行业的其他企业有可能是市场参与者，但市场参与者也可能来自其他行业。例如，在计量制造业企业拥有的土地使用权的公允价值时，房地产开发企业也可能作为市场参与者。

3）企业将在主要市场或最有利市场进行交易的市场参与者。

（3）市场参与者的应用。企业以公允价值计量相关资产或负债，应当基于市场参与者之间的交易确定该资产或负债的公允价值。如果市场参与者在交易中考虑了相关资产或负债的特征以及相关风险等，并根据这些特征或风险对该资产或负债的交易价格进行了调整，那么企业也应当采用市场参与者在对该资产或负债定价时所使用的这些假设。

企业应当从市场参与者角度计量相关资产或负债的公允价值，而不应考虑企业自身持有资产、清偿或者以其他方式履行负债的意图和能力。

（二）公允价值初始计量

企业应当根据交易性质和相关资产或负债的特征等，判断初始确认时的公允价值是否与其交易价格相等。企业在取得资产或者承担负债的交易中，交易价格是取得该资产所支付或者承担该负债所收到的价格，即进入价格。而相关资产或负债的公允价值是脱手价格，即出售该资产所能收到的价格或者转移该负债所需支付的价格。

企业未必以取得资产时所支付的价格出售该资产，同样，也未必以承担负债时所收取的价格转移该负债。虽然企业取得资产或承担负债的进入价格不一定等于该资产或负债的脱手价格。但在大多数情况下，相关资产或负债的进入价格等于其脱手价格。例如，在交易日，企业购买一项资产的交易发生在出售该项资产主要市场（或者在不存在主要市场情况下的最有利市场）上的，取得该资产的交易价格与其脱手价格相等。

但在下列情况中，企业以公允价值对相关资产或负债进行初始计量的，不应将取得资产或者承担负债的交易价格作为该资产或负债的公允价值。

（1）关联方之间的交易。但企业有证据表明关联方之间的交易是按照市场条款进行的，该交易价格可作为确定其公允价值的基础。

（2）被迫进行的交易，或者资产出售方（或负债转移方）在交易中被迫接受价格的交易。例如，资产出售方或负债转移方为满足监管或法律的要求而被迫出售资产或转移负债，或者资产出售方或负债转移方正陷于财务困境。

（3）交易价格所代表的计量单元不同于以公允价值计量的相关资产或负债的计量单元。例如，以公允价值计量的相关资产或负债仅是交易（如企业合并）中的一部分，而交易除该资产或负债外，还包括按照其他会计准则应单独计量但未确认的无形资产。

（4）进行交易的市场不是该资产或负债的主要市场（或者在不存在主要市场情况下的最有利市场）。例如，某商业银行是银行间债券市场的做市商，既可以与其他做市商在银行间债券市场进行交易，也可以与客户在交易所市场进行交易，但对于该银行而言，债券交易的主要市场（或者在不存在主要市场情况下的最有利市场）是与其他做市商进行交易的银行间债券市场，交易所市场上的交易价格则有可能不同于银行间债券市场上的交易价格。

其他相关会计准则要求或允许企业以公允价值对相关资产或负债进行初始计量，并且交易价格与公允价值不相等的，交易价格与公允价值的差额应当按照其他相关会计准则的要求进行处理。如果其他相关会计准则对此未做出明确规定的，企业应当将该差额计入当期损益。

（三）估值技术

企业以公允价值计量相关资产或负债，应当使用在当前情况下适用并且有足够可利用数据和其他信息支持的估值技术。

1. 使用估值技术的目的

企业使用估值技术的目的是，估计市场参与者在计量日当前市场情况下的有序交易中出售资产或者转移负债的价格。

2. 具体估值技术

估值技术通常包括市场法、收益法和成本法。

企业应当根据实际情况从市场法、收益法和成本法中选择一种或多种估值技术，用于估计相关资产或负债的公允价值。本准则未规定企业应当优先使用何种估值技术，除非在活跃市场上存在相同资产或负债的公开报价。相关资产或负债存在活跃市场公开报价的，企业应当优先使用该报价确定该资产或负债的公允价值。

（1）市场法。市场法是利用相同或类似的资产、负债或资产和负债组合的价格以及其他相关市场交易信息进行估值的技术。

企业应用市场法估计相关资产或负债公允价值的，可利用相同或类似的资产、负债或资产和负债的组合（如一项业务）的价格和其他相关市场交易信息进行估值。

企业在使用市场法时，应当以市场参与者在相同或类似资产出售中能够收到或者转移相同或类似负债需要支付的公开报价为基础。企业在市场价格或其他相关市场交易信息基础上，应当根据该资产或负债的特征，例如，当前状况、地理位置、出售和使用的限制等，对相同或类似资产或负债的市场价格进行调整，以确定该资产或负债的公允价值。

【例 9-51】 2×14 年 7 月 1 日，智董公司购入贵琛上市公司 100 万股普通股股票，共支付 500 万元，假定不考虑相关税费。

智董公司将对贵琛上市公司的投资作为交易性金融资产持有。2×14 年 12 月 31 日，贵琛上市公司普通股股票的收盘价为每股 4.8 元。智董公司在编制 2×14 年度财务报表时，采用市场法确定其持有的对贵琛上市公司投资的公允价值。根据贵琛上市公司普通股股票于 2×14 年 12 月 31 日的收盘价，智董公司对贵琛上市公司投资的公允价值为 480 万元（4.8×100）。

企业在应用市场法时，除直接使用相同或类似资产或负债的公开报价外，还可以使用市场乘数法等估值方法。市场乘数法是一种使用可比企业市场数据估计公允价值的方法，包括上市公司比较法、交易案例比较法等。企业采用上市公司比较法时，可使用的市场乘数包括市盈率、市净率、企业价值/税息折旧及摊销前利润乘数等。企业应当进行职业判断，考虑与计量相关的定性和定量因素，选择恰当的市场乘数。

【例 9-52】 智董公司拥有贵琛公司 5% 的股权，将其作为可供出售金融资产持有。贵琛公司是一家非上市的股份公司，不存在活跃市场的公开报价。2×14 年 12 月 31 日，智董公司在编制其财务报表时，由于无法获得贵琛公司股份的公开市场报价，决定采用市场乘数法确定对贵琛公司投资的公允价值。

智董公司根据贵琛公司所处的行业、规模、经营业绩、风险、成长性等因素，选择了 4 家可比的上市公司。考虑到可比公司与贵琛公司之间资本结构和折旧政策存在差异，智董公司选择企业价值/税息折旧及摊销前利润（EV/EBITDA）乘数对贵琛公司进行估值。智董公司通过贵琛公司的税息折旧及摊销前利润和可比上市公司的企业价值/税息折旧及摊销前利润乘数计算出贵琛公司的企业价值，然后减去贵琛公司负债的公允价值，得到调整前的贵琛公司股东权益价值。智董公司在考虑流动性折价等因素后，得到调整后的贵琛公司股东权益价值，并根据其持股比例，最终得到在贵琛公司中股权投资的公允价值。

可比上市公司的企业价值／税息折旧及摊销前利润乘数如表 9-22 所示。

表 9-22　可比上市公司乘数数据

可比公司	EV/EBITDA
上市公司 A	8.0 倍
上市公司 B	9.0 倍
上市公司 C	9.5 倍
上市公司 D	8.5 倍
平均数	8.75 倍

2×14 年 12 月 31 日，假定贵琛公司税息折旧及摊销前利润为 10000 万元。智董公司运用可比上市公司企业价值／税息折旧及摊销前利润乘数的平均数（8.75 倍）得到贵琛公司的企业价值为 87500 万元。假定贵琛公司在 2×14 年 12 月 31 日负债的公允价值是 37500 万元。

智董公司根据以下程序（表 9-23），确定其在贵琛公司中 5% 股权的公允价值为 2250 万元。

表 9-23　贵琛公司股权公允价值确定程序　　　　　　　单位：万元

1. 调整前的贵琛公司股东权益价值	贵琛公司企业价值 − 负债公允价值	87500 − 37500 = 50000
2. 流动性折价	该折价反映了贵琛公司无公开报价权益工具相比可比公司的权益工具，具有较低流动性。为了简化，假定流动性折价为 10%	50000 × 10% = 5000
3. 调整后的贵琛公司股东权益价值		50000 − 5000 = 45000
4. 智董公司持有贵琛公司 5% 股权的公允价值		45000 × 5% = 2250

（2）收益法。收益法是企业将未来金额转换成单一现值的估值技术。企业使用收益法时，应当反映市场参与者在计量日对未来现金流量或者收入费用等金额的预期。企业使用的收益法包括现金流量折现法、多期超额收益折现法、期权定价模型等估值方法。

1）现金流量折现法。现金流量折现法是企业在收益法中最常用到的估值方法，包括传统法（即折现率调整法）和期望现金流量法。

现值是企业运用折现率将未来金额与现在金额联系起来所使用的工具。企业使用现金流量折现法估计相关资产或负债的公允价值时，需要在计量日从市场参与者角度考虑相关资产或负债的未来现金流量、现金流量金额和时间的可能变动、货币时间价值、因承受现金流量固有不确定性而要求的补偿（即风险溢价）与负债相关的不履约风险（包括企业自身信用风险）市场参与者在当前情况下可能考虑的其他因素等。

企业采用的现金流量折现法因其中所包含的上述因素的不同而有可能不同。企业以现金流量折现法估计相关资产或负债的公允价值，为避免重复计算或忽略风险因素的影响，折现率与现金流量应当保持一致。例如，企业使用了合同现金流量的，应当采用能够反映预期违约风险的折现率；使用了概率加权现金流量的，应当采用无风险利率；使用了包含了通货膨胀影响的现金流量的，应当采用名义折现率；使用了排除了通货膨胀影响的现金流量的，应当采用实际利率；使用税后现金流量的，应当采用税后折现率；使用税前现金流量的，应当采用税前折现率；使用人民币现金流量的，应当使用与人民币相关的利率等。

企业在现金流量折现法中所使用的现金流量是估计金额，而非确定的已知金额。当存在违约风险时，即使是合同约定的金额（例如，贷款承诺中约定的贷款金额）也是不确定的，所以，企业使用现金流量折现法时，将面临较多不确定性。

企业在以公允价值计量该资产或负债时应当考虑风险溢价。企业在某些情况下确定合适的风险溢价可能会存在较大的困难，但企业不能仅仅因为难以确定风险溢价而在公允价值计量中不考虑风险调整因素。

根据对风险的调整方式和采用现金流量类型，可以将现金流量折现法区分为两种方法，即传统法和期望现金流量法。

（a）传统法是使用在估计金额范围内最有可能的现金流量和经风险调整的折现率的一种折现方法。

企业在传统法中所使用的现金流量，包括合同现金流量、承诺现金流量或者最有可能的现金流量等。这些现金流量都以特定事项为前提条件，例如，债券中包含的合同现金流量或承诺现金流量是以债务人不发生违约为前提条件。

企业所使用的经风险调整的折现率，应当来自市场上交易的类似资产或负债的可观察回报率。在不存在可观察的市场回报率情况下，企业也可以使用估计的市场回报率。

【例 9-53】智董公司采用公允价值模式对其拥有的投资性房地产进行后续计量。2×13年，智董公司将其在某市市中心拥有的一幢写字楼用于出租。该写字楼共五层，总建筑面积为 60000 平方米，可出租面积约 35000 平方米。考虑到在计量日前一段时间内不存在相同或类似写字楼在活跃市场的交易价格，但类似商业房地产的租赁市场非常活跃，智董公司决定采用收益法中的现金流量折现法估计该写字楼于 2×13 年 12 月 31 日的公允价值，即通过将未来预测期内的现金流量和该写字楼在预测期最后一年的余值用恰当的折现率折现到计量日。

根据市场状况，智董公司采用了以下假设。

（1）预测期为 2×13 年 12 月 31 日至 2×18 年 12 月 31 日。

（2）收益期，以计量日至土地使用权终止日之间的期间为收益期，即 30 年。

（3）折现率。智董公司通过对该市大量类似商业房地产的市场调查，并考虑评估对象位置、交通便利性以及在营运期内的相关风险（如营运风险、房地产风险、现金流动风险以及其他风险）进行分析和调整，最终确定折现率为 9%。

（4）租金。截至 2×16 年 12 月 31 日，该写字楼带租赁合同运营。因此，智董公司分析租金收益时按租赁期内和租赁期外两种情况考虑，2×14 年至 2×16 年租赁期内采用租赁合同规定的租金，2×17 年和 2×18 年租赁期外采用市场租金。

（5）费用支出。智董公司预计营业税及附加、房产税、财产保险费、土地使用税、营运费用、营销推广费用等占每年租金收入的 25%。

智董公司根据上述信息，确定该写字楼于 2×13 年 12 月 31 日的公允，价值为 91602万元。具体计算过程如表 9-24 所示。

表 9-24　写字楼公允价值计算表　　　　　　　　　　单位：万元

	2×14	2×15	2×16	2×17	2×18	合计
1. 总租金收益（1）	12000	14000	16500	17000	17500	
2. 总费用（2）=（1）×25%	3000	3500	4125	4250	4375	
3. 租金净收益（3）=（1）-（2）	9000	10500	12375	12750	13125	
4. 未来 30 年的现金流量（4）					72917*	
5. 折现率（5）（9%）	0.9174	0.8417	0.7722	0.7084	0.6499	
6. 现金流量现值=[（3）+（4）]×（5）	8257	8838	9556	9032	55919	91602

为了简化，假定该写字楼未来 30 年的余值折现到 2×18 年 12 月 31 日的价值为 72917万元。

企业在确定资产或负债是否类似时，需要考虑现金流量的性质（例如，现金流量是合同现金流量还是非合同现金流量、现金流量是否会对经济条件的改变做出类似反应）以及信用状况、抵押品、期限、限制性合同和流动性等其他因素。

（b）期望现金流量法是使用风险调整的期望现金流量和无风险利率，或者使用未经风险调整的期望现金流量和包含市场参与者要求的风险溢价的折现率的一种折现方法。

企业应当以概率为权重计算的期望现金流量反映未来所有可能的现金流量。企业在期望现金流量法中使用的现金流量是对所有可能的现金流量进行了概率加权，最终得到的期望现金流量不再以特定事项为前提条件，这不同于企业在传统法中所使用的现金流量。

企业在应用期望现金流量法时，有两种方法调整相关资产或负债期望现金流量的风险溢价。

第一种方法是，企业从以概率为权重计算的期望现金流量中扣除风险溢价，得到确定等值现金流量，并按照无风险利率对确定等值现金流量折现，从而估计出相关资产或负债的公允价值。当市场参与者对于以确定的现金流量交换期望现金流量无偏好时，该确定的现金流量即为确定等值现金流量。例如，如果市场参与者愿意以1000元的确定现金流量交换1200元的期望现金流量，该1000元即为1200元的确定等值（即200元代表风险溢价）。在这种情况下，持有1200元的期望现金流量和持有1000元现金，对于市场参与者而言是无差异的。

第二种方法是，企业在无风险利率之上增加风险溢价，得到期望回报率，并使用该期望回报率对以概率为权重计算的现金流量进行折现，从而估计出相关资产或负债的公允价值。企业可以使用对风险资产进行计价的模型估计期望回报率，例如资本资产定价模型。

【例9-54】为了说明期望现金流量法调整风险的两种方法，假定根据下列可能的现金流量和概率（表9-25），计算确定资产在一年内拥有800万元的期望现金流量。假定适用的一年期无风险利率为6%，具有相同风险状况的资产的系统性风险溢价为2%。

表 9-25　可能的现金流量及概率

单位：万元

可能的现金流量	概率	概率加权现金流量
600	20%	120
800	60%	480
1000	20%	200
期望现金流量		800

在本例中，期望现金流量（800万元）代表三个可能结果的概率加权平均。在实际情况下，可能存在更多结果，但企业应用期望现金流量法时，不需要运用复杂的模型和技术考虑所有可能的现金流量分布，而应当确定现金流量有限数量的可能结果和概率。例如，企业可能使用相关历史期间的实际现金流量，并在考虑市场参与者假设的基础上，对经济形势或市场情况、行业趋势和竞争程度等外部因素和具体影响企业内部因素的变动进行调整。

1. 企业在使用期望现金流量法第一种方法时，应当根据风险溢价对期望现金流量进行调整

第一步：企业通过使用2%的风险溢价，计算出现金流量的风险调整为15万元 [800 − 800 × （1.06/1.08）]。

第二步：企业使用期望现金流量减去15万元风险调整，得出经市场风险调整的期望现金流量是785万元（800 − 15）。

第三步：企业以无风险利率（6%）对经市场风险调整的期望现金流量进行折现，得到该项资产的现值（即公允价值）为741万元（785/1.06）。

2. 企业在使用期望现金流量法第二种方法时，应当根据风险溢价对折现率进行调整

第一步：企业将无风险利率（6%）加上风险溢价（2%），得到期望回报率为8%。

第二步：企业使用期望回报率对期望现金流量（800万元）进行折现，得到该项资产的现值（即公允价值）为741万元（800/1.08）。

企业使用期望现金流量法的上述两种方法，得到的现金流量现值应当是相同的。因此，企业在使用期望现金流量法估计相关资产或负债的公允价值时，期望现金流量法的上述两种方法均可使用。企业对期望现金流量法第一种方法或第二种方法的选择，取决于被计量资产或负债的特征和环境因素，企业是否可获取足够多的数据，以及企业运用判断的程度等。

2）期权定价模型。企业可以使用布莱克－斯科尔斯模型、二叉树模型、蒙特卡洛模拟法等期权定价模型估计期权的公允价值。其中，布莱克－斯科尔斯期权定价模型可以用于认股权证和具有转换特征的金融工具的简单估值。布莱克－斯科尔斯期权定价模型中的输入值包括：即期价格、行权价格、合同期限、预计或内含波动率、无风险利率、期望股息率等。

【例 9-55】智董公司持有贵琛上市公司发行的股票期权，作为以公允价值计量且其变动计入当期损益的金融资产持有。根据该期权，智董公司可以在 2×16 年 12 月 31 日，按每股 5 元的行权价格向贵琛上市公司购买 1000 万股普通股。由于该期权无活跃市场公开报价，智董公司管理层决定采用了布莱克－斯科尔斯期权定价模型确定该期权在 2×14 年 12 月 31 日的公允价值。

布莱克－斯科尔斯期权定价模型中采用的主要输入值如表 9-26 所示。

表 9-26　布莱克－斯科尔斯期权定价模型中主要输入值

即期价格	贵琛上市公司普通股 2×14 年 12 月 31 日收盘价为 4 元 / 每股
行权价格	5 元 / 每股
期权期限	2 年
无风险利率	根据发行日国债收益率曲线，2 年期的到期收益率为 4%
股价波动率	基于贵琛上市公司自发行日起过去 5 年内的每日收盘价计算得到股价波动率为 40%
期望股息率	基于贵琛上市公司过去 5 年的派息情况计算得到期望股息率为 3%

根据表 9-26 中的输入值，智董公司采用布莱克－斯科尔斯期权定价模型计算得到 2×14 年 12 月 31 日该期权的公允价值为 566.9 万元。

蒙特卡洛模拟法适用于包含复杂属性（如包括可变行权价格或转换价格、对行权时间具有限制条款等）的认股权证或具有转换特征的金融工具。蒙特卡洛模拟法将根据认股权证或具有转换特征的金融工具的条款、条件以及其他假设，随机生成数千甚至数百万的可能结果，计算每种可能情形的相关回报，这些回报用概率加权并折现以计算相关资产或负债的公允价值。

（3）成本法。成本法是反映当前要求重置相关资产服务能力所需金额的估值技术，通常是指现行重置成本法。在成本法下，企业应当根据折旧贬值情况，对市场参与者获得或构建具有相同服务能力的替代资产的成本进行调整。折旧贬值包括实体性损耗、功能性贬值以及经济性贬值。企业主要使用现行重置成本法估计与其他资产或其他资产和负债一起使用的有形资产的公允价值。

【例 9-56】智董公司于 2×12 年 1 月 1 日购买了一台数控设备，其原始成本为 400 万元，预计使用寿命为 20 年。2×14 年，该数控设备生产的产品有替代产品上市，导致智董公司产品市场份额骤降 30%。2×14 年 12 月 31 日，智董公司决定对该数控设备进行减值测试，

根据该数控设备的公允价值减去处置费用后的净额与预计未来现金流量现值较高者确定可收回金额。根据可获得的市场信息，智董公司决定采用重置成本法估计该数控设备的公允价值。

智董公司在估计公允价值时，因无法获得该数控设备的市场交易数据，也无法获取其各项成本费用数据，故采用以设备历史成本为基础，根据同类设备的价格上涨指数来确定公允价值的物价指数法。假设自 2×12 年至 2×14 年，此类数控设备价格指数按年分别为上涨的 5%、2% 和 5%。此外，在考虑实体性贬值、功能性贬值和经济性贬值后，在购买日该数控设备的成新率为 60%。因此，智董公司估计该设备公允价值为 270 万元（400×1.05×1.02×1.05×60%）。

3. 估值技术的选择

企业在某些情况下使用单项估值技术是恰当的，如企业使用相同资产或负债在活跃市场上的公开报价计量该资产或负债的公允价值。但在有些情况下，企业可能需要使用多种估值技术，如企业对未上市企业股权投资的估值，将采用市场法和收益法。企业应当运用更多职业判断，确定恰当的估值技术。企业至少应当考虑以下因素。

（1）根据企业可获得的市场数据和其他信息，其中一种估值技术是否比其他估值技术更恰当。

（2）其中一种估值技术所使用的输入值是否更容易在市场上观察到或者只需作更少的调整。

（3）其中一种估值技术得到的估值结果区间是否在其他估值技术的估值结果区间内。

（4）市场法和收益法结果存在较大差异的，进一步分析存在较大差异的原因，例如其中一种估值技术可能使用不当，或者其中一种估值技术所使用的输入值可能不恰当等。

企业在公允价值后续计量中使用了估值技术，并且运用了不可观察输入值的，应当确保该估值技术反映了计量日可观察的市场数据，例如，类似资产或负债的最近交易价格等。企业以相关资产或负债的交易价格作为其初始确认时的公允价值，并在公允价值后续计量中使用了不可观察输入值的，应当校正后续计量中运用的估值技术，以使得该估值技术确定的初始确认结果与初始确认时的交易价格相等。企业通过校准估值技术，能够确保估值技术反映当前市场情况，避免发生估值技术未反映相关资产或负债的特征。

【例 9-57】智董公司在 2×14 年 12 月 31 日购买了贵琛公司 10 万股普通股股票，占贵琛公司所有发行在外股份的 5%。贵琛公司是一家非上市的股份公司，不存在活跃市场的公开报价。智董公司共支付 360 万元，假定该交易价格等于该投资在 2×14 年 12 月 31 日的公允价值。

智董公司预期后续将使用可比公司估值乘数技术计量这些股权的公允价值，并且将会在该估值技术中使用贵琛公司业绩衡量指标、流动性折价等不可观察输入值。因此，智董公司以 360 万元的交易价格对后续使用的估值模型进行校准，以使得使用该估值模型得到的该投资在初始确认时的估计值等于交易价格，确保该估值模型已充分反映了该投资的所有特征。

假定贵琛公司 2×14 年 12 月 31 日的税息折旧及摊销前利润为 800 万元，流动性折价为 10%，并且智董公司从市场上获得可比公司的企业价值/税息折旧及摊销前利润（EV/EBITDA）乘数为 10 倍。智董公司运用该乘数和贵琛公司税息折旧及摊销前利润估计得到贵琛公司在 2×14 年 12 月 31 日的价值为 8000 万元，其持有的 5% 股权的价值为 400 万元，在考虑流动性折价后得到的估计价值为 360 万元（表 9-27）。

因此，智董公司后续计量中使用的估值模型和选择的输入值反映了当前市场情况，如表 9-27 所示。

表 9-27 贵琛公司估计价值计算表 单位：万元

（1）贵琛公司 2×14 年 12 月 31 日的税息折旧及摊销前利润	800
（2）企业价值 / 税息折旧及摊销前利润乘数（10 倍）	
（3）贵琛公司价值 =（1）×（2）	8000
（4）5% 股权所占份额 =5%×（3）	400
（5）流动性折价（10%）	
（6）流动性折价调整 =10%×（4）	40
（7）2×14 年 12 月 31 日 5% 股权的估计价值 =（4）-（6）	360

在每一个后续计量日，智董公司将评价在初始确认计量公允价值时使用的假设是否发生变动（即企业价值 / 税息折旧及摊销前利润乘数为 10 倍是否合适，在初始确认用于取得少数股东权益折价和流动性折价的假设在计量日是否有效）。如果这些假设发生变化，智董公司将考虑这些变化如何影响计量以及新的事实是否需要包括在估值技术中。总之，智董公司应确保估值技术在计量日反映当前市场状况，如果影响贵琛公司的事实和情况及其经营环境发生变化，还应做出必要的调整。

企业在估计不存在活跃市场的权益工具的公允价值时，如果自权益工具购买日至计量日之间的间隔较短，并且在此期间没有发生对该权益工具价值产生重大影响的事件，企业可采用近期交易价格作为无公开报价权益工具的公允价值；如果权益工具非近期购买，或者自购买日至计量日之间发行权益工具的企业（发行人）发生了重大变化，企业可能不应按照近期交易价格确定权益工具的公允价值，应当根据发行人所处的发展阶段，选用恰当的估值方法进行估值。

例如，对于成熟的被投资企业，企业可采用市场法计量其无公开报价权益工具的公允价值。企业选择可比公司作为基准公司时，应当重点考虑业务的性质、业务的盈利能力及所在地。企业无法找到与被投资企业在同一行业的上市公司时，可选择最相近行业和具有相似经营风险和利润率的公司作为替代。企业选定可比公司后，应当对关键指标的差异进行调整，从而增强市场法的适用性和可靠性。这些所需调整的关键指标差异包括可比公司所在不同市场的估值水平，可比公司与被投资企业之间增长性、盈利能力、股本回报率、流动性差异等。另外，企业也可使用行业特定的一些业务驱动因素进行比较（如股价 / 页面浏览量、股价 / 床位）。

又如，对于迅速成长的被投资企业，企业可采用收益法计量其无公开报价权益工具的公允价值。企业使用该方法时，需要进行一系列的财务预测，预测时间至少包括企业一个业务周期，一般不少于 5 年。如果被投资企业已经确定在近期能够实现上市流通，并且相应的股价已大致确定，企业可采用投资收益折现法来确定被投资企业发行的权益工具的公允价值，使用较低的风险回报率确定计量日的现值。企业应当采用市场法对收益法的结果进行交叉检验。

企业在公允价值计量中使用的估值技术一经确定，不得随意变更。企业公允价值计量中应用的估值技术应当在前后各会计期间保持一致，除非变更估值技术或其应用方法能使计量结果在当前情况下同样或者更能代表公允价值，包括但不限于下列情况：①出现新的市场；②可以取得新的信息；③无法再取得以前使用的信息；④改进了估值技术；⑤市场状况发生变化等。

企业变更估值技术及其应用方法的，应当按照《企业会计准则第 28 号——会计政策、会计估计变更和差错更正》的规定作为会计估计变更处理，并根据本准则的披露要求对估值技术及其应用方法的变更进行披露，而不需要按照《企业会计准则第 28 号——会计政策、会计估计变更和差错更正》的规定对相关会计估计变更进行披露。

企业无论使用何种估值技术，都应当考虑当前市场状况并做出市场参与者可能进行的风险调整，如对信用风险和流动性风险的调整。

4. 考虑市场参与者在对相关资产或负债进行定价时所使用的假设——输入值

企业以公允价值计量相关资产或负债，应当考虑市场参与者在对相关资产或负债进行定价时所使用的假设，包括有关风险的假设，例如，所用特定估值技术的内在风险等。市场参与者所使用的假设即为输入值，可分为可观察输入值和不可观察输入值。

企业使用估值技术时，应当优先使用可观察输入值，仅当相关可观察输入值无法取得或取得不切实可行时才使用不可观察输入值。企业通常可以从交易所市场、做市商市场、经纪人市场、直接交易市场获得可观察输入值。在交易所市场上，企业可直接获得相关资产或负债的收盘价。在做市商市场上，做市商随时准备用自有资本买入或者卖出做市项目，以此提供流动性并形成市场，所以出价和要价比收盘价更容易获得。但在直接交易市场上，买卖双方独立协商，无中介参与，所以企业难以获得这些交易。

企业为估计相关资产或负债公允价值必须使用一些不可观察输入值的，如果市场参与者在对该资产或负债的公允价值计量会用到这些不可观察输入值，那么企业也应当使用这些不可观察输入值。

无论企业在以公允价值计量相关资产或负债过程中是否使用不可观察输入值，其公允价值计量的目的仍是基于市场参与者角度确定在当前市场条件下计量日有序交易中该资产或负债的脱手价格。

（1）公允价值计量中相关的溢价和折价。企业应当选择与市场参与者在相关资产或负债交易中会考虑的，并且与该资产或负债特征相一致的输入值。在企业能够获得相同或类似资产或负债在活跃市场的报价、市场参与者将考虑与相关资产或负债的特征相关的溢价或折价的情况下，企业应当根据这些溢价或折价，如控制权溢价、少数股东权益折价、流动性折价等，对相同或类似资产或负债的市场交易价格进行调整。

企业不应考虑与要求或允许公允价值计量的其他相关会计准则中规定的计量单元不一致的溢价或折价，如反映企业持有规模特征（即"大宗持有因素"）的溢价或折价。例如，某企业持有一家上市公司 15000 万股普通股股票。该上市公司在资本市场上一般平均日交易量约为 12000 万股普通股股票。如果该企业全部出售其持有的上市公司股份，将会造成流动性问题，该上市公司每股普通股股价将发生严重下跌。大宗持有因素是与交易相关的特定因素，因企业交易该资产的方式不同而有所不同。该因素与企业持有股份数量（即持有规模）有关，不是该资产（上市公司普通股股票）的特征。

（2）以出价和要价为基础的输入值。当相关资产或负债具有出价和要价时，企业可以使用出价——要价价差中在当前市场情况下最能代表该资产或负债公允价值的价格计量该资产或负债。出价是经纪人或做市商购买一项资产或处置一项负债所愿意支付的价格，要价是经纪人或做市商出售一项资产或承担一项负债所愿意收取的价格。

企业可使用出价计量资产头寸、使用要价计量负债头寸，也可使用市场参与者在实务中使用的在出价和要价之间的中间价或其他定价惯例计量相关资产或负债。其他方法可作为权宜之计使用。但是，企业不应使用与公允价值计量假定不一致的权宜之计，如对资产使用要价，对负债使用出价。

5. 将估值技术所使用的输入值划分为三个层次——公允价值层次

为提高公允价值计量和相关披露的一致性和可比性，企业应当将估值技术所使用的输入值划分为三个层次，并最优先使用活跃市场上相同资产或负债未经调整的报价（第一层次输入值），最后使用不可观察输入值（第三层次输入值）。

（1）第一层次输入值。第一层次输入值是企业在计量日能够取得的相同资产或负债在活跃市场上未经调整的报价。活跃市场，是指相关资产或负债交易量及交易频率足以持续提供定价信息的市场。在活跃市场，交易对象具有同质性，可随时找到自愿交易的买方和卖方，并且市场价格信息是公开的。当交易量和交易活动显著下降、可获得的价格因时间或市场参与者不同存在显著差异、可获得的价格并非当前价格时，当前市场可能不是活跃市场。

在活跃市场中，企业应当能够易于且可定期从交易所、交易商、经纪人、行业集团、定价机构或监管机构等获得相关资产或负债的报价。企业从活跃市场获得的这些报价，应当能够代表在公平交易基础上实际并经常发生的市场交易。异常的市场报价不应作为第一层次输入值。例如，债券交易中出现的频繁对敲交易形成的市场价格。

企业使用相同资产或负债在活跃市场的公开报价对该资产或负债进行公允价值计量时，通常不应进行调整。但以下情况除外。

1）企业持有大量类似但不相同的以公允价值计量的资产或负债，这些资产或负债存在活跃市场报价，但难以获得每项资产或负债在计量日单独的定价信息。例如，银行等金融机构持有大量的类似债券，可能在计量日较难取得每一债券的价格信息，而使用其中一些债券的报价确定其他类似债券的公允价值。在这种情况下，企业可使用不完全依赖于单个报价的备选定价方法作为权宜之计，但公允价值计量应当划入较低层次。

2）因发生影响公允价值计量的重大事件等导致活跃市场的报价不代表计量日的公允价值。例如，在证券市场闭市之后但在计量日之前发生的买卖双方直接交易、经纪人交易或公告等重大事项。企业应当制订相应会计政策并一致应用，以识别那些可能影响公允价值计量的重大事项。企业根据该新信息而对报价有所调整的，公允价值计量应当划入较低层次。

3）不存在相同或类似负债或企业自身权益工具报价但其他方将其作为资产持有的负债或自身权益工具的公允价值。如果无需对资产报价进行调整，公允价值计量结果为第一层次。但企业对资产报价进行调整的，公允价值计量应当划入较低层次。

在活跃市场中，企业应当以单项资产或负债的市场报价（第一层次输入值）与企业持有数量的乘积确定其持有的金融资产或金融负债的公允价值。即使市场正常日交易量不足以吸收企业的持有量，以致在市场交易中出售该金融资产或转移该金融负债可能影响市场报价的情况下，企业也应如此。

（2）第二层次输入值。第二层次输入值是除第一层次输入值外相关资产或负债直接或间接可观察的输入值。对于具有特定期限（如合同期限）的相关资产或负债，第二层次输入值必须在其几乎整个期限内是可观察的。第二层次输入值包括以下内容。

1）活跃市场中类似资产或负债的报价。

2）非活跃市场中相同或类似资产或负债的报价。

3）除报价以外的其他可观察输入值，包括在正常报价间隔期间可观察的利率和收益率曲线等。

4）市场验证的输入值等。市场验证的输入值，是指通过相关性分析或其他手段，主要来源于可观察市场数据的输入值或者经过可观察市场数据验证的输入值。

企业以公允价值计量相关资产或负债的，类似资产或负债在活跃市场或非活跃市场的报价为该资产或负债的公允价值计量提供了依据，但企业需要对该报价进行调整。企业在确定哪些资产或负债与相关资产或负债类似时，需要进行判断。

在非有序交易情况下，企业确定相关资产或负债的交易价格或报价不能完全代表计量日该资产或负债的公允价值，却又以该交易价格或报价为基础计量其公允价值的，则应当对该交易价格或报价进行调整。例如，在非活跃市场上，相同资产或负债的最近交易日不是该资产或负债的公允价值计量日的，企业应当考虑两个日期的间隔期间内市场状况是否发生变动，如金融工具发行人信用评级的变动，与市场风险相关的信用利差变动等。

企业应当根据相关资产或负债的特征，对第二层次输入值进行调整。这些特征包括资产状况或所在位置、输入值与可比资产或负债的相关程度、可观察输入值所在市场的交易量和活跃程度等。企业使用重要的不可观察输入值对第二层次输入值进行调整，且该调整对公允价值计量整体而言是重大的，公允价值计量结果应当划分为第三层次。

（3）第三层次输入值。第三层次输入值是相关资产或负债的不可观察输入值。第三层次输入值包括不能直接观察和无法由可观察市场数据验证的利率、股票波动率、企业合并中承担的弃置义务的未来现金流量、企业使用自身数据做出的财务预测等。

企业只有在相关资产或负债几乎很少存在市场交易活动，导致相关可观察输入值无法取得或取得不切实可行的情况下，才能使用第三层次输入值，即不可观察输入值。但企业计量公允价值的目标仍应当保持不变，即从持有资产或承担负债的市场参与者角度确定资产或负债在计量日有序交易中的脱手价格。因此，企业使用不可观察输入值仍应当反映市场参与者给资产或负债定价时使用的假设，包括有关风险的假设，例如，特定估值技术及其输入值的固有风险的假设等。

企业在确定不可观察输入值时，应当使用在当前情况下可以合理取得的最佳信息，包括所有可合理取得的市场参与者假设。企业可在内部数据的基础上确定不可观察输入值，但如果有证据表明其他市场参与者将使用不同于企业内部数据的其他数据，或者这些企业内部数据是企业特定数据、其他市场参与者不具备企业相关特征（例如企业的协同效应）时，企业应当对其内部数据做出相应调整。

企业不必为获取关于市场参与者假设的信息而不计成本，但应当考虑所有可合理获得的有关市场参与者假设的信息。

如果市场参与者在对相关资产或负债定价时考虑了风险调整，而企业在公允价值计量时如果没有考虑该风险调整，那么该计量就不能代表公允价值。例如，当相关资产或负债（或类似资产或负债）的交易量或交易活动比正常市场交易活动显著下降，交易价格或报价无法代表该资产或负债的公允价值时，企业应当考虑风险调整。

企业遇到以下情形时，应当确定相关资产或负债的交易量或交易活跃程度是否出现大幅下降。

1）最近几乎没有发生该资产或负债的交易。

2）该资产或负债的报价信息不是基于当前信息。

3）报价信息在一段时间内或在做市商之间（例如一些经纪人市场）变化极大。

4）以往与该资产或负债公允价值高度相关的指数被证明与该资产或负债近期公允价值的指导价格不相关。

5）与企业对期望现金流量的估计相比，在考虑了关于该资产或负债信用风险和其他不履约风险可获得的所有市场数据后，可观察交易或报价的隐含流动性风险溢价、收益率或业绩指标（如拖欠率或损失严重程度）大幅增加。

6）出价和要价之间的价差很大或者大幅增加。

7）该资产或负债（或者类似资产或负债）一级市场的交易活动大幅降低或不存在此类市场。

8）几乎没有公开可获得的信息，例如一些交易活动由买卖双方直接进行。

相关资产或负债的交易量或交易活跃程度大幅下降的，企业可能需要改变估值技术或者使用多种估值技术，例如使用市场法和收益法。当权衡使用不同估值技术取得的公允价值计量结果时，企业应当考虑公允价值计量各种结果的合理性。即使相关资产或负债的交易量或活跃程度出现大幅下降，企业计量公允价值的目标仍应保持不变。如果资产或负债的交易量或交易活跃程度大幅下降，估计市场参与者在计量日按照当前市场情况愿意进行交易的价格，依赖于计量日的事实和环境，这需要企业进行判断。

【例 9-58】 智董公司在 2×14 年 1 月 1 日（证券发行日）购入 AAA 级住房抵押贷款的次级证券，作为可供出售金融资产持有，并以公允价值进行后续计量。该次级证券在三个次级证券的优先次序中位列第二位。住房抵押贷款证券的基础担保品为 2×12 年 9 月 1 日签出的、无担保的住房抵押贷款。

在 2×14 年 12 月 31 日（计量日），该次级证券的评级为 A 级。该住房抵押贷款次级证券之前通过经纪人市场进行交易。但是，该市场中的交易量较少，在 2×14 年 1 月 1 日至 2×14 年 3 月 31 日之间每月仅发生过几宗交易，而在 2×14 年 12 月 31 日前 9 个月内几乎没有任何交易活动。智董公司在评价了相关因素的重要性和相关性之后，考虑到计量日前的较长一段期间内几乎没有任何交易活动，认为该住房抵押贷款次级证券的交易量或交易活跃程度已显著下降。

由于不存在采用市场法估值技术可依据的交易活动，智董公司决定使用收益法，通过折现率调整法来计量住房抵押贷款次级证券在计量日的公允价值。智董公司使用了住房抵押贷款证券的合同现金流量。智董公司随后估计对该合同现金流量进行折现的折现率（即市场回报率）。市场回报率采用以下两项进行估计。

（1）无风险利率。

（2）针对可获得的市场数据与智董公司投资的住房抵押贷款次级证券之间的差异进行的估计调整。该调整反映了市场参与者在计量日进行的有序交易中，按照当前市场状况对资产进行定价时，将考虑的预计不履约风险及其他风险（如违约风险、抵押品价值风险和流动性风险）的可获得的市场数据。

智董公司在估计调整时考虑了以下信息。

（1）初始交易价格反映的该住房抵押贷款次级证券在发行日的信用利差。

（2）自发行日至计量日之间可比的住房抵押贷款证券的任何可观察价格或基于相关指数所反映的信用利差的变化。

（3）该住房抵押贷款次级证券相对于可比住房抵押贷款证券或指数的特征，包括以下各项。

1）基础资产的质量，即有关基础抵押贷款的履约信息，例如拖欠率和止赎率、历史损失经验和提前偿付率。

2）所持有的住房抵押贷款证券的优先次序。

3）其他相关因素。

（4）分析师及信用评级机构发布的相关报告。

（5）由诸如经纪人或第三方报价机构提供的报价。

智董公司估计，市场参与者在对该住房抵押贷款次级证券进行定价时，将使用的其中一个指导性市场回报率为 12%（1200 个基点）。该市场回报率估计如下。

（1）2×14 年 12 月 31 日无风险利率为 300 个基点，并以此为起点。

（2）针对该次级证券在 2×14 年 1 月发行时无风险利率的信用利差，加上 250 个基点。

（3）针对该次级证券自 2×14 年 1 月 1 日至 12 月 31 日的无风险利率信用利差的估计变动，加上 700 个基点。该估计是基于该期间内可获得的最具可比性指数的变动做出的。

（4）针对用于估计信用利差变动的指数与该次级证券之间的差异，做出减少 50 个基点（净值）的调整。所参考的指数包括次级抵押贷款，而智董公司持有的住房抵押贷款次级证券由具有更高信用状况的类似抵押贷款构成（从而对市场参与者更具吸引力）。但是，该指数并未反映当前市场状况下该次级证券的流动性风险溢价。因此，50 个基点的调整是以下两项调整相抵后的净值。

1）第一项调整为 350 个基点的调减，该估计是通过比较 2×13 年 3 月住房抵押贷款证券的最近一期交易的内含收益率与相同日期的指数价格的内含收益率取得的。没有信息表明智董公司的证券与该指数之间的关系已发生了变化。

2）第二项调整为 300 个基点的调增，这是智董公司在与相关指数比较后对其证券固有的额外流动性风险做出的最佳估计。该估计是考虑了一系列类似证券近期现金交易的内含流动风险溢价后得出的。

（4）公允价值计量结果所属的层次。公允价值计量结果所属的层次，由对公允价值计量整体而言重要的输入值所属的最低层次决定。企业应当在考虑相关资产或负债特征的基础上判断输入值的重要性。企业在进行重要性评估时，应当考虑公允价值计量本身，而不是考虑公允价值的变动以及这些变动的会计处理。企业应当在书面文件中记录其如何评估输入值对于公允价值计量的重要性，并一致应用该政策。

公允价值计量结果所属的层次，取决于估值技术的输入值，而不是估值技术本身。当企业使用的所有输入值都属于同一层次时，例如企业使用未经调整的活跃市场的报价计量公允价值，公允价值计量结果所属的层次就比较容易确定，但企业在公允价值计量中所使用的输入值可能会属于不同层次。在这种情况下，企业评价某一输入值对公允价值计量整体的重要性，需要职业判断，考虑与相关资产或负债有关的特定因素。

【例 9-59】承例 9-55，2×14 年 12 月 31 日，智董公司在确定该期权公允价值过程中，用到了一种以上的输入值，例如波动率、期望股息率、无风险利率等。其中，无风险利率属于第二层次，波动率和期望股息率属于第三层次。

由于波动率和期望股息率对于公允价值计量整体而言是重要的，则该期权的公允价值计量结果应当划入第三层次。

如果企业在公允价值计量中需要使用不可观察输入值对可观察输入值进行调整，并且该调整引起相关资产或负债公允价值计量结果显著增加或显著减少，则公允价值计量结果应当划入第三层次的公允价值计量。例如，企业拥有一家非上市公司 100 万股普通股股票，并将其作为可供出售金融资产持有。企业以市场法估计该金融资产的公允价值，如可从可比上市公司获得可观察的市场乘数，并在此基础上考虑一个流动性折价的调整因素。

由于流动性折价为不可观察输入值，企业使用该流动性折价对可观察的企业价值/税息折旧及摊销前利润乘数进行调整，如果该调整对该金融资产的公允价值计量具有重大影响，那么公允价值计量结果应当被划入第三层次的公允价值计量。

企业在确定公允价值计量所属的层次时，不应考虑为取得基于公允价值的其他计量所做的调整，例如计量公允价值减去处置费用时的处置费用。

（5）第三方报价机构的估值。企业使用第三方报价机构（例如经纪人、做市商等）提供的出价或要价计量相关资产或负债公允价值的，应当确保该第三方报价机构提供的出价或要价遵循了本准则要求。企业应当综合考虑相关资产或负债所处市场的特点、交易是否活跃、是否有足够数量的报价方、报价方是否权威、报价是否持续等因素，对出价和要价的质量进行判断。

企业即使使用了第三方报价机构提供的估值，也不应简单将该公允价值计量结果划入第三层次输入值。企业应当了解估值服务中应用到的输入值，并根据该输入值的可观察性和重要性，确定相关资产或负债公允价值计量结果的层次。例如，第三方报价机构提供了相同资产或负债在活跃市场报价的，企业应当将该资产或负债的公允价值计量划入第一层次。

如果相关资产或负债的交易量或交易活跃程度出现大幅下降，企业应当评估第三方报价机构在形成报价过程中是否使用了反映有序交易的当前信息或是反映市场参与者假定（包括有关风险的假定）的估值技术。

企业在权衡作为公允价值计量输入值的报价时，应当考虑报价的性质，例如报价是参考价格还是具有约束性的要约，对第三方报价机构提供的具有约束性要约的报价应赋予更多权重，并对不能反映交易结果的报价赋予较少权重。

6. 估值技术的校正，确保其反映计量日可观察的市场数据

企业在应用估值技术估计相关资产或负债的公允价值时，应当根据可观察的市场信息定期校准估值模型，以确保所使用的估值模型能够反映当前市场状况，并识别估值模型本身可能存在的潜在缺陷。

如果企业所使用的估值技术未能考虑市场参与者在对相关资产或负债估值时所考虑的所有因素，那么企业通过该估值技术获得的金额不能作为对计量日当前交易价格的估计。

（四）非金融资产的公允价值计量

企业以公允价值计量非金融资产，应当考虑市场参与者将该资产用于最佳用途产生经济利益的能力，或者将该资产出售给能够用于最佳用途的其他市场参与者产生经济利益的能力。

1. 非金融资产最佳用途

最佳用途，是指市场参与者实现一项非金融资产或其所属的一组资产和负债的价值最大化时该非金融资产的用途。最佳用途是评估行业在非金融资产（如房地产等）评估中所使用的估值概念，也称为最高最佳使用。企业判定非金融资产的最佳用途，应当考虑该用途是否为法律上允许、实物上可能以及财务上可行的使用方式。

企业判断非金融资产的用途在法律上是否允许，应当考虑市场参与者在对该非金融资产定价时所考虑的资产使用在法律上的限制。企业在计量日对非金融资产的使用必须未被法律禁止，例如，如果政府禁止在生态保护区内进行房地产开发和经营，则该保护区内土地的最佳用途不可能是工业或商业用途的开发。

企业判断非金融资产的用途在实物上是否可能，应当考虑市场参与者在对该非金融资产定价时所考虑的资产实物特征，例如，一栋建筑物是否能够作为仓库使用。

企业判断非金融资产的用途在财务上是否可行，应当考虑在法律上允许且实物上可能的情况下，市场参与者通过使用该非金融资产能否产生足够的收益或现金流量，从而在补偿将该非金融资产用于这一用途所发生的成本之后，仍然能够满足市场参与者所要求的投资回报。

企业应当从市场参与者的角度确定非金融资产的最佳用途，即使企业已经或者计划将非金融资产用于不同于市场参与者的用途。通常情况下，企业对非金融资产的当前用途可视为最佳用途，除非市场因素或者其他因素表明市场参与者按照其他用途使用该非金融资产可以实现价值最大化。

【例 9-60】 智董软件公司拥有一组资产，包括收费软件资产（向客户收取许可证费用）和配套使用的数据库支持系统，这两项资产结合使用。2×14 年，由于市场上出现新的可替代软件，智董公司可收取的许可证费用大幅减少。因此，智董公司需要对该资产组进行减值测试。为此，智董公司需确定该资产组公允价值减去处置费用后的净额。

由于没有证据表明这些资产的当前用途并非其最佳用途，智董公司确定这些资产的最佳用途是其当前用途，并且每一项资产将主要通过与其他资产结合使用来为市场参与者提供最大价值。

假定市场参与者有两种类型，一种是同行业企业（如智董公司的竞争对手），另一种是

不具有互补性投资的投资公司。不同市场参与者对这些资产的不同使用，决定了不同市场参与者对各项资产具有不同定价。

（1）同行业企业：假定同行业企业拥有与软件资产配套使用的其他资产（即同行业企业具有协同效应）；软件资产只会在有限的过渡期内使用，且在过渡期结束时无法单独出售。由于同行业企业拥有替代资产，软件资产将不会在其整个剩余经济寿命内被使用。同行业企业对软件资产和配套资产的定价分别为 360 万元、290 万元，整个资产组合的定价为 650 万元。这些价格反映了同行业企业使用该资产组合内这些资产所产生的协同效应。

（2）投资公司：假定投资公司未拥有与软件资产配套使用的其他资产以及软件资产的替代资产。由于投资公司无替代资产，软件资产将在其整个剩余经济寿命内被使用。投资公司对软件资产和配套资产的定价分别为 300 万元、290 万元，整个资产组合的定价为 590 万元。

假定两类买家对配套资产的定价相同，均为 290 万元。

根据上述分析，同行业企业愿意为整个资产组合支付的价格高于投资公司的价格，因此软件资产和配套资产的公允价值应基于同行业企业对整个资产组合的使用来确定（即 360 万元和 290 万元）。

【例 9-61】2×13 年 12 月 1 日，智董公司在非同一控制下的吸收合并中取得一块土地的使用权。该土地在合并前被作为工业用地，一直用于出租。智董公司取得该土地使用权后，仍将其用于出租。智董公司以公允价值计量其拥有的投资性房地产。

2×14 年 3 月 31 日，邻近的一块土地被开发用于建造住宅，作为高层公寓大楼的住宅用地使用。由于本地区的区域规划自 2×14 年 1 月 1 日以来已经做出调整，智董公司确定，在履行相关手续后，可将该土地的用途从工业用地变更为住宅用地，因为市场参与者在对该土地进行定价时，将考虑该土地可作为住宅用地进行开发的可能性。该土地的最佳用途将通过比较以下两项确定。

（1）该土地仍用于工业用途（即该土地与厂房结合使用）的价值。

（2）该土地作为用于建造住宅的空置土地的价值，同时应考虑为将该土地变为空置土地而必须发生的拆除厂房成本及其他成本。

该土地的最佳用途应根据上述两个价值的较高者来确定。假定该土地现时用于工业用途的价值是 600 万元，而用于建造住宅时其价值是 1000 万元，同时，必须发生的拆除厂房成本及其他成本为 250 万元。因此，该土地使用权的公允价值应当为 750 万元（1000 − 250 = 750 万元 > 600 万元）。

【例 9-62】智董公司根据与其债务人的债务重组协议，从债务人处取得一项研发项目。智董公司为合理确定债务重组业务中产生的资产转让损益，需要估计该研发项目的公允价值。

智董公司考虑到该项目一旦得以完成，将与智董公司拥有的某项专利技术构成竞争，为确保其自身专利技术的优势，智董公司决定不完成该研发项目，持有并封锁该研发项目，以防止其竞争对手获得该项技术。

智董公司应当基于市场参与者假设，确定该研发项目的最佳用途，以确定该研发项目的公允价值。

（1）如果市场参与者将继续开发该项目，并且继续开发将实现利用该研发项目的资产组合或者资产和负债组合（即该资产将与其他资产或者其他资产和负债相结合使用）价值的最大化，则该研发项目的最佳用途是继续进行开发。如果市场参与者未拥有正在开发或已商业化的类似技术，则属于上述这种情况。该项目的公允价值将基于在当前市场环境下出售该项目的交易价格来确定，同时假定该研发项目将与其配套资产及相关负债相结合使用，并且市场参与者能够获得配套资产及相关负债。

（2）如果出于竞争原因，市场参与者将封锁该研发项目，并且封锁将实现利用该研发项目的资产组合或者资产和负债组合价值的最大化，那么该研发项目的最佳用途是停止开发。如果市场参与者拥有处于更先进的开发阶段的技术，而该研发项目完成后将对其构成竞争，并且封锁该研发项目预期能够提升企业自身技术的发展前景，则属于上述这种情况。该研发项目的公允价值将基于在当前市场环境下出售该项目的交易价格来确定，同时假定该研发项目将与其配套资产及相关负债相结合使用（即被封锁），并且市场参与者能够获得配套资产及相关负债。

（3）如果市场参与者将不再对该研发项目进行开发，其最佳用途是停止开发。如果预期该项目完成后将不能提供合理的市场回报，并且封锁该项目也不能够提供防御性价值，则属于上述这种情况。该研发项目的公允价值将基于在当前市场环境单独出售该研发项目的交易价格来确定（可能为零）。

2. 基于最佳用途确定估值前提

企业以公允价值计量非金融资产，应当在最佳用途的基础上确定该非金融资产的估值前提，即单独使用该非金融资产还是将其与其他资产或负债组合使用。

（1）通过单独使用实现非金融资产最佳用途的，该非金融资产的公允价值应当是将该资产出售给同样单独使用该资产的市场参与者的当前交易价格。

（2）通过与其他资产或负债组合使用实现非金融资产最佳用途的，该非金融资产的公允价值应当是将该资产出售给以同样组合方式使用资产的市场参与者的当前交易价格，并且假定市场参与者可以取得组合中的其他资产或负债。其中，负债包括企业为筹集营运资金产生的负债，但不包括企业为组合之外的资产筹集资金所产生的负债。最佳用途假定应当一致地应用于组合中所有与最佳用途相关的资产。

企业以公允价值计量非金融资产时，即使通过与其他资产或负债组合使用实现该非金融资产最佳用途的，该资产也必须按照与其他会计准则规定的计量单元相一致的方式（可能是单项资产）出售。因为假定市场参与者已取得使该资产正常运作的组合中其他资产和负债。例如，智董公司在非同一控制下的企业合并中取得一台精密设备，该设备是被并购方生产流水线上的专用设备。该设备需要与流水线上其他设备一起组合使用实现最佳用途，在此基础上，智董公司采用收益法对整个流水线进行估值。智董公司按照一定标准，将该公允价值分配到各组成部分，最终确定该精密设备的公允价值。该精密设备作为单项资产，是其他准则所规定的计量单元，因此，智董公司遵循最佳用途，以组合为基础进行估值，但在计量时按照计量单元，将组合的估值分配至各单项资产，以确定该精密设备的公允价值。

企业以公允价值计量与其他资产（如安装或配置）或与其他资产及负债（如一项业务）组合使用的非金融资产时，估值前提对该非金融资产公允价值的影响因下列情况而有所不同。

（1）非金融资产与其他资产或负债组合使用前提下的公允价值，与该非金融资产单独使用前提下的公允价值可能相等。例如，企业以公允价值对持续运营的业务进行计量时，需要对业务的整体进行估值。由于市场参与者都能获得业务中每一项资产或负债的协同效应，所以无论资产单独使用还是与其他资产或负债组合使用，协同效应都会影响各项资产和负债的公允价值。

（2）非金融资产与其他资产或负债组合使用前提下的公允价值，可通过对单独使用的该非金融资产价值进行调整反映。例如，非金融资产是一台机器设备，其公允价值计量基于类似机器（没有为使用进行安装或配置）的可观察价格确定，并就运输和安装成本进行调整，从而在公允价值计量中反映了机器的当前状况和位置。

（3）非金融资产与其他资产或负债组合使用前提下的公允价值，可通过市场参与者在资产公允价值计量中采用的假设反映。例如，非金融资产是特殊的存货（在产品），市场参与者会将存货转化为产成品，该存货的公允价值将假设市场参与者已经获取或能够获取将存货转化为产成品所需的任何特殊机器设备。

（4）非金融资产与其他资产或负债组合使用前提下的公允价值，可通过估值技术反映。例如，在使用多期超额收益法计量无形资产的公允价值时，该估值技术特别考虑了无形资产所在组合中的其他配套资产和相关负债的贡献。

（5）在少数情况下，非金融资产与其他资产或负债组合使用前提下的公允价值，可通过分配资产组合的公允价值，获得近似于公允价值的金额。例如，某电力集团拟处置其拥有的一家电厂及其输电系统，对于该输电系统，难以脱离该电厂等其他相关资产而单独产生现金流入，因此该电力集团必须将电厂和输电系统组合在一起，先确定该资产组合的公允价值，然后从资产组合的公允价值中减去电厂的公允价值来确定输电系统的公允价值。

【例 9-63】 2×14 年 12 月 1 日，智董公司通过非货币性资产交换取得一项内部研发的软件资产以及与该软件资产结合使用的相关数据库。智董公司可通过向客户授予该软件资产的许可证取得收入。按照《企业会计准则第 7 号——非货币性资产交换》要求，智董公司应当确定该软件资产在 2×14 年 12 月 1 日的公允价值。

智董公司确定，该软件资产将通过与相关数据库结合使用来为市场参与者提供最大价值，并且没有证据表明该软件资产的当前用途不是最佳用途。因此，智董公司认为，该软件资产的最佳用途是其当前用途。在本例中，授予软件资产的许可证本身并未表明该资产的公允价值可通过该资产单独被市场参与者使用而实现最大化。

考虑到智董公司无法获得关于可比软件资产的市场交易信息，因此智董公司无法使用市场法。此外，该软件资产是利用专有信息开发的，其具有某些独有特征且不易被复制，智董公司确定市场参与者将无法研发出具有类似用途的替代软件资产，智董公司认为成本法也不适用。因此，智董公司采用收益法确定该软件资产的公允价值。

智董公司应用收益法时，将采用现金流量折现法。现金流量折现法所使用的现金流量反映了该软件资产在其经济寿命内预期产生的收入，即向客户收取的许可证收入。该方法所得出的公允价值为 1200 万元。因此，智董公司估计该软件资产在 2×14 年 12 月 1 日的公允价值为根据收益法得出的 1200 万元。

【例 9-64】 2×14 年 10 月 16 日（合并日），智董公司在非同一控制下的企业合并中获得一台可辨认的机器。按照《企业会计准则第 20 号——企业合并》的要求，智董公司需要估计该资产在 2×14 年 10 月 16 日的公允价值。被合并方最初通过外购取得该机器，并对该机器进行了小范围的特定配置，以适用于自身经营。智董公司自取得该机器后将其用于生产经营。

智董公司发现，该资产将在为使用安装或配置后通过与其他资产结合使用来为市场参与者提供最大价值，并且没有证据表明该机器的当前用途不是最佳用途。因此，该机器的最佳用途是与其他资产相结合的当前用途。

假定智董公司可获得应用成本法和市场法的充分数据。考虑到智董公司无法通过该机器取得单独可辨认收入作为未来现金流量的可靠估计，并且智董公司无法获得类似二手机器的租赁费率（即资产剩余服务寿命内的租赁付款额）用以预测该机器的未来收入，因此，智董公司未使用收益法。

智董公司关于市场法和成本法的应用如下。

（1）智董公司应用市场法时，将采用类似机器的报价，并就该配置后的机器与类似机器之间的差异进行调整。智董公司考虑了该机器当前状况及地理位置。智董公司运用市场法确定该机器在 2×14 年 10 月 16 日的公允价值为 60 万元。

（2）智董公司应用成本法时，需要估计当前建造具有类似用途并且经过配置后的替代机器所需的金额。智董公司应当考虑机器的现状及其运行所处的环境，包括实体性损耗、功能性贬值、经济性贬值，以及安装成本。智董公司运用成本法确定该机器在 2×14 年 10

月 16 日的公允价值为 65 万元。

考虑到市场法所使用的输入值（类似机器的报价）仅需做出较少调整，智董公司认为市场法得出的估计值更能代表该机器的公允价值。因此，智董公司确定该机器在 2×14 年 10 月 16 日的公允价值为 60 万元。

如果对该机器的特定配置涉及范围较广，或者无法获得应用市场法的充分数据，智董公司将应用成本法。如果资产是与其他资产相结合使用，则成本法假设该机器将出售给拥有配套资产的市场参与者买方。出售机器所收到的价格（即脱手价格）应当不超过市场参与者买方为购置或建造具有类似用途的替代机器将发生的成本或者市场参与者买方通过使用该机器将获得的经济利益。

（五）负债和企业自身权益工具的公允价值计量

企业以公允价值计量负债，应当假定在计量日将该负债转移给市场参与者，而且该负债在转移后继续存在，由作为受让方的市场参与者履行相关义务。同样，企业以公允价值计量自身权益工具，应当假定在计量日将该自身权益工具转移给市场参与者，而且该自身权益工具在转移后继续存在，并由作为受让方的市场参与者取得与该工具相关的权利、承担相应的义务。

在任何情况下，企业都应当最优先使用相关的可观察输入值，只有在相关可观察输入值无法取得或取得不切实可行的情况下，才可以使用不可观察输入值，用以估计在计量日市场参与者之间按照当前市场情况转移一项负债或权益工具的有序交易中的价格。

1. 原则

企业以公允价值计量负债或自身权益工具，应当遵循以下原则。

（1）存在相同或类似负债或企业自身权益工具可观察市场报价的，应当以该报价为基础确定该负债或企业自身权益工具的公允价值。

（2）不存在相同或类似负债或企业自身权益工具可观察市场报价，但其他方将其作为资产持有的，企业应当在计量日从持有该资产的市场参与者角度，以该资产的公允价值为基础确定该负债或自身权益工具的公允价值。

当该资产的某些特征不适用于所计量的负债或企业自身权益工具时，企业应当根据该资产的公允价值进行调整，以调整后的价值确定负债或企业自身权益工具的公允价值。这些特征包括资产出售受到限制、资产与所计量负债或企业自身权益工具类似但不相同、资产的计量单元与负债或企业自身权益工具的计量单元不完全相同等。

（3）不存在相同或类似负债或企业自身权益工具可观察市场报价，并且其他方未将其作为资产持有的，企业应当从承担负债或者发行权益工具的市场参与者角度，采用估值技术确定该负债或企业自身权益工具的公允价值。

2. 确定负债或企业自身权益工具公允价值的方法

（1）具有可观察市场报价的相同或类似负债或企业自身权益工具。如果存在相同或类似负债或企业自身权益工具可观察市场报价，企业应当以该报价为基础确定负债或企业自身权益工具的公允价值。

但在很多情况下，由于法律限制或企业未打算转移负债或企业自身权益工具等原因，企业可能无法获得转移相同或类似负债或企业自身权益工具的公开报价。

在上述情形下，企业应当确定该负债或自身权益工具是否被其他方作为资产持有。相关负债或企业自身权益工具被其他方作为资产持有的，企业应当在计量日从持有对应资产的市场参与者角度，以对应资产的公允价值为基础，确定该负债或企业自身权益工具的公允价值；相关负债或企业自身权益工具没有被其他方作为资产持有的，企业应当从承担负债或者发行权益工具的市场参与者角度，采用估值技术确定该负债或企业自身权益工具的公允价值。

（2）被其他方作为资产持有的负债或企业自身权益工具。对于不存在相同或类似负债或企业自身权益工具报价但其他方将其作为资产持有的负债或企业自身权益工具，企业应当根据以下方法估计其公允价值。

1）如果对应资产存在活跃市场的报价，并且企业能够获得该报价，企业应当以对应资产的报价为基础确定该负债或企业自身权益工具的公允价值。

2）如果对应资产不存在活跃市场的报价，或者企业无法获得该报价，企业可使用其他可观察的输入值，例如对应资产在非活跃市场中的报价。

3）如果1）和2）中的可观察价格都不存在，企业应使用收益法、市场法等估值技术。企业使用收益法的，应当考虑市场参与者将该负债或企业自身权益工具作为资产持有时预期收到的现金流量现值。企业使用市场法的，应当考虑其他市场参与者作为资产持有的类似负债或企业自身权益工具的报价。

对应资产的某些特征不适用于负债或企业自身权益工具的，企业应当对该资产的市场报价进行调整，以调整后的价格确定该负债或企业自身权益工具的公允价值。这些调整因素包括：

- 对应资产的出售受到限制。
- 与对应资产相关的负债或企业自身权益工具与所计量负债或企业自身权益工具类似但不相同。负债或权益工具可能具有一些特征，例如发行方的信用质量，与被作为资产持有的类似负债或权益工具的公允价值中反映的特征不同。
- 对应资产的计量单元与负债或企业自身权益工具的计量单元不完全相同。如果对应资产的价格反映了相关债权和第三方信用增级，而负债的计量单元不包括第三方的信用增级，则企业在以公允价值计量该负债时，应当调整对应资产的可观察价格，剔除第三方信用增级的影响。
- 其他需要调整的因素。

【例9-65】 2×14年3月5日，智董公司发行了面值总额为4000万元的AA级15年期固定利率债券，面值为100元，票面年利率为10%。智董公司将该金融负债指定为以公允价值计量且其变动计入当期损益的金融资产。

该债券在中国银行间债券市场具有大量交易。2×14年12月31日，每百元面值在考虑应计利息付款额后的交易价格为92.5元。智董公司使用该债券的活跃市场报价估计其负债的公允价值。

智董公司在确定该债券的活跃市场报价是否代表负债的公允价值时，应当评估债券的报价是否包含不适用于负债公允价值计量的因素的影响，例如，债券的报价是否包含了第三方信用增级的影响。智董公司确定无需对资产的报价进行任何调整。据此，智董公司认为，该负债在2×14年12月31日的公允价值为3700万元 [4000×（92.5÷100）=3700]。

（3）未被其他方作为资产持有的负债或企业自身权益工具。不存在相同或类似负债或企业自身权益工具报价，并且其他方未将其作为资产持有的，企业应当从承担负债或者发行权益工具的市场参与者角度，采用估值技术确定该负债或企业自身权益工具的公允价值。即使不存在对应资产（如弃置义务），企业也可使用估值技术计量该负债的公允价值，例如，市场参与者预期在履行义务时将发生的未来现金流出的现值。

企业使用现金流量折现法计量未被其他方作为资产持有的负债的公允价值时，应当估计市场参与者为履行相关义务预期流出的未来现金流量。这些流出的未来现金流量应当包括市场参与者关于履行义务成本的预期以及市场参与者为承担义务所要求的补偿。该补偿包括市场参与者承担履约义务（即履行义务的价值，例如使用了本可用于其他用途的资源）所要求的回报，以及承担与该义务相关风险（即反映实际现金流出可能不同于预期现金流出风险的风险溢价）所要求的回报。企业可通过增加现金流出金额，或者通过降低用于将未来现金流量折现到现值的折现率，将风险溢价反映在未被其他方作为资产持有的负债或企业自身权益工具的公允价值计量中。企业应确保不重复计算或忽略对风险的调整，例如，企业已考虑与承担义务相关的风险补偿，并增加了预计现金流量，则不应再为反映该风险而调整折现率。

企业采用现金流量折现法计量公允价值时，还应当考虑市场参与者在主要市场（或最有利市场）中发行相同合同条款的负债或权益工具时对相同项目（如具有相同信用特征的项目）进行定价时使用的假设，承担相同负债或发行相同权益工具所取得的金额。

【例 9-66】2×14 年 1 月 1 日，智董公司通过非同一控制下的企业合并取得贵琛公司的控制权。贵琛公司为在东海海域开采石油，建立了一个钻井平台，并于 2×14 年 1 月 1 日投入使用。根据相关法律要求，贵琛公司在东海海域钻井平台寿命期结束后将其拆除，该平台的寿命期预计为 10 年。智董公司为编制合并日资产负债表，需要估计各可辨认资产和负债的公允价值。

智董公司使用期望现金流量法来计量该弃置义务的公允价值。承担该弃置义务的市场参与者使用下列输入值估计预计将会收到的价格，适当时使用其加权平均数。

（1）人工成本。

（2）间接费用的分摊。

（3）市场参与者因实施相关活动及承担与拆除该资产相关的风险而要求的补偿。此类补偿包括下列两项：①来自人工成本和间接费用的利润；②实际现金流出可能不同于预计现金流出的风险，不包括通货膨胀影响。

（4）通货膨胀对估计的成本和利润的影响。

（5）货币时间价值，通过无风险利率反映。

（6）与智董公司不履行义务风险相关的不履约风险，包括智董公司自身信用风险。

基于市场参与者将考虑的上述输入值，智董公司以公允价值计量该弃置义务所使用的重大假设如下。

（1）人工成本依据当前市场条件下聘请承包商拆除海上钻井平台的薪酬水平确定，并就预期未来薪酬增长进行调整。智董公司对估计区间内的现金流量值进行评估，如表 9-28 所示。

表 9-28 可能的现金流量及概率　　　　　　　　　　单位：万元

现金流量估计值	概率	期望现金流量
20000	25%	5000
25000	50%	12500
35000	25%	8750
		26250

其中，概率评估是基于智董公司履行此类义务的经验及其对市场的了解而确定的。

（2）智董公司采用人工成本的一定比率（预计为人工成本的80%）估计应分摊的间接费用和设备运行成本。这与市场参与者的成本结构相符。

（3）智董公司估计市场参与者实施相关活动及承担与拆除该资产相关的风险而要求的补偿如下。

1）第三方承包商通常对人工成本及分摊的内部成本进行加成以保证工程的利润率。所使用的利润率（20%）反映了智董公司对业内承包商拆除海上钻井平台通常赚取的经营利润的了解。智董公司认为该利润率与市场参与者就实施相关活动而要求的补偿率一致。

2）由于为可能在 10 年内都不会进行的项目锁定当前价格存在固有不确定性，承包商通常要求就实际现金流出可能不同于预计现金流出的风险做出补偿。智董公司估计溢价金额为期望现金流量的 5%，并包括了通货膨胀的影响。

（4）智董公司根据可获得的市场数据，假设 10 年期间的通货膨胀率为 4%。

（5）2×14 年 1 月 1 日，10 年期无风险利率为 5%。智董公司为反映不履约风险，在无风险利率基础上增加 3.5%。因此，用于计算现金流量现值的折现率为 8.5%。

智董公司认为上述假设与市场参与者的假设是一致的。如表 9-29 所示，智董公司估计该弃置义务在 2×14 年 1 月 1 日的公允价值为 38977 万元。

表 9-29　智董公司估计弃置业务的公允价值　　　　单位：万元

（1）预计人工成本	26250
（2）分摊的间接费用和设备成本 = 0.80 × （1）	21000
（3）承包商的利润加成 = 0.20 × [（1） + （2）]	9450
（4）通货膨胀调整前的期望现金流量 = （1） + （2） + （3）	56700
（5）10 年期 4% 通货膨胀率的系数	1.4802
（6）通货膨胀调整后的期望现金流量 = （4） × （5）	83927
（7）市场风险溢价 = 0.05 × （6）	4196
（8）市场风险调整后的期望现金流量 = （6） + （7）	88123
（9）8.5% 折现率的系数	0.4423
（10）折现后的期望现值 = （8） × （9）	38977

3. 不履约风险

企业以公允价值计量相关负债，应当考虑不履约风险，并假定不履约风险在负债转移前后保持不变。不履约风险，是指企业不履行义务的风险，包括但不限于企业自身信用风险。

企业以公允价值计量相关负债时，应该考虑其信用风险（信用状况）的影响，以及其他可能影响负债履行的因素。这些因素的影响会因不同负债而有所不同，例如，该负债是否是一项偿付现金的义务（金融负债）或者一项提供商品或服务的义务（非金融负债），或者存在与该负债相关的信用增级条款。

企业以公允价值计量相关负债，应当基于该负债计量单元考虑不履约风险对负债公允价值的影响。负债附有不可分割的第三方信用增级（如第三方的债务担保），并且该信用增级与负债是分别进行会计处理的，企业估计该负债公允价值时不应考虑该信用增级的影响，而仅应当考虑企业自身的信用状况。

【例 9-67】智董公司的信用评级为 AA，可以 6% 的利率在市场上取得借款。贵琛公司的信用评级为 BBB，可以 12% 的利率在市场上取得借款。

2×14 年 5 月 12 日，智董、贵琛公司分别与欣郁商业银行订立了一项借款合同，约定在 2×19 年 5 月 11 日各自向欣郁商业银行一次性偿还借款本金和利息 500 万元。根据智董、贵琛公司与欣郁商业银行签订的合同，智董公司于 2×14 年 5 月 12 日收到 374 万元（500 万元在 5 年内按 6% 进行折现后的现值）；而贵琛公司于 2×14 年 5 月 12 日收到 284 万元（500 万元在 5 年内按 12% 进行折现后的现值）。智董公司和贵琛公司相关负债的公允价值（即所取得的借款额）均考虑了其信用状况。

4. 负债或企业自身权益工具转移受限

企业以公允价值计量负债或自身权益工具，并且该负债或自身权益工具存在限制转移因素的，如果企业在公允价值计量的输入值中已经考虑了这些因素，则不应再单独设置相关输入值，也不应对其他输入值进行相关调整。

例如，债权人和债务人在交易日完全了解相关义务包含转移限制的情况，并接受负债的交易价格。由于交易价格已包含转移限制，企业不需要在交易日或后续计量日通过重新设立单独输入值或者对现有输入值的调整来反映转移限制的影响。

但对于负债转移的限制未反映在交易价格或用于计量公允价值的其他输入值中的，企业应当对输入值进行调整，以反映该限制。

5.具有可随时要求偿还特征的金融负债

具有可随时要求偿还特征的金融负债的公允价值，不应低于债权人要求偿还时的应付金额，即从可要求偿还的第一天起折现的现值。

例如，对于银行而言，其吸收的客户活期存款是具有可随时要求偿还特征的金融负债，反映了银行需根据存款人需求随时偿还现金给存款人或者存款人指定的第三方的合同义务。

在许多情况下，此类金融负债可观察的市场价格是客户与银行之间产生此类负债时所使用的价格，即要求偿还的金额。企业不应将具有可随时要求偿还特征的金融负债的公允价值确认为低于要求偿还时的应付金额，否则，这一做法将使此类金融负债因在初始确认时以低于随时要求偿还的金额计量而立即产生一项利得。该结果显然不合理。因此，具有可随时要求偿还特征的金融负债的公允价值，不应低于债权人要求偿还时的应付金额。

（六）市场风险或信用风险可抵销的金融资产和金融负债的公允价值计量

企业持有一组金融资产和金融负债时，将会面临市场风险（包括利率风险、货币风险和其他价格风险等）和交易对手的信用风险。通常情况下，企业不是通过"出售"金融资产或"转移"金融负债来管理其面临的市场风险及信用风险敞口，而是基于一个或多个特定市场风险或特定交易对手信用风险的净敞口管理这些金融工具。

企业基于其市场风险或特定交易对手信用风险的净敞口来管理其金融资产和金融负债时，在满足本准则要求的情况下，可以在当前市场情况下市场参与者之间于计量日进行的有序交易中，以出售特定风险敞口的净多头（即资产）所能收到的价格或转移特定风险敞口的净空头（即负债）所需支付的价格为基础，计量该组金融资产和金融负债的公允价值。企业应当以与市场参与者在计量日对净风险敞口定价相一致的方式，计量一组金融资产和金融负债的公允价值。

关于组合管理的金融资产和金融负债的列报，企业应当遵循其他相关会计准则。例如，如果相关会计准则不允许金融工具以净额为基础列报，企业在资产负债表中应当分别列报金融资产和金融负债。在这种情况下，企业需要将以净风险敞口为基础组合管理的金融资产和金融负债组合的公允价值分配至各金融资产和金融负债。企业应当合理、一贯地采用适合于当前情况的方法进行分配。

1.金融资产和金融负债组合计量的条件

企业按照本准则的例外规定以公允价值计量金融资产和金融负债组合的，应当同时满足下列条件。

（1）企业在风险管理或投资策略的正式书面文件中已载明，以特定市场风险或特定对手信用风险的净敞口为基础，管理金融资产和金融负债的组合。企业应当提供证据，以证明其一致地基于市场风险或信用风险的净敞口管理金融工具。因为企业可能在各期间针对特定投资组合保持一致的管理，也可能在有些期间针对该投资组合运用净额基础，而在其他期间运用总额基础。

（2）企业以特定市场风险或特定对手信用风险的净敞口为基础，向企业关键管理人员报告金融资产和金融负债组合的信息。

（3）企业在每个资产负债表日持续以公允价值计量组合中的金融资产和金融负债。企业应当（或者已选择，例如应用公允价值选择权）持续以公允价值计量这些金融工具。企业并未以净额基础管理风险敞口，或并未基于公允价值管理这些金融工具的，不应基于企业的净风险敞口来计量这些金融工具的公允价值。

本准则的例外要求仅适用于符合上述条件的，并由《企业会计准则第22号——金融工具确认和计量》规范的金融资产、金融负债和其他合同的公允价值计量。

2.金融资产和金融负债的市场风险敞口

企业以公允价值计量基于特定市场风险的净敞口管理的金融资产和金融负债的，应当对市场风险净敞口使用价差（出价－要价）内最能代表当前市场环境下公允价值的价格。

企业以公允价值计量基于特定市场风险的净敞口管理的金融资产和金融负债的，金融资产和金融负债应当具有实质上相同的特定市场风险敞口。例如，企业不会对与金融资产相关的利率风险和与金融负债相关的商品价格风险进行结合管理，因为这样的做法不会减小企业利率风险或商品价格风险的敞口。企业运用该规定的，应当考虑由于市场风险参数不完全相同所引起的基差风险。企业会因基差风险不同而选择不同的市场风险输入值。因此，企业对金融资产和该金融负债进行组合管理的，如果不能缓解金融资产面临的市场风险和金融负债面临的其他市场风险，则不应运用该规定。

类似地，企业以公允价值计量基于特定市场风险的净敞口管理的金融资产和金融负债的，金融资产和金融负债应当具有实质上相同的特定市场风险的期限。因期限不同而导致在一段时期市场风险未被抵销的，企业应当分别计量其在市场风险被抵销时期的市场风险净敞口，以及在其他时期（即市场风险未被抵销的时期）的市场风险总敞口。例如，企业使用12个月的期货合同对应5年期金融工具中与12个月利率风险敞口价值相关的现金流量，对于由这些金融资产和金融负债组成的组合，企业以净额为基础计量12个月利率风险敞口的公允价值，以总额为基础计量剩余利率风险敞口（即第2年至第5年）的公允价值。

3.金融资产和金融负债的信用风险敞口

企业以公允价值计量相关资产或负债，如果已与交易对手达成了在出现违约情况下将考虑所有能够缓释信用风险敞口的安排（例如，与交易对手订立的总互抵协议，或者要求基于各方对另一方信用风险的净敞口交换担保品的协议），则应在公允价值计量中考虑交易对手信用风险的净敞口或者该交易对手对企业信用风险的净敞口。企业以公允价值计量相关资产或负债，应当反映市场参与者对这些安排在出现违约情况下能够依法强制执行的可能性的预期。

企业为管理一个或多个特定市场风险净敞口而进行组合管理的金融资产和金融负债，可以不同于企业为管理其特定交易对手信用风险净敞口而进行组合管理的金融资产和金融负债，因为企业所有合同不可能均与相同的交易对手订立。

（七）公允价值披露

企业应当披露在公允价值计量中所使用的估值技术和输入值，以及在持续的公允价值计量中使用的重大不可观察输入值及其对当期损益或其他综合收益的影响，以使财务报表使用者能够做出合理评价。

企业应当根据所处的市场环境，考虑公允价值披露的详尽程度、重要程度、汇总或细化程度，以及是否需要向报表使用者提供额外信息，以帮助这些使用者评价公允价值披露的量化信息。

企业在进行公允价值披露时，应当区分持续的公允价值计量和非持续的公允价值计量，并适用不同的披露要求。持续的公允价值计量，是指其他相关会计准则要求或允许企业在每个资产负债表日持续以公允价值进行的计量，例如对交易性金融资产公允价值的计量。非持续的公允价值计量，是指其他相关会计准则要求或允许企业在特定情况下的资产负债表中以公允价值进行的计量，例如对持有待售的非流动资产公允价值的计量。

企业以公允价值计量市场风险或信用风险可抵销的金融资产和金融负债组合的，应当披露该事实。对于以公允价值计量并且附有不可分割的第三方信用增级的负债，企业应当披露该信用增级，并说明该负债的公允价值计量中是否已反映该信用增级。

企业应当以表格形式披露本准则要求的量化信息，除非其他形式更恰当。

1. 按照组别披露

企业应当根据相关资产或负债的性质、特征、风险以及公允价值计量的层次，对相关资产或负债进行恰当分组，并按照组别披露公允价值计量的相关信息。

相关资产或负债的组别通常是在资产负债表列报项目基础上根据相关资产或负债的性质、特征、风险以及公允价值计量的层次（如估值技术、输入值或其他事项等）进一步细化。企业应当披露各组别与资产负债表列报项目之间的调节信息。对于第三层次公允价值计量，企业应当更加细化地披露，以充分反映第三层次公允价值计量涉及的不确定性和主观性。

其他相关会计准则明确规定了相关资产或负债组别且其分组原则符合本准则规定的，企业可直接使用该组别提供相关信息。

公允价值计量准则对已确认的公允价值计量有不同的披露要求，这取决于这些公允价值计量是持续的还是非持续的。因此，企业在进行公允价值披露时，应当区分持续的公允价值计量和非持续的公允价值计量，并适用不同的披露要求。

对于持续和非持续的公允价值计量，企业至少应提供各组资产或负债的定量信息，具体披露格式如表 9-30 所示。

表 9-30　公允价值计量披露格式

项目	2×14 年 12 月 31 日	第一层次公允价值计量	第二层次公允价值计量	第三层次公允价值计量	合计
（一）持续的公允价值计量					
1. 以公允价值计量且其变动计入当期损益的金融资产					
（1）交易性金融资产					
1）债务工具投资					
2）权益工具投资					
3）衍生金融资产					
（2）指定为以公允价值计量且其变动计入当期损益的金融资产					
1）债务工具投资					
2）权益工具投资					
2. 可供出售金融资产					
（1）债务工具投资					
（2）权益工具投资					
（3）其他					
3. 投资性房地产					
（1）出租的土地使用权					
（2）出租的建筑物					
（3）持有并准备增值后转让的土地使用权					
4. 生物资产					
（1）消耗性生物资产					
（2）生产性生物资产					
持续以公允价值计量的资产总额					
（二）非持续的公允价值计量					
1. 持有待售资产					
2. 非持续以公允价值计量的资产总额					

注：企业可以根据本准则的规定，并结合自身实际情况，对具体项目做相应调整。

2. 区分持续的公允价值计量和非持续的公允价值计量

企业应当区分持续的公允价值计量和非持续的公允价值计量。持续的公允价值计量，是指其他相关会计准则要求或者允许企业在每个资产负债表日持续以公允价值进行的计量。非持续的公允价值计量，是指其他相关会计准则要求或者允许企业在特定情况下的资产负债表中以公允价值进行的计量。

3. 持续的公允价值计量信息的披露

在相关资产或负债初始确认后的每个资产负债表日，企业至少应当在附注中披露持续以公允价值计量的每组资产和负债的下列信息。

(1) 其他相关会计准则要求或者允许企业在资产负债表日持续以公允价值计量的项目和金额。

(2) 公允价值计量的层次。

(3) 在各层次之间转换的金额和原因，以及确定各层次之间转换时点的政策。每一层次的转入与转出应当分别披露。

(4) 对于第二层次的公允价值计量，企业应当披露使用的估值技术和输入值的描述性信息。当变更估值技术时，企业还应当披露这一变更以及变更的原因。

(5) 对于第三层次的公允价值计量，企业应当披露使用的估值技术、输入值和估值流程的描述性信息。当变更估值技术时，企业还应当披露这一变更以及变更的原因。企业应当披露公允价值计量中使用的重要的、可合理取得的不可观察输入值的量化信息。

(6) 对于第三层次的公允价值计量，企业应当披露期初余额与期末余额之间的调节信息，包括计入当期损益的已实现利得或损失总额，以及确认这些利得或损失时的损益项目；计入当期损益的未实现利得或损失总额，以及确认这些未实现利得或损失时的损益项目（如相关资产或负债的公允价值变动损益等）；计入当期其他综合收益的利得或损失总额，以及确认这些利得或损失时的其他综合收益项目；分别披露相关资产或负债购买、出售、发行及结算情况。

(7) 对于第三层次的公允价值计量，当改变不可观察输入值的金额可能导致公允价值显著变化时，企业应当披露有关敏感性分析的描述性信息。

这些输入值和使用的其他不可观察输入值之间具有相关关系的，企业应当描述这种相关关系及其影响，其中不可观察输入值至少包括本条（5）要求披露的不可观察输入值。

对于金融资产和金融负债，如果为反映合理、可能的其他假设而变更一个或多个不可观察输入值将导致公允价值的重大改变，企业还应当披露这一事实、变更的影响金额及其计算方法。

(8) 当非金融资产的最佳用途与其当前用途不同时，企业应当披露这一事实及其原因。

4. 非持续的公允价值计量信息的披露

在相关资产或负债初始确认后的资产负债表中，企业至少应当在附注中披露非持续以公允价值计量的每组资产和负债的下列信息。

(1) 其他相关会计准则要求或者允许企业在特定情况下非持续以公允价值计量的项目和金额，以及以公允价值计量的原因。

(2) 公允价值计量的层次。

(3) 对于第二层次的公允价值计量，企业应当披露使用的估值技术和输入值的描述性信息。当变更估值技术时，企业还应当披露这一变更以及变更的原因。

(4) 对于第三层次的公允价值计量，企业应当披露使用的估值技术、输入值和估值流程的描述性信息，当变更估值技术时，企业还应当披露这一变更以及变更的原因。企业应当披露公允价值计量中使用的重要不可观察输入值的量化信息。

(5) 当非金融资产的最佳用途与其当前用途不同时，企业应当披露这一事实及其原因。

小知识

公允价值计量信息的披露要求

1. 第一层次公允价值计量信息的披露要求

对于持续和非持续的公允价值计量，企业应当披露第一层次公允价值计量中所属项目及其金额。具体披露见表9-30。

2. 第二层次公允价值计量信息的披露要求

对于持续和非持续的第二层次公允价值计量，企业应当披露第二层次公允价值计量中所属项目及其金额，以及在公允价值计量中使用的估值技术和输入值的描述性信息。当变更估值技术时，企业还应当披露这一变更以及变更的原因。关于第二层次公允价值计量中所属项目及其金额，具体披露见表9-30。

企业披露的估值技术和输入值的描述性信息如下。

（1）是否存在可供企业选择的其他估值技术，如果存在，企业是如何在这些估值技术中进行选择的。

（2）企业所选估值技术可能存在的风险或缺陷。

（3）根据市场价格校准估值模型的方法和频率。除非存在企业认为更适合的格式，否则负债将采用类似的表格列报。

（4）对使用第三方报价机构估值的描述，如获得多少个报价、使用了哪一个第三方报价机构的估值、为何选择该报价机构等。

（5）企业采用类似资产或负债的报价对相关资产或负债进行公允价值计量的，如何根据相关资产或负债的特征调整该报价。

（6）企业使用估值模型以外因素对模型进行调整的，描述这些因素是什么，以及如何进行调整。

3. 第三层次公允价值计量信息的披露要求

（1）对于持续和非持续的第三层次公允价值计量，企业应当披露第三层次公允价值计量中所属项目及其金额。具体披露见表9-30。

（2）对于持续和非持续的第三层次公允价值计量，企业应当披露在公允价值计量中使用的估值技术和输入值的描述性信息。当变更估值技术时，企业还应当披露这一变更以及变更的原因。

由于第三层次公允价值计量相比第二层次公允价值计量主观性更强，企业应当参照第二层次公允价值计量对估值技术和输入值的描述性要求，披露更多信息，以帮助财务报表使用者更好地理解企业在公允价值计量中所做的判断和假设。

企业应当披露公允价值计量中使用的重要的、可合理取得的不可观察输入值的量化信息。在公开信息无法获取或获取不切实可行的情况下，企业披露这些信息，将有助于财务报表使用者了解公允价值计量所隐含的不确定性。

如果企业是直接应用第三方报价机构提供的报价或以前交易的实际交易价格，并且未进行任何调整，考虑到企业未参与设定该数量化的不可观察输入值，企业可以不披露相关不可观察输入值的定量信息。但企业不能忽略在公允价值计量中使用的，并且可合理取得的数量化的不可观察输入值。

为帮助财务报表使用者评价所披露的定量信息，企业可考虑披露以公允价值计量的项目的性质，包括在确定相关输入值时所考虑的相关资产或负债的特征，以及在计量公允价值时如何考虑经纪人或定价服务机构报价等第三方信息。

对于持续和非持续的公允价值计量，对于重要的、可合理取得的不可观察输入值的量化信息，企业可以采用表格形式披露相关信息，具体披露格式如表9-31所示。

表 9-31 第三层次公允价值计量的定量信息

	2×14 年 12 月 31 日的公允价值	估值技术	不可观察输入值	范围区间（加权平均值）
权益工具投资		现金流量折现法	加权平均资本成本	
			长期收入增长率	
			长期税前营业利润	
			流动性折价	
			控制权溢价	
		上市公司比较法	流动性折价	
			控制权溢价	
债务工具投资		现金流量折现法	提前偿付率	
			违约概率	
			违约损失率	
衍生金融资产		期权定价模型	波动率	
			交易对手信用风险	
			自身信用风险	
出租的建筑物		现金流量折现法	长期净营业收入利润率	
			计算资产余值所使用的利率	

注：企业可以根据本准则的规定，并结合自身实际情况，对具体项目做相应调整。除非存在企业认为更适合的格式，否则负债将采用类似的表格列报。

（3）对于持续和非持续的第三层次公允价值计量，企业应当披露估值流程的描述性信息，例如企业如何确定其估值政策、估值程序以及分析各期间公允价值计量的变动等。企业在披露估值流程的描述性信息时，通常包括下列信息。

1）企业内部有专门的团队负责估值政策和估值流程的，应当披露企业内部如何决定估值政策以及估值流程的描述性信息。

2）风险管理部门或审计委员会等是否定期讨论和评估公允价值计量，并且这些讨论和评估是如何进行的。

3）各期间公允价值计量变动分析等。

（4）对于持续的第三层次公允价值计量，企业应当披露期初余额与期末余额之间的调节信息，包括计入当期损益的已实现利得或损失总额，以及确认这些利得或损失时的损益项目；期末持有资产或负债计入当期损益的未实现利得或损失总额，以及确认这些未实现利得或损失时的损益项目；计入当期其他综合收益的利得或损失总额，以及确认这些利得或损失时的其他综合收益项目；购买、出售、发行和结算以及转入、转出等情况。

对于划入第三层次的持续的公允价值计量，企业应当披露每组资产或负债如何从期初余额调节至期末余额。企业可以采用表格形式披露相关信息，具体披露格式如表 9-32 所示。

其中，计入当前损益的利得和损失中与金融资产和非金融资产有关的损益信息的披露如表 9-33 所示。

（5）对于持续的第三层次公允价值计量，企业改变不可观察输入值可能导致公允价值显著变化的，应当按照相关资产或负债的类别披露有关敏感性分析的描述性信息。企业应当根据净利润、总资产或总负债，或者公允价值变动在其他综合收益中确认情况下的所有者权益判断该变化的显著性。

表 9-32 第三层次公允价值计量

项目	期初余额	转入第三层次	转出第三层次	当期利得或损失总额		购买、发行、出售和结算				期末余额	对于在报告期末持有的资产，计入损益的当期未实现利得或损失的变动
				计入损益	计入其他综合收益	购买	发行	出售	结算		
交易性金融资产											
债务工具投资											
权益工具投资											
衍生金融资产											
指定为以公允价值计量且其变动计入当期损益的金融资产											
债务工具投资											
权益工具投资											
可供出售金融资产											
债务工具投资											
权益工具投资											
其他											
投资性房地产											
出租的土地使用权											
出租的建筑物											
持有并准备增值后转让的土地使用权											
生物资产											
消耗性生物资产											
生产性生物资产											
合计											

注：企业可以根据本准则的规定，并结合自身实际情况，对具体项目做相应调整。除非存在企业认为更适合的格式，否则负债将采用类似的表格列报。

表 9-33 与金融资产和非金融资产有关损益信息的披露

	与金融资产有关的损益	与非金融资产有关的损益
计入损益的当期利得或损失总额		
对于在报告期末持有的资产，计入损益的当期未实现利得或损失的变动		

当这些可能导致公允价值显著变化的输入值与企业使用的其他不可观察输入值之间具有相关关系时，企业应当描述这种相关关系及其影响，其中不可观察输入值至少应当包括对公允价值计量而言重要的不可观察输入值。

对于金融资产和金融负债，企业为反映合理、可能的其他假设而变更一个或多个不可观察输入值导致公允价值显著变化的，还应当披露这一事实、变更的影响金额及其计算方法。为此，企业应当根据净利润、总资产或总负债，或者公允价值变动在其他综合收益中确认情况下的所有者权益判断该变化的显著性。

例如，对于以公允价值计量的住房抵押贷款证券，企业将会用到提前偿付率、违约率和违约损失率等重大不可观察输入值。每一项输入值的变动将导致该证券公允价值计量值显著变化。通常，企业关于违约率假设的变动将会导致有关违约损失率假设的同方向变动，并导致有关提前偿付率假设的反方向变动。

5. 公允价值计量层次转换时点相关会计政策的调整

企业调整公允价值计量层次转换时点的相关会计政策应当在前后各会计期间保持一致，并按照本准则第四十四条（三）的规定进行披露。

企业调整公允价值计量层次转换时点的相关会计政策应当一致地应用于转出的公允价值计量层次和转入的公允价值计量层次。

小知识

公允价值计量各层次之间转换的披露要求

对于持续的公允价值计量，企业应当披露在公允价值计量各层次之间转换的金额和原因。无论各层次之间转换的金额是否重大，企业都应当披露转入或转出第一、第二、第三层次的金额，以有助于财务报表使用者分析企业未来的流动性风险和企业对公允价值计量相对主观性的风险敞口，并且每一层次的转入与转出应当分别披露。

企业应当披露确定各层次之间转换时点的政策。企业确定转换时点的政策应至少包括以下内容。

（1）导致各层次发生转换的事件或情况变化的日期。

（2）报告期期初。

（3）报告期期末。

企业调整公允价值计量层次转换时点的相关会计政策，应当一致地应用于转出的公允价值计量层次和转入的公允价值计量层次，并在前后各会计期间保持一致。

6. 市场风险或信用风险可抵销的金融资产和金融负债的公允价值计量的披露

企业采用本准则第三十八条规定的会计政策的，应当披露该事实。

7. 不以公允价值计量但以公允价值披露情形下的披露

对于不以公允价值计量但以公允价值披露的资产和负债，企业应当披露下列信息。

（1）公允价值计量结果所属的层次。

（2）对于第二层次公允价值计量，披露使用的估值技术和输入值的描述性信息。当变更估值技术时，披露这一变更以及变更的原因。

（3）对于第三层次公允价值计量，披露使用的估值技术和输入值的描述性信息。当变更估值技术时，披露这一变更以及变更的原因。

（4）非金融资产最佳用途与其当前用途不同的，披露这一事实及其原因。

小知识

非金融资产最佳用途不同于当前用途的披露要求

对于持续和非持续的公允价值计量，非金融资产的最佳用途与其当前用途不同的，企业应当披露这一事实及其原因。企业披露该信息有助于报表使用者了解企业有关该非金融资产的使用方式以及与企业战略和经营计划的契合方式，能够为财务报表使用者提供预测未来现金流量的有用信息。

8. 在发行时附有不可分割的第三方信用增级的负债的披露

对于以公允价值计量且在发行时附有不可分割的第三方信用增级的负债，发行人应当披露这一事实，并说明该信用增级是否已反映在该负债的公允价值计量中。

9. 以表格形式披露

企业应当以表格形式披露本准则要求的量化信息，除非其他形式更适当。

九、在其他主体中权益的披露

在其他主体中的权益，是指通过合同或其他形式能够使企业参与其他主体的相关活动并因此享有可变回报的权益。

参与方式包括持有其他主体的股权、债权，或向其他主体提供资金、流动性支持、信用增级和担保等。企业通过这些参与方式实现对其他主体的控制、共同控制或重大影响。

其他主体包括企业的子公司、合营安排（包括共同经营和合营企业）、联营企业以及未纳入合并财务报表范围的结构化主体等。

小知识

结构化主体

结构化主体，是指在确定其控制方时没有将表决权或类似权利作为决定因素而设计的主体。通常情况下，结构化主体在合同约定的范围内开展业务活动，表决权或类似权利仅与行政性管理事务相关。

在判断某一主体是否为结构化主体，以及判断该主体与企业的关系时，应当综合考虑结构化主体的定义和特征。结构化主体通常具有下列特征中的多项或全部特征。

1. 业务活动范围受限

通常情况下，结构化主体在合同约定的范围内开展业务活动，业务活动范围受到了限制。例如，从事信贷资产证券化业务的结构化主体，在发行资产支持证券募集资金和购买信贷资产后，根据相关合同，其业务活动是将来源于信贷资产的现金向资产支持证券投资者分配收益。

2. 有具体明确的目的，而且目的比较单一，结构化主体通常是为了特殊目的而设立的主体

例如，有的企业发起结构化主体是为了将企业的资产转让给结构化主体以迅速回收资金，并改变资产结构来满足资产负债管理的需要；有的企业发起结构化主体是为了满足客户特定的投资需求，吸引到更多的客户；还有的企业发起结构化主体是为了专门从事研究开发活动，或开展租赁业务等。

3. 股本（如有）不足以支撑其业务活动，必须依靠其他次级财务支持

次级财务支持是指承受结构化主体部分或全部预计损失的可变权益，其中的"次级"代表受偿顺序在后。股本本身就是一种次级财务支持，其他次级财务支持包括次级债权、对承担损失做出的承诺或担保义务等。通常情况下，结构化主体的股本占资产规模的份额较小，甚至没有股本。当股本很少或没有股本，不足以支撑结构化主体的业务活动时，通常需要依靠其他次级财务支持来为结构化主体注入资金，支撑结构化主体的业务活动。

4. 通过向投资者发行不同等级的证券（如分级产品）等金融工具进行融资，不同等级的证券，信用风险及其他风险的集中程度也不同

例如，以发行分级产品的方式融资是对各级产品的受益权进行了分层配置。购买优先级的投资者享有优先受益权，购买次级的投资者享有次级受益权。投资期满后，投资收益在逐级保证受益人本金、预期收益及相关费用后的余额归购买次级的投资者，如果出现投资损失，先由购买次级的投资者承担。由于不同等级的证券具有不同的信用风险、利率风险或流动性风险，发行分级产品可以满足不同风险偏好投资者的投资需求。

为了规范在其他主体中权益的披露，根据《企业会计准则——基本准则》，财政部制定了《企业会计准则第 41 号——在其他主体中权益的披露》（2014 年 3 月 14 日财会〔2014〕16 号，以下简称本准则），自 2014 年 7 月 1 日起施行。

企业披露的在其他主体中权益的信息，应当有助于财务报表使用者评估企业在其他主体中权益的性质和相关风险，以及该权益对企业财务状况、经营成果和现金流量的影响。

本准则适用于企业在子公司、合营安排、联营企业和未纳入合并财务报表范围的结构化主体中权益的披露。

企业同时提供合并财务报表和母公司个别财务报表的，应当在合并财务报表附注中披露本准则要求的信息，不需要在母公司个别财务报表附注中重复披露相关信息。

下列各项的披露适用其他相关会计准则。

（1）离职后福利计划或其他长期职工福利计划，适用《企业会计准则第 9 号——职工薪酬》。

（2）企业在其参与的但不享有共同控制的合营安排中的权益，适用《企业会计准则第 37 号——金融工具列报》。但是，企业对该合营安排具有重大影响或该合营安排是结构化主体的，适用本准则。

（3）企业持有的由《企业会计准则第 22 号——金融工具确认和计量》规范的在其他主体中的权益，适用《企业会计准则第 37 号——金融工具列报》。但是，企业在未纳入合并财务报表范围的结构化主体中的权益，以及根据其他相关会计准则以公允价值计量且其变动计入当期损益的在联营企业或合营企业中的权益，适用本准则。

（一）重大判断和假设的披露

1. 对控制、共同控制、重大影响的判断

企业应当披露对其他主体实施控制、共同控制或重大影响的重大判断和假设，以及这些判断和假设变更的情况。

企业在其他主体中持有权益的，应当判断通过持有该权益企业能否对其他主体实施控制、共同控制或重大影响，并在财务报表附注中披露对控制、共同控制和重大影响的总体判断依据，针对某些具体情况做出的重大判断和假设，以及权益性质改变导致企业得出与原先不同的结论时所做的重大判断和假设。具体情况包括但不限于下列各项。

（1）企业持有其他主体半数或以下的表决权但仍控制该主体的判断和假设，或者持有其他主体半数以上的表决权但并不控制该主体的判断和假设。

（2）企业持有其他主体 20% 以下的表决权但对该主体具有重大影响的判断和假设，或者持有其他主体 20% 或以上的表决权但对该主体不具有重大影响的判断和假设。

（3）企业通过单独主体达成合营安排的，确定该合营安排是共同经营还是合营企业的判断和假设。

（4）确定企业是代理人还是委托人的判断和假设。

企业应当根据合并财务报表准则的规定，判断企业是代理人还是委托人。

2. 对投资性主体的判断及主体身份的转换

企业应当披露按照合并财务报表准则被确定为投资性主体的重大判断和假设，以及虽然不符合合并财务报表准则有关投资性主体的一项或多项特征但仍被确定为投资性主体的原因。合并财务报表准则规定了投资性主体的判断依据。企业被确定为投资性主体时，根据本准则，企业应当披露与这一认定相关的重大判断和假设。如果企业不具备合并财务报表准则中所列举的投资性主体特征中的一项或多项特征，但仍被确定为投资性主体的，企业应当披露做出这一认定的原因。

企业（母公司）由非投资性主体转变为投资性主体的，应当披露该变化及其原因，并

披露该变化对财务报表的影响。企业被认定为投资性主体，根据合并财务报表准则，企业应当仅将为其投资活动提供相关服务的子公司（如有）纳入合并范围并编制合并财务报表；其他子公司不应当予以合并，母公司对其他子公司的投资应当按照公允价值计量且其变动计入当期损益。对停止纳入合并财务报表范围的子公司，相关权益的会计处理方法由成本法转为以公允价值计量且其变动计入当期损益，会计处理方法的转变会对企业的财务报表产生影响。针对这项变化，企业应当在变化当期的财务报表附注中披露下列信息。

（1）对其主体身份变化这一情况及其原因予以说明。

（2）对变化当日不再纳入合并财务报表范围子公司的投资的公允价值，以及按照公允价值重新计量产生的利得或损失以及相应的列报项目。

企业（母公司）由投资性主体转变为非投资性主体的，应当披露该变化及其原因。

小知识

关于重要性原则的应用

企业在其他主体中的权益类型多样，规模不一，所产生的财务影响的程度也有所不同。为了防止企业披露大量不必要的信息导致财务报表使用者无法识别真正有用的信息，也为了防止企业将具有不同特征的权益进行汇总披露，导致信息过于笼统，不利于财务报表使用者了解和评价相关权益的性质和风险，企业在确定信息披露的详细程度时应当应用重要性原则。本准则对不同类型、不同特点的权益分别规定了相应的披露要求。对企业或企业集团而言重要的权益，需要单独且详尽地披露；对企业或企业集团而言重要性程度不足以单独披露的权益，可以汇总披露。此外，如果按照本准则的要求披露的信息还无法实现本准则的目标时，企业应当披露额外的信息来确保本准则的目标得以实现。

（二）在子公司中权益的披露

1. 企业集团的构成情况

企业应当在合并财务报表附注中披露企业集团的构成，包括子公司的名称、主要经营地及注册地（一般指国家或地区）、业务性质、企业的持股比例（或类似权益比例，下同）等。企业对子公司的持股比例不同于企业持有的表决权比例的，还应当披露该表决权比例。企业可以采用表9-34的格式来反映企业集团的构成情况。

表 9-34　企业集团的构成

子公司名称	主要经营地	注册地	业务性质	持股比例

2. 重要的非全资子公司的相关信息

子公司少数股东持有的权益对企业集团重要的，企业还应当在合并财务报表附注中披露下列信息。

（1）子公司少数股东的持股比例。子公司少数股东的持股比例不同于其持有的表决权比例的，企业还应当披露该表决权比例。

（2）当期归属于子公司少数股东的损益以及向少数股东支付的股利。

（3）子公司在当期期末累计的少数股东权益余额。

（4）子公司的主要财务信息。

如果单个非全资子公司的少数股东权益对企业集团而言并不重要，则不需要披露上述信息。

除子公司的主要财务信息外，企业可以采用表 9-35 的格式来披露上述（1）至（3）项要求的信息。

表 9-35　重要的非全资子公司的相关信息

子公司名称	少数股东的持股比例	当期归属于少数股东的损益	当期向少数股东支付的股利	期末累计少数股东权益

本准则要求企业披露重要非全资子公司的主要财务信息，以帮助财务报表使用者了解重要的少数股东权益对整个企业集团的业务活动和现金流量的影响。重要非全资子公司的主要财务信息包括：流动资产、非流动资产、流动负债、非流动负债、营业收入、净利润、综合收益等。企业可以采用表 9-36 的格式来披露重要非全资子公司的主要财务信息。

表 9-36　重要非全资子公司的主要财务信息

	本期数			上期数		
	智董公司	贵琛公司	……	智董公司	贵琛公司	……
流动资产						
非流动资产						
资产合计						
流动负债						
非流动负债						
负债合计						
营业收入						
净利润						
综合收益总额						
经营活动现金流量						

根据少数股东的持股比例计算出来的金额。本表数据还需要经过一定调整，包括以合并日子公司可辨认资产和负债的公允价值为基础进行的调整，以及因母公司与子公司会计政策不一致而按照母公司会计政策对子公司财务报表进行的调整等，但不需要抵销企业集团成员企业之间的内部交易。

企业在子公司中的权益（或权益的一部分）按照《企业会计准则第 30 号——财务报表列报》划分为持有待售资产的，不需要披露该子公司的上述主要财务信息。

小知识

关于对重要的非全资子公司的信息披露要求

企业存在非全资子公司的，企业集团合并财务报表中的少数股东权益和少数股东损益等项目将有相应的金额。企业应当运用重要性原则判断站在企业集团的角度非全资子公司少数股东持有的权益是否重要，如果重要，企业应当根据本准则的要求在合并财务报表附注中单独披露重要非全资子公司的相关信息。相关信息包括少数股东的持股比例，当期少数股东损益的金额和向少数股东支付的股利，少数股东权益的余额，以及非全资子公司的主要财务信息。非全资子公司的主要财务信息包括资产、负债、营业收入、净利润、综合收益、现金流量等，实际上是对合并财务报表中的少数股东权益和少数股东损益等项目的重要组成部分展开说明。这些信息来源于重要非全资子公司的财务报表，不是根据少数股东的持股比例计算出来的金额。这一披露要求旨在通过在合并财务报表附注中对重要的少数股东权益进行深入、全面的说明，来帮助财务报表使用者了解重要的非全资子公司的情况及其对整个企业集团的业务活动和现金流量的影响。

3. 对使用企业集团资产和清偿企业集团债务的重大限制

使用企业集团资产和清偿企业集团债务存在重大限制的，企业应当在合并财务报表附注中披露下列信息。

（1）该限制的内容，包括对母公司或其子公司与企业集团内其他主体相互转移现金或其他资产的限制，以及对企业集团内主体之间发放股利或进行利润分配、发放或收回贷款或垫款等的限制。

（2）子公司少数股东享有保护性权利，并且该保护性权利对企业使用企业集团资产或清偿企业集团负债的能力存在重大限制的，该限制的性质和程度。

（3）该限制涉及的资产和负债在合并财务报表中的金额。

企业集团成员企业使用企业集团资产和清偿企业集团债务可能因法律、行政法规的规定以及合同协议的约定而受到重大限制。本准则要求企业根据重要性原则判断限制是否重大，并在合并财务报表附注中披露对使用企业集团资产和清偿企业集团债务存在的重大限制。

此外，子公司的少数股东可能享有保护性权利。根据合并财务报表准则，保护性权利是指仅为了保护权利持有人利益却没有赋予持有人对相关活动决策权的一项权利。例如，根据协议，母公司动用子公司资产、清偿子公司债务必须经过子公司少数股东的批准。保护性权利对企业使用企业集团资产或清偿企业集团负债的能力存在重大限制的，企业应当披露该限制的性质和程度。

上述重大限制对企业集团的资产和负债产生一定影响，企业应当在合并财务报表附注中披露该限制涉及的资产和负债在合并财务报表中的金额。

4. 纳入合并财务报表范围的结构化主体的相关信息

企业存在纳入合并财务报表范围的结构化主体的，应当在合并财务报表附注中披露与该结构化主体相关的风险信息。与结构化主体相关的风险主要是指企业或其子公司需要依合同约定或因其他原因向结构化主体提供财务支持或其他支持，包括帮助结构化主体取得财务支持。

支持不属于企业日常的经营活动，通常是由特定事项触发的交易。例如，当纳入合并财务报表范围的结构化主体流动性紧张或资产信用评级被降低时，企业作为母公司可能需要向结构化主体提供流动性支持，或与结构化主体进行资产置换来提高结构化主体的资产信用评级，使结构化主体恢复到正常的经营状态。"财务支持"（即直接或间接地向结构化主体提供经济资源）通常包括：向结构化主体无偿提供资金；增加对结构化主体的权益投资；向结构化主体提供长期贷款；豁免结构化主体所欠的债务；从结构化主体购入资产，或购买结构化主体发行的证券；按照偏离市场公允价值的价格与结构化主体进行交易，造成企业资源的净流出；企业就结构化主体的经营业绩向第三方提供保证或承诺；其他情形。"其他支持"通常是非财务方面的支持，例如提供人力资源管理或其他管理服务等。

（1）有合同约定的情况。本准则规定，对纳入合并财务报表范围的结构化主体，合同约定企业或其子公司向该结构化主体提供财务支持的，应当披露提供财务支持的合同条款，包括可能导致企业承担损失的事项或情况。

（2）没有合同约定的情况。本准则规定，对纳入合并财务报表范围的结构化主体，在没有合同约定的情况下，企业或其子公司当期向该结构化主体提供了财务支持或其他支持，企业应当披露所提供支持的类型、金额及原因，包括帮助该结构化主体获得财务支持的情况。其中，企业或其子公司当期对以前未纳入合并财务报表范围的结构化主体提供了财务支持或其他支持并且该支持导致企业控制了该结构化主体的，企业还应当披露决定提供支持的相关因素。

（3）向结构化主体提供支持的意图。本准则规定，对纳入合并财务报表范围的结构化主体，企业存在向该结构化主体提供财务支持或其他支持的意图的，应当披露该意图，包括帮助该结构化主体获得财务支持的意图。"意图"是指企业基本决定将在未来期间向结构化主体提供财务支持或其他支持，具体表现为适当级别的企业高管批准了企业向结构化主体提供支持的计划或者方案。如果计划或者方案仅处于酝酿阶段，尚未获得企业高管批准，则不属于本准则所称的意图，也不需要进行披露。

小知识

关于纳入合并财务报表范围的结构化主体的相关风险信息

结构化主体具有一定的特殊性。企业（母公司）的子公司中有结构化主体的，对于与该结构化主体相关的权益，除了像对其他子公司权益一样披露共性的信息外，还要披露与结构化主体相关的风险信息。与结构化主体相关的风险主要是指企业或其子公司需要依合同约定或其他原因向结构化主体提供财务支持或其他支持，包括帮助结构化主体取得财物支持。

站在企业集团的角度，如果企业或其子公司在报告期内向结构化主体提供财务支持，集团成员企业之间的交易在编制合并财务报表时将作抵销处理，不影响合并财务报表中的损益金额，但交易本身会对提供支持方的股东产生影响，甚至可能给股东造成损失。而且，向结构化主体提供支持通常是由特定事项触发的。例如，当结构化主体的资产信用评级被降低时，企业作为母公司与结构化主体进行资产置换来恢复结构化主体资产的信用评级，这一交易虽然不影响合并财务报表中的损益金额，但资产信用评级被降低对于企业和企业集团而言也是一种风险。所以，本准则规定，合同约定向纳入合并财务报表范围的结构化主体提供财务支持的，应当披露合同条款；没有合同约定但提供了支持的，应当披露支持的类型、金额及原因；存在提供支持意图的，还应当披露该意图。

5. 企业在其子公司的所有者权益份额发生变化的情况

（1）不丧失控制权的情况。企业在其子公司所有者权益份额发生变化且该变化未导致企业丧失对子公司控制权的，应当在合并财务报表附注中披露该变化对本企业所有者权益的影响。在不丧失控制权的情况下，子公司仍纳入合并财务报表范围，但这一交易会影响合并财务报表中少数股东权益等金额，对本企业所有者权益产生影响，本准则要求企业在合并财务报表附注中披露该变化对本企业所有者权益的影响。

【例 9-68】 智董公司持有贵琛公司 80% 的股权，能够对贵琛公司实施控制。2×14 年 1 月，智董公司将其持有的贵琛公司的部分股份对外出售（占贵琛公司股份的 20%），该项交易未导致智董公司丧失对贵琛公司的控制权。

智董公司在 2×14 年报的合并财务报表附注中对该项交易的披露如下：智董公司于 2×14 年 1 月处置部分对贵琛公司的投资（占贵琛公司股份的 20%），但未丧失对贵琛公司的控制权。处置股权取得的对价为 2600 万元，该项交易导致少数股东权益增加 2400 万元，资本公积增加 200 万元。

（2）丧失控制权的情况。企业丧失对子公司控制权的，如果企业还有其他子公司并需要编制合并财务报表，应当在合并财务报表附注中披露按照合并财务报表准则计算的下列信息。

1）由于丧失控制权而产生的利得或损失以及相应的列报项目。

2）剩余股权在丧失控制权日按照公允价值重新计算而产生的利得或损失

【例 9-69】 智董公司持有贵琛公司 60％的股权，能够对贵琛公司实施控制。2×14 年 6 月，智董公司将其持有的贵琛公司的部分股份对外出售（占贵琛公司股份的 40％），该项交易导致智董公司丧失了对贵琛公司的控制权，但仍对贵琛公司具有重大影响。

智董公司在 2×14 年报的合并财务报表附注中对该项交易的披露如下：智董公司 2×14 年 6 月处置部分对贵琛公司的投资（占贵琛公司股份的 40％），丧失了对贵琛公司的控制权。处置股权取得的对价为 6000 万元，该项交易的收益为 720 万元，列示在合并财务报表的"投资收益"项目中。处置当日剩余股权的公允价值为 3000 万元，剩余股权按照公允价值计量而产生的利得为 200 万元。

6. 投资性主体的相关信息

企业按照合并财务报表准则被确定为投资性主体，且存在未纳入合并财务报表范围的子公司，并对该子公司权益按照公允价值计量且其变动计入当期损益的，应当在财务报表附注中对该情况予以说明。同时，应当披露该子公司的基础信息和与权益相关的风险信息。

（1）未纳入合并财务报表范围的子公司的基础信息。企业（母公司）是投资性主体的，对未纳入合并财务报表范围的子公司，企业应当披露下列基础信息。

1）子公司的名称、主要经营地及注册地（一般指国家或地区）。

2）企业对子公司的持股比例。持股比例不同于企业持有的表决权比例的，企业还应当披露该表决权比例。企业的子公司也是投资性主体且该子公司存在未纳入合并财务报表范围的下属子公司的，企业应当按照上述要求披露该下属子公司的相关信息。

（2）与权益相关的风险信息。

企业是投资性主体的，对其在未纳入合并财务报表范围的子公司中的权益，应当披露与该权益相关的风险信息。

1）该未纳入合并财务报表范围的子公司以发放现金股利、归还贷款或垫款等形式向企业转移资金的能力存在重大限制的，企业应当披露该限制的性质和程度。

2）企业存在向未纳入合并财务报表范围的子公司提供财务支持或其他支持的承诺或意图的，企业应当披露该承诺或意图，包括帮助该子公司获得财务支持的承诺或意图。在没有合同约定的情况下，企业或其子公司当期向未纳入合并财务报表范围的子公司提供财务支持或其他支持的，企业应当披露提供支持的类型、金额及原因。

3）合同约定企业或未纳入合并财务报表范围的子公司向未纳入合并财务报表范围，但受企业控制的结构化主体提供财务支持的，企业应当披露相关合同条款，以及可能导致企业承担损失的事项或情况。在没有合同约定的情况下，企业或其未纳入合并财务报表范围的子公司当期向原先不受企业控制且未纳入合并财务报表范围的结构化主体提供财务支持或其他支持，并且所提供的支持导致企业控制该结构化主体的，企业应当披露决定提供上述支持的相关因素。

（三）在合营安排或联营企业中权益的披露

1. 合营安排和联营企业的基础信息

存在重要的合营安排或联营企业的，企业应当披露下列信息。

（1）合营安排或联营企业的名称、主要经营地及注册地。

（2）企业与合营安排或联营企业的关系的性质，包括合营安排或联营企业活动的性质，以及合营安排或联营企业对企业活动是否具有战略性等。

（3）企业的持股比例。持股比例不同于企业持有的表决权比例的，企业还应当披露该表决权比例。

对于重要的合营安排或联营企业，企业可以采用表 9-37 的格式披露合营安排或联营企业的基础信息。

表 9-37　重要合营安排或联营企业的基础信息

企业名称	主要经营地	注册地	持股比例	业务性质	对企业活动是否具有战略性

2. 重要的合营企业和联营企业的主要财务信息

对于重要的合营企业或联营企业，企业除了应当披露基础信息外，还应当披露对合营企业或联营企业投资的会计处理方法，从合营企业或联营企业收到的股利，以及合营企业或联营企业在其自身财务报表中的主要财务信息。合营企业或联营企业的主要财务信息，包括流动资产、非流动资产、流动负债、非流动负债、营业收入、净利润、终止经营的净利润、其他综合收益、综合收益总额等。由于企业对合营企业相关活动的参与程度更高，对于重要的合营企业，除披露上述信息外，还需要披露的信息有：现金和现金等价物；财务费用（能够区分利息收入和利息费用的，分别披露利息收入和利息费用）；所得税费用。

企业对重要的合营企业或联营企业投资采用权益法进行会计处理的，上述主要财务信息应当是按照权益法对合营企业或联营企业相关财务信息调整后的金额。同时，企业应当披露将上述主要财务信息按照权益法调整至企业对合营企业或联营企业投资账面价值的调节过程。企业对上述合营企业或联营企业投资采用权益法进行会计处理但该投资存在公开报价的，还应当披露其公允价值。

对于重要的合营企业，企业对其投资按照权益法进行会计处理的，可以采用表 9-38 的格式披露合营企业的主要财务信息和相关信息。

表 9-38　重要合营企业的主要财务信息

	本期数			上期数		
	智董公司	贵琛公司	……	智董公司	贵琛公司	……
流动资产						
其中：现金和现金等价物						
非流动资产						
资产合计						
流动负债						
非流动负债						
负债合计						
净资产						
按持股比例计算的净资产份额						
调整事项						
对合营企业权益投资的账面价值						
存在公开报价的权益投资的公允价值						
营业收入						
财务费用						
所得税费用						
净利润						
其他综合收益						
综合收益总额						
企业本期收到的来自合营企业的股利						

注：存在终止经营的净利润的，还应当在本表中单列项目披露。

本表数据来源于重要合营企业的财务报表，不是根据持股比例计算出来的金额。来源于合营企业财务报表的数据还需要经过一定调整，例如，以取得投资时被投资方可辨认资产和负债的公允价值为基础进行的调整，或者因被投资方与企业的会计政策不一致而对被投资方财务信息进行的调整等，但不需要抵销企业与合营企业之间的内部交易。假设智董公司是对贵琛公司享有共同控制的合营方，在取得对贵琛公司的投资时，贵琛公司一项固定资产的账面价值为 500 万元，公允价值为 600 万元，剩余摊销年限为 10 年。在编制上表时，智董公司应当以 600 万元为基础调整贵琛公司财务报表的金额，按调整后的金额填列"非流动资产"项目、"净利润"项目，以及"综合收益"项目等。

本表还包括企业当期从合营企业收到的股利、存在公开报价的投资的公允价值等信息，以及按照权益法调整至企业对合营企业投资账面价值的调节过程。本表中的"调整事项"包括取得投资时形成的商誉，即取得投资时企业的初始投资成本大于投资时应享有合营企业可辨认净资产公允价值份额的金额，还包括抵销企业与合营企业之间的内部交易、减值准备等其他事项。

对于重要的联营企业，企业对其投资按照权益法进行会计处理的，可以采用表 9-39 的格式披露联营企业的主要财务信息。除了在披露项目上简化外，表 9-39 的内容和编制方法与表 9-38 一致。

表 9-39 重要联营企业的主要财务信息

	本期数			上期数		
	智董公司	贵琛公司	……	智董公司	贵琛公司	……
流动资产						
非流动资产						
资产合计						
流动负债						
非流动负债						
负债合计						
净资产						
按持股比例计算的净资产份额						
调整事项						
对联营企业权益投资的账面价值						
存在公开报价的权益投资的公允价值						
营业收入						
净利润						
其他综合收益						
综合收益总额						
企业本期收到的来自联营企业的股利						

注：存在终止经营的净利润的，还应当在本表中单列项目披露。

企业根据其他相关会计准则，对重要的合营企业或联营企业投资采用权益法以外的其他方法进行会计处理的，需要区分两种情况。

（1）企业是投资性主体的，不需要披露合营企业或联营企业的主要财务信息。

（2）企业不是投资性主体的，在财务报表附注中所披露的合营企业或联营企业的主要财务信息直接来源于合营企业或联营企业的财务报表，不需要经过调整，也不包括调节过程。

企业在合营企业或联营企业中的权益（或权益的一部分）按照《企业会计准则第30号——财务报表列报》划分为持有待售资产的，不需要披露合营企业或联营企业的上述主要财务信息。

3. 不重要的合营企业和联营企业的汇总财务信息

企业在单个合营企业或联营企业中的权益不重要的，应当分别就合营企业和联营企业两类披露下列信息。

（1）按照权益法进行会计处理的对合营企业或联营企业投资的账面价值合计数。

（2）对合营企业或联营企业的净利润、终止经营的净利润、其他综合收益、综合收益等项目，企业按照其持股比例计算的金额的合计数。企业是投资性主体的，不需要披露上述信息。

对于不重要的合营企业或联营企业，企业可以采用表9-40的格式披露汇总财务信息。

表9-40　不重要合营企业和联营企业的汇总信息

项目	本期数	上期数
合营企业：		
投资账面价值合计		
下列各项按持股比例计算的合计数		
净利润		
其他综合收益		
综合收益总额		
联营企业：		
投资账面价值合计		
下列各项按持股比例计算的合计数		
净利润		
其他综合收益		
综合收益总额		

注：存在终止经营的净利润的，还应当在本表中单列项目披露。

4. 与企业在合营企业和联营企业中权益相关的风险信息

（1）对转移资金能力的重大限制。合营企业或联营企业以发放现金股利、归还贷款或垫款等形式向企业转移资金的能力存在重大限制的，企业应当披露该限制的性质和程度。例如，某联营企业与银行（银行是独立第三方，不是联营企业的投资方）签订借款合同，合同约定：如果联营企业未能清偿到期债务，就不能向其投资方支付股利。在这种情况下，联营企业向企业（投资方）转移资金的能力就受到了限制，如果该项限制属于重大限制，企业应当在其财务报表附注中披露该项限制的性质和程度。

（2）超额亏损。企业对合营企业或联营企业投资采用权益法进行会计处理，被投资方发生超额亏损且投资方不再确认其应分担合营企业或联营企业损失份额的，应当披露未确认的合营企业或联营企业损失份额，包括当期份额和累积份额。在合营企业或联营企业发生超额亏损的情况下，企业可以采用表9-41的格式披露企业应分担的超额亏损，也可以用文字形式披露相关信息。

表 9-41 企业对合营企业或联营企业发生超额亏损的分担额

被投资单位名称	前期累积未确认的损失份额	本期未确认的损失份额（或本期实现净利润的分享额）	本期末累积未确认的损失份额
合营企业：			
（1）			
小计			
联营企业：			
（1）			
小计			
合计			

【例 9-70】 智董公司持有贵琛公司 40% 的股权，能够对贵琛公司实施重大影响。2×14 年度，贵琛公司发生巨额亏损。智董公司在其 2×14 年报的财务报表附注中对该事项披露如下：2×14 年度贵琛公司亏损 10000 万元，本公司按照持股比例应分担损失 4000 万元，但本公司对贵琛公司权益投资的账面价值仅为 3500 万元，本公司不存在长期应收款等其他实质上构成对贵琛公司净投资的权益项目，本公司确认了 3500 万元的投资损失，当期未确认的对贵琛公司投资的损失份额为 500 万元，本期末累积未确认的对贵琛公司投资的损失份额为 500 万元。

智董公司也可以采用表格的形式披露（见表 9-42）。

表 9-42 2×14 年的损失份额 单位：万元

被投资单位名称	前期累积未确认的损失份额	本期未确认的损失份额	本期末累积未确认的损失份额
联营企业：			
贵琛公司	0	500	500
合计	0	500	500

（3）与对合营企业投资相关的未确认承诺。企业应当单独披露与其对合营企业投资相关的未确认承诺。未确认承诺是指企业已做出但未确认的各项承诺，既包括企业单独做出的未确认承诺，又包括企业与其他参与方共同做出的未确认承诺中企业所承担的份额。

未确认承诺的具体内容包括但不限于：

1）企业因下列事项而做出的提供资金或资源的未确认承诺。例如，企业对合营企业的出资承诺，对于合营企业承担的资本性支出企业将提供支持的承诺，企业承诺从合营企业购买或代表合营企业购买设备、存货或服务等无条件购买义务，企业向合营企业承诺提供贷款或其他财务支持，以及企业做出的与对合营企业投资相关的其他不可撤销的承诺。

2）企业购买合营企业其他参与方在合营企业的全部或部分权益的未确认承诺。企业是否需要履行这一承诺通常取决于特定事件是否在未来期间发生。

【例 9-71】 2×14 年 7 月 1 日，智董公司、贵琛公司和欣郁公司共同出资设立丁企业，出资比例分别为 50%、40% 及 100%，各参与方的表决权比例与其出资比例相同。假设根据协议，智董公司和贵琛公司对丁企业具有共同控制，且该合营安排为合营企业。协议约定，贵琛公司承诺欣郁公司在丁企业成立届满 3 年后，欣郁公司可以选择将其在丁企业中的财产份额全部转让给贵琛公司，由贵琛公司一次性全额向欣郁公司支付欣郁公司初始投资成本的 120%。欣郁公司的初始投资成本为 150 万元，贵琛公司承担的未确认承诺为 180 万元。

贵琛公司在其 2×14 年报的财务报表附注中对该项未确认承诺披露如下：本公司对丁企业（2×14 年 7 月成立）享有共同控制，表决权比例为 40%。根据协议，如果丁企业的参与方欣郁公司选择在丁企业成立届满 3 年后将其在丁企业中财产份额转让给本公司，本公司需要一次性全额向欣郁公司支付 180 万元。

（4）或有负债。企业应当单独披露与其对合营企业或联营企业投资相关的或有负债，但不包括极小可能导致经济利益流出企业的或有负债。企业应当按照《企业会计准则第 13 号——或有事项》来判断某一事项是否属于或有负债。如果企业与合营企业的其他参与方、联营企业的其他投资方共同承担某项或有负债，企业应当在财务报表附注中披露在该项或有负债中企业所承担的份额。在或有负债较多的情况下，企业可以按照或有负债的类别进行汇总披露。

小知识

关于共同经营与合营企业的信息披露差异

合营安排分为共同经营和合营企业。企业存在重要合营安排的，应当披露合营安排（包括共同经营和合营企业）的基础信息，包括名称、主要经营地及注册地，企业与合营安排的关系的性质，以及企业的持股比例等。但企业只需披露重要的合营企业的主要财务信息。这是因为，在共同经营中，企业作为享有共同控制的合营方将其在共同经营中的权益具体化为企业的资产、负债、收入、费用等项目，即与共同经营相关的信息已经包含在企业财务报表相应的资产、负债、收入、费用等项目中，不需要再重复披露其财务信息。在合营企业中，企业作为享有共同控制的合营方，对合营企业的投资在企业或企业集团的财务报表中体现为长期股权投资项目或金融资产项目。为了帮助财务报表使用者更好地了解企业在合营企业中的权益，深入解析长期股权投资或金融资产的重要组成部分，本准则要求单独披露重要合营企业的资产、负债、收入、净利润、综合收益等信息。这些信息来源于合营企业的财务报表，不是根据持股比例计算出来的金额，反映的是重要合营企业财务状况和经营业绩的概况，以帮助财务报表使用者了解重要合营企业的情况并评价相关权益的风险。

（四）在未纳入合并财务报表范围的结构化主体中权益的披露

1. 未纳入合并财务报表范围的结构化主体的基础信息

对于未纳入合并财务报表范围的结构化主体，企业应当披露该结构化主体的性质、目的、规模、活动及融资方式，包括与之相关的定性信息和定量信息。其中，结构化主体的规模通常以资产总额或者所发行证券的规模来表示，融资方式包括股权融资、债权融资以及其他融资方式。本准则不要求逐个披露结构化主体的信息，企业应当按照重要性原则来确定信息披露的详细程度，只要不影响财务报表使用者评价企业与结构化主体之间的关系及企业因涉入结构化主体业务活动而面临的风险，企业可以根据需要汇总披露相关信息。

2. 与权益相关资产负债的账面价值和最大损失敞口

企业在未纳入合并财务报表范围的结构化主体中有权益的，还应当披露下列信息。

（1）在财务报表中确认的与企业在未纳入合并财务报表范围的结构化主体中权益相关的资产和负债的账面价值及其在资产负债表中的列报项目。

（2）在未纳入合并财务报表范围的结构化主体中权益的最大损失敞口及其确定方法。最大损失敞口应当是企业因在结构化主体中持有权益而可能发生的最大损失。在确定最大损失敞口时，不需要考虑损失发生的可能性，因为最大损失敞口并不是企业的预计损失。企业不能量化最大损失敞口的，应当披露这一事实及其原因。

（3）在财务报表中确认的与企业在未纳入合并财务报表范围的结构化主体中权益相关的资产和负债的账面价值与其最大损失敞口的比较。优先级债券列示在财务报表的"可供出售金融资产"项目中。最大损失敞口为优先级债券在资产负债表日的账面价值（公允价值）。

次级债券列示在财务报表的"持有至到期投资"项目中。最大损失敞口为次级债券在资产负债表日的账面价值（摊余成本）。

信用违约互换列示在财务报表的"衍生金融负债"项目中。最大损失敞口为相关贷款全部违约情况下企业需要偿付的本金和利息之和。

3. 企业是结构化主体的发起人但在结构化主体中没有权益的情况

企业发起设立未纳入合并财务报表范围的结构化主体，资产负债表日在该结构化主体中没有权益的，企业不披露与权益相关的资产负债的账面价值及最大损失敞口。但作为发起人，企业通常与其发起的结构化主体之间保持着业务联系，仍可能通过涉入结构化主体的相关活动而承担风险。本准则要求此类企业披露下列信息。

（1）企业作为该结构化主体发起人的认定依据，即如何判断企业是该结构化主体的发起人。企业的发起人身份可能给企业带来一定风险。例如，当结构化主体的经营遇到困难时，企业作为发起人很可能向结构化主体提供财务支持或其他支持，在帮助结构化主体渡过难关的同时维护企业的声誉。存在下列情况的，可能说明企业是结构化主体的发起人。

1）企业单独创建了结构化主体。

2）企业参与创建结构化主体，并参与结构化设计的过程。

3）企业是结构化主体的最主要的服务对象，例如，结构化主体为企业提供资金，或者结构化主体所从事的业务活动是企业主要业务活动的组成部分，企业即使没有发起结构化主体，自身也要开展这些业务活动。

4）企业的名称出现在结构化主体的名称或结构化主体发行的证券的名称中。

5）其他能够说明企业是结构化主体发起人的情形。

（2）分类披露企业当期从该结构化主体获得的收益及收益类型。企业作为发起人，即使在结构化主体中没有权益，也可能取得来自结构化主体的收益。例如，向结构化主体提供管理或咨询服务并收取服务费；向结构化主体转移资产而取得收益；以及原先在结构化主体中持有权益，当期处置了相关权益，虽然资产负债表日企业不再持有权益，但当期取得了处置收益。对当期从结构化主体获得的收益及其类型，企业应当分类披露。

（3）当期转移至该结构化主体的所有资产在转移时的账面价值。

【例 9-72】 智董公司发起多个结构化主体，但在结构化主体中均不持有权益。

2×14 年，智董公司从其发起的结构化主体获得收益的情况以及当期向结构化主体转移资产的情况，如表 9-43 所示。

表 9-43　2×14 年转移资产的情况　　　　　　　　　　单位：万元

结构化主体类型	当期从结构化主体获得的收益			当期向结构化主体转移资产的账面价值
	服务收费	向结构化主体出售资产的利得（损失）	合计	
信用资产证券化	10	8	18	258
投资基金	5	—	5	—
合计	15	8	23	258

4. 向未纳入合并财务报表范围的结构化主体提供支持的情况

企业应当披露其向未纳入合并财务报表范围的结构化主体提供财务支持或其他支持的意图，包括帮助该结构化主体获得财务支持的意图。

在没有合同约定的情况下，企业当期向结构化主体（包括企业前期或当期持有权益的结构化主体）提供财务支持或其他支持的，还应当披露提供支持的类型、金额及原因，包括帮助该结构化主体获得财务支持的情况。

5. 未纳入合并财务报表范围结构化主体的额外信息披露

如果企业按照本准则要求披露的有关未纳入合并财务报表范围的结构化主体的信息，仍不能充分反映相关风险及其对企业的影响，企业还应当额外披露信息。

（1）合同约定企业在特定情况下需要向未纳入合并财务报表范围的结构化主体提供财务支持或其他支持的，企业应当披露相关的合同条款及有关信息，有关信息包括在何种情况下企业需要向结构化主体提供支持并可能因此遭受损失，是否存在其他约定对企业向结构化主体履行支持义务产生约束，在多方向结构化主体提供支持的情况下各方提供支持的先后顺序等。

（2）企业因在未纳入合并财务报表范围的结构化主体中持有权益而当期遭受损失的，企业应当披露损失的金额，包括计入当期损益的金额和计入其他综合收益的金额。

（3）企业在未纳入合并财务报表范围的结构化主体中持有权益，如果企业当期取得与该权益相关的收益，企业应当披露收益的类型。收益类型主要包括：服务收费，利息收入，利润分配收入，处置债权或股权的收益，以及企业向结构化主体转移资产取得的收益等。

（4）在合同约定企业和其他主体需要承担未纳入合并财务报表范围结构化主体的损失的情况下，企业应当披露企业和其他主体需要承担损失的最大限额以及承担损失的先后顺序。

（5）企业应当披露第三方提供的、对企业在未纳入合并财务报表范围的结构化主体中权益的公允价值或风险可能产生影响的流动性支持、担保、承诺等。

（6）企业应当披露当期未纳入合并财务报表范围的结构化主体在融资活动中遇到的困难，主要是指债务融资或股权融资遇到的困难。

（7）企业应当披露与未纳入合并财务报表范围的结构化主体融资业务有关的信息，包括融资形式（例如商业票据、中长期票据）及其加权平均期限。特别是当结构化主体投资长期资产但资金来源于短期负债时，企业需要分析该结构化主体资产和负债的期限结构，并披露这一情况。

小知识

对于未纳入合并财务报表范围的结构化主体，企业应当披露下列信息。

（一）未纳入合并财务报表范围的结构化主体的性质、目的、规模、活动及融资方式。

（二）在财务报表中确认的与企业在未纳入合并财务报表范围的结构化主体中权益相关的资产和负债的账面价值及其在资产负债表中的列报项目。

（三）在未纳入合并财务报表范围的结构化主体中权益的最大损失敞口及其确定方法。企业不能量化最大损失敞口的，应当披露这一事实及其原因。

（四）在财务报表中确认的与企业在未纳入合并财务报表范围的结构化主体中权益相关的资产和负债的账面价值与其最大损失敞口的比较。

企业发起设立未纳入合并财务报表范围的结构化主体，但资产负债表日在该结构化主体中没有权益的，企业不需要披露上述（二）至（四）项要求的信息，但应当披露企业作为该结构化主体发起人的认定依据，并分类披露企业当期从该结构化主体获得的收益、收益类型，以及转移至该结构化主体的所有资产在转移时的账面价值。

　　企业应当披露其向未纳入合并财务报表范围的结构化主体提供财务支持或其他支持的意图，包括帮助该结构化主体获得财务支持的意图。在没有合同约定的情况下，企业当期向结构化主体（包括企业前期或当期持有权益的结构化主体）提供财务支持或其他支持的，还应当披露提供支持的类型、金额及原因，包括帮助该结构化主体获得财务支持的情况。

　　企业是投资性主体的，对受其控制但未纳入合并财务报表范围的结构化主体，应当按照本准则第十二条和第十三条的规定进行披露，不需要按照本章规定进行披露。

小知识

关于未纳入合并财务报表范围的结构化主体

　　未纳入合并财务报表范围的结构化主体主要分两种情况。一是企业在结构化主体中有权益的，二是企业在结构化主体中没有权益但企业是结构化主体发起人的。针对第一种情况，企业应当披露相关权益的账面价值和最大损失敞口，这些信息能够反映相关权益的风险。针对第二种情况，企业作为结构化主体的发起人，往往与结构化主体之间保持着非常密切的业务关系，即使企业在结构化主体中没有权益，这种业务关系也可能对企业的风险和收益产生影响。特别是在企业借助结构化主体开展重大融资和投资业务的情况下，如果结构化主体的运营出现问题，不但可能降低企业来源于结构化主体的收益，甚至可能影响企业正常的经营活动。所以，对这一情况本准则要求披露企业作为结构化主体发起人的认定依据，企业当期从结构化主体获得的收益及其类型，以及当期转移至该结构化主体的所有资产在转移时的账面价值。

　　需要说明的是，本准则并不要求逐个披露未纳入合并财物报表范围的结构化主体的信息。对于有些企业而言，与之相关的结构化主体数量较多，企业应当按照重要性原则来确定信息披露的详细程度，只要不影响财务报表使用者评价企业与结构化主体之间的关系及企业因涉入结构化主体业务活动而面临的风险，企业可以根据需要披露汇总信息。但如果企业按照本准则要求披露的信息仍不能充分反映相关风险及其对企业的影响，企业还应当披露额外信息。

第二节　投资会计管理（执行《小企业会计准则》的）

一、小企业短期投资

　　小企业短期投资，是指小企业购入的能随时变现并且持有时间不准备超过1年（含1年，下同）的投资，如小企业以赚取差价为目的从二级市场购入的股票、债券、基金等。

（一）小企业短期投资的会计处理

　　初始投资成本的确定是投资的计量问题，即为取得一项投资发生了多少耗费。初始投资成本的确定是确定企业为取得一项投资而发生的支出中有多少可以计入投资账户，确认为企业的一项资产，并在资产负债表资产方的相关投资项目中列示。按照历史成本核算原则，企业取得的投资在取得时应以初始投资成本计价。初始投资成本是指为获得一项投资而付出的代价，包括买价和其他相关费用。

小企业应设置"短期投资"科目核算小企业购入的能随时变现并且持有时间不准备超过1年（含1年，下同）的投资。"短期投资"科目期末借方余额，反映小企业持有的短期投资成本。

"短期投资"科目应按照股票、债券、基金等短期投资种类进行明细核算。

小企业短期投资应当按照以下规定进行会计处理。

1. 初始计量（取得时）

以支付现金取得的短期投资，小企业应当按照购买价款和相关税费作为成本进行计量。实际支付价款中包含的已宣告但尚未发放的现金股利或已到付息期但尚未领取的债券利息，应当单独确认为应收股利或应收利息，不计入短期投资的成本。

主要账务处理如下。

小企业购入各种股票、债券、基金等作为短期投资的，应当按照实际支付的购买价款和相关税费，借记"短期投资"科目，贷记"银行存款"科目。

小企业购入股票，如果实际支付的购买价款中包含已宣告但尚未发放的现金股利，应当按照实际支付的购买价款和相关税费扣除已宣告但尚未发放的现金股利后的金额，借记"短期投资"科目，按照应收的现金股利，借记"应收股利"科目，按照实际支付的购买价款和相关税费，贷记"银行存款"科目。

小企业购入债券，如果实际支付的购买价款中包含已到付息期但尚未领取的债券利息，应当按照实际支付的购买价款和相关税费扣除已到付息期但尚未领取的债券利息后的金额，借记"短期投资"科目，按照应收的债券利息，借记"应收利息"科目，按照实际支付的购买价款和相关税费，贷记"银行存款"科目。

【例9-73】 智董公司采用小企业会计准则核算，2×10年11月26日以暂时性闲置资金从深圳证券交易所购入贵琛公司股票180万股，准备短期获利，共支付款项2830万元，其中包括已宣告但尚未发放的现金股利126万元。另支付交易手续费等4万元。2×10年11月28日收到宣告的现金股利。

2×10年11月26日，智董公司的账务处理如下。

借：短期投资——贵琛公司股票　　　　　　　　　　2708
　　应收股利　　　　　　　　　　　　　　　　　　 126
　　贷：银行存款　　　　　　　　　　　　　　　　　　　　　 2834

2×10年11月28日，智董公司的账务处理如下。

借：银行存款　　　　　　　　　　　　　　　　　　 126
　　贷：应收股利　　　　　　　　　　　　　　　　　　　　　　 126

小知识

取得一项投资的同时取得一项债权的会计处理

企业取得一项投资实际支付的价款包括两部分：一是为取得投资而支付的购买价格及税金、手续费等相关费用；另一部分是为取得投资而发生的债权支出，即实际支付的价款中包含的已宣告但尚未领取的现金股利或已到付息期但尚未领取的债券利息。

对于为取得投资而支付的购买价格及税金、手续费等相关费用，通常应计入初始投资成本，但对于取得一项投资的同时取得一项债权的处理，有两种观点。

1. 计入初始投资成本，待实际收到现金股利或利息时，再冲减初始投资成本

采用这种方法的理由如下。

（1）核算简单。在取得投资时不需要单独计算已宣告但尚未领取的现金股利或已到付息期但尚未领取的债券的利息，这部分支出构成投资的初始投资成本。

（2）如果取得一项短期投资，短期投资本身意图是短期持有，在资产负债表上归为流动资产，而实际支付的价款中包含的已宣告但尚未领取的现金股利或已到付息期但尚未领取的债券的利息也归为流动资产，不会影响财务报表的真实与公允。

2. 不计入初始投资成本，单独作为应收项目核算，待实际收到现金股利或利息时，冲减应收项目

采用这种方法的理由如下。

（1）实际支付的价款中包含的已宣告但尚未领取的现金股利或已到付息期但尚未领取的债券利息实际上是一笔债权，而不是投资，其性质不同。

（2）如果初始投资成本中包含已宣告但尚未领取的现金股利或已到付息期但尚未领取的债券利息，混淆了初始投资成本与债权的界限，不符合初始投资成本的定义。

小企业会计准则采用了第二种方法。

2. 后续计量（持有期间）

在短期投资持有期间，被投资单位宣告分派的现金股利或在债务人应付利息日按照分期付息、一次还本债券投资的票面利率计算的利息收入，应当计入投资收益。

主要账务处理如下。

在短期投资持有期间，被投资单位宣告分派的现金股利，借记"应收股利"科目，贷记"投资收益"科目。

在债务人应付利息日，按照分期付息、一次还本债券投资的票面利率计算的利息收入，借记"应收利息"科目，贷记"投资收益"科目。

【例9-74】 2×10年1月2日，智董公司从二级市场上购入馨煜公司发行的公司债券，该笔债券于2×07年7月1日发行，债券期限为10年，债券面值为2500万元，票面利息为4%。上年债券利息于下年1月15日支付。智董公司持有目的是短期获利，支付价款为2600万元（其中包含已经宣告但尚未发放的债券利息100万元），另支付交易费用30万元。2×10年1月15日，智董公司收到该笔利息。2×11年1月15日，智董公司收到债券利息100万元。假设智董公司采用小企业会计准则核算，智董公司应编制如下会计分录。

（1）2×10年1月2日，购入馨煜公司发行的公司债券时

借：短期投资——馨煜公司债券　　　　　　　　　　2530
　　应收利息——馨煜公司　　　　　　　　　　　　100
　　贷：银行存款　　　　　　　　　　　　　　　　　　　2630

（2）2×10年1月15日，智董公司收到买价中已宣告但尚未发放的债券利息

借：银行存款　　　　　　　　　　　　　　　　　　100
　　贷：应收利息——馨煜公司　　　　　　　　　　　　　100

（3）2×10年12月31日，智董公司确认2×10年度债券利息

借：应收利息——馨煜公司　　　　　　　　　　　　100
　　贷：投资收益　　　　　　　　　　　　　　　　　　　100

（4）2×11年1月15日，智董公司收到2×10年债券利息

借：银行存款　　　　　　　　　　　　　　　　　　100
　　贷：应收利息——馨煜公司　　　　　　　　　　　　　100

在本例中，收到买价中已宣告但尚未发放的债券利息不影响当期损益，而取得持有期间的债券利息计入投资收益，影响当期损益。

小知识

短期投资的期末计价

投资的期末计价是指期末投资在资产负债表上反映的价值。按照历史成本核算原则，在资产负债表上投资一般应按其账面余额反映。

短期投资在持有期间内的期末计价方法有以下三种。

1. 成本

以成本计价是指按投资成本入账后直到出售变现前均不调整短期投资账面价值的方法。按成本计价在投资持有期间内，不确认由于对短期投资进行估价而产生的未实现损益，直到短期投资出售时才确认损益。以成本计价的理论依据如下。

（1）虽然市价可以反映变现能力，但对于投资者而言，更关心的是投资成本和实际的投资收益，实际的投资收益是投资持有期间的利润或现金股利或利息收入以及处置投资所获得的收入与投资成本的差额。

（2）当企业将某一债权性短期投资作为流动资产看待时，根据重要性原则，投资人不必摊销其溢价或折价。由于该项投资的可能持有时间一般不超过一年，债券折价或溢价的摊销对企业报告当期收益总额即经营成果没有重大影响。当市价波动幅度较小或短期投资占流动资产的比重不大时，短期投资期末采用成本计价方法是比较合理的。以成本计价可使会计期间内企业损益计量比较客观、公正，但在资产计价方面则有所欠缺。

2. 市价

按市价计价是指在每一会计期末编制财务报表时，短期投资账面价值按市价调整，并据此反映于资产负债表上的方法。以市价计价的理论依据如下。

（1）市价代表公允价值，只有市价才是衡量企业实际可用资金的唯一尺度。特别是对于专业性投资公司，由于其投资在总资产中所占比重较大，采用市价计价所提供的财务信息更为有用。

（2）企业关心的不是投资项目的成本，而是对其进行处置时所能得到的现金。

（3）投资有别于存货，通常可以不费力的出售，以市价计价可以反映未来的现金流量，而存货在确认销售前通常不宜确认其销售利润。

（4）将出售的一项短期投资所得的现金存入银行，与按市价确认的短期投资的价值是相同的，因而应采用市价计价。

但是，按市价计价也存有缺陷：首先，证券市场的价格是起伏不定的，且变动频繁而无规则，报表编制日的市价在一定程度上能说明企业的真实财务状况和经营成果，但并不能真正说明企业短期投资实际拥有的变现能力；其次，采用市价计价同样会带来未实现损益的会计处理问题，而且会造成企业每期损益随着短期投资市价的变动而上下波动。以市价计价可使会计期间内企业资产计价较为客观、明确，但在损益计量方面则有所欠缺。

对未实现的损益，会计处理有两种方法。

（1）将未实现的收益不确认为当期收益，作为所有者权益中不可分配的重估价盈余，损失计入当期损益。

（2）将未实现的损益均计入当期损益，但会导致与损益确认的实现原则相悖，即收益在实现之前不予确认，而损失则于客观证据表明已发生时予以确认。

3. 成本与市价孰低

按成本与市价孰低计价是指短期投资的市价在购买日以后减少时，投资成本也应减少到一个较低的价值所采用的一种计价方法。采用成本与市价孰低计价的理论依据如下。

（1）短期投资作为现金的后备来源，当市价低于成本时，表明投资者不能按投入的成本转换为现金，投资损失已经发生，应当在发生跌价的当期确认损失，而不应等到出售时再予入账。

（2）由于证券市场价格的频繁变动且不规则，短期投资采用成本与市价孰低计价虽然只承认市价下跌，而不承认市价上涨，似乎有矛盾，却可以使资产负债表与利润表产生稳健的结果，更符合谨慎原则。采用这种方法，在资产负债表中，短期投资以成本与市价较低者列示；在利润表中，市价低于成本的跌价部分的未实现损失列入当期损益。

成本与市价孰低计价的优点如下。

（1）符合谨慎原则。采用成本与市价孰低计价，当期市价低于成本的差额确认为损失，计入当期损益，与谨慎原则相符，在损益计量方面较为稳健。

（2）在期末资产负债表上，短期投资以扣除跌价准备后的账面价值反映，不会高估资产，可使资产计量较为客观、明确。

但成本与市价孰低计价也存在其缺点，表现为：会计理论上的不一致，即对于市价低于成本的部分确认为损失，而对于市价高于成本的部分则不确认收益。这种处理方法在会计理论上存在着不一致性。

短期投资的期末计价方面，小企业会计准则采用的是第一种方法；小企业会计制度采用的是第三种方法；企业会计准则采用的是第二种方法。

3. 期末计量（出售时）

投资的处置主要指短期投资的出售、转让等情形。出售短期投资，出售价款扣除其账面余额、相关税费后的净额，应当计入投资收益。

主要账务处理如下。

出售短期投资，应当按照实际收到的出售价款，借记"银行存款"或"库存现金"科目，按照该项短期投资的账面余额，贷记"短期投资"科目，按照尚未收到的现金股利或债券利息，贷记"应收股利"或"应收利息"科目，按照其差额，贷记或借记"投资收益"科目。

【例 9-75】2×09 年 5 月 20 日，智董公司从深圳证券交易所购入贵琛公司股票 1000000 股，占贵琛公司有表决权股份的 5%，支付价款合计 5080000 元，其中，证券交易印花税等交易费用 8000 元，已宣告但尚未发放的现金股利 72000 元。智董公司没有在贵琛公司董事会中派出代表，智董公司将其划分为短期投资。

20×9 年 6 月 20 日，智董公司收到贵琛公司发放的 20×8 年现金股利 72000 元。

20×9 年 6 月 30 日，贵琛公司股票收盘价为每股 5.20 元。

20×9 年 12 月 31 日，智董公司仍持有贵琛公司股票；当日，贵琛公司股票收盘价为每股 4.90 元。

2×10 年 4 月 20 日，贵琛公司宣告分派 2×09 年现金股利 2000000 元。

2×10 年 5 月 10 日，智董公司收到贵琛公司分派的 2×09 年现金股利。

2×10 年 5 月 17 日，智董公司以每股 4.50 元的价格将股票全部转让，同时支付证券交易费用 7200 元。

假设智董公司采用小企业会计准则核算，智董公司的账务处理如下。

（1）2×09 年 5 月 20 日，购入贵琛公司股票 1000000 股

借：短期投资——贵琛公司股票　　　　　　　　　　5008000

　　应收股利——贵琛公司　　　　　　　　　　　　72000

　　　贷：银行存款　　　　　　　　　　　　　　　　　　　5080000

（2）2×09 年 6 月 20 日，收到贵琛公司发放的 2×08 年现金股利 72000 元

借：银行存款　　　　　　　　　　　　　　　72000

　　贷：应收股利——贵琛公司　　　　　　　　　　　　　　72000

（3）2×10 年 4 月 20 日，确认贵琛公司分派的 2×09 年现金股利中应享有的价额 =
2000000×5% = 100000（元）

借：应收股利——贵琛公司　　　　　　　　　100000

　　贷：投资收益　　　　　　　　　　　　　　　　　　　100000

（4）2×10 年 5 月 10 日，收到贵琛公司分派的 2×09 年现金股利

借：银行存款　　　　　　　　　　　　　　　100000

　　贷：应收股利——贵琛公司　　　　　　　　　　　　　100000

（5）2×10 年 5 月 17 日，出售贵琛公司股票 1000000 股

借：银行存款　　　　　　　　　　　　　　4492800

　　投资收益　　　　　　　　　　　　　　　515200

　　贷：短期投资——贵琛公司股票　　　　　　　　　　5008000

贵琛公司股票出售价格 = 4.50×1000000 = 4500000（元）

出售贵琛公司股票取得的价款 = 4500000 − 7200 = 4492800（元）

投资收益 = 4492800 − 5008000 = − 515200（元）

（二）小企业短期投资会计事项分录

小企业应设置"短期投资"科目核算小企业购入的能随时变现并且持有时间不准备超过 1 年（含 1 年，下同）的投资。"短期投资"科目期末借方余额，反映小企业持有的短期投资成本。"短期投资"科目应按照股票、债券、基金等短期投资种类进行明细核算。

相关会计分录举例如下。

1. 购入短期投资时

（1）小企业购入各种股票、债券、基金等作为短期投资的

借："短期投资"科目（按照实际支付的购买价款和相关税费）

　　贷："银行存款"科目

（2）小企业购入股票，如果实际支付的购买价款中包含已宣告但尚未发放的现金股利

借："短期投资"科目（按照实际支付的购买价款和相关税费扣除已宣告但尚未发放的现金股利后的金额）

　　　"应收股利"科目（按照应收的现金股利）

　　贷："银行存款"科目（按照实际支付的购买价款和相关税费）

（3）小企业购入债券，如果实际支付的购买价款中包含已到付息期但尚未领取的债券利息，应当

借："短期投资"科目（按照实际支付的购买价款和相关税费扣除已到付息期但尚未领取的债券利息后的金额）

　　　"应收利息"科目（按照应收的债券利息）

　　贷："银行存款"科目（按照实际支付的购买价款和相关税费）

2. 在短期投资持有期间

（1）被投资单位宣告分派的现金股利

借："应收股利"科目

　　贷："投资收益"科目

（2）在债务人应付利息日

借："应收利息"科目（按照分期付息、一次还本债券投资的票面利率计算的利息收入）

貸："投资收益"科目

3. 出售短期投资，应当

借："银行存款"或"库存现金"科目（按照实际收到的出售价款）

　貸："短期投资"科目（按照该项短期投资的账面余额）

　　　"应收股利"或"应收利息"科目（按照尚未收到的现金股利或债券利息）

　貸或借："投资收益"科目（按照其差额）

主要账务处理对比

1101 短期投资（小企业会计准则中）

一、本科目核算小企业购入的能随时变现并且持有时间不准备超过 1 年（含 1 年，下同）的投资。

二、本科目应按照股票、债券、基金等短期投资种类进行明细核算。

三、短期投资的主要账务处理。

（一）小企业购入各种股票、债券、基金等作为短期投资的，应当按照实际支付的购买价款和相关税费，借记本科目，贷记"银行存款"科目。

小企业购入股票，如果实际支付的购买价款中包含已宣告但尚未发放的现金股利，应当按照实际支付的购买价款和相关税费扣除已宣告但尚未发放的现金股利后的金额，借记本科目，按照应收的现金股利，借记"应收股利"科目，按照实际支付的购买价款和相关税费，贷记"银行存款"科目。

小企业购入债券，如果实际支付的购买价款中包含已到付息期但尚未领取的债券利息，应当按照实际支付的购买价款和相关税费扣除已到付息期但尚未领取的债券利息后的金额，借记本科目，按照应收的债券利息，借记"应收利息"科目，按照实际支付的购买价款和相关税费，贷记"银行存款"科目。

（二）在短期投资持有期间，被投资单位宣告分派的现金股利，借记"应收股利"科目，贷记"投资收益"科目。

在债务人应付利息日，按照分期付息、一次还本债券投资的票面利率计算的利息收入，借记"应收利息"科目，贷记"投资收益"科目。

（三）出售短期投资，应当按照实际收到的出售价款，借记"银行存款"或"库存现金"科目，按照该项短期投资的账面余额，贷记本科目，按照尚未收到的现金股利或债券利息，贷记"应收股利"或"应收利息"科目，按照其差额，贷记或借记"投资收益"科目。

四、本科目期末借方余额，反映小企业持有的短期投资成本。

1101 短期投资（小企业会计制度中）

一、本科目核算小企业购入的能随时变现并且持有时间不准备超过 1 年（含 1 年）的投资，包括各种股票、债券、基金等。购入不能随时变现或不准备随时变现的投资，在"长期股权投资""长期债权投资"科目核算，不在本科目核算。

二、短期投资应当按照取得时的实际成本入账。实际成本是指取得各种股票、债券时实际支付的价款。购入的各种股票、债券、基金等，实际支付的价款中包含已宣告但尚未领取的现金股利或已到付息期但尚未领取的债券利息，应单独核算，不构成实际成本。短期投资的实际成本按以下方法确定。

（一）以现金购入的短期投资，按实际支付的全部价款，包括税金、手续费等相关费用，扣除已宣告但尚未领取的现金股利或已到付息期但尚未领取的债券利息后的金额，作为实际成本。

（二）投资者投入的短期投资，按投资各方确认的价值作为短期投资的实际成本。

三、短期投资持有期间所收到的股利、利息等，不确认投资收益，作为冲减投资成本处理。出售短期投资所获得的价款，减去短期投资的账面价值以及尚未收到的已记入"应收股息"科目的股利、利息等后的余额，作为投资收益或损失，计入当期损益。

四、短期投资的账务处理。

（一）购入的各种股票、债券等作为短期投资的，按照实际支付的价款，借记本科目，贷记"银行存款""其他货币资金"等科目。如实际支付的价款中包含已宣告但尚未领取的现金股利，或已到付息期但尚未领取的债券利息，应单独核算。企业应按照实际支付的价款减去已宣告但尚未领取的现金股利，或已到付息期但尚未领取的债券利息后的金额，借记本科目，按应领取的现金股利、利息等，借记"应收股息"科目，按实际支付的价款，贷记"银行存款""其他货币资金"等科目。

（二）投资者投入的短期投资，按照投资各方确认的价值，借记本科目，贷记"实收资本"等科目。

（三）收到被投资单位发放的现金股利或利息等时，借记"银行存款"等科目，贷记本科目。企业持有股票期间所获得的股票股利，不作账务处理，但应在备查簿中登记所增加的股份。

（四）出售股票、债券或到期收回债券本息，按实际收到的金额，借记"银行存款"科目，按出售或收回短期投资的成本，贷记本科目，按未领取的现金股利、利息，贷记"应收股息"科目，按其差额，借记或贷记"投资收益"科目。

五、小企业应在期末时，对短期投资按成本与市价孰低计量。短期投资的总市价低于总成本的差额，应计提短期投资跌价准备，计入当期损益。

六、本科目应按短期投资种类设置明细账，进行明细核算。

七、本科目期末借方余额，反映小企业持有的各种短期投资的实际成本。

1102 短期投资跌价准备（小企业会计制度中）

一、本科目核算小企业提取的短期投资跌价准备。

二、小企业应定期或至少于每年年度终了，对短期投资进行全面检查，并根据谨慎性原则的要求，合理地预计持有的短期投资可能发生的损失。

短期投资应按照总成本与总市价孰低计量，当总市价低于总成本时，应当计提短期投资跌价准备。

三、会计期末，小企业应将持有的短期投资的总市价与其总成本进行比较，如总市价低于总成本的，按其差额，借记"投资收益"科目，贷记本科目；如已计提跌价准备的短期投资，其市价以后又恢复，应在已计提的跌价准备的范围内转回，借记本科目，贷记"投资收益"科目。

短期投资跌价准备可按以下公式计算：

当期应提取的短期投资跌价准备＝当期短期投资总市价低于总成本的金额－本科目的贷方余额

当期短期投资总市价低于总成本的金额大于本科目的贷方余额，应按其差额提取跌价准备；当期短期投资总市价低于总成本的金额小于本科目的贷方余额，按其差额冲减已计提的跌价准备；如果当期短期投资总市价高于总成本，应将本科目的余额全部冲回。

四、出售短期投资时，按出售价款，借记"银行存款"等科目，按短期投资的账面余额，贷记"短期投资"科目，差额部分借记或贷记"投资收益"科目。除债务重组和非货币性交易等以外，出售的短期投资已计提的短期投资跌价准备可在期末一并调整。

五、本科目期末贷方余额，反映小企业已计提的短期投资跌价准备。

二、小企业长期债券投资

小企业长期债券投资，是指小企业准备长期（在1年以上，下同）持有的债券投资。

（一）小企业长期债券投资的初始计量

小企业长期债券投资应当按照购买价款和相关税费作为成本进行计量。实际支付价款中包含的已到付息期但尚未领取的债券利息，应当单独确认为应收利息，不计入长期债券投资的成本。

主要账务处理如下。

小企业购入债券作为长期投资，应当按照债券票面价值，借记"长期债券投资"科目（面值），按照实际支付的购买价款和相关税费，贷记"银行存款"科目，按照其差额，借记或贷记"长期债券投资"科目（溢折价）。

如果实际支付的购买价款中包含已到付息期但尚未领取的债券利息，应当按照债券票面价值，借记"长期债券投资"科目（面值），按照应收的债券利息，借记"应收利息"科目，按照实际支付的购买价款和相关税费，贷记"银行存款"科目，按照其差额，借记或贷记"长期债券投资"科目（溢折价）。

【例9-76】智董公司于2×11年1月1日从证券市场上购入贵琛公司于2×10年1月1日发行的债券、票面年利率为4%、每年1月5日支付上年度的利息，到期日为2×14年1月1日，到期日一次归还本金和最后一次利息。智董公司购入债券的面值为1000万元，实际支付价款为992.77万元，另支付相关费用20万元。假设智董公司采用小企业会计准则核算，智董公司应编制如下会计分录。

借：长期债券投资　　　　　　　　　　　　　　　　　972.77
　　应收利息　　　　　　　　　　　　　　　　　　　40（1000×4%）
　　贷：银行存款　　　　　　　　　　　　　　　　　　1012.77

小知识

为取得投资而发生的相关费用的处理

从理论上讲，为取得投资而发生的相关费用应构成初始投资成本的组成部分，应将其计入相关投资的成本。但是，对于取得长期债券投资时支付的税金、手续费等相关费用是否构成初始投资成本，有两种不同的意见。

一种意见认为，相关费用应当直接或分摊计入损益。

理由为：长期债券投资与其他投资不同，债券购入时可能发生溢折价，溢折价是购买价格（或发行价格）与债券面值之间的差额，要在债券持有期间内摊销。如果将相关费用计入债券初始投资成本，在计算债券溢折价时不能反映真正的溢折价，即溢折价中包含购买债券的相关费用，不是真正意义上的溢折价，与溢折价的定义不相符。由于购买时发生了相关费用，即使在按面值购入债券的情况下，也会产生不是溢价的溢价。

另一种意见认为，购买债券与购买其他权益性证券相同，其发生的相关费用应计入初始投资成本。

在债券按面值购入的情况下，支付的相关费用从实际上看，仍然属于溢价购入。从理论上讲，无论哪种投资，都应按取得时的初始投资成本入账，但为了正确计算债券溢折价，应在计算债券溢折价时，按债券初始投资成本扣除相关费用后计算。

企业取得的长期债券投资所付出的代价应当构成初始投资成本，但为了真实计算购入债券的溢价或折价，应当在计算溢价或折价时按扣除所支付的相关费用后的金额计算。因此，在计算债券投资溢价或折价时，应扣除所发生的相关费用。同时规定，对购入长期债券所发生的相关费用计入初始投资成本。

（二）小企业长期债券投资的后续计量（持有期间的利息确认为投资收益）

长期债券投资在持有期间发生的应收利息应当确认为投资收益。

1. 分期付息、一次还本的长期债券投资

分期付息、一次还本的长期债券投资，在债务人应付利息日按照票面利率计算的应收未收利息收入应当确认为应收利息，不增加长期债券投资的账面余额。

2. 一次还本付息的长期债券投资

一次还本付息的长期债券投资，在债务人应付利息日按照票面利率计算的应收未收利息收入应当增加长期债券投资的账面余额。

3. 债券的折价或者溢价的摊销

债券的折价或者溢价在债券存续期间内于确认相关债券利息收入时采用直线法进行摊销。主要账务处理如下。

在长期债券投资持有期间，在债务人应付利息日，按照分期付息、一次还本的长期债券投资票面利率计算的利息收入，借记"应收利息"科目，贷记"投资收益"科目；按照一次还本付息的长期债券投资票面利率计算的利息收入，借记"长期债券投资"科目（应计利息），贷记"投资收益"科目。

在债务人应付利息日，按照应分摊的债券溢折价金额，借记或贷记"投资收益"科目，贷记或借记"长期债券投资"科目（溢折价）。

【例 9-77】 2×10 年 1 月 1 日，智董公司自证券市场购入贵琛公司面值总额为 3000 万元的债券。购入时实际支付价款 3078.98 万元，另外支付交易费用 10 万元。该债券发行日为 2×10 年 1 月 1 日，系分期付息、到期还本债券，期限为 5 年，票面年利率为 5%，每年 12 月 31 日支付当年利息。假设智董公司采用小企业会计准则核算，智董公司的账务处理如下。

（1）2010 年 1 月 1 日，购入贵琛公司债券

借：长期债券投资 3088.98

　　贷：银行存款 3088.98

（2）持有期间每月末

借：应收利息 12.5（3000×5% /12）

　　贷：投资收益 12.5

假定智董公司购买的贵琛公司债券不是分次付息，而是到期一次还本付息，则持有期间每月末的核算如下。

借：长期债券投资——应计利息 12.5

　　贷：投资收益 12.5

（三）小企业长期债券投资的期末计量（到期、收回、处置）

长期债券投资到期，小企业收回长期债券投资，应当冲减其账面余额。

处置长期债券投资，处置价款扣除其账面余额、相关税费后的净额，应当计入投资收益。主要账务处理如下。

长期债券投资到期，收回长期债券投资，应当按照收回的债券本金或本息，借记"银行存款"等科目，按照其账面余额，贷记"长期债券投资"科目（成本、溢折价、应计利息），按照应收未收的利息收入，贷记"应收利息"科目。

处置长期债券投资，应当按照处置收入，借记"银行存款"等科目，按照其账面余额，贷记"长期债券投资"科目（成本、溢折价），按照应收未收的利息收入，贷记"应收利息"科目，按照其差额，贷记或借记"投资收益"科目。

【例 9-78】 承例 9-77，2×14 年 12 月 31 日智董公司收到最后一年利息及本金。

借：银行存款 3150

```
        投资收益                                          88.98
    贷：长期债券投资                                                    3088.98
        应收利息                                                        150
```

假定智董公司购买的贵琛公司债券不是分次付息，而是到期一次还本付息，2×14 年 12 月 31 日智董公司收到最后一年利息及本金的核算如下。

```
    借：银行存款                                       3750
        投资收益                                          88.98
    贷：长期债券投资                                                    3088.98
        长期债券投资——应计利息                                          750
```

（四）小企业长期债券投资损失

小企业长期债券投资符合下列条件之一的，减除可收回的金额后确认的无法收回的长期债券投资，作为长期债券投资损失。

（1）债务人依法宣告破产、关闭、解散、被撤销，或者被依法注销、吊销营业执照，其清算财产不足清偿的。

（2）债务人死亡，或者依法被宣告失踪、死亡，其财产或者遗产不足清偿的。

（3）债务人逾期 3 年以上未清偿，且有确凿证据证明已无力清偿债务的。

（4）与债务人达成债务重组协议或法院批准破产重整计划后，无法追偿的。

（5）因自然灾害、战争等不可抗力导致无法收回的。

（6）国务院财政、税务主管部门规定的其他条件。

长期债券投资损失应于实际发生时计入营业外支出，同时冲减长期债券投资账面余额。主要账务处理如下。

按照小企业会计准则规定确认实际发生的长期债券投资损失，应当按照可收回的金额，借记"银行存款"等科目，按照其账面余额，贷记"长期债券投资"科目（成本、溢折价），按照其差额，借记"营业外支出"科目。

（五）小企业长期债券投资会计事项分录

小企业应设置"长期债券投资"科目核算小企业准备长期（在 1 年以上，下同）持有的债券投资。"长期债券投资"科目期末借方余额，反映小企业持有的分期付息、一次还本债券投资的成本和到期一次还本付息债券投资的本息。

"长期债券投资"科目应按照债券种类和被投资单位，分"面值""溢折价""应计利息"进行明细核算。

相关会计分录举例。

1. 小企业购入债券作为长期投资时

借："长期债券投资"科目（面值）、（按照债券票面价值）
借或贷："长期债券投资"科目（溢折价）、（按照其差额）
　　贷："银行存款"科目（按照实际支付的购买价款和相关税费）

如果实际支付的购买价款中包含已到付息期但尚未领取的债券利息，应当

借："长期债券投资"科目（面值）、（按照债券票面价值）
　　"应收利息"科目（按照应收的债券利息）
借或贷："长期债券投资"科目（溢折价）、（按照其差额）
　　贷："银行存款"科目（按照实际支付的购买价款和相关税费）

2. 在长期债券投资持有期间，在债务人应付利息日

借："应收利息"科目（按照分期付息、一次还本的长期债券投资票面利率计算的利息收入）

"长期债券投资"科目（应计利息）、（按照一次还本付息的长期债券投资票面利率
计算的利息收入）

借或贷："投资收益"科目（按照应分摊的债券溢折价金额）

贷或借："长期债券投资"科目（溢折价）

3. 长期债券投资到期和处置时

（1）长期债券投资到期，收回长期债券投资，应当

借："银行存款"等科目（按照收回的债券本金或本息）

贷："长期债券投资"科目（成本、溢折价、应计利息）、（按照其账面余额）

"应收利息"科目（按照应收未收的利息收入）

（2）处置长期债券投资，应当

借："银行存款"等科目（按照处置收入）

贷："长期债券投资"科目（成本、溢折价）、（按照其账面余额）

"应收利息"科目（按照应收未收的利息收入）

贷或借："投资收益"科目（按照其差额）

4. 按照小企业会计准则规定确认实际发生的长期债券投资损失时

借："银行存款"等科目（按照可收回的金额）

"营业外支出"科目（按照其差额）

贷："长期债券投资"科目（成本、溢折价）、（按照其账面余额）

主要账务处理对比

1501 长期债券投资（小企业会计准则中）

一、本科目核算小企业准备长期（在1年以上，下同）持有的债券投资。

二、本科目应按照债券种类和被投资单位，分"面值""溢折价""应计利息"进行明细核算。

三、长期债券投资的主要账务处理。

（一）小企业购入债券作为长期投资，应当按照债券票面价值，借记本科目（面值），按照实际支付的购买价款和相关税费，贷记"银行存款"科目，按照其差额，借记或贷记本科目（溢折价）。

如果实际支付的购买价款中包含已到付息期但尚未领取的债券利息，应当按照债券票面价值，借记本科目（面值），按照应收的债券利息，借记"应收利息"科目，按照实际支付的购买价款和相关税费，贷记"银行存款"科目，按照其差额，借记或贷记本科目（溢折价）。

（二）在长期债券投资持有期间，在债务人应付利息日，按照分期付息、一次还本的长期债券投资票面利率计算的利息收入，借记"应收利息"科目，贷记"投资收益"科目；按照一次还本付息的长期债券投资票面利率计算的利息收入，借记本科目（应计利息），贷记"投资收益"科目。

在债务人应付利息日，按照应分摊的债券溢折价金额，借记或贷记"投资收益"科目，贷记或借记本科目（溢折价）。

（三）长期债券投资到期，收回长期债券投资，应当按照收回的债券本金或本息，借记"银行存款"等科目，按照其账面余额，贷记本科目（成本、溢折价、应计利息），按照应收未收的利息收入，贷记"应收利息"科目。

处置长期债券投资，应当按照处置收入，借记"银行存款"等科目，按照其账面余额，贷记本科目（成本、溢折价），按照应收未收的利息收入，贷记"应收利息"科目，按照其差额，贷记或借记"投资收益"科目。

（四）按照小企业会计准则规定确认实际发生的长期债券投资损失，应当按照可收回的金额，借记"银行存款"等科目，按照其账面余额，贷记本科目（成本、溢折价），按照其差额，借记"营业外支出"科目。

四、本科目期末借方余额，反映小企业持有的分期付息、一次还本债券投资的成本和到期一次还本付息债券投资的本息。

1402 长期债权投资（小企业会计制度中）

一、本科目核算小企业购入的1年内（不含1年）不能变现或不准备随时变现的债券和其他债权投资。

二、本科目应当设置的明细科目。

（一）债券投资。小企业应在本明细科目下设置以下明细账进行明细核算。

1. 面值。

2. 溢折价。

3. 应计利息。

（二）其他债权投资。小企业应在本明细科目下设置以下明细账进行明细核算。

1. 本金。

2. 应计利息。

企业购入债券所发生的手续费等相关税费，应直接计入当期损益。

三、长期债权投资成本的确定。

（一）以支付现金方式购入的长期债权投资，按实际支付的价款扣除支付的税金、手续费等（如实际支付的价款中含有应收利息，还应扣除应收利息部分）后的金额作为债券投资的成本。

（二）接受投资者投入的长期债权投资，应按投资各方确认的价值作为实际成本，借记本科目，贷记"实收资本""资本公积"科目。

四、债券投资的账务处理。

（一）小企业购入的长期债券，按实际支付的价款减去已到付息期但尚未领取的债券利息及税金、手续费等相关税费后的金额，作为债券投资的成本。该成本减去尚未到期的债券利息，与债券面值之间的差额，作为债券溢价或折价；债券的溢价或折价在债券存续期间内于确认债券利息收入时以直线法摊销。

长期债券应按期计提利息。购入到期还本付息的债券，按期计提的利息，记入本科目；购入分期付息、到期还本的债券，已到付息期而应收未收的利息，于确认利息收入时，记入"应收股息"科目。

（二）小企业购入长期债券付款时，按债券面值，借记本科目（债券投资 – 面值），按支付的税金、手续费等，借记"财务费用"科目，按实际支付的价款，贷记"银行存款"科目，按其差额，借记或贷记本科目（债券投资 – 溢折价），如实际支付的价款中包含已到付息期但尚未领取的债券利息，应借记"应收股息"科目。

（三）小企业购入溢价发行的债券，应于每期结账时，按应计的利息，借记"应收股息"科目（或本科目），按应分摊的溢价金额，贷记本科目（债券投资 – 溢折价），按其差额，贷记"投资收益"科目。企业购入折价发行的债券，对于每期应分摊的折价金额，应增加投资收益。

（四）出售债券或债券到期收回本息，按收回金额，借记"银行存款"科目，按债券账面余额，贷记本科目，对于记入"应收股息"科目的应收利息，应贷记"应收股息"科目，差额贷记或借记"投资收益"科目。

五、小企业进行除债券以外的其他债权投资，按实际支付的价款，借记本科目，贷记"银行存款"科目。其他债权投资到期收回本息，按实际收到的金额，借记"银行存款"科目，按其他债权投资的实际成本，贷记本科目，按其差额，贷记"投资收益"科目。

六、小企业应按债券投资、其他债权投资进行明细核算，并按债权投资种类设置明细账。

七、本科目期末借方余额，反映小企业持有的长期债权投资的本金（或本息）和未摊销的溢折价金额。

三、小企业长期股权投资

长期股权投资，是指小企业准备长期持有的权益性投资。

（一）初始计量

长期股权投资应当按照成本进行计量。

1. 小企业以支付现金取得的长期股权投资

以支付现金取得的长期股权投资，小企业应当按照购买价款和相关税费作为成本进行计量。实际支付价款中包含的已宣告但尚未发放的现金股利，应当单独确认为应收股利，不计入长期股权投资的成本。

主要账务处理如下。

小企业以支付现金取得的长期股权投资，如果实际支付的购买价款中包含已宣告但尚未发放的现金股利，应当按照实际支付的购买价款和相关税费扣除已宣告但尚未发放的现金股利后的金额，借记"长期股权投资"科目，按照应收的现金股利，借记"应收股利"科目，按照实际支付的购买价款和相关税费，贷记"银行存款"科目。

通过非货币性资产交换取得的长期股权投资，应当按照非货币性资产的评估价值与相关税费之和，借记"长期股权投资"科目，按照换出非货币性资产的账面价值，贷记"固定资产清理""无形资产"等科目，按照支付的相关税费，贷记"应交税费"等科目，按照其差额，贷记"营业外收入"或借记"营业外支出"等科目。

【例 9-79】 智董公司 2×10 年 5 月 15 日以银行存款购买贵琛公司的股票 100000 股作为长期投资，每股买入价为 10 元，每股价格中包含有 0.2 元的已宣告但尚未发放的现金股利，另支付相关税费 7000 元。假设智董公司采用小企业会计准则核算。

（1）计算初始投资成本。

股票成交金额（100000×10）	1000000
加：相关税费	7000
减：已宣告未发放的现金股利（100000×0.2）	(20000)
	987000

（2）编制购入股票的会计分录。

借：长期股权投资　　　　　987000

　　应收股利　　　　　　　 20000

　贷：银行存款　　　　　　　　　　　　　　　1007000

2. 小企业通过非货币性资产交换取得的长期股权投资

通过非货币性资产交换取得的长期股权投资，小企业应当按照换出非货币性资产的评估价值和相关税费作为成本进行计量。

小知识

以放弃非现金资产（含股权，下同）而取得的投资初始投资成本的确定

这里的非现金资产是指除了现金、银行存款、其他货币资金以外的资产，包括各种存货、固定资产、无形资产等。

以放弃非现金资产取得的长期股权投资，其初始投资成本如何确定，有以下几种意见。

1. 按公允价值确定

公允价值是指在公平交易中，熟悉情况的交易双方自愿进行资产交换或债务清偿的金额。按公允价值确定初始投资成本的理由如下。

（1）公允价值体现了一定时间上资产或负债的实际价值，以公允价值计量能够真实反映资产能够给企业带来的经济利益或企业在清偿债务时需要转移的价值。在我国会计实务中，已在一定范围内使用这种计量属性，因而具有实践基础。

（2）公允价值定义中的"公平交易"是指交易双方在互相了解的、自由的、不受各方之间任何关系影响的基础上商定条款而形成的交易，公平交易为其确定的价值的公允性提供了前提条件。同时，公允价值的公允性体现于交易双方均为维护自身利益所确定的价值，双方所商定的价值通常是从各自的利益出发协商的结果，一般不会轻易接受不利于自身利益的交易条款。另外，公允价值的公允性还体现于交易双方的自愿性，即交易双方自愿接受的价值。

（3）与国际会计惯例接轨。目前，公允价值已被越来越多的国家的会计准则采用，国际会计准则也将其作为一个重要的计量属性运用在各项准则中。针对特殊交易或事项采用公允价值计量，是我国会计准则与国际会计惯例接轨的一个具体体现。

（4）公允价值可以表现为多种形式，如可实现净值、重置成本、现行市场价格、评估价值等。

2. 只按评估确认的价值确定

只按评估确认的价值确定初始投资成本的理由如下。

（1）按照我国有关法规规定，国有资产产权变动时需要评估，评估办法有收益现值法、重置成本法、现行市价法等方法，而这些方法本身是公允的，也是公允价值的一种。

（2）按照我国现行会计制度规定，国有资产产权变动时，如股份制改组、以非现金资产投资等，按评估确认的价值计量，在实务上具有可操作性。

（3）只以评估确认价值计量不违背公允价值的原则

因为公允价值可以表现为多种形式，如可以采用评估价值、市价等方式确定。只按评估确认的价值确定投资成本更易为人们所接受，而且与国家相关法规协调一致。

我国小企业会计准则中通过非货币性资产交换取得的长期股权投资，应当按照换出非货币性资产的评估价值和相关税费作为成本进行计量。

（二）后续计量

在长期股权投资持有期间，被投资单位宣告分派的现金股利或利润，应当按照应分得的金额确认为投资收益。

主要账务处理如下。

在长期股权投资持有期间，被投资单位宣告分派的现金股利或利润，应当按照应分得的金额，借记"应收股利"科目，贷记"投资收益"科目。

【例9-80】承例9-79，智董公司于2×10年9月20日收到被投资方宣告发放现金股利的通知，应分的现金股利5000元。智董公司应编制如下会计分录。

借：应收股利   5000

 贷：投资收益   5000

（三）处置

处置长期股权投资，处置价款扣除其成本、相关税费后的净额，应当计入投资收益。

主要账务处理如下。

处置长期股权投资，应当按照处置价款，借记"银行存款"等科目，按照其成本，贷记"长期股权投资"科目，按照应收未收的现金股利或利润，贷记"应收股利"科目，按照其差额，贷记或借记"投资收益"科目。

【例9-81】智董公司将其作为长期投资持有的贵琛股份有限公司15000股股票，以每股10元的价值卖出，支付相关税费1000元，实际取得价款149000元，款项已由银行收妥。处置时长期股权投资账面余额为140000元。假设智董公司采用小企业会计准则核算，智董公司应编制如下会计分录。

（1）计算投资收益。

股票转让取得价款	149000
减：投资账面余额	（140000）
	9000

（2）编制出售股票时的会计分录。

借：银行存款　　　　　　　　　　　　　　　　149000
　　贷：长期股权投资　　　　　　　　　　　　　　　　　140000
　　　　投资收益　　　　　　　　　　　　　　　　　　　　9000

（四）损失

小企业长期股权投资符合下列条件之一的，减除可收回的金额后确认的无法收回的长期股权投资，作为长期股权投资损失。

（1）被投资单位依法宣告破产、关闭、解散、被撤销，或者被依法注销、吊销营业执照的。

（2）被投资单位财务状况严重恶化，累计发生巨额亏损，已连续停止经营3年以上，且无重新恢复经营改组计划的。

（3）对被投资单位不具有控制权，投资期限届满或者投资期限已超过10年，且被投资单位因连续3年经营亏损导致资不抵债的。

（4）被投资单位财务状况严重恶化，累计发生巨额亏损，已完成清算或清算期超过3年以上的。

（5）国务院财政、税务主管部门规定的其他条件。

长期股权投资损失应当于实际发生时计入营业外支出，同时冲减长期股权投资账面余额。主要账务处理如下。

根据小企业会计准则规定确认实际发生的长期股权投资损失，应当按照可收回的金额，借记"银行存款"等科目，按照其账面余额，贷记"长期股权投资"科目，按照其差额，借记"营业外支出"科目。

【例9-82】2×10年12月31日，智董公司获悉贵琛公司财务状况严重恶化，累计发生巨额亏损，已连续停止经营3年以上，且无重新恢复经营改组计划。智董公司预计持有的贵琛公司股票全部不能收回，2×10年12月31日，长期股权投资账面余额为150000元。假设智董公司采用小企业会计准则核算，智董公司应编制如下会计分录。

借：投资收益　　　　　　　　　　　　　　　　150000
　　贷：长期股权投资　　　　　　　　　　　　　　　　　150000

（五）会计处理方法

长期股权投资应当采用成本法进行会计处理。

小知识

长期股权投资损益的确认

1. 两种收益观点

长期股权投资收益和损失如何确认，是股权投资会计中的重要问题。长期股权投资有两种收益观点，由此产生两种损益确认方法。

（1）以收到利润或现金股利时确认收益。这种观点认为，股权投资的初始投资成本是企业取得被投资单位股权时的实际支出，一项投资能够获得多少利益很大程度上取决于能分回多少利润或现金股利，当处置某项股权投资时，计算该项投资累积获得的收益是实际分回的利润或现金股利，以及处置该项投资时实际收回金额与投资成本的差额的合计。在这种观点下，长期股权投资以投资成本计价，收到利润或现金股利时确认为投资收益。这种方法通常可称为成本法。在这种方法下，期末长期股权投资一般按投资成本计价。采用这种收益观点确认收益能反映企业实际获得的利润或现金股利的情况。

（2）按所持股权所代表的所有者权益的增减变动确认收益。这种观点认为，股权代表股东应享有或应分担被投资单位的利益或损失，当被投资单位产生利润而增加所有者权益时，投资企业应按投资比例确认投资收益，同时增加投资的账面价值；反之，若被投资单位发生亏损而减少所有者权益时，投资企业应按投资比例计算应分担的份额，确认为投资损失，同时减少投资的账面价值。这种确认损益的方法通常称为权益法。在这种方法下，期末长期股权投资一般按持股比例计算的应享有投资后被投资单位所有者权益的增减份额计价。

上述两种收益确认观点在实际运用中还需视投资企业对被投资单位所具有的控制或影响能力而定。

长期股权投资什么情况下采用成本法，什么情况下采用权益法核算，投资企业的持股比例是一个重要的因素。在投资持股未达到一定比例的情况下，不可能控制被投资单位，或对被投资单位施加重大影响。但决定性的因素是投资企业是否对被投资单位具有控制能力，或是否能对被投资单位施加重大影响。当投资企业持股比例达到能够控制被投资单位，或能对被投资单位施加重大影响时，长期股权投资才采用权益法核算，否则应采用成本法核算。可见，投资企业对被投资单位实施控制或重大影响，是采用成本法还是采用权益法的前提。

为什么投资企业对被投资单位具有控制或能够实施重大影响的情况下，长期股权投资需要采用权益法核算？因为：

（1）股权代表投资企业对被投资单位所有者权益的要求权，当投资企业能够控制被投资单位或能对被投资单位实施重大影响时，投资企业可能左右或能够影响被投资单位的经营政策、财务政策、利润分配政策等，亦即当投资企业对被投资单位的净资产提出要求权时，通常可以得到实施。从理论上讲，如果对被投资单位可以施加重大影响，则其获得投资的未来收益的不确定性要比不能施加重大影响要小，控制比重大影响对获得投资的未来收益的不确定性则更小。采用权益法核算，能够代表这种权益的实施，并表明投资收益是可实现的。

（2）权益法强调投资企业与被投资单位之间的经济关系的实质，其处理方法更符合权责发生制原则。因为投资企业确认投资收益的时点是在被投资单位实现利润时，而不是实际分配股利时。尽管投资企业没有实际收到股利，但被投资单位的所有者权益确实是增加或减少了，按照这一逻辑，当实际收到现金股利时，应该作为投资的部分变现，冲减投资的账面价值。

（3）权益法所反映的投资收益更客观真实，不易操纵利润。在投资企业对被投资单位控制或施加重大影响的情况下，投资企业可以根据本单位利润的实现情况而要求被投资单位多分或少分利润，为投资企业操纵利润提供了条件，而权益法则避免了这种情况的发生。

从理论上讲，成本法与权益法的主要差异在于：成本法是将投资企业与被投资单位视为两个独立的法人，两个会计主体，投资企业只在收到利润或现金股利时，或对利润或现金股利的要求权实现时，才确认为投资收益；而权益法是将投资企业与被投资单位视为一个经济个体。虽然从法律意义上讲它们是两个法律主体，但在损益的确认上采用权责发生制原则。所以，在被投资单位产生损益时，投资企业应相应确认应享有或应分担的份额，作为投资损益。

2. 成本法

在成本法下，长期股权投资以取得股权时的成本计价，其后，除了投资企业追加投资、收回投资等情形外，长期股权投资的账面价值保持不变。

成本法的优点如下。

（1）投资账户能够反映投资的成本。

（2）核算简便。

（3）能反映企业实际获得的利润或现金股利的情况，而且获得的利润或现金股利与其流入的现金在时间上基本吻合。

（4）与法律上企业法人的概念相符，即投资企业与被投资单位是两个法人实体，被投资单位实现的净利润或发生的净亏损不会自动成为投资企业的利润或亏损。虽然投资企业拥有被投资单位的股份，是被投资单位的股东，但并不能表明被投资单位实现的利润能够分回，只有当被投资单位宣告分派利润或股利时，这种权利才得以体现，投资收益才能实现。

（5）成本法所确认的投资收益与我国税法上确认应纳税所得额时对投资收益的确认时间是一致的，不存在会计核算时间上与税法不一致的问题。

（6）成本法的核算比较稳健，即投资账户只反映投资成本，投资收益只反映实际获得的利润或现金股利。

但成本法也有其局限性，表现为：

（1）成本法下，长期股权投资账户停留在初始或追加投资时的投资成本上，不能反映投资企业在被投资单位中的权益；

（2）当投资企业能够控制被投资单位或对被投资单位施加重大影响的情况下，投资企业能够支配被投资单位的利润分配政策或对被投资单位的利润分配政策施加重大影响，投资企业可以凭借其控制和影响力，操纵被投资单位的利润或股利的分配，为操纵利润提供了条件，其投资收益不能真正反映应当获得的利益。

3. 权益法

在权益法下，长期股权投资的账面价值随着被投资单位所有者权益的变动而变动，包括被投资单位实现的净利润或发生的净亏损以及其他所有者权益项目的变动。

（六）会计事项分录

小企业应设置"长期股权投资"科目核算小企业准备长期持有的权益性投资。"长期股权投资"科目期末借方余额，反映小企业持有的长期股权投资的成本。

"长期股权投资"科目应按照被投资单位进行明细核算。

相关会计分录举例如下。

1. 小企业以支付现金取得的长期股权投资

（1）如果实际支付的购买价款中包含已宣告但尚未发放的现金股利，应当

借："长期股权投资"科目（按照实际支付的购买价款和相关税费扣除已宣告但尚未发放的现金股利后的金额）

"应收股利"科目（按照应收的现金股利）

贷："银行存款"科目（按照实际支付的购买价款和相关税费）

（2）通过非货币性资产交换取得的长期股权投资，应当

借："长期股权投资"科目（按照非货币性资产的评估价值与相关税费之和）

"营业外支出"等科目（按照其差额）

　　贷："固定资产清理""无形资产"等科目（按照换出非货币性资产的账面价值）

　　　"应交税费"等科目（按照支付的相关税费）

　　　"营业外收入"（按照其差额）

2. 在长期股权投资持有期间，被投资单位宣告分派的现金股利或利润时

借："应收股利"科目（按照应分得的金额）

　　贷："投资收益"科目

3. 处置长期股权投资时

借："银行存款"等科目（按照处置价款）

　　贷："长期股权投资"科目（按照其成本）

　　　"应收股利"科目（按照应收未收的现金股利或利润）

　　贷或借："投资收益"科目（按照其差额）

4. 根据小企业会计准则规定确认实际发生的长期股权投资损失时

借："银行存款"等科目（按照可收回的金额）

　　"营业外支出"科目（按照其差额）

　　贷："长期股权投资"科目（按照其账面余额）

主要账务处理对比

1511 长期股权投资（小企业会计准则中）

一、本科目核算小企业准备长期持有的权益性投资。

二、本科目应按照被投资单位进行明细核算。

三、长期股权投资的主要账务处理。

（一）小企业以支付现金取得的长期股权投资，如果实际支付的购买价款中包含已宣告但尚未发放的现金股利，应当按照实际支付的购买价款和相关税费扣除已宣告但尚未发放的现金股利后的金额，借记本科目，按照应收的现金股利，借记"应收股利"科目，按照实际支付的购买价款和相关税费，贷记"银行存款"科目。

通过非货币性资产交换取得的长期股权投资，应当按照非货币性资产的评估价值与相关税费之和，借记本科目，按照换出非货币性资产的账面价值，贷记"固定资产清理""无形资产"等科目，按照支付的相关税费，贷记"应交税费"等科目，按照其差额，贷记"营业外收入"或借记"营业外支出"等科目。

（二）在长期股权投资持有期间，被投资单位宣告分派的现金股利或利润，应当按照应分得的金额，借记"应收股利"科目，贷记"投资收益"科目。

（三）处置长期股权投资，应当按照处置价款，借记"银行存款"等科目，按照其成本，贷记本科目，按照应收未收的现金股利或利润，贷记"应收股利"科目，按照其差额，贷记或借记"投资收益"科目。

（四）根据小企业会计准则规定确认实际发生的长期股权投资损失，应当按照可收回的金额，借记"银行存款"等科目，按照其账面余额，贷记本科目，按照其差额，借记"营业外支出"科目。

四、本科目期末借方余额，反映小企业持有的长期股权投资的成本。

1401 长期股权投资（小企业会计制度中）

一、本科目核算小企业投出的期限在 1 年以上（不含 1 年）的各种股权性质的投资，包括购入的股票和其他股权投资等。

二、小企业对外进行长期股权投资，应当视对被投资单位的影响程度，分别采用成本

法或权益法核算。

小企业对被投资单位无控制、无共同控制且无重大影响的，长期股权投资应当采用成本法核算；对被投资单位具有控制、共同控制或重大影响的，长期股权投资应当采用权益法核算。

通常情况下，小企业对其他单位的投资占该单位有表决权资本；总额的20%或20%以上，或虽投资不足20%但具有重大影响的，应当采用权益法核算。企业对其他单位的投资占该单位有表决权资本的20%以下，或对其他单位的投资虽占该单位有表决权资本总额的20%或20%以上，但不具有重大影响的，应当采用成本法核算。

三、长期股权投资在取得时，应按实际成本作为投资成本。

（一）以现金购入的长期股权投资，按实际支付的全部价款（包括支付的税金、手续费等相关费用）作为投资成本。实际支付的价款中包含已宣告但尚未领取的现金股利，应按实际支付的价款减去已宣告但尚未领取的现金股利后的差额，作为投资的实际成本，借记本科目，按已宣告但尚未领取的现金股利金额，借记"应收股息"科目，按实际支付的价款，贷记"银行存款"科目。

（二）接受投资者投入的长期股权投资，应按投资各方确认的价值作为实际成本，借记本科目，贷记"实收资本"等科目。

四、长期股权投资成本法的账务处理。

（一）采用成本法核算时，除追加或收回投资外，长期股权投资的账面余额一般应当保持不变。

（二）股权持有期间内，企业应于被投资单位宣告发放现金股利或利润时确认投资收益。按被投资单位宣告发放的现金股利或利润中属于应由本企业享有的部分，借记"应收股息"科目，贷记"投资收益"科目。收到现金股利或利润时，借记"银行存款"科目，贷记"应收股息"科目。

五、长期股权投资权益法的账务处理。

（一）采用权益法核算时，长期股权投资的账面余额应根据享有被投资单位所有者权益份额的变动，对长期股权投资的账面余额进行调整。

（二）股权持有期间，企业应于每个会计期末，按照应享有或应分担的被投资单位当年实现的净利润或净亏损的份额，调整长期股权投资的账面余额。如被投资单位实现净利润，企业应按应享有的份额，借记本科目，贷记"投资收益"科目。如被投资单位发生净亏损，则应做相反分录，但以长期股权投资的账面余额减记至零为限。被投资单位宣告分派现金股利或利润，企业按持股比例计算应享有的份额，借记"应收股息"科目，贷记本科目；实际分得现金股利或利润时，借记"银行存款"科目，贷记"应收股息"科目。

六、小企业处置长期股权投资时，按实际取得的价款，借记"银行存款"等科目，按长期股权投资的账面余额，贷记本科目，按尚未领取的现金股利或利润，贷记"应收股息"科目，按其差额，贷记或借记"投资收益"科目。

七、本科目应按被投资单位设置明细账，进行明细核算。

八、本科目期末借方余额，反映小企业持有的长期股权投资的账面余额。

第十章
投资内控管理

第一节　综合知识

　　企业投资活动是指企业投入财力以期望在未来获取收益的一种行为，是筹资活动的延续，也是筹资的重要目的之一。

小知识

投资管理的基本原则

（1）认真进行市场调查，及时捕捉投资机会。

（2）建立科学的投资决策程序，认真进行投资项目的可行性分析。

（3）及时足额地筹集资金，保证投资项目的资金供应。

（4）认真分析风险和收益的关系，适当控制企业的投资风险。

小知识

投资管理的业务流程

投资活动业务流程一般包括拟订投资方案、投资方案可行性论证、投资方案决策、投资计划编制与审批、投资计划实施、投资项目的到期处置等环节，如图 10-1 所示。

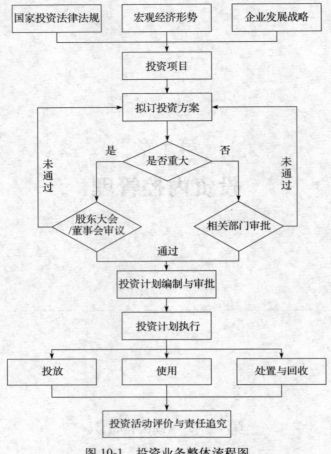

图 10-1　投资业务整体流程图

一、投资控制的目标

1. 保障企业自身利益，防范和降低投资风险

投资活动与企业的其他业务相比，具有交易数量少，每笔交易金额大，风险大等特点，一旦投资决策失误，造成的损失往往也很严重，会导致企业承担巨额的财政负担，甚至导致企业破产、倒闭。因此，如何确保企业的投资达到预期的目的，并尽可能地降低投资风险就成为对外投资控制的重要目标之一。

2. 保证投资规模与筹资和资源调配能力相适应

筹资无疑决定着投资，是投资的前提。企业确定的投资方案或项目所需要的资金数额，需要通过筹资决定。只有如数、及时筹集到投资所需要的资金，投资方案才能实施。如果筹资不顺利、筹集不到或筹不足所需要的资金，即使再好的投资方案也不能得以实施。另外，企业投资中需要的原材料、优秀人才、能源等一系列资源，企业本身是否有独特的优势是企业成功的关键。

3. 保证投资弹性适度

投资弹性包括两个方面。

（1）规模弹性。投资企业必须根据自身资金的可供能力和投资效益或市场供求状况，调整投资规模，或收缩或扩张。

（2）结构弹性。投资企业必须有能力根据市场风险或市场价格变动，调整现存投资结构。由于市场处于永续变动之中，企业的经营规模和投资规模、企业经营结构和投资结构都必须相应调整，调整的前提就是投资弹性。企业应通过对投资业务的控制，保持适度的投资弹性。

4. 保证投资业务资金来源合理

企业的短期投资业务只能利用企业暂时闲置不用的资金，并且不得削弱企业的偿债能力；由于长期的规模较大，占用资金的时间长，应以不影响企业的正常经营活动为限。因此，企业在进行投资前，应进行周密、科学的投资分析，确保投资业务具有可靠的资金来源。

5. 保证企业投资活动的合法性

为规范企业的投资行为，国家颁布了相关的投资法规。投资者也正是依靠这些法规或条例，使自己的投资收益得到了保障或减少了投资风险。企业对投资进行控制的目的，就是要使各种投资的交易手续、程序、各种文件记录以及账面的反映和财务报表的披露等均符合国家的投资法规，以保护投资者自身的利益。

6. 保证企业投资活动经过适当审批授权

为了使企业的投资活动达到既定的目的，要保证一切投资交易活动必须经过适当的授权或审批程序才能进行。据此设置职务分离制度、批准投资活动的负责人的级别，使投资活动在投资初期就得到严格的控制。

7. 保证企业投资资产的安全与完整

企业投资资产中的有价证券，其流动性仅次于现金，它们被挪用的可能性较大，如果没有适当的控制制度，它们较易被冒领或转移。因此，保管好投资中的有价证券是投资业务控制的重要目标（由于目前企业的有价证券大多实行无纸化管理，因此，其保管主要是计算机数据库的安全管理）。

8. 保证企业投资资产在报表上合理反映

由于市场变化较快，投资资产的价值变化很大，企业的利益相关人必然会关心报表所反映的价值是否真实合理。企业要使利益相关人及审计人员对其提供的财务信息感到可信，就必须对投资的计价和反映进行有效的控制，防止计价方法的不恰当运用和其他原因导致的报表错误。

9. 保证企业投资收益得到合理揭示

无论现实的、潜在的投资者、债权人还是政府、经营者，他们都关心企业的盈利，投资收益是企业盈利的重要组成部分，他们自然要求企业合理地揭示投资收益。这也是正确计税的依据。因此，企业应通过对投资进行严格有效的控制来合理地确定投资收益的时间和计算方法，以满足有关方面的需要。

10. 保证会计信息的真实可靠

投资的计价、投资收益的确认核算，会影响整个企业会计信息的真实。漏记或不正当地对一笔投资业务进行会计处理，将导致重大错误，从而对企业会计报表的公允性反映产生较大的影响。企业的违规问题主要集中在随意改变会计要素的确认标准和计量方法，人为操纵利润，企业对外投资管理混乱，内部会计控制不严密等。因此投资的会计控制应保证正确、合理合法地进行投资业务的相关会计处理，以确保会计信息的真实可靠。

二、投资控制的特点

1. 从投资活动的总体来看投资控制的特点

（1）复合性。投资控制不仅要对反映投资状况的核算资料进行控制，而且要对投资项目的可行性论证报告、联营合同或协议及其实施情况进行控制，全方位、全过程地开展控制监督。

（2）系统性。投资控制紧紧围绕投资业务的每个环节有序进行，对投资建议、投资可行性论证、投资资产计价、投资项目运行、投资损益分配（比例、数额、方式）、会计核算质量和相关的内部控制制度实施进行全面审查和控制。通过建立投资的内在约束机制，促进投资行为的规范化，避免不顾投资效果盲目投资的现象发生。

（3）跨期性。企业的投资活动，尤其是长期投资往往要持续几年，甚至十几年，因此，对投资活动控制的时间跨度也往往不能与企业的会计核算年度完全吻合，企业在对某项投资损益进行控制时，应对控制期做适当的扩展（前伸或后延）。

（4）外延性。企业对投资的控制活动，不仅仅局限于对企业内部各项与投资业务有关环节进行控制，还应该根据对外投资的数额和所取得的控制权的大小以及国家颁布的各项投资法规，对被投资单位的危害、企业投出资产安全和收益的行为施加影响或实施控制。

（5）法律性。投资活动具有很大的风险性，即不稳定性。国家为了保护企业投资资产的安全，颁布了各项投资法规，企业在对投资活动进行控制时，必须严格遵循国家颁布的法律法规，而不能与法律法规相抵触。

2. 从投资活动的具体内容来看投资控制的特点

（1）分析决策是控制的关键。投资活动与企业的其他业务相比，具有交易数量少，每笔交易金额大，风险大等特点，一旦投资决策失误，造成的损失往往也很严重，会导致企业承担巨额的财务负担，甚至导致企业破产、倒闭。因此如何确保企业的投资达到预期的目的，并尽可能地降低投资风险就成为投资控制的关键。

（2）授权层次高。投资活动具有较高的固有风险，因此，绝大多数的投资活动都需要经过特别授权，需得到管理当局高层，甚至最高权力机构（董事会或股东大会）的授权审批。有时不仅需要得到企业内部权力机构的批准，还需要得到国家有关管理部门的授权批准。

（3）人员素质要求比较高。负责投资规划的人员不仅需要熟悉企业经营政策和活动、国家有关投资的各项法律法规，还需要具有丰富的市场经验，有把握资本市场风险的能力。投资活动的执行过程需要严格遵循职责分工原则：高级财务人员负责办理具体股票、债券的买卖业务，或参与债券发行或借款取得工作，由会计部门负责会计记录和账务处理，由专人保管购入的股票、债券等。

（4）要求高度的职务分离。企业的投资活动如果不严格实行职务分离制度，极容易发生弄虚作假、挪用投资资金、冒领或转移投资资产等舞弊行为，严重危害投资资产的安全。因此，企业必须严格执行自我约束、自我监督、自我防范的不相容职务分离控制机制，对投资活动容易错弊的薄弱环节进行有效控制。

（5）严格的记名登记控制。由于企业投资取得的有价证券具有很强的流动性和变现能力，交易变化频繁，容易被盗取、冒领转移或未经授权利用证券获取投资收益或抵押等舞弊行为。因此，企业严格规定，除了无记名证券外，企业购入的所有有价证券必须以企业的名义来登记或记载，不能以企业任何个人的名义来署名和登记。

（6）投资资产管理的控制。企业对证券投资资产的管理一般有两种保管方式：一种是委托独立专门机构保管，另一种方式是企业自行保管。无论哪种形式都需要严格的不相容职务分离。对非证券类投资资产，需要依据股权比例大小，分别采取定期由企业内部审计人员进行投资资产安全合理使用的审查和及时取得被投资企业的审计报告，以判断投资资产的安全性。

（7）定期内部复核。企业的投资活动对企业经营活动产生重大影响，需要由不负责执行、记录或保管业务的人员独立地、定期地核查，来证实投资交易是否取得授权、如何执行授权及计算应获取的投资损益正确性和适当性。

（8）控制过程集权化。有关投资的重大问题的决策与处理，企业的高层负责人起着决策中心的作用，企业重大的投资项目一定要经过董事会或股东大会进行审批和决策。企业的高层管理者从资金、成本、收益、风险、人事等各个方面对投资活动进行严格的控制，以防止投资的失败。

（9）法律文件的控制。投资控制程序中十分强调法律文件的作用。企业购买股票、债券等有价证券时，除无记名证券外，其他购入活动都需要以企业名义进行登记。企业投资活动的回报、资金取得的方式、取得金额的计算、取得时间及违约责任都需要在法律文件中明确。

三、投资控制的原则

1. 成本效益原则

成本效益原则要求企业力争以最小的控制成本取得最大的控制效果，企业在对投资进行控制时所花费的成本与由此而产生的经济效益之间要保持适当的比例，即投资控制所花费的代价不能超过由此获得的效益。因此，企业在对投资进行控制的过程中，要树立成本收益的观念，避免控制的烦琐与复杂。那种不顾企业实际，过分强调所谓的"严密"控制，不但浪费企业的人力、物力与财力，还会导致员工产生厌烦情绪，不利于调动员工的积极性。

2. 风险控制原则

投资风险是指在特定条件下和特定时期内，客观存在的导致投资经济损失的可能性。风险无处不在，因此，一个企业的赢利能力与其防范风险的能力是相辅相成的，没有规避风险、控制风险的能力，就不可能有赢利能力。资本追逐利润，利润伴随风险；利润越高，风险越大，这是一条铁的规律。所以，企业要想取得预期的投资收益，就应对投资风险进行控制。投资风险控制的基本手段有风险回避、风险抑制、风险自留、风险集合、风险转移等。

3. 合理性原则

任何企业的投资控制活动都要有利于提高企业的投资业务的效率、效益和安全。因此，在对投资活动进行控制时，既要考虑到控制制度设计的经济性，又要考虑执行时的效益性。控制时要注意节省费用，更要强调控制制度的严密性与完善性，应尽量减少过繁的程序和手续，简化书面作业和避免重复劳动，使控制工作简化、效率提高，节省费用、增加收入。

4. 适用性原则

企业在进行投资控制时必须符合管理者的需要，对其经营管理有用。由于企业的性质、行业、规模、组织形式和内部管理体制及管理要求等方面往往存在差异，所以，企业应根据经营的特点和内外环境的实际情况，恰当地设置适用的投资控制措施、手段及程序等，才能发挥应有的控制作用，满足管理的需要。而不能生搬硬套、盲目采用别的企业的成功模式，应在借鉴的基础上，采用适合企业投资业务特点的控制方式。

5. 有效性原则

投资控制的有效性原则包括两方面的含义。

（1）企业对投资活动所采取的各项控制手段和方法在实施过程中应具有明显的预防作用。

（2）企业应定期检查投资控制制度的执行情况，对出现的违法、违规现象及时加以处理，并有针对性地采取相应的完善措施。

6. 预见性原则

企业在进行投资活动的初期，应通过对企业内、外环境以及以前年度的经营情况的分析，来预测未来可能出现的各种情况，以便争取主动，提前实施积极、有效的控制，来防止影响投资活动顺利进行的不利情况发生，而不能等到问题出现后，再来考虑控制的问题。

7. 协同性原则

投资控制的协同性原则包括三个方面的内容。

（1）企业对不同持有期限的投资，即短期投资和长期投资的投入要保持合理的比例关系，以保持企业资金的流动性。

（2）企业对不同对象的投资，即股权投资和债权投资的投入要保持合理的比例关系，以控制企业的投资风险。

（3）企业投出资金和借入资金之间要相适应，应避免不顾筹资的能力而盲目投资，致使企业陷入财务危机。

8. 实事求是原则

企业进行投资活动的过程中所收集的资料应是真实可靠的。为了保证投资活动的信息收集、分析、决策等过程准确可靠，企业应尽量使用科学、合理和有效的方法，来避免主观臆断和凭经验办事。

9. 弹性控制原则

投资控制的弹性是指在对投资业务进行控制的过程中的可变程度，这是灵活性和有效性的保证，可以避免僵化，单纯为了控制而控制。企业应根据各项投资的具体情况对投资的控制程序、环节、内容进行调整和修改。

10. 全面控制原则

投资控制的全面控制原则包括两个方面。

（1）对投资活动的全过程进行控制，即对投资建议、可行性论证、投资决策、投资投出与管理、投资记录、投出资产处置、监督评价等每一个环节都实施严格的控制。

（2）全员控制，即对每一位参与投资业务活动的员工都要进行控制。企业的员工既是施控的主体，又是受控制的主体，使每一位参与投资活动的员工，包括高层管理人员到执行人员都受到相应的控制，才能保证企业的投资活动有序进行。

11. 控制点原则

企业的投资控制目标，需要通过若干相应的控制因素予以实现。要使这些控制因素发挥作用，企业应根据某些容易产生错误或进行作弊的业务环节的特点，进行有针对性的控制。而那些容易产生错误或进行作弊，因而需要控制的业务环节，通常称为控制点。投资控制的控制点有：审批、审核、核算、保管等。投资控制的目标主要是通过对相应控制点的控制来实现的。

12. 相互牵制原则

相互牵制原则是指一项完整的投资业务活动，必须分配给具有互相制约关系的两个或两个以上的岗位分别完成。即在横向关系上，至少要由彼此独立的两个部门或人员办理，以使该部门的工作接受另一个部门或人员的检查和制约；在纵向关系上，至少要经过互不隶属的两个或两个以上的岗位环节，以使下级受上级监督，上级受下级牵制。

13. 岗位分离原则

投资控制的设立是与企业的管理模式紧密联系的，企业按照其推行的管理模式设立工作岗位，并赋予其责、权、利，规定相应的操作规程和处理程序。责任和权力是岗位责任原则中的关键因素，有什么样的岗位责任，就要赋予此岗位完成任务所必须的权力，不应出现岗位责任不明确、权力不清楚的现象。企业在对投资进行控制时需要分离的职责主要是：授权、执行、记录、保管、核对。具体表现如下。

（1）投资预算的编制与审批。

（2）投资项目的分析论证与评估。

（3）投资的决策与执行。

（4）投资处置的审批与执行。

（5）投资业务的执行与相关会计记录。通过不相容职责的划分，各部门和人员之间相互审查、核对和制衡，避免一个人控制一项交易的各个环节，以防止员工的舞弊行为。另外，还必须注意让员工理解其各自的责任，一方面要让员工懂得如何完成自己的工作，即操作规程和处理程序；另一方面要让员工明白严格按照规章制度履行职责的重要性。

14. 协调配合原则

协调配合原则是指在投资控制过程中，各部门或人员必须相互配合，各岗位和环节都应协调同步，各项投资业务的程序和办理手续需要紧密衔接，从而避免扯皮和脱节现象，减少矛盾和内耗，以保证投资控制活动的连续性和有效性。协调配合原则，是对相互牵制原则的深化和补充。贯彻这一原则，尤其要求避免只管牵制错弊而不顾办事效率的机械做法，而必须做到既相互牵制又相互协调，从而在保证质量提高效率的前提下，实现既定的投资目标。

15. 程式定位原则

程式定位原则是指定位应根据各岗位业务性质和人员要求，相应地赋予投资任务和职责权限，规定操作规程和处理手续，明确纪律规则和检查标准，以使职、责、权、利相结合。相互牵制是基础，协调配合是升华，因而，协调配合对人员素质的要求很高，企业的投资控制制度是由人建立的，也要由人来行使，如果企业行使控制监督职能的人员在思想道德上、心理素质上、技能上和行为方式上未能达到实施控制的基本要求，对控制的程序和要求含糊不清，连最基本的岗位责任也不能执行到位，那么，再谈协调配合显然已不能胜任。

16. 整体结构原则

整体结构原则指企业投资的各项控制要素和各部门的子控制系统必须有机构成，形成企业投资控制的整体框架。按照系统网络原则的要求，各项控制点应在企业管理模式的控制之下，设立要齐全且点点相连、环环相扣、不能脱节。各个控制点的设立必须考虑到控制环境、控制活动对它的影响。控制环境和控制活动构成了企业的氛围，它主要包括员工的诚实性和道德观、岗位匹配能力、组织结构、管理模式和经营风格以及人力资源管理政策等，无论哪一个环节出现问题，其对投资控制的实施都会带来极大的负面影响，因而，建立必要的风险评估、信息沟通和监督机制，随时适应新情况，适时调整不适合的控制点，以保证整个网络下的控制点连成一片，协调顺畅地发挥作用。

17. 信息反馈原则

信息的反馈是否及时，直接关系到控制的有效性。企业在对投资进行控制时，应事先确定与控制有关的人员在信息传递中的任务与责任，并规定好信息的传递程序、收集方法和时间要求等事项。然后，根据信息反馈过程及各阶段的特征，在企业内部设有严密的记录和报告等控制环节，使各控制主体能够及时了解控制措施的执行情况，不失时机地行使权利，履行责任，调整投资活动，有效地实现控制目标。

18. 权责明确原则

企业要实现既定的投资目标，必须制定一套符合企业管理需要的组织方案，建立健全岗位责任制，明确分工责任。职责与职权必须协调一致，要履行一定的职责，应具有相应的职权。只履行职责而无职权或权限太小，则其职责承担者的主动性、积极性必然受到束缚，最终也不可能承担起应有的责任；相反，只拥有职权而不负任何责任或责任程度极小，必将导致滥用权利和"瞎指挥"，甚至产生官僚主义等。

19. 合法性原则

合法性原则是指企业对投资业务的控制，要符合相关的法律法规要求，不能与有关的法律法规相抵触。企业在对投资控制时，要严格遵循国家为了规范企业的投资行为而颁布的相关投资法规，规范企业的投资活动，使企业的各种投资的交易手续、程序、文件记录以及账面的反映和财务报表的披露等均符合国家的投资法规，以降低投资风险，提高投资活动的安全性。

四、投资管理的主要风险点

投资管理的主要风险点如下。

（1）投资项目或对被投资企业未经科学、严密的评估和论证或没有经过专业机构的独立评估，可能因为决策失误而导致重大损失。

（2）投资行为违反国家法律法规，可能遭受外部处罚、经济损失和信誉损失。

（3）追加投资行为不规范或没有经过严格审批，可能给企业造成经济损失和信誉损失。

（4）投资业务未经适当审批或超越授权审批，可能产生重大差错或舞弊、欺诈行为，从而导致损失。

（5）投资的收回不按规定权限和程序进行审批或投资收回协议签订不合理，就可能导致企业资金和资产的流失和浪费。

（6）投资核销没有经过充分调研或没有经过严格审批，可能导致企业资产虚增或资产流失，造成资金和资产浪费。

（7）资产减值的确定和审批不合理、不规范，可能导致企业资产虚增或资产流失，造成资金和资产浪费及损失。

（8）资产减值的会计处理不规范或没有经过严格审批，可能导致资产账目混乱，增加管理成本或因资产减值会计披露不当而造成企业外部投资者的决策失误。

第二节 内控措施

一、投资活动控制内容及基本控制制度

（一）对外投资可行性研究、评估与决策控制

企业应加强对外投资可行性研究、评估与决策环节的控制，对投资项目建议书的提出、可行性研究、评估、决策等做出明确规定，确保对外投资决策合法、科学、合理。企业因发展战略需要，在原对外投资基础上追加投资的，仍应严格履行控制程序。

1. 对投资建议项目进行分析与论证

（1）企业应编制对外投资项目建议书，由相关部门或人员对投资建议项目进行分析与论证，对被投资企业资信情况进行尽责调查或实地考察，并关注被投资企业管理层或实际控制人的能力、资信等情况。对外投资项目如有其他投资者，应根据情况对其他投资者的资信情况进行了解或调查。

（2）企业应由相关部门或人员，或委托具有相应资质的专业机构对投资项目进行可行性研究，重点对投资项目的目标、规模、投资方式、投资的风险与收益等做出评价。

2. 独立评估

企业应由相关部门或人员或委托具有相应资质的专业机构对可行性研究报告进行独立评估，形成评估报告。评估报告应全面反映评估人员的意见，并由所有评估人员签章。对重大对外投资项目，必须委托具有相应资质的专业机构对可行性研究报告进行独立评估。

3. 决策控制

企业应根据经股东大会（或企业章程规定的类似权力机构）批准的年度投资计划，按

照职责分工和审批权限，对投资项目进行决策审批。重大投资项目，应根据公司章程及相应权限报经股东大会或董事会（或企业章程规定的类似决策机构）批准。有条件的企业，可以设立投资审查委员会或者类似机构，对达到一定标准的投资项目进行预审。只有预审通过的投资项目，才能提交上一级管理机构和人员进行审批。在预审过程中，应审查以下内容。

（1）拟投资项目是否符合国家有关法律法规和相关调控政策，是否符合企业主业发展方向和对外投资的总体要求，是否有利于企业的长远发展。

（2）拟订的投资方案是否可行，主要的风险是否可控，是否采取了相应的防范措施。

（3）企业是否具有相应的资金能力和项目监管能力。

（4）拟投资项目的预计经营目标、收益目标等是否能够实现，企业的投资利益能否确保，所投入的资金能否收回。

企业集团根据企业章程和有关规定对所属企业对外投资项目进行审批时，应采取总额控制等措施，防止所属企业分拆投资项目、逃避更为严格的授权审批的行为。

4. 对外投资预算。

（1）公司根据发展战略目标、社会需要和公司的投资能力编制投资预算，投资预算应符合国家产业政策，投资预算应对投资规模、结构和资金做出合理安排。

（2）公司对外投资预算一经批准，必须严格执行。

（3）公司对外投资预算的编制、审批和调整，按公司预算管理实施办法执行。

（二）岗位分工控制

1. 不相容岗位分离

企业应建立对外投资业务的岗位责任制，明确相关部门和岗位的职责权限，确保办理对外投资业务的不相容岗位相互分离、制约和监督。投资业务的全过程不由同一个部门或一人办理。对外投资不相容岗位至少应包括以下几类。

（1）对外投资项目的可行性研究与评估分离。

（2）对外投资的决策与执行分离。

（3）对外投资处置的审批与执行分离。

（4）对外投资绩效评估与执行分离。

（5）对外投资业务的执行与相关会计记录分离。

2. 业务人员素质要求

企业应配备合格的人员办理对外投资业务。办理对外投资业务的人员应具备良好的职业道德，掌握金融、投资、财会、法律等方面的专业知识，符合公司规定的岗位规范要求。企业可以根据具体情况，对办理对外投资业务的人员定期进行岗位轮换。

3. 部门或岗位职责

（1）董事长。公司董事长是对外投资第一责任人。具体对下列工作负责：组织编制投资计划；组织对外投资的可行性分析和投资方案评估；组织编制大型投资项目的投资方案；负责召开董事会或股东大会审议投资方案或投资计划；听取管理代表的汇报，对管理代表的请示及时答复和处理；组织和督促投资管理部门和财务部门对投资进行管理和监督；签署投资合同或协议等法律文本。

（2）总经理。公司总经理对对外投资的下列工作负责：参与编制投资计划；编制投资方案；组织投资方案的实施；听取对外投资的管理代表的汇报；组织制订投资处置方案；对投资的运行情况进行监督。

（3）投资管理部门。投资管理部门（包括证券部、投资部等）是对外投资的业务管理部门，对投资效果负重要责任：对投资项目进行考察；具体组织可行性分析工作、拟订投资计划和投资方案；具体组织投资方案的评估论证工作；办理投资的具体事项；拟订投资项目的处置方案；制订对投资代表的考核办法；组织对委派的管理代表的考核；对投资项目进行监督，定期向董事会报告投资情况，并保证其真实性。

（4）财务部门。财务部门是对外投资的核算部门和监督部门。参与投资项目的可行性分析；参与拟订投资方案和投资计划；参与投资方案评估；组织对投出资产的评估和价值确认工作；负责办理短期投资、长期债权投资的具体业务；按照国家会计制度的规定，正确核算对外投资的成本和收益；参与拟订投资项目的处置方案；参与对投资委派管理代表的考核；定期分析被投资单位的财务状况和偿债能力，并提出分析报告；妥善保管债券、股票等投资凭证，以及有关法律文本、合同、协议等投资文件资料。

（5）投资管理代表。投资管理代表（包括公司派出的董事、经理等高管人员和一般代表）是投资管理的直接监督者，对投资管理负有直接责任。其中，担任被投资单位的高级管理岗位的管理代表，要对下列工作负责：有效运用资产，保证资本保值增值；维护公司投资权益，正确行使经营决策权；定期向公司董事长和总经理汇报；重大决策及时向公司请示；及时督促分配的投资收益汇入公司账户；每半年向董事会述职。未担任被投资单位的高级管理岗位的管理代表，要对下列工作负责：认真履行监督职责，确保投资的安全、完整；定期向公司董事长和总经理汇报；重大决策事项及时向公司请示；监督已分配的投资收益及时汇入公司账户；每半年向董事会述职。

（三）授权审批控制

投资计划在正式执行前必须进行严格的审批。一般情况下，企业根据投资的性质和金额建立授权审批制度。如果投资行为属少量的闲置现金进行的临时性短期投资，投资计划可由董事会授权的一位高级职员（通常是财务经理）来负责审批；如果投资金额较大或属长期投资性质，审批一般由企业董事会进行。审批的内容主要包括：投资的理由是否恰当；投资行为与企业的战略目标是否一致；投资收益的估算是否合理无误；影响投资的其他因素是否充分考虑等。所有投资决策都应当经审批确认后方可正式执行。投资决策的有关书面文件应进行连续编号归档，以便于日后查询。

1. 授权方式

（1）公司对董事会的授权由公司章程和股东大会决议。

（2）公司对董事长、总经理的授权，由公司章程和公司董事会决议。

（3）总经理对其他人员的授权，年初以授权文件的方式明确，对投资审批，一般只对财务总监给予授权。

（4）对经办部门的授权，在部门职能描述中规定或临时授权。

2. 审批权限

（1）对外投资审批范围和权限见表 10-1。

表 10-1　对外投资审批范围和权限

审批人	审批范围和权限
股东大会	1. 投资计划 2. 涉及金额较大的投资项目
董事会	1. 投资方案 2. 投资决策 3. 授权董事长、总经理投资决策
董事长	1. 根据董事会决议或授权，签署批准投资方案、投资协议 2. 董事会闭会期间，在授权范围内投资决策
总经理	在授权范围内批准投资方案，签署投资协议

（2）延续投资及投资处置审批。投资项目合同到期，公司除延续投资外，须及时进行清算、到期收回或出售、转让，公司延续投资的审批按"投资审批"规定的权限办理；未到期的投资项目提前处置，在处置前按原决定投资的审批程序和权限进行审批，未经批准，不得提前处置。

（3）投资损失确认审批。股东大会审批的投资损失确认事项；董事会审批的投资损失确认事项：除需股东大会审批的投资损失确认事项外，投资损失确认事项，都应由董事会审批确认；需由股东大会审批的投资损失确认事项在送交股东大会审议批准前，董事会审议确认。

3.审批方式

（1）股东大会批准以股东大会决议的形式批准，董事长根据决议签批。

（2）董事会批准以董事会决议的形式批准、董事长根据决议签批。

（3）董事长在董事会闭会期间，根据董事会授权直接签批。

（4）总经理根据总经理会议规则，由总经理办公会议批准或根据授权直接签批。

（5）财务总监根据授权签批。

4.批准和越权批准处理

审批人根据对外投资业务授权批准制度的规定，在授权范围内进行审批，不得超越审批权限；经办人在职责范围内，按照审批意见办理对外投资业务；对于审批人超越授权范围审批的对外投资业务，经办人有权拒绝办理，并及时向审批人的上一级授权部门报告。

（四）对外投资执行控制

企业应制订对外投资实施方案，明确出资时间、金额、出资方式及责任人员等内容。对外投资实施方案及方案的变更，应当经企业董事会或其授权人员审查批准。对外投资业务需要签订合同的，应征询企业法律顾问或相关专家的意见，并经授权部门或人员批准后签订。

（1）以委托投资方式进行的对外投资，应对受托企业的资信情况和履约能力进行调查，签订委托投资合同，明确双方的权利、义务和责任，并采取相应的风险防范和控制措施。

（2）企业应指定专门的部门或人员对投资项目进行跟踪管理，掌握被投资企业的财务状况、经营情况和现金流量，定期组织对外投资质量分析，发现异常情况，应当及时向有关部门和人员报告，并采取相应措施。企业可以根据管理需要和有关规定向被投资企业派出董事、监事、财务负责人或其他管理人员。

（3）企业应对派驻被投资企业的有关人员建立适时报告、业绩考评与轮岗制度。

（4）企业应加强投资收益的控制，投资收益的核算应符合国家统一的会计制度的规定，对外投资取得的股利以及其他收益，均应当纳入企业会计核算体系，严禁账外设账。

（5）企业应加强对外投资有关权益证书的管理，指定专门部门或人员保管权益证书，建立详细的记录。未经授权人员不得接触权益证书。财务部门应当定期和不定期地与相关管理部门和人员清点核对有关权益证书。被投资企业股权结构等发生变化的，企业应取得被投资企业的相关文件，及时办理相关产权变更手续，反映股权变更对本企业的影响。

（6）企业应定期和不定期地与被投资企业核对有关投资账目，保证对外投资的安全、完整。

（7）企业应加强对投资项目减值情况的定期检查和归口管理，减值准备的计提标准和审批程序，按照有关规定执行。

（8）企业应建立对外投资项目后续跟踪评价管理制度，对企业的重要投资项目和所属企业超过一定标准的投资项目，有重点地开展后续跟踪评价工作，并作为进行投资奖励和责任追究的基本依据。

（五）投资资产取得和保管控制制度

1. 投资资产取得控制制度

投资计划必须以经过财务经理或董事会审核批准的文件作为执行指令。企业一般委托证券经纪人从事证券投资行为。选择证券经纪人一般应考虑以下因素：以往与企业合作的记录；担任证券经纪人的资格；从事证券交易的经历等。企业应与证券经纪人签订明确的委托合同，明确双方的权利与义务。

2. 投资资产保管控制制度

企业对投资资产（指股票和债券等）一般有两种保管方式：一种是由独立的专门机构保管，如在企业拥有较大的投资资产的情况下，委托银行、证券公司、信托投资公司等机构进行保管。这些机构拥有专门的保存和防护措施，可以防止各种证券及单据的失窃或毁损，并且由于它与投资业务的会计记录工作完全分离，可以大大地降低舞弊的可能性。另一种方式是由企业自行保管，在这种方式下，必须建立严格的联合控制制度，即至少要由两名以上人员共同控制，不得一人单独接触证券。对于任何证券的存入或取出，都要将债券名称、数量、价值及存取的日期、数量等详细记录于证券登记簿内，并由所有在场的经手人员签名。财务经理或其他被授权人应当定期检查银行等机构送来的证券存放情况记录，并将这些记录同财务经理签署的证明文件存根和公司有关证券账户的余额相核对。

（六）对外投资处置控制

1. 处置决策

企业应加强对外投资处置环节的控制，对投资收回、转让、核销等的决策和授权批准程序做出明确规定。投资资产处置的控制程序基本上与取得的控制程序相同，即任何有价证券的出售必须经过财务经理或董事会的批准；代公司进行证券出售活动的经纪人应受到严格的审定；经纪人同投资者之间的各种通信文件应予记录保存，反映经纪人处置证券结果的清单应根据处理指令受到检查。如果投资资产的处置为不同证券之间的转移，则该业务应同时置于证券取得和处置的控制制度之下；如果处置的结果是收回现金，还应结合现金收入的控制方法，来对投资资产处置进行控制。对于处置价格，通常应由相关机构或人员合理确定转让价格，并报授权批准部门批准；必要时，可委托具有相应资质的专门机构进行评估。

2. 对外投资处置收回的资产

对外投资的收回、转让与核销，应按规定权限和程序进行审批，并履行相关审批手续。对应收回的对外投资资产，要及时足额收取。

（1）收回货币资金，应及时办理收款业务。

（2）收回实物资产，应编制资产回收清单并由相关部门验收。

（3）收回无形资产，应检查核实被投资单位未在继续使用。

（4）收回债权的应确认其真实性和价值。

3. 对外投资评估处置的会计审核和核算

企业财务部门应认真审核与对外投资处置有关的审批文件、会议记录、资产回收清单等相关资料，并按照规定及时进行对外投资处置的会计处理，确保资产处置真实、合法；认真审验对外投资处置后的资产回收清单和验收报告，审核对外投资的作价，保证回收资产的安全和完整；对需办理产权转移手续的资产，应查验其产权转移情况；对投资处置进行会计审核后，按公司会计核算手册要求及时进行会计处理。

4. 对外投资核销

核销对外投资，投资部门应取得因被投资企业破产等原因不能收回投资的法律文书和证明文件，并按投资损失的审批权限审批。

（七）对外投资记录控制

企业的投资资产无论是自行保管的还是由他人保管的，都要进行完整的会计记录，并对其增减变动及投资收益进行相关会计核算。具体而言，应对每一种投资分别设立明细分类账，并详细记录其名称、面值、证书编号、数量、取得日期、经纪人（证券商）名称、购入成本、收取的股息或利息等。对于联营投资类的其他投资，也应设置明细分类账，核算其他投资的投出及其投资收益和投资收回等业务，并对投资的形式（如流动资产、固定资产、无形资产等）、投向（即接受投资单位）、投资的计价以及投资收益等做出详细的记录。

1. 过程记录控制

对实际发生的对外投资业务，企业应设置相应的记录或凭证，如实记载各环节业务的开展情况，包括投资决策、审批过程等，加强内部审计，确保对外投资全过程得到有效控制。除无记名证券外，企业在购入股票或债券时应在购入的当日尽快登记于企业名下，不能以企业任何个人名义来署名和登记。这对于正确反映企业所拥有的各种投资证券，防止有人在没有得到管理当局或董事会核准授权的情况下，利用其个人的名义来冒领、转移或出售企业的证券，或非法获取应归企业所有的利息或股息，往往能起到有效的控制作用。

2. 会计记录控制

（1）公司按会计制度或会计准则对对外投资业务进行会计核算和记录，所有对外投资业务纳入公司的会计核算体系，严禁账外设账。

（2）财务部进行对外投资业务会计处理时，对投资计划、审批文件、合同或协议、资产评估证明、投资获取的权益证书等相关凭证的真实、合法、准确、完整情况进行严格审核。

（3）公司建立对外投资台账，记录被投资单位的名称、投资合同与协议的编号及存放地点、出资方式、股权比例、投资收益分配情况等。

（4）公司建立有价证券记录台账，记录证券的名称、面值、数量、编号、取得日期、期限、利率等。

（5）财务部定期和不定期检查核对有关权益证书。

3. 权益证书和档案管理

企业应加强对审批文件、投资合同或协议、投资方案书、对外投资处置决议等文件资料的管理，明确各种文件资料的取得、归档、保管、调阅等各个环节的管理规定及相关人员的职责权限。

（1）公司取得的股权证、有价证券等权益证书，由财务部保管或委托其他机构保管。

（2）公司对外投资的决策、审批等过程记录、审批文件、投资合同或协议、投资计划书、对外投资处置等文件资料定期由投资部门整理，送公司档案部门保管。

（3）档案的调阅、保管、归档，按国家及公司档案管理办法执行。

（八）监督检查

1. 监督检查主体

（1）监事会：依据公司章程和股东大会决议对对外投资管理进行检查监督。

（2）审计部门：依据公司授权和部门职能描述，对公司对外投资合同或协议以及投资过程进行审计监督。

（3）财务部门：对公司的对外投资业务进行财务监督。

（4）上级对下级对外投资的日常工作进行监督检查。

2. 检查监督方式

按公司规定的检查权限定期或不定期进行检查。对于企业所拥有的投资资产，应由内部审计人员或不参与投资业务的其他人员进行定期盘点，检查是否确为企业所拥有，并将盘点记录与账面记录相互核对以确认账实的一致性。企业自行保管的有价证券实物应由与投资业务无关的独立职员定期进行盘点，检查其实存情况。由于有价证券的实物盘点无须像存货那样花费大量时间，通常也不会影响其他业务的正常进行，以及有价证券的重要性，盘点工作一年至少进行多次，甚至每月进行。盘点工作必须由两个以上职员共同进行。所有证券的盘点内容和结果应详细记录在盘点清单上，并将盘点清单记录逐一同证券登记簿和投资明细账进行核对。如委托银行等机构代为保管证券，负有证券盘点职责的职员，应定期将银行等机构送来的证券存放清单同证券登记簿和投资明细账相核对，检查它们是否相一致。如果发现有不一致的情况，应及时追查。在盘点或检查过程中，发现的实存数量同账面记录数之间的差异，在没有得到董事会或由董事会指定的人员批准前，不得进行账面调整。

3. 监督检查的主要内容

（1）对外投资业务相关岗位设置及人员配备情况。重点检查岗位设置是否科学、合理、是否存在不相容职务混岗的现象，以及人员配备是否合理。

（2）对外投资业务授权审批制度的执行情况。重点检查分级授权是否合理，对外投资的授权批准手续是否健全、是否存在越权审批等违反规定的行为。

（3）对外投资业务的决策情况。重点检查对外投资决策过程是否符合规定的程序。

（4）对外投资资产的投出情况。重点检查各项资产是否按照投资计划投出；以非货币性资产投出的，重点检查资产的作价是否合理。

（5）对外投资持有的管理情况。重点检查有关对外投资权益证书等凭证的保管和记录情况，投资期间获得的投资收益是否及时足额收回。

（6）对外投资的处置情况。重点检查投资资产的处置是否经过授权批准，资产的回收是否完整、及时，资产的作价是否合理。

（7）对外投资的会计处理情况。重点检查会计记录是否真实、完整。

4. 监督检查结果处理

对监督检查过程中发现的对外投资内部控制中的薄弱环节，负责监督检查的部门应当告知有关部门，有关部门应及时查明原因，采取措施加以纠正和完善；监督检查部门应向上级部门报告对外投资的内部控制监督检查情况和有关部门的整改情况。

小知识

短期投资控制的内容

短期投资是指各种能够随时变现，持有时间不超过一年的有价证券和其他投资。短期投资按其投资对象不同，划分为股权投资、债权投资以及不属于以上两类的其他投资。短期投资的特点是计价复杂，流动性大，而且收益变化无常，如果管理不严，容易产生非法投机和经营混乱。短期投资控制的内容主要包括以下几方面。

1. 投资分析的控制

短期投资分析主要是对投资收益和投资风险进行分析。短期投资的收益主要来自两个方面：股利或利息和资本收益。影响短期投资收益的因素很多，大致可以概括为被投资企业的因素和企业自身的因素。短期投资的风险主要来自三个方面：企业自身、投资环境和国家的经济状况。对短期投资分析的控制主要是通过授权具有相关专业知识的人员或聘请专家，在投资前进行周密的投资分析，并将分析结果形成书面文件，即投资计划书，在计划书中列明投资资金来源、投资意向及投资后对企业收益的影响，投资组合是否合理等，这是保证短期投资科学、合理的关键。短期股权投资分析的方法主要有：总量分析法、收益率分析法、投资风险分析法等。

（1）总量分析法。较高的短期投资比例，可以是表明企业拥有的现金已经超过经营活动的需要，从而转向投资活动以提高资金的利用率，但分析时需要注意，如果短期投资占用资金过多，可能会导致挤占正常经营用现金，对企业的经营活动造成不利影响，通过对总量的分析，可以把投资的资金总额控制在合理的范围。

（2）收益率分析法。短期股权投资是以股票、债券、基金等资产形态存在的，所以投资收益率受到资产市场价值波动的直接作用，通过对历史收益率的分析和对企业现有投资资产存量的测度，可以大致估计企业预期的短期投资收益。

（3）投资风险分析法。短期投资的主要风险来自两个方面：一是投资品种的价格波动的风险；二是因为委托投资等方式将资金交由其他机构甚至个人操作而产生的信用风险。不管是哪种风险，只要其有可能转化为现实的损失，就应当计提短期投资减值准备，所以，可以用短期投资风险系数，即短期投资减值准备比上还原的短期投资账面价值，来评价企业所持有短期投资的风险程度。

2. 投资决策的控制

短期投资决策是对短期投资进行信息收集、分析和处理的过程。对决策的控制主要是对决策的过程进行控制。首先，企业应当建立短期投资决策及实施的责任制度，明确相关部门及人员的责任，并定期或不定期进行检查；

其次，确定短期投资策略，测定投资的金额和投资的目标，以确定投资的范围和对投资的风险和收益的态度，把投资决策建立在收益和风险相结合的基础上；

最后，要对投资的环境进行分析和比较，如对证券市场的趋势分析，对发行单位的资金实力和偿债能力的分析和对不同证券的历年收益率的比较等，以确定企业的投资组合。对短期投资进行决策时，既要重视货币时间价值的计量，又要重视投资风险价值的计量，还要随着市场的变化，不断修正投资组合，并对经营成果进行评价，更新投资前景。短期投资决策的方法有期望值法、风险调整贴现率法、肯定当量法、决策树法等。

3. 投资审批的控制

企业应当建立严格的短期投资业务授权审批制度，明确审批人的授权批准方式、权限、程序、责任和相关控制措施，规定经办人的职责范围和工作要求。一般情况下，企业根据投资金额建立短期投资审批制度，审批的主要内容包括：投资的理由是否恰当，投资的资金来源是否合法，投资的方案是否科学合理，投资收益的估算是否合理无误，影响投资的其他因素是否充分考虑，对投资的风险是否采取有效的规避措施等。审批人根据企业制订的短期投资授权批准制度的规定，在授权范围内对短期投资进行审批，不得超越审批权限。如果是企业外的经纪人或交易商为企业进行证券交易，必须取得财会部门经授权的主管人员签署的投资指令，才能进行交易，任何超出投资指令允许范围的交易活动，经纪人或交易商必须事先向投资企业提交建议书或采取其他征求意见的方式，在得到投资企业的同意后才能进行交易。

4. 投资取得的控制

企业一般是通过委托证券经纪人买卖有价证券来进行短期投资。因此，短期投资取得的控制主要是对证券经纪人或交易商的审核和控制。

首先应选择从事证券交易的证券经纪人或交易商，并对其进行适当的审查。审查的内容包括：核查其营业执照、从事证券交易的经历，有无利用其他委托人的资本谋取自己投资利益的情况等。证券经纪人或交易商的最后选定，应由财务部门负责人或董事会批准。经纪人或交易商为企业购置证券时，必须取得企业经授权人员签署的投资指令。该投资指令通常应规定购置证券的最高价格和最低投资报酬率及指令的有效期限。

其次，投资交易的结果应记录于成交通知书上。该通知书一般由经纪人或交易商填写，内容包括：投资指令号，最高价格和最低投资报酬率，经纪人建立书或其他文件的主要内容，证券名称、数量、编号、面值和购买价格等。成交通知书应由财务部门负责人或其授权的其他职员进行审核，以证实收入证券的数量和价格及投资报酬率是否符合投资指令或经同意的经纪人建议书。

最后，企业应根据成交通知书的内容，详细核查经纪人交来的证券实物。在证实无误后，填制一式多份的收据交经纪人，同时作为保管和记账的依据。

5. 投资核算的控制

企业的短期投资核算必须按照投资准财的规定进行，对短期投资成本、投资收益、短期投资减值、投资处置做出正确完整的会计处理并在财务报告中披露有关内容。

（1）短期投资在取得时应当按照投资成本计量。短期投资取得时的投资成本按以下方法确定。

一是以现金购入的短期投资，按实际支付的全部价款，包括税金、手续费等相关费用作为短期投资成本。实际支付的价款中包含的已到付息期但尚未领取的债券利息，应当单独核算，不构成短期投资成本。

二是以其他方式取得的短期投资，按投资各方确认的价值作为短期投资成本。

（2）短期投资的现金股利或利息，应当于实际收到时，冲减投资的账面余额，但已记入"应收股利"或"应收利息"科目的现金股利或利息除外。

（3）企业应当在期末时对短期投资按成本与市价孰低计量，并计提减值准备。

（4）处置短期投资时，应当将短期投资的账面余额与实际取得收入的差额，作为当期投资。

6. 投资保管的控制

一般来说，企业的有价证券有两种保管方式。一种是由独立的专门机构保管，如委托银行、证券公司等机构保管。银行等金融机构只允许持有财务部门负责人批准文件的企业专门指定的人员接触证券，并且规定企业到金融机构存取证券时，必须由两个以上授权人员同行。企业应授权专人定期检查银行等金融机构送来的证券存放情况记录，并将这些记录同财务部门负责人签署的证明文件存根和企业有关证券账户的余额相核对。另一种是由企业自行保管。企业自行保管的有价证券应由独立于投资授权人、投资记账员与出纳员之外的专人保管，由两个以上人员共同控制，并有严格的防火、防盗的具体措施。无论用哪一种方式保管证券，证券存入或取出，都要将证券名称、数量、价值及存取的日期、数量等记录到证券登记簿内，并由所有在场的经手人员签名。

自行保管的证券实物还应由与投资业务无关的独立人员定期或不定期进行盘点，盘点工作必须由两个以上人员共同进行。所有证券的盘点内容和结果都要详细记录在盘点清单上，并将盘点清单记录逐一同证券登记簿和投资明细账进行核对，以保证账实相符。在盘点或检查过程中，如果发现实存数量同账面记录不符，必须在得到董事会或由董事会授权的人员批准后，才能进行账面调整。

7. 投资处置的控制

短期投资处置的控制程序与取得的控制程序基本相同，即任何有价证券的出售必须经财务部门负责人或董事会的批准。如果由经纪人或交易商代为出售证券，要对经纪人或交易商的资格进行严格的审查且取得投资处置指令，经纪人或交易商和企业之间的各种通信文件应予以记录并保存，对反映处置证券结果的清单要进行检查；如果短期投资资产的处置为不同证券之间的转移，则该业务应同时置于证券取得和处置的双重控制之下；如果处置的结果是收回现金，还应结合现金收入的控制方法来对短期投资资产处置进行控制。

小知识

长期投资控制的内容

　　长期投资是指除短期投资以外的投资，包括持有时间超过1年（不含1年）的各种股权性质的投资、不能变现或不准备随时变现的债券、其他债权投资和其他长期投资。长期投资按照投资性质可分为股权投资和债权投资。长期投资业务处理的流程与其投资目的有关，长期债权投资的业务处理流程与短期投资较为类似，而长期股权投资业务处理流程则有其自身的特点。所以，企业的长期投资控制应区分长期股权投资控制和长期债券投资控制两个部分。

1. 长期股权投资控制的内容

　　长期股权投资通常为长期持有，不准备随时出售，投资企业作为被投资单位的股东，按所持股份比例享有权益并承担责任。对其控制内容主要包括以下几个方面。

　　（1）投资建议的控制。企业可授权具体部门或人员（如企业规划部门等）提出某一长期股权投资的建议，或设立专门的投资管理部负责收集投资建议，然后由提出建议的部门进行投资的初步论证并提交可行性分析报告。初步可行性论证应对拟订投资项目进行技术、经济、市场、环境、产业政策以及被投资单位内部的资信状况、利润分配形式以及经营方式等方面调查研究、分析、比较，应把握企业整体发展大局并符合国家大的方针政策和相关法律法规，应充分考虑投资回收的可能性和收益实现的风险性等因素，并根据分析的结果，编写投资建议书。

　　（2）可行性论证的控制。只有经分管提出投资建议部门的领导审查通过的项目投资建议书，才能报有关部门进行更进一步的可行性论证并组织实地考察和调研。对长期股权投资可行性论证，一般由相关业务部门如技术、财务、基建、法律等部门联合进行。为此企业应设立由相关业务部门的主管领导和外聘专家等组成的专门的联审机构，如投资审查委员会或投资评审小组。联合论证最主要的内容是测算投资项目的预期收益，其应论证的主要事项包括：①投资方案的预期现金流量；②预期现金流量的风险；③投资项目成本的一般水平；④投资方案的预计收入现值；⑤投资的安全性等。论证的其他方面的内容应针对企业的性质及投资所涉及的行业特点有所侧重。联合论证由联审机构组织工作，并提出可行性分析论证报告及向董事会提供最终决策的建议，因为论证过程都必须有各相关业务部门的主管领导参加，其论证责任是多元的。联合审议是保证对外投资正确决策的关键环节。可行性研究应当全面、客观、及时、可靠。

　　（3）投资决策的控制。长期股权投资决策是对长期股权投资项目进行分析和抉择的过程。对决策的控制主要是对分析和抉择的过程进行控制。

　　首先，决策者在决策时要充分考虑货币的时间价值、风险收益均衡、风险收益匹配等问题。

　　其次，要运用科学的方法进行分析和决策。长期股权投资决策的方法主要有两类：一类是不考虑货币时间价值因素，只对投资方案的可行性做出初步分析、判断的静态分析方法，包括静态回收期和报酬率两种方法。另一类是在考虑货币时间价值和现金流量的基础上，对投资方案的可行性做出分析、评价的动态分析方法，包括动态回收期法、净现值法、获利能力指数法、内含报酬率法等。企业应结合投资项目的特点和影响因素选择合理、恰当的决策方法。

　　最后，从多个可行方案中选出最满意的方案。

　　（4）投资审批的控制。企业应当建立严格的长期股权投资业务授权审批制度，明确审批人的授权批准方式、权限、程序、责任和相关控制措施，规定经办人的职责范围和工作要求。对长期股权投资审核的内容主要包括：投资项目的必要性、投资项目的可能性、投资项目的经济性和投资项目的合理性等。由于长期股权投资的金额较大，投资期限较长，必须经过企业董事会或经理（厂长）会议集体决策审批并实行联签制度。对于重大股权投资项目（包括兼并收购企业），应由董事会集体决策，并由股东会审议批准，董事会或经理（厂长）会议必须将所做出的决定作成会议记录，并由出席会议的人员签名确认，对于违反法律、国家产业政策致使企业遭受严重损失的决策，必须追究有关人员的责任。

（5）投资实施的控制。投资的实施是企业按照投资规划，投出资金取得被投资单位股权的过程。对投资实施的控制主要是对投出资产的评估、管理、保管、控制等活动进行控制。

1）投出资产评估。如果企业以数额较大的实物资产、无形资产进行投资，必须经过国家认可的评估机构进行资产评估，评估结果经资产管理部门确认后，才能作为投出资产入账价值的依据。如果是小额的投资项目，要由单位组成评估小组作价，经单位主管领导或单位负责人批准后，作为投资价值的依据。

2）投出资产管理。企业应设立对外投资专职管理部门（如投资管理部），配备有相应素质的管理人员负责对长期股权投资项目的经济效益及相关信息（如财务报告等）的收集、整理、报告。并根据控股的程度，对被投资单位的经济活动进行监督，提高投出资产的安全性。

3）建立健全的投出资产保管制度。单位的投资资产无论是自行保管还是委托他人保管，都必须进行完整的会计记录，并对其增减变动及投资收益进行相关会计核算。

4）投出资产的风险控制。企业应树立风险意识，针对各个风险控制点，建立有效的风险管理系统。具体来说，企业的对外投资要与其自身投资能力相适应，符合国家产业政策和企业发展战略及投资方向，有规避风险的预案。

（6）投资核算的控制。企业的长期股权投资核算必须按照投资准则的规定进行，对投资成本、投资账面价值调整、长期投资减值准备、投资划转、投资处置做出正确完整的会计处理，并在财务报告中披露有关内容。

1）股权投资在取得时应当按照初始投资成本入账。

2）长期股权投资，应当根据不同情况，分别采用成本法或权益法核算。采用成本法核算时，除追加投资、将应分得的现金股利或利润转为投资或收回投资外，长期股权投资的账面价值一般应当保持不变。采用权益法核算时，投资最初以初始投资成本计量，投资企业的初始投资成本与应享有被投资单位所有者权益份额之间的差额，作为股权投资差额处理，按一定期限平均摊销，计入损益。

3）企业因追加投资等原因对长期股权投资的核算从成本法改为权益法，按经追溯调整后股权投资的账面价值加上追加投资成本作为初始投资成本，初始投资成本与应享有被投资单位所有者权益份额的差额，作为股权投资差额，并按本制度的规定摊销，计入损益。企业因减少投资等原因对被投资单位不再具有控制、共同控制或重大影响时，应当中止采用权益法核算，改按成本法核算，并按投资的账面价值作为新的投资成本。

4）企业改变投资目的，将短期投资划转为长期投资，应按短期投资的成本与市价孰低结转，并按此确定的价值作为长期投资新的投资成本。拟处置的长期投资不调整至短期投资，待处置时按处置长期投资进行会计处理。

5）处置长期股权投资时，应将投资的账面价值与实际取得价款的差额，作为当期投资损益。

（7）投资监督的控制。对企业长期股权投资监督的内容主要如下。

1）委派董事和财务总监进行监督并对重大问题及时处置。

2）建立投资责任追究制度。企业投资后应与各相关部门具体负责人签订责任书，确保对外投资项目效益达到可行性研究报告水平，确保企业投资回报。

3）应会同有关部门不定期对投资效果进行分析，提出投资运行中存在的问题及改进意见。

4）对项目管理人员对投资项目的过程管理是否恰当，其素质水平如何进行考察、监督和评价，若发现项目管理人员不能恰当地处理投资项目，应更换项目管理人员。

（8）投资处置的控制。企业长期股权投资处置必须经过董事会或管理层批准，有关的经办人应受到严格的审定。对于企业长期不再运作的投资项目，必须予以清理，核算债权、债务，撤销有关担保、抵押，并妥善保管所有账簿、传票、财务报表等材料及一切法律文件。

2. 长期债权投资控制的内容

长期债权投资是企业购买的各种一年期以上的债券，包括其他企业的债券、金融债券和国债等。债权投资不是为了获取被投资单位的所有者权益，债权投资只能获取投资单位的债权，债权投资自投资之日起即成为债务单位的债权人，并按约定的利率收取利息，到期收回本金。对其控制的内容主要包括以下几方面。

（1）投资分析的控制。对长期债券的分析主要是对投资收益和投资持有风险等进行分析，同时还要考虑到货币的时间价值。债权的投资收益包括利息、价差和利息再投资所得的利息收入。持有风险主要有：利率风险、信用风险、通货膨胀风险、变现力风险等。企业在对长期债权投资进行分析时，应采取经济有效的办法，取得对投资分析和决策相关的所有信息，并运用科学的分析方法，对投资的收益和风险进行评估。必要时，还可以聘请专门的信用评级机构对发行单位的信用等级进行评估。

（2）投资决策的控制。长期债券投资决策的要求和程序与长期股权投资决策控制大致相同。不同的是长期债券投资更注重风险管理，追求稳定收益。一般采取自上而下的投资决策与自下而上的债券选择相结合的投资管理程序，包括三个层次：对市场利率分析和预测、债券资产配置及相应的技术手段、债券的选择。

（3）投资审批的控制。对长期债券投资的审批程序和要求与长期股权投资的审批大致相同。不同的只是审核的内容，长期债权投资审核的内容主要有：投资理由是否恰当，债券发行单位的长期偿债能力和信用状况，债券市场的估价是否合理，投资收益的估算是否合理无误，影响投资的其他因素是否充分考虑，对投资的风险是否采取有效的规避措施等。

（4）投资取得的控制。长期债券投资取得的控制也主要是对债券经纪人或交易商的控制。其程序和方法与短期投资取得的控制过程基本相同。

（5）投资核算的控制。企业的长期债券投资核算必须按照投资准则的规定进行，对投资成本、投资账面价值调整、投资溢折价的摊销、长短期投资划转、投资处置做出正确完整的会计处理并在财务报告中披露有关内容。

1）长期债权投资在取得时，应按取得时的实际成本，作为初始投资成本。初始投资成本按以下方法确定。以现金购入的长期债券投资，按实际支付的全部价款（包括税金、手续费等相关费用）减去已到期但尚未领取的债券利息，作为初始投资成本。如果所支付的税金、手续费等相关费用金额较小，可以直接计入当期投资收益，不计入初始投资成本。

2）长期债权投资应当按照票面价值与票面利率按期计算、确认利息收入。长期债券投资的初始投资成本减去已到付息期但尚未领取的债券利息、未到期债券利息和计入初始投资成本的相关税费，与债券面值之间的差额，作为债券溢价或折价；债券的溢价或折价在债券存续期间内于确认相关债券利息收入时摊销。摊销方法可以采用直线法，也可以采用实际利率法。

3）持有可转换公司债券的企业，可转换公司债券在购买以及转换为股份之前，应按一般债券投资进行处理。当企业行使转换权利，将其持有的债券投资转换为股份时，应按其账面价值减去收到的现金后的余额，作为股权投资的初始投资成本。

4）处置长期债权投资时，按所收到的处置收入与长期债权投资账面价值的差额，作为当期投资损益。

（6）投资保管的控制。对长期债权投资取得的债券也存在两种保管方式：委托独立的专门机构保管和企业自行保管。保管的具体程序和要求与短期投资保管相同。

（7）投资处置的控制。长期债券投资处置也必须经过董事会或管理层批准，有关的经办人应受到严格的审定。其具体控制的内容和要求与短期投资处理控制基本相同。

二、投资管理的关键控制点

1. 投资方案的提出

（1）进行投资方案的战略性评估，包括是否与企业发展战略相符合。

（2）投资规模、方向和时机是否适当。

（3）对投资方案进行技术、市场、财务可行性研究，深入分析项目的技术可行性与先进性、市场容量与前景，以及项目预计现金流量、风险与报酬，比较或评价不同项目的可行性。

2. 投资方案审批

（1）明确审批人对投资业务的授权批准方式、权限、程序和责任，不得越权。

（2）审批中应实行集体决策审议或者联签制度。

（3）与有关被投资方签署投资协议。

3. 编制投资计划

（1）核查企业当前资金额及正常生产经营预算对资金的需求量，积极筹措投资项目所需资金。

（2）制订详细的投资计划，并根据授权审批制度报有关部门审批。

4. 实施投资方案

（1）根据投资计划进度，严格分期、按进度适时投放资金，严格控制资金流量和时间。

（2）以投资计划为依据，按照职务分离制度和授权审批制度，各环节和各责任人正确履行审批监督责任，对项目实施过程进行监督和控制，防止各种舞弊行为，保证项目建设的质量和进度要求。

（3）做好严密的会计记录，发挥会计控制的作用。

（4）做好跟踪分析工作，及时评价投资的进展，将分析和评价的结果反馈给决策层，以便及时调整投资策略或制订投资退出策略。

5. 投资后的跟踪

（1）指定专人跟踪投资项目或公司的运营情况，索取会计报告、运营分析等数据，关注投产后的相关问题及提出解决方案。定期分析项目或公司运营情况，专门形成分析制度，将公司运行情况上报决策层。

（2）要定期评估投资的成效，确定投资资产的价值，对资产减值情况进行评估，并决定信息披露的内容和方式。

6. 投资资产处置控制

（1）投资资产的处置应该通过专业中介机构，选择相应的资产评估方法，客观评估投资价值，同时确定处置策略。

（2）投资资产的处置必须经过董事会的授权批准。

三、投资控制的方法

（一）投资目标控制法

目标控制是一个部门或企业的业务活动和管理工作应有不同层次的明确而合理的计划和目标，并由特定主体对其执行过程和结果实行监督和检查，进而进行信息反馈和调节控制的方法。目标控制通过专门设计的过程使得目标具有可操作性，这种过程逐级将目标分解到各个单位。目标控制方法运用到投资业务控制上，其具体操作程序如下。

1. 制订投资总目标

投资总目标要与整个企业发展的战略目标相互适应，同时，还要结合企业的经营规模、资金运营状况以及对风险的承受力。制订目标有两种方法：一是传统方法，二是目标管理方法。传统方法是由上级决定目标，并把它强加给下属。这种方法可能会引起下属的不满，也不能充分发挥下属的才智。目标管理法是让下级在上级确定的范围内建立目标。如上级提供范围，下级就目标提出建议，上下级取得一致意见后，制订目标，下属对自己的工作进行计划和控制，这样，就给予了参加目标制订的人员更多机会。由于投资业务的风险较大且专业性很强，需要具有相关专业知识的人员对其做出科学合理的分析，高层人员可能会因为缺乏相关的专业知识，而不能对投资的目标做出正确的规划，因此，企业对投资总目标的制订宜采用目标管理方法。

2. 分解总目标，使其具体化

投资总目标的分解应自上而下，根据企业的投资总目标，决定各个分管部门的职责以及应达成的目标。如果目标责任不清，目标定得再好也难以完成。

3. 实现所设定的目标

实现投资目标应有详细的计划，并应特别重视投资部门的各级主管人员的有关目标控制的基础教育和训练。企业的高层管理人员应积极参与并持之以恒，以增强下属对目标实现的信心。在实现投资目标过程中，要建立信息反馈机制，若发现原定的目标有失公允和合理，应对其进行修订或重新设定。

4. 反馈目标实现的情况

无论目标是否实现，都应将实现目标过程中的有关情况向相关部门反馈。如果目标没有实现，相关部门应分析原因、总结教训，必要时修改原定的目标。

（二）投资方针政策控制法

方针政策控制，是指以国家的财政、经济法规和财务会计制度为准绳，对经济活动进行组织、调节和制约的控制方法。投资方针政策控制是以企业的投资方针政策及计划预算作为控制的手段，对企业的投资活动进行控制。企业的投资活动要受到国家的政策、制度和法令的制约。如我国规定的投资管理制度、投资核算准则、投资法规等。企业都应该强制执行，并成为对企业投资业务进行控制的依据。

（三）投资风险防范控制法

风险防范控制要求企业要树立风险意识，针对各个风险控制点，建立有效的风险管理系统，通过风险预警、风险识别、风险评估、风险报告等措施，对财务风险和经营风险进行全面防范和控制。风险性是投资业务所固有的特征，特别是企业的长期投资，其投入的资金规模较大、期限较长，受不确定因素影响大，所以企业应加强对投资业务的风险控制，对各种债权投资和股权投资都要做可行性研究并根据项目和金额大小确定审批权限，对投资过程中可能出现的负面因素应制订应对预案。针对不同的投资方式采取相应的风险防范措施。

企业进行证券投资，必须取得经企业领导签署的投资指令，在其后的交易中，也应遵循操作程序方面的规定。同时必须对每一种有价证券开设明细分类账，记载证券名称、号码、数量、购入成本、证券的股息或利息、证券投入的日期等。投资明细账应定期与总分类账核对，并定期编制报告。

企业进行实业投资，必须在事前进行充分详尽的可行性研究，仔细比较各个投资方案的优劣。对于已经批准投资业务的管理人员层次，各种具体呈报和审批手续则应严格控制，确保投资活动必须经过规定的审批程序才能进行。此外，在投资期间，企业应随时检查投资情况，正确揭示投资收益。

（四）投资预警控制法

预警控制法是在企业内部建立的具有识错、辨错、纠错、防错功能的崭新的控制方法。企业的投资预警控制是对企业的投资业务实行事前、事中和事后的控制，并对异常及重要情况发出报警，使企业能够及时发现问题，采取纠正措施，从而有效地防范投资风险。如对投资交易指令、投资组合中各类资产的投资比例将达到法规和公司规定的比例限制时进行预警等。其具体步骤如下。

1. 寻找投资预警的警源

警源指警情产生的根源，投资预警的警源包括外生警源和内生警源。外生警源指来自外部投资环境变化而产生的警源。例如，由于国家产业政策的调整，有可能导致企业被迫转产或做出重大经营政策上的调整，也有可能直接或间接地导致巨额亏损，乃至破产。此时，外生警源为政策调整。内生警源指企业内部运行机制不协调而产生的警源。例如，投资失误，而投入资金又是从银行借入，导致营运资金出现负数，企业难以用流动资产偿还即将到期的流动负债，很可能被迫折价变卖长期资产，以解燃眉之急。此时，投资失误则为企业出现财务预警的内生警源。

2. 分析投资预警的警兆

警兆指警素发生异常变化时的先兆。在警源的作用下，当警素发生变化导致警情爆发之前，总有一些预兆或先兆。从警源到警兆，有一个发展过程：警源孕育警情——警情发展扩大——警情爆发前的警兆出现。投资预警的目的就是在警情爆发前，分析警兆、控制警源、拟定排警对策。

3. 监测并预报警度

警度指警情的级别程度。投资预警的警度一般设计为5种：无警、轻警、中警、重警、巨警。警度的确定，一般是根据警兆指标的数据大小，找出与警素的警限相对应的警限区域，警兆指标值落在某个警限区域，则确定为相应级别的警度。

4. 建立预警模型

预报警度有两种方法：一是定性分析的方法，如专家调查法、特尔斐法、经验分析法等；二是定量分析的方法，包括指标形式和模型形式。模型形式一般是建立关于警素的普通模型，并做出预测，然后根据警限转化为警度。

5. 拟定排警对策

预警的目的，就是要在警情扩大或爆发之前，有效地寻找警源、通过分析警兆、测定警度，进而采取行之有效的排警对策。监测投资风险和危机的目的是为了有效地防范投资风险和危机。

（五）投资组织规划控制法

组织规划法，是一种事前控制的方法，是对企业组织机构设置、职务分工的合理性和有效性所进行的控制，主要包括两方面。

1. 不相容职务的分离

企业应当加以分离的职务通常有：授权进行某项业务的职务与执行该项业务的职务相分离，审核某项业务的职务与记录该项业务的职务相分离，保管某项财产的职务与记录该项财产的职务相分离等。

企业投资业务的不相容岗位一般包括：①投资预算的编制与审批；②项目的分析论证与评估；③投资的决策与执行；④投资处置的审批与执行；⑤投资业务的执行与相关会计记录。

2. 组织机构的相互控制

企业应根据投资业务的需要而分设不同的部门和机构，其组织机构的设置和职责分工应体现相互控制的要求，具体要求是：各组织机构的职责权限必须得到授权，并保证在授权范围内的职权不受外界干预；每类对外投资业务在运行中必须经过不同的部门并保证在有关部门间进行相互检查；在对每项投资业务的检查中，检查者不应从属于被检查者，以保证被检查出的问题得以迅速解决。具体操作如下。

（1）企业应当配备合格的人员办理投资业务。办理投资业务的人员应当具备良好的职业道德、业务素质和与对外投资业务相关的专业知识，熟悉相关法规。企业还应当根据具体情况对办理对外投资业务的人员定期进行岗位轮换。

（2）企业应当建立严格的投资业务授权批准制度，明确审批人的授权批准方式、权限、程序、责任和相关控制措施，规定经办人的职责范围和工作要求。严禁未经授权的部门或人员办理对外投资业务。

（3）审批人应当根据投资授权批准制度的规定，在授权范围内进行审批，不得超越审批权限。经办人应当在职责范围内，按照审批人的意见办理对外投资业务，对于审批人超越授权范围审批的对外投资业务，经办人有权拒绝办理，并及时向上级部门报告。

（4）企业应当制订对外投资业务流程，明确投资决策、资产投出、投资持有、投资处置等环节的控制要求，并设置相应的记录或凭证，如实记载各环节业务的开展情况，确保对外投资全过程得到有效的控制。

（六）投资程序控制法

程序控制法是对重复出现的业务，按客观要求，规定其处理的标准程序作为行动的准则。对企业的投资业务实行程序控制，需要将投资业务的处理过程用文字的说明方式或流程图的方式表示出来，以形成制度、颁发执行。程序控制也是典型的事前控制方法。它不仅要求按照牵制的原则进行程序设置，而且要求所有的主要业务活动都要建立切实可行的办理程序。进行程序控制有助于企业按规范处理同类业务，有科学的程序、标准可依，避免业务工作无章可循或有章不循，避免职责不清、互相扯皮等现象的发生。

投资业务的处理流程一般包括：投资建议、可行性论证、投资决策、投资投出与管理、投资记录、投出资产处置、监督评价等环节。企业的投资程序控制包括两个方面的内容：一是设定科学合理的处理业务程序；二是实行牵制控制。首先，根据各项投资的特点和具体程序，编制投资流程图，并严格地按照流程图的程序对该项投资业务进行处理。然后，根据流程图设计各个步骤的相互牵制的控制点和控制内容。由于企业在投资时既能以货币资产进行投资，又能以非货币资产进行投资，两者在投资程序和控制的内容上都不尽相同，所以，企业应区别货币资产投资和非货币资产投资来设计程序控制。

（1）企业以货币性资产进行投资时，其基本的控制流程可以用图10-2来表示，企业可以根据具体的投资项目对该流程图进行适当的调整，然后根据投资的流程来确定控制的步骤和内容。

根据图10-2，货币性资产投资控制的步骤和内容可以分解如下。

1）管理层或投资决策委员会根据搜集的宏观经济信息、拟投资行业的动态信息，以及投资价值报告等资料，来决定企业在一定时期的投资规模。

2）投资部门根据投资委员会的决策及自身掌握的资料提交具体的投资方案、投资风险报告。

3）管理层亲自或授权有关部门对投资部门的对外证券投资方案进行审批。

4）财务部门根据审批报告，在授权范围内支付货币资金或将实物资产、无形资产入账。

5）投资部门根据授权在一定资金限额内下达交易指令。

6）交易员将相关信息反馈给投资部门。

7）风险控制委员会对投资部门进行稽核、检查。

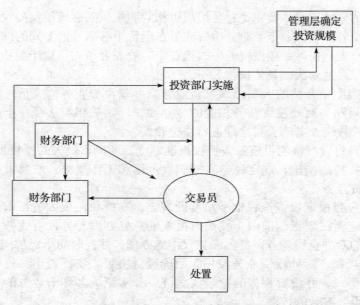

图 10-2　货币性投资控制基本流程图

8）风险控制委员会给交易员下达特殊指令以减少投资损失。

9）交易员根据指令在柜台买进或卖出股票、债券。

10）财务部门根据投资部门（交易员）交来的成交报告，记载对外投资增、减变动情况及持有期间的利息、股息、红利等有关信息。

11）投资部门在授权范围内处置对外投资的实物资产。

（2）企业以非货币性资产进行投资时，其基本的控制流程可以用图 10-3 来表示，企业可以根据具体的投资项目对该流程图进行适当的调整，然后根据投资的流程来确定控制的步骤和内容。

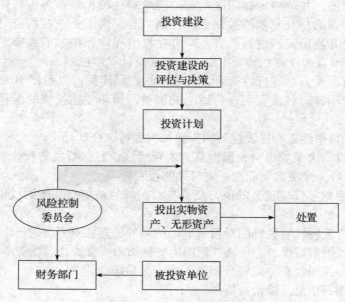

图 10-3　非货币资产投资控制基本流程图

根据图 10-3，非货币性资产投资控制的步骤和内容可以分解如下。

1）企业有关部门（投资部门、企划部、业务部门）根据企业发展目标，搜集拟投资单位或行业的信息，提出投资建议。

2）企业的决策层亲自或授权决策委员会同有关部门对投资建议提出部门的对外实物投资建议进行评估，并做出是否投资的决策。

3）投资建议提出部门根据有关部门的决策编制投资计划。

4）投资建议提出部门与被投资企业签订合同协议，并按合同协议，投出实物资产、无形资产、货币资金等。

5）风险投资控制委员会对财务部门和投资计划执行部门进行稽核检查，并根据了解的被投资单位的情况，在授权范围内下达特殊命令。

6）财务部门对投出的各种资产进行账务处理，并按规定反映从被投资企业获得的利息、股利及红利。

7）投资计划执行部门在授权范围内处理被投资的各种资产。

小知识

分析投资环境

影响企业投资方向的因素很多，可以说，凡是构成企业投资环境的因素都会对企业投资方向产生不同程度的影响。

1. 分析内部投资环境

（1）投资能力分析。由于企业的资金实力与生产能力有限，即使某一投资颇具吸引力，企业也因为自身能力受限而放弃该投资，只好从能力所及的范围内进行选择。

（2）投资倾向分析。如果决策层（如董事会）主观上倾向于某一投资领域，便会给投资决策的制订带来较大影响。

2. 分析外部投资环境

（1）分析产业政策。国家总是会在一定时期制定出适应经济发展的产业政策。企业顺应这一形势选择投资方向，不仅其投资具有较好的发展前景，而且多半能享受政策扶持与优惠。因此，我们在选择投资方向和投资领域时，要尽可能从符合国家产业政策的领域中选择。

（2）评估资源供给。凡以追求成本最小化、收益最大化为投资目标的企业投资决策者，在进行投资方向决策时都会考虑资源问题。如果资源供给不能得到保障，不要说投资目标难以得到实现，就连企业的正常经营也会受到严重影响。

（3）预测市场需求。在市场经济条件下，需求决定供给是一个不争的事实，企业投资计划依照需求的近期与远期发展趋势而制订，必然有利于其产销两旺。

（七）投资授权批准控制法

授权批准法，也是一种事前控制方法，是指企业在处理经济业务时，必须由被批准和被授权人去执行，也就是说企业的各级人员必须获得批准或授权，才能执行正常的或特殊的业务。授权批准按其形式可分为一般授权和特殊授权。所谓一般授权是指对办理常规业务时权力、条件和责任的规定，一般授权时效性较长；而特殊授权是对办理例外业务时权力、条件和责任的规定，时效性一般较短。例如，当一项投资业务的数额超过某部门的批准权限时，只有经过特定授权批准才能处理。不论采用哪一种授权批准方式，企业必须建立授权批准体系，其中包括：①授权批准的范围，通常企业的所有经营活动都应纳入其范围。②授权批准的层次，应根据经济活动的重要性和金额大小确定不同的授权批准层次，从而保证各管理层有权亦有责。③授权批准的责任，应当明确被授权者在履行权力时应对哪些方面负责，应避免责任不清，一旦出现问题又难辞其咎的情况发生。④授权批准的程序，应规定每一类经济业务审批程序，以便按程序办理审批，以避免越级审批、违规审批的情况发生。企业内部的各级管理层必须在授权范围内行使相应职权，经办人员也必须在授权范围内办理经济业务。

企业采用授权批准控制法对投资业务进行控制时，具体步骤如下。

（1）企业要根据投资业务的流程和特点，设计授权环节，并明确各个环节的授权者。

（2）授权级别应与授权者的地位相适应。例如小额、零星、临时性投资可由董事会授权的高级管理人员审批；企业长期、重大的投资项目及其决策，必须经过董事会集体决策审批并实行联签制度。

（3）被授权人应该是称职的人员，不能授权予不胜任的人。企业应将投资业务授权予具有良好的职业道德、业务素质和与投资业务相关的专业知识，且熟悉相关法规的人员。

（4）严格要求各级人员按所授予的权限办理投资业务，不得随意超越权限。

（5）无论采用什么样的投资授权、批准形式，均要有文件记录，以书面授权为准，方便以后审查。

（八）投资预算控制法

投资业务预算是财务预算的一个组成部分。投资预算控制法是一种事前、事中、事后相结合的控制方法，通过预算企业既能够控制投资的支出，又能够控制整个投资业务的处理。企业在对投资业务进行预算控制时，要抓好以下环节：①投资预算体系的建立，包括预算的项目、标准和程序；②投资预算的编制和审定；③投资预算指标的下达及相关责任人或部门的落实；④投资预算执行的授权；⑤投资预算执行过程的监控；⑥投资预算差异的分析与调整；⑦投资预算业绩的考核。

（九）投资财产保全控制法

财产保全控制是指为保护财产的安全和完整所采取的控制措施。投资业务财产保全控制主要包括以下几方面。

（1）限制直接接触。这主要指严格限制无关人员对投资实物资产的直接接触，只有经过授权批准的人员才能够接触投资资产。

（2）记名登记监控。企业的投资资产，除了无记名证券外，所有资产在取得当日都要以企业的名义进行登记，绝不允许以企业任何个人的名义来署名或登记。

（3）资产的保管。企业的投资资产一般有两种保管方式。一种是由专门机构保管，当企业的投资资产数量较多、金额较大，或企业的安全措施较差时，企业可以委托银行、证券公司、信托公司等金融机构进行保管。另一种是企业自行保管，在这种方式下，企业必须建立严格的联合控制制度，至少要两名以上人员共同保管。

（4）定期盘点，建立投资资产定期盘点制度。企业的投资资产，应由内部审计人员或不参与投资业务的其他人员进行定期盘点，检查投资资产是否确为企业所拥有，并将盘点记录与账面记录相互核对以确认账实一致。由于投资资产的实物盘点无须像存货那样花费大量的时间，通常也不会影响其他业务的正常进行，盘点工作一年要进行多次，甚至每月进行一次。盘点工作必须由两个以上人员共同进行。在盘点或检查过程中，如果发现实存的投资资产数量与账面记录数不一致，在没有得到董事会或由董事会指定的人员批准前，不得进行账面调整。

（5）会计记录保护。企业的投资资产无论是自行保管的还是由他人保管，都要进行完整的会计记录，并对投资资产的增减变动及投资收益进行相关会计核算。具体而言，应对每一种投资资产分别设立明细分类账，并详细记录其名称、面值、证书编号、数量、取得日期、经纪人或交易商名称、购入成本、收取的股息或利息等。

（十）投资会计核算控制法

会计核算控制要求企业必须依据会计法和国家统一的会计制度等法规，制订适合本企业的会计制度、会计凭证、会计账簿和财务会计报告的处理程序，实行会计人员岗位责任制，建立严密的会计控制系统。企业的投资活动必须按照投资准则的规定进行核算，对投资成本、投资账面价值调整、长期投资减值、投资划转、投资处置做出正确完整的会计处理并在财务报告中披露有关内容。企业的投资资产无论是自行保管还是委托他人保管，都必须进行完整的会计记录，并对其增减变动及投资收益进行相关会计核算。

为了使投资业务的会计记录真实有效，企业还必须进行可靠性控制，各种投资资料的可靠性主要来源于投资业务的真实性及反映的合理性和准确性，各种资料的记录反映必须符合其内在联系的规律性。其具体措施包括以下几个方面。

（1）建立会计凭证的审核制度。对会计凭证的内容和连续编号进行审查，对各部门或个人领用的空白凭证进行登记，并定期检查其使用情况。

（2）建立账账核对制度。要定期地或不定期地进行账账核对，特别要进行总分类账与有关明细账的核对。

（3）建立复核制度。对凭证的填制、记账、过账，报表编制进行复核，做到账证、账账、账表相符。

（4）建立分批控制和检查差错制度。按投资业务的特点划分批别，或按投资业务发生的时间进行经常性的检查。

（5）采用科目控制、凭证控制、账簿控制、报表控制、核算形式控制及电算化控制等。

（十一）投资检查控制法

检查控制法是指对内部控制制度贯彻、执行情况所进行的监督检查的控制方法。其目的是为了保证内部控制功能的充分发挥，促成既定政策的贯彻和管理目标的实现。投资的检查控制，主要是通过设立独立的检查机构，对企业的投资业务和管理制度是否合规、合理和有效进行独立的监督和评价，在某种意义上讲，是对投资内部控制的再控制。企业应当建立健全投资控制的监督检查制度，明确监督检查部门和人员的职责权限，定期或不定期地进行检查。

投资控制监督检查的内容主要包括以下几部分。

（1）检查投资业务相关岗位设置及人员配备情况。重点检查岗位设置是否科学、合理，是否存在不相容职务混岗的现象，以及人员配备是否合理。

（2）检查投资业务授权审批制度的执行情况。重点检查分级授权是否合理，对外投资的授权批准手续是否健全，是否存在越权审批等违反规定的行为。

（3）检查投资业务的决策情况。重点检查对外投资决策过程是否符合规定的程序。

（4）检查投资资产的投出情况。重点检查各项资产是否按照投资计划投出；以非货币性资产投出的，重点检查资产的作价是否合理。

（5）检查投资持有的管理情况。重点检查有关投资权益证书等凭证的保管和记录情况，投资期间获得的投资收益是否及时足额收回。

（6）检查投资的处置情况。重点检查投资资产的处置是否经过授权批准，资产的回收是否完整、及时，资产的作价是否合理。

（7）检查对外投资的会计处理情况。重点检查会计记录是否真实、完整。

在对投资控制监督检查的过程中，如果发现投资控制中的薄弱环节，负责监督检查的部门应当告知有关部门，有关部门应当及时查明原因，采取措施加以纠正和完善。企业监督检查部门应当向上级部门报告投资控制监督检查情况和有关部门的整改情况。

（十二）投资人力资源控制法

人力资源控制是企业根据经营的要求对各岗位人员在素质方面所做的具体规定：一是对思想品德、道德修养的要求；二是对知识水平、业务技能的规定。

投资业务的人力资源控制应包括以下内容。

（1）建立严格的招聘程序，保证应聘人员符合要求。

（2）制订员工工作规范，用以引导考核员工行为。

（3）定期对员工进行培训，帮助其提高业务素质，更好地完成规定的任务。

（4）加强和考核奖惩力度，应定期对职工业绩进行考核，奖惩分明。

（5）对重要岗位员工应建立职业信用保险机制，如签订信用承诺书，保荐人推荐或办理商业信用保险。

（6）工作岗位轮换，可以定期或不定期地进行工作岗位轮换，通过轮换及时发现存在的错弊情况，同时也可以挖掘职工的潜在能力。

（7）提高工资与福利待遇，加强员工之间的沟通，增强凝聚力。

（十三）投资管理信息系统控制法

管理信息系统控制包括两方面的内容：一方面是要加强对电子信息系统本身的控制。随着电子信息技术的发展，企业利用计算机从事投资管理越来越普遍。除了投资核算电算化的发展外，企业的投资分析与决策过程也都离不开计算机。为此，必须加强对电子信息系统的控制，包括：系统组织和管理控制，系统开发和维护控制，文件资料控制，系统设备、数据、程序、网络安全的控制以及日常应用的控制。另一方面，要运用电子信息技术手段建立控制系统，减少和消除内部人为控制的影响，确保投资控制的有效实施。

（十四）投资内部报告控制法

为了保证企业投资管理的时效性和针对性，企业应当建立内部投资管理报告体系，全面反映投资业务活动，及时提供投资业务活动中的重要信息。投资内部报告体系的建立应体现：反映部门经管责任，符合例外管理的要求，报告形式和内容简明易懂，并要统筹规划，避免重复。内部报告要根据管理层次设计报告频率和内容详简。通常，高层管理者报告时间间隔时间长，内容从重、从简；反之，报告时间间隔短，内容从全、从详。

小知识

估计投资项目现金流量

1. 估计投资项目现金流量应注意的内容

（1）区分相关成本和非相关成本。相关成本是指与特定决策有关的、在分析评价时必须加以考虑的成本。例如，差额成本、未来成本、重置成本、机会成本等都属于相关成本。与此相反，与特定决策无关的、在分析评价时不必加以考虑的成本是非相关成本。例如，沉没成本、过去成本、账面成本等往往是非相关成本。我们要估计投资项目现金流量，就必须区分相关成本和非相关成本。

（2）不要忽视机会成本。在投资方案的选择中，如果选择了一个投资方案，则必须放弃投资于其他途径的机会。其他投资机会可能取得的收益是实行本方案的一种代价，被称为这项投资方案的机会成本。

机会成本不是通常意义上的"成本"，它不是一种支出或费用，而是失去的收益。这种收益不是实际发生的，而是潜在的。机会成本总是针对具体的方案，离开被放弃的方案就无从计量确定。

机会成本在决策中的意义在于它有助于全面考虑可能采取的各种方案，以便为既定资源寻求最为有利的使用途径。

（3）考虑投资方案对企业其他部门的影响。当采纳一个新的项目后，该项目可能对企业的其他部门造成有利或不利的影响，从而间接地导致现金流量的增减变动。例如，新建车间生产的产品上市后，原有其他产品的销路可能减少，而且整个企业的销售额也许不增加甚至减少。因此，企业在进行投资分析时，不应将新车间的销售收入作为增量收入来处理，而应扣除其他部门因此减少的销售收入。

（4）分析对净营运资金的影响。在一般情况下，当企业开展一项新业务并使销售额扩大后，一方面，对于存货和应收账款等流动资产的需求也会增加，企业必须筹措新的资金以满足这种额外需求；另一方面，企业扩充会导致应付账款与一些应付费用等流动负债的增加，从而降低企业流动资金的实际需要。

2. 掌握投资项目现金流量预测方法

（1）逐项预测法。这一方法是对构成项目投资的各项内容逐项进行测算，汇总后即得到投资所需的总投资现金流量。投资准备费用可通过对完成各项准备工作所需花费的人力物力的估计，对所需各项服务的市场价格的了解等进行合理的预测。设备费用则需通过对设备的价格水平、运输费用、所需数量的了解来预测其购置费用，通过对设备安装的难度、工作量的大小及单位工作量收费标准的估计来预测其安装费用。建筑工程费用要根据建筑物的类型、建筑面积的大小、建筑质量的好坏和建筑费用的标准进行预测。营运资金的垫支则需要通过对项目进行状况的了解和分析来预测。不可预见费用可以以历史数据为基础，同时根据对未来形势的判断做必要的修正后进行预测。

（2）指数估算法。指数估算法是根据从实践中总结出的项目投资与生产规模间的经验关系，利用已知的同系列或同类型产品的投资指标来估算不同项目的基建投资额，其估算公式为

$$Y_2 = Y_1 \left(\frac{X_2}{X_1} \right)^n$$

式中：X_1 为 A_1 厂生产能力；X_2 为 A_2 厂生产能力；Y_1 为 A_1 厂投资额；Y_2 为 A_2 厂投资额；n 为指数，当靠增大设备能力扩大生产时，n 取 0.6 ~ 0.7，当靠增加相同能力设备增加生产时，n 取 0.8 ~ 1.0。

（3）比例法。比例法首先要知道按现行价格确定的设备交货价格，计算安装费用，它一般为设备交货价格的 43%（平均值），从而求得安装后的设备价值（等于设备交货价格乘以 1.43），然后再据此按不同类型、比例计算出各种附属设施、施工费用、不可预见费用，及报废工程损失等，经汇总得出投资项目现金流量。

应该说，投资项目现金流量中的现金是一个相对广义的概念，我们在估计投资项目现金流量时要特别注意。

小知识

分析长期投资

1. 观察长期投资增减变动趋势，分析长期投资增减变动原因

长期投资除企业进行投资、追加投资和收回投资引起长期投资项目发生变动外，还取决于以下因素。

（1）被投资单位的生产经营业绩和利润分配政策。在采用成本法核算长期股权投资的情况下，如果被投资单位当年经营业绩良好，而且只有在向投资企业宣告分派现金股利或者利润时，投资企业的长期投资账面价值才可能会发生变动。而在权益法核算的情况下，被投资单位当年实现的净利润或发生的净亏损均会对投资企业的长期投资账面价值产生影

响，因此需要做相应的调整。如果被投资单位宣告现金股利或者利润，投资企业应根据宣告的现金股利或利润的从属期间，增加或冲减长期投资账面价值。

（2）企业进行长期投资核算所采用的会计政策。例如企业是按成本法还是按权益法进行长期股权投资核算，是按直线法还是按实际利率法计算利息和摊销债券溢价，都会对长期投资账面价值产生影响。

2. 注意长期投资结构变动趋势，分析企业对外投资比重的合理性

一般来说，如果企业生产经营没有达到最佳经济规模，或没有达到规模经济，就不应把自己的资金大量投入其他企业。实际中，多数企业都希望这个比重高些，主要原因就在于认为资本经营是现代企业经营发展的新趋势，而对外投资就是资本经营的重要形式。

3. 评价企业长期股权投资会计核算方法

选择会计核算方法的标准应该看是否具有控制权、共同控制或重大影响，但是在实际操作中比较难把握。因此，通常采用持股比例的方法来进行判断和选择。但需要注意的是，具体的持股比例也只是判断是否拥有控制权、共同控制或具有重大影响的指标而已，并不是绝对标准，它会随着被投资单位股权结构等情况的不同而有所差别。总之，我们应通过搜集和使用更多的资料进行分析，确认长期投资会计核算方法选择的适当性。

4. 分析企业对股权投资差额处理

由于股权投资差额必须按一定年限摊销，摊销金额需要计入当期投资收益，因此股权投资差额摊销的多少会给当期利润造成不同的影响。在实际工作中，一些企业出于粉饰经营业绩的动机，不按规定选择摊销年限，而是通过缩短或者延长摊销年限来操纵利润，使得会计报表上的长期投资和利润不真实。

5. 审核长期投资减值准备

计提长期投资减值准备，不但会导致长期投资账面价值的减少，而且会影响当期的利润总额。因此，一些企业往往通过少提或者不提长期投资减值准备，来达到虚增长期投资账面和利润的目的。我们应对这种现象提高警惕。在实务当中，对于有市价的长期投资是否应当计提减值准备进行判断比较容易；然而对于无市价的长期投资，如果无法获得被投资单位详细可靠的信息，就难以对投资单位是否应当计提减值准备做出准确的判断。

小知识

分析固定资产投资

1. 分析固定资产投资规模

（1）分析固定资产原值增减变动。固定资产原值增减变动主要是受当期固定资产增加额和当期固定资产减少额的影响。当期固定资产增加主要由于自行购入、自建自制、接受投资、融资租入、改建扩建、接受抵债、接受捐赠、盘盈、其他原因等引起的；而当期固定资产减少则是由于出售转让、投资转出、报废清理、盘亏及毁损、发生非常损失、其他原因等引起。

对固定资产原值增减变动情况及变动原因的分析，可根据会计报表附注以及其他相关资料进行。

（2）分析固定资产净值增减变动。固定资产净值增减变动主要受两个因素影响：①固定资产原值的变动；②固定资产折旧额的变动。

对固定资产净值进行分析就是分析固定资产原值和折旧变动对固定资产净值变动的影响。

2. 分析固定资产投资结构

固定资产按经济用途和使用情况可分为生产用固定资产、非生产用固定资产，使用中、

未使用和不需用固定资产等。在各类固定资产中，生产用固定资产，特别是其中的生产设备，同企业生产经营直接相关，在全部资产中占较大的比重。非生产用固定资产是指员工宿舍、食堂、俱乐部等非生产单位使用的房屋和设备。非生产用固定资产应在发展生产的基础上，根据实际需要适当增加这方面的固定资产，但增长速度一般不应超过生产用固定资产增长速度，它的比重降低应当认为是正常现象。如因购入未来得及安装的产品，或某项资产正进行检修等，这虽属正常原因，但也应加强管理，尽可能缩短安装和检修时间，使固定资产尽早投入生产营运中去。

固定资产结构分析应特别注意从以下三个方面进行：①分析生产用固定资产与非生产用固定资产比例的变化情况；②考察未使用和不需用固定资产比率的变化情况，查明企业在处置闲置固定资产方面的工作是否具有效率；③分析生产用固定资产内部结构是否合理，需要注意的是要对固定资产的配置做出切合实际的评价，必须结合企业的生产技术特点进行。

3. 分析固定资产折旧

在进行固定资产折旧分析时，应该注意以下事项。

（1）分析企业固定资产预计使用年限和预计净残值确定的合理性。分析时，应注意固定资产预计使用年限和预计净残值的估计是否符合国家有关规定，是否符合企业的实际情况。

一些采用直线法折旧的企业在固定资产原值没有减少的情况下，通过延长折旧年限，使得折旧费用大量减少，转眼之间就"扭亏为盈"。

（2）分析企业固定资产折旧方法的合理性。企业应当根据固定资产的特点、环境及其他因素，选择合理的折旧方法，但是在实际工作中，企业往往利用折旧方法的选择，来达到调整固定资产净值和利润的目的。

（3）观察企业的固定资产折旧政策是否前后一致。因为固定资产预计使用年限和预计净残值、折旧方法等一经确定，除非企业的经营环境发生变化，一般不得随意变更。企业变更固定资产折旧方法，可能隐藏着一些不可告人的动机。

4. 分析固定资产减值准备

在进行固定资产减值准备分析时，应注意企业是否计提固定资产减值准备，计提是否准确。在实际工作中，往往存在这种现象：企业的固定资产实质上已经发生了减值，如固定资产由于技术进步已不可使用，但企业却不提或者少提固定资产减值准备。这样就不但虚夸了固定资产，而且虚增了利润，结果造成企业会计信息失真，潜亏严重。

小知识

控制速动资产

1. 控制货币资金

（1）控制货币资金规模。企业货币资金发生增减变动，可能基于以下原因，企业应当根据这些因素的变化情况而相应调整货币资金规模。

1）销售规模的变动。企业销售规模发生变动，货币资金规模也会随之发生变动，二者之间具有一定的相关性。

2）信用政策的变动。如果企业采用严格的信用政策，提高现销比例，可能会导致货币资金规模提高。

3）为大笔现金支出做准备。如准备派发现金股利，偿还将要到期的巨额银行借款，或集中购货等，这都会增加企业货币资金规模。但是这种需要是暂时的，货币资金规模会随着企业现金的支付而降低。

（2）控制货币资金结构。现金流所占比重过高，反映企业资金使用效率低，会降低企业的赢利能力；比重过低，则意味着企业缺乏必要的资金，可能会影响企业的正常经营。分析企业货币资金规模的合理性，要结合企业下列因素共同分析。

1）资产规模与业务量。一般说来，企业资产规模越大，业务量越大，处于货币形态的资产就越多。

2）筹资能力。如果企业有良好信誉，筹资渠道通畅，就没必要持有大量的货币资金，因为货币资金的赢利性通常较低。

3）运用货币资金的能力。如果职业经理人利用货币资金能力较强，则货币资金比重可维持较低水平。

4）行业特点。处于不同行业的企业，货币资金合理规模存在差异，有的甚至差别很大。

（3）了解企业是否存在歪曲现金余额的现象。一些企业在实际工作中为修饰其资产负债表，常在会计期末时，将会计期间终了后所收到的收入，列入本期的现金内，借以修饰现金余额，提高流动比率和速动比率。

2. 控制短期投资

（1）了解短期投资增减变动情况及其原因，注意是否存在将长期投资任意结转为短期投资的现象。在实际工作中，一些企业为了提高流动比率而将长期投资随意结转为短期投资。如果发生这种现象，我们应予以调整。

（2）注意企业在会计期末时，是否按照会计期末的市价与短期投资账面价值就低的原则计提短期投资跌价准备。在实际工作中，一些企业持有的有价证券价格在会计期末大幅度下跌，却没有计提跌价准备，或者虽然计提了跌价准备，但是并没有按照会计期末的市场价格提取，其结果都会高估短期投资账面价值，虚增当期利润。遇到这种情形，我们应予以调整。

3. 控制应收账款

（1）关注企业的应收账款的增减变动情况。如果一个企业的应收账款增长率超过销售收入、流动资产、速动资产等项目的增长率，则可以初步判断其应收账款可能存在不合理的增长。此时，我们应深入分析应收账款增加的具体原因是否正常。应收账款增加可以归纳为以下几种原因。

1）信用政策发生了变化，企业希望通过放松信用政策来增加销售收入。

2）销售量增长导致应收账款增加。

3）收账政策不当或者收账工作执行不力。

4）应收账款质量不高，存在长期挂账但难于收回的账款，或者客户发生财务困难，暂时难于偿还所欠货款。

5）会计政策变更。如果一个企业在有关应收账款方面的会计政策发生变更，应收账款也会发生相应变化。

（2）对企业利用应收账款调节利润的活动进行分析。

1）注意企业会计期末突发性产生的与应收账款相对应的营业收入。如果一家企业全年的营业收入，1～11月份都较为平均，而唯独12月份营业收入猛增，且大部分是通过应收账款产生的，我们对此就应该深入分析。如果企业确实有利润操纵行为，应将通过应收账款产生的营业收入剔除，同时调整应收账款账面余额。

2）特别关注关联企业之间的业务往来，观察是否存在通过关联企业的交易操纵利润的现象。

当然，速动资产还有其他一些项目，例如其他应收款等，我们要对速动资产进行全面分析，并在此基础上加强对速动资产的控制。

小知识

控制存货投资

1. 控制存货规模

对存货规模的控制主要是观察各类存货的变动趋势，分析各类存货的增减变动原因。

企业各类存货规模及其变动是否合适，应结合企业具体情况进行分析评价。一般说来，随着企业生产规模的扩大，原材料存货和在产品存货相应增加是正常的。如果在产品存货大幅度上升，那么应对存货资产的变动评价持谨慎态度。在产品大幅度变动，一方面说明企业的存货资产利用效率存在问题，另一方面预示着该企业在产品成本计算前后期可能存在较大的不一致性，或者在产品盘存制度可能存在问题。因此，应进一步了解和分析在产品增加的真正原因。产成品存货不是为了保证生产经营活动正常进行的必须存货，所以应尽可能压缩到最低水平。

2. 控制存货结构

各类存货在企业再生产过程中的作用是不同的。其中原材料存货是维持再生产活动的必要物质基础，但属于生产的潜在因素，所以应把它限制在能够保证再生产正常进行的最低水平上。产成品存货是存在于流通领域的存货，它不是保证再生产过程持续进行的必要条件，因此必须压缩到最低限度。而在产品存货是保证生产过程持续进行的存货，企业的生产规模和生产周期决定了在产品存货的存量，在企业正常经营条件下，在产品存货应保持一个稳定的比例。

一个企业在正常情况下，其存货结构应保持相对稳定性。我们分析时，应特别注意对变动较大的项目进行重点分析，任何存货比重的剧烈变动，都表明企业生产经营过程中有异常情况发生，因此，应深入分析其原因，以便最终能够判断存货结构及其变动的合理性。

3. 进行存货计价

（1）分析企业对存货计价方法的选择或变更是否合理。常见的存货计价方法有先进先出法、后进先出法和加权平均法。因为价格的变动，不同的计价方法会导致不同的后果。

由于选择不同的存货计价方法会产生重大的差异，致使一些企业在实际工作中往往利用不同的存货计价方法，以实现其操纵利润的目的。对此，我们应深入分析。

（2）分析存货的盘存制度对确认存货的数量和价值的影响。存货可以采用永续盘存制和定期盘存制。由于两种制度的使用条件不同，企业应针对自身的特点予以选择。当企业采用定期盘存法进行存货数量核算时，资产负债表上存货项目反映的是存货的实有数量。如果采用永续盘存法，除非在编制资产负债表时对存货进行盘存，否则，资产负债表上存货项目所反映的只是存货的账面数量。这两种不同的存货数量确认方法会造成资产负债表上存货项目的差异，这种差异不是存货数量本身变动引起的，而是存货数量的会计确认方法不同造成的。

（3）注意企业会计期末是否按照账面成本与可变现净值孰低法的原则提取存货跌价准备，并分析其存货跌价准备计提是否正确。在实际工作中，一些企业不按规定提取存货跌价准备或者提取不正确，致使存货的账面价值高估，当期利润虚增。

存货是企业生产经营必须具备的条件，我们要加强对存货的管理与控制。

第十一章

投资审计管理

投资是指企业为通过分配来增加财富，或为谋求其他利益而将资产让渡给其他单位所获得的另一项资产。

投资项目审计作为企业内部审计工作的一个重要组成部分，为企业投资项目管理发挥着不可替代的作用。它的发展经历了基建项目预结算审计、项目管理审计、项目全过程审计几个阶段。投资项目审计依托于企业的投资项目管理制度体系，该制度体系的健全性、有效性是企业对投资项目管理的基础。投资项目审计有利于发挥内审机构客观性、独立性的特点，通过咨询、服务、评价、监督、再评价的审计过程，使企业达到控制投资、提高投资效果、完善管理程序、有效规避投资风险的目的。

第一节　投资项目内审综述

一、企业投资的审计目标

企业投资的审计目标可以概括为以下几方面。

（1）确定投资是否存在。

（2）确定投资是否归被审计单位所有。

（3）确定投资的增减变动及其收益（或损失）的记录是否完整。

（4）确定投资的计价方法（成本法或权益法）是否正确。

（5）确定投资的年末余额是否正确。

（6）确定投资在财务报表上的披露是否恰当。

二、投资项目的审计特点

1.审计方式方法多样化

投资项目审计工作范围广泛、内容复杂，经常涉及国家和地方政府的法律法规、企业内部的规章制度和管理流程等方面；涉及各种类别的建设项目及其相关要素；涉及项目管理控制及实施领域，如规划、发展、设计、监理、财务、采购、生产及施工单位等诸多部门。同时由于各项目种类不同，管理控制程度不同，领导重视程度不同，管理人员责任感、事业心的差别，所以投资项目审计的内容、方法多种多样，如采取聘请外部咨询单位专家组成审计组的方式。

2.全过程跟踪审计

由于投资项目本身具有不可重复的特殊性，决定投资项目审计必须注重投资项目的事前、事中管理环节的有效性，特别是事前控制。历史经验告诉我们，投资项目前期工作的质量，直接影响项目成败与效果。

3.过程具有阶段性特点

由于投资项目一般具有前期可行性研究与设计、中期实施、后期验收以及评价的过程，因此投资项目审计也可分为事前、事中、事后阶段。根据审计介入时间段的不同，审计侧重点亦有所不同。

4.立足于管理咨询服务

投资项目的内部审计立足于管理控制和为企业投资增效，在项目实施过程中，它能够真正为项目管理提供咨询与服务，提高企业内部项目管理水平。

5.直接体现增值功效

投资项目审计能为企业审减资金，节约项目成本，维护企业利益。

第二节 投资项目内审操作

一、投资项目审计要点

（一）对项目立项依据、资金来源的审计

此部分审计重点为：项目是否经过有批准权限的部门批准，并且列入开工当年的投资计划，落实了资金来源。对没有批文、资金未落实的项目，属于不合法项目，应予以退回。对不符合企业发展战略、擅自开工的项目，勒令停工并向管理当局报告。具体审计中要关注以下几点。

（1）接到审计任务的首要工作是看项目有无批复文件，包括可行性研究批复、初步设计批复等。项目批准是否严格执行，是否存在拆分项目，以逃避上级审批的现象。

（2）项目的可行性研究论证是否充分，是否经过专家论证，专家意见是否充分体现。

（3）批准项目是否列入开工当年的投资计划，项目所需资金是否到位。自筹项目是否

有自筹能力及资金渠道，项目启动部分资金是否到位，资金是否能够按照项目进度、工程进度及时筹集到位，贷款项目是否签订贷款合同，是否按项目进度分批贷入，首批启动资金是否到位。

（二）对投资项目管理单位内控制度审计

投资项目在实施过程中是否能达到项目预期效果，建立和健全一套内部流程和控制制度至关重要。因此，投资项目管理审计工作应当从测试评价项目管理单位的有关内部控制制度着手，重点审核以下内容。

1. 审查管理流程文件的健全性、合理性及执行情况

审核项目管理部门是否建立了健全的投资项目管理流程及制度文件，这些规定是否具有可操作性及合理性，并通过项目的实施过程检查管理流程中各相关部门的职能执行情况。

2. 审查各单位工作衔接情况

投资项目实施是一项复杂工作，管理程序中应当明确各部门之间的工作关系，让各部门最大限度地发挥各自职能，避免推诿扯皮现象的发生。所以重点审计是否有工作责任重叠、管理薄弱环节、"管理真空"，并通过对项目管理中发现的问题进行剖析与归纳，分析问题性质，预测存在风险，提出整改措施。

3. 审查是否建立了相互制约机制

项目管理的不同部门或同一部门不同人员之间应当建立相互制约机制，在业务授权、执行、会计记录以及投资资产的保管等方面都有明确的分工，根据不相容职务分离的原则，不得由同一个部门或同一个人同时负责上述任何两项工作。

（三）招标投标工作的审计

招标投标工作的审计要以《中华人民共和国招标投标法》为准绳，以投资额在概算或资金计划范围之内为前提，来判断招投标工作的合规、合法性。

（1）审查招标文件的规范性，主要审核招标文件是否违背了相关法律、法规，背离了公平竞争的原则；招标文件是否齐全；是否编制了工程标底，并关注工程标底编制的程序、方法是否合规；标底造价是否控制在批准的概算或修正概算之内。

（2）审查投标文件是否符合招标文件要求，主要审核投标人资质、商务标部分的技术参数等是否满足招标文件要求，保证投标人在满足技术要求的前提下，最低价中标。

（3）审查投标人资质，避免挂靠现象。投标人包括设计部门、施工部门及监理公司等。在招标过程中，要注意投标人身份，明确其是否为投标单位在册职工，或是否有投标单位法人委托书等书面资料，避免私人挂靠有资质单位，给项目实施带来不必要的风险。

（4）审查招标代理机构的资质。对于不符合企业自采标准的项目，企业要委托招标代理机构对投资项目进行招标工作。审计时要关注招标代理机构选择的合理性，机构资质是否满足项目要求，以及招标代理收费是否合理等。

（5）审查招标过程是否遵循"公平、公正、公开"的原则。重点审计招标形式是否合理，整个评标过程是否根据招标文件规定的程序及方法进行，是否按约定的程序进行了专家评议，评委意见是否已经得到充分考虑，是否有经评委签字的评标报告，招标结果是否为合理最低价中标（无特殊情况时），建设单位是否在规定时间内发出中标通知书等。

对于超过一定投资额度的项目，必须采用公开招投标的方式进行；对于有特种工艺或设备的项目进行招标，如果不能满足公开招投标的规定，可以采用邀请投标的形式，但理由必须充分、合理，并将整个邀标过程备案；对于只能采用独家采购的项目，也须将整个过程备案。

（6）审查评标委员会构成是否合理。企业应当根据《中华人民共和国招标投标法》规定，建立自己的专家库，作为企业各类招投标工作的资源，同时应当避免企业高级行政管

理人员过多参与并干涉招投标工作。

（7）审查评标相关记录是否完备。对招标工作的整个过程，应当形成文字资料保存，其中招标文件、答疑文件、各投标单位投标书、评委打分记录、评标报告、中标通知书等都应妥善保管，使招标工作具备可追溯性。

（8）设备采购招标的审计。确定所采购的设备是否为概算内设备，确定设备的名称、型号、数量、单价、产地等是否与概算内容相一致，其外汇额度是否突破；确定设备投资项目工艺流程是否经过充分论证；该工艺在国内外是否已是成熟工艺；确定设备供应商选择是否符合规定；确定设备采购方式是否合理。

（9）审查招标过程中所发生的费用（发售标书费用、投标保证金等）是否得到了恰当的财务处理，是否存在招标管理部门私设"小金库"现象。

（四）投资项目相关合同内审

与投资项目相关的合同种类有：勘察设计合同、施工合同、监理合同、公用动力设备合同、工艺设备采购与安装合同、工位器具采购合同、工程咨询合同、环境评价合同等。

（五）工程造价审计

工程造价审计是投资项目审计工作中开展时间最长的一种形式，作为节约投资的一项有效手段，通过审计中产生审减值，既可以为企业节约资金，又可以从中发现相关管理问题。其审计要点如下。

1. 工程量的审核

构成工程造价的主要内容是工程量和价格。在对工程量审计过程中，首先必须将工程竣工图纸同设计图纸、施工图纸与现场实际相核对，确保没有偏差，这可为以后的工程量计算奠定基础；其次，应当关注工程项目管理程序的执行情况，即关注相关管理部门对于工程量是否审核过，审核的程度如何；最后，视相关部门的审核程度及其工作水平，内部审计机构采取重点抽查的方式，按适当的比例对结算中较重点的工程量进行抽审，以判断工程量的准确性。对隐蔽工程量的审查，以日常跟踪审计为主，辅以其他方法抽查，以不破坏现场、不增加额外审查成本为原则。

2. 材料价格的审核

作为工程造价的一个重要内容，材料价格也是投资项目审计工作的重点之一。材料价格的审计，首先要求管理部门对投资项目中使用的重要或大宗材料公开投标，内部审计师应参与调研及招标过程，在满足设计要求和质量的前提下，尽可能使材料采购价格较低。对于没有采用招投标定价的材料，市场询价是必不可少的审计步骤，可以采用询价方式，如实地市场询价、网络询价、电话询价。

3. 定额套用合理性

使用工程定额进行结算的工程项目，要依据工程图纸及现场工艺情况，来确定应套用定额的种类、应套用的定额子项等。审计定额套用的合理性是关键，注意避免重套、高套或错套定额。

4. 工程是否按照图纸施工

对于图纸内工程内容的审计，无论合同性质如何（一次性包死合同或其他性质合同），在审计过程中都应当在现场核对其实施情况。对于没有按图施工部分，在结算过程中应当予以扣除。

5. 工程变更的审核

对于设计变更，多是由于施工现场出现与施工图不符，引起修改设计的情况。审计过程中，首先审核这些设计变更发生的必要性及相关部门采取了哪些控制手段来减少不必要的变更以控制工程造价；其次关注发生设计变更之后，是否超出概算，如果超出概算，资金是否能够得到解决；最后必须在设计单位、建设单位都签字认同的情况下，方能将必要的设计变更作为最后进入工程结算的依据。

对于发生经济签证的情况，审计时应特别注意这些签证内容是否同原来双方合同约定内容、现场实际情况相违背。另外，对于工程中的隐蔽工程，应当要求现场管理人员做好隐蔽工程记录，以备查证。工程变更审核介入点及流程如图 11-1 所示。

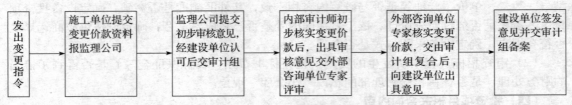

图 11-1　工程变更审核流程

6. 设备购置安装工程的审核

审查设备的采购是否通过招投标程序进行，采购程序是否合理；确定未经招标的设备是否具有充足的理由，并经有关部门批准，其手续是否齐全；审查设备的名称、数量、型号是否与概算相符，审查设备的单价及总投资是否控制在概算允许的范围之内，审查设备是否符合设计工艺及技术标准，确定上述所有方面发生调整是否经过有关管理部门的批准；审查设备采购合同及技术协议中要求的内容是否已经全部实施，是否存在重复计费问题，是否存在延期交货问题等；审核设备的付款是否按合同约定的比例及进度进行，是否存在提前支付，质量保证金是否留足；审核与本设备有关的附属费用是否已计入设备总造价，进口设备从属费用的计费是否合理并已全部统计进入该设备总造价；审核分摊入设备的其他费用是否合理。

7. 公用动力设备、供应材料的审计

首先应当关注设备的采购是否有计划并按审批手续进行；其次应当监督其采购是否经过了招投标，对于特殊原因未能招投标采购的设备，也需要使用比价采购的程序及相关情况说明；最后应当关注仓储、验收工作是否按有关规定、制度完成。

8. 工程量清单计价审计

对于工程量清单计价方式的审计，重点关注清单工程量的变化与清单价格。

在项目招投标阶段，重点审计工程量清单编制是否符合招标文件的要求，工程量计算是否准确完整，有无多算、少算或漏项的子目；其次审计中标单位报价，重点审计各分项工程的单价以及工程措施费用的单价；最后注意工程量较大的项目单价，因为它最终可能对造价产生较大的影响。

9. 对资金使用情况进行审计

重点审计四个方面：一是看建设资金使用是否符合规定，有无侵占、挪用、转移的现象；二是看建设资金是否和生产资金分开核算，有无互相挤占的现象发生；三是看工程进度拨款是否严格执行工程付款内部制约制度，即由工程监理根据工程进度核算施工单位要求付款的金额，交基建主管、计划主管、财务主管和分管领导逐个审查，审计组对工程进度进行复核，共同履行审批手续；四是看有无损失浪费的问题存在。工程进度款审核流程如图 11-2 所示。

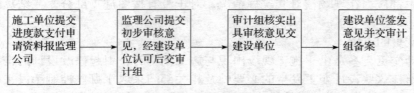

图 11-2　工程进度款审核流程

10. 索赔费用的审核

建设工程索赔通常是指在工程合同履行过程中，合同当事人一方因对方不履行或未能正确履行合同，或者由于其他非自身因素而受到经济损失或权利损害，通过合同规定的程序向对方提出经济或时间补偿要求的行为。

在项目实施过程中，重点审计索赔事项发生的原因、时效性、费用的合理性，同时对易发生工程索赔的主要环节进行风险防范。索赔费用审核流程如图 11-3 所示。

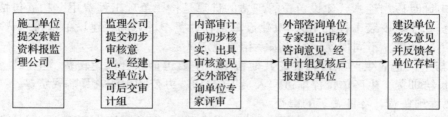

图 11-3　索赔费用审核流程

11. 竣工结算审计

竣工结算是指一个单位工程或单项工程，经业主及工程质量监督部门验收合格，在交付使用前由施工单位根据合同价格和实际发生的增加和减少费用的变化等情况进行编制，并经业主或其委托方签字确认的，以表达该工程最终造价为主要内容，作为结算工程价款依据的经济文件。

在项目竣工结算阶段，重点根据招标文件、施工合同、设计变更和现场签证等工程资料，对各分项工程量和单价进行核对。对于工程量有变化的项目，确定是否在双方合同约定的工程量变化范围之内，如果在变化范围之内，应当对工程量变化值忽略不计，如果超出约定范围，再根据"变更通知单"或施工方案、图纸等工程资料对其予以认定；对于单价有变化项目，应当明确是否在投标报价的范围之内，如果属于投标报价之中或在投标报价中有类似价格的，应当按照投标报价计取，不予调整，如果不属于上述情况，双方协商后解决。竣工结算审核及流程如图 11-4 所示。

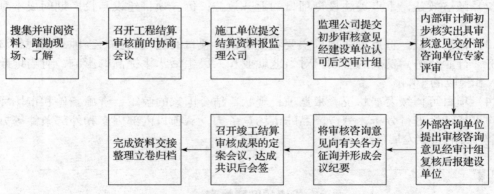

图 11-4　竣工结算审核流程

12. 工程建设其他费用计提的审查

工程建设其他费用，是指从工程筹建起到工程竣工验收支付使用止的整个建设期间，除建筑安装工程费用和设备及工、器具购置费用以外，为保证工程建设顺利完成和交付使用后能够正常发挥效用而发生的各项费用，按内容分为三类。

（1）土地使用费。主要包括土地征用及迁移补偿费和土地使用权出让金等。审计时主要参照《中华人民共和国土地管理法》及《中华人民共和国城镇国有土地使用权出让和转让暂行条例》的有关规定。应当特别注意的是，土地征用及迁移补偿费总和一般不得超过被征土地年产值的 20 倍，土地年产值则按该地被征用前三年的平均产量和国家规定的价格计算。

（2）与工程建设有关的其他费用。主要包括建设单位管理费（包括建设单位开办费、建设单位经费等）、勘察设计费、研究试验费、建设单位临时设施费、工程监理费、工程保险费、供电贴费、施工机构迁移费、引进技术和进口设备其他费用、工程承包费、贷款利息等。审计时应当注意，建设单位管理费的计算是按照单项工程费用之和（包括设备工、器具购置费和建筑安装工程费用），以建设单位管理费率计算的，建设单位管理费率按照建设项目的不同性质、不同规模，参照国家相关规定认定。

（3）与未来企业生产经营有关的其他费用。主要包括联合试运转费、生产准备费（包括生产人员培训费、生产单位提前进厂人员工资等）、办公和生活家具购置费等。

13. 工程预备费、环评费等的审查

工程预备费简称"预备费"，又称"不可预见费"，指总概算中用以弥补在编制初步设计和总概算时难以预料而实际可能发生的费用，分为基本预备费和工程造价调整预备费。

基本预备费是指在初步设计及概算内难以预料的工程费用，包括以下内容。

（1）批准的初步设计和概算范围内，技术设计、施工图设计及施工过程中所增加的工程费用，设计变更、局部地基处理等增加的费用。

（2）一般自然灾害所造成的损失和预防自然灾害所采取的措施费用。

（3）竣工验收时，为鉴定工程质量，对隐蔽工程进行必要的挖掘和修复费用。

工程造价调整预备费是指建设项目在建设期间由于价格等变化引起工程造价变化的预测预留费用，包括：人工费，设备、材料、施工机械价差，建筑安装工程费及工程建设其他费用调整，利率、汇率调整等。

（六）项目后评价工作

项目后评价是指在投资项目全部建成投产之后两年之内，由管理部门组织对项目投资决策、建设实施和生产经营过程的投资效益所进行的评价。其评价要点如下。

（1）项目预期效果同实际结果进行比较，分析偏离原因，进而发现项目管理过程的不足。

（2）经济效益，重点关注投资项目的财务效益评价、项目建设与投产期间成本利润分析等。

（3）社会效益，重点关注项目主要利益群体，项目的建设实施对当地（宏观经济、区域经济、行业经济）发展的影响，对当地就业和人民生活水平提高的影响，对当地政府财政收入和税收的影响。

（4）项目可持续发展状况。根据项目现状，结合国家的政策、资源条件和市场环境对项目的可持续性进行分析，分析产品的市场竞争力，从项目内部因素和外部条件等方面评价整个项目的持续发展能力。

小知识

投资的实质性测试

内部审计人员应在对投资内部控制检查和评价的基础上，进行实质性测试。其一般步骤如下。

1. 获取或编制投资明细表

投资明细表将企业全部投资项目的有关情况完整、系统地予以列示，内部审计人员据此可了解企业投资的全貌。明细表主要内容包括：投资种类及说明、年初余额、本年增加或减少数、年末余额、投资收益等。对于长期股权投资和联营投资，还须列示该投资占接受

投资企业股本（或实收资本）的份额（或比例）以及会计核算方法的选择（是成本法还是权益法）。

投资明细表可以由内部审计人员根据企业的会计资料自行编制，也可以由企业会计部门提供，经内部审计人员审阅后使用。对于投资明细表，内部审计人员应复核加计数是否正确，并与明细账和总账的余额核对相符。

2. 分析性复核

（1）计算短期股票投资、长期股权投资、期货等高风险投资所占的比例，分析短期投资和长期投资的安全性，要求被审计单位估计潜在的短期投资和长期投资损失。

（2）计算投资收益占利润总额的比例，分析被审计单位在多大程度上依赖投资收益，判断被审计单位盈利能力的稳定性；将当期确认的投资收益与从被投资单位实际获得的现金流量进行比较分析；将重大投资项目与以前年度进行比较，分析是否存在异常变动。

3. 实地盘点投资资产并检查账实是否相符

盘核投资资产包括两个步骤。

一是盘点库存证券。盘点时要有企业有关管理人员在场，盘点结果要填制盘点清单。这一步工作可与其他盘点工作一道安排于期末结账日进行。如实地盘核工作是在结账日后进行的，内部审计人员应根据盘点结果和结账与盘点日之间的证券增减变动业务的发生情况计算结账日长期投资余额。

二是将盘点清单与前述明细表中有关账户相核对，并经企业管理人员签章后列入审计工作底稿。

如果企业的投资证券是委托某些专门机构代为保管的，内部审计人员应向这些保管机构发出询证函，以证实投资证券的真实存在。

（1）清点或函证股票数量。内部审计人员首先应监督盘点企业内部管理的所有股票，并对其股数、每股金额、股票序号及取得时的成本进行核对，编制盘点表予以记录；而后，发函询证企业委托专门机构代理管理的股票是否真实，核对专门机构发来的清单中所列股票种类、股票序号、股数、股票面值及取得时的成本等。根据清点和函证的结果，与明细表以及"交易性金融资产——股票投资"和"长期股权投资"账户进行核对，判断其账实是否相符。

（2）清点或函证债券数量。内部审计人员主要通过盘点方式对企业所有债券进行清查，逐项查点债券种类、面值、期限、序号，并编制债券清点表，然后将债券清点表与明细表以及"交易性金融资产——债券投资"和"持有至到期投资"账户进行核对，检查企业债券是否账实相符，检查有无贪污盗窃及挪用情况。

（3）通过向被投资者询证，检查其他投资资产是否存在。审计人员通过向被投资者询证，核对企业明细表或账面反映的其他投资是否与在被投资者账上反映的实际投资数符合，有无弄虚作假、虚增投资数额的现象。对于固定资产、无形资产、流动资产的对外投资，还应结合企业的"固定资产""无形资产"和"流动资产"有关账户一起进行检查。

4. 检查投资的入账价值

内部审计人员应检查投资入账价值是否符合投资合同、协议的规定，会计处理是否正确。重大投资项目，应查阅董事会有关决议，并取证。具体内容如下。

（1）检查交易性金融资产的入账价值。企业取得交易性金融资产时，按交易性金融资产的公允价值，借记本科目（成本），按发生的交易费用，借记"投资收益"科目，按实际支付的金额，贷记"银行存款""存放中央银行款项"等科目。

在持有交易性金融资产期间收到被投资单位宣告发放的现金股利或债券利息，借记"银行存款"科目，贷记本科目（公允价值变动）。

对于收到的属于取得交易性金融资产支付价款中包含的已宣告发放的现金股利或债券利息，借记"银行存款"科目，贷记本科目（成本）。

（2）检查长期股权投资的入账价值。如果是以货币资金购买股票，应按所支付的价款作为长期股权投资入账价值。如果企业实际支付的价款中含有已宣告尚未发放的股利，则应按认购股票实际支付的价款扣除已宣告尚未发放的股利作为长期股权投资的入账价值，对于已宣告尚未发放的股利，在"应收股利"科目核算。因此，对于这类长期股权投资，应将"长期股权投资"账户与有关货币资金及"应收股利"等账户互相核对，来判明其入账的价值是否合规适当。如果企业以非货币性交换换入长期股权投资，按照换出资产的账面价值、应支付的相关税费、支付或收到的补价等计算确定其入账价值。因此，对于这类长期股权投资，内部审计人员应查阅有关评估报告或协议文件、换出资产的账面记录及相关原始资料等来验证长期股权投资入账价值的适当性。

（3）检查持有至到期投资的入账价值。企业取得的持有至到期投资，应按取得该投资的公允价值与交易费用之和，借记本科目（投资成本、溢折价），贷记"银行存款""存放中央银行款项""应交税费"等科目。

购入的分期付息、到期还本的持有至到期投资，已到付息期按面值和票面利率计算确定的应收未收的利息，借记"应收利息"科目，按摊余成本和实际利率计算确定的利息收入的金额，贷记"投资收益"科目，按其差额，借记或贷记本科目（溢折价）。

到期一次还本付息的债券等持有至到期投资，在持有期间内按摊余成本和实际利率计算确定的利息收入的金额，借记本科目（应计利息），贷记"投资收益"科目。

收到持有至到期投资按合同支付的利息时，借记"银行存款""存放中央银行款项"等科目，贷记"应收利息"科目或本科目（应计利息）。

收到取得持有至到期投资支付的价款中包含的已宣告发放债券利息，借记"银行存款"科目，贷记本科目（投资成本）。

持有至到期投资在持有期间按采用实际利率法计算确定的折价摊销额，借记本科目（溢折价），贷记"投资收益"科目；溢价摊销额，做相反的会计分录。

出售持有至到期投资时，应按收到的金额，借记"银行存款""存放中央银行款项"等科目，已计提减值准备的，贷记"持有至到期投资减值准备"科目，按其账面余额，贷记本科目（投资成本、溢折价、应计利息），按其差额，贷记或借记"投资收益"科目。

5. 检查投资收益

对于长期股权投资收益的检查，应着重于以下几方面。

（1）内部审计人员应按照不同种类的股票，分别从公开印发的股利手册或证券企业及付款单位查证各种股票的股利收入。

（2）通过核对企业有关货币资金账户和"投资收益"账户，检查企业所获得的股利收入是否得到适当正确的记录。

（3）采用权益法核算长期投资时，应主要检查企业投资收益增减额的正确性，即是否按其在被投资企业投资比例来分享投资收益。还应当检查企业实际收到接受投资企业分配来的股利和利润时，是否再次重复记入"投资收益"账户。

对其他投资收益的检查与长期股权投资收益相类似，应重点检查投资收益额是否与企业对外投资额相对应，内部审计人员应结合对接受投资企业财务报表所反映的财务状况的了解及对股利发放或利润分配情况的了解，检查其他投资收益情况。

6. 检查长期投资业务是否符合国家的限制性规定

按照《公司法》规定，除国务院规定的投资企业和控股企业外，企业的累计投资额不得超过本企业净资产的50%。因此，对于长期投资业务的检查，内部审计人员首先应在计算企业长期投资额占企业净资产比例的基础上，查明企业长期投资业务是否符合国家在此方面的限制性规定；其次，内部审计人员应查阅企业最高管理层或董事会有关开展长期投资业务的会议记录或决议，以确认企业长期投资业务是否经过批准；再次，将有关证券买卖凭证或有关投资协议、合同、章程等资料与批准的文件和有关货币资金（或固定资产、无形资产等）的收支（或增减）相互核对，并核对各类长期投资总账与明细分类账，根据长期投资账实、账账的相符情况来判断其投出和收回金额计算的正确性。

7. 检查长期投资的核算方法

长期股权投资，通常可以采用成本法或权益法进行核算。内部审计人员应首先检查企业有哪些投资项目适合用权益法核算，并通过询问管理当局或函证接受投资企业等方式，确认企业是否确实对接受投资企业拥有控制、共同控制或重大影响，检查企业是否对这些项目采用了权益法。如果企业未按有关规定选择权益法核算，内部审计人员应该取得该企业不能对接受投资企业拥有控制、共同控制或重大影响的证据。

由于权益法下，企业"长期股权投资"账户反映的投资额要随着接受投资企业净资产的增减变动而变动，内部审计人员应注意重点检查以下两个问题：第一，接受投资企业净资产增减变化数额是否真实、准确；第二，投资企业投资额占被投资企业实收资本或股本的比例及按此比例分享的净资产增减额是否真实、准确。

为了检查上述问题，内部审计人员应尽量取得被投资企业经过审计的年度财务报表，如被投资企业是上市公司，其年度财务报表可以从公开渠道获得；否则，内部审计人员应与担任被投资企业审计工作的内部审计人员或与被投资企业联系，函证获得所需情况或数据。

8. 检查本期发生的重大股权变动

对于当期（尤其是会计年度结束前）发生的重大股权转让，应当审阅股权转让合同、协议、董事会和股东大会决议，分析是否存在不等价交换，判断被审计单位是否通过不等价股权转让调节利润，粉饰财务状况；对于年度内取得股权的，应分析被审计单位根据被投资单位的净损益确认投资收益时，是否以取得股权后发生的净损益为基础，应特别注意股权转让协议是否存在倒签日期的现象，股权转让涉及的款项是否已经支付或收取。

二、投资项目审计中的注意事项

（1）应当注意事前调查，确定审计实施方案。正式开始一个新的投资项目审计工作之前，应当注意搜集同审计事项有关的法律法规、规章、政策、工程定额标准及其他文件资料等，还应利用原有的审计档案资料了解项目过去审计的情况，向相关部门了解对该项目的反映和看法，从而做到有的放矢，为编制科学有效的审计实施方案做准备。

（2）应当注意投资项目审计是否具备完整的终审条件。如果不具备审计条件就开展投资项目审计，那么面临的风险很大。

（3）应当注意两个"一致性"，即投资完成与批准概算内容的一致性和工程结算内容与招标文件、合同条款、现场实际的一致性。

（4）工程签证既是工程结算的重要组成部分，也是工程审计中的重要内容。由于签证的舞弊现象时有发生，使签证存在较大的审计风险，其风险主要源于基建单位内控制度的不健全，现场负责签证的甲方代表对于基建知识的匮乏、缺乏敬业精神和责任感，以及施工单位的高估冒算等。

进行工程签证审计时，应当注意把握签证的真实性，有效防范审计风险。在对基建单位内控制度认真调查和风险评估的基础上着重关注以下内容。

1）签证内容是否符合工程立项批复、招投标文件和合同内容的要求。

2）签证要和现场踏勘相结合。

3）签证要和设计图、施工图、竣工图相结合。

4）签证内容要和建设单位现场代表、工程监理的调查了解相结合。

5）签证中使用的原材料、建设单位所供材料数量规格、特殊材料的认质认价，审计时要充分了解，心中有数。

（5）一项投资项目审计工作的顺利完成，应当注意发挥审计团队的力量。审计组成员都有各自专业优势，在审计过程中应注意互相配合、有效沟通、形成互补，特别是在工程结算过程中，各专业人员如果互不沟通，很容易产生重复计取结算内容的现象。

（6）应当注意审计过程中收集资料及做出相关结论的真实性问题，应要求被审计单位对其提供的资料的真实性做出书面承诺。审计过程中，涉及审计发现问题、审计报告相关事项的取证资料，都应要求被审计单位人员签字。投资项目的审计结果、投资完成确认值，应由内部审计机构、建设单位、施工单位三方签字认定。

第十二章

投资评估管理

第一节　投资评估综述

本节主要介绍投资评估中主要涉及的长期投资的评估。

从资产评估的角度来看，长期投资是指企业持有的时间超过一年，以获得投资权益和收入为目的，向那些并非直接为本企业使用的项目投入资产的行为。

一、长期投资评估的特点

长期投资评估的特点取决于长期投资的特点。

1. 长期投资评估是对资本的评估

从出资的形式来看，用于长期投资的资产可以是货币资金、实物资产，也可以是无形资产。但是，不论出资的形式如何，投资者都是把它们作为资本投入到另一个企业或特殊项目上。而且从长期投资所发挥的作用来看，都具有资本的功能。因而，长期投资的评估实际上是对资本的评估，这是长期投资的一个显著特点。

2. 长期投资评估是对被投资企业的偿债能力和获利能力的评估

长期投资的根本目的是，为了获得投资收益，它的价值主要体现在它的获利能力的大小上。同时，获利能力的大小，一是取决于其数量；二是取决于其风险。对风险的衡量，偿债能力是一项重要指标。因此，长期投资的评估，实际上对长期投资的对方企业的评估，也就是对其获利能力和偿债能力的评估。

小知识

长期投资的特点

作为投资者，从总的方面来看，长期投资的根本目的是为了获取投资收益及资本增值。但是，在不同的条件下，长期投资的目的会以不同的表现形式或以阶段性的目的表现出来。如通过大量购买另一企业的股票的长期投资，其直接目的是为了控制另一家企业。又如，通过长期投资，与另一家企业或单位建立起持久的供货和销货的合作关系。

二、长期投资评估的程序

（1）明确长期投资项目的有关详细内容，如投资种类、原始投资额、评估基准日余额、投资占被投资企业实收资本的比例和所有者权益的比例，相关会计核算方法等。

（2）判断长期投资投出和收回金额计算的正确性和合理性，判断被投资企业资产负债表的准确性。

（3）根据长期投资的特点选择合适的评估方法。可上市交易的债券和股票一般采用市场法进行评估，按评估基准日的收盘价确定评估值；非上市交易及不能采用市场法评估的债券和股票一般采用收益法，根据综合因素确定适宜的折现率，确定评估值。

（4）评定测算长期投资，得出评估结论。

第二节　投资评估细述

一、股权投资的评估

（一）股权投资的形式

企业以直接投资形式进行股权投资，主要是由于组建联营企业、合资经营企业或合作经营企业等而进行的投资。

通过协议或合同，规定了投资方和被投资方的权利、责任和义务，以及投资收益的分配形式，比较常见的有：①按投资方投资额占被投资企业实收资本的比例，参与被投资企业净收益的分配；②按被投资企业的销售收入或利润的一定比例提成；③按投资方出资额的一定比例支付资金使用报酬等。

而投资本金的处置办法，取决于投资是否是有期限的，无期限的不存在投资本金的处置办法。若协议规定投资是有期限的，则在协议期满后，其处置方法一般有：①按投资时的作价金额以现金退还；②返还实投资产；③按协议期满时，实投资产的变现价格或续用价格作价，以现金返还等。

（二）股权投资的评估方法

对于股权投资，无论采取什么样的收益分配形式，其评估方法一般都应选用收益法。

对于合同、协议明确约定了投资报酬的，可将按规定应获得的收益折为现值，计作评估值。对到期收回实物资产，按约定或预测出的收益折为现值，再加上到期收回资产的价值，计算评估值。对于不是直接获取资金收入，而是取得某种权利或其他间接经济利益的，可尝试测算相应的经济收益，折现计算评估值，或根据剩余的权利或利益所对应的重置价值确定评估值。明显没有经济利益，也不能形成任何经济权利的，按零值计算。

【例 12-1】 智董食品机械厂以其机器设备向 A 食品厂投资，协议生产经营期限为 10 年，双方按各自投资比重分配 A 食品厂的利润。机械厂投资 50 万元，占 A 食品厂资本总额的 25%。双方约定投资期届满时，A 食品厂按某机械厂投入机器设备折余价值返还某机械厂，确定年折旧率为 5%。评估时，双方联营期已届 5 年，经调查分析，评估人员预测今后 5 年 A 食品厂经营规模和财务状况相对比较稳定，每年预计分得红利 10 万元。经测定折现率 10%，其评估结果如下：

$$P = \sum_{i=1}^{n} \frac{R_i}{(1+r)^i} + \frac{R_0}{(1+r)^n}$$

$$= 100000 \times \frac{(1+10\%)^5 - 1}{10\%(1+10\%)} + 2500 \times \frac{1}{(1+10\%)^5}$$

$$= 379079 + 155230$$

$$= 534309 (元)$$

【例 12-2】 智董纺织厂以专利权向乙纺织厂投资，联合经营期双方约定为 10 年，智董纺织厂每年按乙纺织厂使用其专利技术生产产品销售收入的 3% 收取投资收益。在协议期满智董纺织厂允许放弃该专利技术，评估时双方业已经营 5 年，今后 5 年仍可保持前期水平，折现率确定为 11%。该项专利直接投资的价值为

$$P = \sum_{i=1}^{n} \frac{R_i}{(1+r)^i} = 1500000 \times 3\% \times \frac{(1+11\%)^5 - 1}{11\% \times (1+11\%)^5} = 166316 (元)$$

以上是股权投资中直接投资评估的基本思路。直接投资出于投资比重不同，可以分为全资投资、控股投资和非控股投资。评估人员在进行评估时，应查阅协议章程等文书，根据规定评定其评估值。

对全资企业和控股企业的直接投资，应对被投资企业进行整体评估，评估人员现场实地核查其资产和负债情况，并采用整体企业评估方式评估确定其净资产额，全资企业的净资产额，即为对该企业直接投资的评估值。多种股企业，应按企业股权比例计算应分得的净资产额，即为对该企业投资的评估值。如果被投资企业经过评估，净资产额为零，或为负值时，对该企业的直接投资的评估值为零值。

对非控股的直接投资，一般应采用收益法进行评估，即根据历史上的投资收益和被投资企业的未来经营情况及风险，预测长期投资的未来收益，用适当的折现率折算为现值，得出评估值。再根据直接投资所占的份额，计算确定评估值。

对投资份额很小，或直接投资发生时间不长，被投资企业资产账实基本相符的，则可根据核实后的被评估企业经过注册会计师审计的资产负债表上的净资产数额，再根据投资方应占的份额确定评估值。

二、有价证券投资的评估

（一）证券估值方法

观察角度、估值技术甚至价值哲学的巨大差异，导致证券估值相关领域的理论和方法层出不穷。

1. 绝对估值

绝对估值是指通过对证券基本财务要素的计算和处理得出该证券的绝对金额。各种基

于现金流贴现的方法均属此类（见表 12-1）。

表 12-1　贴现现金流估值法基本框架

模型	现金流	贴现率
红利贴现模型	预期红利	必要回报率
企业自由现金流贴现模型	企业自由现金流	加权平均资本成本
股东现金流贴现模型	股东自由现金流	必要回报率
经济利润估值模型	经济利润	加权平均资本成本

2. 相对估值

相对估值的哲学基础在于，不能孤立地给某个证券进行估值，而是参考可比证券的价格，相对地确定待估证券价值。通常需要运用证券的市场价格与某个财务指标之间存在的比例关系对证券进行估值。如常见的市盈率、市净率、市售率、市值回报增长比等均属相对估值方法（见表 12-2）。

表 12-2　相对估值常用指标比较

指标	指标简称	适用	不适用
市盈率	P/E	周期性较弱企业、一般制造业、服务业	亏损公司、周期性公司
市净率	P/B	周期性公司、重组型公司	重置成本变动较大的公司、固定资产较少的服务行业
市销率	P/S	销售收入和利润率较稳定的公司	销售不稳定的公司
经济增加值与利息折旧摊销前收入比	EV/EBIDA	资本密集、准垄断或具有巨额商誉的收购型公司	固定资产更新变化较快的公司
市值回报增长比	PEC	IT 等成长性行业	成熟行业

3. 资产价值

根据企业资产负债表的编制原理，企业的资产价值、负债价值与权益价值三者之间存在下列关系：

$$权益价值 = 资产价值 - 负债价值$$

因此，如果可以评估出三个因素中的两个，则剩下的一个也就可以计算出来了。常用方法包括重置成本法和清算价值法，分别适用于可以持续经营的企业和停止经营的企业。

4. 其他估值方法

在金融工程领域中，常见的估值方法还包括无套利定价和风险中性定价，它们在衍生产品估值中得到广泛应用。

（1）无套利定价。无套利定价的理论基础是经济学的一价定律，指相同的商品在同一时刻只能以相同的价格出售，否则市场参与者就会低买高卖，最终导致价格趋同。根据这一原理，合理的金融资产价格应该消除套利机会。

（2）风险中性定价。在现实世界中，投资者会有不同的风险偏好，从而导致金融资产估值必须选择不同的贴现率。风险中性定价假设投资者不存在不同的风险偏好，对风险均持中性态度，从而简化了分析过程，可以采用无风险利率作为贴现率。

（二）股票投资的评估

1. 股票投资的特点

股票是股份公司发给出资人的股份所有权的书面凭证，股票表明了公司与股东的约定关系，实质上是一种特殊的信用工具。

股票的种类很多，按不同标准可以有以下分类：①按票面是否记名，分为记名股票和无记名股票；②按有无票面金额，分为面值股票和无面值股票；③按股利分配和剩余财产分配顺序，分为普通股、优先股和后配股；④按股票是否上市，分为上市股票和非上市股票；⑤按投资主体不同，可分为国家股、法人股、个人股和外资股。

股票不仅种类多，而且有多种价格。

（1）票面价格是指股份公司在发行股票时所标明的每股股票的票面金额。

（2）发行价格是指股份公司在发行股票时的出售价格，主要有：面额发行、溢价发行和折价发行。一般同一种股票只能有一种发行价格。

（3）账面价格，又称股票的净值，是指股东持有的每一股票在公司财务账单上所表现出来的净值，是证券分析家和财会人员运用的一个概念。

（4）清算价格是指企业清算时，每股股票所代表的真实价格，是公司清算时公司净资产与公司股票总数之比值。股票的清算价格取决于股票的账面价格、资产出售损益、清算费用高低等项因素。

（5）内在价格是一种理论依据，是根据证券分析人员对未来收益的预测而折算出来的股票现实价格。股票内在价格的高低，主要取决于公司的发展前景、财务状况、管理水平以及获利风险等因素。

（6）市场价格是指证券市场上买卖股票的价格。在证券市场发育完善的条件下，股票市场价格是市场对公司股票的一种客观评价。

对股票进行评估，与上述前三种股票价格关系不大，只与股票的清算价格、内在价格和市场价格有关。

由于股票有上市和非上市之分，股票评估也可按上述两类进行。

2. 上市股票的评估

上市股票是指企业公开发行的，可以在股票市场上自由交易的股票。在交易正常条件下，股票的市场价格基本上可以作为评估股票的依据。其计算公式为

上市股票评估值 = 股票股数 × 评估基准日该股票市场收盘价

【例 12-3】 智董公司持有 A 企业上市股票 10000 股，评估基准日该股票的收盘价为每股 6.5 元。

股票评估值 = 10000 × 6.5 = 65000（元）

3. 非上市股票的评估

（1）优先股的评估。按照惯例，优先股在发行时就已规定了股息率。对优先股评估，主要是判断股票发行企业是否有足够的税后利润用于优先股的股息分配。如果发行企业经营情况较好，具有较强的支付能力，表明优先股基本上具备了"准企业债券"的性质。评估人员可以根据事先确定的股息率计算优先股的年收益额，然后进行折现或资本化处理。其公式为

$$P = \sum_{i=1}^{\infty} \frac{R_i}{(1+r)^i} = \frac{A}{r}$$

式中，P 为优先股的评估值；R_i 为第 i 年的优先股收益；r 为折现率；A 为优先股的等额股息收益。

【例 12-4】 某被评估企业持有另一家股份公司优先股 500 股，每股面值 10 元，年股息率为 10%，评估时，国库券利率为 7%，评估人员经过调查分析，确定风险报酬率为 2%，该优先股的折现率（资本化率）为 9%。根据上述资料，评估结果如下：

$$P = \frac{A}{r} = \frac{500 \times 10 \times 10\%}{9\%} = 5555（元）$$

如果非上市优先股有上市的可能，持有人又有转售意向，此类优先股可按照下列公式

评估:

$$P = \sum_{i=1}^{n} \frac{A_i}{(1+r)^i} + \frac{R_{n+1}}{(1+r)^n}$$

式中,P 为评估值;A_i 为持有其第 i 年的定额股息;R_{n+1} 为转让市价。

【例 12-5】被评估企业拥有另一家百货公司发行的 15 万股非上市股票,每股面值 1 元,该股票发行时,宣布 5 年后公开上市。被评估企业持有该股票已有 2 年,每年每股股票的股利收益率为 15% 左右。被评估企业拟在股票公开上市时出售。评估人员在对该百货公司的经营情况调查分析后,认为在今后 3 ~ 5 年期间,每股股息率保持在 15% 是有充分把握的。3 年后股票上市的市盈率达到 10 倍是客观的,经测定折现率为 9%。其评估过程如下:

$$P = \sum_{i=1}^{3} \frac{A_i}{(1+r)^i} + \frac{R_{n+1}}{(1+r)^3}$$

$$= 150000 \times 15\% \times \frac{1 - \frac{1}{(1+9\%)^3}}{9\%} + 10 \times 15\% \times 150000 \times \frac{1}{(1+9\%)^3}$$

$$= 230695 (元)$$

(2)普通股的评估。普通股的股息和红利的分配顺序是在优先股收益分配之后进行的,收益额不固定,实际上是企业剩余权益的分配。这样,对普通股收益的预测,相当于对股票发行企业剩余权益的预测。为了便于普通股的评估,把普通股分为三种类型:固定红利模型、红利增长模型和分段式模型。

1)固定红利模型是针对经营比较稳定、红利分配相当稳定的普通股的评估设计的。它根据企业经营及红利分配的政策比较稳定的趋势和特点,运用假设的方式,认定今后企业红利分配策略建立在一个相对固定的水平上。根据这些前提条件,运用固定红利模型评估普通股的价值。用公式表示为

$$P = \frac{D_i}{r}$$

式中,P 为股票评估值;D_i 为下一年的红利额;r 为折现率或资本化率。

【例 12-6】某被评估企业持有甲机械厂发行的非上市法人股 20 万股,每股面值 1 元。某被评估企业持股期间,每年股票收益率保持在 12% 左右水平。评估人员经过调查分析,判断甲机械厂生产经营比较稳定,在可预见的年份中,保持 10% 的红利分配水平是可行的。同时,又考虑到该股票为非上市流通股票,加之机械行业技术进步较快、竞争激烈等情况,在选用国库券利率 7% 的基础上确定无险报酬率为 2%,折现率为 9%。依上述资料,评估过程和结果如下。

①股票价格:

$$P_0 = \frac{D_i}{r} = \frac{0.10 \times 1}{7\% + 2\%} = 1.11111 (元)$$

②被评估企业持有的股票价值:

$$P = 1.11111 \times 200000$$
$$= 222222 (元)$$

2)红利增长模型适合于成长型企业股票评估。成长型企业具有发展前景好、潜力大、追加投资能带来较高收益的特点。该模型是假设股票发行企业,在红利分配政策上不是把企业的全部剩余收益以股息红利的形式分光吃净,而是保留一部分收益用于追加投资,扩大再生产的经营规模,增加企业的获利能力,最终使得股东的潜在获利能力增大,红利呈增长趋势。根据成长型企业股票红利分配的特点,可按红利增长模型评估股票价值。其计算公式为

$$P = \frac{D_i}{r - g}$$

式中，P 为股票的评估值；D_i 为下一年股票的股利额；r 为折现率；g 为增长比率。

股利增长比率 g 的测定方法有两种。第一种是历史数据分析法，是在企业历年红利分配数据的分析基础上，利用统计方法计算出股票红利历年的平均增长速度，作为增长率 g 的基本依据。第二种是发展趋势分析法，主要是根据股票发行企业股利分配政策，以企业剩余收益中用于再投资的比率与企业股本利润率的乘积，确定股利增长率 g。

【例 12-7】 某被评估企业拥有另一企业发行的面值共 50 万元的非上市普通股股票，从持股期间看，每年股利分派相当于票面价格的 10% 左右。经评估人员调查了解：股票发行企业每年只用 75% 的税后利润用于股利发放，另 25% 用于扩大再生产。经过分析，从总的趋势看，今后几年股本利润率将保持在 15% 左右，测定的风险报酬率为 2%，无风险报酬率以国库券利率 7% 为依据，则该种普通股票价格评估如下：

$$D_i = 500000 \times 10\% = 50000 （元）$$

$$r = 7\% + 2\% = 9\%$$

$$g = 25\% \times 15\% = 3.75\%$$

$$P = \frac{50000}{9\% - 3.75\%} = 952381（元）$$

3）分段式模型是针对前两种模型过于极端化，对于具有很大风险的股票市场来说，很难被人们所接受。分段式模型正是避免上述永久折现法的各种缺点而产生的。

该模型的基本思路是，先按照评估目的把股票收益期分为两段，一段是连续不断取得股利的持股期；另一段是第一段期末以后的收益期。如果持股人是中长期单纯股票投资者，持股人转卖股票的预期年限就是前后两段当然的期界，对前段逐年预期股利折现，对后段按股票预期市价折现，汇总两段现值，即是股票评估值。

（三）债券投资的评估

1. 债券及其特点

债券是政府、企业和银行等债务人为了筹集资金，按照法定程序发行并向债权人承诺于指定日期还本付息的有价证券。

按债券发行主体来划分，可以归纳为以下三种。

（1）政府债券是政府为筹集资金向出资者出具并承诺在一定时期支付利息和偿还本金的债务凭证。一般包括国家债券即中央政府债券、地方政府债券和政府担保债券。

（2）公司债券是企业所发行的，在一定时期支付利息和偿还本金的债务凭证。公司债券是企业筹集长期资金的重要方式，期限较长，大多为 10 ～ 30 年。公司债券的风险相对较大，因此其利率也高于一般政府债券和金融债券。

由于公司债券的风险较高，为了保证投资者的资金安全，很多国家的法律都对公司债券的发行进行一定的限制，一般体现在以下几个方面。

1）对拟发行债券的公司进行信用评级。评定债券等级的主要依据，是发行公司的历史、业务范围、财务状况和经营管理水平。等级越高，资信水平越高，债券风险越小。

2）要求发行公司提供抵押品担保。

3）对公司债券发行额进行限制。如果发行有担保的公司债券，债券总额不得超过公司净资产额；如果发行无担保公司债券，一般不能超过公司净资产的 1/2。

（3）金融债券是指银行及其他金融机构所发行的债券。金融债券期限一般为 3 ～ 5 年，其利率略高于同期定期存款。金融债券由于发行者是金融机构，资信较高，多为信用债券。

债券具有如下特点：

- 收益稳定性。债券通常都规定票面利率，它并不随市场利率的变动而变动。在一般情况下，债券发行主体为了吸引投资者，通常要把债券利率定得高于同期银行定期储蓄存款利率，所以债券的收益是比较稳定的。
- 投资风险小。在正常情况下，无论是政府、企业或银行发行债券都必须按国家有关规定严格执行。政府发行的债券是以国家财政担保；银行发行债券是以银行的信誉及资产作后盾；发行公司债券的企业通常有较好的发展前景，并由企业资产担保。通常银行发行的金融债券和公司发行的企业债券的期限较短，加之财产担保，投资风险相对较小。

2. 上市债券的评估

当长期投资中的债券作为评估对象时，如果该种债券可以在市场上流通买卖，并且市场上有该种债券的现行市价，那么，对于投资者来说，尽管不准备在近期内将这种债券变现，然而，该种债券的现行市价仍然是该种债券价格最重要的依据。在正常情况下，上市债券的现行市场价格可以作为它的评估值。

可上市交易的债券的现行价格，一般是以评估基准日的收盘价确定评估值；同时，评估人员应在评估报告中说明所用评估方法和结论，并申明该评估结果应随市场价格变动而予以调整。

应当强调指出，不论按什么方法评估，已上市债券的评估值一般不应高于证券交易所公布的同种债券的卖出价。

当证券市场投机严重、债券价格严重扭曲、债券价格与其收益现值严重背离时，对上市债券的评估，可参照非上市债券的评估方法。

3. 非上市债券评估

不能进入市场自由买卖的债券，无法通过市场取得现行市价，主要采用收益法进行评估。根据非上市债券还本付息的方式，把债券分为每年支付利息、到期还本和到期一次性还本付息，平时不支付利息两类，对其采取不同的具体评估方法。

（1）每年（期）支付利息、到期还本的债券评估。每年（期）支付利息、到期还本的债券评估，采用有限期的收益法。其公式为

$$P = \sum_{i=1}^{n} \frac{E_i}{(1+r)^i} + \frac{P_0}{(1+r)^n}$$

式中，P为债券的评估值；P_0为债券的面值；E_i为债券在第 i 年的预期收益（利息）；r为适用的折现率。

由上式可见，长期债券的收益现值评估，实际上是在投资年份里，长期投资带来的收益和投资本金的折现之和。由于债券利率和还本期都是事先约定好的，计算预期收益并不困难。而债券评估的折现率也是由两部分内容构成的，即无风险报酬率和风险报酬率。前者可采用政府发放短期债券的利率、国库券利率或银行贷款利率等；对后者应考虑如下一些因素：发行债券的企业财务状况、债券到期年限、行业风险等。

就我国企业债券发行情况看，企业发行债券需经国家批准，而国家对发行债券的企业有着严格的约束条件，所以，发行债券的企业大多数是交通、电力等基础建设行业，具有信誉好、经济效益高、风险小等优势。只要评估人员认为债券发行主体具有偿债能力和付息能力，债券风险不是很大。

【例 12-8】某被评估企业拥有债券，本金 150000 元，期限为 3 年，年息为 10%，按年付息，到期还本。评估时债券购入已满一年，第一年利息已作投资收益入账。评估时，国库券年利率为 7.5%，考虑到债券为非上市债券，不能随时变现，经测定企业财务状况等因素，按 1.5% 确定为风险报酬率，因此，测定该种债券的折现率为 9%。评估过程如下：

$$评估值 = \frac{15000}{1+9\%} + \frac{15000}{(1+9\%)^2} + \frac{150000}{(1+9\%)^2} = 13761 + 12625 + 126252 = 152638（元）$$

（2）到期一次性还本付息的债券评估。这类债券是指平时不支付利息，到期后连本带利一次性支付的债券。评估时，应将债券到期时一次性支付的本利和折现求得评估值。其计算公式为

$$P = \frac{F}{(1+r)^n}$$

式中，P为债券的评估值；F为债期时本金和利息之和；n为评估基准日到债券还本付息的期限；r为折现率。

关于本利和F的计算，应视债券利率是采用单利率计算或是复利率计算而定。

1）采用单利率计算时，可按下式计算：

$$F = P_0(1 + m \cdot r)$$

式中，P_0为债券面值或计算本金值；m为债券的期限或计息期限；r为债券利息率。

2）采用复利率计算时，可按下列公式计算：

$$F = P(1+r)^m$$

式中，符号含义同上。

【例12-9】被评估企业持有铁路建设债券50000元，发行期为4年，一次性还本付息，年利率10%，不计复利。评估时债券的购入时间已满3年，当时国库券利率为7%。评估人员认为铁路建设债券风险不大，按2%确定风险报酬率，折现率为9%。该债券评估过程如下：

$$F = P_0(1 + m \cdot r) = 50000 \times (1 + 10\% \times 4) = 70000（元）$$
$$P = \frac{70000}{1+9\%} = 64220（元）$$

三、金融衍生工具的投资价值分析

（一）可转换证券的价值分析

一般来讲，可转换证券是指可以在一定时期内，按一定比例或价格转换成一定数量的另一种证券（简称标的证券）的特殊公司证券。因此，可转换证券的价值与标的证券的价值有关。为叙述清楚起见，以下针对可以转换成公司普通股（简称标的股票）的可转换证券或可转换优先股进行价值分析。

发行可转换证券时，发行人一般都明确规定"一张可转换证券能够兑换的标的股票的股数"或"一张可转换证券按面额兑换成标的股票所依据的每股价格"。前者被称为转换比例，后者被称为转换价格。显然，在转换比例和转换价格两者之中，只要规定了其中的一个，另一个也就随之确定了。两者之间的关系可用公式表示为

$$转换比例 = \frac{可转换证券面额}{转换价格}$$

1. 可转换证券的价值

由于可转换证券实际上赋予它的持有者具有按发行时规定的转换比例或转换价格将其转换成普通股的选择权，因此可转换证券的价值有投资价值、转换价值、理论价值及市场价值之分。

（1）可转换证券的投资价值。可转换证券的投资价值是指当它作为不具有转股选择权的一种证券的价值。估计可转换证券的投资价值，首先应估计与它具有同等资信和类似投资特点的不可转换证券的必要收益率，然后利用这个必要收益率折算出它未来现金流量的现值。

【例12-10】以可转换债券为例，假定该债券的面值为1000元，票面利率为8%，剩余期限为5年，同类债券的必要收益率为9%，到期时要么按面值还本付息，要么按规定的转

换比例或转换价格转股，那么该可转换债券当前的投资价值为

$$P = \sum_{t=1}^{5} \frac{80}{(1+0.09)^t} + \frac{1000}{(1+0.09)^5} = 961.11(元)$$

（2）可转换证券的转换价值。可转换证券的转换价值是指实施转换时得到的标的股票的市场价值，等于标的股票每股市场价格与转换比例的乘积，即：

$$转换价值 = 标的股票市场价格 \times 转换比例$$

【例 12-11】 若假定例 12-10 中可转换债券的转换比例为 40，实施转换时标的股票的市场价格为每股 26 元，那么该可转换债券的转换价值（CV）为

$$CV = 26 \times 40 = 1040 （元）$$

（3）可转换证券的理论价值。可转换证券的理论价值，也称"内在价值"，是指将可转换证券转股前的利息收入和转股时的转换价值按适当的必要收益率折算的现值。例如，假定投资者当前准备购买可转换证券，并计划持有该可转换证券到未来某一时期，且在收到最后一期的利息后便立即实施转股，那么可用下述公式计算该投资者准备购买的可转换证券的当前理论价值：

$$P = \sum_{t=1}^{n} \frac{C}{(1+r)^t} + \frac{CV}{(1+r)^n}$$

式中，P 为可转换证券的当前理论价值；t 为时期数；n 为持有可转换证券的时期总数；r 为必要收益率；C 为可转换证券每期支付的利息；CV 为可转换证券在持有期期末的转换价值。

（4）可转换证券的市场价值。可转换证券的市场价值也就是可转换证券的市场价格。可转换证券的市场价值一般保持在可转换证券的投资价值和转换价值之上。如果可转换证券市场价值在投资价值之下，购买该证券并持有到期，就可获得较高的到期收益率；如果可转换证券市场价值在转换价值之下，购买该证券并立即转化为标的股票，再将标的股票出售，就可获得该可转换证券转换价值与市场价值之间的价差收益。因此，无论上述两种情况中的哪一种情况发生，投资者的踊跃购买行为都会使该可转换证券的价格上涨，直到可转换证券的市场价值不低于投资价值和转换价值为止。

2. 可转换证券的转换平价

可转换证券的转换平价是指使可转换证券市场价值（即市场价格）等于该可转换证券转换价值时的标的股票的每股价格，即：

$$转换平价 = \frac{可转化证券的市场价格}{转换比例}$$

比较下述两个公式：

$$可转换证券的市场价格 = 转换比例 \times 转换平价$$
$$可转换证券的转换价值 = 转换比例 \times 标的股票市场价格$$

不难看出，当转换平价大于标的股票的市场价格时，可转换证券的市场价格大于可转换证券的转换价值，即可转换证券持有人转股前所持有的可转换证券的市场价值大于实施转股后所持有的标的股票资产的市价总值，如果不考虑标的股票价格未来变化，此时转股对持有人不利。相反，当转换平价小于标的股票的市场价格时，可转换证券的市场价格小于可转换证券的转换价值，即可转换证券持有人转股前所持有的可转换证券的市场价值小于实施转股后所持有的标的股票资产的市价总值，如果不考虑标的股票价格未来变化，此时转股对持有人有利。

正因为如此，转换平价可被视为已将可转换证券转换为标的股票的投资者的盈亏平衡点。由于可转换证券转股不具有可逆性，即转股后不能将标的股票再转为可转换证券，因此，对于已将可转换证券转换为标的股票的投资者来说，当初购买可转换证券价格的高低

并不重要，重要的是依据购买价格计算出转换平价，并将转换平价与目前标的股票市场价格进行比较，以判断出售目前持有的标的股票可否盈利。

当可转换证券的市场价格大于可转换证券的转换价值时，前者减后者所得的数值被称为可转换证券的转换升水，即有：

转换升水 = 可转换证券的市场价格 − 可转换证券的转换价值

转换升水比率一般可用下述公式计算：

$$转换升水比率 = \frac{转换升水}{可转换证券的转换价值} \times 100\% = \frac{转换平价 - 标的股票的市场价格}{标的股票的市场价格} \times 100\%$$

当可转换证券的市场价格小于可转换证券的转换价值时，后者减前者所得到的数值被称为可转换证券的转换贴水，即有：

转换贴水 = 可转换证券的转换价值 − 可转换证券的市场价格

转换贴水比率一般可用下述公式计算：

$$转换贴水比率 = \frac{转换贴水}{可转换证券的转换价值} \times 100\% = \frac{标的股票的市场价格 - 转换平价}{标的股票的市场价格} \times 100\%$$

【例 12-12】智董公司的可转换债券，面值为 1000 元，转换价格为 25 元，当前市场价格为 1200 元，其标的股票当前的市场价格为 26 元，那么：

该债券转换比例 = 1000 ÷ 25 = 40（股）

该债券当前的转换价值 = 40 × 26 = 1040（元）

该债券当前的转换平价 = 1200 ÷ 40 = 30（元）

由于标的股票当前的市场价格（26 元）小于按当前该债券市场价格（1200 元）计算的转换平价（30 元），所以按当前的 1200 元价格购买该债券并立即转股对投资者不利。

由于该债券 1200 元的市场价格大于其 1040 元的转换价值，因此该债券当前处于转换升水状态：

该债券转换升水 = 1200 − 1040 = 160（元）

该债券转换升水比率 = （160 ÷ 1040）× 100% = （30 − 26）÷ 26 × 100% = 15.38%

（二）金融期货的价值分析

金融期货合约是约定在未来时间以事先协定的价格买卖某种金融工具的双边合约。在合约中对有关交易的标的物、合约规模、交割时间和标价方法等都有标准化的条款规定。金融期货的标的物包括各种金融工具，例如股票、外汇、利率等。

1. 金融期货的理论价格

由于期货合约是联系现在和将来之间的一种合约，因此期货价格反映的是市场对现货价格未来的预期。在一个理性的无摩擦的均衡市场上，期货价格与现货价格具有稳定的关系，即期货价格相当于交易者持有现货金融工具至到期日所必须支付的成本，也称为持有成本。理论上，期货价格有可能高于、等于或低于相应的现货金融工具。现货价格与期货价格之差称为基差，在期货合约到期之前，基差可能为正值，也可能为负值。期货合约临近到期时，期货价格趋同于现货价格，基差消失。

我们用一复利公式表述期货的理论价格。设 t 为现在时刻，T 为期货合约的到期日，S_t 为现货的当前价格，则期货的理论价格 F_t 为

$$F_t = S_t e^{(r-q)(T-t)}$$

式中：r 为无风险利率；q 为连续的红利支付率；（T − t）为从 t 时刻持有到 T 时刻。

2. 影响金融期货价格的主要因素

从公式 $F_t = S_t e^{(r-q)(T-t)}$ 可以看出，影响期货价格的主要因素是持有现货的成本和时间价值。在期货市场上，由于持有现货的成本和时间价值是无法预先确定的，例如影响现货金

融工具价格的各种因素、市场上的供求关系、利率的变化等都会对持有成本和时间价值产生影响，因此，期货合约的理论价格实际上还是一个估计值。在期货市场上，金融期货的市场价格与其理论价格不完全一致，期货市场价格总是围绕着理论价格而波动。期货市场价格的变动与现货价格的变动之间也并不总是一致的，影响期货价格的因素比影响现货价格的因素要多得多，主要有市场利率、预期通货膨胀、财政政策、货币政策、现货金融工具的供求关系、期货合约的有效期、保证金要求、期货合约的流动性等。

（三）金融期权的价值分析

金融期权是指其持有者能在规定的期限内按交易双方商定的价格购买或出售一定数量的某种金融工具的权利。具体地说，其购买者在向出售者支付一定费用后，就获得了能在规定期限内以某一特定价格向出售者买进或卖出一定数量的某种金融工具的权利。

金融期权是一种权利的交易。在期权交易中，期权的买方为获得期权合约所赋予的权利而向期权的卖方支付的费用就是期权的价格。期权价格受多种因素影响，但从理论上说，由两个部分组成，即内在价值和时间价值。

1. 内在价值

金融期权的内在价值也称履约价值，是期权合约本身所具有的价值，也就是期权的买方如果立即执行该期权所能获得的收益。一种期权有无内在价值以及内在价值的大小取决于该期权的协定价格与其标的物市场价格之间的关系。协定价格是指期权的买卖双方在期权成交时约定的、在期权合约被执行时交易双方实际买卖标的物的价格。根据协定价格与标的物市场价格的关系，可将期权分为实值期权、虚值期权和平价期权三种类型。

对看涨期权而言，若市场价格高于协定价格，期权的买方执行期权将有利可图，此时为实值期权；市场价格低于协定价格，期权的买方将放弃执行期权，为虚值期权。对看跌期权而言，市场价格低于协定价格为实值期权；市场价格高于协定价格为虚值期权。若市场价格等于协定价格，则看涨期权和看跌期权均为平价期权。

从理论上说，实值期权的内在价值为正，虚值期权的内在价值为负，平价期权的内在价值为零。但实际上，无论是看涨期权还是看跌期权，也无论期权标的物的市场价格处于什么水平，期权的内在价值都必然大于零或等于零，而不可能为负值。这是因为期权合约赋予买方执行期权与否的选择权，而没有规定相应的义务，当期权的内在价值为负时，买方可以选择放弃期权。

如果以 EV_t 表示期权在 t 时点的内在价值，x 表示期权合约的协定价格，S_t 表示该期权标的物在 t 时点的市场价格，m 表示期权合约的交易单位，则每一看涨期权在 t 时点的内在价值可表示为

$$EV_t = \begin{cases} (S_t - x) \cdot m & S_t \rangle x \\ 0 & S_t \leq x \end{cases}$$

每一看跌期权的内在价值可表示为

$$EV_t = \begin{cases} 0 & S_t \geq x \\ (x - S_t) \cdot m & S_t \langle x \end{cases}$$

2. 时间价值

金融期权时间价值也称外在价值，是指期权的买方购买期权而实际支付的价格超过该期权内在价值的那部分价值。在现实的期权交易中，各种期权通常是以高于内在价值的价格买卖的，即使是平价期权或虚值期权，也会以大于零的价格成交。期权的买方之所以愿意支付额外的费用，是因为希望随着时间的推移和标的物市场价格的变动，该期权的内在价值得以增加，使虚值期权或平价期权变为实值期权，或使实值期权的内在价值进一步提高。

期权的时间价值不易直接计算，一般以期权的实际价格减去内在价值求得。

3. 影响期权价格的主要因素

期权价格由内在价值和时间价值构成，因而凡是影响内在价值和时间价值的因素，就是影响期权价格的因素。

（1）协定价格与市场价格。协定价格与市场价格是影响期权价格最主要的因素。这两种价格的关系不仅决定了期权有无内在价值及内在价值的大小，而且还决定了有无时间价值和时间价值的大小。一般而言，协定价格与市场价格间的差距越大，时间价值越小；反之，则时间价值越大。这是因为时间价值是市场参与者因预期标的物市场价格变动引起其内在价值变动而愿意付出的代价。当一种期权处于极度实值或极度虚值时，市场价格变动的空间已很小。只有在协定价格与市场价格非常接近或为平价期权时，市场价格的变动才有可能增加期权的内在价值，从而使时间价值随之增大。

（2）权利期间。权利期间是指期权剩余的有效时间，即期权成交日至期权到期日的时间。在其他条件不变的情况下，期权期间越长，期权价格越高；反之，期权价格越低。这主要是因为权利期间越长，期权的时间价值越大；随着权利期间缩短，时间价值也逐渐减少；在期权的到期日，权利期间为零，时间价值也为零。通常，权利期间与时间价值存在同方向但非线性的影响。

（3）利率。利率，尤其是短期利率的变动会影响期权的价格。利率变动对期权价格的影响是复杂的。一方面，利率变化会引起期权标的物的市场价格变化，从而引起期权内在价值的变化；另一方面，利率变化会使期权价格的机会成本变化，引起对期权交易的供求关系变化，因而从不同角度对期权价格产生影响。例如，利率提高，期权标的物如股票、债券的市场价格将下降，从而使看涨期权的内在价值下降，看跌期权的内在价值提高；利率提高，又会使期权价格的机会成本提高，有可能使资金从期权市场流向价格已下降的股票、债券等现货市场，减少对期权交易的需求，进而又会使期权价格下降。总之，利率对期权价格的影响是复杂的，应根据具体情况做具体分析。

（4）标的物价格的波动性。通常，标的物价格的波动性越大，期权价格越高；波动性越小，期权价格越低。这是因为标的物价格波动性越大，则在期权到期时，标的物市场价格涨至协定价格之上或跌至协定价格之下的可能性越大，因此期权的时间价值乃至期权价格都将随标的物价格波动的增大而提高，随标的物价格波动的缩小而降低。

（5）标的资产的收益。标的资产的收益将影响标的资产的价格。在协定价格一定时，标的资产的价格又必然影响期权的内在价值，从而影响期权的价格。由于标的资产分红付息等将使标的资产的价格下降，而协定价格并不进行相应调整，因此，在期权有效期内标的资产产生收益将使看涨期权价格下降，使看跌期权价格上升。

（四）权证的价值分析

1. 权证概述

权证是指标的证券发行人或其以外的第三人发行的，约定持有人在规定期间内或特定到期日有权按约定价格向发行人购买或出售标的证券，或以现金结算方式收取结算差价的有价证券。

根据各种标准，可将权证分为不同的类型。

（1）按基础资产分类。根据权证行权的基础资产或标的资产，可将权证分为股权类权证、债券类权证以及其他权证。目前我国证券市场推出的权证均为股权类权证，以下介绍的权证均为股权类权证。

（2）按发行人（基础资产的来源）分类。根据权证行权所买卖的股票来源不同，可分为股本权证和备兑权证。股本权证由上市公司发行，持有人行权时上市公司增发新股，对公司股本具有稀释作用。备兑权证是由标的证券发行人以外的第三方发行，其认兑的股票是已经存在的股票，不会造成总股本的增加。

（3）按持有人权利分类。按持有人权利行使性质不同，权证可分为认购权证和认沽权证。认购权证的持有人有权买入标的证券；认沽权证的持有人有权卖出标的证券。例如，债券和优先股的发行有时附有长期认购权证，赋予投资者以规定的价格（认购价格）从该公司购买一定数量普通股的权利。

（4）按权证行使时间分类。按照权证持有人行权时间不同，权证可分为欧式权证和美式权证。欧式权证的持有人只有在约定的到期日才有权买卖标的证券；而美式权证的持有人在到期日前的任意时刻都有权买卖标的证券。

（5）按结算方式分类。按照权证结算方式不同，权证可分为现金结算权证和实物交割权证。现金结算权证行权时，发行人仅对标的证券的市场价与行权价格的差额部分进行现金结算；实物交割权证行权时则涉及标的证券的实际转移。

（6）按权证的内在价值分类。按权证的内在价值，可以将权证分为平价权证、价内权证和价外权证，其原理与期权相同。

2. 权证的价值分析

权证的理论价值包括两部分：内在价值和时间价值。若以 S 表示标的股票的价格，X 表示权证的执行价格，则认购权证的内在价值为 max $(S-X, 0)$，认沽权证的内在价值为 max $(X-S, 0)$。例如，若宝钢股份的价格为 4.56 元 / 股，则行权价为 4.50 元的宝钢认购权证的内在价值为 0.06 元。权证的时间价值等于理论价值减去内在价值，它随着存续期的缩短而减小。

影响权证理论价值的主要有：标的股票的价格、权证的行权价格、无风险利率、股价的波动率和到期期限。各变量的变动对权证价值的影响方向如表 12-3 所示。

表 12-3 一个变量增加而其他变量保持不变对权证价值的影响

变量	认购权证	认沽权证
股票价格	+	−
行权价格	−	+
到期期限	+	+
波动率	+	+
无风险利率	+	−

权证是一种期权，因此对于权证的定价多采用 Black-Scholes 模型（简称 BS 模型）。BS 模型适用于欧式权证，具体公式如下。

认购权证的理论价值：

$$C = S \cdot N(d_1) - X \cdot e^{-rt} \cdot N(d_2)$$

认沽权证的理论价值：

$$C = X \cdot e^{-rt} \cdot [1 - N(d_2)] - S \cdot [1 - N(d_1)]$$

式中：

$$d_1 = \frac{\ln\left(\dfrac{S}{X}\right) + (r + 0.5\sigma^2) \cdot t}{\sigma\sqrt{t}}$$

$$d_2 = d_1 - \sigma\sqrt{t}$$

S 为计算时标的股票的价格；X 为行权价格；r 为无风险利率；N（d）为累积正态分布概率；σ 为标的股票价格的年波动率；t 为权证的存续期限（以年为单位）。

波动率常用历史波动率来衡量，即使用过去的股价数据计算波动率数值。计算方法为：首先，从市场上获得标的证券在固定时间间隔（如每天、每周或每月等）上的价格；其次，对于每个时间段，求出该时段末的股价与该时段初的股价之比的自然对数，即对数收益率；最后，求出这些对数收益率的标准差，得到的即为历史波动率。许多行情统计软件都会揭示证券的历史波动率。

【例12-13】假设智董公司目前股价为4.60元，其认购权证的行权价为4.50元，存续期为1年，股价年波动率为0.30，无风险利率为6%，那么：

$$d_1 = \frac{\ln\left(\frac{4.60}{4.50}\right) + (0.06 + 0.5 \times 0.30^2) \times 1}{0.30 \times \sqrt{1}} = 0.42$$

$$d_2 = 0.42 - 0.30 \times \sqrt{1} = 0.12$$

查累积正态分布表，得 $N(0.42) = 0.6628$，$N(0.12) = 0.5478$，则

认购权证的理论价值 $= 4.60 \times 0.6628 - 4.50 \times e^{-006 \times 1} \times 0.5478 = 0.72$（元）

【例12-14】假设贵琛公司权证（认沽权证）标的股票的价格为4.30元，权证的行权价为3.73元，标的股票的历史波动率0.25，存续期为0.75年，无风险年利率为5%，那么：

$$d_1 = \frac{\ln\left(\frac{4.30}{3.73}\right) + (0.05 + 0.50 \times 0.25^2) \times 0.75}{0.25 \times \sqrt{0.75}} = 0.94$$

$$d_2 = 0.94 - 0.25 \times \sqrt{0.75} = 0.72$$

查累积正态分布表，得 $N(0.94) = 0.8264$，$N(0.72) = 0.7642$，则

认沽权证的理论价值 $= 3.73 \times e^{-0.05 \times 0.75} \times (1 - 0.7642) - 4.30 \times (1 - 0.8264) = 0.10$（元）

上述例子表明，只要把相关参数代入 BS 模型就能方便地计算权证的理论价值。通过与市场价格相比较，即能判断出权证是低估还是高估。

认购权证的市场价格很少与其理论价值相同。在许多情况下，前者要大于后者。在实际应用中，人们通常还使用认购权证的溢价来考察认购权证的投资价值，其计算如下：

认购权证的溢价 = 认购权证的市场价格 − 内在价值

= 认购权证的市场价格 − 认购股票市场价格 + 认股价格

3. 权证的杠杆作用

以认购权证为例，杠杆作用表现为认购权证的市场价格要比其可认购股票的市场价格上涨或下跌的速度快得多。杠杆作用一般用考察期内认购权证的市场价格变化百分比与同一时期内可认购股票的市场价格变化百分比的比值表示，也可用考察期期初可认购股票的市场价格与考察期期初认购权证的市场价格的比值近似表示。杠杆作用反映了认购权证市场价格上涨（或下跌）幅度是可认购股票市场价格上涨（或下跌）幅度的几倍。

【例12-15】智董公司未清偿的认购权证允许持有者以20元价格认购股票，当公司股票市场价格由25元上升到30元时，认购权证的内在价值便由5元上升到10元，认购权证的市场价格由6元上升到10.5元。可见，股价上涨20%时，认购权证内在价值上涨100%，认购权证的市场价格上涨75%。杠杆作用即为

$$杠杆作用 = \frac{认购权证的市场价格变化百分比}{可认购股票的市场价格变化百分比} = \frac{75\%}{20\%} = 3.75（倍）$$

或者

$$杠杆作用 = \frac{考察期期初可认购股票的市场价格}{考察期期初认购权证市场价格} = \frac{25}{6} \approx 4.17（倍）$$

四、长期待摊费用的评估

（一）长期待摊费用及其确认

1. 长期待摊费用的概念

长期待摊费用是指不能计入当期损益，应当在以后若干会计年度内分期摊销的各项费

用支出，包括开办费、租入固定资产的改良支出、公司新股发行费、产品开发费用等。

2. 作为资产评估对象的长期待摊费用的界定

长期待摊费用属预付费用性质，收益期滞后，其本身没有交换价值，不可转让，一经发生就已消耗，但能为企业创造未来效益，并从未来收益的会计期间抵补各项支出。只有当它赖以依存的企业发生产权变动时，才有可能涉及企业长期待摊费用的评估。

就资产评估的角度，特别是从潜在的投资者的角度，来看待这些在评估基准日以前业已发生的预付性质的费用，它的价值并不取决于它在评估基准日前业已支付了多少数额，而是取决于它在评估基准日之后能够为企业新的产权主体带来多大的利益。所以，只有它能为新的产权主体形成某些新的资产和带来经济利益的权利的时候，才能成为资产评估的对象。

评估人员在进行评估时，首先要了解长期待摊费用评估对象的合法性、合理性、真实性和准确性，认真检查核实，了解费用支出摊销和结余情况，了解形成新资产和权利及尚存情况。长期待摊费用的评估值，要根据评估目的实现后的资产占有者还存在的，且与其他评估对象没有重复的资产和权利的价值确定。例如经过大修、装饰性改良的固定资产，因修理、装修所增加的价值已经在固定资产中得到体现，那么，这部分预付费用应按零值处理。

（二）长期待摊费用的评估方法

长期待摊费用评估的根本标准是在评估基准日后，只有能为新的产权主体产生利益时，才能界定为长期待摊费用的评估对象。为此，对长期待摊费用进行评估，其主要依据有三个。

（1）长期待摊费用未来可产生效益的时间，应作为对其评估的主要依据。如果在评估基准日后，没有尚存的资产和权利时，只是因为数额过大才采用分期摊销的办法，不应计算其评估值。

（2）长期待摊费用在未来单位时间内（每年、月）可产生的效益或可节约的货币支出额，取决于长期待摊费用发生时预付费用的数额、预付费用取得某项服务权利持续的时间和评估基准日后该项服务权利尚剩余的时间。

（3）长期待摊费用在评估基准日后所能产生的效益，是否需要考虑其货币时间价值，主要应根据新的产权主体在未来受益期的长短。一般来说，在一年以内的不予考虑；超过一年的，视其具体内容、数额大小，以及市场行情变化趋势而定。

【例 12-16】 某被评估企业因产权变动，涉及长期待摊费用评估，截止到评估基准日，企业长期待摊费用科目账面借方余额为 136 万元，其中营业室装饰性费用 82 万元；预付房租 36 万元，租期 3 年，租赁期尚余 2 年，已摊销 20 万元，账面余额 16 万元；长期借款利息 38 万元。

评估人员经过调查分析，根据评估基准日能否产生经济效益为标准，对其长期待摊费用进行评估。

（1）营业室装饰性费用，已在固定资产价值评估中体现，本项目评估值为零。

（2）预付房租，租期 3 年，使用权尚剩余 2 年，则：

$$评估值 = \frac{36}{3} \times 2 = 24（万元）$$

（3）借款利息属期间费用，其效益在评估基准日以前业已体现，应按零评估值处理。

评估结论：企业长期待摊费用评估值为 24 万元。

小知识

投资者非货币出资的评估作价

国有及国有控股金融企业以非货币资产出资或者接受其他金融企业的非货币资产出资，应当遵守国家有关资产评估的规定，委托有资格的资产评估机构和执业人员进行。

1. 国有资产评估

根据《国有资产评估管理办法》（国务院令第 91 号）《国有资产评估管理若干问题的规定》（财政部令第 14 号）等行政法规和规章，国有及国有控股金融企业以非货币资产出资或者接受其他金融企业的非货币资产出资，需要委托有资格的资产评估机构进行资产评估，并以评估确认的资产价值作为投资作价的基础。经国务院、省级政府批准实施的重大经济事项涉及的资产评估项目，分别由本级政府国有资产管理部门或者财政部门负责核准，其余资产评估项目一律实施备案制度。这样可以有效避免虚假出资或通过出资转移财产，导致国有资产流失。

2. 其他资产的评估

根据《公司法》的规定，公司对作为出资的非货币财产应当评估作价，核实财产，不得高估或者低估作价。严格来说，这并不是要求所有非货币财产的出资都必须聘请专业评估机构评估，相关当事人或者聘请第三方评估后认可的价格也可成为作价依据。不过，聘请专业中介机构评估相关非货币资产，至少有两方面好处：一是其专业性和独立性较强，能够更好地保证评估作价的真实性和准确性；二是根据《公司法》的规定，承担资产评估的机构因出具的评估结果不实，给公司债权人造成损失的，除能够证明自己没有过错的外，在其评估不实的金额范围内承担赔偿责任。因此，聘请专业资产评估机构评估相关非货币资产，可以有效地保护公司及其债权人的利益。

相关表格

交易性金融资产评估汇总表

评估基准日：　　年　月　日

被评估单位（或者产权持有单位）：　　　　　　　　　　金额单位：人民币元

编号	科目名称	账面价值	评估价值	增减值	增值率（%）
3-2-1	交易性金融资产——股票投资				
3-2-2	交易性金融资产——债券投资				
3-2-3	交易性金融资产——基金投资				
	合　计				

评估人员：

交易性金融资产——股票投资评估明细表

评估基准日： 年 月 日

被评估单位（或者产权持有单位）： 金额单位：人民币元

序号	被投资单位名称	股票名称	投资日期	持股数量	成本	账面价值	基准日收盘价元/股	评估价值	增减值	增值率（%）	备注
										,	
合计											

被评估单位（或者产权持有单位）填表人： 评估人员： 填表日期： 年 月 日

交易性金融资产——债券投资评估明细表

评估基准日： 年 月 日

被评估单位（或者产权持有单位）： 金额单位：人民币元

序号	被投资单位名称	债券名称	发行日期	投资日期	票面利率%	成本	账面价值	评估价值	增减值	增值率（%）	备注
合计											

被评估单位（或者产权持有单位）填表人： 评估人员： 填表日期： 年 月 日

交易性金融资产——基金投资评估明细表

评估基准日： 年 月 日

被评估单位（或者产权持有单位）： 金额单位：人民币元

序号	基金发行单位	基金名称	基金类型	投资日期	成本	账面价值	基准日净值/份	评估价值	增减值	增值率（%）	备注
合计											

被评估单位（或者产权持有单位）填表人： 评估人员： 填表日期： 年 月 日

可供出售金融资产评估汇总表

评估基准日： 年 月 日

被评估单位（或者产权持有单位）： 金额单位：人民币元

编号	科目名称	账面价值	评估价值	增减值	增值率（%）
4-1-1	可供出售金融资产——股票投资				
4-1-2	可供出售金融资产——债券投资				
4-1-3	可供出售金融资产——其他投资				
合计					

评估人员：

可供出售金融资产——股票投资评估朋细表

评估基准日： 年 月 日

被评估单位（或者产权持有单位）： 金额单位：人民币元

序号	被投资单位名称	股票性质	投资日期	持股数量	基准日市价	取得成本	账面价值	评估价值	增减值	增值率（%）	备注
									−		
合 计											
减：减值准备											
合 计											

被评估单位（或者产权持有单位）填表人： 评估人员： 填表日期： 年 月 日

可供出售金融资产——债券投资评估明细表

评估基准日： 年 月 日

被评估单位（或者产权持有单位）： 金额单位：人民币元

序号	被投资单位名称	债券种类	发行日期	到期日	票面利率（%）	成本（面值）	账面价值	评估价值	增减值	增值率（%）	备注
合 计											
减：减值准备											
合 计											

被评估单位（或者产权持有单位）填表人： 评估人员： 填表日期： 年 月 日

可供出售金融资产——其他投资评估明细表

评估基准日：　年　月　日

被评估单位（或者产权持有单位）：　　　　　　　　　　　　　　　　　　金额单位：人民币元

序号	被投资单位名称	金融资产名称	投资日期	持有数量	基准日市价	成本	账面价值	评估价值	增减值	增值率（％）	备注
合计											
减：减值准备											
合计											

被评估单位（或者产权持有单位）填表人：　　　评估人员：　　　填表日期：　年　月　日

投资性房地产——房屋评估明细表

（采用成本模式计量）

评估基准日：　年　月　日

被评估单位（或者产权持有单位）：　　　　　　　　　　　　　　　　　　金额单位：人民币元

序号	权证编号	房屋名称	来源（外购、自建、自用转入、存货转入等）	结构	建成年月	计量单位	建筑面积	成本单价（元/m²）	账面价值		评估价值			增值率（％）	评估单价（元/m²）	备注
									原值	净值	原值	成新率（％）	净值			
合　计																
减：投资性房地产减值准备																
合　计																

被评估单位（或者产权持有单位）填表人：　　　评估人员：　　　填表日期：　年　月　日

投资性房地产——房屋评估明细表
（采用公允价值模式计量）
评估基准日：　年　月　日

被评估单位（或者产权持有单位）：　　　　　　　　　　　　　　　金额单位：人民币元

序号	权证编号	房屋名称	来源（外购、自建、自用转入、存货转入等）	结构	建成年月	计量单位	建筑面积	成本单价（元/m²）	原始入账价值（转入日公允价值）	账面价值	评估价值	增减值	增值率（%）	备注
合计														

被评估单位（或者产权持有单位）填表人：　　　评估人员：　　　填表日期：　年　月　日

投资性房地产——土地使用权评估明细表
（采用成本模式计量）
评估基准日：年　月　日

被评估单位（或者产权持有单位）：　　　　　　　　　　　　　　金额单位：人民币元

序号	土地权证编号	宗地名称	来源（外购、自建、自用转入、存货转入等）	土地位置	取得日期	用地性质	土地用途	准用年限	开发程度	面积（m²）	原始入账价值	账面价值	评估价值	增减值	增值率（%）	备注
	合计															
减：投资性房地产减值准备																
	合计															

被评估单位（或者产权持有单位）填表人：　　　评估人员：　　　填表日期：　年　月　日

投资性房地产——土地使用权评估明细表

（采用公允价值模式计量）

评估基准日： 年 月 日

被评估单位（或者产权持有单位）：　　　　　　　　　　　　　　　　　金额单位：人民币元

序号	土地权证编号	宗地名称	来源（外购、自建、自用转入、存货转入等）	土地位置	取得日期	用地性质	土地用途	准用年限	开发程度	面积（m²）	原始入账价值（转入日公允价值）	账面价值	评估价值	增减值	增值率%	备注
合计																

被评估单位（或者产权持有单位）填表人：　　　评估人员：　　　填表日期： 年 月 日

持有至到期投资评估明细表

评估基准日： 年 月 日

被评估单位（或者产权持有单位）：　　　　　　　　　　　　　　　　　金额单位：人民币元

序号	被投资单位名称	投资类别	投资日期	到期日	票面利率（%）	投资成本	账面价值	评估价值	增减值	增值率（%）	备注
		合计									
减：持有至到期投资减值准备											
合计											

被评估单位（或者产权持有单位）填表人：　　　评估人员：　　　填表日期： 年 月 日

长期股权投资评估明细表

评估基准日： 年 月 日

被评估单位（或者产权持有单位）： 金额单位：人民币元

序号	被投资单位名称	投资日期	协议投资期限	持股比例（％）	投资成本	账面价值	评估价值	增减值	增值率（％）	备注
	合计									
减：长期股权投资减值准备										
	合计									

被评估单位（或者产权持有单位）填表人： 评估人员： 填表日期： 年 月 日

第十三章
风险投资管理

第一节　综合知识

　　风险投资，也叫"创业投资"，英文原名是 Venture Capital，简称 VC。广义的风险投资泛指一切具有高风险、高潜在收益的投资；狭义的风险投资是指以高新技术为基础，生产与经营技术密集型产品的投资。

小知识

风险融资

　　风险投资和风险融资（Venture Financing）是对同一个问题的两个不同描述角度。风险投资机构进行风险投资的过程也是风险企业进行风险融资的过程，二者是相辅相成的关系。因为企业有风险融资的需求，风险投资者才产生；因为风险投资者提供风险资金，企业才能进行风险融资。

一、风险投资的特征

　　就风险投资的实践来看，它主要选择未公开上市的有高增长潜力的中小企业，尤其是具创新性或高科技导向的企业，以可转换债券、优先股、认股权的方式参与企业的投资，同时参与企业的管理，使企业获得专业化的管理及充足的财务资源，促进企业快速成长和实现目标。在企业发展成熟后，风险资本通过资本市场转让企业的股权获得较高的回报，继而进行新一轮的投资运作。风险投资不同于一般投资，有其自身的特点，具体概括如下。

1. 高收益

投资者们对于所投资项目的高风险性并非视而不见，风险背后蕴涵的巨额利润即预期的高成长、高增值是其投资的动因。一般来说，投资于"种子"式创立期的公司，所要求的年投资回报率在40%左右；对于成长中的公司，年回报率要求在30%左右；对于即将上市的公司，要求的回报率在20%以上，这样才能补偿风险，否则不会进行投资。虽然风险投资的成功率较低，但一旦成功，一般足以弥补因为投资失败而导致的损失。风险投资所追求的收益，一般不体现为红利，而体现为风险资本退出时的资本增值，即追求资本利得。而资本收益税低于企业所得税，从而使投资产生更大的收益。

2. 大都投向高新技术领域

风险投资是以冒高风险为代价来追求高收益的，传统产业无论是劳动密集型的轻纺工业还是资金密集型的重化工业，由于其技术、工艺的成熟和产品、市场的相对稳定，风险相对较小，是常规资本大量集聚的领域，因而收益也就相对稳定和平均。而高新技术产业，由于其风险大、产品附加值高，收益也高，符合风险投资的特点，因而成为风险投资的热点。

3. 高风险

风险投资的高风险性是与其投资对象相联系的。传统投资的对象往往是成熟的产品，风险很小。而风险投资的对象则是刚刚起步或还没有起步的中小型高新技术企业的技术创新活动，看重的是投资对象潜在的技术能力和市场潜力，因此具有很大的不确定性即风险性。这种风险由于来源于技术风险和市场接纳风险、财务风险等的串联组合，因此表现出一着不慎、满盘皆输的高风险性。高新技术企业通常来讲大部分都是中小型企业，没有固定资产或资金作为贷款的抵押或者担保，再加之企业的创新思想有时只是一时的灵感，缺乏长远成熟的考虑，尚未经受市场的考验，前景尚未明晰，所以投资这类企业的成功率往往不高。

4. 低流动性

风险资本往往在风险企业初创之时投入，直至企业股票上市，投资期较长，通常为5～7年。据对美国157家由风险资本支持的企业的调查资料表明，风险投资企业平均用30个月实现收支平衡，用75个月恢复原始股本价值。正因如此，人们将风险资本称为"有耐心和勇敢"的资金。另外，在风险资本最后退出时，如果相应的退出机制欠缺，撤资将令投资者处于两难的处境，这也使得风险投资具有较低的流动性。

5. 专业性和参与性

与传统工业信贷只提供资金而不介入企业或项目管理的方式不同，风险投资者在向高新技术企业投资的同时，也参与企业项目的经营管理，因而表现出很强的"参与性"。风险投资者一旦将资金投入风险企业，它与风险企业就结成了一种风险共担、利益共享的共生体，这种一荣俱荣、一损俱损的关系，要求风险投资者参与风险企业全过程的管理。这对于风险投资者自身的素质要求很高，要求其不仅要有相当的高新技术知识，还必须掌握现代金融和管理知识，具有丰富的社会经验。

风险投资者既是投资者又是经营者。风险投资者与银行家不同，他们不仅是金融家，而且是企业家；他们既是投资者，又是经营者。风险投资者在向风险企业投资后，便加入企业的经营管理。也就是说，风险投资者为风险企业提供的不仅仅是资金，更重要的是专业特长和管理经验。风险投资者在风险企业持有约30％的股份，他们的利益与风险企业的利益紧密相连。风险投资者不仅参与企业长期或短期的发展规划、企业生产目标的测定、企业营销方案的建立，还要参与企业的资本运营过程，为企业追加投资或创造资金渠道，甚至参与企业重要人员的雇用、解聘。

6.风险投资有其明显的周期性

在风险企业初创阶段，往往出现亏损；随着产品开发成功和市场的不断开拓，产品能以高价格出售，因而可获得高额利润；当产品进入成熟期，生产者逐渐增多，超额利润消失，风险投资者此时要清理资产，撤出资金去从事其他的投资。

7.风险投资是融资与投资的有机结合

风险投资在现实中是融资与投资相结合的一个过程，风险这一概念不仅体现在投资上，也体现在融资上。从某种意义上说，风险投资过程中最重要的，也最困难的不在投资方面，而在融资，融资比投资更重要。

风险投资融资的对象主要为：公共的和私人的养老基金、捐赠基金、银行持股公司、富有的家庭和个人、保险公司、投资银行、非金融机构或公司、外国投资者。风险投资能否融得资金，很大程度上取决于风险投资家个人的魅力。投资者是本着对风险投资家个人的信赖出资的，风险投资家融得这些资金后，就会产生无形的压力，如果对这些资金运作不成功，将来难以再从这些人手中融得资金。因此，风险投资中的风险既体现在投资方，也体现在融资方。

风险投资既是投资也是融资，是以融资为首的投资和融资的有机结合。融资中有投资，投资中又有融资。投资方向的选定是能否融到资金的关键。投资的过程往往伴随着第二轮或第三轮的融资。融资和投资构成了不可分割的有机整体是风险投资的特征之一。

二、风险投资的原动力

风险投资的高额回报是产生这种投资的原动力。风险投资的特点是高投入、高回报，在几年的时间里，投资者就要见到效益，然后提前退出，由后继者接手。

在国外，一般说来，投资者在3～4年后，就退出。他们可以让下一个风险投资者接手，或者让其他公司收购，也可以直接让股票上市。风险投资的使命只是促进产权流动，在流动中实现利润。

在这里，投资者提供了公司发展所需要的资金，经营者投入了自己的智能和精力，双方共享所得到的物质回报。

三、风险投资的基本要素

风险资本、风险投资者、投资对象、投资期限、投资目的和投资方式构成了风险投资的六要素。

1.风险资本

风险资本，指的是投资于未上市的、快速增长的且具有很大升值空间的新兴企业的一种资本。

风险资本是一种有组织、有中介的长期资本，通常情况下采取渐进投资的方式，选择灵活的投资工具进行投资，在风险投资的运作过程中处于基础核心的地位。它的作用是将投资者、风险投资机构和风险企业紧密结合在一起，使资本市场顺畅发展。

──────────────────────────

小知识

风险投资的资金来源与配置

风险投资的基本运行机制是"融资—投资—退出"。可见，风险投资首先要融资。融资的来源主要是政府财政资金，机构投资者（包括证券公司、投资公司、养老基金、福利基金、保险公司、金融财团等），企业和富有的个人等。

美国风险投资的最主要来源是包括养老基金、保险公司、捐赠基金等在内的机构投资者。这些机构投资者长期拥有大量资金，很适合风险投资风险大、周期长的特点。

德国风险投资的资金主要来源于银行和保险公司。德国企业和政府的养老基金不参与风险投资。风险投资基金大部分投向风险企业的后期阶段。风险资本的退出方式以风险企业回购风险投资公司所持股份或者出售风险企业为主。

日本风险投资基金主要来自金融机构和大公司。日本目前仍禁止共同基金投资予风险投资基金。此外，日本个人对风险投资业的出资比例较小。

2. 风险投资者

风险投资者（Venture Capital Investors）是风险资本的原始提供者。它的主体主要包括：政府、大企业、金融机构、民间私人投资者、科研单位及外国投资者等。

小知识

风险投资机构

1. 风险投资机构概述

在风险投资过程中，风险投资机构扮演着重要的角色。风险投资机构一般是指风险投资公司或风险投资基金。风险投资机构可以说是一种利用创业资本生产新企业的企业。加工性质的企业组织各种资源生产出工业产品，而风险投资机构则是组织各种资源生产出新企业。

2. 风险投资机构的特点

作为专门从事风险投资的投资机构，风险投资机构具有以下特点。

（1）风险投资机构投资的对象是非上市的中小企业，并主要以股权的方式参与投资，并不取得企业的控股权，通常投资额占被投资企业股份的 15%～20%。

（2）风险投资机构的投资属于长期投资，待投资的企业发挥潜力和股权增值后，将股权转让，实现投资的利益。

（3）投资对象属于高风险、高成长、高收益的新创企业或风险投资计划。

（4）风险投资项目的选择是高度专业化和程序化的。风险投资机构的投资是高度组织化和精心安排的过程，其目的是为了尽可能锁定投资风险。

（5）风险投资机构与创业者的关系，是建立在相互信任与合作的基础上，从而保证投资计划顺利执行。风险投资实际上通过风险投资机构特有的评估技术的眼光，将创业者具有的有发展潜力的投资计划和资本充裕的资金相结合，在这一过程中，风险投资机构为创业者提供所需的资金，提供管理咨询服务与专业人才中介，协助进行企业内部管理与策略规划，参与董事会，协助解决重大经营决策，并提供法律与公关咨询，运用风险投资机构的关系网提供技术咨询与技术引进的渠道，介绍有潜力的供应商与购买者，辅导上市等。

（6）在企业发展过程中，风险投资机构需要不断对所投资企业进行融资。

3. 风险投资机构的组织形式

国际上常见的风险投资机构主要有以下四种组织形式。

（1）有限合伙制。有限合伙制是美国风险投资机构最主要的组织形式。依照《合伙企业法》，由普通合伙人和有限合伙人按照合同组建。普通合伙人一般是高级经理人，是风险投资的专业人员，管理日常业务，包括投资、投资管理和退出；一般提供出资总额的 1%，分享 20% 左右的投资收益和相当于风险资本总额 2% 左右的管理费，并且承担无限责任。

有限合伙人一般是机构投资者，提供剩下约 99% 的风险资本，不负责具体经营，分享 80% 左右的投资收益，承担有限责任。

（2）公司制。公司制是指按照《有限责任公司法》或《股份有限公司法》规定，采取私募方式设立封闭型创业投资基金。公司制创业投资基金的特点是：在股东与董事会、董事会与经理之间实行双重委托——代理关系及相应的利益激励和风险约束机制。

（3）信托基金制。信托基金制是指依据《信托法》《风险投资基金法》等相关法律设立的风险投资基金，再以信托契约方式将风险投资者（持有人）、风险投资基金管理公司（管理人）和受托金融机构（托管人）三者的关系书面化、法律化，以约束和规范当事人的行为。投资基金由一定的组织发起设立，从广大投资者手中募集资金交给风险投资基金管理公司进行运作和管理。

（4）天使投资制。天使投资制是指一些富有的个人直接投资于风险企业。这种投资一般规模很小，是由富有的个人和家庭来进行投资的，这些人被称为天使投资人。他们本身既拥有大量资金，又拥有一定的管理经验和管理特长，他们所投资本是资本与经验的天然结合，天使资本含有相当大的所有权的股份，并在所投公司的管理方面起到巨大的作用。

3. 投资对象

风险投资的产业领域主要是高新技术产业。以美国为例，计算机和软件行业占据了风险投资的大部分，医疗保健、通信、生物科技产业也是风险投资的主要对象。

4. 投资期限

风险投资者帮助企业成长，但他们最终会寻求渠道将投资撤出，以实现增值。风险资本从投入被投资企业起到撤出为止所间隔的时间就称为风险投资的投资期限。作为股权投资的一种，风险投资的期限一般较长。

5. 投资目的

风险投资虽然是一种股权投资，但投资的目的并不是为了获得企业的所有权，不是为了控股，更不是为了经营企业，而是通过投资和提供增值服务把被投资企业做大，然后通过公开上市（IPO）兼并收购或其他方式退出，在产权流动中实现投资回报。

6. 投资方式

从投资性质看，风险投资的方式有三种：一是直接投资；二是提供贷款或贷款担保；三是提供一部分贷款或担保资金同时投入一部分风险资本购买被投资企业的股权。但不管采用哪种投资方式，风险投资者一般都附带提供增值服务。风险投资还有两种不同的进入方式：一种是将风险资本分期分批投入被投资企业，这种情况比较常见，既可以降低投资风险，又有利于加速资金周转；另一种是一次性投入。后一种方式不常见，一般风险资本家和天使投资人可能采取这种方式，一次投入后，很难也不愿提供后续资金支持。

四、风险投资的环境分析

1. 资本市场

资本市场是技术市场发展的必要条件。技术成果转化的瓶颈往往在于资金缺乏。随着市场经济的发展，其对资金的需求会越来越大，也越来越多样化，因而金融市场的作用更加重要，金融创新更加重要。当前资本市场的发展，改变了过去投资主体单一、风险不能分散的状况，从而为技术市场提供了源源不断的资金支持。

2. 技术市场

技术市场包括技术开发、技术转让、技术服务、技术承包、技术招标、技术入股等。进行风险融资的企业主要是高新技术企业。技术市场虽然不直接参与风险资本的运作，但是它对风险企业的发展、高科技项目的孵化、投融资决策的制订起到了重要支持作用。可以说没有完善的技术市场，风险投资业就失去了方向。

3. 中介服务体系

中介服务机构具有专业性、独立性、灵活性等特点。中介服务机构的专业性是风险投资机构或是风险企业都无法具有或是超越的。独立性使投资机构和被投资企业在透明、公平、公正的环境里合作，建立基于独立第三方的信任。灵活性使信息在投资方和融资方之间快速传递。中介服务体系一般包括投资银行、风险投资咨询公司、律师事务所、会计师事务所、券商等。

（1）投资银行。投资银行是主营业务为资本市场业务的金融机构。就目前而言，投资银行业务主要包括证券承销、证券交易、兼并收购、资金管理、项目融资、风险投资、信贷资产证券化等。要促进风险资本市场的发展，就必须有投资银行的介入。投资银行是资金需求者和资金提供者之间的中介。它为投资者指明投资方向，降低投资风险，促进资本增值；为融资者开辟融资渠道，扩大资金来源，降低融资成本。

（2）风险投资咨询公司。风险投资咨询公司通过提供策略性的专业咨询顾问和管理顾问进行服务，为风险企业和风险投资公司制订发展战略、产品定位、市场研究、投融资方案、财务分析和经营管理等提供一系列服务，为项目直接引入资金。现在风险企业往往不再选择新的咨询公司，而期望风险投资公司同时扮演这个角色。

（3）律所和会计师事务所。风险融资中风险的重要组成部分即法律风险的排除则需要律师和会计师事务所，在硅谷的管理顾问公司和律师事务所专门为硅谷公司服务，从公司注册到经营、销售，从公司战略发展到股票上市都是其服务范围，有着一整套的服务程式。在硅谷，律师和顾问师已成为企业发展的最重要的组成部分。

（4）券商。券商往往都有丰富的投资银行业务经验，拥有持续提供资金的能力、大量的信息资源和专业的高素质人才队伍。

根据现在世界投资银行业的发展情况，中介服务机构的很多职责，投资银行都能够完成。

五、风险投资的决策

固定资产投资决策涉及的时间较长，对未来收益和成本很难准确预测，即有不同程度的不确定性或风险性。

（一）风险投资决策的依据

风险投资决策的依据见表 13-1。

（二）风险投资决策的分析方法

风险投资决策的分析方法很多，主要有调整现金流量和调整贴现率两种方法。

1. 按风险调整贴现率法

将与特定投资项目有关的风险报酬，加入资本成本或企业要求达到的报酬率中，构成按风险调整的贴现率，并据以进行投资决策分析的方法，叫作按风险调整的贴现率法。

按风险调整贴现率有如下几种方法。

（1）用资本资产定价模型来调整贴现率。我们知道，证券的风险可分为两部分：可分散风险和不可分散风险。不可分散风险是由 β 值来测量的，而可分散风险属于公司特别风险，可以通过合理的证券投资组合来消除。

在进行资本预算时，我们可以引入与证券总风险模型大致相同的模型——企业总资产风险模型。

$$总资产风险 = 不可分散风险 + 可分散风险$$

可分散风险可通过企业的多角化经营而消除，那么，在进行投资时，值得注意的风险只是不可分散风险。

表 13-1　风险投资决策的依据

<table>
<tr>
<td rowspan="3">风险投资项目分析</td>
<td>市场分析</td>
<td>一般来说，风险投资项目市场分析的基本内容包括以下几个方面。
1. 市场需求量分析
有需求才能进行产品的开发，需求量有多大，产品的生产规模就应有多大，而且还要通过以往资料和预测手段，预测未来的市场需求量，以确定产品投放的增长幅度。
2. 市场分布分析
不同的市场对新产品的需求量和接受的快慢程度不同，因此要根据市场分析和市场发展次序，来确定风险投资的区域与范围。
3. 投资项目市场时机分析
无论是风险投资家还是风险企业家，善于把握商机是获利的关键所在。若投入过早，市场尚未形成，会造成产品积压；若投入过晚，市场已经饱和或进入稳定发展阶段，失去获利机会。
4. 销售手段分析
研究采用何种销售手段达到市场占有目标也是市场调查与分析的重要内容，要具体分析市场上购买者的习惯、购买动机、年龄和性别以及竞争者的动向等，据以确定推销方法和广告宣传</td>
</tr>
<tr>
<td>财务分析</td>
<td>风险投资项目的财务分析方法包括净现值法、现值指数法、内含报酬率法、回收期法等，只是在这些方法的具体应用中，如数据的取得、衡量标准的确定、结果的判断等方面与一般投资项目评价有所不同。
（1）进行风险投资，其未来的不确定因素更多，更难以把握，因而获取各项财务指标数据的难度就更大。定性分析是根据调查所获得的信息和有关资料，依靠专业人员的经验、知识和判断能力，动用逻辑思维和推理判断，对未来事项进行预测。为保证定性分析的结果可靠，应利用各类专家的知识机制考虑和分析各方面的综合因素，并反复修改、完善。定量分析和定性分析都有一定的局限性。为避免分析的片面性，应采用多种方法进行综合分析。
（2）在衡量标准的确定上，风险投资也有别于一般投资。如对贴现率的确定或要求的最低投资报酬率的确定，在一般投资项目中，是以银行利率或行业平均水平为标准；而对于风险投资，则要更多地考虑风险因素。风险调整贴现率法是一个常用的风险投资决策方法。所谓风险调整贴现率是指以投资项目所承担的风险程度，去调整资金成本或要求的投资报酬率等作为投资项目评价标准的贴现率，构成按风险程度调整后的贴现率，据以进行投资决策。风险调整贴现率等于无风险报酬率与风险报酬率之和，可用下述公式计算：
$$K = i + b \cdot Q$$
式中，K 为风险调整贴现率；i 为无风险报酬率；b 为风险报酬斜率；Q 为风险程度。
风险报酬斜率的确定受投资者对风险态度的影响。风险回避者往往把风险报酬斜率定得较高，而风险爱好者则可能定得较低。
（3）一般投资项目资本是在投资开始时（建设期）一次性投入，或资本的主要部分在建设期已经投入，只有零散的支出在项目的经营期发生，因而，在对一般投资项目投资成本核算时，通常只把建设期的资本支出作为该项目的投资成本。而风险投资就需要极为谨慎地计算为发展风险企业所需的成本。计算企业的财务预算，常常是要计划预算至三五年或八年甚至更长，需要估算一个新起步的公司由亏损转为赢利所需的总资本，还需要知道这个公司大概要花多少年时间才可由亏转盈，评估至 10 年后的公司收入和利润，从而判断他们投资收益的目标是否能够达到</td>
</tr>
<tr>
<td>技术分析</td>
<td>技术分析的内容包括：项目的规模、布局和位置是否合理；技术是否有超前意识和突破性；技术的推广和使用需要克服多少困难；研究开发需要多少资源，是否能达到预定的费用目标；产品生产是否依赖于其他厂家；原材料有无问题等</td>
</tr>
</table>

这时，特定投资项目按风险调整的贴现率可按下式来计算：

$$K_j = R_F + \beta_j \times (R_m - R_F)$$

式中，K_j 为项目 j 按风险调整的贴现率或项目的必要报酬率；R_F 为无风险报酬率；β_j 为项目 j 的不可分散风险的 β 系数；R_m 为所有项目平均的贴现率或必要报酬率。

（2）按投资项目的风险等级来调整贴现率。这种方法是对影响投资项目风险的各因素进行评分，根据评分来确定风险等级，并根据风险等级来调整贴现率的一种方法，可通过表 13-2 来加以说明。

表 13-2 按风险等级调整的贴现率表

相关因素	项目 状况与得分	投资项目的风险状况及得分									
		A		B		C		D		E	
		状况	得分	状况	得分	状况	得分	状况	得分	状况	得分
市场竞争		无	1	较弱	3	一般	5	较强	8	很强	12
战略上的协调		很好	1	较好	3	一般	5	较差	8	很差	12
投资回收期		1.5 年	4	1 年	1	2.5 年	7	3 年	10	4 年	15
资源供应		一般	8	很好	1	较好	5	很差	12	较差	10
总分		—	14	—	8	—	22	—	38	—	49

总分	风险等级	调整后的贴现率
0～8	很低	7%
8～16	较低	9%
16～24	一般	12%
24～32	较高	15%
32～40	很高	17%
40 分以上	最高	25%以上

　　表中的分数、分数等级、贴现率的确定都由企业的管理人员根据以往的经验来设定，具体的评分工作则应由销售、生产、技术、财务等部门组成专家小组来进行。所列的影响风险的因素可能会更多，风险状况也可能会列出更多的情况。

　　（3）用风险报酬率模型来调整贴现率。一项投资的总报酬可分为无风险报酬率和风险报酬率两部分，如公式所示：

$$K = R_F + bV$$

　　因此，特定项目按风险调整的贴现率可按下式计算：

$$K_i = R_F + b_i V_i$$

　　式中，K_i 为项目 i 按风险调整的贴现率；R_F 为无风险报酬率；b_i 为项目 i 的风险报酬系数；V_i 为项目 i 的预期标准离差率。

　　按风险调整贴现率以后，具体的评价方法与无风险的基本相同。这种方法，对风险大的项目采用较高的贴现率，对风险小的项目采用较低的贴现率，简单明了，便于理解，因此，被广泛采用。但这种方法把时间价值和风险价值混在一起，人为地假定风险一年比一年大，这是不合理的。

　　2. 按风险调整现金流量法

　　风险的存在使得各年的现金流量变得不确定，因此，就需要按风险情况对各年的现金流量进行调整。这种先按风险调整现金流量，然后进行长期投资决策的评价方法，叫作按风险调整现金流量法。具体调整办法很多，这里介绍最常用的确定当量法。

　　在风险投资决策中，由于各年的现金流量具有不确定性，这就必须进行调整。所谓确定当量法就是把不确定的各年现金流量，按照一定的系数（通常称为约当系数）折算为大约相当于确定的现金流量的数量，然后，利用无风险贴现率来评价风险投资项目的决策分析方法。

　　约当系数是肯定的现金流量对与之相当的、不肯定的现金流量的比值，通常用 d 来表示。在进行评价时可根据各年现金流量风险的大小，选用不同的约当系数。当现金流量确定时，可取 $d = 1.00$；当现金流量的风险很小时，可取 $1.00 > d > 0.80$；当现金流量风险一般时，可取 $0.80 > d \geqslant 0.40$；当现金流量风险很大时，可取 $0.40 > d > 0$。

　　约当系数的选用可能会因人而异，敢于冒险的分析者会选用较高的约当系数，而不愿冒险的投资者可能选用较低的约当系数。为了防止因决策者的偏好不同而造成决策失误，有些企业根据标准离差率来确定约当系数。因为标准离差率是衡量风险大小的一个很好指标，因而，用它来确定约当系数是合理的。标准离差率与约当系数的经验对照关系如表 13-3 所示。

当约当系数确定后，决策分析就比较容易了。

表 13-3 标准离差率与约当系数的经验对照关系

标准离差率	约当系数
0.00～0.07	1
0.08～0.15	0.9
0.16～0.23	0.8
0.24～0.32	0.7
0.33～0.42	0.6
0.43～0.54	0.5
0.55～0.70	0.4
⋮	⋮

【例 13-1】智董公司准备进行一项投资，其各年的净现金流量和分析人员确定的约当系数已列示在表 13-4 中，无风险贴现率为 10%，试判断此项目是否可行。

表 13-4 净现金流量和约当系数

项 目	第 0 年	第 1 年	第 2 年	第 3 年	第 4 年
净现金流量	−20000	8000	8000	8000	8000
约当系数	1.0	0.95	0.90	0.80	0.80

根据以上资料，可利用净现值法进行评价。

$$NPV = 0.95 \times 8000 \times PVIF_{10\%,1} + 0.9 \times 8000 \times PVIF_{10\%,2} + 0.8 \times$$
$$8000 \times PVIF_{10\%,3} + 0.8 \times 8000 \times PVIF_{10\%,4} + 1.0 \times (-20000)$$
$$= 7600 \times 0.909 + 7200 \times 0.826 + 6400 \times 0.751 + 6400 \times 0.683 - 20000$$
$$= 2033 （元）$$

从以上分析可以看出，按风险程度对现金流量进行调整后，计算出的净现值为正数，故可以进行投资。

采用确定当量法来对现金流量调整，进而做出投资决策，克服了调整贴现率法夸大远期风险的缺点，但如何准确、合理地确定约当系数是一个十分困难的问题。

（三）风险投资决策的步骤

风险投资决策一般包括了以下几个步骤（见表 13-5）。

表 13-5 风险投资决策的步骤

风险投资决策步骤	项目初审	风险投资者一般在寻找投资机会上花的时间比较少，而是将大部分的时间用来管理和监控已发生的投资。因此，风险投资者在拿到商业计划书后，往往只用很短的时间看一遍，以决定在这件事情上花时间是否值得。必须有吸引他的东西才能使之花时间仔细研究
	初步评价	如果风险投资机构对风险企业提出的项目感兴趣，则会通过调查背景资料、与企业家接触等形式，对该项目进行初步的评价
	详细审查	如果初次评价得出肯定的结论，接下来风险投资开始对风险企业的经营情况进行考察以及尽可能多地对项目进行了解。他们通过审查程序对意向企业的技术、市场潜力和规模以及管理队伍进行仔细的评估，这一程序包括与潜在的客户接触，向技术专家咨询并与管理队伍举行几轮会谈
	确定投资方案	完成详细审查阶段之后，如果风险投资机构看好所申请的项目前景，那么便可开始进行投资形式和估价的谈判，最终确定投资方案。这个过程可能要持续几个月
	签订协议	风险投资者力图使他们的投资回报与所承担的风险相适应。基于各自对企业价值的评估，投资双方通过谈判达成最终成交价值，签订协议。协议签订后，此项投资即生效
	监管	投资生效后，风险投资者便拥有了风险企业的股份，并在其董事会中占有席位。多数风险投资者通常作为咨询者，主要就改善经营状况以获取更多的利润提出建议，帮助物色新的管理人员（经理），定期与企业家接触以跟踪了解经营的进展情况，定期审查会计师事务所提交的财务分析报告

第二节　具体运作

一、风险投资的运作方式

科研成果转化为生产力一般要经过研究开发阶段、成果转化阶段和工业化三个阶段。从客观上形成的分工来看，风险投资主要介入第二阶段，传统投资通常进入第三阶段。第一阶段由于不确定性过强和距成果过于遥远，基本上是由政府、企业和科研人员自己出资进行研究开发。在这三个阶段中，风险的性质和程度是不同的。第一阶段面临的主要是技术风险，第三阶段主要是经营风险和竞争风险。而在第二阶段，不仅技术风险尚未消失（一些具体的研究成果如样机、样品、新工艺、新方法的价值和可靠性还需要进一步检验），而且还增加了市场风险、经营管理风险、政策风险等系统和非系统性风险，因而相对于第三阶段的投资来说，风险投资的失败率极高。美国的一般统计概率是：10%很好，30%一般，30%在两年内倒闭，30%两年后倒闭。与这种高风险相对应的是风险投资的高回报。在美国，风险投资的回报率平均每年在35%以上（意味着在投资3～7年之后，一次回报率在100%～1000%以上）。在欧洲，回报率年均至少20%。

上述高风险特性使得风险投资活动明显有别于传统的投资活动，例如采用股权投资方式而不是固定回报率的信贷方式；以企业价值最大化而不是红利最大化为投资目标；须由专职风险投资家操作并直接进入企业决策层等。相应地，风险投资也需要一套独特的运作方式来支持其发展。根据国外经验，这套运作方式的核心是一个风险收益对等的、能够促使风险投资家付出极大热情和艰苦努力的动力机制，一个有效约束风险投资家行为、降低代理成本和代理风险的约束机制，以及一套强有力的支持体系。

（一）风险资本的来源

从各国情况来看，风险资本的来源渠道是多种多样的。其中包括：富有的个人资本、机构投资者资金（主要是养老基金、保险基金）、大公司资金、政府财政资金、银行等金融机构资金等。因国情的不同，风险资本的结构也差别很大。例如欧洲风险资本的来源构成大体是：养老保险金25%、人寿保险金15%、投资银行25%、增值再投资20%、政府资金2%、其他10%；澳大利亚风险资本的结构是：退休基金72%、银行3%、保险公司1%、个人投资者3%、大公司18%；日本风险资本的主要来源是证券业、银行业、保险业的顶级公司；美国风险资本则大部分来自退休基金，约占总投入的40%，其次是一次性捐赠和其他基金会，约占总数的23%，此外还有来自大企业和金融机构的资金以及少量政府风险基金。

尽管资金来源不一，但各国一个共同的特点是，风险资金绝大多数是通过私募而不是公募方式筹集，这是由于公募方式必然会将投资者范围扩展到并不富有、风险承受能力低的普通老百姓，有可能带来巨大的社会风险，各国对此都持十分谨慎的态度。

（二）风险资本的组织形式和制度安排

经验表明，风险资本采用什么样的组织形式和制度安排，在很大程度上影响着风险投资的效益和发展速度。在美国，直到20世纪70年代末风险投资还主要由家族、大型企业和金融机构直接经营，从20世纪80年代起，有限合伙制的组织形式开始兴起。1978年，美国企业投资机构、政府支持的中小企业投资公司、合伙制投资机构管理的风险资本比例分别为34%、21%和45%，到1989年，这一比例已经变成19%、1%和80%。在其他国家，尽管风险资本的名称、组织形式及相应的制度安排因国情而各异，但归结起来大体上可以分为三类，即合伙人制、信托基金制、公司制。比较而言，这三种制度中，效率最高的是合伙制，其次是信托基金制，再次是公司制。如果单从风险投资自身效益的角度来看而不考虑其他因素（例如在子母公司体制下，风险投资公司作为子公司开发、转化的技术对母公司整体技术结构的效用）的话，可以认为公司制是失败的。

一般而论，风险投资活动包含两个层面的含义：一是原始投资者向组建风险投资基金的专职风险投资家提供资金，并由其负责管理。二是由风险投资家向风险企业投资，对风险投资项目进行运作和管理。由于原始投资者事实上难以控制第二层面的活动，因而在制度安排上，必须解决好运作成本、代理成本（约束机制）和代理积极性（激励机制）三个核心问题。

1. 有限合伙制的制度特色

（1）在法律上承认有限合伙制的国家，合伙人只缴纳个人所得税而不承担企业税负，因而对原始投资者来说，在税负上相当于自己直接进行风险投资，税负成本较公司制要低得多。从日常管理费用的支出来看，由于有限合伙是一种自由合同关系，当事人可以通过协商约定双方都满意的权利义务条件，即可以通过合理确定风险投资家从基金中抽取的固定比例，来事先固定成本，因而管理费用也是可控的。

（2）在代理成本方面，合伙制通常利用以下制度来进行控制。

1）出资及债务责任制度。风险投资家作为普通合伙人，须出资1%（基金总额）并对债务负有无限连带责任。原始投资者（有限合伙人）则仅在出资（99%）范围内承担责任，即为投资者承担的风险设置了一个上限。此外，有限合伙人通常不是一次支付而是分批支付承诺资金，为其控制风险留出了回旋的余地。

2）合同期限与有限合伙人的违约规定。风险投资基金的持续年限通常设计为8～10年，到期即告解散，使得管理者不能永远控制基金，必须到期交还控制权。同时有限合伙人有权以违约受罚的方式撤出已缴纳资金。

3）报告制度。管理人须定期向有限合伙人报告基金运作情况。

4）合同的特殊规定。有限合伙人可以通过合伙人协议限定普通合伙人的投资活动。如不能获得被投资企业股份、资金不能投入其他基金的项目、在现有基金投出一定比例前不得筹集新的基金等。还可以规定在一些关键问题上（如合伙协议修正、基金提前解散或年限延长、撤销普通合伙人资格以及给被投资企业定价等），有限合伙人具有投票表决权。

（3）在利益共享和激励方面，合伙制一般采用以下特殊制度。

1）分配制度。在投资基金的收益中，通常规定将20%分配给普通合伙人，80%分配给有限合伙人。这种分配构架使得风险投资家的投资收益远远高出其管理报酬，其激励作用十分明显。为了追求自身利益，风险投资家将全力争取投资成功。对于有限合伙人来说，尽管普通合伙人出资较少，但其拥有的专门知识、经验、声誉、管理才能以及商务关系网，事实上是以无形资产的形式出资入股的，因而这种分配比例也是可以接受的。

2）独立经营制度。有限合伙的制度一般规定，只有普通合伙人可以参与管理事务，有限合伙人不得直接干预经营活动。这就保证了风险投资家在管理活动中的独立地位，有利于其不受外界干预地发挥自己的经营管理才能。

2. 公司制失败的主要原因

与合伙制相比，公司制度不成功的原因主要如下。

（1）公司制的运作成本相对较高。从税负上看，公司作为纳税主体，必须缴纳相应的所得税（高于个人所得税）。同时根据普通公司的征税办法，一旦公司出现利润就必须按照规定比例缴税。而风险投资活动是一种前期无回报、靠后期高额回报弥补前期亏损的特殊投资活动，由于基数大，风险投资公司利润的很大一部分将被征走，在经营中承担的风险将无法得到补偿，这明显是不公平的。此外在公司制下，投资者得到的利润分配还须缴纳个人所得税，由此出现双重征税问题。从日常管理费用上看，公司制度也无法对其进行有效控制。因为在公司法下，股东将无法采用固定费用的方式支付风险投资家的报酬。

（2）公司制的代理成本十分高昂。

1）与有限合伙制下风险投资家任何情况下都必须承担无限责任相比，在公司制度下，风险投资家作为公司的管理者，仅在其行为违反义务规定的情况下才承担责任，其责任同经营绩效的结合程度远不如前者紧密。

2）在信息不对等也难以完全对等的情况下，公司股东是无法有效地控制代理人的道德风险的。在这种情况下，唯一有效的解决办法是加大股东对风险投资家的权力约束，股东亲自参与重大事项的决策。但这又会产生抑制风险投资家积极性的负面作用，同时还会因决策程序复杂而难以满足风险投资活动的效率要求。

（3）公司制度下的激励机制是有限的。在公司制下，尽管可以通过利润分成来激励风险投资家努力工作，但这种分成很难达到20%的比例。因为既然作为经理的风险投资家和普通员工都是公司的雇员，他就没有理由或者很难获得高额分成。

3. 信托基金制的制度特色

国外实践中还有相当数量的风险投资活动是通过传统的信托基金制度运作的，尤其是在法律不承认有限合伙制度的国家就更是如此。信托基金制度的运作效率介于合伙制和公司制之间，究竟是倾向前者还是后者，则取决于一国的制度安排和政策支持的强度。例如政府可以通过减免基金的资本增值税、允许投资者从基金取得的收入享受一定税收优惠等方式强化投资收益的激励作用，吸引风险资本。在代理成本方面，可以通过强化基金托管人作用、规范和完善信托合同来约束受托人行为，保障投资者利益。同时也可以采用委托人与受托人利润分配制度来激励受托人的经营积极性等。

（三）风险投资家与风险企业的制衡机制

得到风险投资支持的企业往往是没有任何业绩的新创企业，而且投资取得的股权缺乏流动性，必须长期持有。在投资回收以前，投资者往往还必须持续不断地增资。由于这些特点，在风险资本投入之前，就必须在风险投资家与风险企业之间建立起有效的制衡机制。这种制衡机制集中表现在两个方面。

1. 风险投资家直接参与风险企业的管理

风险投资机构与传统金融机构最大的区别就在于，风险投资机构在完成投资后还要直接参与被投资企业的运作，尤其在一些重大问题上更是如此。为了实现对企业的控制，风险投资家将出任风险企业的董事并尽力拥有比普通股级别高的金融工具，以保持在被投资企业董事会中的特权。在企业业绩恶化或者必要的情况下，这种特权将使风险投资家能够更换管理者和改造企业内部管理组织机构。

2. 用优先购股权证建立风险企业的激励机制

创业者最关心的问题是：能够领导他们创建的企业、保护知识产权以及从创新经营活动中收获合理的财务回报。由于创业者往往只是本专业的专家，对开拓市场和企业管理并不在行，尤其是企业发展到一定规模以后，管理方式、企业组织形式都需要进行大变革，因而这类企业中最需要的就是引进优秀的管理人才。但是，由于这类优秀人才已经被大企业收罗干净，如何使其离开高收入、稳定的现职位进入待遇低、风险大的创新企业并保持忠诚，是创业者面临的棘手问题。风险投资家有责任帮助创业者解决这一难题，并做出能够协调创业者与管理者关系的制度安排。而用股票期权这个"金手铐"来建立激励和约束机制则是一条主要的解决之道。这一制度的要点如下。

（1）对公司的组织结构进行调整，改变过去创业者"一把抓"的状况，建立分工明确、权责对等的管理组织体系。

（2）将风险投资金额的10％～20％做成期权计划，按照不同层次管理人员的不同比例，分期赋予其用预定价格优先购买股份，并在公司上市时以市价售出的权利，使职工的未来收益与其努力程度紧密联系起来。

（3）与职工签订若干条约（如服务合同、保密和不竞争协议等）作为优先购股权的附加条件，以约束职工行为、保护创新者的知识产权和保证人才队伍的稳定。

（四）风险投资的支持体系

在风险投资活动中，一个有力的支持体系是不可缺少的，包括以下几项。

1. 创业文化

创业文化的核心是鼓励创新、容许失败、宽容背叛、专家至上以及敢于冒险。可以说，这种创业文化是新企业源源不断地诞生、高技术企业迅速分裂繁衍、企业新陈代谢加快的重要前提条件。美国硅谷离不开这种创业文化的支持。

2. 健全的法律制度

保证风险投资活动的法律制度包括知识产权制度、保证资本市场"公开、公平、公正"原则的制度、信用制度以及有关企业运作和破产的制度等。

3. 高效运作的风险资本市场

资本市场是风险资本退出的最重要渠道，风险资本无论从支持风险企业公开上市的"二板市场"还是通过私募方式退出，都离不开具有足够深度和广度、运作规范有序、结构合理、监管有力的资本市场。

4. 多样化的中介服务机构

风险投资中介机构是运用各种金融工具为筹集者和投资者服务的专业性机构，包括投资银行、会计师事务所、律师事务所、投资顾问、资产评估机构、技术咨询机构、专业市场调查机构、基金托管人等。与风险投资公司的一个主要区别是，中介机构既不代表投资者参与企业管理，也不进行投资，只提供各类专业服务。这种专业服务的特点有二：一是由于中介机构的独立性和专业性，使得这种专业服务具有一定程度的权威地位，在投融资者之间出现利益矛盾时可以发挥公正裁决的作用；二是这种专业服务有助于投融资双方的信息沟通，减少投资项目的运作成本（包括机会寻找成本、谈判成本、运营成本、监督成本等）和道德风险。因此无论是对于风险企业还是投资者和风险投资家，也无论在风险投资活动的哪个阶段，中介服务机构都是必不可少的。

5. 风险投资的自律组织

自律组织是连接政府与风险投资机构、连接国内风险投资家与外商和外国金融机构、沟通业内信息、规范同业经营行为的全国性行业组织。美国的风险资本协会与所有政府机构及新闻媒介都有工作往来，通过与政府机构和其他组织的积极合作，在很大程度上推动了美国风险投资业的发展。

（五）风险资本的退出机制

吸引投资者从事风险投资的最重要原因是其带来的高回报。为了实现这种远远超出一般投资活动所带来的高收益，风险投资活动需要一个可靠的投资退出机制为之提供安全保障。风险资本退出机制的作用主要表现在以下三个方面。

1. 补偿风险资本承担的风险

由于风险投资的失败率很高，如果成功的项目没有很高的回报率，投资者损失的资金将无法得到补偿，风险投资活动也将难以继续下去。

2. 准确评价创业资产和风险投资活动的价值

高新技术具有"新"的特性，唯其新，在市场上很难找到衡量其价值的标准和尺度。而且每一个成功的风险投资项目，都是包含知识产权、创新思想、技术诀窍、管理和市场开发能力等因素的综合体，无形资产的含量很高；加上成功的风险投资项目均具有良好的发展前景和巨大的市场潜力，即便眼前项目是亏损的，仍然可能受到投资者的欢迎。因而对创业资产不仅要评估其即期的价值，更要评估其成长性带来的未来价值。而按照传统的方法，往往也难以进行准确的评价。

3. 吸引社会资本加入风险投资行列，促进风险资本的有效循环

风险资本一般由职业风险投资家从社会募集而来，而风险资本的退出机制则是风险投资成功的基本保障。如果没有可行的资本退出方案，投资者不会将资金投入，风险投资活动将因难以筹集到社会资本而无法进行，投入——退出——再投入的风险资本有效循环也就无从建立。

二、风险投资的运行过程

（一）企业引入风险投资的必备条件

企业要获得风险投资，需要具备一些基本的条件。这些条件是创业企业获得资本家青睐的必要条件。

1. 新技术、新产品、新项目有较好的市场前景

风险投资的基本原则是高风险、高回报。但是，从根本上说，规避风险是所有企业和个体的需要。广阔的潜在市场需求是投资成功的必要条件之一，这可以保证风险资本获得高增值。然而技术上可行也是不容忽视的重要因素。如果一项新技术从创意阶段到市场成熟需要相当长的一段时间，在这个过程中因一个难题没有攻克而使新产品不能开发成功，对风险投资者和风险企业来说损失都是很大的。也只有产品有较大的成功推向市场的可能性，风险资本才有相应的顺利退出的可能性。

2. 一份切实详尽、有远见、有说服力的商业计划书

商业计划书应充分展示创业企业实现创业计划的实力和信心。通常，一份完整的商业计划书至少应该包括以下九方面的内容。

（1）公司介绍。介绍公司的成立时间、主营业务、性质、所有者构成、各阶段发展目标、经营战略、盈利水平、市场地位等。

（2）产品（服务）介绍。介绍产品和服务的顾客群或潜在顾客群、技术壁垒（专利等）、新产品（服务）功能和价值等。例如，新产品面对怎样的技术挑战？如何应对这些挑战以保证开发成功？

（3）行业和市场。公司属于哪个行业？最好找到一个相应典型的对比。新产品或项目的市场潜力有多大？市场上的竞争者是谁？替代品有哪些？

（4）创新研发路径。创新研发路径自然是依不同的企业各异，在描述创新研发路径的时候既要真实、明确、可靠，也不要泄露技术机密。

（5）市场营销策略。

（6）管理团队。创业者和主要管理人员的背景、学历、经验和分工等，以及管理团队已经取得的成绩。

（7）机会和风险。主要介绍企业存在的技术风险、市场风险、管理风险，指出风险产生和变动的因素，并提出控制风险的途径；外部存在什么样的机会有利于企业的发展和创新项目的成功。

（8）资金需求。进行科学合理的财务分析，通过资金预算明确需要资金的数量和时间；表明资金需求的依据和各部分资金的用途；指出公司在获得投资后的盈利能力；拥有的其他资金来源。因为没有良好的资本结构（例如说创业者和管理者的股份比例太小）可能会引发道德风险和逆向选择等问题。

（9）其他优势条件。如企业在高新区、经济开发区享有的优惠政策；企业享有的国家规定的税收优惠政策，国家及相关机构的扶持等。一般来看，在我国对风险投融资的优惠政策还是针对区域的。

3. 高素质的创业者和管理人员

除了关注创业者的创业领域，创业者的个人素质也是考察重点。一般来说，创业者要具有以下"特征"才容易受到风险投资商的青睐。

（1）足够的盈利能力。风险投资者是商人，他们投资是因为风险企业能赚钱。因此，创业者的技术必须是市场所需要的，而且有足够的盈利能力，才能引起风险投资商的兴趣。风险投资者会对投资项目进行详细而周密的调查与评估，包括企业的总体状况及发展规划、企业所在行业的情况、竞争对手分析、企业管理方面的调查、市场销售分析、财务分析等。

（2）高科技的背景。虽然，现在风险投资者对创业者技术优势的关注度有所减低，但那些在高科技领域具有领先优势的企业，仍能获得风险投资商的青睐。

（3）创业者是风险企业的灵魂。风险企业的发展过程中面临各种不确定因素，要想带领团队走向成功，创业者应该拥有冒险精神和驾驭风险的能力。只有具备了这样的素质才能使大家团结起来，敢于克服技术难题。

（4）一定的资金实力。投资者是要规避风险的，即使对风险投资者而言。企业已具备一定资金实力，可以分散投资者的风险。

（5）出色的个人条件。在风险投资者的眼里，创业者的个人素质尤为重要。一般来说，风险投资者在挑选投资对象时，除了关注创业者手中的技术外，还看重其创新意识、敬业精神、诚信程度、合作交往能力、应变决断能力等"软因素"。

（二）风险企业获得投资的过程

1. 一般程序

（1）整合公司并准备相关文件。整合公司，规范股权结构和法人治理结构，整合产品和相关的业务，并将相关的法律文件备齐。相关的文件准备主要包括商业计划书、公司营业执照、法人代码及税务登记证等。

（2）选择合适的风险投资公司。由于不同的风险投资公司有不同的优势及特点，其针对性也呈现出较大的差异，不同性质的风险投资公司对于风险企业的帮助也呈现出不同的优势，因此，对于风险企业来讲，选择适合自身发展特点及发展阶段特点的风险投资公司对于企业的发展至关重要。通常情况下，规模大、资金丰厚、资源丰富、资历深的风险投资公司对于风险企业具有较大的吸引力。

（3）双方会晤，进行相关事宜的洽谈。对风险企业递交的申请书，风险投资公司往往通过研究，对于有一定投资价值的公司，会安排相关的负责人与风险企业的负责人进行会晤，商洽相关事宜，风险投资公司相关负责人就有关主要的问题听取风险企业的陈述，并将最终结果通过与风险投资公司其他相关人员的共同协商，形成一个初步的书面的分析报告。

（4）专家审评。风险投资公司通过与风险企业会晤，听取相关的陈述，形成初步的分析报告，接下来就需要针对初步形成的分析报告组织专家小组对项目从技术、市场、财务方面进行深入的审核，以确定项目的可行性与风险。

（5）签订协议。如果项目经过专家小组的深入审核后得到了通过，那么风险投资公司与风险企业就要就相关的融资额度、期限、法人治理结构、退出方式等方面进行沟通和谈判，以期达成共识，在此基础之上签署投资协议。

（6）风险资本的进入与管理。投融资双方在投资合作意向达成一致后，会签署正式的协议，内容包括：风险资本进入后企业的性质、股权分配，资金到位时间和投资方式，董事会的组成，管理层的安排，经营方针和管理，退出条款等。

风险投资协议主要包括投资交易的表述、风险企业及其原股东的陈述与保证、风险投资公司履行投资义务的前提条件及风险投资的经营管理等方面。

2. 具体的实施过程

根据投融资的一般程序，如图 13-1 所示，风险投资的流程可以具体分为下面八个步骤。

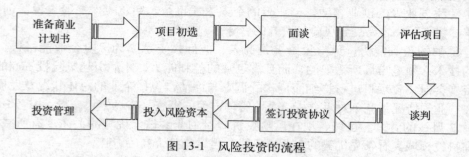

图 13-1 风险投资的流程

准备好一份商业计划书是风险融资运作的第一步。很多创业者和风险企业拥有先进的技术、好的产品创意或创新产品，但是不能很好地陈述自己的优势，缺乏吸引风险投资的经验和方法，结果商业计划书被投资者否决，从而面谈等后续的融资环节也无从谈起。

风险投资者会收到很多的商业计划书，从中进行筛选。项目初选的主要依据就是商业计划书。商业计划书如果通过初选，风险投资者就会联络风险企业进行面谈。面谈时，创业者的个人素质和魅力会对结果起很大的作用，这种面谈往往是双方的第一次直接接触，会在宽松的气氛下进行。面谈是一个相互了解的过程，如果投资者和创业者达成了共识，就会进入下面正式、严格、认真的评估和谈判。

投资者对项目进行调研后，再结合自身的经验，会给出一个评估的结果。如果觉得项目前景好，就会与风险企业展开谈判。在与备选投资者谈判前，为了争取在谈判过程中的主动，提高风险融资效率，除了加强对投资机构的了解外，企业在谈判前应该做好必要的准备。这些准备除了上述的商业计划书等文件材料外，就是谈判的方式、方法、技巧和原则。通常谈判应遵守"四要"和"四不要"原则。

"四要"原则：①要对企业发展和项目前景充满信心；②要明确自己的交易底线；③要加强对投资方的询问和了解；④要公正合理地考虑投资方的利益，给予信任。

"四不要"原则：①不要回避投资者的问题，回避必然造成怀疑；②不要提供虚假或夸张的信息，风险投资者都是很有经验的，除了实地调研外，他们还有获取信息的其他渠道；③不要透露核心技术和商业机密；④不要急于求成，给对方一定的思考时间。

谈判结束后，如果风险企业与风险投资者达成合作意向，双方便进入签订投资协议阶段。此时，风险企业通常会收到风险投资机构提交的条款清单，内容主要涉及以下方面。

（1）双方的出资方式、出资额与股份分配。

（2）风险企业的技术开发设想和最初研究成果的股份评定、技术股所有权的限制与应承担的责任。

（3）股权保障方式，主要内容包括：董事、监事席位的分配，董事会的权利、义务与财务责任，重大资本预算的决策和确认方式。

（4）参与经营管理的方式。对风险投资者参与决策及协助经营管理的范围和介入程度等事宜加以确认。主要经理人员指派权也是协议的重要事项。

（5）资金退出时机与方式，即对投资回收年限、出售持股的时机与规定、被投资公司股票上市的时机与方式及被投资公司无法达到预期财务目标时所应承担的责任等事宜达成协议。

　　另外，风险投资者为了保护自身利益，协议中通常还有以下规定：企业定期向投资方提供财务报告和其他重要生产经营情况汇报；投资方有拒绝新增外来投资的权利和出售股份的权力；投资方要求企业以已有的资产作抵押等事项。

　　投资协议在风险融资过程中具有重要地位，这主要是因为风险融资的高风险性。中小企业发展中可能面临无法克服的经营困难甚至失败，此时企业与风险投资者之间由于各自利益着眼点的不同，可能发生利益冲突。如果在此前将双方的权利义务界定清楚，则事后就能有理有据、公平公正地解决彼此之间的摩擦。

　　投资协议签订后，风险投资就进入实质操作阶段，风险投资者根据投资协议规定的出资方式和出资额投入风险资金，并参与企业管理。

（三）风险投资的退出机制

　　风险投资投入的是权益资本，但它的投资目的并不是为了获得企业所有权，而是为了退出，以退出的方式获取盈利。

　　风险投资的退出方式有四种：公开发行股票上市（IPO）、股份认购、兼并收购和清算。

1. 公开发行股票上市

　　公开发行股票上市是最理想的退出方式。风险企业在成长成熟后可以在主板市场或二板市场向社会公开发行股票上市。主板市场对公司有较高的上市要求和条件限制。然而，高新技术企业往往资金实力不够雄厚，整体实力不够强劲，加上技术和产品市场的不确定性，很难符合以成熟大规模上市企业为主的主板市场，因此，创业板市场也就应运产生了。创业板市场主要适应于创新型中小科技企业的需求，上市门槛相对较低。风险投资的主要对象就是这些高风险、高收益的创新型企业，因而创业板市场对风险投资而言是最重要的退出平台。

　　公开发行上市可以使风险企业募集到大量资金，并提高企业的知名度，但是要上市就必须披露大量的企业内部信息。根据股票交易所的规定，上市公司必须每年定期向公众报告其年度和月度的经营活动、财务状况和公司的重大事件。这都有可能让竞争者猜测到一些商业和技术进展的机密。

2. 股份认购

　　如果企业不能在创业板市场上市，就要寻求别的退出途径了。股份认购有两种形式：创业者股份认购和风险企业股份认购。创业者股份认购即创业者以现金或票据等形式购买风险投资者所持有的风险企业的股份。风险企业股份认购即创业者以现金或票据等形式购买风险投资者所持有的股份。

3. 兼并收购

　　兼并收购即创业者和风险投资者把风险企业出售给其他公司。对风险投资者而言，兼并收购的退出方式可以获得现金或可流通证券，具有较大的吸引力。但是对于创业者而言，把自己花费心力培养起来的企业出售不仅意味着管理层的变更，在感情上也是不愿意接受的。

4. 清算

　　最后一种无可奈何的退出方式就是清算。风险企业的成活率相对较低，如果企业经营恶化、资不抵债，企业就会主动或是被迫进入清算程序。主动清算也称普通清算，即在确定企业前景暗淡，继续下去只能带来更大损失的时候，企业会申请进入清算，以减少损失。如果企业资不抵债就要被迫进入破产清算。

小知识

创业企业的急功近利往往给风险投资商带来无限风险

　　一个创业企业从创业到成熟往往需要三至五年的不懈努力，在企业运作尚未成熟时急于上市，将为投资者带来更大的风险，甚至影响创业板的整体声誉。风险投资商也应克服急躁的心态，能够站在企业长远发展的角度，为企业带来更多的帮助，提供更大的发展空间，最终实现投资双方的双赢。

小知识

场外交易市场

场外交易市场（over-the-counter market）是指在证券交易所外进行证券买卖的市场。它主要由柜台交易市场、第三市场、第四市场组成。场外交易市场的组织方式采取做市商制。投资者直接与证券商进行交易。证券交易通常在证券经营机构之间或者证券经营机构与投资者之间直接进行，不需要中介人。

1. 场外市场概述

从交易的组织形式看，资本市场可以分为交易所市场和场外交易市场，场外交易市场是相对于交易所市场而言的，是在证券交易所之外进行证券买卖的市场。传统的场内市场和场外市场在物理概念上的区分为：交易所市场的交易是集中在交易大厅内进行的；场外市场，又被称为"柜台市场"或"店头市场"，是分散在各个证券商柜台的市场，无集中交易场所和统一的交易制度。但是，随着信息技术的发展，证券交易的方式逐渐演变为通过网络系统将订单汇集起来，再由电子交易系统处理，场内市场和场外市场的物理界限逐渐模糊。

目前，场内市场和场外市场的概念演变为风险分层管理的概念，即不同层次市场按照上市品种的风险大小，通过对上市或挂牌条件、信息披露制度、交易结算制度、证券产品设计以及投资者约束条件等做出差异化安排，实现了资本市场交易产品的风险纵向分层。

2. 场外交易市场的功能

场外交易市场是我国多层次资本市场体系的重要组成部分，主要具备以下功能。

（1）拓宽融资渠道，改善中小企业融资环境。不同融资渠道的资金具有不同的性质和相互匹配关系，优化融资结构对于促进企业发展、保持稳定的资金供给至关重要。目前，中小企业尤其是民营企业的发展在难以满足现有资本市场约束条件的情况下，很难获得持续稳定的资金供给。场外交易市场的建设和发展拓展了资本市场积聚和配置资源的范围，为中小企业提供了与其风险状况相匹配的融资工具。

（2）为不能在证券交易所上市交易的证券提供流通转让的场所。在多层次资本市场体系中，证券交易所市场上市标准较高，大部分公司很难达到这一标准，但是公司股份天然具有流动的特性，存在转让的要求，场外交易市场为其提供了流通转让的场所，也为投资者提供了兑现及投资的机会。

（3）提供风险分层的金融资产管理渠道。资本市场是风险投资市场，不同投资人具有不同的风险偏好。建立多层次资本市场体系，发展场外交易市场能够增加不同风险等级的产品供给、提供必要的风险管理工具以及风险的分层管理体系，为不同风险偏好的投资者提供了更多不同风险等级的产品，满足投资者对金融资产管理渠道多样化的要求。

3. 我国的场外交易市场

（1）银行间债券市场。全国银行间债券市场是指依托于中国外汇交易中心暨全国银行间同业拆借中心（简称交易中心）和中央国债登记结算有限公司（简称中央登记公司）的，面向商业银行、农村信用联社、保险公司、证券公司等金融机构进行债券买卖和回购的市场。全国银行间债券市场成立于1997年6月6日。经过20多年的迅速发展，银行间债券市场目前已成为我国债券市场的主体部分。

（2）代办股份转让系统。代办股份转让系统又称三板市场，是指经中国证券业协会批准，具有代办系统主办券商业务资格的证券公司采用电子交易方式，为非上市股份有限公司提供规范转让服务的股份转让平台。

目前，在代办股份转让系统挂牌的公司大致可分为两类：一是原 STAQ、NET 挂牌公司和沪、深证券交易所退市公司；另一类是非上市股份有限公司的股份报价转让，目前主要是中关村科技园区高科技公司。原 STAQ、NET 挂牌公司和沪、深证券交易所退市公司的股份转让以集合竞价的方式配对撮合，股份转让价格不设指数，股份转让价格实行 5% 的涨跌幅限制。股份实行分类转让，股东权益为正值或净利润为正值的，股份每周转让五次；二者均为负值的，股份每周转让三次；未与主办券商签订委托代办股份转让协议，或不履行基本信息披露义务的，股份每周转让一次。中关村科技园区高科技公司的股份转让主要采取协商配对方式进行成交。

代办股份转让系统的主要功能是为非上市中小型高新技术股份公司提供股份转让服务，同时也为退市后的上市公司股份提供继续流通的场所，并解决了原 STAQ、NET 系统历史遗留的数家公司法人股的流通问题。

代办股份转让系统是一个以证券公司及相关当事人的契约为基础，依托证券交易所和中央登记公司的技术系统和证券公司的服务网络，以代理买卖挂牌公司股份为核心业务的股份转让平台。代办股份转让系统由中国证券业协会负责自律性管理，以契约明确参与各方的权利、义务和责任。证券公司以其自有或租用的业务设施，为非上市股份有限公司提供股份转让服务。证券公司依据契约，对挂牌公司的信息披露行为进行监督、指导和督促，中国证券业协会委托证券交易所对股份转让行为进行实时监控，并对异常转让情况提出报告。中国证券业协会履行自律性管理职责，对证券公司代表股份转让服务业务实施自律管理。

（3）债券柜台交易市场。债券柜台交易市场，又称柜台记账式债券交易业务，是指银行通过营业网点（含电子银行系统）与投资人继续债券买卖，并办理相关托管与结算等业务的行为。商业银行根据每天全国银行间债券市场交易的行情，在营业网点柜台挂出国债买入和卖出价格，以保证个人和企业投资者及时买卖国债，商业银行的资金和债券余缺则通过银行间债券市场买卖加以平衡。

柜台交易具有以下特点：一是为个人投资者投资于公债二级市场提供更方便的条件，可以吸引更多的个人投资者。二是场外交易的覆盖面和价格形成机制不受限制，方便于中央银行进行公开市场操作。三是有利于商业银行低成本、大规模地买卖公债等。四是有利于促进各市场之间的价格、收益率趋于一致。

银行债券柜台交易也将为商业银行带来现金流。一是债券交易佣金收入；二是债券买卖差价；三是可能获得债券发行的分销费。

第三节　风险控制

一、创业投资风险成因

创业投资在选项、投资和退出每个阶段存在着不同来源和不同程度的风险。对不同时期出现的风险，创业投资主体应根据风险成因，实施重点控制并采取有效对策；同时，对风险进行全过程管理，实施投资风险共担、分轮次投资以及适度集中投资领域，采取"领投"

与"跟投"技术等应对策略，从而起到降低、化解和防范创业投资风险的作用。

（一）选项过程的风险

筛选和评估投资项目是创业投资的首要环节。投资前能否对投资项目的技术性、先进性、经济性、适用性等进行准确、有效地评估，是创业投资成败的关键。

1. 主观因素造成的风险

投资前，对投资项目和目标企业一般由技术、金融、管理、财务、法律等方面的专业人士组成的专家委员会或聘请专业的中介机构来进行全方位的评估。在此过程中，可能会因参评人员本身的经验或水平的局限，或对有关技术的可行性及市场的预测、财务及投资报酬的预测等方面错误的判断，导致选项的失误。

2. 客观因素造成的风险

客观因素主要指信息因素。由于高技术企业的不确定性和市场中新生企业信息的低透明度，使得创业企业与创业投资主体之间存在着明显的信息不对称性。如创业企业内部管理者比外部人更了解企业现状，在吸引外部投资时，他们往往夸大企业的优势而掩盖企业的问题，致使创业投资主体处于被动的地位，甚至陷入投资陷阱。

（二）投资过程的风险

我们一般把创业企业（项目）的成长过程划分为四个阶段，即种子期、导入期、成长期和成熟期。投资过程的风险即创业投资在以上成长过程中各个阶段（主要是前三个阶段）凸现的不同风险的集合，如图 13-2 所示。

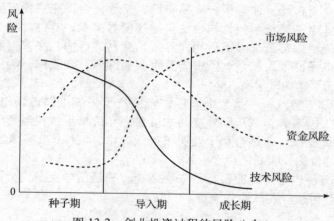

图 13-2 创业投资过程的风险分布

1. 种子期的风险

种子期仍处于 R&D（Research and Development）的技术、产品的开发阶段，准确地说是在试验与发展的中后期。这一过程的主要风险是技术风险和财务风险，其中以技术风险为主。该阶段的技术风险主要来自三个方面：技术自身的缺陷；R&D 条件的局限，如实验设备、条件等；其他 R&D 机构对本项研究已领先成功，并获得知识产权。财务风险是指因资金不能适时供应或使用不当而导致研究、开发活动的失败、中止或达不到预期效果而产生的风险。因此，虽然此阶段资金需要量最低，但由于收益和风险的不对称性，并且离成功最遥远（平均成功率不到10%），很少有投资者愿意在此时介入，从而使这个阶段总是面临较大的资金风险。

2. 导入期的风险

导入期也称创建期，即开始创建一个企业，将成果、样品、专利导入商品化阶段。在这个阶段，开始进行产品的二次开发、市场定位，初步确立企业的经营管理的基本构架，技术风险和资金风险仍然存在，同时市场风险开始显现。该阶段的市场风险主要来自 R&D

成果的价值取向是否与市场潜在需求相吻合的不确定性。此时技术风险已比种子期大大降低，技术风险主要来自其技术结构的缺陷。财务风险在这一阶段最为突出，这是因为一方面该阶段所需资金量大概是种子期阶段的 10 倍；另一方面，虽然商品化导入阶段可能会产生经济效益，但效益是不确定的。此时，距离成功依然相当遥远，使得投资者面临的整体风险非常高。所以，这个阶段容易出现资金周转困难的局面。

3.成长期的风险

成长期是指技术发展和生产扩大阶段。此时，已基本完成产品创新，逐步形成经济规模，并占有一定的市场，但尚需注入大量资金进行工艺创新、管理创新和开拓市场，建立起完善的营销网络、创立品牌，并形成主导型的技术产品。这一阶段的技术风险和财务风险已转化为次要矛盾，而市场风险则上升为主要矛盾。由于创新的产品和创新的市场设置了进入壁垒，创业投资可能获取超过平均利润的超额利润，所以尽管该阶段所需的资金约为种子期的 100 倍，但创业资本仍会乐于进入，使得财务风险大大降低。此阶段的技术风险主要是技术替代风险，它会使该产业丧失原有的技术优势而改变产业的竞争态势。该阶段的市场风险主要来自两个方面：外部风险，主要是产品能否适应消费者千变万化需求的不确定性和国内外同类产品的竞争风险；内部风险，主要是市场营销策略是否合理和企业的经营能力能否适应市场扩张的不确定性带来的风险。

4.退出过程的风险

退出过程的风险是创业投资在成熟期的主要风险。成熟期，即产业化完成阶段，企业利润和规模大幅扩大。这一阶段的任何形式的企业融资已可不视为创业资本。在这一阶段，各种风险大幅降低，企业的销售收入高于支出，并产生净利润，创业投资者把它视为收获的季节，也就是创业资本撤出的黄金时间。创业投资撤出的主要方式有首次公开上市（IPO）、兼并收购、股权回购、清算等。若创业资本不能适时、顺利地撤离，滞留的资本将使创业投资主体陷入投资的死循环，无法及时获得投资收益并进行新的投资。

二、创业投资风险管理

创业投资主体应采取对风险进行分阶段重点控制和全过程管理相结合的办法来规避和降低风险。

（一）创业投资风险的分阶段重点控制

创业投资主体应根据其投资活动所处的阶段所面临的风险种类和主次的不同，实施重点控制，如表 13-8 所示。

表 13-8　创业投资风险的分阶段重点控制

所处阶段		风险控制重点	基本对策
选项阶段		评估风险	调查并选择信誉度高、具有权威性的评估专家和中介机构；尽量保证目标项目及企业相关信息充分、及时、准确、有效
投资阶段	a.种子期	技术风险	从理论和实践上反复论证其技术的可行性、先进性、实用性等；掌握该技术最新发展动态；改善 R&D 条件
	b.导入期	财务风险 技术风险 市场风险	投资主体组成辛迪加方式联合出资。 通过大量中试排除。 通过产品试销以检验市场的容量及潜力
	c.成长期	市场风险	积极开拓市场，进一步细分市场，增加营销投入，完善销售网络，扩大市场占有率
退出阶段 （主要在成熟期）		评估风险 （退出方式及时间选择）	1.实施投资过程的动态评估。 2.将受资企业分为三类：A.成功；B.一般；C.失败。 对 A：加快培育辅导，尽早公开上市，以获最大利润并及时退出。 对 B：保持稳定发展，通过购并、次级转让等方式退出。 对 C：及早提出警告，协助其改变经营方向或选择破产，以将损失降到最低限度

（二）创业投资风险的全过程管理

创业投资主体不仅要对其投资活动的风险实施分阶段重点控制，还要从整个投资活动的全局出发，进行全过程的风险管理，以保证创业投资的成功。

1.集合出资，实施投资风险共担

创业投资主体一般为：长期性基金（如养老金、保险金等）、风险投资公司、非银行金融机构、商业银行、大企业及富裕家庭和个人等创业资本提供者。

由确定或不确定的多数投资者进行"集合出资"，能够较好地保证创业企业适时、足额的资金需求，同时能共同分担成本和风险，还能够在创业公司的未来上市等方面提供多方的协助。

2.实施分轮次投资策略

创业投资主体往往根据创业企业发展情况，将资金分期投入。其最初投资额较少，随着企业逐步走上正轨，创业资本再不断跟进，一旦发现问题，立即中止投资，通过这种策略把风险降到最低。

3.实施动态评估机制

要使创业资本低风险运作，实施动态评估机制是其根本保证。投资前，能否从成百上千个项目中筛选出具有投资价值的好项目，并对其进行全方位科学评估，是进行创业投资风险管理的首要环节。它包括产品技术评估、经营计划评估、经营机构评估、市场营销评估、财务及投资报酬预测等。投资后，按照风险管理的要求，实施分段、分期的动态评估，以确定下一步是继续追加投资还是中止或退出投资。

4.适度集中产业领域

在专业化分工越来越细的今天，任何单个的创业投资机构不可能涉及所有的投资领域，而总是选择为数极少，但自己相对熟悉的投资领域作为自己的专业投资方向。这样做的好处是：其一，在自己熟悉的专业投资领域，对项目的技术、产品和市场的价值有较强的洞察力，能更准确地把握投资的方向和时机；其二，在自己熟悉的投资领域进行投资，可以大大降低投资活动中的交易成本和风险。同时，还可以利用"领投"与"跟投"的搭配与协调形成战略伙伴式的投资组合，即以两个或更多的投资机构分别在自己熟悉的产业领域作"领投"，而在自己不太熟悉的产业领域作"跟投"。这样，一方面合理地配置了资源，提高了投资收益，另一方面也降低了风险。

5.对项目投向的组合管理

创业投资主体可以对不同阶段的多个企业（项目）进行组合投资以分散和降低总体投资风险。为避免对一个企业（项目）投入过多的精力，更好地把握创业投资机构的战略发展，同时为了发挥其他股东特别是创业企业的积极性，创业投资机构主体一般不单独控股，通常只占被投资企业全部股权的10%～30%。按照国外的成熟经验，大体设定10个项目为宜。这样的投资组合，即使其中一些项目失败了，但其他项目仍可能获得高额回报以丰补歉。

6.财务风险的管理

资金的风险贯穿创业投资的全过程。一般可以采取以下三种策略来降低财务风险：尽量投资于多个企业（项目）资金需求的不同的阶段，以免造成由于资源配置的不合理带来的资金周转困难或资金的无谓闲置；在项目的组合上，将项目的投入和退出时间尽量错开，以方便资金的流动运作；在整个的资金运用中单独划出一块（大约1/3左右）进行短期资金运作，在保持适度流动的同时，可获得一定的收益。

7.进行创业投资的风险转移

风险转移是指风险承担者通过经济和技术手段将风险转移，它分为保险转移和非保险转移两种。保险转移指创业投资主体通过向保险公司投保，将风险部分地转移给保险公司来承担。非保险转移指创业投资主体利用其他途径（主要是通过契约形式）将风险转移，如合同担保等。

8. 人力资源风险的管理

一切经济竞争归根到底是人才的竞争，创业投资也不例外。创业投资是投资于"人"，而不仅仅是项目，因此，最大的风险是"人"的风险，而对人力资源的有效管理亦是防范和降低风险的有效途径。一方面，创业投资能否成功，直接与创业者团队人员素质有关。创业投资主体在投资前及投资过程中，应对创业者团队进行全方位的评估，考察该团队是否具有积极创新、敢于冒险、团结向上的精神以及经营团队的专长与管理能力等。另一方面，创业投资主体在投资活动中，离不开其投资管理人员的运作和专业评估中介机构的协助。因此，如何甄别、挑选既懂市场又懂金融和经营的综合型管理人才和高素质的专业评估机构是降低风险的根本出路。同时，还要建立有效的激励和约束机制，以降低创业投资中由于层层的委托代理关系而产生的风险。

创业投资成功与否在于机会的适时把握及风险的管理效率。对创业投资进行风险分析及管理研究，旨在能够对规避风险提供一种理性的指导，而这种指导只有伴随创业投资机制的形成和发展才能得以强化。创业投资的风险管理将成为创业投资理性层面的永恒主题。